中文版《克尔凯郭尔文集》由哥本哈根大学克尔凯郭尔研究中心和中国社会科学院哲学研究所合作完成。

《非此即彼》的出版由奥古斯丁基金会资助。

The Chinese edition of *Kierkegaard Anthology* is a Cooperation between the Institute of Philosophy at the Chinese Academy of Social Sciences and the Søren Kierkegaard Research Center at Copenhagen University.

The publication of *Enten-Eller* has been funded by AugustinusFonden.

克尔凯郭尔文集

2

SØREN KIERKEGAARDS SKRIFTER

Enten-Eller

非此即彼

一个生命的残片

上卷

出版者：维克多·艾莱米塔
京不特 译

中国社会科学出版社

图书在版编目(CIP)数据

非此即彼．上／（丹）克尔凯郭尔著；京不特译．—北京：
中国社会科学出版社，2009.6（2024.12重印）
（克尔凯郭尔文集2）
ISBN 978－7－5004－7782－2

Ⅰ．非… Ⅱ．①克…②京… Ⅲ．克尔凯郭尔,S.（1813～
1855）—哲学思想—文集 Ⅳ．B534－53

中国版本图书馆CIP数据核字（2009）第076321号

出 版 人 赵剑英
策划编辑 冯春风
责任编辑 王 齐
责任校对 修广平
责任印制 张雪娇

出 版 中国社会科学出版社
社 址 北京鼓楼西大街甲158号
邮 编 100720
网 址 http：//www.csspw.cn
发 行 部 010－84083685
门 市 部 010－84029450
经 销 新华书店及其他书店

印 刷 北京君升印刷有限公司
装 订 廊坊市广阳区广增装订厂
版 次 2009年6月第1版
印 次 2024年12月第8次印刷

开 本 710×1000 1/16
印 张 40.75
插 页 2
字 数 550千字
定 价 69.00元

《克尔凯郭尔文集》编委会

《克尔凯郭尔文集》中文版序

汝　信

《克尔凯郭尔文集》（10 卷本）中文版即将与读者见面了。这部选集是由中国社会科学院哲学研究所和丹麦哥本哈根大学克尔凯郭尔研究中心共同合作编选和组织翻译的，由中国社会科学出版社负责出版。选集收入克尔凯郭尔的主要著作，并直接译自近年来出版的经过精心校勘的丹麦文《克尔凯郭尔全集》，内容准确可靠，尽可能保持原汁原味，这对于中国读者正确理解这位丹麦哲学家的思想将会有所裨益。

在西方哲学史上，克尔凯郭尔可以说是一个特殊的人物。他生前默默无闻，其著作也很少有人问津，但过了半个世纪，人们又“重新发现了”他，特别是在第一次世界大战以后，随着存在主义哲学的兴起和发展，他对西方国家思想界的影响越来越大。雅斯贝尔斯曾经这样说：“目前哲学状况是以下面这个事实为特征的，即克尔凯郭尔和尼采这两位哲学家在他们生前受到忽视，以后长时期内一直在哲学史上受人轻视，而现在他们的重要性则越来越不断地增长。黑格尔以后的其他一切哲学家正越来越失势而引退，而今天这两个人则不容争辩地作为他们时代的真正伟大思想家而站了出来。”（《理性与存在》）他甚至说，是克尔凯郭尔和尼采“使我们睁开了眼睛”。雅斯贝尔斯的这些话不仅是他个人的看法，而且是反映了当时人们一般的意见。克尔凯郭尔和尼采确实代表了在黑格尔之后兴起的另一种以突出个人为特征的西方社会思潮，而与强调精神的普遍性的黑格尔主义相对立。如果说，在黑格尔那里，“存在”只不过是绝对精神自身发展过程中的一个抽象的环节，那么从个人的角度去深入地探索和反思“存在”（“生存”）的意义则是从克尔凯郭尔开始的。

克尔凯郭尔哲学是极其个性化的，他个人的生活经历、性格、情感、心理、理想和追求都深深地渗透在他的哲学思想里，因此我们在阅读他的著作时需要用一种与通常不同的诠释方式。黑格尔曾在《哲学史讲演录》导言中说，“哲学史上的事实和活动有这样的特点，即：人格和个人的性格并不十分渗入它的内容和实质。”这种看法可以适用于像康德那样的哲学家，我们几乎可以完全不去了解他的个人生活经历而照样能够读懂他的著作，因为机械般的有秩序的书斋生活似乎没有给他的思想增添什么个性色彩，正如海涅所说，“康德的生活是难于叙述的。因为他既没有生活，又没有历史”（《论德国宗教和哲学的历史》）。但是，对于克尔凯郭尔来说，黑格尔的看法则是完全不适用的。克尔凯郭尔的全部思想都和他的个人生活和体验紧密相连，他的许多著作实际上都在不同程度上带有精神自传的性质，从中我们可以聆听到他在各种生活境况下的内心的独白和生命的呼唤。他自己曾坦率地承认，“我所写的一切，其论题都仅仅是而且完全是我自己”。因此，要理解他的哲学，首先需要弄清楚他究竟是个什么样的人，在他的短暂的生命中究竟发生过一些什么样的事，对他的思想和性格的形成和发展又产生了什么样的影响。

关于克尔凯郭尔个人生活的传记材料，应该说是相当丰富的。西方学者们在这方面已经写过不少著作，而且至今仍然是研究的热门题目。克尔凯郭尔本人仿佛早已预见到这一点，他在《日记》中说过，不仅他的著作，而且连同他的生活，都将成为许多研究者的主题。在他生前出版的大量著作中有不少是以个人生活经历和体验为背景的，此外他还留下了篇幅浩瀚的日记和札记，这些资料不仅是他生活的真实记录，而且是他的心灵的展示。他虽然生活在拿破仑后欧洲发生剧变的时代，却一直藏身于自己的小天地里，很少参与社会活动，不过用他自己的话来说，“在别人看来也许是区区小事，对我来说却是具有重要意义的大事”。他孤独地生活，却不断地和周围的人们和环境发生尖锐的矛盾，在他的生活中激起一阵阵的波涛。对他的思想发展和著述活动影响最大的有四件事：作为儿子与父亲的紧张关系，从猜疑到最后和解；作为恋人与未婚妻关系的破裂；作为作家与报刊的论争以及作为反叛的基督徒与教会的冲突。

1813 年克尔凯郭尔生于哥本哈根的一个富商之家，他从小娇生惯养，过着优裕的生活，却从来没有感到童年的欢乐，他是作为一个不幸的儿童而成长起来的。这一方面是由于他生来就有生理上的缺陷，使他自己不能像别人一样参加各种活动而深感痛苦，用他自己的话来说，痛苦的原因就在于“我的灵魂和我的肉体之间的不平衡”。但另一方面更重要的是由于他从父亲那里所受的家庭教育。他的父亲马可·克尔凯郭尔出身贫寒，没有受过多少教育，依靠个人奋斗和机遇，由一名羊倌而经商致富，成为首都颇有名气的暴发户。这位老人以旧式家长的方式治家甚严，他笃信宗教，对子女们从小进行严格的宗教教育，教他们要敬畏上帝，向他们灌输人生来有罪，而耶稣的慈悲就在于为人们承担罪恶，被钉上十字架来人为赎罪这一套基督教思想。这在未来哲学家的幼小的心灵上打下了不可磨灭的深刻烙痕，既使他终身成为虔信的基督徒，又在他的内心深处播下了叛逆的种子。克尔凯郭尔后来批评他父亲的这种宗教教育方式是“疯狂的”、“残酷的”，他常说，他是没有真正的童年的，当他生下来的时候就已经是一个老人了。他回忆说，“从孩子的时候起，我就处于一种巨大的忧郁的威力之下……没有一个人能够知道我感到自己多么不幸”。“作为一个孩子，我是严格地按基督教精神受教育的：以人来说，这是疯狂地进行教育……一个孩子疯狂地扮演一个忧郁的老头。真可怕啊!”问题还不在于严格的宗教灌输，而在于他这个早熟的儿童以特有的敏感觉察到在他父亲表面的宗教虔诚底下掩盖着什么见不得人的秘密，一种有罪的负疚感在折磨着父亲，使之长期处于某种不可名状的忧郁之中。他说，他父亲是他见过的世上“最忧郁的人”，又把这全部巨大的忧郁作为遗产传给了他这个儿子。他曾在《日记》中写道，有一次父亲站在儿子面前，瞧着他，感到他处于很大的苦恼之中，就说："'可怜的孩子，你是生活在无言的绝望中啊'。"父亲的隐私究竟是什么，克尔凯郭尔始终没有明说，但有一次从他父亲醉酒后吐露的真言中多少知道了事情的真相，他对父亲的道德行为和宗教信仰之间的矛盾深感困惑和痛苦，这种对父亲的猜疑和不信任造成了他的沉重的精神负担，给他的一生蒙上了阴影。他自己这样说过，"我的出生是犯罪的产物，我是违反上帝的意志而出现于世的"。

克尔凯郭尔一家从 1832 年起接二连三地发生不幸事件，在两年多的时间内家庭主妇和三个儿女陆续去世，只剩下年迈的父亲和两个儿子。这对这位老人来说自然是莫大的精神打击，过去他一直认为自己是幸运儿，上帝保佑他发财致富并有一个舒适的幸福家庭，现在则认为无论财富、名望或自己的高龄，都是上帝借以惩罚他的有意安排，要他眼看着妻子儿女一个个地先他而死去，落得孤零零地一个人留在世上受折磨。他觉得自己是盛怒的上帝手心里的一个罪人，成天生活在恐惧中，并预感到他的还活着的两个儿子也将遭到不幸。家庭的变故和父亲的悲伤心情也同样使克尔凯郭尔受到了严重的精神创伤，他把这称之为"大地震"。在他的《日记》中记述说，那里发生了大地震，"于是我怀疑我父亲的高龄并非上帝的恩赐，倒像是上帝的诅咒"，"我感到死的寂静正在我周围逼近，我在父亲身上看到一个死在我们所有女子之后的不幸者，看到埋藏他的全部希望的坟墓上的十字架墓碑。整个家庭必定是犯了什么罪，而上帝的惩罚必定降临全家；上帝的强有力的手必然会把全家作为一次不成功的试验而扫除掉"。他相信父亲的预言，就是所有的女子都至多活三十三岁，他自己也不例外。实际上他虽然照样享受着愉快的生活，内心里的痛苦和折磨却使他甚至起过自杀的念头。在《日记》里有这样一段话："我刚从一个晚会问家，在那里我是晚会的生命和灵魂；我妙语连珠，脱口而出，每个人都哈哈大笑并称赞我，可是我却跑掉了……我真想开枪自杀。”克尔凯郭尔父子之间的紧张关系曾导致父子分居，但父亲作了很大努力去改善关系，向儿子作了坦诚的忏悔，儿子深受感动，与父亲重新和解，并更加坚信上帝确实存在。双方和解后不久，父亲就去世了。克尔凯郭尔在《日记》中写道：“我的父亲在星期三（9 日）凌晨 2 时去世。我多么希望他能再多活几年呀，我把他的死看做他为了爱我而作出的最后牺牲；因为他不是离我而死去，而是为我而死的，为的是如果可能的话使我能成为一个重要的人。”

他说，从父亲那里继承得来的所有东西中，对父亲的追忆是最可珍爱的，他一定要把它秘密保存在自己的心里。我们在他的许多著作中都能发现这种特殊的父子关系所留下的深深的印痕，这是解读他的哲学思想时必须密切注意的。

除了父亲以外，对克尔凯郭尔的一生发生重大影响的是一位姑娘雷吉娜·奥尔森，他们之间的短暂而不幸的恋爱，在哲学家的脆弱的心灵上造成了永远不能愈合的创伤。他初次邂逅雷吉娜是在 1837 年，当时他正处于自我负罪感的精神痛苦中，结识这位少女给了他重新获得幸福的希望。据他自己说，他一开始就感到“我和她有无限大的区别”，然而在结识她之后的半年内，“我在自己心里充满着的诗情比世界上所有小说中的诗情加在一起还多”。父亲死后，他下定决心向她求婚并得到同意，他感到自己无比幸福，后来他写道：“生活中再没有比恋爱初期更美好的时光了，那时每一次会面、每看一眼都把某种新东西带回家去而感到快乐。”但这种幸福感很快就消逝了，他说，在订婚后的第二天，“我内心里就感到我犯了一个错误”，悔恨不已，“在那个时期内，我的痛苦是笔墨难以形容的”。

克尔凯郭尔究竟为什么刚订婚后就反悔，他自己并没有说得很清楚，看来这主要是由于心理上的原因。经过短暂的幸福，他又陷于不可克服的忧郁之中。雷吉娜对此也有所察觉，常对他说：“你从来没有快乐过，不管我是否同你在一起，你总是这个样子”。但她确实爱上了他，甚至几乎是“崇拜”他，这使他深为感动。他认为，如果他不是一个忏悔者，不是这样忧郁，那么同她结合就是梦寐以求的无比幸福的事了。可是这样就必须对她隐瞒许多事情，把婚姻建立在虚伪的基础上，这不可能使他心爱的人幸福。因此他竭力设法解除婚约，雷吉娜却不愿与他分手，再三恳求他不要离开她。他却克制内心的痛苦，不为所动，坚决退回了订婚戒指，并写信请求她“宽恕这样一个男人，他虽然也许能做某些事，却不可能使一个姑娘获得幸福”。后来他自己说，“这真是一个可怕的痛苦时期：不得不表现得如此残酷，同时又像我那样去爱”。据他在《日记》里的记述，在分手后他哭了整整一夜，但第二天却又装得若无其事和往常一样。他时刻想念雷吉娜，每天为她祈祷。后来雷吉娜另嫁别人，而克尔凯郭尔始终保持独身，对她一直不能忘怀。他说：“我爱她，我从来没有爱过别人，我也永远不会再爱别人”，“对我来说，只有两个人有如此重要的意义，那就是我已故的父亲和我们亲爱的小雷吉娜，在某种意义上，她对我来说也已经死了”。直到他们解除婚约五年后，他还在《日记》中写道：“没有一天我不是从早到晚思念着她”。三年后他又说：“是的，你是我的爱，我惟一的爱，当我不得不离开你时，我爱你超过一切”。其间他也曾试图与雷古娜恢复关系，但未能成功，终于他意识到他已永远失去了她。他说：“我失去了什么？我失去了惟一的爱。”于是他才倾全力于著作活动，他在《日记》中明确指出自己写作的目的就是为雷吉娜：“我的存在将绝对地为她的生活加上重音符号，我作为一个作家的工作也可以被看作是为了尊敬和赞美她而树立的纪念碑。我把她和我一起带进了历史。”他说，抛弃了雷吉娜，他不仅选择了“死亡”，而且选择了文学生涯，“是她使我成为一个诗人”，他的遗愿就是死后把他的著作献给雷吉娜以及他已故的父亲。他抱着这样的心情拼命写作，有的著作实际上是为了向雷古娜倾诉衷肠，是给她的“暗码通信”，如果不了解其背景，别人是难以充分理解的。

前面我们着重叙述了克尔凯郭尔和父亲的关系以及他的爱情

悲剧，因为这对于理解这位哲学家其人及其著作是至关重要的，也正是因为他有了这样的生活经历和生存体验才使他成为黑格尔所说的“这一个”，而具有与众不同的独特的个性。他说：“如果有人问我，我是怎样被教育成一个作家的，且不说我和上帝的关系，我就应该回答说，这要归功于我最感激的一位老人和我欠情最多的一位年轻姑娘……前者以他的高尚智慧来教育我，后者则以她那种缺乏理解的爱来教育我。”他还特别强调，他之所以能成为一个作家，正因为他失去了雷吉娜，如果他和她结了婚，他就永远不会成为他自己了。他注定不能享受家庭幸福，他是一个正如他自己所说的“最不幸的人”。

在克尔凯郭尔失恋以后，他的创作活动达到了高潮，在短短的几年内完成并出版了十几部著作。由于他继承了巨额遗产，可以自费出版自己的著作，使他的思想成果得以留传于世。但是，当时他的著作却没有多少读者，有的重要代表作仅销售数十册，社会影响也微不足道。克尔凯郭尔自己曾提到，《哲学片断》一书出版后，始终无人注意，没有一处发表评论或提到它。他为得不到人们的理解而深感痛苦，他说，“本来我写这些东西似乎应该使顽石哭泣，但它们却只是使我的同时代人发笑”。但他一向自视甚高，认为自己富有天才，曾这样写道，“我作为一个作家，当然使丹麦增光，这是确定无疑的”，“虽然在我的时代无人理解我，我终将属于历史”。

克尔凯郭尔原以为自己只能活到三十三岁，因此他把出版于1846年的《〈哲学片断〉一书的最后的非学术性附言》当作自己“最后的”著作而倾注了全部心血。他感谢上帝让他说出了自己需要说的话，觉得在哲学方面已经不需要再写什么别的了。他本打算就此搁笔，隐退到乡村里当一个牧师了此一生。结果却出乎他自己的预料多活了九年，而且又重新拿起了笔，原因是他同报刊发生冲突，进行了一场论战，即所谓“《海盗报》事件”，这对他的晚年生活起了相当大的影响。

在当时的丹麦，《海盗报》是由青年诗人哥尔德施米特创办的一家周刊。就其政治倾向来说，《海盗报》站在自由主义立场上用嘲笑和讽刺的方法抨击专制保守和落后的社会现象，但刊物的格调不高，经常利用社会上的流言蜚语，揭发个人隐私，进行人身攻击。这份周刊在一般公众中很受欢迎，发行量相当大。哥尔德施米特在该刊上发表了一篇赞扬克尔凯郭尔的文章，却引起后者极度不满。克尔凯郭尔认为《海盗报》是专门迎合低级趣味的刊物，受到它的赞扬实无异于对他的莫大侮辱，于是他公开在报上发表文章尖锐地批评和揭露《海盗报》，由此引发了该报的全面反击。差不多在 1846 年整整一年内，《海盗报》连篇累牍地发表攻击克尔凯郭尔的文字，对他的为人竭尽揶揄讥讽之能事，甚至就他的生理缺陷、服饰、家产、生活习惯等大做文章，并配以漫画。那时漫画还是颇为新鲜的东西，上了漫画也就成为公众的笑料。这深深地伤害了克尔凯郭尔的自尊心，甚至他在街上也成为顽童们奚落嘲弄的对象。他原先以为在笔战中会得到一些人的支持，但无情的现实却使他极度失望。他不仅没有获得人们的同情，反而感到人们因他受嘲弄而幸灾乐祸。他在《日记》中说，“我是受嘲笑的牺牲者”。他觉得自己处于极端孤立的境地，面对着广大的情有敌意的公众，他说，“如果哥本哈根曾有过关于某人的一致意见，那么我必须说对我是意见一致的，即认为我是一个寄生虫、一个懒汉、一个游手好闲之徒、一个零”。又说：“对于全体居民来说，我实际上是作为一种半疯癫的人而存在的。”在这种情况下，他不愿与人来往，性情也更孤僻了，当他每天上街作例行的散步时，惟一“忠实的朋友”就是他随身携带的一把雨伞。

《海盗报》事件使克尔凯郭尔得出结论，认为一般人都没有独立的主见，在所谓舆论、报刊的影响下，人人就完全被淹没在“公众”之中了。在他看来，多数人总是错的，真理只是在少数人手里。因此，他因自己的孤独而感到骄傲。正如他自己所描写的那样，“我就像一株孤独的松树，自私地与世隔绝，向上成长，站在那里，甚至没有一个投影，只有孤单的野鸽在我的树枝上筑巢。”不过这一事件也使他改变了想隐退去当乡村牧师的想法。“一个人让自己被群鹅活活地踩死是一种缓慢的死亡方式”，他不愿意这样地去死，他觉得他的任务还没有完成，还得“留在岗位上”继续写作。不过从1847年起，他的著作的性质发生了很大变化，由前一时期主要探讨美学的、伦理的和哲学的问题完全转向了宗教的领域。

1847年5月5日，克尔凯郭尔过了三十四岁生日，当天他写信给哥哥，对自己居然还活着表示惊讶，甚至怀疑自己的出生日期是否登记错了。过去他从未认真考虑过三十三岁以后应该做什么，现在他活了下来，怎么办？这是他面临的新问题。他感到上帝可能有意赋予他特殊使命，让他为了真理而蒙受痛苦，同时作为真理的见证人而向他的同时代人阐明什么是基督教信仰的真义。怀着这样的使命感，他写了一系列“宗教著作”。他在说明自己作为一个作家的观点时说，他“从来也没有放弃过基督教”。这确实是真的，不过他对基督教和怎样做一个基督徒有他自己独特的理解，不仅和官方教会的正统观点不同，有时甚至公开唱反调。随着他的“宗教著作”的陆续出版，他和教会的分歧和矛盾就越来越尖锐化，终于爆发为公开的冲突。他激烈地批评丹麦教会，要求教会当局公开承认自己违背了基督教的崇高理想并进行忏悔。他指责教会已不再能代表《新约》中的基督教，认为他们的讲道不符合真正的基督教精神。他觉得对这种情况再也不能保持沉默，必须予以无情的揭露，同时要向公众阐明怎样才能做一个真正的、而不是口头上的基督徒。这就导致他和教会的关系彻底破裂。

克尔凯郭尔生命的最后一年是在同教会的激烈对抗中度过的。过去他写的大部头宗教著作，很少有人认真阅读，因此一般公众并不十分了解他在思想上与教会的严重分歧。于是他改变方式，在短短几个月内接连在报刊上发表了二十一篇文章，还出版了一系列小册子，并一反以往喜欢用笔名的习惯做法，都署自己的真名发表。这些文章和小册子短小精悍，通俗易懂，没有多少高深的理论，但批判性和揭露性很强。他公然向教会的权威挑战，指名批判自己过去的老师、新任丹麦大主教马腾森，对教会进行的宗教活动以及教士们的生活、家庭和宗教职务都极尽讽刺挖苦之能事，甚至公开号召人们停止参加官方的公共礼拜，退出教会。但是，克尔凯郭尔并未达到预期的目的，他全力发动攻击，马腾森和教会当局却始终保持沉默，轻蔑地置之不理，他企图唤起人们反对教会也徒劳无功，除了得到少数年轻人同情外，遇到的只是公众的冷漠和敌意。他大失所望，再次陷于孤立的困境，在这个时期内他拒不见客，与外界断绝往来。他的惟一在世的哥哥彼得那时在教会中已身居要职，他们之间的最后一点兄弟情谊也就此终结了。

1855 年 10 月 2 日，克尔凯郭尔在外出散步时发病被送往医院救治，他自己意识到末日将临，说“我是到这里来死的”。在医院里，他拒绝了哥哥彼得的探视，拒绝从神职人员那里领受圣餐。他同意童年时期的朋友波森来探望，波森问他还有什么话想说，他起初说“没有”，后来又说：“请替我向每一个人致意，我爱他们所有的人。请告诉他们，我的一生是一个巨大的痛苦，这种痛苦是别人不知道和不能理解的。看起来我的一生像是骄傲自大和虚荣的，实际上却并非如此。我不比别人好。我过去这样说，而且总是这样说的。我在肉中扎了刺，因此我没有结婚，也不能担任公职。”在去世前，他还向人表示，他对自己所完成的工作感到幸福和满足，惟一感到悲哀的是他不能和任何人分享他的幸福。他就这样离开了人世，终年四十二岁。这个反叛的基督徒的葬礼还为教会制造了最后一次麻烦，他的外甥带领一批青年学生抗议教会违背死者的意愿，擅自决定由牧师主持葬礼。葬礼只得草草结束，他被安葬于家庭墓地，但却没有设立墓碑。过去他在《日记》里曾写道，在英国某地，有一块墓碑上只刻着“最不幸的人”这几个字，可以想像并没有人埋藏在那里，“因为这墓穴是注定为我而准备的”。结果却是他死后墓地上连这样的一块墓碑也没有。他的遗嘱指定他把所剩无几的遗产赠给他念念不忘的雷吉娜，也遭到她的拒绝。直到半个世纪以后，年迈的雷古娜才说出了真心话："他把我作为牺牲献给了上帝"。

综观克尔凯郭尔短促的一生，他的生活经历虽然没有戏剧性的情节，其内在的精神发展却充满矛盾、冲突、痛苦，有着无比丰富复杂的刻骨铭心的人生体验，迫使他深入地思考和探索在这个世界上生存的意义和个人的价值，这些都体现在他的哲学和宗教思想里。他虽然总是从他个人的视角和以他个人的独特方式去对待这些问题，而这些问题是现代社会里的人普遍关心和感兴趣的，因此具有现代的意义。这也就是我们今天仍然需要认真研究克尔凯郭尔的原因。

本选集的出版得到了丹麦克尔凯郭尔研究中心的资助，特此致谢。

天才释放出的尖利的闪电
——克尔凯郭尔简介

尼尔斯·扬·凯普伦

“天才犹如暴风雨：他们顶风而行；令人生畏；使空气清洁。”这是索伦·克尔凯郭尔在1849年的一则日记中所写下的句子。他自视为天才，而且将自己的天才运用到“做少数派”的事业之上。他总是顶风而行，与社会的统治力量及其教育体制相对抗，因为他认为“真理只在少数人的掌握之中”。为了与抽象的“公众”概念相对，他提出了具体的“单一者”（den Enkelte）的概念。

索伦·克尔凯郭尔是丹麦神学家、哲学家和作家，他出生于1813年5月5日，是家中7个孩子当中最小的一个。他在位于哥本哈根市新广场的家中度过的特殊的青少年时期受到了其父浓厚的虔敬主义和忧郁心理的影响。1830年他完成了中等教育，旋即被哥本哈根大学神学系录取。很快地，神学学习就让位给文学、戏剧、政治和哲学，让位给一种放荡的生活，而后者部分的是出于他对家中严苛而阴暗的基督教观念的反抗。但是，1838年5月他经历过一次宗教觉醒之后，加之他的父亲于同年8月辞世，克尔凯郭尔返归神学学习之中，并于1840年7月以最佳成绩完成了他的神学课程考试。

两个月之后，克尔凯郭尔与一位小他9岁的女孩雷吉娜·奥尔森订婚。但是，随后“从宗教的角度出发，他早在孩提时起就已经与上帝订婚”，因此他无法与雷吉娜完婚。经过了激烈的暴风雨式的13个月之后，1841年10月，他解除了婚约。这次不幸的爱情在克尔凯郭尔日后的生活道路中留下了深刻的痕迹，同时它也促使克尔凯郭尔以1843年《非此即彼》和《两则陶冶性讲演》两本书的出版而成为一名作家。

其实，早在1838年，克尔凯郭尔就出版了自己的第一本书《尚存者手记》。这是针对安徒生的小说《仅仅是个提琴手》的文学评论。丹麦作家安徒生（1805—1875）曾创作了少量的几部小说、一些游记作品、歌剧脚本、舞台剧本以及大量的诗歌，但他最终以童话作家的身份享誉世界。克尔凯郭尔认为，《仅仅是个提琴手》在艺术上是失败的，因为它缺乏了某种“生活观”（Livs-Anskuelse）。在其处女作发表几年之后，1841年，克尔凯郭尔以题为“论反讽概念”的论文获得了哲学博士学位（magistergrad）[①]，论文对“反讽”进行了概念化的分析，其中“反讽”既得到了描述，又得到了应用。

克尔凯郭尔就哲学、心理学、宗教学以及基督教所发表的作品大致由40本书以及数量可观的报刊文章组成，这些作品可以被划分为两大阶段：1843—1846年和1847—1851年。除《非此即彼》以及合计共18则陶冶性讲演之外，第一阶段写作出版的作品还有《重复》、《畏惧与颤栗》、《哲学片断》、《恐惧的概念》、《人生道路诸阶段》和《对〈哲学片断〉所做的最后的、非学术性的附言》；其中出版于1846年的《附言》一书成为区分两阶段的分水岭。所有的陶冶性讲演是克尔凯郭尔用真名发表的，其余作品则以笔名发表，如Constantin Constantius，Johannes de silentio，Vigilius Haufniensis，Johannes Climacus。克尔凯郭尔写作的第二阶段即基督教时期发表有如下作品：《爱的作为》、《不同情境下的陶冶性讲演》、《基督教讲演》、《致死的疾病》、《基督教的训练》。这一阶段的作品除了后两部以Johannes Clima-

① 在现代丹麦的学位制度当中，magister对应于Master's Degree（硕士学位），但是在历史上，magistergrad却是哥本哈根大学哲学系的最高学位，自1824年以来它对应于其他系科的doktorgrad（博士学位），1854年该学位被废除。（译者注）

cus 的反对者 Anti-Climacus 发表之外，其余作品均以克尔凯郭尔的真名发表。

此外，克尔凯郭尔还写有大约充满 60 个笔记本和活页夹的日记。这些写于 1833—1855 年的日记带有一种与日俱增的意识，即它们终将被公之于众，而这些日记使我们得以窥见克尔凯郭尔所演练的“在幕后练习台词”的试验。与其发表的作品一样，克尔凯郭尔的日记在 1846 年前后也出现了一个变化。写于 1846 年之前的日记表现的是在其发表作品背后的一种文学暗流。这些日记无所拘束、坦白、充满试验性，折射出那个年轻且充满活力的作家的洞察力。那些简短的描述和纲要、观察笔记、释义段落，它们充斥着前后彼此的不一致，它们相互之间以及与作者的生活之间存在着或合或离的关系。而写于 1846 年之后的日记——它们由 36 个同样的笔记本、共计 5700 个手写页组成，其内容则成为内向性的自我萦绕和一种自我申辩。其间，克尔凯郭尔一直在诠释着和讨论着他已发表的作品，反思这些作品及其作者在现时代的命运。

在克尔凯郭尔的写作当中，在很大范围内也在其日记当中，他描述了生存的诸种可能性，尤其是三种主要阶段，对此他称为“生存的诸境界”（Existents-Sphærer），即审美的、伦理的和宗教的境界。他的基本观点在于说，每个人首先必须或者说应该——因为并非每个人都能做到这一点——使自身从被给定的环境当中、从其父母和家庭当中、从其所出生和成长的社会环境当中分离出来。然后，他必须开始历经生存的各个阶段（Eksistensstadier），在此进程之中他将获得其永恒的有效性，成为一个独立的个体（individ）。这个个体将成为其自身行动的主体，进而将成长为一个独特的、负有伦理责任的人。直到最终，在负罪感的驱使之下，伦理的人将步入宗教境界。克尔凯郭尔年仅 22 岁的时候就已经对此主题发表了自己的看法，首先是涉及他自己，同时也关涉所有的人。他试图明白，生活对他而言意味着什么。在 1835 年的一则日记中他这样写道：

“一个孩子要花些时间才能学会把自己与周围的对象区分开，在很长一段时间内他都无法把自己与其身处的环境区别开来，因此，他会强调其被动的一面而说出，例如，‘马打我’（mig slaaer Hesten）这样的句子来。同样，这种现象将在更高的精神境界当中重现。为此我相信，通过掌握另一个专业，通过把我的力量对准另外一个目标，我很可能会获得更多的心灵安宁。在一段时间内这样做可能会起作用，我可能会成功地将不安驱赶出去，但是毫无疑问，这不安仍将卷土重来，甚至更为强烈，如同在享受了一通冷水之后迎来的是高烧一样。我真正缺乏的是要让我自己明白，我应该做些什么，而非我应该知道些什么，尽管知识显然应该先于行动。重要的是寻找到我的目标，明确神意真正希望我所做的；关键在于找到一种真理，一种为我的真理，找到那种我将为之生、为之死的观念。”（日记 AA：12）而当一个人找到了这样的真理的时候，这真理只为那个具体的人而存在，这人也就获得了内在的经验。“但是”，克尔凯郭尔提醒说，“对于多少人而言，生活中诸种不同的印迹不是像那些图像，大海在沙滩上把它们画出就是为了旋即将它们冲刷得无影无踪”。

这个真理，这个我作为一个独特的人应该寻找并且使之成为为我的真理，它在这个意义上来说是主观的，即我是作为主体的我在选择它。再进一步说，它还在这个意义上来说是主观的，即我应该以它为根据改造我的主体性和我的人格，应该根据它去行动。根据克尔凯郭尔，真理永远是处于行动中的，因此他还强调我应该做什么。在上述背景之下，很多年之后，克尔凯郭尔在他的主要哲学著作《附言》当中提出了“主观性即真理”的命题。这个命题不应该被理解成在独断的或者相对的意义上说真理是主观的，似乎此真理能够与彼真理同样好。恰恰相反在克尔凯郭尔看来，生存中存在着一种绝对的真理，一种永恒有效的真理，正是这种真理才是作为主体的我、作为个体的我要去参与的；当我选择的时候，它就应该成为为我而存在的真理。不仅如此，当我选择那个永恒有效的真理的时候，我要占有这真理，根据它改造作为主体的我，把它作为我的所有行动的绝对准则。

假如这一切并未发生，假如我的生活纠缠在诸多独断的真理之中并且远离了我的规定性的话，那么只有一种可能性，就是沿着我曾经向前走过的同一条路倒着走回去。克尔凯郭尔曾运用了一个取自古老传说中的意象。传说中有一个人着了一支乐曲的魅惑，为了摆脱音乐的魔力，他必须将整支曲子倒着演奏一遍。“一个人必须沿着他所由来的同一条道路倒行，犹如当把乐曲准确地倒着演奏的时候魔力就被破除了的情形一样（倒退的）。”（日记 AA：51）

假如我并未返回出发点以便找到那条通往真理的正确道路，而是使我的生活纠缠在那些独断的真理之中的话，那么我将陷入沮丧之中。有这样一种情形：我有一种强烈的愿望，但我并不知道我所希望的到底是什么，也没有准备好调动我的力量去发现之，因为那将意味着我必须使自己从那种我曾经纠缠其中的生活当中挣脱出来，于是我便无法去希望。克尔凯郭尔把这样的一种情形称为“忧郁”（tungsind）。

“什么是忧郁？忧郁就是精神的歇斯底里。在一个人的生活中会出现一个瞬间，当此之时，直接性成熟了，精神要求一种更高的形式，其中精神将把自身视为精神。作为直接性的精神而存在的人是与整个世俗生活联系在一起的，但是现在，精神将使自身从那种疏离状态中走出来，精神将在自身当中明白自己；他的人格将会在其永恒有效性内对自身有所意识。假如这一切并未发生，运动就会终止，它将被阻止，而忧郁也由此介入。人们可以做很多事情以试图忘掉它，人们可以工作……但是，忧郁仍然在那里。

“在忧郁当中有着某种无可解说的东西。一个悲伤或者担忧的人是知道他为什么悲伤或者担忧的。但是倘若你询问一个忧郁的人，问他为什么会忧郁，是什么压在他的身上，他将会回答你说，我不知道，我无法解释。忧郁的无限性就在这里。这个问答是完全正确的，因为他一旦知道他因何而忧郁，忧郁就被驱除了；可是那个悲伤者的悲伤绝不会因为他知道自己因何悲伤而被驱除。但是，忧郁是罪（Synd）……它是那种没有深刻地、内在性地去希望的罪，因此它是众罪之母……可是一旦运动开始了，忧郁就会被彻底驱除，同时就同一个个体而言，他的生活仍然可能带给他悲伤和担忧。”

在《非此即彼》当中，克尔凯郭尔曾这样写道：“很多医生认为忧郁存在于肉体之中，这一点真够奇怪的，因为医生们无法将忧郁驱除。只有精神才能驱除忧郁，因为忧郁存在于精神当中。当精神找寻到自身的时候，所有微不足道的悲伤都消失了，据很多人说产生忧郁的根源也消失了——这根源在于说，他无法在这个世界上立足，他来到这个世界太早或者太晚了，他无法在生活中找到自己的位置。那个永恒地拥有自身的人，他来到这个世界既不太早也不太晚；那个居于其永恒当中的人，他将会在生活当中发现自己的意义。”（SKS 3，pp. 183—184）

有了对忧郁的如是理解，克尔凯郭尔提出了另一个重要的概念：恐惧（angst），在其心理学著作《恐惧的概念》当中他对这个概念做出了阐发。在书中，假名作者 Vigilius Haufniensis 描述了恐惧的诸种现象并且发问道，恐惧或者毋宁说一个人会变得恐惧的事实会揭示出人是什么呢？对此他回答说：人是一个与成为他自己这一任务密不可分的自我。这位假名作者还描述了这项任务失败的原因，因为个体不仅仅在因善而且也在因恶的恐惧当中受到了束缚，最终，他陷入了妖魔式的内敛当中。

而恐惧又引发出了另一个新的概念：绝望（Fortvivlelse），对此克尔凯郭尔让其身为基督徒的假名作者 Anti-Climacus 在《致死的疾病》一书中做出了分析，该书与《恐惧的概念》相呼应。正是 Anti-Climacus 表达了克尔凯郭尔关于人的最终的观念：人是一个综合体，是一个在诸多不同种的尺度（Størrelse；对应于德文 Grösse）之间的关系，例如时间性与永恒性、必然性与可能性，但是它却是一种与自身发生关联的关系。在书的第一部分中，Anti-Climacus 通过对绝望的不同形式的描述展开了这一观念，在此绝望被理解为人不愿成为自我。在书的第二部分中，作者深入阐明了他对绝望的理解，他认为绝望是罪，以此，他与《恐惧的概念》一书中关于罪的理论相呼应。于是，绝望成了经强化的沮丧，或者是以上帝为背景而思想时的沮丧，也就是说，一个人不愿意成为如上帝所创造的那样的自我，不愿去意愿着或者执行上帝的意志。“心的纯洁性在于意愿一（件事）”，而这个“一”最终就是上帝。

那个意愿着上帝并且因此也意愿着成为如上帝所创造的自我一样的人；那个不再与上帝和其自身相疏离的人——处于这种疏离状态的人或者处于在罪过（Skyld）的封闭的禁锢当中，或者处于关于自我的梦想的非现实的理想图景当中；那个人将真正地走向自我，他将与自我和自我同一性共在，因此，他将在场于生活的实在的场中。克尔凯郭尔在其成文于 1849 年的三则审美性的、关于上帝的讲演《田野的百合与空中的飞鸟》中这样写道：“什么是快乐，或者说快乐是什么？快乐也就是真正地与自我同在，而真正地与自我同在指的就是那个‘今天’；在（være）今天，其实就是指在今天。它与说‘你在今天’，与说‘你与你自身就在今天同在’，说‘不幸的明天不会降临到你的头上’同样正确。快乐指的就是同在的时间，它所着力强调的是同在的时间（den nærværende Tid）。因此上帝是幸福的，作为永恒的存在他这样说：今天；作为永恒的和无限的存在，他自身与今天同在。”（SV14，160）

克尔凯郭尔在第一阶段的写作中完成了对三种人性的“生存境界”的描述之后，在第二阶段中他指出了在与基督教的关系之下这三种境界的不足之处。一个人要成为一个真实的自我，首先要通过作为上帝所创造的产物而与上帝建立关联。一个人要成为真正的自我，他首先要认识基督并且使他的罪过得到宽恕。但是，在认识之前同样需要行动。因此，真理总是在行动中的真理，正如信仰总是在作为（Gjerninger）中的信仰一样。

在第二阶段的写作当中，对人性的和基督性的理解同时得到了强化。克尔凯郭尔进一步强调，那个决定性的范畴即在于单个的人，即“那个单一者”（hiin Enkelte）；但是与此同时，他也越来越强调一种以宗教为根基的对于人与人之间的平等关系的把握。这一点与他对于所处时代的不断成熟的批评是并行的。1846年，克尔凯郭尔发表了题名为“文学评论”的作品，对一位年长于他的同时代丹麦作家托马西娜·伦堡夫人（1773—1856）的小说《两个时代》做出了评论。其间，克尔凯郭尔赋有洞见地总结了那个日益进步的现代社会的特征，表达了他的政治和社会思想，指出当今时代呈现出一种平均化和缺乏激情的倾向。

克尔凯郭尔自视自己是一位以“诠释基督教”为己任的宗教作家。他将“清洁空气”，他将把所有的幻象和所有的虚伪都剥除净尽，并且返回“新约的基督教”。在此背景之下，他在自己生命的最后几年当中对丹麦的官方所宣称的基督教以及基督教权威机构展开了攻击。1854 年年底，克尔凯郭尔以在名为“祖国”的报纸上所发表的一系列文章开始了他针对教会的战斗。继而，这场战斗又继续在更强烈、更激进的新闻性小册子《瞬间》（共计 9 册）当中进行。

1855 年 10 月，克尔凯郭尔在街头摔倒了，他病入膏肓，精力耗尽。他被送往了弗里德里克医院（地址即今天的哥本哈根市工艺美术博物馆），11 月 11 日，他在那里告别了人世。

克尔凯郭尔在 19 世纪末 20 世纪初之际被重新发现，并且在第一次世界大战之后获得了广泛的国际声誉。他成为辩证神学、存在哲学以及存在神学的巨大的灵感源泉。自 20 世纪 60 年代至80 年代中期这段时间里，克尔凯郭尔（研究）一度处于低潮。自那以后，克尔凯郭尔获得了巨大的复兴，不仅在学者和研究者中间，而且还在一个更为广泛的公众当中；这种复兴不仅发生在丹麦国内，而且还发生在国际上，包括很多东欧社会主义国家。

这种重新焕发的对于克尔凯郭尔的兴趣反映了一种崭新的对生存进行全面理解的愿望，人们希望在当今众多相对的、划时代的，以及由文化决定的真理之外寻求到一种可能的永恒真理。这种探求不仅仅在知识—哲学的层面之上，而且还应落实到伦理—生存的层面之上。这种寻求还与寻找对个体的意义、伦理学的基础以及宗教与社会的关系这些根本性问题的新的解答联系在一起。

“有两种类型的天才。第一种类型以雷声见长，但却稀有闪电。而另一种类型的天才则具有一种反思的规定性，借此他们向前推进……雷鸣声回来了，闪电也非常强烈。以闪电的速度和准确性，他们将击中那些可见的每一个点，而且是致命的一击。”毫无疑问，克尔凯郭尔属于后一种类型的天才。

（王　齐 译）

译者的话

这次翻译《非此即彼》所用的丹麦语版本是索伦·克尔凯郭尔研究中心1997年的版本。在翻译过程中使用的对照版本是Howard V. Hong在1987年出版的英文版本和Alexander Michelsen und Otto GleiB在1885出版的德文版本。在翻译临近结束的时候，我获得研究中心Niels Jørgen Cappelørn先生的帮助，他对一些疑难文字段落所作的说明使得我解开了诸多困惑的节点。而在译稿完成了之后，我与中国社科院王齐女士交流，她向我提出不少建议，其中牵涉到中国图书市场和学术界的阅读习惯。在一些细节上，我接受了王齐女士的建议而努力与国内已有的阅读习惯保持和谐。而对于一些中文日常语言里原本没有的概念，为了避免迅速阅读所造成的误解误读，译者往往宁可使用读者们不习惯的词，也不使用会导致误读而在表面上能让读者感到习惯的词。对于一些哲学上应当得到强调的一些字词的翻译①，国内已有的阅读习惯就不是翻译所关心的重点。另外，如果一些中国的文学爱好者抱怨注释太多无法直接读顺或者读懂克尔凯郭尔的哲学著

---

① 比如说，我可以用“那令人感兴趣的”作为例子，对这个概念的翻译没有考虑要照顾读者已有的阅读习惯。

从1830年前后起，“那令人感兴趣的（Det Interessante）”是一个欧洲人文阶层时常会使用的概念，它原本来自德国唯心主义的艺术理论；是对于所有刺激性的被看成是“非美的”但“令人着迷的”的艺术效果手段的公共标示。施莱格尔（Friedrich Schlegel）在《论希腊诗歌的阶段》中提出了“那令人感兴趣的（Det Interessante）”作为一种美学范畴。“令人感兴趣的”可以作为对诸如悬念、倾向、不和谐、个体矛盾性的东西、刺激性的东西、引人瞩目的东西的表达，而另外在素材和组织上也是那提纯的和反思的风格和那刺激性的新鲜性。

作，译者只能感到抱歉而爱莫能助，因为在丹麦的文学爱好者中，能够直接读顺或者读懂克尔克郭尔的哲学著作的也仅仅是少数对德国唯心主义和罗曼蒂克时代人文背景有比较全面了解的读者，而书中的大部分注释本来就是为丹麦读者提供的阅读理解上必要的辅助工具。

在这里我也说明一下。书中出现的页脚注，都是作者本来书中的注脚。尾注中带有方括号的都是丹麦文版的注释集里提供的注释。尾注中不带方括号的是译者给出的注释。

下面，我对一些翻译用词作一下大致的说明。

名词“定性”的丹麦文是 Bestemmelse，有“定立性质”的意思。“确定性”的丹麦文是 Vished、Bestemthed 等，表示确定。

形容词“正定的”的丹麦文是 positiv，为避免“肯定”这个词所引起的误解和误导，在哲学关联上常常特选此词而避用“肯定的”。意为“正面设定的”。

名词“辜”，我在文中给出了注脚。辜的丹麦文是 Skylden，英文中相近的对应词为 guilt。Skyld 为“罪的责任”，而在字义中有着“亏欠”、“归罪于、归功于”的成分，——因行“罪”而得“辜”。因为在中文没有相应的“原罪”文化背景，而同时我又不想让译文有曲解，斟酌了很久，最后决定使用“辜”。中文“辜”，本原有因罪而受刑的意义，并且有“却欠”的延伸意义。而且对“辜”的使用导致出对“无辜的”、“无辜性”等的使用，非常谐和于丹麦文 Skyld、uskyldig、Uskyldighed，甚至比起英文的 guilt、innocent、innocence 更到位。

动词“设定”的丹麦文是 sætte，对应于德语中的 setzen。德国唯心主义从费希特起一直使用的设立原则的概念。可参看费希特和谢林的体系演绎，比如说王玖兴的中译本费希特的《全部知识学基础》。

名词“权力”的丹麦文是 Magt，是支配性、决定性的力量。在一些关联中，为避免物理力量的误解和误导，必须避用其替代词“力量”。

在一些地方个别地用到的“属性”的丹麦文是 Prædikat。在逻辑学的关联中通常被译作“谓词”。在哲学中一般指用于描述一个实体的属性的环节，因此通俗地译作属性。

作为克尔凯郭尔时代审美理论的特定概念，“那喜剧的”这个词对立于“那悲剧的”。如果不强调这一对立，那么也可以译作“滑稽可笑的东西”或“滑稽可笑的成分”。

名词“承受”的丹麦文是 Liden，动名词，相当于德语中的 Leiden。动词 at lide 和名词 Lidelse 在一般的意义上是指“受苦”和“苦难”。Liden 在哲学中是“行为”、“作用”或者“施作用”的反面。在费希特的《全部知识学基础》王玖兴中译本中有相应的“活动的对立面叫做受动”的说法。

形容词名词化后的名词“那现世的”的丹麦文是 det Timelige。与“那永恒的”相对立。意为“属于时间的而不属于永恒的、属于此岸而不属于彼岸的”。时间的、人间世界的。派生名词为“现世性”Timelighed。

名词“尖矛市民”以及其衍生词。在我刚到丹麦不久，我曾以为这个词是德语的“小市民”的丹麦语化。后来在进一步阅读中才渐渐明白，克尔克郭尔的这个概念并非是简单地指“小市民”或者“小资”。许多尖矛市民往往认为自己是一个反感小市民作风、不认同小资生活的好公民。不过“尖矛市民（丹麦语 Spidsborger）”确实是作者从德语里借来的一个词（Spieβbürger）。在德语中这个词本来是指“以尖矛武装起来的公民”，他的武器就是一把 Spieβ（尖矛），保护城市是他的义务。后来这个词被德国人用来指那些目光短浅的保守的小市民（小市民的丹麦语是 Smaaborger）。但是作者使用这个词并不是带有偏见的指责或者特指“目光短浅”，作者在使用这个词的时候是给出了他赋予这个词的含义的，其所指是这样的人：他坚信自己的重要性，坚信他自己的生活就是对于那社会所定出的真与善的准则的表达，而且他认为，他自己通过他的选择会对于这真与善的准则产生影响（但是在事实上，那不是他自己在‘选择’，而是社会的准则在替他进行选择的）。尖矛市民们往往直接地将自己同一于社会的规范，并且顺从地追随社会所给定的习俗。虽然一个尖矛市民看起来可以是像一个“选择”了自己在社会中的公民义务的人，但是他和那些审美的、追求享乐的“浅薄者”相比，也没有本质的区别。有时候看起来一个尖矛市民也许是在极大的程度上投身于世事，然而在他为外在的东西忙碌的时候，他忘记了他自己的自我。在无意识中，他就根本没有脊梁去认可并作为他自己，相反他追随人众的潮流 。虽然这样一个人可以是好公民并且有益于社会，只是严格地说，他在自身之中并没有他的自我。

在《致死的病症》中，作者这样谈论尖矛市民：尖矛市民通过“自己周围的人众看齐”、通过“忙碌于各式各样的世俗事务”、通过“去变得精通于混世之道”而忘记了他自己、忘记了他（在一种神圣的意义上）自己的名字是什么、不敢信赖于自己、觉得“作为自己”太冒险而“作为一个如同他人的人”则远远地更容易和更保险、成为一种模仿、成为数字而混同在那群众之中。尖矛市民们那里有着外在的必然性，但缺乏可能性。可能性也就是从“精神匮乏的状态”中醒来的可能性。尖矛市民性是精神之缺席，而精神之缺席则是绝望的一种；因为没有想象力，尖矛市民生活在一种对于各种经验的琐碎总体中；他既可以是啤酒店老板也可以是首相。想象力能够把一个人拉出几率性而使得那种使人超越经验自足的东西成为可能，因而使人学会去希望和去畏惧。但尖矛市民恰恰没有这种想象力，并且不想要有这想象力、厌恶这想象力。如果一些事情的发生超越经验，他就会绝望。而信仰的可能性则是他所不具备的。尖矛市民性认为自己支配着可能性、把这个巨大的可塑性骗入了那几率性的圈套或者疯人院，认为自己已经将它抓了起来；它把那可能性关在几率性的牢笼之中，带来带去地展览，自欺欺人地以为自己是主人，却毫不留意到：正是因此它把它自己捕捉起来而使自己成为了那“无精神性”的奴隶，一切之中最丑恶的东西。这就是：在可能性中走迷路的人带着绝望之无畏飞舞摇荡；对之一切都觉得必然的人被压缩在绝望中对“存在”感到力不从心；那“尖矛市民性”则在精神的丧失中得到胜利。

以上是一些对概念的说明。当然还有许多别的概念也需要得到解说，而尾注给出了许多这一类解说，我就不在这里重复了。

在翻译的过程中可能免不了一些错误，因此译者自己在此译本出版之后仍然不断寻求改善。另外，如前面提及，这个版本寻求与国内已有的阅读习惯保持和谐，一些名词概念被变换为比较通俗顺口的字词，正文中的绝大部分外来语都被移入注脚，而注脚中的文字出处的原文说明都已被删除。当然，译者考虑到一些专业研究者们的需要也保存了一个名词概念没有被变换为通俗顺口字词、正文中的外来语得到保留而注脚中的文字出处的原文说明不被删除的版本。

现在，这个中文版本的《非此即彼》出版了。在这里，我向 Niels Jørgen Cappelørn 先生、王齐女士、Anne Wedell – Wedellsborg 女士、Niels Thomassen 先生和 Jørgen Hass 先生表示感谢，在我对《非此即彼》的理解过程、翻译过程和校读过程中，我曾得到他们的帮助。

2009 年 1 月

京不特

于丹麦 Odense

非　此　即　彼

——一个生命的残片

出版者：维克多·艾莱米塔[1]

（上）

包含有 A 的文稿

难道只有理性是得以受洗命名的，
难道激情就是异教徒么？

扬[2]

哥本哈根 1843 年

目　录

前　　言

我亲爱的读者，你也许在某一刻会遇上这样的情形，不禁对那著名哲学句子“那内在的就是那外在的，那外在的就是那内在的”[3]的正确性有了或多或少的怀疑。也许你自己就怀着某种秘密，对之你有着这样一种感觉：因为这秘密在它所具有的喜悦或者痛楚对你来说是太亲切了，以至于你不愿意让他人来和你共享它。也许你的生活使得你和一些人有所接触，对于他们你有着某种预感，隐约感觉到如此的某些事情是可能的，尽管你并不一定能够通过权力或者诱惑来揭示这隐秘。也许你感受到的这些情形并不对你和你的生活发生作用，然而你对这种怀疑却不陌生；它时而在你的思绪中像一种匆匆的形影飘忽而过。这样的一种怀疑来而又去，没有人知道它从哪里来或者它到什么地方去[4]。就我自己而言，我一直对哲学的这一点怀有一种异端的想法，并且因此也尽可能地习惯于自己去深思和考究；我从在这方面与我有同感的作家们那里听取了指导，简言之，我尽了我的努力来弥补那些哲学文本们所遗留下的匮乏。渐渐地，听觉对于我来说倒成了最亲密的感觉功能；因为，正如声音是那相对外在之物而言是无法比较的内在性的揭示，于是耳朵就是用来使这内在性得以被人领会的工具，而听觉就是用来获取这内在性的感觉功能的。每当我在我所见和所听之间发现一个矛盾时，我就觉得我的怀疑得到了强化，而我的观察愿望得到了放大。一个听忏悔的神父与忏悔者之间有窗格子隔开，这神父不看，他只是听。听着听着，他渐渐构想出一个与此相应的外在；这就是说，他不会进入矛盾。相反，在你同时看和听的时候则不同，你看着的是你和言述者之间的一道窗格子。就结果而言，我为在这方面进行观察而做出的努力是非常不同的。有时候我是幸运的，有时候则不，而想要在这些道路上赢得一些战利品，幸运总是一个必须被考虑进去的因素。然而我却从来没有失去继续进行我的调查研究的愿望。如果我真的在什么时候几乎对我的坚定感到了懊悔，那么一种意外幸运也就在这样的时候为我的努力进行了加冕。于是这就是一种意外的幸运，它以一种最奇怪的方式使得我拥有了这些文稿，因而我荣幸地在此向阅读着的关注者们展示这些文稿。在这些文稿中，我得到机会去审视进两个人的生活，这强化了我关于“那外在的不是那内在的”的怀疑。尤其是他们中的一个有着这样的情形。他的外在完全与他的内在相矛盾。而他们中另一个的情形在一定的程度上也是如此，只要他在一种较为无足轻重的外在之下隐藏起了一种更为意义重大的内在，那么他就是处在这样的矛盾中。

也许，考虑到顺序，我最好还是先讲述一下，我是怎样获得这些文稿的。现在算来，差不多是在七年前，我在城里的一个旧货商家那里留意到一张文书写字柜[5]，一见之下，它就吸引了我的注意力。它不是出自现代的工艺，很陈旧，但它还是吸引住了我。要解说这一印象的依据，对于我来说是不可能的，但是大多数人在他们的生命中肯定也曾经历过类似的情形。我每天的路径使我经过那旧货商和他的柜桌，在任何一天经过那里时我都从不曾放过时机盯着它看。渐渐地，这个文书写字柜在我心中有了它的故事；看着它，对于我来说成了一种必然，到最后，即使是在我有必要走另一条路的时候，我也毫不犹豫地为它的缘故而绕一段远路。由于我总这样看它，它在我心中也渐渐唤醒一种想要拥有它的愿望。其实我完全能感觉到，这是一种奇怪的愿望，既然我并不需要这家具；对于我来说，买下它就是一种浪费。正如我们所知，愿望有着一种非常诡辩性的说服力。我去了那旧货商家，推说是询问一些别的东西，在我要离开的时候，我漫不经心地就那张文书写字柜问了一个非常低的价钱。我想着，那旧货商人可能会抬价。如果是那个价，那我就占了便宜。不管怎么说，我这样做不是为了钱的缘故，而是为了要在良心上说得过去。但没有成功，那旧货商人有着一种非同寻常的坚定。又是很长一段时间，我每天都去那里，然后以一种钟情着迷的目光看着这文书写字柜。你必须下决心，我寻思着，试想一下，如果它被卖掉了，那就太晚了；哪怕你终于又找到它，你也永远得不到对它的这种印象了。在我走进旧货商家的时候，我的心狂跳着。买下了它，付了钱。这是最后一次了，我想着，你这么浪费；对了，你买下它，这恰恰是一种幸运，因为你这么老是看着它，你就该想着你曾是多么浪费，以这个文书写字柜为起点，你生活中该有一个新的段落开始了。啊，愿望有着一种非常诡辩性的说服力，那些良好的意图总是现成地摆在那里。

文书写字柜被安置在了我的房间里，正如在我爱上它的那一刻开始，从街上望着它使我喜悦，同样，我现在的喜悦是在家里经过它。渐渐地，我认识了它所有丰富的内容，它的诸多抽屉和夹层，不管怎么说，我对这柜桌只有喜欢。然而这情形并不能持续下去。在1836年夏天，我因为生意上的原因而得以旅行到乡下小住八天。邮信马车是订在五点钟。所有要用的衣物已在前一夜晚装了包；一切就绪。四点钟我就已经醒来，然而我即将要观访的那些美丽乡土使我如此迷醉，以至于我又坠入睡乡或者说梦乡。也许我的仆人想让我睡足，因为他到了六点半才叫醒我。邮信马车夫已经在那里叫唤了，虽然我一向都没有服从他人命令的习惯，对于邮信马车及其诗意的主题旋律，我总还是有所例外。我很快地穿上了衣服；当我已经站在门口时，我突然想到：你钱包里是否有着足够的钱。里面没有很多钱。我打开文书写字柜，要拉出放钱的抽屉带走其中所有的钱。看，这时这抽屉就没办法动了。想了什么办法都没用。这真是倒霉透了。恰恰是在邮信马车诱惑性的声响仍然在我耳中回响的这一瞬间，我遇上了这样的麻烦！气血上头，我恼火极了。正如薛西斯让人鞭打大海[6]，我决定进行可怕的报复。拿了一把手斧来。我对这文书写字柜砍上了不忍卒睹的一斧。不管是因为我此刻在怒火之中砸错了还是因为这抽屉和我一样顽固，反正这一斧没有达成我想要得到的效果。抽屉关着，并且继续关着。相反别的事情发生了。我不知道是因为我的一斧击中了某个机关点，还是因为文书写字柜的整体结构受震动，但我知道，一扇秘密的门被震开了，而在这之前我从不曾留意到过这扇门。它覆盖着一个贮藏处，当然这贮藏处也是我以前不曾发现的。让我特别意外的是，我在其中发现了许多文稿，这些文稿构成了本文献的内容。我改变了我的决定，到下一站我将借一笔钱。在极其匆忙中，我清空了一个本来放有两把手枪的红木匣子；文稿就被放进了红木匣子。喜悦得胜了并且赢得了意外的增值；我在内心中请求那柜桌原谅我粗暴的处理方式，而与此同时，那关于“那外在的不是那内在的”的怀疑在我的思绪中得到了强化，并且我的经验命题[7]肯定了，要达成这样的发现，幸运总是一个必须被考虑进去的因素。

上午正中时分我到了希勒若德（Hillerød），搞定了我的费用问题，使得那美好的乡土为我留下了一个一般的印象。接下来的早晨我就马上开始了我的游历，相对于我最初所想象的，现在这游历有着一种完全不同的性质。我的仆人拿着红木箱子跟着我。这样，我在林中找了一个浪漫的地方，一个我尽可能地确定了是不会有意外骚扰的地方，于是我就取出了那些文本。我的房东留意到人们经常带着红木匣子上路的这一类游历，他根据自己的猜想说，我也许是要练习枪击。我很感激他的这一说法，并且让他继续相信是这样。

对这些被发现的文稿的粗略浏览使得我看出它们构成两种文字构型，从外在看也能够看出它们之间所具差别的形迹。它们中的一类是写在精致的类皮纸[8]上，四开[9]，极宽的边沿空白。手迹字体是可读的，有时甚至稍有雅致风格，只有一处是草率的。另一类是写在整张的[10]、带有分隔栏目[11]的荷兰蜂窝纸上[12]的，就像人们写司法文本或类似的文本时所用的。字迹很清楚，某种拖沓的、单调的和平凡的字体，叫人一看就觉得这是一个商人的手迹。内容也马上显示出差异，其中一部分包括了一批或长或短的审美论文，而另一部分则由两篇大规模的和一篇较短的研究报告组成，看来全都是伦理方面的内容，并且是以书信形式写成的。进一步细看，这种差别就更完全地强化了。后一类的文字构型是一些写给前一类文字作者的信。

然而，在这里有必要找到一种用来标示这两个作者的简短表述。我带着这个目的非常小心地通读了这些文稿，但是什么也没有发现，或者说，等于什么也没有发现。关于前一个作者，那审美者，根本不存在关于他的任何介绍。关于后一个，写信者，人们则会了解到，他曾叫威尔海姆，曾是法院的法官，然而没有确定是哪一个法院。如果我想要准确地关联到那历史背景方面的细节而称他为威尔海姆的话，那么我就缺少一个与之相应的名称来命名前一个作者；我还是得给他一个随意的名字。因此，我更愿意把前一个作者称作 A，而把后一个称作 B。

除了那些较长的论文之外，在这些文稿间还有大量文字残片，上面写有格言警句、抒情感叹、反思内省。手迹已经显示出它们是属于 A 的，而内容则肯定了这一点。

我现在努力以最佳方式来为这些文稿理出头绪。B 的文稿很容易就搞定了。一封信以另一封信为前提。我们在后一封信中看得见对前一封信中文字的引用，而第三封信则是以前两封为前提。

要整理 A 的文稿则不是那么容易。因此我听任现成的事实来决定顺序，就是说，在我发现它们的时候有着怎样的顺序，我就让它们继续按怎样的顺序排列，自然我也就无法决定这一顺序是否有着编年史的价值或者理想上的意义。文字断片散落在储藏处，我不得不为它们找到一个位置。我让它们出现在最前面，因为我觉得，它们最适宜于被看作对于那些更长的文章以一种更大的关联所发展出的内容的临时一瞥。我将它们称作间奏曲（Διαψαλματα）[13]，并且增添上一句类似座右铭式的话献给其自身（ad se ipsum）[14]。这一标题和这一座右铭在某种意义上看是由我给出的，但却不是由我给出的。如果它们被用于整个断片集，那么它们就是由我给出的；否则，它们是属于A自己的，因为在那些文稿断片中，有一篇的上面写有Διαψαλματα这个词，有两篇则写有这些字词：ad se ipsum。还有，在这些格言警句中有一篇断篇，在这断片上有一段法语小诗，我也将这小诗印在了扉页的里页面上，类似于A自己通常的做法。由于这些格言警句中的大多数有着一种抒情的外观，因而我以为把Διαψαλματα这个词用作首要标题挺合适的。假如读者觉得这是一种不幸的选择，那么我尚需坦白真相：这是我想出来的名堂，而这个词确实带着A自己的品味而被用于那句在之上有着这个词的格言警句。在对这些单个的格言警句的安排上，我是听任现成事实来决定的。那些表述常常相互矛盾，我觉得这完全有着其自身的道理，因为这在本质上恰恰是心境的组成部分；我觉得，以这样的方式来并列它们而使得那些矛盾变得不显眼，是没有什么价值的努力。我按现成的事实编排，并且，第一段和最后一段格言警句以某种方式相互对应，这也是一个引起我注意的事实：前面的这一段在某种意义上彻底感受到了在“作为诗人”这一事实中的痛苦的成分，而后一段则享受着“总是让笑声站在自己的这一边”这一事实中的满足感。

说到A的审美论文，我则对它们没有任何要强调的东西可说。它们都是完成了的可以直接付印的论文，如果在它们之中也包含了麻烦的问题，那么我不得不让它们自己为自己作表述了。和我相关的是，我有必要说明一下，我为各处出现的希腊语引文加上了翻译，这些译文是从那些较好的德文译本之一中找来的。

A的文稿中最后一篇是一部小说，有着标题：诱惑者的日记。这里有了新的麻烦，因为A没有宣称自己是作者，而只是作为出版者。这是一种小说家的老伎俩了，我本无须进一步对此提出反对，只要这种做法没有使得我所处的位置变得更复杂，因为一个作者到头来置身于另一个作家之内，就像中国盒子游戏中[15]的盒子。在此，那使得我更认定我的看法的东西并没有得以展开；我只是想说明，那种在 A 的前言中占主导地位的心境，以某种方式把那诗人的真实状态泄露了出来。事实上就是这样，好像 A 自己已经害怕起自己的诗作，这诗作就像一种不安宁的梦不断地使他感到恐惧，在这梦被讲述的时候也是如此。如果这是一个真实的事件而他在这一事件中是知密者，那么这在我看来就很奇怪：在前言中没有任何迹象显示出 A 为看见那种常常使他隐约地感觉到的理念得以实现而感到高兴。不管是在关于“那直接爱欲的”论文中还是在那些剪影中，诱惑者的理念都被暗示到过，也就是说，类比于唐璜，肯定有一个反思的诱惑者处于“那令人感兴趣的”（det Interessante）[16]范畴，在这一范畴中问题不是他诱惑多少，而是，怎样诱惑。这样一种喜悦，我在前言里没有看见其任何痕迹，然而我所看见的则是，正如我所说的，一种颤栗，一种特定的恐怖，——这恐怖源于他对于这种理念所具有的诗性关系。A 的状态如此，我并不感到奇怪；因为与这一小说毫无瓜葛的我，与原作者有两个环节之远，当我在深夜的宁静之中忙于考究这些文稿时，就连我也时而会陷进一种古怪的感觉中。我有这样的一种感觉，仿佛那诱惑者像一道影子一样走过我的地板，仿佛他的眼睛看着文稿，仿佛他用魔性的目光盯着我，说：“哦，你们想要出版我的文稿！按理说你们是毫无道理而不负责任的；你们惊吓着那些亲爱的小女孩。当然这是不用说的了，作为补偿，你们就解除了我和我的同类们的武装。你们这就搞错了；因为，我只须改变手法，然后这一切对于我只会是有了更大的好处。在小女孩们听到了这个富有诱惑力的名字——一个诱惑者——之后，她们会形成怎样的潮流涌向你的怀抱啊！给我半年时间，我就会搞出一段比我迄今所有经历更令人感兴趣的故事了。我想象一个年轻的、精力旺盛的、才华横溢的女孩，她有了一个非同寻常的想法，要为整个她所在的性别而对我进行报复。她认为应当能够强迫我去品尝单恋的痛苦。看到了吧，这正是适合于我的女孩。如果她自己在这方面想得不够周到，那么我还可以帮她一下。我应当像墨尔老乡们的鳗鱼[17]那样，痛苦地扭动。而当我把她引领到了我想让她进入的这一点上时，那么她就是我的了。”

当然，也许我已经滥用了我的出版者身份来让读者们承受我的各种考虑。这一做法的机缘可以作为我的辩解；因为，正是由于我作为出版者的这一身份上的麻烦——因为 A 只是把自己称作这部小说的出版者而不是作者，我才不由自主地这样做。

别的方面，我只能按着出版者本分而对这部小说作一些补充。我想，在这小说中可以做一下时间上的定性。在日记中，这里和那里有着一个日期，相反缺少的则是一个年份。这样的话，我看来对此是不能做什么了；然而，通过更确切地观察那些单个的日期，我相信，我已经找到一种暗示了。当然，不用说每年都有一个四月七日、一个七月三日、一个八月二日，等等；但是这并不意味着每年的四月七日都是星期一。我计算了一下，搞清楚了这一定时符合于 1834 年[18]。我在这里无法确定 A 是否想到这一点，我相信这不大可能；因为如果他想到这一点的话，他就不会（像他现在事实上所做的那样）使用上那么多的小心谨慎了。在日记中也没有写：四月七日星期一等等，上面只是写着：四月七日，而这一篇文字本身则是这样开始的：也就是在星期一，由此恰恰分散了注意力；但是通过对这一日期下的整篇文字的通读，你就可以看出这必定是星期一。于是关于这部小说，我就有了一个时间上的定性；相反，我每次竭尽全力想通过这一定性来为其他论文定出时间，则没有成功。我完全可以把它安排在第三篇的位置上；但是正如我在前面所说的，我还是选择了让现存事实来决定顺序，一切都按照我发现它们时的原始顺序来排列。

关于 B 的文稿，本来它们的顺序轻而易举地就可以被编排好。对它们我反而倒是作了一种改动，由于书信形式使得作者无法为这些研究给出一个标题，这样我就决定自己为它们加上标题。因此，在任何时候，如果读者在弄清楚了它们的内容后觉得这些标题是不幸地被选错了，那么我都愿意承受好心做错事的痛苦。

有时候会有一个段落，在边沿的空白处有一个说明，每一次遇到这样的情形我都将它做成一个注解，因为我不应当去对文本进行干扰。

对于B的原稿文字，我则没有让自己去作任何改动，而完全是将它看作一种文档。也许我能够很轻易地去掉某种草率——如果人们考虑到他只是一个写信的人，那么这种草率是很容易得到解释的。我没有这样的打算，因为我怕做过头。B认为在100个迷失于世界的年轻人中，99个是因女人而得救，一个是因神圣的恩典而得救[19]，这时我们就很容易看出他的算术不太好，因为他没有为那些无可救药的迷失者安排出位置。我可以很容易地对这些数字作一下改动，但是我觉得在B的算法里有着远远更为美丽的东西。在另一个段落中，B谈及了一个希腊的名叫缪松的智者，在智者的数目被定为十四的时候，他很幸运地被排在七智者中[20]。在某一刻我突然感到困惑，B到底会是从什么地方得到这一智慧的，以及，他所引用的会是哪一个希腊作家。我的怀疑马上就让我想到拉尔修的第欧根尼[21]，而查阅余希尔[22]和莫惹力[23]的百科全书，我发现在它们中也提到他。无疑B的阐述是需要修正的；因为事实并非完全如他所说，虽然古人们在对于“七个智者是哪七个”的定性上是不确定的；只是我觉得花功夫去修正是不值得的，我有这样的感觉，虽然他的说明并不完全符合历史，但却有着另一种价值。

早在五年前我已经达成了现在的这些成果；我如此编排了文稿，现在也仍然是这样的编排；那时就做了决定要将它们付梓出版，但只是觉得最好是再等一段时间。我把五年的时间看成是一个恰当的间歇。这五年过去了，我又在当初停下的地方重新开始。我想，在这里我无须向读者们作担保，我已经尝试了各种方式来找出作者的踪迹。那旧货商人不作簿记，我们大家都知道旧货商们很少会这样做；他不知道他是从什么人那里买来的这家具，他记得好像是在一次杂物拍卖中买的。我不敢把许许多多次没有结果的尝试告诉读者，这些尝试花去了我太多的时间，最好是别提了，对之的记忆让我自己都觉得不舒服。相反我可以简要地把这些尝试的成果告诉读者，因为这成果就是一无所获。

正当我现在要实现将这些文稿付梓出版的决定时，我有了一种疑虑。也许读者允许我敞开心怀地说话。我不自禁地想到，我这样的做法对这些不知名的作者是不是一种轻率。然而，随着我对这些文稿的内容越来越熟悉，这一疑虑也就渐渐地消散了。这些文稿有着这样的性质，尽管我对它们进行了详尽而谨慎的研察，它们滴水不漏没有任何线索可循，更不用去想读者能够找到这方面的信息了，因为我当然是敢拿自己和每一个读者作比较，不是比较品味的同感和认识，而是比较勤奋和孜孜不倦。因此，如果我们假设这些不知名的作者是存在的，假设他们生活在这城市里，假设他们突然不期而遇地读到了他们自己的文稿，那么，只要他们自己继续沉默，那么这书的出版就不会有任何后果，因为在最严格的意义上，这些文稿，就像人们通常谈论到所有印刷品时所说的，它们沉默[24]。

我有过的第二个顾虑，就其自身而言是微不足道的，非常容易驱散，并且，它已经以一种比我所想的还要轻易的方式消散了。我所顾虑的是，这些文稿会不会成为一种非常值钱的东西，大财产。我觉得，如果我因为我作为出版者的苦楚而接受一笔小小的酬金，那是天经地义的事情；但是如果这酬金是一种作家稿费，我就不得不将其视作一种过大的报酬。就像《白女士》中那诚实正直的苏格兰农夫决定买地种田并且打算等到以后如果爱维纽尔的伯爵们会回来的话把这土地奉献给他们[25]，于是我就决定把这稿费有息地存起来，以便在有一天，如果那些不知名的作者们出来承认，那么我就能够把这全部稿费连本带利再加上利息的利息一起给他们。如果读者还没有因我的整个尴尬处境而得以确认我不是作者、也不是以出版者为职业的文学家，那么，这一推论的天真则无疑能够消除对此的任何怀疑。而且，这一顾虑也可以被以一种更为轻易的方式消除掉；因为一笔作家稿费在丹麦不是什么庄园，那些不知名的作者们必须长久地远离，才可能等到他们的稿费（即使是连带这稿费的利息和利息的利息）成为一笔大财产。

现在剩下的事情，就是为这些文稿给出一个标题。我可以将它们称作文稿，遗留的文稿，被发现的文稿，丢失的文稿，等等；大家都知道，稍作改动可以有许多不同的标题，但这些标题都无法让我感到满意。因此，在标题命名上，我赋予我自己一定的自由范围，一种我要努力作出解释的欺骗。在对这些文稿持续不断的研究中，我渐渐地明白，通过把它们看成是属于一个人的，我们就能够为它们找到一个新的观察面。我很清楚地知道，这种看法会遭到怎样的反驳：同一个人同时作为两方面文稿的作者，这是不符合史实的，这是不可能的，也是不合理的；即使不考虑这一类反驳，也免不了会让读者情不自禁地去听从那言词游戏：如果你说了 A，你也得说 B[26]。然而我还是无法放弃这种看法。这在其生命中对两种运动都贯彻履行了的人，或者说对两种运动都进行了考虑的人，其实是一个人。A 的文稿包容了许多奔向一种审美的人生观的趋向。一种有着连贯性的审美人生观几乎是无法得以解说的。B 的文稿包含了一种伦理的人生观。在我听任这一想法来影响我的灵魂时，我就清楚了：在对这本书的命名上，我可以让这想法来引导我。我所选的标题恰恰表达了这一点。读者不会因这个标题而有什么大的损失；因为在阅读中他完全可以忘却标题。而在他阅读了这本书之后，他也许能够想到这标题。这标题会帮他摆脱所有最终的问题，A 是不是真的被说服而悔悟，B 是否得胜，或者是不是终结也许就成为 B 进入了 A 的想法。这样看来，这些文稿也就是没有终结的。如果人们觉得这样不行，那么人们也就没有理由说，这是一个错误，因为人们得将之称作一种不幸事故。我从我自己的角度出发将之看作是一种幸福的成功。人们时而会发现一些小说，在此之中各种对立的人生观通过各种特定人物而被讲解出来。终结则往往是，一种人生观压倒说服另一种。不同于“人生观应当自圆其说”，读者是用这样一种“另一个人被说服”的历史性的结果来丰富自己。

这些文稿没有披露出这历史性的结果方面的信息，我将之看成一种幸福的成功。是不是在接到了B的信函后，A才是那些审美论文的作者，他的灵魂在这一时期后是不是继续雀跃于狂放不羁，抑或它变得沉静了，关于这些问题，我觉得自己没有能力传送出任何信息，既然这些文稿并没有包含任何相关内容。文稿中也没有包含任何相关的暗示来表明B的情况如何、他是否有力量去坚持自己的人生观。在这本书被读完后，这时A和B就被忘却了，只有那些不同的人生观相互面对地站立着，不期待在各种特定的人格中有任何终结性的定论。

更多的我就没有什么可说的了，只是我突然想到，那些受尊敬的作者们，如果他们知道我所着手的工作，可能会希望在文稿出现的同时向读者说一些什么。因此我在这里作为代笔加上几句话。无疑A肯定不会反对文稿的出版，而对读者，他也许会有这样的呼唤："阅读它们或者不阅读它们，两者你都会后悔。[27]"B会说些什么，就比较难定了。他可能会对我有所责备，特别是考虑到对A的文稿的出版；他会让我觉得，他对此丝毫没有参与，他可以洗净自己的双手[28]。在他这样做了之后，他也许会用这些话来谈这本书："那么走出去吧，进入人间大千世界，尽可能地避开批评界的注意力，在一个合意的时间里去探访一个单个的读者，而如果你遇上一个女读者，那么我想说：我亲切可爱的女读者，在这本书中你会发现一些东西，那也许是你不应当知道的东西，你会发现另一些东西，那是在你知道了之后想来能够对你有好处的东西；那么，以这样的方式去阅读这一些——你作为读过它的人能够如同那没有读过它的人一样[29]，而以这样的方式去读那另一些——你作为读过它的人能够如同那不曾忘却了已读内容的人一样。[30]"作为出版者我只想加上一个愿望，愿这书在一个合意的时间里遇到合意的读者，愿那亲切可爱的女读者会成功地准确地按B那善意的忠告去做。

1842年11月

出版者

注释

［1］［维克多·艾莱米塔（Victor Eremita）］　拉丁语：胜利的隐士，那在孤独中胜利的人。

［2］［难道……扬］　引自英国诗人和教士扬（Edward Young，1683—1765）的教诲诗歌《控诉，或者关于生命、死亡和不朽的夜思（*The Complaint or Night - Thoughts on Life, Death, and Immortality*）》（1742—1745）："Are passions, then, the pagans of the soul? / Reason alone baptiz'd?"

这引文和英文原文及德文翻译都有出入，也不同于当时的两种丹麦文翻译。

［3］［那著名……内在的］　在《逻辑学》中，黑格尔论述"那内在的"（本质）和"那外在的"（现象）间的辩证法，并且把"现实"定性为"那内在的"和"那外在的"间的同一。

较短的论述在《小逻辑》中也出现过。

在丹麦黑格尔主义那里，"那内在的"和"那外在的"间的辩证法是由海贝尔（J. L. Heiberg）简短地写在《在皇家军事高校的哲学之哲学或者思辨逻辑讲演大纲》中。其中，关于那被定性为"那内在的"的本质，有这样的阐述："但在这里也是这样的情形，那被如此地定性的本质是现象，因为那被定性为是'那内在的'的东西，在这一定性之中恰恰被定性为'那外在的'，因为就各自而言它们自身都是整体；或者：'那内在的'，从'那外在的'的立足点来看，自己就是对于这外在者而言的外在的，并且在与此相反的情况下，'那外在的'同样也变成了内在的，正如以同样的方式那些局部就是那整体，而那整体就是那些局部。另外，那被仅仅地定性为'内在的'的东西，以同样唯一的方式被仅仅地定性为'外在的'，并且反之亦然。"

另外参看阿德勒尔（A. P. Adler）的《对黑格尔的客观逻辑的普及讲演》。其中阿德勒尔写道："真相在于，那内在的和那外在的相互地在对方之中。以此两者都是现实的；它们在自身之中自己有着它们的对立面。当'那内在的'和'那外在的'相互预设对方为不可分割的条件，分别相互走向对方并且在自身之中有着它们的'他者'，于是它们的结果恰恰就是，他们在相互之中。相对性达到了自己最高的能力，并且另外因此而被扬弃；它完成了自己并且因此也完成了他者并且被充满。我们获得一种'那内在的’和‘那外在的’、直接性和中介、思和在的直接的统一和同一。两者都是并且这两者却只是同一个。”

［4］［没有人知道它从哪里来或者它到什么地方去］　参看《约翰福音》（3：8）：“风随着意思吹，你听见风的响声，却不晓得从哪里来，往哪里去。凡从圣灵生的，也是如此。”

［5］［文书写字柜（Secretair）］　法国式柜子，有着许多小的、有时是隐秘的抽屉用于保存文件，并且有一块垂直翻板可以拴出来并且当写字台用。

［6］［薛西斯让人鞭打大海］　指波斯王薛西斯（Xerxes，公元前465年）在对希腊的战争（公元前480年）中命令要在达达尼尔海峡上建桥。在一边的岸上腓尼基人用白麻建一座，在另一边岸上埃及人用纸草建一座。当这些桥完工时，一场可怕的风暴出现将它们撕烂摧毁。当薛西斯听到了这灾祸之后非常震怒，以至于他命令鞭打达达尼尔海峡三百鞭，并把一些锁链沉到海底。这故事出自希罗多德（Herodot）的史书。

［7］［经验命题］　建立在经验之上的（基本）命题。

［8］［精致的类皮纸（en Art Post－Velin）］　一种非常精致光滑的、牛皮纸般的纸，当作高贵的信纸用，也用于专用印刷。

［9］［四开（Qvart）］　纸张制式。整张的四分之一；通常用作信纸或者稿纸。

［10］［整张］　整张的纸通常用于正式的公文和司法文件。

［11］［分隔栏目］　成两列的栏目。

［12］［荷兰蜂窝纸上（Bikube－Papiir）］　大约38×48厘米的纸张，荷兰制造，以其高质量闻名，并供以一个作为水印的蜂窝。

［13］［Διαψαλματα］　希腊语（diapsálmata），间奏曲；间歇；副歌。单数形式διάψαλμα（diápsalma）在公元前两世纪的希腊语翻译版旧约全书Septuatinga之《诗篇》中出现了92次，作为希伯来语sela的翻译，一个礼拜音乐的用语，被理解为音乐性的间断、一种工具性的间奏插在赞美诗篇的段落之间。克尔凯郭尔也许是把διάψαλμα理解为是表达一种礼拜性的重复文字段落，一种副歌，在ΔΙΑΨΑΛΜΑΤΑ的一个草稿中，将它们称作“副歌”。

［14］［ad se ipsum］　拉丁语“给自身”，是罗马皇帝马可·奥勒留［Marcus Aurelius Antoninus（121—180）］的希腊语著作*Tὰ εἰς ἑαυτόν*（常被

称作“自我观察”）的拉丁语标题。

［15］［中国盒子游戏中的盒子］　许多同样形状而不同大小的盒子，恰当地重叠放置就可以从小到大把一个放在另一个里。游戏在于把这些分散的盒子最终装到一起。

［16］［“那令人感兴趣的”的范畴］　施莱格尔（Friedrich Schlegel）在《论希腊诗歌的阶段》中提出了“那令人感兴趣的”（Det Interessante）作为一种美学范畴。

在丹麦，海贝尔（J. L. Heiberg）在他对丹麦诗人欧伦施莱格尔（Oehlenschläger）的戏剧《迪娜》（*Dina*）的评论中用到“那令人感兴趣的”这个概念。文章发表在海贝尔所出版的 Intelligensblade 上第 16 和 17 期，1842 年 11 月 15 日，写道：“总之它［那古典的悲剧］不认识‘那令人感兴趣的’，这是一个现代概念，对于这个概念，那些古代语言根本没有什么相应的表达词。这一点同时标示了古典悲剧中那伟大的、那庞大的，还有它的限定；因为，由此得出的结论是，就像那个诗人所要求的人物描述越多，那么那在根本上存在的人物发展就越少；在这里也就是，没有什么可发展了，就像在一尊大理石像中那样没有任何可发展的东西；一切在开始的时候已经在所有它的剪影中被塑像般地定性了，甚至是预先就定性了。”参看 Intelligensblade, udg. af Heiberg, bd. 1－4, Kbh. 1842－44; bd. 2, 1843, s. 80.

后来在评论中海贝尔写道：“从引文中我们将看到，这一范畴，特别是在《迪娜》中得到运用的，是‘那令人感兴趣的’，一种特别流行的用词，所有人都理解这个词，甚至那些不懂得任何别的美学概念定性的人们也理解它。在上面我已经借机会指出：‘那令人感兴趣的’是一个属于当代艺术的概念。”海贝尔继续写道：“许多有教养的人们，特别是那些从沃尔特·司各特、布尔沃、斯克里布和维克多·雨果那里获得了最大可能的诗意享受的人们，在人们问他们有没有在剧院的这一场或者那一场出色表演中获得愉快的时候，他们几乎发火。‘感到愉快?’他们带着愤慨回答：‘不，那是一场高度地使我感兴趣的表演’。”bd. 2, s. 95.

［17］［墨尔老乡们的鳗鱼］　墨尔是奥胡斯以北的一个小半岛，那里的居民是被丹麦人作智力嘲笑的对象。这里所说的是出自关于墨尔老乡的故事之一。墨尔老乡认为鳗鱼偷吃了他们的鱼苗，作为对鳗鱼的惩罚，他们决定要淹死这鳗鱼；于是他们划船出海，到了他们认为这鳗鱼不可能游

回岸的海域，他们把它扔下海。鳗鱼在海里扭动着。一个墨尔老乡说，看，死亡是多么艰难的事情，它那么痛苦地扭动！

［18］［1834 年］　这一年的四月七日是星期一。

［19］［100 个……恩典而得救］　见《马太福音》（18：12 – 13）："一个人若有一百只羊，一只走迷了路，你们的意思如何。他岂不撇下这九十九只，往山里去找那只迷路的羊吗？若是找着了，我实在告诉你们，他为这一只羊欢喜，比为那没有迷路的九十九只欢喜还大呢。"

［20］［一个希腊的……七智者中］　克奈的缪松（Myson）在特萨利亚被算作是智慧者们中的一个，希伯纳克斯（Hipponax）这样说他：阿波罗宣称他是所有人中最聪明的。根据阿里斯托塞诺斯（Aristoxenos）的说法，他是仇恨人类者，并且，他活着"但不被人留意，因为他不是来自一座城市，而是来自乡村的一个小小的不曾为人所知的地方；因为他的这种隐名埋姓，许多人把许多属于他的东西说成是那暴君皮希斯特拉特（Pisistrat）的"。缪松因为这句话而闻名："人不应当通过词而去理解物，而是通过物去理解词；因为物不为词而存在，而是词为物而存在。"

在前言 13 中第欧根尼·拉尔修算出那七个智慧者："我们把泰勒斯、梭伦、培利安德尔、克莱布洛斯、齐隆、比阿斯、彼塔库斯看作是有智慧的。"接着，他说："他们中有斯基特人阿纳卡西斯、克奈人缪松、叙利亚人费瑞希德、科来滕斯人埃比美尼德；部分地暴君皮希斯特拉特。这些人则是那些智慧者。"

在第一书第一章中第欧根尼·拉尔修继续写那七个智慧者："我们不仅仅以一种方式来编算他们：利安德利欧斯在他们的编数中用利欧方特、高尔夏斯来代替克雷欧布尔和缪松，一个雷贝迪尔或者埃弗希尔和来自克里特的埃比美尼德。柏拉图在《毕达哥拉斯》中用缪松来代替培利安德尔，欧福尔用阿纳卡西斯代替缪松；有的人把彼塔格尔也算进去了。蒂凯阿克给我们四个人，对此大家都同意：泰尔斯、比阿斯、彼塔克和梭伦；但也提到六个其他人，其中有三个是可以选择的：阿里斯多德姆、潘姆菲尔，拉克戴墨尼人齐隆、克雷欧布尔、阿纳卡西斯、培利安德尔；有的人加上了来自阿尔果斯的阿库西劳斯，卡巴或者斯卡布拉的儿子。但是，赫尔米普在关于智慧者的文字中提及十七个，选了其中七个，但并非全都是以同样的方式。这十七个是：1）梭伦、2）泰勒斯、3）彼塔克、4）比阿斯、5）齐隆、6）克雷欧布尔、7）培利安德尔、8）阿纳卡西斯、9）阿库西劳斯、10）埃比美尼德、11）利欧方特、12）费瑞基德、13）阿里斯多德姆、14）彼塔格尔、15）拉松、查尔曼提德斯或者西斯姆布林斯，或者就像阿里斯多克森所说查布林的儿子、16）赫尔米欧尼欧斯、17）阿纳克萨哥拉斯。希波伯特在哲学家名单中提及：1）欧尔弗斯、2）利诺斯、3）梭伦、4）培利安德尔、5）阿纳卡西斯、6）克雷欧布尔、7）缪松、8）泰勒斯、9）比阿斯、10）彼塔克、11）埃比查尔姆、12）彼塔格尔。”

在被柏拉图谈及的对话《毕达哥拉斯》中所列的是以下七个人：“米利都的泰尔斯、米提利尼的彼塔库斯、普里埃尼的比阿斯、我们的梭伦、隆都斯的克雷欧布尔、克奈的缪松，这些人中的第七个应当算拉克戴墨尼人齐隆。”

根据古希腊传统，他们是公元前七到六世纪的智慧人士，全都说出过著名的智慧陈述、“简短而值得记忆的句子”，如《毕达哥拉斯》中所说。

［21］［拉尔修的第欧根尼］　希腊哲学家，在三世纪写了一部十卷的讲义希腊哲学史从泰勒斯到伊壁鸠鲁，是关于古典希腊哲学的重要资料来源之一。

［22］［余希尔（Jøcher）］　由余希尔出版的《普通博学百科全书》。

关于缪松，余希尔只介绍了：他是希腊智慧者之一，生在拉克戴墨尼亚，以及第欧根尼·拉尔修和别人写过更多关于他的东西。

余希尔：Christian Gottlieb Jöher（1694—1758），从1742年到他去世在莱比锡任大学图书管理员。

［23］［莫惹力］　由莫惹力出版的《历史大辞典》。在书中Myson和Sages de la grece的条目中都指向第欧根尼·拉尔修。

关于缪松，莫惹力介绍说：他生在斯巴达的克奈，生活在公元前587年第48届奥林匹克的时代，被人算作是七智之一。

莫惹力：Louis Moréri（1643—1680）法国博学者作家出版家和翻译家。

［24］［这些文稿……沉默］　尚未确定出处。

［25］［就像《白女士》……他们］　《白女士》，斯克里布（A. E. Scribe）的三幕歌唱剧。

在哥本哈根1826年由欧瓦斯勾（T. Overskou）翻译成丹麦文配博瓦埃迪乌斯（F. Boieldieus）的音乐。其中第一幕第六场讲道，所有当地农民决定凑钱买下爱维纽尔的伯爵们的地，将它救下来以便有一天能够把它交给爱维纽尔家的后代。

从1826年到1842年《白女士》在皇家剧院上演了53次。

［26］［如果你说了A，你也得说B］　一方面因为笔名作者A和B分别是《非此即彼》的第一部分和第二部分的作者，另一方面是在使用俗语“如果你说了A，你也得说B”。

［27］［阅读它们或者不阅读它们，两者你都会后悔］　见《间奏曲》中的《非此即彼》。

［28］［洗净自己的双手］　《马太福音》（27：24）：“彼拉多见说也无济于事，反要生乱，就拿水在众人面前洗手，说，流这义人的血，罪不在我，你们承当吧。”

［29］［你作为读过它的人……一样］　《哥林多前书》（7：29－31）：“弟兄们，我对你们说，时候减少了。从此以后，那有妻子的，要像没有妻子。哀哭的，要像不哀哭。快乐的，要像不快乐。置买的，要像无有所得。用世物的，要像不用世物。因为这世界的样子将要过去了。”

［30］［我亲切可爱的女读者，……已读内容的人一样。］　影射那对当时的长篇小说读法的批判。比如说明斯特（J. P. Mynster）对《加布里埃里斯所遗留的信件》的评论的开始部分：“假如一份文学期刊有女读者，那么我想说：亲切可爱的女读者！这本小书不是为你写的。作者以一种奇怪的方式恰恰把那些你习惯于在你所读的书中跳过的那些东西都印了出来，而把你所想要翻找的东西保留了不发表。如果你想要花一点功夫的话，也许你能够了解到几个故事的开始，相反你根本搞不清楚接下来怎样，是的，甚至在你开始对主人公感兴趣的时候，他就跑掉了，要到了下一个地方才会告诉你他去哪里，而这个地方却没有出现。”这评论在书付梓之前打算交付《丹麦文学期刊》（Dansk Litteratur－Tidende），但作者斯本（F. C. Sibbern）非常喜欢这评论而将其印在了书前。

间奏曲

（ΔΙΑΨΑΛΜΑΤΑ）[1]

献给其自身（ad se ipsum）[2]

宏业、知识、名望
友谊、快乐和财富
无非是风、无非是烟
说得更好一些：都是乌有[3]

（法语：宏业、知识、名望
Grandeur, savoir, renommé,
Amitié, plaisir et bien,
Tout n'est que vent, que fumée:
Pour mieux dire, tout n'est rien）

诗人是什么？一个不幸的人；他心中藏着深深剧痛，而他的嘴唇却是被如此构造的：在叹息和哭叫涌过它的时候，这叹息和哭叫听起来像是一种美妙的音乐。对于他，这就像是那些在法拉利斯的铜牛[4]中被用文火慢慢折磨的不幸者，他们的哭叫不能够达到暴君的耳中去使之受惊吓，相反在暴君听来这是甜美的音乐。人们成群地拥在诗人的周围，并且对他说：马上再唱吧；这就是说，但愿新的痛苦折磨你的灵魂，但愿那嘴唇依旧是如这之前的那种结构；因为哭叫只会来惊吓我们，而音乐却是动听的。于是评论家们出场了，他们说：对呵，根据审美者的规矩应当是如此。现在，这是理所当然的，一个批评家就完完全全像一个诗人，只是他没有剧痛在心中，也没有音乐在唇上。这样看来，我宁可作一个阿玛尔桥上[5]的牧猪人而能为猪所理解，也不去作诗人而为人所误解。

*

大家都知道，在教导一个孩子的最早、最简要的授课中，最初的问题是这个：孩子需要什么？回答是：嗒—嗒。生命就是在这样的注目中开始的，然而人们还是拒绝传承之罪的说法。孩子最初挨打的时候，是谁打孩子的，除了父母还会有谁？

*

我宁可和孩子们交谈；因为在他们身上我们还敢希望，希望他们成为理性的生物；但是，那些已经成为了理性生物的人们，——啊，我的天哪！

*

那些人其实是没有道理。他们从不使用他们所拥有的那些自由，却去索求他们所不拥有的那些自由；他们有思想自由，他们索求言论自由[6]。

*

我彻底不愿意[7]。我不愿意骑马，那是太剧烈的一种运动；我不愿意走路，那太花费功夫；我不愿意躺下，因为，如果我躺下，那么我要么将继续躺着——这我不愿意，要么我将重新起身——这我也不愿意。总而言之：我根本不愿意。

*

众所周知，有许多昆虫死于繁殖的瞬间，所有欢乐的情形就是如此；生命中最高和最辉煌的享乐时刻与死亡同行。

*

给作家们的得力有效的忠告[8]

人们草率地写下自己的各种看法，人们将之付印，在那各种不同的校正过程中人们渐渐地得到很多好的灵感。因此，你们这些还不敢去印出什么的人们，鼓起勇气吧，也不要去鄙视印刷字误，而借助于印刷字误来达成机智风趣应当被看作是一种用来达成机智风趣的合理方式。

*

在总体上看，通过自己的对立面才拥有自己所欲求的东西，这是所有人性方面所具的不完美性。我不想谈论构成形式的多样性，这各种各样的构成形式可以让心理学家们有足够的事情去做（忧郁的人最具幽默感；丰富充实的人常常最具田园性情；放荡的人往往最有道德心；怀疑者往往最有宗教感），然而，只是提醒一下：只有通过罪，那恩典的极乐才能被看到。

*

除了我的其他无数交往圈子之外，我还有一个亲密无间的知心者——我的忧郁症；在我的喜悦之中、在我的工作之中，他向我招手，把我召到一边，虽然我从肉体上讲依旧在原地逗留着。我的忧郁症是我所认识的最忠诚的情人，那么，我又有了所爱，这就没有什么好奇怪的了。

*

有一种辩理的废话，它在对其论据的无穷追溯之中与它的结论有着一种等同于那些无法弄清楚谁是谁的埃及国王系列与历史学收获[9]间的关系。

*

老年实现青年的梦想：对此，我们可以看斯威夫特[10]，他在青年时建了一家疯人院，到了老年，他自己就住了进去。

*

如果你看到了，那些古老的英国人以怎样的一种忧疑病化的深刻发现了那作为笑的基础[11]的模棱两可的东西，那么你一定会为此感到恐惧。哈特雷医生[12]曾这样做出说明：笑最初在小孩子们那里出现的时候，它是一种初发的哭，这哭通过疼痛，或者通过一种突然被抑制的并且在极短的间歇里重复的痛楚感，而得以激发（见福律葛《喜剧文学史》，壹 B，第 50 页[13]）[14]。设想一下，若世上的一切都是一场误会，事情会怎样；设想一下，若笑在根本上其实是哭，事情又会怎样！

*

偶尔有机会遇上这样的事情：你因为看见一个人在世上完全孤单地站立而会被无比痛楚地感动。前些日子我就这样看见一个贫穷的女孩，完全孤孤单单地走到教堂去受洗[15]。

*

考尔纳利乌斯·奈珀斯讲述一个战场上的将领和他相当大规

模的骑兵团被困在一个堡垒里，这将领让人每天鞭打那些马，这样它们就不会因长时间的静站而受伤[16]。

类似地，在这样的一个时代我也像一个被围困者；但为了避免因长时间的静坐而受伤，我让自己哭到疲劳。

*

关于我的悲哀，我的说法如同那英国男人说及他的房子：我的悲哀是我的城堡（is my castle）[17]。许多人把“有着悲哀”看成是生活的舒适性之一。

*

在下棋时，棋局的对手这样说及棋局中的一个棋子：这个子不能被移动。我感觉自己的状态就像这个棋子所处的状态。

*

正因此，《阿拉丁》[18]是如此让人振奋鼓舞，因为这台剧有着最野性的愿望中的那种天才而孩子气的无畏。在我们的时代又有多少人真的敢去有所愿望、敢去欲求、敢去既不是以那种乖孩子的请给我（bitte，bitte），也不是以一种气急败坏的个体的暴怒来称呼自然？在我们的时代里人们对“人是按照上帝的样子被创造出来的”这一话题谈论得如此之多，有多少人在对这一话题的感受中是有着真正的命令之声的呢？或者，难道我们不是全都像努拉丁[19]那样站在那里为要求得过多或过少而惶恐地打躬作揖？或者，难道每一种宏大的要求不是都渐渐地被减缩成了一种对于自我的病态反思，从“提出要求”到“向人说我要[20]”，我们小时候就已经接受了这样的教养和训练：“去对大人说我要。”

*

我就像一个西瓦[21]那样怯懦，微弱而被错过如同一个达格希利那[22]，我觉得自己似乎是一个被反过来印在字行里的字母[23]，然而却像一个有着三根辫子的巴夏[24]那样跋扈，警觉地对待我自己和我的思想就像国家银行对待钱币的印刷[25]，总的说来，就像某种反身代词[26]那样地在我自身之中反省。是啊，所谓“那些做下了有意识的善行的人们已经拿走了他们的报酬”[27]，如果发生在那些有意识的善行上的情形也会发生在那些不幸和悲哀之上的话，如果这也是就悲哀而言的情形，那么我就会是那最幸福的人了：因为我事先已经用掉了我的所有忧虑，然而它们却仍然全都还留在那里。

*

民间文学有着极其巨大的诗意力量，其表现之一就是，它有力量去欲求。与之相比，我们时代的欲望则同时既是罪孽深重又是枯燥乏味的，因为它所欲求的是那属于邻人的东西[28]。民间文学中的欲求则很清楚地知道，邻人同样也不比它自己更多地拥有它所寻求的东西。而如果它要以罪孽的方式去欲求，那么它就会昭彰于天下以至于使人震惊。它不会因为一种呆板理智的冷静概率计算而让自己有所收敛。唐璜仍然带着自己的1003个情人走过舞台。出于对传统之尊严的敬畏没有人敢微笑一下。如果一个诗人在我们的时代敢这样做，那么他就已经被人当作笑料了。

*

在我看到一个可怜的人，穿着一件相当破旧的、浅绿色有点透黄的大衣，悄悄地在那些大街上溜过的时候，我感受到怎样一种奇怪的忧伤呵。我为他觉得难过；但最感动我的则是，同样的大衣的颜色是那样生动地让我想起我童年在高贵的绘画艺术中的第一次创作。这种颜色恰恰是我最钟爱的颜色之一。这些混合的色彩、这些让我至今带着许多欣喜去想到的色彩，在生活中是你无法在任何地方找到的，难道这不是令人觉得悲哀吗？整个世界觉得它们吵闹扎眼俗气、只能被用在纽伦堡图画[29]之中。如果你终于有一次碰上了这些色彩，那么这种偶遇却总是那么不幸，就像我现在所说的这次。遇上的总会是一个古怪的人或者一个枯萎的人，简言之，一个生命中的异乡人和得不到世界承认的人。而我，在画我的英雄时总是把这种永远无法忘却的黄绿色调画在他们的衣服上！所有童年的混合色彩不都经历这样的情形吗？那时的生命中所曾有过的闪烁微光，渐渐地在我们黯弱的眼睛里变得过于强烈、过于刺眼。

*

唉！幸运的门不是朝里而让你能够拼命撞向它来将之推开的，它是朝外开的，因此你没什么可做的。

*

我有勇气，我想，去怀疑一切；我有勇气，我想，去与一切搏斗；但是我没有去认识某事物的勇气；没有去占据、去拥有某样东西的勇气。大多数人抱怨，世界是如此平凡枯燥，生活无法像小说那样，在小说中机会总是那样地使人顺心；我抱怨的是，在生活中不同于在小说中那样，在小说中你有那些狠心的父亲们和精灵们、巨人们要去搏斗、有被施了魔法的公主要去解救。所有这样的敌人加在一起又怎么能和那些苍白的、贫血的、杀不死的黑夜形象相比呢——我在与这些形象们搏斗，并且，是我在赋予这些形象生命和存在。

*

我的灵魂和我的思想是多么贫瘠，然而却持续不断地受着许多空洞的、充满情欲的并且窒息性的痛楚的煎熬！那么，是不是那精神之声带[30]永远也不该被释放到我身上，是不是我应当永远地说昏话？[31]我所需要的是一种嗓音，就像林修斯的目光[32]一样有穿透力、就像巨人们的叹息[33]一样可怕、就像自然之声一样坚持不懈、就像霜冻的阵风那样讥诮、就像艾科无情的嘲讽[34]那样恶毒，有着一个从最低的贝司低音到最消融人心的胸音[35]的音域、可以从神圣轻微的耳语[36]调节到暴怒的能量。这就是我所需要的，为了呼吸、为了说出藏在心底的东西、让愤怒与同情的内脏得以震撼，我需要这样一种嗓音。

然而我的嗓音却只是沙哑如海鸥的叫声，或者濒于衰竭如那哑者唇上所挂的祝福。

*

那将来临的是什么？未来将带来什么？我不知道，我什么预感也没有。在一只蜘蛛从一个固定的点上向下坠到它的目的地的时候，它持恒地看见自己面前的一个虚空，在此之中它无法找到落脚点，不管它怎样伸展挣扎都没用。如此也是我的状况；持恒地面对一个虚空，那驱动着我向前的，是一个我已经达到而留在了身后的目的地。这一生活是反向而可怕的，无法让人忍受。

*

相爱的最初阶段是最美好的时期，这时，从每一次相会、每一道目光中，人都拿到一些新的东西回家去让自己为之喜悦。

*

我对生活的看法是毫无意义的。我假定一种邪恶的精灵在我的鼻梁上装了一副眼镜，这眼镜的一块镜片按一种极大的比率放大，而它的另一块镜片则按同样的比率缩小。

*

怀疑者是一种受鞭笞者（Μεμαστίγομενος）[37]；他像一只陀螺，由鞭击的力度决定在或短或长的时间里旋转在脚尖上保持直立，自己站立则是他所做不到的，正如陀螺无法站定。

*

在所有可笑的事情中，我觉得最可笑的是忙碌于世界、是去作一个匆忙于自己的膳食和匆忙于自己的劳作的男人。因此，当我看见一只苍蝇在关键时刻坐在了这样一个生意人的鼻子上，或者他被一辆以更快速度疾驰而过的车辆溅着一身污水，或者吊桥[38]被拉起来，或者有一块瓦片落下来砸死他，这时我就会从心底发出欢笑[39]。又有谁会忍得住不笑呢？他们能够达成什么呢，这些没有休止的忙碌者？他们的情形岂不就是像那一个因房子着火而慌乱惊惶的妇人吗，她拼命去从火中救出一把火钳来？他们在生命的大火灾中又能救出什么东西呢？

*

我在根本上是缺乏活着的耐性。我看不得草的生长[40]，而既然我看不得，那么我就彻底不愿去看上一眼。我的观感是一个以最快的速度疾行贯穿生活的“漫游的学者[41]”的观感。人们说，我们的主先让人填饱肚子然后才让人的眼睛看饱[42]；我无法感觉到这种情形：我的眼睛已经被喂饱而厌倦了一切，而我仍然感到饥饿。

*

你尽管来问我任何想要问的问题，但是你别来问我理由。如果一个年轻女孩无法给出理由，她得到谅解，这叫做，她生活在情感之中。我的情形则不同。在一般情况下，我有着如此之多常常是相互矛盾的理由，以至于我因为这个理由而不可能给出各种理由。还有，从因果关系上看，我也觉得并不是真的能够自圆其说。一忽儿是从巨大而有力的因之中走出一个极其微渺不足道的小小的果，有时甚至根本没有果出现；一忽儿则是由一个敏捷小巧的因生产出一个庞大无比的果[43]。

*

而现在，生命的各种无邪的喜悦。这个你只能听由它们顺其自然，它们只有一个错：它们是如此地无邪。另外，它们必须有节制地被享用。我的医生为我开出健康饮食规定时，听起来就是这样；在某一特定时段里我得远离某些特定的食物；但是去对“进行节制饮食”进行有节制的运用——这实在是要求得太多了。

*

生活对于我来说成了一种苦涩的饮品[44]，然而它却必须被一点一滴地、缓慢地、计量地服用。

*

没有人从死者们那里返回，没有人不是哭着进入世界的；在你想要进入的时候，没有人问你，在你想要出去的时候，没有人问你。

*

时间走逝，生活是急流[45]，等等诸如此类，人们如此说。我无法感觉到它。时间停滞而我也停滞于其中。我所投射出的所有计划，直接就飞回到我自己；在我想要唾口水的时候，我唾在我自己的脸上。

*

在我每天早上起床时，我马上又回到床上。我觉得最舒服的是晚上，在我关灯、把被子拉上头的那一瞬间。我再一次带着无法描述的心满意足从床上坐起来，环顾我的房间，然后晚安，钻进被子。

*

我擅长些什么呢？什么都不会做或者会做任何事情。这是一种罕见的灵巧；然而在生活中，这种灵巧的小聪明会被人当一回事吗？上帝知道，那些申请“杂务女佣”工作（而如果没有这样的工作则什么工作都行）的女孩子们，她们有没有找到一个位置。

*

人不仅仅对于他人而且也对于自己应当像一个谜。我研究我自己；在我对此厌倦了的时候，我就抽一支雪茄来打发时间，并且想：上帝知道，到底我们的主对我是怎么想的，或者，到底他想让我成为什么。

*

没有什么产妇会有比我所具的更为古怪和更为没有耐心的愿望了。这些愿望有时候牵涉到那些最微不足道的事情，有时候则是最为崇高的，但是它们全都在同样的程度上有着那灵魂的刹那间的激情。我在这样的一个瞬间里想要一盘荞麦粥。我回想到我的学生时代，我们在星期三总是吃荞麦粥。我回想到，那粥是做得多么滑而白，黄油是怎样地向我微笑，粥看上去是多么地热，我是多么地饿，在得到开始进餐的许可之后是多么地迫不及待。一盘这样的荞麦粥！我愿意以比我的长子权更多的东西来换取它[46]。

*

魔术师维吉尔让人把自己剁成块放进锅里烧八天，并且，通过这样一个过程来恢复青春。他叫另一个人看守着，不让任何不相干的人朝锅里看。那看守者却无法抵抗这诱惑；他过早地向锅里看了，维尔基利乌斯就像小孩子一样带着一声哭叫消失了[47]。看来我也过早地向锅里看了，过早地向生命和历史发展的锅里看，并且，看来我除了继续是一个小孩子之外，再也达不到更多了。

*

“永远也不要失去勇气；在各种不幸以最可怕的方式在一个人的周围堆积起来的时候，这时他就会在云彩里看见一只帮助的手”[48]，在上一次晚祷仪式上尊敬的耶斯贝尔·莫尔顿教士这样演说。我现在习惯于老是在敞开的天空下行走，但是从不曾注意到有这样的事情。几天前在我的一次散步中留心到了这一现象。当然这肯定不是真的一只手，而像是一条手臂，从云中伸展出来。我陷入了深思：我想着如果此刻耶斯贝尔·莫尔顿在场就好了，这样他就可以决定出这是不是他所指的现象。就在我沉湎于这些想法中的时候，一个过路人对我说话了，那里，他指着那些云，说：“你看见那龙卷风吗？在这周边的各个地区内人们很少看到这种气候；有时候它会把一些整幢的房子卷走。”咿，上帝保佑，我想着，如果这是龙卷风的话。并且我马上拔腿尽快地走了。尊敬的耶斯贝尔·莫尔顿牧师在我的位置上的话，他又会怎么做呢？

*

让别人去抱怨时代是邪恶的；我抱怨它可怜可鄙；因为它没有激情。人们的思想就像花边一样单薄和脆弱，而他们自己则像做花边的女孩们一样可怜[49]。他们的心有着太可鄙的想法，乃至无法是有罪的。也许对于一条蠕虫来说，怀有这样的一些想法能够被看成是罪；但对于一个被按上帝的形象造出的人来说，则不。他们的情欲是冷静稳重而懒散迟钝的，他们的激情是昏昏欲睡的；他们尽他们的义务，这些小商贩的灵魂；但他们却做得出来，会像犹太人那样在钱币上剪一小点下来[50]；他们认为，虽然上帝无疑是有着很清楚的一笔账，但人还是可以稍稍欺骗他一下而不被抓住。呸，这些东西！正因此，我的灵魂总是回到《旧约》和莎士比亚[51]那里去。在那里你可以感受到，那是一些人在说话；在那里你恨，在那里你爱，谋杀自己的敌人，诅咒他所有传承下去的后代，在那里你行罪。

*

我的时间这样分派：一半的时间我睡觉，另一半的时间我做梦。在我睡觉的时候，我从不做梦，在睡觉的时候做梦，那是可悲的；因为，“睡觉”这东西是最高的天赋。

*

成为完美的人无疑是最高的事情。现在我得了鸡眼，这则一直就是件起帮助作用的事情。

*

我的生活所达到的成果就是完全的乌有，一种心境，一种简单的色彩。我的成果类似于那位艺术家的油画——他本来是要画犹太人过红海，但最终把整个墙壁画成红色，这时他解释说，那些犹太人走过去了，那些埃及人被淹没了[52]。

*

在大自然中人的尊严也还是得到承认的；因为，在你想阻止鸟飞上那些树，你就竖立起一样什么东西，这东西必须是像一个人的样子，哪怕是只有一点点和一个人有相似的地方，比如说一个稻草人的样子，就足以唤起尊重。

*

如果情欲之爱有着某种意义的话，那么它在其生产之时必定被月光映照，正如阿匹斯要作为真正的阿匹斯就必须有月光映照[53]。那生出阿匹斯的母牛在受孕的那一刻应当是被月亮映照的。

*

用来证明生存之悲惨的最好证据就是那从对生存之辉煌的观察中获得的材料。

*

大多数人如此猛烈地朝着“享受”疾奔，结果跑过头错过了。他们的这种情形就像那个在自己的城堡里守护着一个被掳掠的公主的小矮人。有一天他睡了午觉。在他一小时后醒来时，她已经不在那里了。他马上穿起自己的七里靴，只迈出一步，他就已经远远地超越了她所在的地方而错过了[54]。

*

我的灵魂是如此沉重，乃至不再有什么思想能够承担它、不再有什么翼翅的扑展能够将它带进苍穹。如果它运动，那么它只是沿着地面擦过，就像大风刮出雷雨天时那些鸟的低空飞行。在我的内在本质中孵化一种焦虑、一种恐惧，预感到一场地震。

*

生活是多么空洞和无足轻重。

人们埋葬一个人；人们陪着直到他入土，人们向他投撒三铲泥土；人们坐着马车出去，人们坐着马车回家；人们以这样一种想法作为安慰：在自己面前还有一段漫长的生命。那么 7×10 年到底有多长呢？为什么人们不一了百了地终结这一切呢，为什么人们不留在那里、一同走下墓穴，并抽签决定谁是不幸所选中的人——来作为最后一个活着的人向那最后的死者投撒三铲泥土。

*

那些女孩并不让我感到有吸引力。在她们的美丽成为过去时，这美丽就像一场梦和昨天的日子一样消逝[55]。她们的忠贞。

对，她们的忠贞！要么她们是不忠贞的，这我就不再有什么可关心的，要么她们是忠贞的。如果我找到一个这样的忠贞女孩，那么，考虑到她是罕见的一个，她能够引发出我的兴致，而考虑到时间的漫长，则她不会让我感到有吸引力；因为，要么她继续保持持恒的忠贞，那样我就成了我的实验性热情的一个牺牲品——因为我不得不忍受着她，要么会有这样的一个时刻，她停止了忠贞，那么这之后我就又回到了那老套的故事里。

*

可悲的命运！你徒劳地像一个老娼妓那样浓妆艳抹你满是皱纹的面孔，你徒劳地摇响你的愚人之钟；你让我感到乏味；仍是同样的老调调，一场同样的同样（idem per idem）[56]。没有变换，总是炒冷饭。来吧，睡眠和死亡，你什么也不许诺，你履行一切。

*

这两段似曾相识的小提琴弦曲！在这里、在此刻，在街的中央，这两段似曾相识的小提琴弦曲。我失去理智了吗？是我的耳朵出于对莫扎特音乐[57]的爱而不再去听了吗？把一只自己演奏它自己所想听的东西的耳朵馈赠给我，——我这个像乞丐一样地坐在寺庙的门前[58]的不幸者，这就是来自诸神的酬报吗？只是这两段小提琴弦曲；因为我现在听不到任何更多的声音。正如它们在那支不朽的前奏曲[59]中从低沉的合唱声调中爆发出来，在这里也是以同样的方式，它们带着一种启示所具的全部惊奇，从街上的噪音喧嚣中让自己游漾开来。

这肯定就在这附近；因为现在我听见了这些轻舞曲调。

那么，这就是你们了，你们两个不幸的艺人，是你们带来了我的喜悦。

他们中的一个，好像是十七岁，穿着一件绿色的带有骨质大纽扣的卡穆克大衣[60]。这大衣对于他实在是太大了。他手里抓着的小提琴紧贴在下颌之下；帽子压得很低靠近两眼；他的手藏在无指手套中，手指被冻成紫红色。另一个年纪稍大一些，穿着谢尼耶[61]外套。两个人都是盲人。一个小女孩，可能是引领他们的，站在前面，把两手埋在围巾下。我们渐渐地聚集起来，这些舞曲的几个仰慕者，一个带着信包的邮递员、一个小男孩、一个女佣、两个临时工。豪华马车嘈闹地驶过，工车的声音盖过这些从他们那里星星点点地冒出来的曲调。两个不幸的艺人，你们知道么，在这些曲子里包藏着全部世界上的光彩绚丽。

难道这不像是一场约会吗?

*

在一家剧院里发生的事情，后台着火了。小丑出来告诉观众着火的警报。但是人们以为这是一个笑话并且鼓掌；他重复这警报；人们欢呼得更厉害。这样我想着，世界将在机智诙谐者们的普遍欢呼之下而走向毁灭——他们以为这是一个笑话。[62]

*

从根本上说，这一生命的意义到底是什么？如果我们把人分为两类，那么我们可以说，一类是为了生活而工作，而另一类则没有这一需要。但我们知道，这“为生活而工作”无法作为生命的意义，因为这是一个有矛盾的说法：“不断地获取那些条件”要作为对关于“生命的意义是什么”这一问题的回答，而生命则要借助于这些条件的获取而得到存在保障。[63]一般地看，余下的人们的生命，除了去消耗那些生命所需的条件之外也没有意义。如果我们说，生命的意义就是去死，这看来则又是一个有矛盾的说法。

*

真正的享乐不在于你享用什么，而是在于观念。如果我雇佣了一个顺从于我的精灵来为我服务，在我想要一杯水的时候，他却要为我拿来全世界最贵重的各种葡萄酒——美味地调制在一只酒杯里，那么我将解雇他，直到他搞明白这一点：享乐不在于我享用什么，而在于得到我的意愿。

*

所以说，我的生命的主人不是我，我是一根要被织进生命之卡屯布[64]的棉线！好吧，哪怕我不能纺织，我也还是能够剪断这根线。

*

一切都将在宁静中被获取而在沉默中被神圣化。这不仅仅只是普绪客那将要出生的孩子的情形：这孩子的未来依赖于她的沉默[65]。

有一个孩子，他属于神类，如果你沉默——

然而属于人类，如果你展示出这秘密[66]。

*

看来我是注定要彻底体会承受所有可能的心境，要获得所有方向的经验。每一瞬间我都躺在大海的中央，就像一个要去学游泳的小孩子。我尖叫（这是我从希腊人那里学来的[67]，从希腊人那里你可以学到纯粹的人情味）；因为，固然在我的腰围上有着一根系绳，但我却看不见那将要把我高高吊起的支撑杆。这是用来获取经验的一种可怕的方式。

*

够奇怪的，通过那两个可怕的对立，我们获得了关于“永恒”的观念。如果我想象那个不幸的簿记员[68]，由于在一份账目结算中说了 7 加 6 等于 14，他毁掉了一个商行，他因此而绝望得失去了心智；我想象着，他一天到晚对所有其他事情都无动于衷，只是对自己重复：7 加 6 等于 14，然后我就有了一幅“永恒”的画面。

我想象一个闺房里的丰满的美丽女性，优雅大方地躺在沙发上憩息，毫不关心世界上的任何事情[69]，然后我就又有了一幅表达“永恒”的画面。

*

哲学家们就“现实”所谈论的东西，常常在同样的程度上带着欺骗性[70]，就像你去一家旧货店在那里读到一块牌子：本地熨衣物。如果你拿着自己的衣服来熨，那么你就上当了；因为那块牌子只是放在那里卖的。

*

对我而言，再也没有什么东西是比回忆更为危险的了。如果我回忆一种生活状态，那么在这个时候，这状态本身就停止了。人们说，分离有助于去使得爱情重新焕然。这当然是对的，但它是以一种纯诗意的方式去使得爱情重新焕然。活在回忆之中是一种人所能想象到的最圆满的生活，回忆比所有现实更丰富地使人心满意足，并且它有着一种任何现实都不具备的安全感。一种被回忆的生活状态已经进入了永恒，并且不再有任何俗世的兴趣关注了。

*

如果有什么人要写一本日记，那么这个人就应当是我，并且是为了稍稍有助于我的记忆。在一段时间过去之后，常常会有这样的事情出现在我身上，我完全忘记了，是哪一些原因把我推向这事或者那事，并且，不仅仅是在琐事上如此，在那些最具决定性意义的步骤中也是如此。如果我总算看见了原因，这原因有时候则是那么奇怪，以至于我自己不愿意去相信这就是原因。如果我有什么写下来的东西来提醒着我，那么这一怀疑就可以被驱散掉。说到底，“原因”就是一种奇怪的东西；如果我带着自己的全部激情看着它，那么它就会长大而变成一种巨大的、能够翻江倒海启动天地[71]的必然性；如果我没有激情，那么我带着嘲弄鄙视着它。

现在，我长时间地反复寻思了，到底是一个什么样的原因推动我辞去了学校教师的职务。在我现在想着这事情的时候，我突然发现，这样的一个工作正是适合于我的。今天我恍然大悟，那原因恰恰正是这个：我应当将自己看成是彻底地适合这一职位的人。如果我继续留在我的职位上，则我只会失去一切而不会赢得什么。因此，我将这种做法看作是正确的：辞去我的职务而在一个巡回演出的剧团里申请一个位子。我这样做是出于这个原因：在这方面我什么才能都没有，因而也就有一切可以让我去赢得。

*

如果去相信，在世界中大喊大叫会起到帮助作用、仿佛一个人的命运因此而会被改变，那么，这之中就真的有着极大的天真。给你什么你就拿什么，不要让自己卷入任何节外生枝的麻烦。在我年轻的时候，当我到一家餐馆时，我也会对跑堂的说：要好的、要很好的一块肉，是背上的，不要太肥。那跑堂的也许不会听到我的喊声，更不会把我说的当一回事，至于我的嗓音要想挤进厨房去说动那切肉的人，则更是不可能的了，而即使所有这些都得以发生了，但也许那整大块肉上并没有什么好的肉块。现在，我就从来没有再喊叫了。

*

那社会性的努力奋斗和伴随着它一同而来的美丽同情在越来越大的范围里扩展开。在莱比锡有人成立了一个委员会，这个委员会出于对那些老马的悲惨结局的同情而决定把这些马吃了[72]。

*

我只有一个朋友，它是回声[73]；为什么它是我的朋友？因为我深爱我的悲哀，而这回声不会从我的心中夺走我的悲哀。我只有一个知心，它是夜晚的沉寂；为什么它是我的知心？因为它沉默。

*

在神话传说里，巴门尼斯库斯在特罗珀尼乌斯的洞[74]中失去了笑的能力，但是，他在得洛斯岛[75]上因为看见了一块不定型的、被作为女神莱托[76]之像的木块，就恢复了这笑的能力[77]。神话里发生在巴门尼斯库斯身上的事情同样也正是我的情形。在我非常年轻的时候，那时我在那个特罗珀尼乌斯的洞中忘记了笑；在我长大后，我则睁大眼睛观察现实，这时，我就笑了起来，并且从那时起就不曾停止过。我看见：得到一个维持生计的工作就是生活的意义，成为司法议员[78]就是生活的目的；得到一个有钱的女孩就是爱情的丰富欲望；在囊中羞涩的时候相互帮助就是友谊的至乐；凡那大多数人认为对的，那就是智慧；做一下讲演就是热情洋溢；敢冒“会被罚款 10 元国家银行币[79]”的险就是勇敢；在吃完了正餐之后说一声客气话，这就是诚恳；每年去领受一次圣餐，这就是对上帝的敬畏[80]。这是我看见的，并且，我笑了。

*

那绑住我的是什么？那用来捆绑芬利斯狼的链子是用什么做成的？它是用猫腿走在土地上的噪声、用女人的胡须、用巉岩的根、用熊的草、用鱼的呼吸和鸟的唾沫来做成的[81]。我也是这样地被绑在一条链子中，一条以各种黑暗的幻想、以各种使人恐惧的梦、以各种不安宁的想法、以各种惶惶然的预感、以各种不可解释的恐惧构成的链子。这条链子“极其有韧性、软如丝，用尽最大的力量也拉不断、拉不驰，并且无法磨断。”[82]

*

够奇怪的，总是这同样的东西贯穿了生命里的所有年龄让你操劳，你总是达成同样距离，或者更确切地说，你走回头路。我15岁的时候，我在语文学校[83]里津津有味地写关于上帝存在和灵魂不死的那些证明，写关于信仰这个概念、写关于奇迹之意义。在大学入学考试（examen artium）[84]中，我写了一篇关于灵魂不死的论文，我被评定为“优秀显著”（prœ ceteris）[85]；再后来我因为一篇关于这一材料的论文而获奖。又有谁会相信，在有了这样一个如此坚实而充满希望的起始之后，在我25岁的时候，我会落到这样的一个地步：我无法再证明灵魂不死，一个证明也做不了。尤其是，我回想起我的学生时代：老师对我的一篇关于灵魂不死的论文进行了非凡的赞美和朗读，既是因为内容也是因为语言上的优秀。唉，唉，唉！那篇论文在很久以前已经被我扔掉了。怎样的不幸啊！也许这篇论文会捕捉住我怀疑的灵魂，不管是以它的语言还是以它的内容。于是，这就是我对父母、长者、老师们的忠告，去催促那些他们所监管的孩子们藏好那些他们15岁时写的那些丹麦语作文。给出这个忠告，是我能够为人类的福祉所能做的唯一的一件事。

*

对真相的认识，也许是我已达到的；对至福的认识，无疑是没有[86]。我该怎么办？在世上做你的事，那些人回答。难道我应当去向世界表明我的悲哀、再贡献出又一个证明“一切是多么地可悲可怜”的依据、也许去发现人生中的一个迄今尚未被人留意的新瑕疵？如果那样，我将能够收获那罕见的报偿而举世闻名，就像那个在木星上发现斑点[87]的人。但我还是宁可沉默。

*

人的自然本性，真是原本怎样就一直怎样。真是一种与生俱来的天赋呵，一个幼小的孩子不就常常能够让我们看见那些重大关系的生动画面吗。今天我就让小路德维希给逗乐了。他坐在他的小凳子上；带着明显的欢悦环顾四周。这时保姆玛壬[88]走过客厅。玛壬！他喊着；呵，小路德维希，她带着寻常的友好回答，并且走向他。他把自己的大头稍稍向一边倾斜，带着某种淘气的狡狯用自己睁得极大的眼睛盯着她，然后很冷漠地说：不是这个玛壬，我叫的是另一个玛壬。我们成年人做的是什么呢？我们呼喊整个世界，而当世界友好地走向我们的时候，我们则说：这不是我叫的玛壬。

*

我的生活就像一种永恒的夜；在我有一天将死的时候，我可以用阿基利斯一剧中的话说：

你已经圆满，我的存在之守夜者。[89]

*

我的生活是完全地无意义的。如果我观察它的不同时期，那么，我的生活的情形就如同辞典中 Schnuur 这个词的情形。它首先是意味了一根绳索，其次意味了儿媳妇。[90]所缺少的只是，Schnuur 这个词第三是应当意味了一只骆驼，第四应当是掸尘扫帚。

*

我就像那吕纳伯格猪[91]。我的思维是激情。我能够很好地为别人把那些块菌从地里翻出来，我自己则对它们毫无兴趣。我把那些麻烦问题拿到我的鼻子上；但是，除了把它们从我的头上向后面扔之外，我无法对它们做更多的事。

*

徒劳地，我对抗。我的脚打滑。我的生命仍是一种“诗人式存在”。还能想象出什么比这更不幸的东西吗？我是被命运选定了的；当命运突然向我显示出，我所做的一切对抗是怎样在这样一种生存中变成环节的，这时，命运嘲笑着我。我能够如此生动地描述那希望，以至于每一个怀着希望的个体人格都会认同我的描述，然而这种描述却是一种造假，因为在我描述这希望时，我想着那回忆[92]。

*

还有一个人们迄今所忽视了的对于上帝存在的证明。它是由阿里斯托芬的《骑士》中的一个仆人给出的，从 32 开始及随后的[93]：

德谟斯特纳斯

诸神的形象；你真的相信有诸神？

尼基阿斯

那我是绝对相信的。

德谟斯特纳斯

你有什么证据？

尼基阿斯

我为诸神所恨，难道这不是很好的证据；

德谟斯特纳斯

你说得我心服口服。[94]

*

无聊是多么地可怕——可怕地无聊；我不知道还会有什么更强烈的表达，更真实的，因为只有同类才为同类所认识[95]。我真希望还有一个更高的表达、一个更强烈的，那样的话就还会有一个运动。我俯卧着，怠惰地；我所看见的只有一样东西，那是空虚；我赖以生存的只有一样东西，那是空虚；我让自己在之中动弹的只有一样东西，那是空虚。我甚至连疼痛也感觉不到。说起来那秃鹰还不断地啄食普罗米修斯的肝[96]；说起来在洛基的脸上还不断地有毒液滴下[97]；哪怕是单调的，这也都还是一种休止。对于我，痛楚本身已经失去了其刺激性的新鲜感。不管是有人把全世界的荣华还是把全世界的痛苦施加于我，前者后者对于我的触动是完全一样的，我不会翻过身来，既不会想去获得也不会想去逃避。我死于死亡[98]。而什么是能够让我散心的呢？有啊，如果我得以看见一种经受得起所有考验的忠诚、一种承受一切的热情、一种移山的信仰[99]；如果我能够觉察到一种将有限和无限[100]结合在一起的思想。然而我灵魂中剧毒的怀疑噬食着一切。我的灵魂就像那死亡的海，在之上没有鸟能够飞行；如果有鸟飞行，在它已经飞到半途的时候，它精疲力竭地坠落在死亡和毁灭之中。

*

奇怪啊！人是用怎样一种对于丧失和拥有的双义恐惧来使自己牢牢地依附着这生活的呵。有时候，我曾想走出决定性的一步（对于这一步而言我所有从前所走的路都只不过是儿戏）而进入那伟大的探险旅行。就像一艘船，在它冲出船台时会有礼炮来庆贺，我也想要这样庆贺自己。可还差一点。我缺乏的是勇气吗？如果一块石头落下来并且把我砸死，这倒也还是一条摆脱困境的出路。

*

同语反复是并且仍然是那最高的原则，最高的思维基本原理[101]。这样，大多数人使用它，这就没有什么奇怪的了。它也不那么贫乏，完全可以充满整个生命。它有着一种促狭的、机智诙谐的、有趣的形式，这就是那些无限判断[102]。这一类同语反复是悖论性的和超验性的一类[103]。它有着那严肃的、科学的和教化的形式。为此而立出的公式如下：在两个量与同一个第三个量等量时，则这两个量相互等量。这是一个量的推论[104]。这种同语反复在讲演台和布道坛上特别适用，——在那里人要讲很多东西。

*

在我身体结构中不合比例的地方是我的前肢过小。就像新荷兰的野兔[105]，我有着很小的前肢，然而无限长的后肢。在一般的情况下我很宁静地坐着；如果我有所动作的话，那么就是一个极大的跳跃，使得所有因亲戚朋友的亲切关系而与我相关联的人们感到恐怖。

*

非此即彼[106]

一个心醉神迷的演说

结婚，你会后悔[107]；不结婚，你也会后悔；结婚或者不结婚，两者你都会后悔；要么你结婚要么你不结婚，两者你都会后悔。去为世界的各种荒唐而笑，你会后悔；为它们而哭，你也会后悔；去为世界的各种荒唐而笑或者而哭，两者你都会后悔；要么你去为世界的各种荒唐而笑，要么你为它们而哭，两者你都会后悔。相信一个女孩，你会后悔；不相信她，你也会后悔；相信一个女孩或者不相信她，两者你都会后悔；要么你相信一个女孩，要么你不相信她，两者你都会后悔。吊死你自己，你会后悔；不吊死你自己，你也会后悔；吊死你自己或者不吊死你自己，两者你都会后悔；要么你吊死你自己，要么你不吊死你自己，两者你都会后悔。这个道理，我的先生们，是所有生活智慧的精粹。我不仅仅是在一个单个的瞬间，如斯宾诺莎[108]所说以永恒的方式（œterno modo）观察一切[109]，我是持恒地 œterno modo[110]。这个，许多人在他们做了这一件或者那一件事情之后去统一或者调和这些对立面的时候，以为他们自己也是如此。然而这却是一个误解；因为那真正的永恒不是在非此即彼的后面，而是前面。因此他们的永恒也将是一个痛楚的“时间上的延续”，既然他们将有那双重的后悔来供他们慢慢消耗。我的智慧则很容易领会；因为我只有一个基本原理，而且我并不从这一基本原理出发[111]。我们必须区分非此即彼中后续而来的辩证法和这里所暗示的永恒者。这样，当我在这里说，我不从我的基本原理出发，这时，这说法就不是一个“从该原理出发”中的对立，而只是对于我的基本原理的那否定表达，通过它，我的基本原理将自身领会成是对立于一个“从该原理出发”或者一个“不从该原理出发”。我不从我的基本原理出发；因为，假如我从它出发，我会后悔，假如我不从它出发，我也会后悔。因此，如果在我的最尊敬的听众们中有谁觉得在我所说过的东西中还是有着“某样东西”，那么，他只是以此证明了他的头脑并非是完全适合于哲学；如果这让他觉得，在我所说的东西中有着运动，这证明同样的结论。相反，对一些听众，他们有能力随着我的思路去想，哪怕我没有搞出任何运动，我现在要阐释那永恒的真相，通过这阐释，这一哲学仍然是自在的，并且不承认什么更高的。也就是说，假如我从我的基本原理出发，那么我就不能够再终止；因为，如果我不终止，那么我会后悔；如果我终止，那么我也会后悔，诸如此类。反过来，既然我现在绝不从我的基本原理出发，那么我就总是能够终止；因为我的永恒出发点[112]就是我的永恒终止。经验显示了，对于哲学，“去开始”根本就不是什么艰难的事情。恰恰相反；它不就是从“无”开始吗?[113]就是说，总是能够开始。相反，让哲学和哲学家们感到艰难的，是“去终止”。而这个麻烦也让我避开了；因为，假如有人相信，我在我现在终止的时候真的终止了，那么这就说明他没有思辨性的概念[114]。也就是说，我现在没有终止；而是在那我开始的时候，我终止了。因此，我的哲学有这卓越的优点：它简短，并且它无法驳倒的；因为，如果有人来批驳我，那么我敢说我有权宣布他是发疯了。哲学是持恒地以永恒的方式（œterno modo），并且不像那已故的欣特尼斯那样只有几小时是为永恒而活的[115]。

*

为什么我没有被生在纽伯德尔[116]，为什么我没有在我还是小孩子的时候就死去？那样的话，我父亲会把我放在一口小小的棺材里，自己把我挟在手臂下，在一个星期天的上午把我抬到墓穴[117]，自己朝着棺材投撒泥土[118]，用不太大的声音说几句只有他自己能够明白的话。只有在那幸福的古代才会有这样的事发生：让那些小孩子在死亡的极乐世界里啼哭[119]，因为他们死得那么早。

*

我从不曾快乐；然而看上去却总是仿佛那喜悦伴随着我，仿佛喜悦的那些轻盈的守护神[120]围绕着我跳舞——它们对别人是隐形的而对眼中闪耀着欢欣的我则不隐形。当我如此幸福和快乐像一个上帝一样地走过人们，而他们羡慕我的幸福，这时，我就笑了；因为我鄙视这些人们，并且我报复。我从不曾想要不公正地对待什么人，但是看起来却总是好像每一个走近我的人都受到了不公正冒犯和委屈。这样，在我听其他人赞美他们的忠诚、他们的正直的时候，我就笑了；因为我鄙视这些人们，并且我报复。我的心从不曾对什么人冷酷无情，但恰恰在我最受感动的时候，我总是做出一副样子，好像我的心对每一种感情都是关闭和陌生的。这样，在我听其他人称颂他们的好心、看见他们因为他们深刻丰富的感情而受到喜爱的时候，我就笑了；因为我鄙视这些人们，并且我报复。在我看见我自己因为我的冷漠和无情而被诅咒、被厌憎、被仇恨的时候，我就笑了，我的愤怒就得到了满足。也就是说，如果那些善良的人们能够让我真的不公道而理亏、让我真的去做亏心事的话，那么，我就输了。

*

这是我的不幸；在我的身旁总是走着一个谋杀天使，而他应当绕过的不是那些被选者们的、我以血在之上喷洒标记的门[121]，不，他要走进的恰恰正是他们的门——因为只有回忆的爱才是幸福的。

*

葡萄酒不再使得我的心欢悦；稍稍一些葡萄酒使得我感伤；多了，则让我沉郁。我的灵魂黯弱无力，我徒劳地踢刺欲望之马的胁侧，它已经精疲力竭了，它无法再起身做出高贵的跳跃。我失去了我的所有幻觉。我徒劳地寻求去投身于喜悦的无限，它无法使我振作起来，或者更确切地说，我自己无法使自己振作起来。在从前的日子里，只要它有所召唤，我就轻松、敏捷而振奋地骑上去。在我慢慢地骑着马穿过森林的时候，那感觉就好像我在飞翔；而现在，在马吐着白沫差不多快倒下的时候，我就觉得我无法上路了。孤独是我一向所是；被遗弃，不是被人们遗弃——我不会因为被他们遗弃而感到痛苦，而是“喜悦”的那些幸福的守护神们，它们曾以无数的群集环拥着我，它们曾到处都遇上相识、到处向我展示机会，现在它们遗弃了我。就像一个沉醉的人把荒唐放纵的青年人群聚集到自己的周围，它们也曾这样地汇集在我的周围，喜悦的阿尔弗鬼魂们[122]，它们曾为我带来微笑。我的灵魂失去了可能性。假如我还会想要什么的话，那么我不会想去要财富和权力，而是想要那“可能性”的激情，那只永远年轻、永远炽烈地到处看见“可能性”的眼睛。享乐使人失望，而可能性则不。而怎样的葡萄酒如此起泡，怎样的葡萄酒如此醇郁，怎样的葡萄酒如此使人陶醉！

*

在太阳的光线无法到达的地方，那些乐调则到达了。我的房间是黑暗和阴沉的，一堵高墙几乎把白天的光挡走了。那一定是在隔壁的院子里，也许是一个流浪音乐家。那是什么乐器？一根簧管？……我听到的是什么？《唐璜》的小步舞曲[123]。那么就再把我带走吧，你们这些丰富而强劲的乐调，把我带到女孩子们的圈子里、带进舞蹈的欢乐之中。

药剂师[124]捣着自己的药钵、女孩子洗刷自己的罐子、马夫梳刷自己的马并且在街石上敲打自己的刷子；这些乐调只是在为我而悠扬，它们所召唤的只是我。哦！你应当接受我的感谢，不管你是谁，你应当接受我的感谢！我的灵魂是如此富有、如此健康、如此沉醉于喜悦。

*

鲑鱼就其本身而言是一种非常美味的食物；但如果人吃太多鲑鱼则有害于健康，因为它是一种难以消化的食物。因此，那时在汉堡，有一次人们捞捕到大量的鲑鱼，警察下命令说，每一个家庭户主一星期只可以让自己的仆人吃一次鲑鱼[125]。但愿就“多愁善感”的情形警察也会发出一个类似的公告。

*

我的悲哀是我的骑士城堡，就像一只鹰巢高高地坐落在云间的群山尖上；没有人能够攻破它。我从那里飞下，到现实中抓取我的猎物；但是我并不在下面逗留，我把我的猎物带回家，而这个猎物是我织进我城堡里的那些挂毯中的图像。于是我像一个死者一样地活着。在遗忘的洗礼中我把所有经历过了的东西沉浸到回忆的永恒中去。所有“有限的”和“偶然的”都已被遗忘和磨灭。于是我像一个白发苍苍的老人[126]那样沉思地坐着，并且以一种轻微的、几乎是耳语的声音解释着这些图像，在我身旁坐着一个小孩听我讲，虽然他在我讲述之前就已经记住了一切。

*

阳光如此美丽而活泼地照射进我的房间，隔壁的房间里窗户开着；在街上一切都是宁寂的，这是星期天下午；我很清楚地听见一只云雀在邻近的某一个院子中的窗户前鸣啭着，在那窗户里面住着一个美丽的女孩；从距离很远的地方，我听见远处的一条街上一个男人在叫卖着虾；空气是那么温暖，然而整个城市却像寂灭的荒漠。

于是我回忆我的青春和我的初恋，在那个时代，我曾渴慕着；现在我只渴慕我最初的渴慕。青春是什么？一场梦。爱情是什么？这场梦的内容。

*

某种奇妙的事情发生在了我身上。我被推送上了七重天上[127]。所有诸神聚集着坐在那里[128]。出于特别的恩典我获许给出一个愿望。“你想要，”墨丘利[129]说，“你是想要青春、还是美丽、还是权力、还是长生、还是最美丽的女孩、还是我们的杂货箱中的别的华贵物，那么选择吧，但只能选一样。”在一瞬间里，我不知所措，然后我对诸神这样说：我最尊敬的同代者们，我选择一样东西：我能总是让笑声处在我的这一边。诸神中没有一个回答任何一句话，相反他们全都笑了起来。由此我得出结论，我的祈愿得到了实现，并且觉得诸神知道怎样带着品味来表达自己；因为如果严肃地回答说“你的愿望必成现实”，那么这就会是一种不恰当的回答。

注释

［1］［ΔΙΑΨΑΛΜΑΤΑ］　（在这里是 Διαψαλματα 的全大写字母）希腊语（diapsálmata），间奏曲；间歇；副歌。

［2］原文为拉丁语［ad se ipsum］。

［3］［Grandeur…tout n'est rien］　法语。“宏业、知识、名望/友谊、快乐和美好/全都只不过是风是烟/更好一点的表述就是：全都是乌有。”引自法国诗人贝利松［P. Pelisson（1624—1693）］的作品集（1735）。之中一首小诗在标题“警句”（Epigramme）之下，1，212. 可能克尔凯郭尔是从莱辛（G. E. Lessing）那里转引过来的，莱辛将之引在《漫谈警句》（Zerstreute Anmerkungen über das Epigramm）之中。

［4］［法拉利斯的铜牛］　法拉利斯（Phalaris，公元前 570/65—前 554/49）是西西里岛上的阿哥里根特（Agrigent）的暴君。据说他曾把人放在铜牛中烙。那铜牛在鼻孔里有笛子：被烙者的哭叫声在铜牛之外听起来变成了音乐。

［5］［阿玛尔桥（Amagerbro）上］　在克尔凯郭尔的时代，阿玛尔（Amager 现为哥本哈根市内的一个区域）是一个乡村地区，它生产粮食，尤其是蔬菜，向哥本哈根的市民提供这些农作物，哥本哈根人把阿玛尔人看成是天真、粗野和滑稽的乡巴。阿玛尔桥也指阿玛尔最靠近哥本哈根的那部分。

［6］［言论自由］　以口头和书面形式表达自己的自由，常常是单指印刷自由。这里看来是指向 1835 年“正确使用言论自由协会”的建立。丹麦旧的审查法在 1770 年 9 月 14 日通过法令被取消，但这一自由持续了很短的时间；一年之后，旧的审查法又重新被启用，并且在 1799 年 9 月 27 日被通过法令确定下来、并且在 1805 年、1810 年和 1814 年以公告形式强调。印刷自由，连同言论自由在 1851 年 1 月 3 日才被立法确定。

［7］［我彻底不愿意］　克尔凯郭尔可能是从威瑟尔（J. H. Wessel）为自己所写的墓志铭中获得启发：“他吃并且喝，从不快乐/他的靴跟老让他歪歪斜斜/他什么事也不愿意干/到最后他连活下去也不愿意。”

或者是巴格森（J. Baggesen）的诗歌“最新的文学，或者六天的工作”，描写关于“六个游手好闲者”，他们“做他们愿意做的事情/但在这之前什么也不愿做”。

［8］［给作家们的得力有效的忠告］　这一段可能是影射霍夫曼（E. T. A. Hoffmann）的一部小说的“出版者前言”。

［9］［无法弄清楚……收获］　埃及的历史原始资料可以回溯到大约公元前 5000 年。古代埃及的国王或者法老们创造出了三个经济、政治和文化的繁荣时期：古王国（公元前 2700—前 2200 年）、中王国（公元前 2000—前 1800 年）和新王国（公元前 1550—前 100 年）。由于“法老”在古代在国王的名字不被用上的时候被用作埃及国王的名称，在一长串法老之中就很难弄清楚某个被谈论的国王是哪一个国王。

［10］［斯威夫特］　Jonathan Swift（1667—1745），在都柏林的英国国教司铎，英格兰作家，以厌恶人类的讽刺作品《格里佛游记》闻名。斯威夫特死的时候患精神病，他在遗嘱中把三分之一的财产用于在都柏林建立一所精神病医院。可参看斯威夫特《讽刺和严肃文集》的前言。

［11］［那些古老的英国人……笑的基础］　克尔凯郭尔对于可笑和滑稽的事物的评论的源材料主要是来自苏尔泽尔的《美的艺术的一般理论》（J. G. Sulzer *Allgemeine Theorie der schönen Künste* bd. 1—5，2. udg.，Leipzig

1792—1794, ktl. 1365—1369)，特别是关于笑（bd. 3，1793，s. 132—142)，在此之中引用了许多英国方面关于笑的理论的文献，还有福律葛（C. F. Flögel）的《喜剧文学史》（*Geschichte der komischen Litteratur*）。

［12］［哈特雷医生］ David Hartley (1705—1757)，英国医生和哲学家，在1749年出版《对人的观察》(Observations on man, his frame, his duty and his expectations bd. 1 - 2.)。这里所谈不是对哈特雷文字的直接引用，而是福律葛（Flögel）对哈特雷医生关于小的本原文字的概述。

［13］［cfr. Flögel…1 B. Pag 50］ C. F. Flögel, *Geschichte der komischen Litteratur*, bd. 1 - 4, Liegnitz og Leipzig 1784—1787, ktl. 1396—1399; bd. 1, s. 50.

［14］引自福律葛《笑话文学史》的原文为德文：

dass wenn sich das Lachen zuerst bei Kindern zeiget, so ist es ein entstehendes Weinen, welches durch Schmerz erregt wird, oder ein plötzlich gehemmtes und in sehr kurzen Zwischenräumen wiederholtes Gefühl des Schmerzens (cfr. Flögel Geschichte der comischen Litteratur I B. Pag. 50).

［15］这里的受洗是 konfirmation，就是说，去确认自己的信仰，是一种第二次受洗。在丹麦的基督教中，孩子出生后有命名浸洗礼，而等孩子长成为年轻人时则举行再受洗仪式以表明对信仰的确认。一般教堂的再受洗典礼是一种年轻人的节日，不亚于学校的毕业典礼。

［16］［考尔纳利乌斯……而受伤］ 这是根据罗马历史学家考尔纳利乌斯·奈珀斯（Cornelius Nepo）（公元前1世纪）所写传记《欧梅纳斯（Eumenes)》中关于亚历山大大帝的将领之一马其顿将军欧梅纳斯的故事。他的关于希腊将领的传记被保存在 De excellentibus ducibus exterarum gentium 中，而关于老加图和阿提库斯的故事在 De latinis historicis 中。

［17］［我的城堡］原为 is my castle。人们所熟悉的引句“My house is my castle”更早的来源是出自法学家 Sir Edward Coke (1552—1634) Third Institute of the Laws of England bd. 1—4, London 1628—1644，他是英国法学的奠基者。

［18］［阿拉丁］ 丹麦罗曼蒂克作家和诗人欧伦施莱格（A. Oehlenschläger）的诗歌剧《阿拉丁》(Aladdin, eller Den forunderlige Lampe)，在诗文集的第二卷中。（*Poetiske Skrifter*, bd. 1 - 2, Kbh. 1805, ktl. 1597—1598; bd. 2, s. 75—436.）皇家剧院第一次上演全本是1839年

4 月 17 日，之后演了二十二次，直到 1842 年 11 月 25 日。

［19］［努拉丁］　魔术师努拉丁（Noureddin）是反面人物，作为那快乐的自然之子阿拉丁的对立，他的一切正好是阿拉丁的反面。文中谈及的对立是在《阿拉丁》第一幕中的街头场景中出现的。

［20］［向人说我要］　向人说自己想要如何如何，尤其是用在小孩子们身上，在小孩子饿了或者渴了，或者要解手的时候，他们会说“我要……”。

［21］［西瓦］　由两个点构成的元音（：），在希伯来语中被置于辅音之下来表示这些辅音要么不带元音要么带弱音 e 来发音。

［22］［达格希利那］　点，在希伯来语中被置于辅音 b、g、d、k、p 和 t 中来表示这些辅音不跟元音时要发出更重音。如果达格希利那被忽略，那么这些辅音发音就软弱了。

［23］［被反过来印在字行里的字母］　在排字房，每一个字母都是被放在独立的锥体中，这样排字的时候它就被转过头来，这样字母就是反向的，就是说，和我们读到的字母正好是反过来。

［24］［有着三根辫子的巴夏］　在过去的土耳其的最高的军事和民事的职位。在奥斯曼帝国有巴夏这一头衔，级别上分为一辫、二辫和最高的三根辫子。

［25］［钱币的印刷］　在发行钱币的时候，这些钱币被签名后还要被联署签名确认。这里所谈“银行”想来是指哥本哈根的国家银行，一家在 1818 年成立的私人股票公司，有着唯一印行钱币的权利。

［26］［反身代词］　原文在这里是拉丁语 pronomen reflexivum，在语法上用来标示回指向主语的代词。

［27］［那些做下……报酬］　《马太福音》（6：2）：“所以你施舍的时候，不可在你前面吹号，像那假冒为善的人，在会堂里和街道上所行的，故意要得人的荣耀。我实在告诉你们，他们已经得了他们的赏赐。”另参见 6：5 和 6：16。

［28］［因为……的东西］　见摩西十诫第九、第十：“不可贪恋人的房屋，也不可贪恋人的妻子，仆婢，牛驴，并他一切所有的。”（《出埃及记》20：17）

［29］［纽伦堡图画］　廉价画像、赝品画。那时纽伦堡是以其工业化生产的商品而出名的也包括玩具和艺术品。

［30］原文中的用词是“系带”，系褶皮肤的一种膜状褶或黏膜用来支持或限制某部位或器官的运动，例如连接舌下部和口腔底部的一小段组织。

［31］［是不是那精神之……说昏话］　见《马可福音》（7：32—35）：“有人带着一个耳聋舌结的人，来见耶稣，求他按手在他身上。耶稣领他离开众人，到一边去，就用指头探他的耳朵，吐唾沫抹他的舌头，望天叹息，对他说，以法大，就是说，开了吧。他的耳朵就开了，舌结也解了，说话也清楚了。”

［32］［林修斯的目光］　根据希腊神话，来自墨西拿的林修斯加入与宙斯和勒达的儿子们的搏斗。在后者隐藏在一个树洞里的时候，他发现了他们，也就是，他有着一种尖锐到能够看透石头和泥土的目光。

［33］［巨人们的叹息］　在希腊神话中，巨人在被诸神战胜之后被关在火山下面，他们就是火山爆发或者轰响的原因。

［34］［艾科无情的嘲讽］　在希腊神话中，水妖艾科（Eccho）爱上美少年纳希苏斯（Narcissus），但是由于他对她的爱无所回报，她因忧伤而憔悴，于是在她那里剩下的只有其他人在山间呼叫时的回声。

［35］［胸音］　带着胸腔共鸣的声音；强有力的、丰满的声音。

［36］［神圣轻微的耳语］　见《列王纪上》（19：11－13）：“耶和华说，你出来站在山上，在我面前。那时耶和华从那里经过，在他面前有烈风大作，崩山碎石，耶和华却不在风中。风后地震，耶和华却不在其中。地震后有火，耶和华也不在火中。火后有微小的声音。以利亚听见，就用外衣蒙上脸，出来站在洞口。有声音向他说，以利亚阿，你在这里做什么。”（“微小的声音”）

［37］［Μεμαστίγομενος］　希腊语（memastígomenos）被鞭打的。想来克尔凯郭尔是从公元前2世纪的希腊语翻译版旧约 Septuatinga 中得到这个词的，在 Septuatinga 中这个词曾多次出现，像这里的完成时分词形式，则只是在《诗篇》中（73：14）被用作“被打、被击中”的意思。（“因为我终日遭灾难，每早晨受惩治。”）

这个词的动词不定式本义是：鞭打、打、惩罚、严惩。

［38］吊桥（在原文中称作 Knippelsbro——科尼佩尔桥）：哥本哈根港的一座桥，连接斯罗特霍尔姆的波尔斯街和克利斯蒂安港的托尔夫街。桥在两边都有吊桥，这样在船需要通行的时候，两边的吊桥八字形地向上拉起，中间就有了一个让船通行的口。第一座科尼佩尔桥建于1620年，之后

多次改建。今天的科尼佩尔桥是1937年12月17日开始启用的。

［科尼佩尔桥被拉起来］　最初的桥建于1620年，后来以市议员汉斯·科尼普的名字命名，在1712年到1816年被新的同型木桥代替。哈尔基尔（P. Halkiers）桥上的吊板口从1816年起只为许多船提供狭窄的过道，而在桥上则只有两辆车相互开过对方的宽度。然而这桥在当时仍然是首都的交通交汇处；在1857年，每昼夜大约有两万四千行人、两千八百辆马车和三到四千拖车经过这桥。

［39］［一块瓦片……发出欢笑］　也许是指赫尔玛斯（墨丘利）和死亡的摆渡人卡戎的对话，在卢西恩的《卡戎》中。在此之中卡戎说，在他第一次遇到赫尔玛斯的时候，他笑了，因为他刚刚听到一个关于某男人的故事：这个男人被朋友邀请在下一天去吃饭，但在他确保了他自己肯定能够赴会的时候，一块瓦片落在他头上把他砸死了。

［40］［草的生长］　可能是影射关于海姆达尔的神话。在艾达神话中，海姆达尔能够听见草的生长和山羊毛长长。

［41］“漫游的学者”原是德文fahrende Scholastiker。

［“fahrende Scholastiker”］　漫游的学生。学生从一个大学跑到另一个大学，在中世纪是很普遍的情形。克尔凯郭尔从这种漫游关系中看见中世纪的这种浪漫表达，他采纳了这种关系；在日记中他引用了J. Thomasius的Disputatio de vagantibus scholasticis作为一部可能对他的学历有着重要性的著作（Pap. I C 127）。另外也参看歌德的《浮士德》（J. W. v. Goethes tragedie Faust 1，1，968，*Goethe's Werke*. Vollständige Ausgabe letzter Hand bd. 1－55，Stuttgart og Tübingen 1828—33；ktl. 1641—1668；bd. 12，1828，s. 69），浮士德用到了这个表达词：“Ein fahrender Scolast。”

［42］［我们的主先让人填饱肚子然后才让人的眼睛看饱］　谚语“肚子限于眼睛变饱”可见Peder Syv（1631—1702）《一般丹麦谚语》（*Almindelige danske Ordsprog*，Kbh. 1682 og 1688），在许多国家这谚语都有很广的流传。

［43］［一忽儿……庞大无比的果］　可能是影射谚语“一发动千钧”（Liden Tue kan vælte stort Læs）。

［44］［苦涩的饮品］　也许是影射《诗篇》中的“他们拿苦胆给我当食物。我渴了，他们拿醋给我喝”（69：21）。

［45］［生活是急流］　在柏拉图对话《克拉底鲁篇》中（402a）说

及赫拉克利特（约公元前500年）把生存中的现象比作大河的流水，在此之中苏格拉底说："赫拉克利特说过，一切皆流，无物常住；他把事物比作一道川流，说你不可能两次走下同一条河。"（我在这里引用《柏拉图全集·第1卷》第五十五页中的文字。王晓朝译，人民出版社2001年版，1。）

[46] [一盘这样的荞麦粥……换取它] 见《创世记》（25：29—34）："有一天，雅各熬汤，以扫从田野回来累昏了。以扫对雅各说，我累昏了，求你把这红汤给我喝。因此以扫又叫以东（以东就是红的意思）。雅各说，你今日把长子的名分卖给我吧。以扫说，我将要死，这长子的名分于我有什么益处呢？雅各说，你今日对我起誓吧。以扫就对他起了誓，把长子的名分卖给雅各。于是雅各将饼和红豆汤给了以扫，以扫吃了喝了，便起来走了。这就是以扫轻看了他长子的名分。"

[47] [魔术师维尔基利乌斯……一声哭叫消失了] 古罗马诗人维吉尔（Vergil，公元前70—前19年）在中世纪被人看作是魔法师。在一本1836年的笔记本中（Pap. I. C. 83）克尔凯郭尔写道，这一关于"Virgilius der Zauber"（魔法之维尔基利乌斯）的故事可见于《故事和童话》（*Erzählungen und Mährchen*, udg. af Fr. H. v. d. Hagen, bd. 1—2, Prenzlau 1825-26; bd. 1, s. 147—152 og s. 156—209）。在"间奏曲"的草稿中克尔凯郭尔标明了这本书。

[48] [永远也不要失去勇气……帮助的手] 也许是指向巴格森的《耶伯，一个西兰岛的童话》中的第十首歌。

晚祷仪式：在克尔凯郭尔的时代，晚祷仪式是一个很简短的祷告，在每星期天和所有神圣纪念日的下午一点或者两点进行。

[49] [像做花边的女孩们一样可怜] 做花边的女孩们，以做花边为职业的女孩。从16世纪开始，在大多数欧洲国家，各种各样不同类型的花边渐渐地被在类似于工厂的制作中心生产出来。在丹麦，花边工业在17世纪初遍布于童德尔地区（Tønderegnen）。19世纪初，花边生产达到高潮，不仅仅是成年人，甚至六七岁的小孩子也做花边。到了19世纪中叶，花边制作利润下降很大，但在1846年的南部日德兰半岛仍然有六家花边工厂。

[50] [会像犹太人那样在钱币上剪一小点下来] 通过在钱币上剪一小点下来而减少钱币的价值。犹太人在1814年获得了完全的公民义务和权利，但是对犹太人的偏见仍然到处可见，比如说1813年的文学性的犹太人

迫害和1819年在哥本哈根及其他省城里的骚乱。

［51］［莎士比亚］　英国剧作家和诗人William Shakespeare（1564—1616）。

［52］［那些犹太人走过……埃及人被淹没了］　指《出埃及记》中的故事："摩西向海伸杖，耶和华便用大东风，使海水一夜退去，水便分开，海就成了干地。以色列人下海中走干地，水在他们的左右作了墙垣。埃及人追赶他们，法老一切的马匹、车辆和马兵都跟着下到海中。到了晨更的时候，耶和华从云火柱中向埃及的军兵观看，使埃及的军兵混乱了，又使他们的车轮脱落，难以行走，以致埃及人说，我们从以色列人面前逃跑吧，因耶和华为他们攻击我们了。耶和华对摩西说，你向海伸杖，叫水仍合在埃及人并他们的车辆、马兵身上。摩西就向海伸杖，到了天一亮，海水仍旧复原。埃及人避水逃跑的时候，耶和华把他们推翻在海中，水就回流，淹没了车辆和马兵。那些跟着以色列人下海法老的全军，连一个也没有剩下。以色列人却在海中走干地，水在他们的左右作了墙垣。当日，耶和华这样拯救以色列人脱离埃及人的手，以色列人看见埃及人的死尸都在海边了。以色列人看见耶和华向埃及人所行的大事，就敬畏耶和华，又信服他和他的仆人摩西。"（14：21—31）

［53］［阿匹斯要作为真正的阿匹斯就必须有月光映照］　阿匹斯是最受古埃及人敬仰的圣牛，被看作是神（Ptah）的化身，被描述为一头头上有着白光的、腹部有着白色标记的黑牛。关于阿匹斯在赋孕的月光映照下成胎的故事可见尼奇的《新神话辞典》。

［54］［那个在自己的城堡里……而错过了］　这童话的来源不详。在许多民间传说里都有关于一步七里魔靴的故事。

［55］［昨天的日子一样消逝］　参看《诗篇》（90：4）："在你看来，千年如已过的昨日，又如夜间的一更。"

［56］［idem per idem］　拉丁语。"以那同样的东西表达出的同样的东西。"

［57］［莫扎特音乐］　可参看后文中对莫扎特音乐的评述。

［58］［像乞丐一样地坐在寺庙的门前］　参看《使徒行传》（3：2）："有一个人，生来是瘸腿的，天天被人抬来，放在殿的一个门口，那门名叫美门，要求进殿的人周济。"

［59］［那支不朽的前奏曲］　莫扎特《唐璜》的前奏曲。

［60］［卡穆克大衣］　以厚而松织的毛料制成的大衣。

［61］［谢尼耶］　法国式的长大的外套衣，有着宽领和肩角。厚大衣。

［62］［在一家剧院里……一个笑话］　是指1836年的一场剧院火灾，当时是圣彼得堡的艺术周；火灾在幕帘背后开始的时候，演出正在进行中，观众席满是人。火灾导致了许多人的死亡，因为没有人把小丑的叫喊“火灾，火灾”当一回事。哥本哈根的报纸《那天》（Dagen）第五十二期（1836年3月1日）报道了这件事。

［63］对这段文字我进行了重新安排后的翻译。直译就是：

……因为这是一个有矛盾的说法：“不断地获取那些条件”要作为对关于那借助于“不断地获取那些条件”而有了存在条件的东西“的意义是什么”这一问题的回答。

［64］［卡屯布］　Kattun，类皮革的、密织的棉料，常带有花纹。“生命之卡屯布”可能是暗示巴格森的诗句“我们的生命的卡屯布到处斑斓/在人们生活的地方，总欠缺什么东西”。

［65］［普绪客（Psyche）……她的沉默］　针对古典神话中的埃莫（Amor）和普绪客（Psyche）的传说。这故事被罗马讽刺作家Lucius Apuleius（生于约125年）重写，他把这故事加上许多其他插入的内容置于他的讽刺长篇小说《变形记》（*Metamorphoses*）（“金驴”）。其中讲述了埃莫爱上了绝美的普绪客；但是只在夜里找她，并且禁止她反过来找他，他要求她保守他们的秘密；如果她做到这一点，他们的孩子就会是神性的，并且因此而不死；如果她不这样做，那么他们的孩子就是凡人，并且会有死的一天。在克尔凯郭尔的日记JJ中有一个1842年的笔记，他写道：“埃莫离开普绪客的时候对她说：你将成为一个孩子的母亲，这孩子将会成为神的孩子，如果你沉默，然而如果你泄露出这秘密，那么他只是一个人。”

［66］原文为德文：

Mit einem Kind, das göttlich, wenn Du schweigst

Doch menschlich, wenn Du das Geheimniss zeigst.

［Mit einem Kind…zeigst］　克尔凯郭尔在草稿中给出了这一段的来源《埃莫和普绪客》作者是科尔莱恩（J. Kehrein）。

［67］［从希腊人们那里学来的］　可能是各种剧烈的感情爆发，比如说荷马在《伊里亚特》和《奥德赛》赋予那些希腊英雄们在逆境中时的哭

喊和尖叫。

［68］［那个不幸的簿记员］　尚无法确定所指。

［69］［一个闺房里……任何事情］　在“无聊是多么的可怕”这一段的草稿中，克尔凯郭尔写道：“有一个画面，描述一个女人在清真式的闺房中。明显地，这不是在夜里，而是在白天；她把头靠在一只枕头上，她向回伸展手臂，她的另一只手懒散地垂下，她的手指是不活动的，它们没有在戏弄任何东西，然而她却无疑并不感觉到时间的漫长。”也许这一段被去掉了的描述就是克尔凯郭尔这里所想的画面。画面可能是《一千零一夜》里的一幅铜版插画。

［70］［哲学家们……带着欺骗性］　在克尔凯郭尔第一次去柏林时（从1841年10月到1842年3月）所用的绿色笔记本中，他写道：“我是那么高兴，听了谢林的第二个课时——无法描述的。然后我还是足够久地叹息并且思想们也在我心中叹息；在他提及‘现实’（Virkelighed）这个词——关于哲学与现实的关系——的时候，我心中的思想胚胎欢欣雀跃就像以利沙伯肚子里的孩子。从这一刻起，我几乎记得他所说的每一个词。也许在这里可能有明了性到来。这唯一的一个词，它让我想起我的所有哲学痛苦与烦恼。”（Pap. III A 179）德国哲学家谢林（F. W. J. Schelling）的第二授课是在1841年11月22日；克尔凯郭尔在柏林听了许多他的课。

“以利沙伯肚子里的孩子”，参看《路加福音》，耶稣母马利亚处女受孕后去问安施洗者约翰之母以利沙伯，“以利沙伯一听马利亚问安，所怀的胎就在腹里跳动，以利沙伯且圣灵充满”（1：14）。

［71］［翻江倒海启动天地］　使用一切力量来完成一桩事业。参看《哈该书》（2：6）：“万军之耶和华如此说，过不多时，我必再一次震动天地，沧海，与旱地。”

［72］［在莱比锡……把这些马吃了］　在对此的草稿中克尔凯郭尔说是在柏林成立了这样一个委员会。来源尚不确定。

［73］［回声］　Eccho（艾科）。

［74］［那个特罗珀尼乌斯的洞中］　指那半神特罗珀尼乌斯（Trophonios），他在贝沃提恩（Bøotien）的一个泥洞中有一个祭祠。

这神话说，在人们离开祭祠的时候，他们总是面色惨白心情沮丧。

［75］［得洛斯岛］　得洛斯岛是南爱琴海的塞克拉迪群岛中的一个岛。

［76］［莱托］　提坦女神；在希腊神话中，莱托是阿波罗和阿提米斯的母亲。在得洛斯岛上有一个著名的莱托神庙。在罗马神话中她叫拉托娜。

［77］［在神话传说……这笑的能力］　这传说翻译收录于福律葛（C. F. Flögel）《喜剧文学史》（*Geschichte der komischen Litteratur*）作为“什么是古人认为好笑的东西”的例子。关于传说的来源福律葛做了一个注脚指出二世纪的雅典奈俄斯（Athenaios）的 Deipnosophistai（博学者们的桌前对话）L. 14. C. 2（14，614）。

巴门尼德（Parmeniskus）古希腊毕达哥拉斯学派的哲学家。

［78］［司法议员］　在独裁政府制度设立之后，（自 1661 年起）司法议员（justitsråd）被用作最高法院成员的头衔，之后又被用在更广的范围里。有五级第 3 号司法议员和四级第 3 号真正司法议员的区别。但有此头衔的人不一定真正和司法有关。

［79］十元国家银行币。原文为 10 Rbd。Rdb 是 rigsbankdaler 的缩写。

［会被罚款 10 Rbd］　会被罚款十元国家银行币（rigsbankdaler）。国家银行币是丹麦在 1813 年国家银行破产后所发行的一种硬币；一国家银行币有六马克，一马克又有十六斯基令（skilling）。在 1873 年的硬币改革国家银行币被克朗取代（一国家银行币等于二克朗 kroner，一斯基令等于二沃耳 øre），在 1840 年十元国家银行币相当于一个手工匠人一年工资的二十分之一。

［80］［每年去领受一次圣餐，这就是对上帝的敬畏］　根据克利斯蒂安五世的丹麦法律第二本第五章第二十六条，任何人都不能过久不去领圣餐。在第二十七条规定：“如果有人一年不去领受圣餐，那么他就要接受教堂纪律处理。”在克尔凯郭尔的时代，在大多数哥本哈根人那里渐渐地形成一种主流的惯例，一年只去一次教堂。

［81］［那用来捆绑芬利斯狼……鸟的唾沫来做成的］　北欧神话中的传说，在年轻艾达中有所记载。年轻艾达讲述罗克的三个孩子芬利斯狼、米德高巨蠕和地狱。直到芬利斯狼在诸神的更替的时节被放出来而被维达杀死，之前它一直是一根很强有力的带子——格莱普纳尔捆住，格莱普纳尔带子是由猫行走的声音、女人的胡须、山的根、熊的腱、鱼的呼吸和鸟的唾沫合成的。克尔凯郭尔的来源，部分是出自 J. B. Møinichen，*Nordiske Folks Overtroe*，*Guder*，*Fabler og Helte*，indtil Frode 7 Tider，Kbh. 1800，ktl. 1947，s. 101，部分是出自 N. F. S Grundtvig，*Nordens Mythologi eller Sind-*

billed - Sprog, 2. omarbejdede udg. , Kbh. 1832, ktl. 1949, s. 518f. 之中Møinichen不正确的地方是“女人的尖叫”，正确的是“熊的腱”和“鸟的唾沫”，在格隆德维德翻译中正确的地方是“女人的胡须”，不正确的是“熊的草”和“鸟的奶”。在克尔凯郭尔的文稿中写的是“熊的腱”，想来是在校对过程中被改为“熊的草”而成为初版印刷。

[82]［极其有韧性……无法磨断］　引自《北欧民间迷信、诸神、寓言和英雄》（*Nordiske Folks Overtroe*, *Guder*, *Fabler og Helte*, s. 101）其中有：“一些侏儒使得格莱普纳尔带子有了非凡的强度，但同时又极其有韧性、软如丝，用尽最大的力量也拉不断、拉不驰，并且无法磨断。”格隆德维写道：“滑而软如同丝绳，但人们又马上看出，它却是坚韧的。”（第519页）

[83]［语文学校（den lærde Skole）］　当时拉丁学校（latinskolen）的名称，在宗教改革的时期建立的，作为对于进一步深造的准备。

[84]［examen artium］　拉丁语，高中毕业考试，是作为大学入学要求的必经考试直到1850年，考场都设立在哥本哈根或者基尔。

[85]［præceteris］　拉丁语“laudabilis præceteris”简短写法，意即：与他人相比值得赞扬，优秀显著。

[86]［对真相的认识……是没有］　见《提摩太前书》（2：4）：“他愿意万人得救，明白真道。”保罗说这是上帝的意愿。这一段是针对“对真相的认识为人打开通向上帝的精神生命的路”这一说法，比如说德国哲学家费希特（J. G. Fichte，1762—1814）就有这样的理论。

[87]［在木星上发现斑点］　意大利天文学家G. D. Cassini（1625—1712）通过天文台在1665年发现木星的卫星投在木星上的影子。

[88]［玛壬］　一般平民名字。这个名字常常被带着蔑视地使用。在这里，主人的孩子使用这个名字来作为保姆的一般名称，——看下面的“不是这个玛壬”。

[89] 原文为德文：“Du bist vollbracht, Nachtwache meines Daseyns.”

［阿基利斯：Du bist vollbracht…Daseyns］　“你已经圆满，我的存在之守夜者。”希腊悲剧诗人埃斯库罗斯（公元前524—前456年）的悲剧三部曲片断。

阿喀琉斯：希腊神话中的英雄，是珀琉斯和西蒂斯之子，在荷马史诗《伊利亚特》中被颂为最勇敢和美丽的英雄。

[90]　［Schnuur……儿媳妇］　Jf. fx T. Heinsius Volkthümliches

Wörterbuch der deutschen Sprache bd. 1—4, Hannover 1818—1822, ktl. U 64; bd. 4, s. 324f.，德语词 Schnur 的两种意义都被写在上面。

［91］［吕纳伯格猪］　块菌猪，它的任务是在森林的土壤里找出块菌。这些块菌是一种肉质可食的子囊真菌，主要是指生长在地下或树根附近并被视作美味，尤其是生长在橡树林和中欧其他透光的森林里泥地下。

［92］希望者在“那将来的”之中获得现实性，回忆者在“那过去的”之中获得现实性。但一种更糟的处境是两者的错位：回忆的东西尚未到来而希望的东西已经成为过去。见《最不幸的人》中所写：“这结合只能够是这样的结合：那阻碍他‘在希望之中成为现在的’东西是回忆，而那阻碍他‘在回忆之中成为现在的’东西是希望。”

［93］［阿里斯托芬的《骑士》中的一个仆人］　《骑士》是阿里斯托芬（Aristofanes，约公元前 445—前 386 年）的一部讽刺喜剧。开始是两个无名仆人的对话。这两个仆人在古代被认定是将领德摩斯梯尼和政治家尼吉亚斯，两个伯罗奔撒尼战争（公元前 431—前 421 年）中的英雄。

［94］原文为希腊文：Δημοσθενης.

ποῖον βρετας; ἐτεὸν ἡγεῖ γὰρ θεούς;

Νικιας.

ἔγωγε

Δημοσθενης.

ποίῳ χρωμενος τεκμηρίῳ;

Νικιας.

ὁτιὴ θεοῖσιν ἐχθρὸς εἰμ'. οὐκ εἰκότως;

Δημοσθενης.

35. εὖ προσβιβάζεις με.

［Δημοσθενης. ... εὖ προσβιβάζεις με.］　引文摘自阿里斯托芬喜剧（*Aristophanis Comoediae*, udg. af W. G. Dindorf, bd. 1—2, Leipzig 1830, ktl. 1051; bd. 1, s. 69f.）。在草稿中克尔凯郭尔引用了德文版翻译的阿里斯托芬作品集（*Des Aristophanes Werke*, overs. af J. G. Droysen, bd. 1—3, Berlin 1835—38, ktl. 1052—1054; bd. 2, 1837, s. 316.）。

［95］［只有同类才为同类所认识］　常被人用来描述一个柏拉图式的中心论点的句子，比如说：要从关于“那美的”理念出发才能认识“那美的”，要从人的理念出发才能认识到做一个人，等等。

［96］［那秃鹰还不断地啄食普罗米修斯的肝］　根据希腊神话，普罗米修斯从天上偷取火种给他所创造的人类。作为对他的行为的惩罚，宙斯把他用链子锁在悬崖上，在那里秃鹰每天不断地啄食普罗米修斯的肝，在晚上这肝又重新长好。普罗米修斯被通常看成是人类文化的来源。

［97］［在洛基的脸上还不断地有毒液滴下］　在北欧神话中关于盲神巴尔德尔的故事中，洛克导致了巴尔德尔的死亡。作为惩罚，他因此被诸神用链子锁在悬崖上，一条蛇在那里不断地往他脸上一滴一滴地滴着毒液。参看《北欧民间迷信、诸神、寓言和英雄》。

［98］［死于死亡］　“死于死亡”（døer Døden）这一叙述方式可能是出自丹文版《创世记》（2：17）：“Men af Kundskabens Træpaa godt og ondt，af det skal du ikke æde；thi paa hvilken Dag du æder af det，skal du døe Døden.”（GT—1740）

（中文版为：只是分别善恶树上的果子，你不可吃，因为你吃的日子必定死。）

［99］［移山的信仰］　参看《哥林多前书》（13：2）：“我若有先知讲道之能，也明白各样的奥秘，各样的知识。而且有全备的信，叫我能够移山，却没有爱，我就算不得什么。”

［100］这里按本意直译应当是：“那有限的”和“那无限的”。但是因为这里的文字并非严格的哲学或者神学讨论。所以翻译为“有限和无限”。

［101］［同语反复……基本原理］　所谓同语反复，又称重言式，通常就是说这样的一种陈述，它的谓项所说的东西已经被包括在了主项所说中。在这里可能也是指，同语反复作为一种因为概念性的原因依据而真或假的命题。这种同语反复的例子之一就是A等于A，经典的同一律。在人们说“同语反复作为最高的思维原则”时，我们可以想到“我等于我”这句话在费希特哲学和黑格尔哲学中所扮演的角色。在《非此即彼》的手稿中，克尔凯郭尔写有这样的笔记：“另外，这一句子在麦加拉学派的斯蒂尔珀（Stilpo）那里已经被提出来了。”

［102］［那些无限判断］　通常我们所理解的无限判断就是这样的类型：“S是‘非P’”，——在这样的句式之中对于S是什么的可能性是开放的，无限多的。

［103］［这一类同语反复是悖论性的和超验性的一类］　无限陈述，类似于“A是‘非A’”（比如说那费希特式的“我是‘非我’”），这是一

种同语反复的假陈述，因此是一个悖论。所谓“这样的陈述是一种超验的或者一种超越的陈述”在这里必定是说：要从这陈述去肯定地为“A 是什么”定性，这超越了我们的经验的能力。

［104］［量的推论］　一种在此之中是主体的量而不是质被定性的推论。

［105］［新荷兰的野兔］　新荷兰是澳大利亚的旧称。在这里有一种小袋鼠，野兔袋鼠（lagorchestes leporoides）。这种袋鼠和别的袋鼠一样，有着细小的前肢和长而有力的后肢。

［106］［非此即彼］　在 ΔΙΑΨΑΛΜΑΤΑ 的草稿中，克尔凯郭尔写道：“非此即彼，这是一个法宝，我们能够以这个法宝来消灭整个世界。”稍后：“这些词——非此即彼——是我所带着的一把双刃的小匕首，我能够用它来行刺整个世界。也就是，我说：非此即彼。不是‘这是这个’，就是‘这是这个’；现在，既然在生命中没有什么东西是‘不是这就是这’，那么这就根本不存在。”

——另外参看巴格森的《迷宫》，在此之中主人公说：“那些各式各样的在别的事情上几乎全都是相互有着对立说法的哲学家们，他们是怎么会在‘没有什么东西比不存在（Utilværelse）更让大自然感到惊骇并让理性感到反感了’这样一个断言之上达成一致的，再也没有比这件事更让我无法理解的事情了。老实说，我觉得在这种确信之中隐藏着一种自夸；因为有那么多博学而深刻的人会在‘这个非此即彼到底是在搞什么’的问题上搞错，并且就像人们所说的是在随意胡说，这样的情况在概率上是不怎么可能的。对‘不存在’的恐惧和惊骇在我看来与我们的一些高雅女士们对苍蝇、玫瑰、藏红花、男人和没有事物的厌恶和畏惧——一种只是隐藏着地被表达在社交人众之中而在单独——两只眼睛或者四只眼睛——面对这些对象时则会消失的畏惧。这可以让人那么美丽地晕倒——尤其是在人们在事先已经安排好了晕倒的方式时，——这让人特别地、深刻地、形而上学地为‘乌有’而打颤。而我，既不特别、也不深刻、也不超自然，或者，也不慌忙地想因此而得到名声，我坦率地承认：乌有并不使我受到惊吓。”

［107］［结婚，你会后悔］　也许是在影射巴格森（J. Baggesen）的“是和不或者那迅速的求婚者”：“另一个哲学家更诚实：/他对这事情的说法是这样：/结婚或者不结婚完全是一回事/对这两者你都会后悔！”在

《非此即彼》的手稿中，克尔凯郭尔写了一个笔记说第欧根尼·拉尔修的这个句子是写苏格拉底的。

另外可参看《第欧根尼·拉尔修的哲学史》。在此之中这样说苏格拉底："一个人问他，人是不是应当结婚？他答：要么你这样做要么你那样做，你都会后悔。"

［108］［斯宾诺莎］ Baruch Spinoza（1632—1677），荷兰哲学家。

［109］［æterno modo（以永恒的方式）地观察一切］ 可能是指斯宾诺莎的说法"sub specie aeternitatis"（在永恒的视角之下）。参看诸如斯宾诺莎的主要著作《伦理学》（*Ethica*，1677），第五书，学理 29。

"aeternus modus"这一表达辞，一种"永恒的方式"在《伦理学》（*Ethica*，1677），第五书，学理中，意思是一种永恒的物体的或者精神的实体。

［110］［持恒地 æterno modo］ 就是说在时间之外或者在永恒之中。

［111］或者说"我并不以我的基本原理为我的出发点"。

［112］［我的永恒出发点］ 也许是影射那经典的西方的关于"圣灵从圣父圣子出发的永恒出发点"的三一性学说中的观念。

［113］［它不就是从"无"开始吗］ 在《逻辑学》（*Wissenschaft der Logik*）中，黑格尔对体系的建立是以那抽象的范畴"存在"（Sein）转入"乌有"（Nichts），因为那抽象的、无性质的、单单的存在是一种乌有。那既是一个"存在着的"又是一个"乌有"的东西，是"进入着存在的"。这两种相互对立的范畴的中介或者统一因此就是第三个范畴——"成为"（Werden）。

丹麦的黑格尔主义者海贝尔（J. L. Heiberg）在论文《逻辑体系》（Det logiske System）中驳斥黑格尔："在黑格尔那里，那绝对存在是在这些范畴中被生产出来的：a）存在、b）乌有、c）成为。——但这一秩序不得不被看成是一种小小的不谨慎，因为这与体系的所有其他建筑有着冲突。无疑，成为是存在和乌有的统一，但只是那辩证的（……）而不是那结果的或者思辨的。"

在论文的引言中，海贝尔断言，哲学和那逻辑体系的初始是"无内容的"或者"抽象的"。

［114］［思辨性的概念］ 关于"那思辨性的"或者关于黑格尔哲学的概念。

［115］［已故的欣特尼斯……为永恒而活的］　欣特尼斯（Christian F. Sintenis，1750—1820）德国神学家，布道书《为永恒而活的小时》的作者。

［116］［纽伯德尔］　纽伯德尔（Nyboder），克利斯蒂安四世为了给海军人员安排住房而在哥本哈根的东城河区域开始建造住房区。在这个城中之城里，在军队的编制之下，高低人员密切邻近地居住在一起。

［117］［抬到墓穴］　霍尔门斯墓地，介于现今的斯德哥尔摩街（Stockholmsgade）、达格哈马斯克瑶勒道（Dag Hammerskjölds Allé）和东福立马格斯街（Øster Farimagsgade）之间。墓地在1766年作为给穷人们的埋葬地而建立出来。光秃秃的野地直到1769年才得以修建了壕沟阻挡各种家畜和野猪进入。在19世纪中期，在这里墓碑和木头的十字架都是禁止的，1801年4月2日雷登（Rheden）战役的阵亡者们是例外。阵亡英雄渐渐地为墓地在那些有军衔的人们那里带来一种声望。

［118］［自己……朝着棺材投撒泥土］　影射当时丹麦没有受洗的小孩子无法得到有神职人员加入的基督教葬礼的情形。

［119］［在死亡的极乐世界里啼哭］　那些早死的小孩子在死亡的极乐世界里（Elysium）的永远啼哭被描述在维吉尔的《埃涅伊德》（Æneide）中的第六歌，自426行起。

［120］［守护神］　守护神，特别守护那些创造能力，在罗马神话中常常被描述为带翅膀的少年或者小孩子。

［121］［一个谋杀天使……标记的门］　见《出埃及记》（12：21－23）："于是，摩西召了以色列的众长老来，对他们说，你们要按着家口取出羊羔，把这逾越节的羊羔宰了。拿一把牛膝草，蘸盆里的血，打在门楣上和左右的门框上。你们谁也不可出自己的房门，直到早晨。因为耶和华要巡行击杀埃及人，他看见血在门楣上和左右的门框上，就必越过那门，不容灭命的进你们的房屋，击杀你们。"

［122］［喜悦的阿尔弗鬼魂们］　阿尔弗（Alfer）是一种自然精灵，就好像是死人或者灵魂。在《艾达》（*Snorri Sturlusons Edda*）中有着区分，光明的阿尔弗（lysalfer）是温和的、喜欢帮人的小精灵，看上去很美很轻盈，黑色阿尔弗（svartalfer）则很坏而且对人有害。在19世纪的文学创作中常有阿尔弗的形象。

［123］［《唐璜》的小步舞曲］　歌剧《唐璜》的第一幕第十九场中

的 Menuet。

［124］［药剂师］　克尔凯郭尔在新广场 2 号的童年居所。在 1838—1841 年和 1844—1848 年，他又两度住在那里，旁边就是老广场的药店。克尔凯郭尔在“《非此即彼》的后记”中又提及药店院子位置问题。

［125］［在汉堡……吃一次鲑鱼］　尚无法确定所指。

［126］［一个白发苍苍的老人］　在这一段的草稿中，“我”把自己和奥西恩（Ossian）作比较。奥西恩是传说中生活在 3 世纪克尔特吟游诗人，他在克尔特文学的年轻神话圈中留下名字，但我们只是从苏格兰诗人 James Macpherson（1736—1796）在 1762—1763 年所出版的诗中认识到他。这些在后来被认作是伪造的文字对于罗曼蒂克的自然文学创作有着很重要的意义，在丹麦尤其是对于克尔凯郭尔所钦仰的布利克尔（St. St. Blicher）。布利克尔（1772—1848）也曾翻译奥西恩诗集。这些诗的特征就是奥西恩和其他英雄作为老人在谈论他们的青春业绩。

［127］［被推送上了七重天上］　在基督教外传经（伪经）中常出现“七重天上”，比如说《利未记》3 中的“十二家长之数”中，也被收入犹太法典和古兰经。

［128］［所有诸神聚集着坐在那里］　根据希腊神话，诸神在奥林匹斯山上聚会。

［129］［墨丘利］　在罗马神话中是买卖之神。相当于希腊神话中的赫尔玛斯，有着诸神到人间的友好信使的角色。

那些直接的
爱欲的阶段或者
那音乐性的—爱欲的

无谓的前言

自从我的灵魂第一次受到震撼并且卑谦地折服于对莫扎特[1]音乐的景仰的那一瞬间起，对于我，一种思考就常常成为一种甜蜜而精神振奋的活动。希腊人把世界称作宇宙（κόσμοξ）[2]，因为它呈现为一种井井有条的整体、就像是对那安排和运作着它的精神（Aand）的一种优雅的透明装饰；我所思考的是，希腊人的这种对世界的快乐看法是怎么在各事物的一种更高的秩序中、在理想的世界里得以重复的；在这里则又一次是如此，怎么会有着一种支配性的智慧，尤其令人钦佩的是，能够去把那些相投相通的东西结合在一起：阿克塞尔与瓦尔堡[3]、荷马与特洛伊战争[4]、拉斐尔与天主教习俗[5]、莫扎特与唐璜[6]。有一种可悲的不信（Vantro），看来这种不信还像是蕴涵了大量医病健神的力量。它认为，这样一种关联是偶然的，并且除了一种生命的游戏中的不同力量的侥幸的不期而遇之外，它在其中看不见别的。它认为相爱的人们相互获得对方是偶然的、相爱是偶然的；曾有几百个别的女孩，他可以因为和她们一起而变得同样地幸福，他可以同样地深深地爱上她们。它认为曾有许多诗人活在世上，如果那些美妙的素材没有被荷马写出来的话，他们一样也会像荷马一样地不朽，曾有许多作曲家，如果机会不是被提供给了莫扎特的话，他们也会像莫扎特一样地不朽。这一智慧对所有平庸者来说，包含了极大的安慰和舒解，以此他们可以理直气壮地让他们自己及其志同道合者们以为，他们之所以没有像那些显赫者们那样显赫，只是命运的一种差错、世界的一个谬误。这样一来所得出的是一种非常方便的乐观主义（Optimisme）。相反对于每一个高尚的灵魂、对于每一个贵人（Optimat）[7]，因为他不是那么急功近利地以一种这么可鄙的方式

（比如在对那宏伟的东西的凝思中丧失自己）来拯救自己，对于他，上面的这种智慧自然是一种令人作呕的恐怖；同时，把那相投相通的东西看作统一体，对于他的灵魂而言，是一种欢欣、一种神圣的喜悦。这是“幸运的元素”[8]，不是从“偶然的元素”[9]的意义上说的，因此是以两个事实为前提的，而“偶然的元素”则置身于命运的含混不清的感叹之中。这是历史中的“幸运的元素”，那些历史性的力量的神圣协作，那历史性的时代中的喜庆时刻。“偶然的元素”只有一个事实；荷马在特洛伊战争的历史中获得了人所能够想象的最出色的史诗材料，这是偶然的。“幸运的元素”则有两个事实：最出色的史诗材料归于荷马，这是幸运的；也就是说，在这里所强调的既是荷马也是那些材料。在这之中有着极深刻的和谐，这和谐回荡在每一部被我们称作是经典作品的创作之中。现在，莫扎特也是如此；这样一个在更深刻的意义上说也许是唯一的音乐主题，被赋予了——莫扎特，这是幸运的。

借助于他的唐璜，莫扎特进入了不朽的小小人群，这些人的名字、这些人的作品是时代所不会遗忘的，因为永恒回忆着他们。尽管当一个人进入了这个圈子，那么，他是站在最高还是最低，就是无所谓的了，因为在某种意义上说，他和圈子里的别人们是同样地高的，既然人站得无穷高，尽管在这里争执位置的高低就好像在一个再受洗仪式上抢着教堂里的位子那样孩子气，但我在太大的程度上还仍是一个孩子，或者更确切地说，我就像一个年轻的女孩爱上了莫扎特，并且我不惜一切代价都要让他站在最高的位置上。并且我要去教区执事和牧师和司铎和主教和整个主教会议那里，我要祈求和召唤他们，让他们实现我的祷告，并且我要向整个教区作出同样的恳求，如果人们不愿意听我的请求祷告、不实现我赤子的愿望，那我就出离这个社会，我就和这社会的思路分道扬镳，我就成立我自己的教派，这教派不仅仅把莫扎特置于最高，而且除了莫扎特之外再没有别人；我会请求莫扎特原谅我，他的音乐没有激发我去成就伟大的业绩，而是使得我成了一个因他而失去了我原有的一小点理智并且常常是在宁静的忧伤之中以哼哼着我所不明白的东西来打发时间的傻蛋，就像是一个鬼魂，我日日夜夜地环绕着我所不能进入的地方溜达来溜达去。不朽的莫扎特！就是你，我的一切都是因为你，因为你我失去了理智，我的灵魂受到震撼，我在我的内在本质中被惊骇；就是你，因为你我没有走完了一生却没有什么东西能够来震颤我，因为你的缘故我没有不曾去爱过就死了，哪怕我的爱情是不幸的。这又有什么奇怪的，对他的赞颂比我自己生命中的最幸福瞬间更让我热情洋溢，他的不朽比我自己的存在更让我热情洋溢。是的，如果他被拿走，如果他的名字被磨灭，那么那支承我的唯一支柱就被毁除掉了，在之前这支柱一直帮我抵挡着，使得一切没有坍塌在一种无限的混乱、一种可怕的乌有之中。

然而我其实无须害怕什么时代会在那诸神的王国中拒绝他的位置，但是要有所准备，人们会觉得我有孩子气的执拗，他应当获得首席的位置。而且，尽管我丝毫不打算以自己的孩子气为耻，尽管对于我来说它总会比任何一种有限量的思虑保存有更多意义和更多价值——恰恰因为它是无限量的，但我还是要努力尝试去沿着思虑之路证明他的合法权利。

“幸运的元素”在经典作品的创作中使得这种创作的经典性和不朽性得到延续，它是两种力量的绝对聚合。这种聚合是如此地绝对，以至于一个后来的反思的时代根本无法拆开它们，甚至在想象中也做不到，它们是如此内在地统一着，不用承受可能会招致或者接近一个误解的风险。比如，如果人们说，荷马获得了最出色的史诗材料，这就是荷马的幸运，那么，这种说法就很容易导致人们忘记：我们是通过荷马的领会而不断地获得这一史诗材料，只有在一种由表象深入而揭示出本质的变形（Transsubstantiation）[10]中并且借助于这种变形，我们才清楚地看到，它呈现为最完美的史实材料，而这一变形是属于荷马的。相反，如果人们想要强调荷马在对素材进行渗透方面的诗歌工作，那么，人们就面临这样一种危险——人们可能会忘记：如果荷马用来渗透这诗歌的想法不是这诗歌自身的想法的话，如果这形式不是那诗歌材料自身的形式的话，那么这诗歌永远也不可能成为它现在所是的这诗歌。诗人想要他的诗歌材料；但正如人们所说，愿望不是艺术，无疑这说得很对，并且对于许许多多无奈的诗人愿望而言这说法有着伟大的真理。相反，正确的愿望——去想要恰当的东西，则是一个伟大的艺术，或者更确切地说，这是一种天赋。这正是天才身上那不可解说和充满秘密的东西，正如一根愿望的占卜杖的情形，如果不是在它的愿望所想要东西在场的地方，它永远也不会发动那愿望而获得那"去想要"的念头。这样，愿望——"去想要"，相比于通常情况下，有着更深刻的意义，是的，对于抽象的理智，它看起来是一种可笑，因为在这理智想到愿望的这种"去想要"时，总会去联系上不存在的东西，而不是相对于存在的东西而言的。

有一个美学家们的学派[11]，由于片面地强调"形式"的意义，导致出那相应于其直接对立面的误解——这学派本身对这种误解的出现并非完全没有责任。有一个事实常常吸引着我的注意：好像是出于一种自然而然，这些美学家们都依附于黑格尔哲学，因为，不管是一种对黑格尔的一般认识，还是一种对他的美学的特殊认识，都足以使我们确认出他高度地强调材料的意义，尤其是从美学的角度看[12]。然而这两个方面在本质上却是相属相通的，并且单单用一个观察就足以显示这一点，因为否则的话，一个这样的现象就是无法解释的了。在通常，只是一部作品或者一套作品，使得那单个的人被打上作为经典诗人、经典艺术家等等的印戳。同样的个体人格可能创作了许多其他不同的东西，但与之相比就仿佛什么也不是了。比如说，荷马也写过《蛙鼠之战》[13]，但荷马却并非是因此书而成为经典或者不朽的。如果有人说，之所以如此是因为主题的意义微不足道，那么这说法就是痴愚了，因为那经典的是在于平衡之中。假如那使得经典作品成为经典作品的东西单单地只在于那创作者的个体人格的话，那么他所创作的所有作品就必定都是经典，在一种类似但尽管是更高的意义上就如同蜜蜂总是造出某种特定形式的蜂房。如果人们现在回答说，这是由于他在一部作品创作上比他在另一部作品的创作上更为幸运，那么这在根本上就等于是什么也没有回答。一方面这只是一种高级的同语反复，这种同语反复在生活中太过经常地得到“被看成是一个答案”的荣誉；另一方面，如果被看成是答案，那么它的“所答”则是处在另一种相关性之中，而不是在那“所问”所处的相关性中。就是说，它根本没有就材料和形式间的关系为我们给出解释，我们至多是在只谈及创作构形活动的问题上有可能对这种说法进行考虑。

现在，莫扎特是一个类似的事例，那使得他成为一个经典作曲家和绝对不朽者的东西，仅仅只是他的一部作品。这部作品就是《唐璜》。而他创作出来的别的东西能够让人得到快乐和欣悦、唤起我们的惊叹、让灵魂丰富、让耳朵满足、让心灵欢欣；但是，如果我们去把一切都混在一起并且把他的全部作品看得同样伟大，这样的话，我们并不是在做什么有助于他和他的不朽性的事情。《唐璜》是他的入围之作（Receptionsstykke）[14]。借助于《唐璜》他步入了永恒，这种永恒不是在时间之外而是在时间之中，它不借助于什么幕帷来躲开人的眼睛——在之中那些不朽者不是一下子就一了百了地被摄取接纳下来，而是持恒地被摄取：一代人经过并瞩目于他们、在对他们的观想中得到幸福，这一代人进入坟墓，而下一代人又漫步经过他们而在他们的观想中被照亮；借助于他的《唐璜》，他步入了那些不朽者们、那些被瞩目映照的人们之列，没有什么云能够把他们从人们的眼睛中拿走[15]；借助于《唐璜》他在他们中站得最高。就像前面说过的，这最后的一句是我想要努力去证明的。

就像前面曾说明过的，所有经典的创作处在同样的高度，因为每一部经典都是处在无限的高度上。于是，如果有人仍然想要尝试在这一队列中给出某种排列秩序的话，那么，很明显我们就能看出，这种秩序不会有什么本质性的依据；因为如果从一种本质性的依据出发得出结论就是在这队列中有着本质性的差异，这样再进一步推论就是："经典的"这个词被用来断言这队列的全部，是错误的。比如说，如果有人想以材料所具的不同性质来作为一种分类的依据，那么他就马上因此而被卷进一种误解，这误解在其大规模的扩展中会终结于去取消整个"那经典的"的概念。材料是一个本质性的环节，只要它是事实之一，但既然它只是一个环节，那么它就不是"那绝对的"。这样，我们就可以指出，以一种方式看，在某些类型的经典创作中并没有材料的存在，而相反在另一些之中材料则扮演着至关紧要的角色。前者的情形是我们在建筑、雕塑、音乐和绘画中所景仰的经典作品，特别是前三者，乃至在绘画中，如果谈到材料，则这材料几乎只具备作为机缘的意义。后者则是诗歌的情形，这里"诗歌"这个词是在其最广泛的意义上使用的，用来标示所有基于语言和历史意识的艺术创作。这一说明就其本身而言完全是对的；但是，如果我们要用它来作为一种分类的依据、去把材料的缺乏或者材料的存在当成"生产着的主体"的长处或者麻烦，那么我们就走上了歧路。严格地看，我们就把事情弄成了去坚持那我们真正想要的东西的反面，就像我们在抽象地运动于辩证定性中时总是碰上的情形，这里不仅仅是"我们说这一个而认为那一个"，而是"我们说那一个"；我们没有说那我们以为我们在说的东西，而说那相反的东西。在我们把材料作为划分原则来使用的时候，也是这样一种情形。在我们讲关于这个的时候，我们在讲某种完全是另一回事的东西，就是说，我们在讲关于创作构形活动（den formende Virksomhed）[16]。相反，如果我们从创作构形活动出发并且单单地强调它，那么我们就得到同样的命运。这里，本来我们想要用到"差异"的作用，并且这样去强调，创作构形活动在某些方面是有着这样一种高度的创造性，它在创作过程中把材料也创造出来，而相反在别的方面它则是在接受材料，这样，我们在这里又是在说：虽然我们以为自己是在谈论创作构形活动，但事实上却是在谈论关于材料，并且在把对材料的划分来作为一种分类的依据。关于"创作构形活动"，作为这样一种分类的出发点，这情形完全也就是关于“材料”作为出发点的情形。这样，要去为一种排列秩序给出依据，单个的一方面是永远也没用的；因为它总是太本质而无法足够地偶然、太偶然而无法去为一种本质性的安排给出依据。然而这一绝对的相互渗透意味了，如果我们要清晰地说，那么我们完全可以说材料渗透形式，正如我们可以说形式渗透材料；这一互相渗透、这一在“那经典的”的不朽友谊中的“平等互通”，借助于它，我们可以从一个新的方面来解说“那经典的”并且以这样一种方式来限制它而使它不至于变得过于面面俱到。那些片面地去坚持“诗意的创作活动”的美学家们则把这个概念如此大规模地扩展，以至于这个万神殿[17]被丰富到这样的程度，更确切说，是超负荷地堆积着各种古典的珍玩异品，因而那对于一个冷然的、有着一些特定的伟大形象的大厅的自然想象完全地消失了，而这一万神殿则更像是成为了一个专门放置废弃物的储藏室。每一个在艺术的角度上看是完美的小小玲珑物按着这一美学的说法都是一个确保了绝对不朽性的经典作品；是啊，在这种戏法里，人们承认得最多的就是这一类小玩意儿了；虽然他们本来是仇恨悖论的，但是他们却不害怕这个“那最小的才真正是艺术”的悖论。不真实之处是在于人们片面地强调创作构形活动。因此，一种这样的美学只能在一个特定的时代得以维持，就是说在人们还没有留意到时代嘲笑着它以及它的经典作品的时候。在美学的领域里，这种看法是一种激进主义，这种激进主义在许多领域里以相应的方式表现出来，它是无节制的主体在其同样无节制的内容匮乏中的一种表现。然而这一努力，正如许多其他的努力一样，却在黑格尔那里找到自己的征服者。黑格尔哲学，不管是对于过去的还是对于当今的时代，从来就不曾达成它本来可能达成的重大意义；如果过去的时代不曾那么忙碌地去把人惊吓进这哲学，而是稍稍多一点现在时的宁静去吸取它，如果当今的时代不曾如此不厌其烦地积极把人们驱逐出这哲学，那么它本来可以获得一种重大意义；这对于黑格尔哲学在根本上是一个可悲的真相。黑格尔重新把材料

（Stoffet）、理念（Ideen）确立下来，并且以此来摒弃这些昙花一现的经典著作、这些轻浮的东西、这些古典文化的拱顶之下的黄昏蛾群[18]。我们的目的肯定不会是去否认这些作品应有的价值，但我们所谈的是，不管是在这里还是在许多别的地方，都要清醒地确保语言不被搞混、各种概念不被弱化。人们完全可以赋予它们一定程度的某种永恒性，而且这是它们所应得的；但这一永恒性在根本上则只是那永恒的瞬间——每一件真正的艺术作品都有这样的永恒瞬间，但它不是各种时间的转换的可变性之中的圆满永恒。这些创作所缺乏的东西是理念，并且，它们在形式上越是完美，它们在自身之中燃烧消耗得就越快，技术性的能力越是大幅度地向艺术鉴赏力的顶峰发展，它就变得越肤浅，并且没有勇气和力量或者态度去抵抗时代的喘息，因为它越来越高贵地不断提出更高的要求，去作为最纯净的灵气。只有在“理念被带入安宁而透明性进入了特定的形式”的状态中，只有这时才谈得上一件经典作品；但这作品则也会有能力去对抗各种时间。这种统一，这种相互在对方之中的内在性（Inderlighed）[19]，是每一个经典作品所具备的，并且我们很容易看出，每一个要去对那些不同的经典作品的作出分类的企图，在其出发点上有着一种对材料和形式或者理念和形式的分隔，正是因为这个原因[20]，都是失败的。

然而我们还可以想象一下另一条路。我们可以作出媒介，理念通过这媒介变得有形而成为观察的对象，并且，如果我们注意到，一个媒介是更丰富的，而另一个媒介是更贫瘠的，那么，通过在媒介的不同的丰富性或者贫瘠性中看见一种困难的消除或者一种困难的出现，我们就能够以此来为划分找到依据。但是，这媒介与整个创作有着一种太必然的关系，以至于一种以之为依据的划分在经过了几次思维运动之后难免还是被卷入那些在前面被强调过的麻烦当中。

相反我相信，通过下面的观察来打开对于一种划分的视野，这种划分有着有效性，恰恰是因为它完全是偶然的。理念越是抽象并且因此也越贫瘠，媒介越是抽象并且因此也越贫瘠，这样，“无法去想象任何重复”的概率也就越大，这样“在理念得到了其表达的时候，它就一了百了地得到了其所有表达”的概率也就越大。相反，理念越是具体并且因此也越丰富，并且媒介也是如此，一种重复的概率也就越大。现在我把所有不同的经典作品相互并列在一起，不去对它们作等级编排，然而恰恰就奇怪：所有作品都同样地高，但这样还是会很容易地显示出一个部分比另一个部分有着更多工作，而就算不是这样的话，则有着“它会是这样”的可能性，而对于那另一个则不大容易会显示出什么可能性。

在这里，我对此作稍进一步的展开。理念越抽象，概率就越小。但是理念是怎样变得具体的？是通过这样的事实：它被“历史的元素”[21]渗透。理念越具体，概率就越大。媒介越抽象，概率就越小，而前者越具体，后者就越大。但是“媒介是具体的”这说法除了是在说“它要么处于它对语言的趋近之中、要么被看见是在它对语言的趋近之中”之外，又会意味着什么呢；因为，语言是所有媒介中最具体的。这样，在雕塑中得以揭示的理念就是完全抽象的，它是无法与“历史的元素”相比的；通过它而呈现出来的媒介就同样也是抽象的，于是，这样一种情形的概率可能性是很大的：由雕塑参与构成的那一部分“经典的工作”只会包容很少作品。在这方面，我有着整个时代的证词和经验的认同。相反如果我所选的是一个具体的理念和一个具体的媒介，那么我们所看见的就完全是另一回事了。这样，荷马无疑是一个经典的叙事诗人，但恰恰因为那在史诗中呈现出来的理念是一个具体的理念，并且因为这里的媒介是语言，于是在那包含了史诗的那一部分“经典的工作”中，我们可以想象有更多作品，它们全都是同样地经典，因为历史不断地分派出新的史诗性的材料。在这方面，我也有着历史的证词和经验的认同。

现在我站在这一完全偶然的事实上为一种划分给出依据，这样人们就在根本上不能向我否定这样的判断：那是一种偶然的划分。相反，如果人们要指责我，那么我就会回答，人们搞错了，因为这恰恰就是它应当是的情形。这一个部分比那另一个部分中有或者能够会有更多作品，这是偶然的。但既然这是偶然的，那么人们就很容易认识到，人们完全可以再把那有着最多或者能够有最多的一组放在最高。现在我可以继续坚持我前面所述并且很平静地回答：对此人们所说完全是对的，但正因此人们更应当赞美我的结果，因为我完全偶然地把那对立的部分置于最高。但是我却不会这样做，而相反去求助于一个有利于我的细节，这个细节就是：那些包含了具体理念的部分是尚未终结的并且不会就此被终结。因此，把那些其他部分的放在前面，并且考虑到那些后面的，不断地让双层门开着，这种做法就是更为自然的。相反，如果有人说，这是那最前的一组所具的一种不完美、一种缺乏，那么他就是在我考虑的犁沟之外犁地了，并且我不可能把他的话当一回事，不管这话有多么深刻；因为，一切在本质上被看作是同样完美的，这一点我们所都知道的固定点。

但现在，什么样的理念是最抽象的？这里所问的自然只是关于一个能够被当作艺术处理的对象的理念，而不是关于那些适合于科学陈述的理念。什么样的媒介是最抽象的？我首先对最后的这个问题作出回答：那是最远离语言的媒介。

在我正式开始回答这个问题之前，我要提醒一下：考虑到我的问题的最终解决方法，有着一个细节。那最抽象的媒介并非总是有着最抽象的理念作为其对象。建筑所用的媒介就是如此，无疑，最抽象的，然而那些在建筑中得以揭示的理念则绝不是那些最抽象的理念。比如说，和雕塑相比，建筑与历史有着一种远远更为接近的关系。这里又显现出一种新的选择的可能性。我可以要么去选择那些其媒介是最抽象的作品，要么去选择其理念是最抽象的作品来作为那个排列秩序中第一组。在这个方面，我现在选择理念而不是媒介。

抽象的媒介既是建筑的、又是雕塑的、又是绘画和音乐的媒介。但是在这里，我们就不再进入对其的进一步考究了。那可想象的最抽象的理念，是那感官性的天赋。但它是通过什么媒介而得以创作出来的？只通过音乐。它在雕塑中无法被创作出来，因为它是一种“内在性的定性自身”（Inderlighedens Bestemmelse i sig）；它无法被画出来，因为它无法在一种特定的轮廓中被理解，它是在它的所有抒情性中的一种力量、一种气息、不耐烦、激情，等等，然而以这样一种方式，它却不是在一个环节之中，而是在一个环节系列之中，因为，如果它是在一个环节之中，那么它就可以被再现或者被画出。它在一个环节的系列之中，这一点表达出它的叙事性特征，但在严格的意义上它却又不是叙事性的，因为它还没有深远到可以用言辞来表达的程度，它不断地在一种直接性中动弹。这样，在诗歌中它也无法被创作出来。唯一能够创作它的媒介是音乐。就是说，音乐在其自身中有一个时间环节，但却不是在时间中行进的，——除非是在比喻的意义上。它无法表达出时间中的历史性元素。

现在，我们在莫扎特的《唐璜》中有了这一理念和那与之相应的形式的完美统一。但恰恰因为理念是如此极端地抽象，媒介也是抽象的，那么“莫扎特在任何时代将有一个竞争者”的概率就是不存在的。对于莫扎特，幸运的是，他获得了一种绝对就其自身而言是音乐性的材料，并且，如果有什么别的音乐家要和莫扎特竞争，那么，对于这竞争者，除了从头开始重新去创作出《唐璜》之外再没有别的途径。荷马有一批完美的史诗材料，但是我们还是可以想象会有更多的史诗，因为历史可以提供更多史诗材料。《唐璜》的情形则不是这样。在我考虑到一个与之有同源关系的理念而展示那差异时，人们也许能够最清楚地看出我真正要说的东西。歌德的《浮士德》[22]可以说是一部真正的经典著作；然而它是一种历史性的理念，因此，每一个让人瞩目的时代都有自己的《浮士德》。《浮士德》以语言作为自己的媒介，而因为这是一个远为更具体的媒介，所以我们基于这个原因也可以想象更多同样类型的作品。《唐璜》则相反，在它的这一类中，它是并且继续是那唯一的，这是在与希腊雕塑艺术的经典作品一样的意义上所说的唯一。但是因为《唐璜》的理念要远比那作为雕塑的依据的理念更为抽象，那么我们就很容易看出，在雕塑中我们有更多作品，而在音乐中我们只有唯一的一部。无疑，在音乐中我们可以想象有更多经典作品，但是，只会有一部作品会是这样的——就这作品我们可以说，它的理念是绝对地音乐性的，乃至音乐不是作为伴者出现的，相反它是在揭示那理念、揭示它自身的本质。因此，借助于他的《唐璜》，莫扎特在那些不朽者们中站得最高。

然而，我得停止这整个考究了。它只是为坠入了爱河的人们而写的。正如它不怎么能够让孩子们喜欢，就是这样，如众所周知，那能够让坠入爱河的人们喜欢的东西常常是最奇特的东西。它就像一场剧烈的爱情为乌有之物而争吵，然而它却有着自己的价值——对于那些坠入爱河的人们。

前面所写的内容以每一种可能的方式，不管是可想象的还是不可想象的，努力去使得人们承认莫扎特的《唐璜》在所有经典作品中占第一的位置，但它同时却不曾尝试去证明这一作品真正地是一部经典；因为，那些在此处彼处可以看得见的个别提示，恰恰是通过“它们只是作为提示而出现”，来显示出这意图不能去被证实而只能在机会到来的时候得以展示。这一展开方式看起来可以是非同寻常地奇怪的。去证明《唐璜》是一部经典作品，从严格的意义上说是思想的工作；而相反那另一种努力与思想的真正领域则是完全不相干的。通过认识到“它是一部经典作品”以及“每一件经典创作都是同样地完美”，思想的运动就镇静了；这时如果我们还要做什么，对于思想来说，就只会是坏事。在这样的关联上，整个上面所谈论的东西就被卷进了一种自相矛盾中，并且很容易就会消融在一种乌有之中。这却是完全有着其道理的，这样的一种自相矛盾是深深地扎根在人的本性之中。我心中的敬慕、好感、敬畏，我心中的童心、我心中的女性所要求的要比思想能给予的多得多。思想镇静了，高兴地休憩于自己的认识之中；这样，我就走向它并请求它再一次进入运动，去作最极端的冒险。无疑，它知道这将是徒劳；但是既然我习惯于生活在与它的相互理解之中，它就没有拒绝我。它的运动却什么也没有去做，它在我的刺激之下不断地走出自身并且又不断地返回到自身。它不停地寻找着立足点但却什么也没有找到、不停地寻找水底但却既不会游泳也不会涉水。这真是既让你笑又让你哭。因此我既笑又哭，并且非常感激它没有拒绝帮我这个忙。尽管我现在完全知道这是没用的，但是我还是有了这样的想法，请求它再玩一个游戏，这游戏对于我是喜悦的一种取之不尽的材料。每一个觉得这游戏无聊的读者自然不是我的志同道合者，对于他这游戏是没有什么意义的，就像在所有其他情况下，这里也是一样，相像相投的孩子们在一起玩得最好。对于他，整个前面所写的内容都是一种多余，而对于我则有着重大的意义，对此我用贺拉斯[23]的话说：

> 在之中没有什么多余东西的房子是贫穷的；[24]
>
> 对于他是一种愚蠢荒唐，对于我是一种智慧，对于他是无聊枯燥，对于我是欣悦和愉快。

因而，这样一个读者对我的思想抒情不会有什么好感，这种思想抒情如此天高云淡，以至于跑到了思想之外；也许他相反会足够好心地说：我们不用为此而争执吧，我跳过这一部分，并且现在可以看你能够进入这远为更重要的部分，去证明《唐璜》是一部经典作品；因为我承认这对那真正的考究来说将会是一个相当合适的引言。在怎样的程度上这将会是一个合适的引言，这不是由我来决定的，但是我在这里又遇上一个不幸，我在这里又一次无法与他有同感；因为，不管我觉得去证明这个有多么容易，我都永远不可能真去做出这证明。相反，在我不断地预设这东西为已定的同时，接下来将写的东西将会在很多次以很多方式[25]来从这个角度展示《唐璜》，正如那前面所写的文字已经包容了不少个别的提示。

那被这一考究视作是分内的工作就是展示出“那音乐性的—爱欲的”的意义，而为了这个目的，我们就得去指出那些不同的阶段，这些阶段全都是“直接的爱欲的”，而除了这个它们所共同具备的特点之外，它们还都有着这样的一致：它们在本质上全都是音乐的。我对此可说的东西，是我纯粹因为莫扎特的缘故而说的。因此，如果有什么人礼貌周到而以至于同意那我打算阐明的东西，却又稍稍怀疑这东西是不是莫扎特音乐中的东西，或者更确切地说这是不是由我自己加到莫扎特音乐中去的，那么我可以向他保证，不仅仅是我能够阐明的这一小点东西是在莫扎特的音乐中，而且还有无限地更多；是的，我可以向他保证，恰恰是这想法给了我勇气去大胆地想要试图解释莫扎特音乐中的一些单个的东西。你带着青春的激荡所爱上的东西、你带着青春的迷狂所仰慕的东西、你在灵魂的真挚（Inderlighed）中维持着一种与之的神秘如谜的交往的东西、你在心中所隐藏着的东西——这东西，在你知道那意图是想要去搞明白它的时候，你总是带着一定的不情愿、带着混杂的感情去接近它。你一点一滴地渐渐认识到的东西，就像一只鸟为自己收集每一根小小的草秸，相比于其余的整个世界它更为每一个小小的部分而感到高兴；那爱着的耳朵所吮吸到的东西，孤独地在巨大的人群中、不引人注意地在自己秘密的藏身处；那贪婪的耳朵从不知足地捕捉住的东西、那吝啬的耳朵永远没有安全感地藏起的东西，它的最轻微的回声都从来逃不过那警觉的耳朵无眠的注意；你在白天所经历的东西、你在夜晚所重温的东西；那驱逐了睡眠并使之不得安宁的东西、你在睡眠中梦到过的东西、你为之而醒来以求再清醒着地重新去梦见的东西，因为它，你在深夜从床上跳起来，因为怕自己忘了它；那在最激动人心的瞬间向你呈示出自己的东西；那像女人们的手工活一样老是在人手中的东西；在那些有着星光月色的夜里、在湖边孤独的林中、在那些阴沉的街巷中、在黎明前的深夜曾追随着你的东西；那曾与你同骑在一匹马上的、那在马车里和你做伴的，你的家被它渗透、你的房间是它的见证；那在耳中回荡的、那萦绕于灵魂的、那被灵魂在其最精妙的网中所包裹着的；它现在呈现在思想面前，就像旧时的故事中那谜一样的生灵穿着海藻从海底走上来，它被编织在回忆中从记忆的海洋升起。灵魂变得忧伤，心脏变得柔软；因为这就好像你在与它告别、仿佛你在与它分离之后再也无法这样地相见，不管是在时间还是在永恒之中。你觉得你对它不忠、你背叛了誓盟，你觉得你不再如同往昔、不再年轻、不再孩子气；你为你自己害怕，怕你会失去那使得你快乐和幸福和富有的东西；你为你所爱的东西害怕，怕它会在这一变故之中承受痛苦、会显得不怎么完美，怕它可能会无法回答那许许多多问题，啊！那样的话，就一切都丧失了，魔法消失，并且它再也无法被重新召唤出来。如果考虑到莫扎特的音乐，那么我的灵魂没有畏惧、我的信任没有边界。一方面是因为，我迄今所领会的只是非常少的一点点，并且总会有足够东西留下、藏在预感的阴影之中，另一方面我确信，如果莫扎特真的在什么时候对于我会是全部地可理解的话，那么，他对于我才将会是完全地不可理解的。

去宣称基督教把感官性带入了这个世界，那么这看起来是大胆地犯险。但是，如同人们所说：大胆犯险就赢了一半[26]，这情形在这里也是如此，如果人们考虑到，人们通过设定某样东西而间接地设定了那被排除的其他东西，那么人们就会认识到这一点。既然“那感官性的”在总体上说是那应当被否定掉的东西，那么它首先要借助于这样一个行动（Akt）——这行动通过“去设定出那对立的正定的（Positive）”[27]来排除这要被否定的东西——才真正呈现出来、才被设定。作为原则，作为力，作为体系本身，感官性通过基督教才被设定出来，在这样的关联中我们可以说，基督教把感官性带进了世界。然而，如果人们想要真正地理解这个句子“基督教把感官性带进了世界”，那么它就必须被理解为是同一于它的对立面“把感官性驱逐出世界的、把感官性排除出世界的是基督教”。作为原则，作为力，作为体系本身，感官性通过基督教才被设定出来；我还可以再增添一个定性，这也许是以最大的强调显示出我所想说的东西了；在精神（Aand）的定性之下，感官性通过基督教才被设定出来。这一点完全是自然的；因为基督教是精神，而精神是它带入世界的"正定的原则"（positive Princip）。但是，在感官性被放在精神的定性之下来看的时候，那么它的意义就被看成是"它应当被排除"；但恰恰是通过"它应当被排除"这一意义，它就被定性为原则、定性为权力；这是因为，精神自己是一种原则，而"精神所要排除的东西"，则必定是某种作为原则而显现出来的——尽管要到它被排除的那一瞬间它才把自己呈现为原则。"感官性在基督教之前就存在于世界之中"这一说法自然也就将成为一种针对我的最高度愚蠢的反驳，因为这是很明显的，那"要被排斥的东西"总不断地先于那"来排斥该物的东西"，尽管在另一种意义上说，它是在它被排斥的时候才形成[28]。而这之所以会如此，则又是因为"它在另一种意义上形成"，并且正是因此，我也马上就说了：大胆犯险只赢了一半。

这样，在之前感官性无疑就已经存在于世界，但不是精神性地定性的。那么它又曾是以怎样的方式存在的呢？它曾灵魂性地定性地存在着。以这样一种方式，它此前在异教中是如此，并且，如果人们想要找出对此的最完美表达的话，那么，比如说它从前在希腊就是如此。但是在灵魂性的定性之下，感官性不是对立面、不是排斥，而是和谐和融洽。但恰恰因为感官性被设定为和谐地定性的，所以它不是作为原则而被设定的，而是作为一种辅声的非重读后接词[29]。

这一考虑，对于去阐明"那爱欲的"在世界意识的不同发展阶段中所呈现的不同形象，有着重要的意义，并且借此来把我们引向那把"那直接的爱欲的"作为同一于"那音乐的—爱欲的"的定性。在希腊性中，感官性在"美的个体人格"中是受到控制的，或者更正确地说，它是没有受控制的；因为，它不是一个要被征服的敌人、不是一个要受到监视的危险造反者，它在"美的个体人格"中被解放为生活和喜悦。这样，感官性没有被设定为原则；如果没有感官性的元素，那么，构建出这美的个体人格的“那灵魂性的[30]”就是不可想象的；因为这个原因，建立在感官性元素之上的“那爱欲的”也没有被设定为原则。情欲之爱在所有地方都是环节，并且作为环节而在场于那美的个体人格中。诸神对它的权力的认识并不少于人类对之的认识，诸神对各种幸福的和不幸的爱情历险记的认识并不少于人类对之的认识。但是在它们之中情欲之爱却从不是作为原则而在场的；只要这情欲之爱是在它们之中，那么，它就是作为情欲之爱的一般权力的一个环节在那里，而这权力则从不在场于任何地方，并且因此对于那希腊的观念或者在那希腊的意识中，它就更不在场。人们可以反驳我说，厄若斯（Eros）是情欲之爱的神，这就是说，人们在他身上必定可以想象情欲之爱作为原则的在场。一方面，情欲之爱在这里又一次不是依托于“那爱欲的”，这就像它不单单是基于感官性元素，而是基于“那灵魂性的”，但除了这个方面之外，这样，另外又出现另一个关联要让我们去留意，对此，我要作稍稍进一步的强调。厄若斯是爱欲之神，但自己却没有坠入爱河。而一旦那些别的神祇们或者人们在他们自己身上察觉到了情欲之爱的权力，他们就把它归功于厄若斯、将之回溯到厄若斯那里，但厄若斯自己没有坠入爱河；如果有那么一次这发生在他身上的话[31]，那么这就是一个例外，虽然作为爱欲之神，他处在爱情历险中的次数要远远少于其他诸神、远远少于人类。他坠入爱情，以此无疑也是进一步表达出，连他也屈服于情欲之爱的一般权力，这样，这权力以一种方式成为了一种在他之外的权力，它从他那里被丢弃出来，不再有一个可让人去找它的地方。他的情欲之爱也不是基于感官性元素，而是基于“那灵魂性的”。这是一种真正的希腊思想：爱欲之神自己不坠入爱情，而其他诸神因为他的缘故而坠入爱情。如果我想象一个“向往渴慕”之神或女神，那么这就会是真正的希腊式的：所有认识到“向往渴慕”的不安或者痛苦的生灵们都将这种向往渴慕回溯到这一存在物，而与此同时，这一存在物自身却对它一无所知。除了说“这是对一种代表性的[32]关系的颠倒”之外，我不知道怎样标示上述关系中的这种奇特情形。在那代表性的关系之中，全部的力量都集中在一个单个的个体中，而只要那许多单个个体参与在这一单个个体的各种单个运动中，他们就参与进这个单个个体。我也可以说，这一关系是那作为道成肉身的基础的东西的颠倒。在道成肉身中，那单个的个体在自身之中有着整个生命之充实圆满（Livsfylden），并且只有通过“其他个体们在那道成肉身的个体之中观照到这种生命之充实圆满”，这一生命之充实圆满才面对这些其他个体。就是说，这在希腊的关系中是颠倒过来的。那作为这神的力量的东西不在这神之中，而是在所有那些其他的个体之中，这些个体将这东西回溯到这神；这神自己就好像是无力无奈，因为他把自己的力量分派到那整个其余的世界中。那道成肉身的个体就仿佛是从所有其他个体那里吮吸力量，这样那充实圆满就在这个个体之中，并且只有在“其他个体们在这个个体之中观照到这充实圆满”的情况下，这一充实圆满才面对这些其他个体。对于下面我们将要谈论的东西来说，这一点就有了重要意义，就像对于世界意识在不同的时代里所使用的那些范畴，它自在自为地（i og for sig）有着重要意义。这样，作为原则的感官性是我们在希腊性中所找不到的，在希腊性中也找不到基于感官性原则而作为原则的“那爱欲的”，并且，就算我们找到了它，我们则看见那对于这一考究是有着最大的重要性的东西：希腊意识没有力量去把全部的东西都集中到一个唯一的个体中，而是将它从一个自己并不具备它的点上发射出来，发射到所有其他个体，这样，这个构建性的点几乎是公认地有着这特性：它是唯一不具备那它给予所有其他个体的东西的个体。

这样，感官性作为原则是通过基督教而被设定出来的，那感官性的“爱欲的”作为原则也是如此；那“代表”的理念是通过基督教而被带入世界的。现在，如果我把“那感官性—爱欲的”想象为原则、想象为力、想象为王国（Rige），由精神定性，就是说，以这样一种方式定性因而精神排除着它，如果我想象它是集中在一个唯一的个体中，那么我就有了“感官性的—爱欲的天赋”（sandselig - erotisk Genialitet）的概念。这是一个希腊性所不具备的、首先是由基督教带入世界的理念——尽管只是在一种间接的意义上。

如果现在这一感官性的—爱欲的天赋在所有其直接性中坚持要求一种表达，那么我就要问，哪一种媒介是适合于作这表达的。在这里特别要坚持的是：它被要求在自己的直接性中表达和创作出来。在它的“在他者中的间接性和反思性”中，它就落入了语言的领域并且会处在伦理定性之下。在直接性中，它只能在音乐中得以表达。在这样的关联上，我请读者回忆一下那在“无谓的前言”里就此所说及的那些东西。由此，音乐的重要性就在它完全的有效性中显示出来了，并且它在更严格的意义上是作为一种基督教艺术而呈现出来的，或者更确切地说，是作为那由基督教在将之排除于自身之外时所设定的艺术，是作为那基督教排除于自身之外并由此而设定的东西的媒介。换一句话说，音乐是“那魔性的”（det Dæmoniske）。在感官性的—爱欲的天赋中，音乐有着自己的绝对的对象。这里当然不是在说，音乐不能表达其他东西，但这一“绝对的对象”则是音乐真正的对象。同理，雕塑家的艺术能够在人的美之外创作出许多别的东西，而这人的美则是它的绝对的对象；绘画能够在那神圣崇高化的美之外创作出许多别的东西，而那神圣崇高化的美则是它的绝对的对象；在这个意义上，我们关心的是去看每一种艺术中的概念而不让“这艺术在此之外也能够做的事情”来干扰我们。人的概念是精神，而我们不应当让“他在此之外也可以用两只脚走路”来干扰我们。语言的概念是思想，而我们不应当让“一些敏感的人认为发出含糊不清的声音是语言的最高意义”来干扰我们。

在这里，请大家允许我再来一段无谓的间奏曲；另外，我认为[33]，莫扎特是所有经典创作者中最伟大的，他的《唐璜》应当在所有经典创作中得到最高位置。

牵涉到音乐作为媒介，那么自然这就总是成为一个极其有趣的问题。另一个问题就是，我是否有能力去就此说一些适当的、令人满意的东西出来。我非常清楚地知道，我不懂音乐；我完全承认，我是个外行；我不用隐瞒，我不属于音乐内行们选出的那些人，我至多只是一个大门前的半途皈依者[34]——一种奇怪的无法抵挡的驱动力将我从很远的地方推到这里，但是再进一步则不行；但无论如何还是有这样的可能，我要说的这一点点会包容有一个单个的看法（如果它能够遇上善意和容忍），这一单个的看法被发现是有着某种真实的东西，尽管它是隐藏在一件贫困的外衣之下。我站在音乐之外，并且站在这一立足点上，我观察着它。这个立足点非常不完美，这我完全承认；相比于那些幸运地站在里面的人们，我只能够看见非常少的一点点，这我也不否定，但我却仍然继续坚持地希望着，希望我从我的立足点也同样地能够给出一个单个的启发，虽然那些门内的人们能够给出更好得多的启发，甚至在一定的程度上能够比我自己更明白我所讲的东西。假如我想象两个边界相邻的王国，在它们中一个是我极其熟悉的，而另一个则是完全陌生的，并且，不管我有多大的愿望想要进去，我得不到许可去进入那个我所陌生的王国，那么我还是能够为自己作出一个关于它的想象。这样，我会走到那我所熟悉的王国的边界上，不断地沿着它走，并且在我这样做的时候，我会借助于这一运动来描述那个陌生的王国的轮廓并获得一个对之的一般想象，虽然我从不曾把脚踩进那陌生王国中去。而这时，如果这是一项让我完全投入的工作、如果我不知疲倦地精确揣测，那么在某一刻就会发生这样的事：在我忧伤地站在我的王国的边界上满心渴慕地眺望那个陌生的、对于我是咫尺天涯的王国的时候，这时一个小小的简单启示便光临了我。尽管我觉得音乐是这样一种艺术，如果你想要能够对它形成什么看法的话，那么它在极大的程度上要求你具备经验，这样，我就如同我所常常做的那样用这样的一个悖论来安慰自己说，人在预感和无知中也能够达成一种经验，我用狄安娜来安慰我自己，——自己不能生产的狄安娜，总是去帮助那些正要生产的人们，是的，从她还是小孩子的时候起，她就有着这种与生俱来的天赋，这样，她甚至在自己出生的时候，帮助了身处娩痛的拉托娜。[35]

在我所熟悉的王国里，我走到它的边境以便去发现音乐，这个王国就是语言。如果人们想要为那些在某种特定的发展过程中起作用的不同媒介给出排列顺序的话，那么人们就不得不把语言和音乐相互紧贴地排在一起，这也就是为什么人们说音乐是一种语言。这是一种机智非凡的说法。就是说，在一个人想要在机智中嬉戏的时候，他就可以说，甚至雕塑和绘画都是一类语言，因为每一种对理念的表达总是一种语言，既然理念的本质是语言。因此，机智的人们谈论关于自然的语言，矫揉的牧师们有时候为我们打开大自然的书页为我们朗读一些不管他们自己还是他们的听众都不明白的东西。如果上面的这“音乐是一种语言”的看法没有起到更大作用的话，那么我就不用再去为难它了，而是听由它不受质疑地一路走下来并去起到它该起的作用。然而事情并非如此。在精神被设定了的时候，语言才被安排就绪，但在精神被设定了的时候，所有那不是精神的东西就被排除了。然而这一“排除”是精神的定性，这样一来，由于那被排除的东西要使自己起到作用，这就要求一种精神地定性了的媒介，而这媒介就是音乐。但是，一种精神地定性了的媒介在本质上是语言，而现在音乐是精神地定性的，于是它就合理合法地被称作是一种语言。

语言作为媒介被看作是那“绝对地精神地定性了的媒介”，因此它是理念的真正媒介。更深刻地去对此进行展开，则既不在我的能力范围内也不是这一小小考究的兴趣所在。只有一个单个的说明——它又一次把我带进音乐——要在这里找到自己的位置。在语言中，“那感官性的”作为媒介是被贬为纯粹的工具，并且不断地被否定。其他媒介的情形则不是如此。不管是在雕塑中还是在绘画中，“那感官性的”都不是纯粹的工具，而是一种参与构成者，它也不是什么要“不断地被否定”的东西，因为它要不断地被一同连带着地看见。如果我这样地去观察一座雕塑或者一幅画，在观察的时候我努力把感官性的元素忽略掉，那么这将会是一种奇怪而倒错了的观察，在我忽略掉“那感官性的”的时候，我也因此而把作品的美完全地取消掉了。在雕塑、建筑、绘画中，理念是被捆绑在媒介之中的；然而，理念并没有把媒介贬削为纯粹的工具，它并不是在不断地否定这媒介，这就仿佛是在表达出这样的一个事实：这媒介不能说话。自然的情形也是如此。因此人们这样说很有道理：自然是哑的，以及建筑以及雕塑以及绘画，都是哑的；人们有道理去这样说，尽管那些精致敏感的耳朵们会听见它们说话。因此，说“自然是一种语言”，那是一种愚蠢，正如“那哑的东西正在说话”这句话是牛头不对马嘴的，因为它根本就不是一种语言，甚至无法是手势语那种意义上的语言。相反，语言的情形就不是如此。那感官性的贬削为纯粹的工具，并且因此而被取消掉了。如果一个人这样地说话，以至于人们听见舌头的敲击声等，那么他说话说得很糟糕；如果他是这样听，以至于他听到空气的振动而不是词句，那么他听得很糟糕；如果一个人这样读一本书，以至于他不断地看着每一个单个的字母，那么他读得很糟糕。恰恰因为所有“那感官性的”都在语言中被否定掉了，所以语言是最完美的媒介。音乐的情形也是如此：那真正应当被听到的东西不断地从“那感官性的”那里解脱了出来。音乐作为媒介所处的位置不及语言高，这我在前面已经提醒过了，因此我也说，在某种意义上音乐是一种语言。

语言所指向的是耳朵。没有什么别的媒介是这样。耳朵则又是最为精神性地定性的感官。这一点，我相信大多数会同意我；如果有谁想要得到关于这方面的更进一步介绍，我则推荐斯蒂芬斯的《最神圣者的漫画[36]》的前言。除了语言，音乐是唯一指向耳朵的媒介。在这里又一次有了对于“在怎样的意义上音乐是一种语言”这问题的一个类比和见证。在自然中有很多东西是指向耳朵的，但是，在这里触动耳朵的则是纯感官性的东西，因此自然是哑的；并且，如果因为我们听见一头母牛哞哞叫或者——这也许可以给出更大的要求度——听见一只夜莺在鸣啭，所以我们就听见了“什么”，那么，这是一种可笑的幻觉；人听见了“什么”，这是一种幻觉，“这一物比那另一物更有价值”是一种幻觉，既然这一切都是无所谓的一回事。

语言在时间中有着它的元素，而所有其他的媒介都是以空间作为元素的。只有音乐，也是在时间中进行的。但是这“它在时间中进行”，这又再次是对“那感官性的”的一个否定。其他的各种艺术所创造的作品，恰恰通过“这作品在空间中有着其持恒（Bestaaen）”而暗示出它们的感官性。当然，在自然中有许多东西是发生在时间里的。比如说，一条小溪潺潺而流并且继续潺潺而流，于是看上去在这之中就有着一种时间的定性。然而其实却并非如此，而如果有人实在想要说，时间的定性在这里应当是在场的，那么他可以说，它无疑是在场的，然而它是被空间性地定性的。音乐在它自己被演奏出的那一瞬间之外并不存在，因为虽然一个人可以是那样地擅长读乐谱并且可能有着如此活泼的想象力，但他仍然无法否认，在他读谱的时候，那音乐只是象征性地存在。实在地，这音乐则只在它被演奏的时候存在。别的艺术，因为它们在“那感官性的”之中有着它们的持恒，所以它们的创作就持恒地存在在那里，与它们相比，音乐艺术的这一点看起来就好像是一种不完美。然而这事情却并非如此。这恰恰证明了，音乐艺术是一种更高的、更为精神性的艺术。

如果我现在从语言开始出发，通过一个运动贯穿它，就好像我是在从头到尾贯穿地听完一场音乐的情形，然后显示出这情形大致是如此。我假设，散文是距离音乐最远的语言形式，那么，我在那雄辩的讲演、在那对章节分段的洪亮建构中感觉到一种出自“那音乐性的”的回荡，这回荡贯穿那诗意的讲演中的、在诗句的建构中的、在声韵的各个不同发展时段而越来越强烈地展现出来，直到最后，“那音乐性的”如此强烈地得以展开，以至于语言停止了而一切都变成了音乐。在诗人们想要标示他们仿佛是放弃了理念的时候，这正是一个他们最喜欢使用的表达语，那理念在他们眼前消失而一切终结于音乐。现在看来，在这里仿佛有着这样的一层意思：音乐是一种比语言更为完美的媒介。然而，这却是那许多一厢情愿的误会之一，只有空洞的头脑才会让这一类误会出现。在更后面的文字中我将再进一步阐明，这是一个误会，而在这里我只想强调一下这样一个值得注意的细节，也就是，当我从“被概念渗透了的散文”出发向下走、直到我落到那些感叹声上，在这个时候，我在一种反方向的运动中又一次遇上音乐，——感叹也是音乐性的，正如小孩子最初的咿呀之声也是音乐性的。在这里，我们当然肯定是不能说，音乐是一种比语言更完美的媒介，或者说音乐是一种比语言更为丰富的媒介，除非我们去假设，去说“哦”比一种完整的思想更有价值。但现在，在所有语言终止的地方，我都遇上“那音乐的”，由此我们又能得出什么样的结论呢？这则无疑是对于“音乐到处都在限制语言”的最完美表达。另外我们也会由此看出，这与上面所说的那种误解“音乐是一种比语言更为丰富的媒介”有着怎样的关联。也就是说，语言终止，音乐开始，就像人们所说，一切都是音乐的，这时，人们没有在向前、而是在后退。因此，我（也许专业性的人们也会同意我的看法）从来对那自以为不需要言辞的“升华了的音乐”没有好感。也就是说，这种音乐认为自己按理是高于言辞，尽管它更微渺。现在人们也许可以对我作以下的反驳。如果语言真是一种比音乐更为丰富的媒介，那么，这就不可思议了，为什么要从美学上为“那音乐的”做出说明总会有这么大的困难；不可思议，为什么在这里语言不断地显出自己是一种比音乐更为贫乏的媒介。然而这却既不是不可思议也不是不可解释的。也就是，音乐持恒地在直接者的直接性中表达“这直接的”[37]；也因此，相对于语言，音乐是最初也是最后的，但由此我们也认识到，把音乐说成是更完美的媒介，那是一种误解。在语言中有着反思，因此语言无法说出“那直接的”。反思杀死“那直接的”，因此要在语言中说出“那音乐性的”是不可能的，但这语言在表面上的贫乏正是它的财富。就是说，“那直接的”也就是“那不可定性的”，因此语言无法把握它；但是，它是“那不可定性的”，这一点不是它的完美性，而是它身上的匮乏。这是人们以很多方式间接地承认的。这样，只是为了举一个例子：人们这样说，“要说清楚为什么我做这个或者那个诸如此类，我不知道，我只是随着心里的声音去做了”。人们在这方面常常使用一个从音乐中借来的词来谈论与音乐毫无关联的事情，但同时也是借此来标示那阴暗的、不明确的、直接的东西。

现在，如果“那直接的”在精神性的定性之下就是那真正的在“那音乐的”之中得以表达的东西，那么人们就又可以进一步问，哪一种类型的“那直接的”在本质上是音乐的对象。“那直接的”在精神的定性之下，它能够以这样的方式被定性：它要么是落在精神的领域之内，要么落在精神的领域之外。若“那直接的”，在精神的定性之下，是以这样的方式被定性的，它落在精神的领域之内，那么，它无疑就能够在“那音乐性的”之中找到表达，但这一“直接的”却不会是音乐之“绝对的对象”，因为，既然它是被以这样的方式定性，它应当落入精神的领域之中，那么由此就暗示了：音乐是处在一种陌生的领域，它构建出一种不断地被取消的前奏。另一方面则反过来，如果“那直接的”在精神的定性之下是如此被定性，它落在了精神的领域之外，那么，音乐在这里就有了自己的绝对的对象。对于第一种“直接的”来说，被在音乐中表达出来，是一种“非本质的”，而它成为精神，也就是说，它在语言中被表达出来，对它才是“本质的”；而对后者来说，被在音乐中表达出来，是一种“本质的”，它只能被在音乐中表达出来，而无法在语言中被表达，因为它是如此地被精神地定性的：它落在了精神的领域之外，并且也就是说，落在了语言的领域之外。但是，像这样地被精神排除的“那直接的”，是感官性的直接性。它隶属于基督教。它在音乐中有着自己的绝对的媒介，并且由此也说明了为什么音乐在古典的世界里没有真正地得到发展，而属于基督教的世界[38]。这样，音乐是后一种“那直接的”的媒介，这种“直接的”在精神的定性之下是如此被定性，它落在了精神的领域之外。自然，音乐能够表达出许多别的东西，但是这后一种“那直接的”则是它的绝对的对象。人们也很容易留意到，音乐是一种比语言更为感官性的媒介，因为在这里，相比于在语言中，重心是更多地落在那感官性的声音之上。

于是，感官性的天赋是音乐的绝对的对象。感官性的天赋是绝对地抒情的，而在音乐中，它在自己的整个抒情的不耐烦中爆发出来；这就是，它是精神地定性的，并且因此是力、生命、运动、持恒的不安、持恒的"继续不断"，但这一不安、这一"继续不断"并没有使得它丰富，它持恒地继续是它的原样，它不发展，却不断地向前奔涌就仿佛是在一股呼出的气息之中那样。如果我现在要用一个单个的说辞来标示这一抒情性的话，那么我就得说：它发声（den toner）；以此，我则又回到那感官性的天赋——作为那直接地音乐性地呈现出自身的东西。

我知道，在这一点上，我甚至能讲更多形形色色的东西，这我知道；我确信，对于那些内行人士，以一种完全不同的方式去澄清一切将是一件很容易的事情，这我相信。然而既然没有人（据我所知是如此）对此做出任何尝试或者做出仿佛想要尝试的样子，既然人们不断地只是在继续重复说"莫扎特的《唐璜》是歌剧中的皇冠"[39]而不去进一步展开说明自己借此是想说些什么，虽然所有人都以这样一种方式这样说着，这方式很明显地显示出，他们想借此说更多东西，不仅仅只是说"《唐璜》是最好的歌剧"，而是想说，它和其他歌剧有着一种质的差异，只有在那介于理念、形式、材料和媒介之间的绝对的关系中、再也没有别的地方可以找得到这种差异。我说，既然这情形是如此，那么我就只好打破我的沉默了。也许我这样是太急了一些，也许如果我再等待一段时间，我将能成功地说得更好，也许，我不知道，但我知道，我不是因为想要得到发言的喜悦而急着说出来、不是因为害怕一个专业人士会捷足先登而急着说出来，而是因为我怕，如果我也保持沉默，那么石头也会开始说话赞美莫扎特[40]，这样，每一个有着天生的说话能力的人就难免心里有愧了。

到此为止所说的这些，在我看来对于这一小小的考究而言差不多是足够了，因为这在本质上是为了做一些准备工作，去为对那些直接的爱欲的阶段作出阐述而开出一条路来，就像我们以这样的一种方式通过莫扎特而认识它们。不过，在我进入这项工作之前，我还想提一下一个事实，它能够从另一个方面引发出对那介于感官性的天赋和“那音乐性的”之间绝对关系的思考。我们都知道，音乐一直是宗教热情的可疑关注的目标。这种热情对之所给出的关注是不是有道理，这不是我们在这里所要探讨的，因为这只有着宗教方面的意义；相反，去观察“是什么东西导致了这个”，则不是一件没有意义的事情。如果我在这一点上追踪这种宗教热情，那么我就能够在一般的意义上这样地来为这运动的过程定性：宗教性越强，人们就在越大的程度上放弃音乐而强调言辞。在这一点上，各种不同的阶段是有着一种世界史的典型性的。那最后的阶段完全地排除了音乐并且仅仅抓住言辞。我完全可以用各种独特看法的丰富多样来为这所说的内容进行润色；但是我不想这样做，我只想在这里引用一个长老会会员[41]的几句话，它们是出自阿奇姆·冯·阿尔尼姆的小说：“我们长老会会员们把风琴看作是魔鬼的风笛，它借此来哄那沉思的严肃入睡，就像跳舞麻醉那些善的意图。”[42]这可以被看作是一个和所有其他的一样地有效[43]的说辞了。人们这样去排除音乐而以此来使得言辞成为那唯一统治者的依据是什么呢？在言辞被滥用的时候，它也能够像音乐一样地骚扰人的各种性情，想来所有醒悟的教派都承认这一点。这样，在它们之间就必定是有着一种质的差异了。但是，那宗教的热情本来想要表达的，是精神，因此它去要求那作为精神的真正媒介的语言，而摒弃音乐——那对于它说来是一种感官性的媒介并因此而总是一种用以表达精神的不完美的媒介的音乐。现在，那宗教的热情这样地排除音乐有没有道理，就像前面所说，是另一个问题；相反它对音乐与语言的关系的观察则是完全正确的。就是说，因此音乐无须被排除，但是我们必须看到，它在精神的领域是一种不完美的媒介，也就是说，它无法在“那直接地精神的”中被定性为精神地去具备自己的绝对的对象。这绝不是在说，我们因此就有必要将其视作魔鬼的作品，虽然我们的时代会提供出许多关于“那魔性的权力”可怕的证据[44]，通过这种魔性力量音乐能够抓住一个个体，而这个个体则又借助于奢侈逸乐所具的刺激性力量去把人群，特别是由女人们构成的人群，诱钓和捕获进恐惧的诱惑性陷阱。这绝不是在说，我们因此就有必要将之视作是魔鬼的作品，虽然我们带着某种秘密的恐怖感注意到，这一艺术比其他的艺术更为严重地以一种可怕的方式折磨其从事者。一种现象，够奇怪的是，这现象看来是避开了心理学家们和人众的注意力，除非他们在某个特别的场合被一个绝望的个体人格的恐惧尖叫惊吓着了。然而，足以值得引起我们注意的是，在民间传说中，也就是说在民风意识（Folkebevidstheden）中——民间传说就是民风意识的表达，“那音乐的”总是“那魔性的”。（作为例子我可以举出格林的《爱尔兰诸精灵的童话》[45]，1826 年，第 25、28、29、30 页。）

我在这里就那些直接的爱欲的阶段所谈的这些，全都是因为莫扎特，总的说来，我只是仅仅为了莫扎特一个人的缘故才谈论这一切的。既然我在这里所进行的这分类比较只能够间接地、通过与一个其他人的解说作比较才能够被导向他，因此，在我认真地开始这项工作之前，我对我自己和这分类比较进行了考察，唯恐我会以某种方式骚扰我自己或者一个读者在景仰莫扎特的不朽工作时的喜悦。那想要在莫扎特的真正的不朽宏伟中看到莫扎特的人，必须考虑他的《唐璜》；与《唐璜》相比，所有其他的都是偶然的、非本质的。但是，现在如果我们这样考虑《唐璜》，我们把莫扎特的其他歌剧中的个别东西也连带地放置在这一视角之下来看，那么我坚信，我们既不会贬低他、也不会损害到我们自己和我们的邻人。我们将有机会为这样的发现而感到高兴：音乐的真正内在力量在莫扎特的音乐中宣泄殆尽。

另外，我在前面的文字中我用过、在接下来的文字中我将继续使用这一表达：阶段（Stadium）；在使用这个表达的时候，我们不能执著地去把每一个阶段看成单个地存在的独立阶段、去把这一个阶段隔绝在另一个阶段之外。我本来也许可以更醒目地使用“变形”（Metamorphose）这一表达。这些不同的阶段在一起达成“那直接的阶段”，并且我们可以从中认识到，这些单个的阶段更多地是对一种属性（Prædikat）的揭示，这样，所有这些属性都跳进那最后阶段的丰富汇集，因为这最后的才是那真正的阶段。其他的这些阶段没有独立的存在；对于它们自己，它们只是为观念想象而存在的，并且由此我们也能够相对于那最后的阶段而看出它们的偶然性。然而，既然它们在莫扎特的音乐中找到一种各自独特的表达，那么我也就将分别地谈论它们。但最重要的是，既然连那最后的阶段也都还没有达成意识，那么我们就不能去把这些阶段想成是意识中的不同发展时段；我不断地只是在“那直接的”的完全的直接性之中涉及“那直接的”。

在我们想要使得音乐成为美学考虑的对象时，我们总是会遇到许许多多的麻烦，而这些麻烦在这里自然也是难免会出现。在前面的文字中，这些麻烦主要是在于：在我沿着思想的道路想要证明“感官性的天赋是音乐的本质性的对象”这样一种断言的同时，这断言其实却只能通过音乐来被证明，正如我自己也是通过音乐而达到了对之的认识。接下来的文字所要去克服的麻烦则尤其是：既然音乐所表达的东西——这东西在这里成为谈论的对象——在本质上是音乐的真正对象，那么要表达它，音乐所做的表达就要比语言所能做的表达远远要完美得多，而语言在音乐的旁边就显得很贫乏。当然，如果我所涉及的东西是不同的意识发展时段，那么自然这在我和在语言都是强项，但在这里所谈的不是这个方面。也就是说，在这里将要展开的东西，只会对那听过并且不断继续地听着的人有着意义。对于他，这其中也许能够包含有一个单个的暗示，能够触动他再去听。

第一阶段[46]

这第一阶段是在《费加罗》中的侍从[47]身上被暗示出来的。在这里，我们自然不是在那侍从身上看见一个单个的个体，但当我们在想象中或者在现实中看见由一个个体人格展示出的这样一个阶段时，我们很容易受到这种倾向的引诱。于是，这情形也或多或少地发生在剧中的侍从身上，难免就有某种偶然性的东西、某种不相关者的理念混进来，以至于他到头来不仅仅是他所应当是的人物、而是更多；因为一旦他成为一个个体，他在某种意义上立刻就变成这样。但是因为变成“更多”，他就成为了“更少”，他不再是那理念。因此人们不能让他有台词，而音乐则成了唯一的充分表达，而正因此，我们有必要留意：不管是《费加罗》还是《唐璜》，它们从莫扎特的手中出来时的原样是属于严肃歌剧（opera seria）[48]。于是，如果我们以这样一种方式把这侍从看成是一个神话式虚构的形象，那么，我们就会发现那第一阶段中的特有属性在这音乐之中被表达了出来。

“那感官性的”醒来，但却不是向着运动、而是向着静止，不是向着喜悦和欢乐、而是向着深深的忧郁（Melancholi）。欲求（Attraaen）还没有醒来，它是被沉郁地隐约感受到。在欲求中，“被欲求的东西”[49]持续地存在着，它从这欲求中升起而呈现在一种使人困惑的破晓状态中。这一关系在“那感官性的”之中，因为阴影和迷雾而拉远、因为在它们中的反射而又被拉近。欲求拥有那将要成为“欲求的对象”的东西，但却是“不曾去欲求这对象地”拥有这对象，并且以这样一种方式而并不拥有这对象。这是让人痛苦的、但同时因其甜蜜而让人入迷和着魔的矛盾，它带着它的忧伤、它的沉郁（Tungsind），从头到尾在这一阶段中振荡。也就是说，它的痛楚不在于有着太少，而更确切地说是在于有着太多。欲求是宁静的欲求、渴慕是宁静的渴慕、多愁善感是宁静的多愁善感，在之中那对象如朝阳破晓般地绽发出来并且如此接近这欲求渴慕的感伤梦想以至于它就在这感伤梦想之中。“被欲求的东西”萦舞到欲求之上，沉落到欲求之中，然而这一运动不是因为欲求自身的吸引力或者因为“有所欲求”这一事实而发生的。“被欲求的东西”并不消失，并不蜿蜒其道地出离欲求的拥抱，因为那样的话，欲求恰恰会醒来；但是它在那里而欲求却并没有欲求着它，正因此欲求变得沉郁，因为它无法去欲求。一旦欲求醒来，或者更确切地说，恰恰是因为这苏醒，欲求与“欲求的对象”就分开了，这时，那欲求自由而健康地呼吸，而它在这之前则因为“被欲求的东西”的缘故而不能呼吸。在欲求没有醒的时候，“被欲求的东西”施展着魔法、引诱着，甚至几乎使人恐惧。那欲求必须获得空气、必须去突破；在它们被分开的情况下，这才可能；“被欲求的东西”羞怯地逃开，谦逊得像一个女人，在它们之间发生分离，“被欲求的东西”消失并且在空气中萦舞着地呈现出来[50]，或者不管怎么说，是在那欲望之外。当人们在一间房间的天花板上画上一个挨着另一个的许多形象时，那么，以油漆匠的话说，这样的一面天花板有着压抑感；如果人们只轻快地画上一个简单的形象，那么这面天花板就显得要高得多。这情形也是欲求和“被欲求的东西”之间的关系在最初的和之后的阶段中的情形。

欲求在这一阶段只在场于一种关于自身的隐约感觉中，于是，这时的欲求没有运动、没有不安，只是轻轻地被一种内在的涌动摇晃着，就像植物的生命被囚禁在大地上，它也是这样地沉浸到一种宁静地常驻着的渴慕中、在沉思中越陷越深，但却不能淘空自己的对象，在本质上是因为在更深刻的意义上并没有什么对象在那里，而这一对于对象的匮乏则不是它的对象；因为如果是那样，那么它就会马上处在运动之中，那么它就会被决定下来——如果没有别的方式，那么它就会被决定在悲哀和痛苦之中，但是悲哀和痛苦在自身中并没有那种忧郁和沉郁所特有的矛盾，悲哀和痛苦没有那种作为“忧郁的东西中所具的甜蜜”的暧昧双义。虽然欲求在这一阶段并没有被定性为欲求、虽然这一“被隐约地感受到的欲求”相对于它的对象而言是完全地尚未被定性的，但它还是有着一种定性，也就是，它是无限深的。它就像托尔通过一只角来吮吸，角尖抵在世界的大洋里[51]；然而，它无法把自己的对象吸向自己，这是有原因的，它无法吸干这大海，不是因为这大海是无限的，而是因为这一无限对它来说无法成为一种对象。因此，它的吮吸不是在标示一种与对象的关系，而是同一于它的叹息，这叹息是无限深远的。

与这里的这种对“第一阶段”的描述相和谐，我们可以看出一个富有重要意义的细节：在音乐方面，那侍从的部分被安排为女声。这个阶段中的矛盾成分就仿佛是通过这一矛盾而被暗示出来，欲求是如此不确定，对象与这欲求的分别是那么微不足道，以至于“被欲求的东西”雌雄同体地憩身在这欲求之中，正如在植物生命中雄和雌都处在同一朵花中。欲求和“被欲求的东西”在这统一体中合一，它们两者都是中性的[52]。

虽然台词不属于那神话式虚构的侍从，而是属于剧中的侍从、这个诗意的形象切鲁比诺，虽然作为由此得出的结论，我们无法在这个关联上对这个角色有所反思，但既然一方面这个角色不属于莫扎特，另一方面它表达着某种完全不同于我们在这里所讨论的话题的东西，那么，我还是想去进一步强调出一句简单的台词[53]，因为它让我有可能在这一阶段与以后阶段的类比中对这一阶段进行描述。苏珊娜[54]嘲弄切鲁比诺，因为他在某种意义上说也同时爱上了玛尔瑟丽娜[55]，对这嘲讽，侍从无法作别的回答而只能说：她是一个女人。就剧中的那侍从而言，本质的方面是他爱上了伯爵夫人[56]；而他也会爱上玛尔瑟丽娜，则是非本质的，只是一种对那激情之热烈所作的间接和悖论性的表达；他正是带着这种激情而被伯爵夫人迷住。而就那神话式虚构的侍从而言，他爱上伯爵夫人和爱上玛尔瑟丽娜就是同样地本质的，也就是说，女性是他的对象，而这是她们两个所共有的性质。因此在我们在后面听到关于《唐璜》时：

> 甚至六十岁的风情女人
> 他也会带着喜悦将她们加入自己的名单[57]

于是，这是对这里的情形的一个完美类比，只是在唐璜那里，欲求的强度和确定性已经得到了远远更多的展开。

如果我现在敢冒这个险去尝试用一个单个的属性来标示莫扎

特音乐——就《费加罗》中的侍从而言——的特有属性，那么我将说：它是陶醉于爱欲的，但是就像所有陶醉，一种在爱欲中的陶醉也以两种方式起作用，要么是高兴的透明的生命喜悦，要么是浓缩的、朦胧的沉郁。这后者是这里的音乐的情形，这样的描述也对；对此的理由是音乐所不能给出的，因为这超出了音乐的努力范围；心境本身是语言所无法表达的，它过于沉重和密实，以至于言辞无法承受它，它只能是由音乐来重现。它的忧郁源于那深深地内在的矛盾，——前面我们曾对这种矛盾有过强调。

这第一阶段是以那神话式虚构的侍从来标示的，现在，我们离开这第一阶段；我们让他继续沉郁地梦想他所具备的、忧郁地欲求他所拥有的。他永远也达不到更远，他永远也无法出发，因为他的运动是幻象的，这样，也就是没有运动。剧中的侍从则是另一回事；因为他的未来会让我们带着一种真正的和诚实的友谊去关注，我们祝贺他成为军官，我们允许他再一次吻别苏珊娜[58]；说到他额上的吻印[59]，如果别人不知道就不会看出那是什么，我们不应当以此来出卖他；但是更多也就没有了，我的好切鲁比诺，要不我们呼叫伯爵来说话，那么这话就这样说：“上路，出门，去军团，他又不是小孩子，没有什么人比我更清楚这一点了。”[60]

第二阶段

这一阶段是以《魔笛》中的帕帕吉诺[61]来标示的。在这里，我们要做的工作自然又是把那本质的从偶然的东西中区分出来，把那神话式虚构的帕帕吉诺召唤出来而去忘记那剧中的实在人物，尤其是在这里，因为这个剧中的人物已经和那各种各样可疑的含糊语流有了关联。在这一点上，我觉得有必要贯穿整部歌剧来展示，这歌剧的主题，作为歌剧主题来看，在其最深的根本上是失败的。另外，通过去观察，为什么这样一种努力（通过让一种更深刻的伦理观在各种各样的意义更为重大的辩证考验中作出自己最初的尝试而把这种伦理的看法安置进来）是一种大胆地完全跑到了音乐的界限之外的冒险，即使一个莫扎特也不可能对这种冒险会有什么更深的兴趣，——通过这种观察，我们在这里并不缺乏机会去从一个新的方面来阐明“那爱欲的”。这部歌剧中的明确倾向恰恰就是它之中的“那非音乐性的东西”，因此，尽管有着一些个别的完整乐曲、一些个别的深刻动人的激情表白，但它成不了一部经典歌剧。然而所有这些却是我们在眼下的一个小小考究中无法深入探讨的。我们只关注帕帕吉诺。现在，这对我们是很有利的，哪怕不是出自别的原因，只是因为我们因此而不用去尝试着对“帕帕吉诺与塔米诺[62]的关系所具的重要意义”做什么解释了，——这种关系就设计的角度看起来是如此深奥而富有思想性，以至于它对于纯粹的思想性来说变得几乎是不可思议的了。

对《魔笛》的这样一种处理也许会让某些读者觉得太随意，既是因为它过多地关注帕帕吉诺、也是因为它对整部歌剧的其余部分关注太少；他也许不会同意我们的做法。这种看法的原因其实是在于，他不同意我们在对莫扎特的音乐的每一种看法上的出发点。这出发点，按我们的看法，也就是《唐璜》，另外我们确信，当我们在与《唐璜》的关联中去看大部分别的歌剧时，我们就显示出对莫扎特的最大崇敬，而我也并不因此会否认“让每一部单个的歌剧成为专门研究的对象”的重要性。

欲求醒来，并且就像我们总是遇到的情形，我们首先是在醒来的那一刻才察觉到我们做过梦，在这里也是如此，梦已经过去了。这一“欲求在之中醒来”的苏醒过程、这一震动，把欲求和对象分开了，它把一个对象给予这欲求。这是一种必须被严格地坚守的辩证定性：在欲求存在的时候，对象才存在，在对象存在的时候，欲求才存在，欲求和对象是一对孪生子，之中的一个不会比另一个更早地（哪怕是瞬间中的最小部分）到达世界。但尽管它们是如此绝对地一下子进入世界，甚至不会有像孪生子那样的时间间歇，然而，这一“进入存在”（Tilblivelse）[63]的意义不在于这两者合一，而相反是在于这两者分离。但是，“那感官性的”的这一运动，这地震，在瞬间之中把欲求和它的对象相互无限地分割开；但是正如那运动着的原则在一瞬间里呈现为分裂着的，它也是这样地又通过“想要去合一那被分开了的东西”来揭示出自己。分裂的结果是，欲求被从自己的实体性的“憩于自身”之中拉扯出来，并且，作为这一运动的一种结果，对象不再落入实体性的定性之下，而是将自己分裂成一种多样性。

正如植物的生命依附于土壤，那第一阶段也是这样地沉陷在实体性的渴慕之中。欲求醒来，对象逃走，丰富多样地在其显现之中，渴慕将自己从土壤中解脱出来并且开始自己的漫步，花朵得到了翅膀并在这里那里到处变换而不知疲倦地鼓翼。欲求瞄准了那对象，另外，它也在自身之中被撼动，它的心脏健康而快乐地跳动着，那些对象迅速地消失和出现，但在每一次消失之前都有一个享乐之“此刻”（Nu）、一个触摸之瞬间，短暂而极乐，萤火虫般地闪耀着，变换而轻巧如同蝴蝶的拂触，并且也像它一样地无害；无数的吻，但如此快地享受，以至于这就像刚从这一对象这里取了，下一个对象已经在给予了。只在分秒之间会隐约地感觉到一种更深的欲求，但这隐约的感觉马上就被忘却了。在帕帕吉诺身上，那欲求开始去寻找发现了。这一探索欲望是它之中的“悸动着的东西”，是它的欣悦。它没有为它的探索找到真正对象，但是通过在“丰富多样的东西”之中寻找他所想发现的对象，它发现了这“丰富多样的东西”。这样，欲求醒了，但没有被定性为欲望。如果我们回想一下，欲求在所有这三个阶段里都是在场的，那么我们就可以说：它在第一个阶段被定性为是“梦着的”，在第二阶段被定性为“寻求着的”，在第三个阶段被定性为“欲求着的”。就是说，那寻求着的欲求还不是欲求着的，而只是在寻求那它能够去欲求的东西，但没有在欲求这东西。因此这样的一个描述也许对于它是最有标识性的：它发现。于是，如果我们拿帕帕吉诺和唐璜作比较，那么，他贯穿世界的旅行不仅仅只是一种探索旅行，而是更多，他不仅仅享受探索的旅行童话，而也是一个出去征服的骑士我来、我看、我征服（veni – vidi – vici）[64]。探索和征服在这里是同一的；甚至在某种意义上我们可以说，他在征服胜利之上忘却探索发现，或者，那探索发现被留在了他的身后，因此他把它留给了他的仆人和秘书勒波拉罗（如果我想象帕帕吉诺作记录的话，那么勒波拉罗所记下的这个名单则是完全另一种意义上的东西了）。帕帕吉诺挑选，唐璜享受，勒波拉罗回顾察看。

这之中的特性，就像每一个阶段中的特性一样，无疑我是能够将之展现在思想面前的，但总是只在它终止的那一刻。但即使我有这样的可能，能够如此完美地描述它的特性并且解说这特性的渊源，那么，在那里仍然总还会有些东西剩下，是我所无法说出的，却是要让人去听的。这东西太直接，以至于它无法在言辞之中被保留住。在这里，帕帕吉诺的情形也是如此，这是那同样的谣曲，那同样的旋律；在他结束的时候，他又从头重新开始，并且不断地这样。于是，人们可以反驳我说：要说出什么“直接的”在根本上是不可能的。在某种意义上，这反驳说得也完全很对，但是，首先，精神的直接性在语言中有着它的直接表达，其次，如果是由于思想的入场而使得它的这种情形有所变化的话，那么在本质上它依旧是那同一种不变的东西，恰恰因为它是精神的定性。相反，在这里我们所谈的是一种感官性的直接性，也就是说，在那些媒介间的错误关系使得“不可能性”成为绝对的情况下，这感官性的直接性本身则有着一种完全不同的媒介。

如果我现在要尝试用一个单个的属性来标示莫扎特音乐在此剧中我们所关心的部分中的特有属性，那么我将说：它是欢快地叽喳着的、生命力旺盛的、情欲奔涌的。这样看的话也就是说，我特别要着重强调的是那第一咏叹调[65]和钟乐[66]；与塔米诺[67]以及后来与帕帕吉娜[68]的对唱则完全地落在了“那直接的—音乐性的”之外。相反，如果人们看那第一咏叹调，那么人们无疑将会同意我所使用的这些属性，并且，如果人们进一步地去留意它，那么，人们就另外还将找到一个机会去看出，在“那音乐性的”作为理念的绝对表达而呈现出来的地方，也就是说，在“这理念是直接的音乐性的”的地方，“那音乐性的”有着怎样的意义。我们都知道，帕帕吉诺用簧管来伴奏他的生命喜悦的欢欣。无疑，每一只耳朵肯定都会有一种特殊的方式来感受到自己被这一伴奏感动；但我们对之想得越多，我们在帕帕吉诺的身上看到越多那神话式虚构的帕帕吉诺，那么我们觉得它所表达和标识的东西就越多；我们不会因为一次又一次地重新听它而厌倦，因为这是对整个帕帕吉诺的生命的一种绝对充分的表达——他的整个生命就是这样一种不停息的叽喳，在一切没有意义的轻浮言辞里无忧无虑没有休止地叽喳下去，并且，这叽喳是喜悦和欢欣的，因为这是他的生命的内容，在自己的所作所为中喜悦、在自己的歌声中喜悦。我们都知道，在歌剧中这样的一种安排是多么深刻——安排让塔米诺和帕帕吉诺的笛声相互应和。然而，怎样的一种差异啊！塔米诺的笛声，它恰恰就是那被用来命名歌剧的，在其作用中是完全失败的，为什么呢？因为塔米诺根本就不是什么音乐性的形象。这问题是出在整部歌剧的失败的设计上。塔米诺在其笛声中变得绝顶地枯燥无聊和多愁善感，而如果我们对他在别的方面的整个发展、对他的意识状态进行反思，那么，每次在他拿出他的笛子对着它吹上一段的时候，我们就难免会想到贺拉斯笔下的农民[69]（“那乡巴站着等待，溪水流干”[70]），只是贺拉斯没有给他的农民一支笛来无谓地打发时间。塔米诺作为戏剧形象完全是在“那音乐的”之外，正如在总体上，这个剧想要完善的精神发展是一种完全非音乐的理念。塔米诺恰恰跑得太远，以至于“那音乐的”终止了，因此他的笛乐只是浪费时间来打发思想。也就是说，要去打发思想正是音乐所非常擅长的，甚至各种邪恶的思想，就像人们说及大卫，他以他的演奏来驱逐扫罗的恶劣心情[71]。然而，在这之中有着一种极大的幻象；因为只有在它把意识赶回到直接性中并且在之中将之摇哄着入睡的时候，它才能做得了这事情。因此，个体无疑会在陶醉的那一瞬间感到幸福，但却只会变得更不幸。完全地在括号之中[72]，我要在这里让自己加入一个说明。人们曾使用音乐去治愈精神病人；人们在一定的意义上也达到了自己的目的，但这却是一个幻觉。就是说，在疯狂性有着一种心灵的依据时，那么它总是会在意识中的某一点上的硬结中。这一硬结必须被克服，但是为了真正将之克服，我们就必须走上一条和“通向音乐的路”完全相反的路。如果我们现在使用音乐，那么我们就走上一条完全不正确的路而使得那病人变得更为疯狂，尽管他看上去好像是停止了疯狂。

我在这里就塔米诺的笛乐所谈的这些，想来我完全可以让它们留在那里而不用害怕看到它们被误解。我的意图绝不是去否认——这事实上也已经多次获得了承认：当音乐步入一个陌生的领域，也就是语言的领域，这时，它只能作为伴奏而有着其意义；《魔笛》的错误则是，整个剧所倾向的东西是意识，也就是说，这剧的真正倾向是去取消音乐，然而，它却还是要成为一部歌剧，而在剧中甚至连这一想法都不是清晰明了的。那伦理性地定性的爱情或者婚姻性的爱情已经被设定为发展的目标，这剧的根本错误就在此，因为，我们听由它去，教会的还是世俗的，它想作为什么就让它作为什么，但有一样东西却是它所不能是的，它不是音乐性的，甚至它是绝对地非音乐性的。

这样，从音乐的角度上说，第一咏叹调，作为对于帕帕吉诺的整个生命的“直接的—音乐性的”表达，有着其重要意义，而这生命史在与音乐相同的程度上是那绝对充分的表达，这生命史只是在比喻的意义上的生命史；相反，钟乐则是对于他的活动所做的音乐性表达，这里又一次是这样，我们只能通过音乐来获得对它的想象；这音乐是有着魔力的、诱惑性的、有吸引力的，正如那个男人的演奏，让那些鱼停下来倾听[73]。

那些台词，不是因为希卡耐德[74]就是因为丹麦语翻译者[75]

的缘故，从大体上看是那么地疯狂而愚蠢，以至于几乎让人觉得不可思议，莫扎特怎么从那些东西之中发掘出他所发掘出的东西。让帕帕吉诺说一下关于他自己：我是一个自然人[76]，并且这样在同一个现在（Nu）中把自己弄成一个撒谎者，这可以看作是一个和所有其他的一样地有效[77]的例子。我们可以以那些第一咏叹调的歌词[78]中的那些词句来达成一个例外：他把他所抓住的那些女孩关进他的笼子。如果我们想要在它们中加入比作者自己可能加入的稍稍更多一点的东西，那么，它们恰恰就标示了帕帕吉诺的活动中的“无害的元素”[79]，这就像我们在上面所暗示过的那样。

现在我们离开这神话式虚构的帕帕吉诺。那现实的帕帕吉诺的命运是我们所无法深入探讨的，我们希望他和他的小帕帕吉娜好运气，并且我们完全听由他去在“让一片原始森林或者一整块大陆生养满许许多多小帕帕吉诺”中寻找他的快乐[80]。

第三阶段

这一阶段是以唐璜为标示的。在这里我不用像在前面的文字中那样地要去把一个单个部分从歌剧中分出来，在这里，我所要做的不是分割，而是综述，因为整个歌剧在本质上是对于那理念的一种表达，除了几支曲子是例外，它在本质上是憩居在这理念之中、在戏剧的必然性之下被吸引向这一作为其中心的理念。因此，我们又有机会看到，在我把这第三阶段称作唐璜的时候，我在怎样的意义上能够用这个名字来称呼前面的阶段。先前我已经提醒过，它们不具备什么特别的存在，而在我们从这一阶段出发时——这一阶段才真正是那整个阶段，我们就不怎么适合去将它们看成是各个片面的抽象或者各个暂时的预想，而更确切地，应当将它们看成是各种对于唐璜的隐约感觉，剩下的，那仍然不断地留在那里能够有权让自己去稍稍使用“阶段”这一表达的东西就是：它们是各种片面的隐约感觉，通过它们中的每一个，我们只能隐约地感觉到某一个方面。

第一阶段中的矛盾在于，欲求无法得到任何对象，而不曾欲求地拥有着它的对象并且因此而无法去欲求。在第二阶段中，对象在自己的多样性中显示出了自己，但是由于欲求在这多样性之中寻求着自己的对象，它在更深刻的意义上仍还是没有对象，它还没有被定性为欲求。在唐璜中，那欲求则被绝对地定性为欲求，在强度和广度的意义上都是那先前两个阶段的直接统一体。第一个阶段理想地欲求着“那唯一的”；第二个阶段在“那多样的”定性之下欲求“那单个的”[81]，那么第三个阶段是由此得出的统一。欲求在“那单个的”之中有着其绝对的对象，它绝对地欲求“那单个的”。在这里有着某种诱惑性的东西，我们将在下面对之进行讨论。欲求在这一阶段因而是绝对地健全的、胜利的、欢悦的、不可抵挡的和魔性的。因此我们自然不能忽略，在这里所谈的不是一个单个个体中的欲求，而是那作为原则的欲求，它在精神上被定性为“精神所排斥的东西”。这是那感官性天赋的理念，这情形也是我们在前面文字里所曾提示过的。首先，对于这一理念的陈述表达是唐璜，接着，对唐璜的陈述表达则又只能是音乐。特别是对这两者的看法，它们在接下来的文字中将被不断地从各种不同的方面来强调，而另外，这一歌剧的经典意义也由此而将被间接地证明和展示。然而，为了使读者更容易地保持着有一种总体上的概观，我将努力去把那些分散的看法集中到在几个要点之下。

就这音乐谈一些个别的东西，不是我的意图，我将会借助于所有善意的精灵去警惕着，特别是，不让自己去把一大群无谓但却又非常喧嚣的属性驱赶到一起，或者在语言性的泛滥中透露出语言的无能，而尤其因为我不是把“语言不能承受这种泛滥”看成是语言中的一种不完美，而相反是将之视作一种更高的潜在力量，但因此我也更愿意在音乐自身的界限内去对音乐做出认可。相反，我所想要做的，一部分是从尽可能多的方面来阐明那理念以及它与语言的关系，并借此去不断越来越全面地把音乐所归属的区域环抱起来，就好像是去让它因恐惧而爆发出来，而在它能够让人听到的时候，则除了说“去听!”之外，我再也无法就它而说更多。我觉得通过这种努力所想做的是审美学家们所能够做到的最高水准了；我是不是能够做成功，则是另一回事了。只有在一个个别的地方，一个属性会像一封海捕信[82]一样地给出对它的描述，但是我并不因此就应当忘记或者允许读者去忘记，那手中有着海捕信的人根本就不曾因为有了这张逮捕令就等于是抓住了这逮捕令所针对的人。还有这歌剧的整个设计，它的内在建构，将会在一个专门的地方成为专门讨论的对象，但是再一次是这样：我不会允许自己去高声呼叫“哦！好啊！真是天晓得啊！好极了![83]”但只是不断地把“那音乐性的”引诱出来，并且认为通过这种努力所想要做到的是一个人在纯粹的审美意义上对“那音乐性的”所能够做到的最高水准了。这样，我所想要给出的，不是一种对这音乐的动态持续的评论，在本质上这样的评论除了主观的偶然性和特质性之外不可能再会有什么别的内容，并且只能去迎合读者那里的某种相应的东西。甚至一个像霍托博士[84]那样地见识广博的、在表达中有着品位而又富于反思的评论家也无法幸免，一方面他的解说退化为一种冗长的言辞堆砌被用来补偿莫扎特的乐调之丰富，或者说，他这解说听起来就像是对莫扎特的全音色的、丰富的繁茂生机的一种呆钝的回响、一种苍白的临摹。另一方面，有时唐璜变得比歌剧中本来的唐璜更多而成为一个反思的个体，有时又变得更少。后者的原因自然是在于，《唐璜》中那深刻的绝对的关键意义被霍托忽视了，对于他，《唐璜》只是一部最好的歌剧，但它和所有其他歌剧并没有质的差异。但是，如果人们没有带着思辨的目光的无处不在的确定性来认识到这一点，那么人们就不可能带着价值或者公正地谈论《唐璜》，尽管如果人们认识到这一点的话，人们原本是能够比这在此大胆议论的人远远更出色和更丰富并且（最重要的是）更真实地去谈论它。

相反，我将不断地在理念、处境等等之中追踪“那音乐的”，反复透彻地倾听它，而到我把读者对音乐的接受感带到了这样一种程度上——以至于他在什么也没有听见的情况下仍然仿佛是在听音乐。这时，我就完成了我的任务，于是我缄默，于是我就像对我自己说一样地对读者说：去听。你们这些友善的守护神们，你们守护着所有无邪的爱情，我向你们托付出我的全心，你们要看守那些劳作的思想，让它们对那些对象来说是有价值的，你们要把我的灵魂构建成一种悦耳动听的工具，你们要让那雄辩的柔和微风迅速地拂过它，你们要发送出各种富饶的心境们的怡情和祝福。你们这些公正的精灵们，在美的国度里守卫着边境的你们，看守着我，不要让我在“去把《唐璜》弄成一切”的痴迷热情或盲目狂热中不公正地对待它、贬低它、把它搞成不是它实际所是的其他东西——它在实际上就是那最高的；你们这些强大的精灵，你们知道怎样抓住人的心灵，帮助我去抓住我的读者，不是用激情的网套或者雄辩的诡诈、而是用信念的永恒真理来帮助我去抓住我的读者。

1. 感官性的天赋，被定性为诱惑

在《唐璜》的理念出现的时候，没有人知道，被显示出来了的有关材料只有这么一些：它隶属于基督教，而通过基督教，它又属于中世纪。如果我们无法有稍稍确定性去在人的意识中把这个理念回溯到这一世界史的段落中，那么，一种对这理念的内在本性的观察也能够马上把任何怀疑都消除掉。总的说来，中世纪是代表[85]的时期，部分地是意识到的、部分地是无意识的；那整体的全部在一个单个的个体身上得到代表，然而，这代表有着这样一种方式：那被定性为整体并且呈现在一个单个的个体身上的东西，只是一个单个的方面，因此那单个的个体就同时既大于又小于一个个体。在这个个体旁边则站着另一个个体，也是同样作为整体地代表了生命内容的另一个方面，比如说，骑士和经院学者，神职人员和世俗人士。在这里，生命的宏大辩证法不断地在观念性代表的个体们身上被图解出来，这些个体常常是一对对地相互面对着，生命只是以一种形式[86]不断地在那里，而那同时以两种形式[87]统一地拥有着生命的宏大辩证统一体却没有给出任何隐约的征兆。因此，那些对立面通常是漠不相关地相互处在对方之外。这一点是中世纪所不知的。它就是这样去实现那自己所没有意识到的代表之理念，而一种后来出现的思考才在它之中看见这理念。如果中世纪把一个个体放置在它自己的意识前作为理念的代表，那么它往往就在这个个体旁边放置一个与之有关系的另一个个体；这一关系在一般的情况下是一种喜剧的关系，在此之中这一个个体就好像是在修补另一个个体对现实生活的不成比例的尺码。比如说，国王身旁有小丑，浮士德有瓦格纳[88]，堂吉诃德有桑丘潘沙[89]，唐璜有勒波拉罗[90]。这一形式结构在本质上也是属于中世纪的。于是这理念属于中世纪，而在中世纪中，它则并不属于某个单个的诗人，——各种有着原始力量的理念带着本土的（autochthonisk）[91]本原性从民俗生活的意识世界中爆发出来，而它就是这些理念之一。中世纪必须把由基督教带入了这个世界的那种肉体和精神间的分裂当作自己的思考对象，而为了这个目的，它把那些斗争着的力量分别地当作一种观想（Anskuelsen）的对象。于是，唐璜（如果我敢这么说的话）就是肉体的化身，或者肉体的由“肉体自身的精神”所达成的精神化。这在前面的文字中已经得到了足够的强调；而我在这里想提醒读者注意的则是，我们是应当把唐璜归到早期的还是晚期的中世纪。他处在一种与骑士制的本质性关系中，这是每个人都很容易留意到的。这样，要么他是“那爱欲的”的有争议的、被误解的前奏，要么那骑士制是一种对于精神而言还仍然只是相对的对立；要等到对立面在更大的程度上深化分裂，这时，唐璜才作为与精神有着生死对立的“那感官性的”出现。骑士时代的爱欲与希腊时期的有着某种类似，它和希腊的爱欲一样是灵魂地定性的，但区别则是在于：这种灵魂性的“已定性”（Bestemmethed）是置身于一种普遍的精神的“已定性”之内的，或者说，是作为一种整体的“已定性”。女人性（Qvindeligheden）的理念是不断地以很多种方式处在运动之中，这情形不是希腊性中的情形，——在希腊性中，每一个人都只是美丽的个体人格，但女人性则无法被隐约感觉到。因此骑士的爱欲在中世纪的意识中，也是处在一种与精神的或多或少的和解关系中，尽管精神在自己坚决的严厉中保持着对它的怀疑。现在，如果我们的出发点是在于“精神的原则已被设定到了世界之中”，那么，我们在一方面能够这样去想象：首先到来的是那最晃眼的对立、最开天辟地的分裂，而在之后这对立和分裂才渐渐地平和下来。如果是这样的情形，那么唐璜就属于早期的中世纪。在另一方面，如果我们设想，这关系是逐渐地发展到这一绝对的对立，这样，在精神在越来越大的程度上把自己的股份从联合公司中抽出来以便去单独运作的时候，这也是更为自然的方式，在这样的情况下，那真正的“冒犯愤慨”[92]就出现了，这样一来，唐璜就属于后期的中世纪。于是，我们在这时期里就被导向那个点——中世纪正要消失的那个点，在这里我们也遇上一个有亲缘关系的理念，也就是浮士德，区别只是，唐璜位于稍早的一个位置上。精神被单单地定性为精神而放弃这个世界，它觉得这世界不仅仅不再是它自己的家园，而且甚至也不是它的舞台，它退出这世界而进入到更高的区域，这时，它就让“那世俗的”留下作为感官性权力的竞技场，它曾一向生活在与这权力的斗争之中，现在它把位置让给了这权力。于是，在精神将自己从大地上解脱出去的时候，那感官性就带着自己全部的权力呈现出来了，它对这种变动没有什么反对，它也认识到“被分开”中的好处，并且为这样的事实感到高兴：教会不再诱导劝说它们继续在一起而是割断了那原先捆住它们的带子。现在感官性在自己的财富、在自己的欣悦与欢呼中醒来，比以前任何时候都强大，就像一个大自然中的隐士、那内向的[93]艾科（她从不首先对谁说话或者在没有被问的情况下说话），如此心旷神怡地忘情于骑士的猎号及其爱欲旋律之中、在狗吠中、在马的喷鼻声中，以至于它永远不知疲倦地一再又一再地重复这声音，而最后，就仿佛是很轻地向自己低语以免自己忘记这声音，就这样，在那精神离开了世界的同时，对于感官性的世俗精神来说，这整个世界成为一个从各个方向发出回声的居所。在中世纪，人们对一座山知道很多可谈论的东西，一座地图上没有的山，它叫做维纳斯山[94]。在那里感官性有着自己的家，在那里它有着自己的各种狂野的喜悦，因为那是一个王国，一个国家。在这个王国里，语言是没有家园的，思想的冷静也没有，反思的艰辛收获也没有，在那里只响着激情的基音、欲望的游戏、陶醉的狂野喧嚣，在那里人们只是在永恒的晕眩熙攘之中获得享受。这个王国的长子是唐璜。“这是罪的王国”这句话并不因此就被说了出来，因为必须到它在审美的“无可无不可”之中显示出来的那一瞬间，我们才可以断言它。只有到了反思登场的时候，它才将自己显示为罪的王国，但是，这时唐璜被杀了，这时音乐哑了，这时我们只看见绝望了的抵抗无奈地做着反对却无法找到任何连贯的支承点，甚至在乐调中也没有。在感官性将自己显示为那应当被排除的东西、显示为那精神不愿与之有关的却不曾对之有所审判或者对之进行谴责的东西时，这时，“那感官性的”就取用了这一形象，它是在审美上的无关紧要之中的“那魔性的”（det Dæmoniske）。这只是一瞬间里的事情，然后一切马上就被改变了，这时音乐也已成为了过去。浮士德和唐璜是中世纪的提坦和巨人，他们在各种努力追求的宏伟之中与那些古代的巨人没有区别，但也许这之中是有所不同的：他们是被隔绝的，他们不构建一种不同力量的联合——这些力量只有通过联合才能变得具有冲击天空的气势；但在他们这里，全部力量都集中在这一个个体的身上。

于是，唐璜就是对于“那魔性的”的表达，被定性为“那感官性的”，浮士德是对于“那魔性的”的表达，被定性为“那精神性的”，也就是基督教的精神所排除的“那精神性的”。这些理念处在相互间的本质性的关系中，并且有着许多相似的地方，于是我们也可以期望，它们在这一方面也有共同性，就是它们两者都是在一个民间传说中被保留下来的。这情形在浮士德是众所周知的。存在有一本民间书[95]，它的标题很有名，尽管这书本身被使用得不太多，这在我们的这个“大家都在忙碌于浮士德的理念”的时代，尤其是奇怪的。事实就是这样，同时每一个未来的“无固定薪水的大学教师”（Privatdocent）或者大学教授[96]，作为精神上的成熟者，认为通过出版一本关于浮士德的书——他在这本书里很忠实于原文地重复着所有其他大学毕业生（Licentiater）和科学再受洗者（videnskabelige Confirmander）所已经说过的话——就可以取信于公共读者们的宫廷，然后他认为自己可以敢于忽视这样一本小小的无足轻重的民间书。他从来没有想到过，其实这样的事实是有多么美好：那真正伟大的东西对于所有人来说都是共同的，在歌德写着一本《浮士德》[97]的同时，一个年轻农夫走到特烈布勒尔的寡妇[98]或者去哈尔姆广场的一个贩歌妇那里[99]，并且半出声地为自己读一下这本民间书。这本民间书实在是应当获得人们的注意，最重要的是，它有着人们赞美的那种葡萄酒所具的一种高贵特质，——这样的一种葡萄酒，有着花束，它有着一种极其出色的出自中世纪的酿酒标志，而在你打开它的时候，扑鼻而来的是一股那么醇香美味而有特色的气味，以至于你会获得一种完全奇特的心情。然而关于这个方面所谈的东西已经足够多了，我想提请读者注意的只是：关于唐璜则没有这样的传说存在。没有什么民间书，没有什么民谣通过不断地在“今年面世”[100]而将它保存在记忆中。不过也许还是存在过一个传说，但是这传说按各种几率来算被限制成一种完全简单的暗示，也许这暗示比那用来构成布尔戈尔的《列诺尔》的那几个段落更短[101]。也许它只包括了一个数目，因为，如果我没有搞错很多的话，那么现在的这个数字 1003 就属于一个传说[102]。一个不包括别的东西的传说看起来有点贫乏，在这样一种关联上很容易得到解释，因为它没有被以书面的形式写下，但是这个数字却是一种出色的属性，一种抒情的鲁莽，这也许是那么多的人所没有留意到的，因为他们在看见它时是那么习以为常。虽然这一理念没有在一种民间传说里找到其表达，这样，它却以另一种方式得到保存。我们都知道，《唐璜》在很早以前就作为一种集市货摊剧而存在着，确实，这也许就是它的最初存在了。但是在这里，这理念是被喜剧性地理解的，在总体上这是值得我们去留意的：中世纪很擅长去装备那些理想，它也在同样的程度上能够确定地去看出隐藏在那理想之超自然尺码中的“喜剧的元素”[103]。去把唐璜搞成一个自以为是曾诱惑了所有女孩子的自夸牛皮大王、让勒波拉罗相信他的谎言，这无疑不会是完全糟糕的喜剧设计。而即使这不可能、即使这不曾被人想到过，那喜剧性的转折则永远也无法避免，因为它是在于那介于主人公和他运动于之上的舞台之间的矛盾之中。这样，我们就也能够让中世纪讲述关于那被强有力地塑造出来的主人公，说他们两眼之间有两英尺的距离，但是如果一个普通人想要在舞台上登场并且作出一副“两眼之间有两英尺的距离”的样子，那么“喜剧的元素”就完全地跑出来了。

这里就“唐璜”传说中所谈论的这些东西，如果它们不是处在对这一考究的对象的一种更近的关系之中的话、如果不是因为它们有助于去把思想推向那曾经被确定下的目标的话，那么它们就不会在这里获得它们的位置了。这一理念在与浮士德相比较的时候有着一个如此贫乏的往昔，原因无疑是：只要人们无法认识到音乐是它的真正媒介，那么在它之中就会有着某种谜一样的东西。浮士德是一个理念，这理念在本质上又同时是个体。去想象“那精神的—魔性的”集中在一个个体中，这是那思想自身的结论，相反，去想象“那感官性的”在一个个体之中，则是不可能的。唐璜处在一种介于“去作为理念，就是说，力、生命”和“作为个体”之间的持恒的盘旋徘徊之中。但这一盘旋徘徊是那音乐性的颤抖。在大海汹涌翻腾的时候，那些泛着泡沫的波涛在这一动荡中构成画面就好像是一些生灵[104]；就仿佛是这些生灵在启动波涛，而其实则相反，是波涛构建出这些画面。唐璜就是这样的一幅画面，不断地呈现出来，但却没有获得形象与谐和，一个不断地被构建而又完成不了的个体，关于他的生命史，人们除了去听那些波涛的喧嚣之外无法感觉到别的东西。在唐璜被以这样一种方式领会的时候，在一切之中就都有了意味和深刻的意义。如果我想象一个单个的个体，看着他或者听见他说话，那么这“他诱惑了1003个女子”就变得滑稽；因为一旦他是一个单个的个体，那么所强调的重音就完全落在了另一个地方；也就是说，这“他诱惑了谁怎样诱惑”就被强调了出来。那传说和民间信仰的天真能够成功地说出这一类东西而丝毫不会隐约感觉到那“喜剧的元素”；而对于反思，这则是不可能的。而相反，当他在音乐中被我领会到的时候，那么我所领会到的不是这单个的个体，而是自然权力、“那魔性的”是那样乐此不疲地诱惑，没完没了地诱惑，完全就像风的吹刮、大海的摇摆，或者像一道瀑布似的从高处向下冲击，乐此不疲而没完没了。在这样一种意义上，被诱惑者们的数字就同样也可以是任何别的数字，一个远远更大的一个数字。在我们把文字翻译成歌剧的时候，要使得这翻译准确到不仅仅是可唱的、而且在意味上也是既多多少少和谐于文字又同样地和谐于音乐，这在通常可不是什么容易做好的工作。作为一个“这在有时候完全可以是无所谓的”的例子，我在这里引用出《唐璜》中的名单上的数量，但是我并不因此就会带着人们通常对之所具的那种轻率态度而去认为“事情并不取决于这样的东西”。相反，我在极大的程度上带着审美的严肃来看待这问题，并且，我因此而认为，它是无所谓的。我只是推重1003这个数字所具的性质，就是说，它是奇数并且是偶然的，这一点绝非不重要，就是说，它在给出这样一个印象：这名单根本没有完成，而相反唐璜正在马不停蹄地继续；我们几乎会去为勒波拉罗感到难过，他不仅仅只是，如他自己所说[105]，在门外望风，而且在那里他另外还要去记一笔这么复杂的账，它足以让一个经验老到的公务秘书手忙脚乱。

感官性在《唐璜》中被我们领会的这种方式——作为原则——在这之前从来不曾有谁在世界里以这种方式来领会过它；因此“那爱欲的”在这里也通过另一个属性而被定性，在这里爱欲是诱惑。奇怪的是，在希腊性中完全缺乏着对于“一个诱惑者”的理念。我绝对没有想要因此来赞美希腊性的意思，因为，我们大家都知道，不管是诸神还是人类，他们在情欲之爱中全都是乱七八糟的；我也没有想要责贬基督教；因为，它也只是在自身之外有着这理念。希腊性缺乏这一理念，原因是在于，它的整个生命是被定性为个体人格的。于是，“那灵魂的”是占着统治地位的，或者，总是与“那感官性的”有着和谐的共鸣。因此，它的情欲之爱是灵魂性的，而不是感官性的，正是它使得那支配着所有希腊的情欲之爱的谦逊端庄（Blufærdighed）渗透弥漫开。他们爱上一个女孩，他们翻天倒地着想要去拥有她，当他们成功时，他们则也许就对此感到厌倦而要去寻找新的情欲之爱。在三心二意方面，无疑他们是可以和唐璜有着一定的相似之处的，举一个例子吧，赫尔库利斯[106]无疑是能够给出一个相当令人瞩目的名单的，如果我们留意到，他有时候会去关怀到整个家族，那可以数出50个女儿的家族，并且，作为一个家族女婿他去解决掉了她们全部，根据一些人的说法是，他只用了一个晚上。然而他和唐璜还是有着本质性的区别的，他不是诱惑者。就是说，在我们想到那希腊的情欲之爱时，根据它的概念它就是本质地忠诚的，恰恰正因为它是灵魂性的；并且，如果一个单个的个体爱许多人，那么这就是因为在这单个的个体身上的“那偶然的”；并且，相对于他所爱的这许多人而言，每一次他爱上一个新的，这又是偶然的；在他爱着一个人的时候，他没有想着下一个。相反，唐璜则从根本上就是一个诱惑者。他的情欲之爱不是灵魂性的，而是感官性的，而根据其概念本身，这种感官性的情欲之爱就不是忠诚的，而是绝对地无忠无诚，它不爱唯一的“一个”，而是爱所有的“全部”，这就是说，它诱惑所有的全部。它只是在“片刻”（Momentet）之中，但是这“环节”（Momentet）[107]在概念中被考虑的话就是诸多环节（Momenter）的集合，而这样，我们就有了那诱惑者。骑士式的情欲之爱也是灵魂性的，因此根据它的概念就是本质地忠诚的，只有那感官性的是根据其概念而在本质上无忠无诚的。但是，感官性的情欲之爱的这一“无忠无诚性”也以另一种方式呈现出来，就是说，它持恒地只是一种重复。灵魂性情欲之爱在双重意义上包含着“辩证的元素”[108]。也就是说，一方面，它在自身之中有着怀疑和不安，对于“它是否会变得幸福、是否会实现自己的愿望并且被爱”这些问题的怀疑和不安。这一忧虑是感官性的情欲之爱所没有的。甚至连朱庇特[109]对自己的胜利都会有不确定，并且这无法成为另一种情形，甚至他自己也无法去想要让它成为另一种情形。在唐璜那里就不是这种情形，他毫不犹豫并且必定总被想象成绝对的胜利。这看起来对于他是长处，但在真正的意义上却是一种贫乏。在另一方面，灵魂性情欲之爱也有着另一种辩证法，这就是，它相对于每一个作为这情欲之爱的对象的单个个体也都是不同的。在这之中有着它的财富、它的丰富内容。这样，这不是唐璜的情形。也就是，他没有时间去花这个功夫，一切对于他都仅仅是那片刻的事情。“见她”和“爱她”是同一回事[110]，我们可以在某种意义上这么去谈论关于灵魂性情欲之爱，而在这说法之中也只是暗示了一种开始。就唐璜而言，这则意味了另一种方式。“见她”和“爱她”是同一回事，这是在一个片刻之中，在同样的片刻里一切就都过去了，并且，这同样的情形就在无穷无尽中重复。如果我们把“那灵魂性的”想象到唐璜身上，那么这就成为一种可笑和一种自相矛盾，在这理念的结论里根本不包括把1003放在西班牙。这就成为一个起着骚扰作用的夸张，哪怕我们自欺欺人地以为我们在理想化地想象他。如果我们除了语言之外没有什么别的媒介来描述这种情欲之爱，那么我们就处在尴尬之中，因为，一旦我们放弃了那种在朴素简单的想法中能够坚持说“在西班牙有1003个”的天真，那么我们就会要求某种更多的东西，也就是那灵魂性的个体化。仅仅通过我们以这样的方式来把一切都笼统地归在一起并想用数字来让人感到惊讶，这样是根本无法使得“那审美的”得到满足的。那灵魂性的情欲之爱恰恰就是在那个体生命的丰富多样性之中运动着，在这种多样性中，那些微妙的差别是真正意义重大的。而那感官性的情欲之爱则可以把一切都笼统地归在一起。对于它，本质的东西就是在完全抽象意义上的“女人性”，至多就是更多一些感官性的差异。灵魂性的情欲之爱在时间里持恒，感官性的情欲之爱在时间里消失，但那被用来表达这个的，则正是音乐。这项工作是音乐最出色也是擅长的，因为它比语言要远远地更为抽象，因而它在整个它的普遍性中不是说出“那单个的”、而是说出“那普遍的”，然而它不是在反思的抽象化中、而是在直接性的具体化中说出这种普遍性。作为一个对于我的看法的例子，我想更进一步在细节上谈论一下那第二仆人咏叹调[111]：被诱惑者的名单。这个曲目可以被看成是唐璜的真正史诗。那么做一下实验吧，如果你怀疑我的断言的正确性！想象一个诗人，有着自然天赋，比任何前人更幸运，给予他表达的繁华，给予他对语言权力的主宰和统治，让一切有着生命气息的东西听从他、顺从他最微不足道的暗示，让一切准备就绪等待着他的命令，让他被一个无数轻装的游离散兵、快腿的专差信使的群落环拥——他们在思想的最快的逃亡中追上这思想，不要让任何东西（甚至是最小的动态）逃避开他，让整个世界不要对他保留任何秘密、任何不可说的东西；在这种情况下，把这个工作交给他，让他去叙事性地开始《唐璜》、去打开那被诱惑者们的名单。结果将是什么?！他将永远也无法完成。这叙事性的叙述有着这样的错误，你看多奇怪，只要有这样的必要，它就能够不断地继续，诗人的主人公，即兴者唐璜，只要有这样的必要，就能够不断地继续。现在，诗人要进入那多样性，在此之中不断地有足够的东西会让人高兴，但是他永远不会达到莫扎特所达到的那种效果；因为，虽然他最后是完成了，他所说的东西将比不上那莫扎特在这样一个曲目里所表达的东西的一半。现在，莫扎特没有去牵涉那多样性，那在运动中流失的东西无疑是一些宏大的形态。这在那媒介自身之中、在音乐之中有着足够的根据：音乐太抽象，因而无法表达那些差异。这样，那音乐性的叙事相对地就比较短，然而，以一种无法比拟的方式，它却具备着叙事的性质而能够在应有的长度上继续下去，既然我们不断地能够让它从头开始，一而再再而三地听它，这恰恰因为“那普遍的”得到了表达并且是处在直接性的具体化中。在这里我们不是把唐璜作为一个单个的个体来听的，不是听他的讲话，而是听那声音、那感官性所具的嗓音，并且，我们通过“女人性”的渴慕来听它。他不断地被完成并且不断地能够从头开始，只有以这样的方式，唐璜才能够变成叙事性的，因为他的生命是各种离散抵触的（repellerende）片刻[112]的总和，没有连贯内聚性，他的生命作为片刻是那“片刻们的总和”、作为“片刻们的总和”是那片刻。唐璜就处在这样一种普遍性中、处在介于“是个体”和“是自然力”之间的这样一种回旋徘徊中；一旦他成了个体，“那审美的”就获得完全另外的一些范畴。因此，剧中所进行的那场诱惑——对泽尔丽娜诱惑中[113]，那女孩是一个普通的农家女孩，这种安排就完全合理并且有着其深刻的内在意义。装模作样的美学家们在“理解诗人和作曲家”的表象下为达成对这些诗人和作曲家的误解做了一切他们可能做的事情，他们也许想要教导我们说，泽尔丽娜是一个不寻常的女孩。每一个这样认为的人，显示出，他是完全地误解了莫扎特并且他使用了错误的范畴。他误解了莫扎特，这是相当清楚的；因为莫扎特孜孜不倦地使得泽尔丽娜尽量地平凡不足道，这是霍托也注意到但却没有看出其深刻原因的。就是说，如果唐璜的情欲之爱被定性得不同于感官性的，如果他曾在精神的意义上成为一个诱惑者——这“精神意义上的诱惑者”是我们以后考虑的对象，那么，在那场戏剧性地在剧中让我们全神贯注的诱惑中，如果女主人公是一个小小的农家女，这就将会是此剧的根本错误。这时，“那审美的”会要求我们给他一个更艰难的任务。然而，对于《唐璜》这些差异却是无效的。如果我可以去想象，他作一个这样的关于自己的讲演，那么他也许会说：“你们搞错了，我不是什么‘为了幸福而需要一个非同寻常的女孩’的丈夫；那能让我幸福的东西，每一个女孩都有，因此我把她们全都拿下来。”我在前面谈及的所有词句，就必须以这样的方式来理解："甚至六十岁的风情女人"，或者另一段："如果她只穿了一条裙子，你就很清楚他做什么。"[114]对于唐璜每一个女孩都是寻常的女孩，每一场情欲历险都是日常故事。泽尔丽娜年轻美丽，并且她是一个女人，这是她和数百其他人所共有的"不寻常的东西"[115]，但是唐璜所欲求的则不是"不寻常的东西"，而是她和每一个女人所共有的"寻常的东西"[116]。如果这情形不是如此，那么《唐璜》就不再是绝对地音乐性的了，那么"那审美的"就要求言辞的在场——那些台词，而现在，既然这情形是如此，那么《唐璜》就是绝对地音乐性的。我也将从另一个方面来阐述这剧的内在建构。爱尔薇拉[117]对于唐璜是一个危险的敌人；在那些台词里，因为丹麦翻译者的缘故[118]，这一点常常被强调出来。唐璜有了台词，很明显这是一个错误，但由此并不意味了这台词就不能够包含一个单个的出色语句。这样，唐璜害怕爱尔薇拉。现在，也许某个审美学家认为通过给出一段冗长的关于"爱尔薇拉是一个不寻常的女孩等等"的无聊话语就是在彻底地解释这一点了。这就完全错了。她对于他来说是危险的，因为她是被诱惑的。在同样的意义上，完全是在同样的意义上，在泽尔丽娜被诱惑的时候，泽尔丽娜对他来说是危险的。一旦她被诱惑了，她就被提高到了一个更高的层面，这层面是她心中的一种意识（Bevidsthed），而这意识是唐璜所不具备的。因此，她对于他是危险的。这就又一次是这样：她对于他是危险的，这不是因为"那偶然的"，而是因为"那普遍的"。

于是，唐璜是诱惑者，他的情欲之爱是诱惑。无疑，如果我们正确地理解这说法的话，那么我们就能看出由此而被说出的很多东西，但如果我们只是以某种通常的含糊来领会，那么我们就只能看到很少。我们已经看到，这概念，"一个诱惑者"，在考虑到唐璜的时候，它就在本质上被修改了，因为他的欲求的对象是"那感官性的"，并且仅仅只是这个。如果我们要在《唐璜》中展示"那音乐性的"，那么这一点是有着重要意义的。在古代，"那感官性的"在雕塑沉默的宁静中获得表达；在基督教世界中，“那感官性的”就必须在它全部的不耐烦的激情中奔涌。虽然在这样的情况下人们确实可以说，唐璜是一个诱惑者，但如果人们把各种就这样一个人所能够讨论的随意说法归集起来并且将之直接用在唐璜身上，那么，这样的一个很容易对某些审美学家们的虚弱大脑起到困扰作用的表达，常常就会为误解提供机缘。他们一会儿通过追踪唐璜的狡智而把自己的狡智暴露在了天日之下，一会儿又声嘶力竭地解释他的阴谋和诡诈，简言之，“诱惑者”这个词提供了这样的机缘，使得每一个人都尽自己所能地来针对他、使得每一个人都为一种完全的误解给出了自己的一份小小贡献。如果对于我们“去说某种正确的东西”比“去说某种随便什么东西”更重要的话，那么，在唐璜身上，我们必须带着极大的谨慎来使用“诱惑者”这个表达。这不是因为唐璜人品太好，而是因为他根本不处在各种伦理定性所及的范围之中。因此，我更愿意将他称作是一个骗子，因为在这个词中总是有着某种更大的模棱两可。在“作为诱惑者”之中总是有着一定的反思和意识，而一旦这两者在场了，我们就能够有空间去谈论狡黠和诡诈和机关算尽的欺骗[119]。唐璜缺少这种意识。因此他没有在诱惑。他欲求，这一欲求起着诱惑性的作用；在这种意义上，他在诱惑。他享受着欲求的满足；一旦他享受了这个，他就又去寻找新的对象，并且这样无穷尽地继续下去。因此，他确实是在欺骗，但不是以这样一种“他在事先设计好了自己的骗局”的方式；那欺骗被诱惑者们的东西，是感官性自身的权力，并且，更确切地说，这是一类复仇女神（Nemesis）。他欲求着，并且持恒地继续欲求，持恒地享受欲求的满足。作为一个诱惑者，他则既缺少之前的时间——他要用来设计出计划的时间，也缺少之后的时间——他要用来意识到自己的行为的时间。因此，一个诱惑者必须拥有一种权力，而这权力是唐璜所不具备的，不管他在别的方面有着多么好的天赋装备，——这就是言辞的权力。一旦我们把言辞的权力赋予了他，那么他就终止而不再是音乐性的了，而那“审美方面的兴趣所在”（den æsthetiske Interesse）也就成为完全另外一种类型。阿奇姆·冯·阿尔尼姆在一处文字中谈论到一个完全有着另一种风格的诱惑者[120]，一个进入了各种伦理的定性范围中的诱惑者。对这个诱惑者，他使用了一个表达词，这个词在其真实、大胆和简要方面和莫扎特乐曲中的一声弦音可以说是旗鼓相当了。他说，他能够以这样一个方式来和一个女人说话：如果魔鬼抓住了他，那么，如果他能够去和魔鬼的曾祖母谈一下，他就能够通过说话来使自己被释放。这是真正的诱惑者，在这里，“审美方面的兴趣所在”也是另一种类型的，即：“怎样”[121]，审美在这里关注的是那方法。因此，在这里有着某种非常深刻的东西，也许大多数人都没有留意到：在唐璜追求数百女子的同时，那再造唐璜的浮士德只诱惑一个女孩；但这唯一的女孩，在一种强烈的意义上看，她也是被以一种完全不同于所有唐璜所骗过的那些女子的方式来诱惑和消灭的；这恰恰是因为，浮士德作为一种再造在自身中有着那精神的定性。这样一个诱惑者的力是那言语，就是说，那谎言。在几天前，我听见一个当兵的和另一个当兵的谈论关于第三个：这第三个士兵欺骗了一个女孩；他没有做出什么很复杂的描述，但他的表达是非常到位的：“用谎言他有能力这样，并且就是这样罢了。”这样的一个诱惑者是完全不同于唐璜的一种类型，和唐璜有着本质的区别，我们从这里也能够看得出这一点，他和他的活动在极大的程度上是“非音乐性的”，并且从审美的角度看，是处在“那令人感兴趣的”（det Interessante）的定性之内。因此，如果我们要正确地在审美上考虑他的话，他的欲求的对象比“那仅仅感官性的”也是要多出一点什么东西。

但是，那唐璜用来诱惑的又是什么样的一种力呢？那是欲求所具的力，感官性的欲求所具的能量。他在每一个女人中欲求着全部的女人性，而在之中有着那感官性地理想化的权力，借助于这种权力他同时美化和征服自己的猎物。这一巨大激情所具的反思[122]对“那被欲求的东西”进行美化和发展，通过它的反射，被欲求者在被崇高化的美丽之中泛起红晕。就像那狂喜者的烈火带着诱惑性的光芒，甚至映照那些相对他而言是无关的人们，就这样，他在一种远远更为深刻的意义上去美化每一个女孩，因为他与她的关系是一种本质的关系。因此，对于他，一切有限的差异都消失了，相比之下只有一件首要的事情：“是一个女人。”他青春化那些年长者而使她们进入了女人性美丽的年华中央，他几乎是在一个“此刻”中使得小孩子们成熟；所有是女性的东西都是他的猎物（pur chè porti la gonella voi sapete quel chè fà）。然而我们现在却绝不应当这样去理解这种说法，以为他的感官性是一种盲目性；本能地，他非常明白自己该怎样去作出差异区分，而最重要的是，他在进行着理想化。如果我在这里用一个小小的瞬间来回想一下前面的一个阶段，回想一下那侍从，那么读者也许会记起来，在那段关于侍从的谈论中，我已经把侍从的一句台词和唐璜的一句台词作了比较。我让那神话式虚构的侍从继续留在那里，而让那现实的侍从去军队。我现在想象，那神话式虚构的侍从解脱游离了出来、进入了运动，那么，我在这里要重提这侍从的一句台词，那是用在唐璜身上的。也就是，在切罗比诺轻快地像一只鸟一样而又大胆地从窗户里跳出来[123]的时候，苏珊娜被打动得以至于差一点晕眩，等她恢复了常态，她叫了出来：“看，他这么跑——呵，他在女孩子们那里一定是幸运儿了。[124]”苏珊娜所说其实也完全很对，而她晕眩的原因也不仅仅是对那大胆跳跃的想象，而更确切地说，他已经在她这里是幸运儿了。那侍从也就是将来的唐璜，但我们不要以一种可笑的方式来理解这说法，以为那侍从通过年龄的增长就成为唐璜。现在唐璜不仅仅是女孩子群中的幸运儿，而且他也使得女孩子们幸福并且——不幸，但是够奇怪的，这就是她们所要的，并且，如果一个女孩子不想要因为曾与唐璜一同幸福而变得不幸的话，那她就是一个糟糕的女孩。因此我继续把唐璜称作是一个诱惑者，但我却绝不因而就想象他狡诈地设计各种圈套、狡猾地盘算自己的阴谋所能达成的效果；那被他用来进行欺骗的东西，是感官性的天赋（Sandselighedens Genialitet），而现在他就好像是这种天赋的化身。精明的冷静是他所缺乏的；他的生命就像他用来强化他自己的葡萄酒一样地泛着泡沫，他的生命就像那伴随着他的快乐膳餐的乐调一样地不定多变，他总是处在成功的欢悦中。他无需任何准备、无需设计、无需时间；因为他总是准备就绪的，也就是说，力总是不断地在他之中，欲求也是这样，并且只有在他欲求的时候，他才是真正地安分于自身的元素中。他坐上餐桌，就像一个神一样高兴地摇着酒杯；他站起来，手上拿着餐巾，准备进攻。如果勒波拉罗在深夜叫醒他，他醒来，总是确信着自己的胜利。但是，这种力，这种权力是言辞所无法表达的，只有音乐能够给予我们对之的想象；也就是，它对于反思和思想是不可说的。一个伦理地定性的诱惑者的诡计是我能够很清楚地在言辞中陈述出来的，而音乐如果敢去着手这项工作的话就只会是徒劳。《唐璜》的情形则正相反。那是什么样的一种权力？无人能够说出，甚至，如果我在泽尔丽娜进入舞蹈之前[125]问她这个问题：他用来将你迷住的力量是什么样的一种权力？那么她将会回答：人们不知道；而我会说：很好的回答，我的孩子！你比印度的圣人们更智慧，对的，这个，人们不知道[126]；而不幸的是，我也不能够对你说这是什么。

这一在唐璜身上的力、这一全能、这一生命，只有音乐能够表达；除了说“它是生机勃勃的欢悦”之外，我不知道对此还能用到别的什么属性。因此，克鲁斯让唐璜在泽尔丽娜的婚礼中走上舞台说：“快乐啊，孩子们！你们全都穿得就好像是要去那婚礼”[127]，这时，他说得完全对，并且另外还说出了某种比他可能所想到的还要更多的东西。也就是，那欢悦是他自己带着的，而牵涉到婚礼，那么“她们全都穿得就好像是要去那婚礼”就不是没有意义的；因为唐璜不仅仅是泽尔丽娜的男人，他以游戏和歌声在为整个教区的年轻女孩子们举行婚礼。这样，那些快乐的女孩子们，她们环拥着他，这就没有什么可奇怪的了。并且她们也没有什么失望的，因为对她们所有人他都有足够的东西来给予。奉承、叹息、轻柔的握手、挑逗的目光、秘密的低语、危险的贴近、诱惑性的远离，并且这其实只是那些较小的神秘仪式[128]、婚前的礼物。眺望这样一种丰收，这对于唐璜是一种狂喜，整个教区都让他包下来了，然而这也许并不需要他花上像勒波拉罗在办公室所花的那么多时间。

通过这里所阐述的这些，我们的思路又重新被引回到这考究的真正对象：《唐璜》是绝对地音乐性的。他感官性地欲求，他以感官性所具的魔性的权力来诱惑，他诱惑所有人。言辞、台词不适合于他；因为那样的话他马上就变成一个反思着的个体。他根本就没有这样的持恒，相反他是匆忙于一种永恒的消逝，恰恰如同音乐，音乐的情形就是一旦它停止发声它就消失了，并且只有在它重新发声的时候它才又进入存在。因此，如果我实在打算要在这里提出这问题，“唐璜看上去外表是怎样的”、“他是不是美丽、年轻或者年长”、“他大约多大年纪”，那么这就只是出于我的这一方面的一种迁就，并且，对此所能说的东西只能够期待（就像“一个被容忍的教派在国家教会中找到的一个位置”那样的意义上）在这里找到一个位置。他是英俊的，不太年轻；如果我要建议一个年龄，那么我会建议 33 岁，这也就是一代人的年龄[129]。去卷入这样一种考究，难免会有这样的麻烦：在我们细细地考虑着那单个的东西时，我们就很容易失去那整体的，就仿佛唐璜是借助于自身的美丽或者别的我们能够提及的东西来诱惑；我们看见他，但我们不再听见他，因此我们失去了他。因此，如果我现在（就好像是尽可能地从我的角度来帮助读者来达成一种对唐璜的看法）想要说：看，他站在那里；看，他的眼睛是怎样地灼然燃烧、他的嘴唇是怎样地在微笑中抬起；他对自己的胜利是那么地肯定；看他那王者的眼神，它要求着那归属于皇帝的一份[130]；看他是多么轻松地步入舞蹈、多么骄傲地伸出手，谁是那被他所邀的幸运者？或者我想要说：看，那里，他站在森林的阴影中，他斜身靠向一棵树，他随身带着一把吉他；看，在那远一点的地方，一个年轻女孩在树丛间消失了，紧张得像一头受惊的野鹿，但他不着急，他知道她在找他；或者我想说：那里，他在那白夜里休憩于湖边，那么美，以至于月亮停下重温自己青春的情欲之爱，那么美，以至于城里的年轻女孩会付出很多以便敢悄悄去那里，在月亮重新升起映照天空的时候，利用那个瞬间的黑暗来亲吻他；如果我这样做，那么留心的读者就会说：看，他在那里把一切都弄糟了，他自己忘记了，唐璜不应当是被看的而是应当被听的。因此，我也就不这么做，而是说：听唐璜，这是说，如果你不能通过听《唐璜》而获得一种对他的想象，那么你就永远也无法获得这想象。听他的生命的开始；就像闪电从雷云的黑暗中展现出来，他也是这样地从严肃所具的深刻中爆发出来，比闪电的速度更快，比闪电更无常但却同样地有固定节奏；听，他是怎样闯坠进生命的多样性的、他是怎样冲击着它的牢固的堤坝的；听这些轻快地舞蹈的小提琴、听那喜悦的暗示、听欲望的欢呼、听享受所具的喜庆极乐，听他的狂野逃逐——他赶超过他自己，总是更快、总是更无中止；听那激情狂放不羁的欲求、听那情欲之爱的瑟瑟声、听那引诱的低语、听那诱惑的回旋、听那瞬间的宁静，听啊，听，听莫扎特的《唐璜》。[131]

2. 对唐璜的其他加工塑造，在与“音乐性的解说”的对比之下所作的考虑

正如我们所知，《浮士德》已经是各种多样的领会的对象，相反这却绝不是《唐璜》的情形。这看起来可能是挺奇怪的，更奇怪的是，相比前一理念，这后一理念在那个体的生命之发展中标示了一个远远更为普遍的段落。然而，这一事实很容易得到解释：“浮士德式的理念”[132]预设了一种这样的成熟性，它使得人们对浮士德的领会要自然得多。另外，由于在这样一种意义上并不存在有一个关于唐璜的传说故事，我在前面曾就这一事实提醒过：我们一直朦朦胧胧地因为媒介而感到麻烦，直到莫扎特发现了媒介和理念。从这一刻开始，那理念才进入了自己真正应得的地位，并且，又一次是前所未有地，填满了那个体生命中的时间间距，但它带来如此的满足，以至于那种“诗意地去提取那在想象中体验到的东西”的需要没有成为一种诗性的必然。这再一次是对莫扎特歌剧的绝对经典价值的一个间接证明。在这一方向上的“理想性元素”[133]已经找到了自己在这样一种程度上的完美艺术性表达，以至于它固然是有着引诱力、但却不至于对诗歌性的创作有着引诱力。无疑，莫扎特音乐是曾有过的引诱力的，因为，哪一个年轻人不曾在自己的生命中有过一些瞬间，愿意给出自己的一半王国去成为一个唐璜，或者乃至给出那整个王国；哪一个年轻人不曾在自己的生命中有过一些瞬间，愿意给出自己的一半生命的时间去做一年的唐璜，或者乃至给出自己的整个生命时间?[134]但它也就停留在这里了；那些被这理念感动的天性更深刻的人们，他们发现每一个细节，乃至那最轻柔的微风，都在莫扎特的音乐中获得了表达；它们在这音乐的宏大激情之中发现了对于那在它们自己的内在中蠢动的东西的一种全声表达，它们感受到，每一种心境是怎样努力地挣向这音乐，就好像是小溪急流着要去汇入那大海的无限。这些性格类型在莫扎特的唐璜中既发现许多文本又发现许多评语，这样，在它们深深地滑进它的音乐并且享受着忘我的喜悦时，它们也赢得了景仰中的财富。不管从怎样的角度看，莫扎特的音乐都不能说是太狭隘，恰恰相反，它们自身的心境被扩展，当你在莫扎特之中重新认出这些心境的时候，它们获得了一种超自然的尺码。那些比较低级的性格类型无法隐约地感受到任何无限性、无法理解无限性；那些半知不解的人们，因为他们去掐了一下一个农家女的脸蛋、用手臂去环拥了一个侍女或者使得一个小闺女脸红，就以为自己是一个唐璜，他们自然既不懂得理念也不懂得莫扎特，除了弄出一个可笑的怪胎、一个也许在堂姐表妹们模糊的感伤眼神中有点像一个真唐璜和所有魅力之典范的家庭偶像之外，他们也无法自己去勾画出一个唐璜来。在这种意义上，《浮士德》还未曾找到一种表达，并且就像我在前面所说的，永远也不可能找到一个表达，因为那理念具体得太多。对《浮士德》的领会，就其本分而言是应当被称作是完美的，然而后来的一代人又会去塑造出一个新的浮士德，而唐璜因为那理念的抽象特性而在所有时代都永远地活着，要在莫扎特之后创造出一个唐璜，总会是成为一种“想要写一首荷马之后的《伊里亚特》[135]”，这是在一种比起对荷马的谈论要远远更为深刻的意义上说的。

现在，尽管这里所阐述的这些都是对的，但却也绝不会得出这样的结论：一个天资简单的性格类型就不会也曾试着去用另一种方式来领会《唐璜》。这情形如此，这是每个人都知道的，但也许并非每个人都留意到这样的事实：所有其他的领会方式在本质上都是莫里哀的唐璜[136]这一类型；但这一类型相比莫扎特的领会而言，则又老得多，并且是喜剧性的，与莫扎特的唐璜相比就像穆塞乌斯[137]对一则童话的领会方式拿去与蒂克[138]的加工改写相比较。因此，我其实可以把自己限定在对莫里哀的《唐璜》的谈论中，并且在我从审美上努力对之作出评估的同时，也间接地评估一下那些别的领会方式。不过，我对海贝尔的《唐璜》[139]还是得作出一个例外。他自己在标题上宣称了，这是“部分地效仿莫里哀”。这当然确实是如此，但是海贝尔的剧本比起莫里哀的有很大的优点。这无疑是要归因于海贝尔领会自己的作品时所一贯具备的那种确定的审美眼光和那使得他知道怎样去做区分的品味，然而，还有一种可能性也不能完全被排除掉：在这里海贝尔教授间接地受到莫扎特的领会方式的影响，也就是说，他看到了，如果人们一旦不想让音乐作为真正的表达或者要将唐璜完全地归入到另一些审美范畴之中的话，这时，唐璜应当被怎样领会。豪赫教授[140]也给出了一部《唐璜》，他这部作品则是正将进入“那令人感兴趣的”的定性之下的。这样，当我现在过渡到对那另一类对《唐璜》加工改写的构成物的谈论时，我就无需再提醒读者，我们在眼下的这一小小的考究中作出了这些讨论，我之所以这样做，不是因它们自身的缘故，而只是为了比前面文字中所可能做到的更为完全地阐明那音乐性的领会的重要意义。

在前面的文字中，对唐璜的领会中的转折点已被标示为是如此：一旦他获得一句台词，一切就全被改变了。也就是说，在一种朦胧性之中，他只能够以音乐的方式来被我们听到，而那启动台词的反思，将他反思到了这朦胧性之外。在这样的情况下，看来《唐璜》似乎最好是作为芭蕾舞[141]来被领会。我们大家都知道，人们也确实已经是在以这样一种方式来领会他了。然而，我们却必须因为这一领会认识到了自己的各种力而赞美它，它因此把自己限定在了那最后一场：唐璜身上的激情必定是在那无台词舞蹈的音乐剧形式中最容易得以呈形。由此得出的结论又一次是：唐璜不是按照他本质性的激情（而是按着“那偶然的”）而被展现出来；这样一场表演的招贴画总是比舞剧本身有着更多的内容，它包含了“这是唐璜，诱惑者唐璜”，相反那芭蕾则几乎只表演出绝望之痛，对这种痛苦的表达——由于它只可以是舞蹈哑剧式的——是他和许多其他绝望者所共有的。《唐璜》中那本质性的东西无法在芭蕾舞剧中被表演出来，而且任何人都很容易就感觉到，去看唐璜通过自己的舞步和机灵的姿势来迷惑一个女孩，这会是多么地可笑。唐璜是一种内向定性，这样，它是不能成为有形的，也不能在形体形式及其运动中或者在雕塑式的和谐中揭示出自身。

虽然我们现在不打算给唐璜台词，但我们却可能想象出，另外还仍然有着一种“使用言辞作为媒介的”对唐璜的领会方式。这样一种领会也确实的是存在的，那是拜伦[142]的创作。当然，可以肯定，以很多方式看，拜伦恰恰就是有着天赋去造就出一个唐璜的，因此，我们就可以肯定，如果这项创作失败了，原因就不在拜伦那里，而是在远为更深刻的地方。拜伦敢让唐璜在我们面前进入存在、对我们叙述他的童年和青年时代的生活、把他从有限的生活境况关联中构建出来。这样，唐璜成为一个反思的个体人格，失去了唐璜在传统的想象中所具的那种理想性（Idealitet）。我想在这里马上展开说明一下，那在理念中所发生的是怎样一种变化。当唐璜被音乐性地领会的时候，我在他身上听出那激情的整个无限性，而且我还听到它的无限权力——那是没有什么东西能够抵挡的；我听见欲求的狂野欲望，而且我还听见这欲求的绝对战无不胜——尽管会有人要抵抗，但这抵抗是徒劳的。如果思想有这么一次徘徊在障碍处，那么，确切地说，这障碍只会获得一种去激发出激情的意义，而不是真的就是将自己设立为对立面；享受被放大了，胜利是确定的，而障碍只是一种刺激。在《唐璜》中，我有着这样一种被自然力量驱动着的生命，带着魔性的强力而势不可挡。这是他的理想性，并且这只会让我毫无困扰地感到愉快，因为音乐在向我展示他的时候，不是让他作为人格或者个体，而是作为权力。如果唐璜被领会为个体，那么他恰恰因此[143]会与所处的世界有冲突；作为个体他感觉到这一外在环境的压抑和锁链；作为伟大的个体他也许会战胜它；但是我们马上感觉到，障碍的各种艰难性在这里扮演着另一个角色。这些艰难性就是那“兴趣”（Interessen）在本质上所关注的东西。然而，这样一来，唐璜就被归到了“那令人感兴趣的”的定性之下。如果我们想要在这里借助于辞藻的堆砌来把他展示成绝对胜利的，那么我们马上就会感觉到，这无法满足我们的需要，因为在本质上“胜利”不属于一个个体本身而我们所要求的是那冲突之危机。

那个体要去克服的敌对面，部分地可以是一种外在的，它更多地不是在对象之中、而是在外部世界里，部分地可以是在对象本身之中。前者是几乎所有对唐璜的领会方式都关注的东西，因为我们把理念中的这样一个环节保留了下来：他作为情欲之爱者必须是胜利的。反过来，如果我们强调后者，那么我相信，我们这才看到一种对唐璜的意义重大的领会方式，这样一种领会将构建出一种与音乐性的唐璜相应的对立画面；相反每一种介于这两者之间的“对唐璜的领会”则总是保留着各种不完美。在那音乐性的《唐璜》之中我们想要的是广延的（extensive）诱惑者，而在后者之中，则是强化的（intensive）诱惑者。这后一个唐璜不是以“一举就去占据自己的对象”的方式而被展现出来的，他不是直接地定性的诱惑者，他是经过了反思的诱惑者[144]。那让我们关注的东西，是他知道怎样用来得以悄悄潜入一个女孩心里的那狡黠、那巧妙，是他知道怎样去为自己创造的那种对女孩子的统治力，是那迷人的、机关算尽的、层层相扣的诱惑。在这里，他诱惑了多少，是无所谓的，那使我们关注的东西是他用来诱惑的艺术、他的精湛周到、他深思熟虑的精诡。到最后，那享受本身也被反思得那么透彻，以至于它与音乐性的唐璜相比完全成了另一种类型。音乐性的唐璜享受着“满足”，反思的唐璜享受着“欺骗”、享受着“诡诈”。直接的“享受”过去了，而对于这“享受”的反思则被享受着。从这方面看，在莫里哀的领会中有着一个简单的暗示[145]，只是因为那整个其余的领会方式的困扰，这一暗示到最后没有真正得到展开。欲求在唐璜身上醒来，因为他看见那某一个女孩在与她所爱的人的关系中感到幸福，他开始于嫉妒。这是一种“兴趣所在”（Interesse），而在歌剧中我们完全不会去关注它，恰恰是因为唐璜不是一个反思的个体。一旦唐璜被领会为一个反思的个体，我们就只能在我们把问题放在心理学的领域中时去达到一种与“那音乐性的”相对应的理想性。那剧烈度（Intensiteten）的理想性则就是我们所达到的东西。因此，我们不得不把拜伦的《唐璜》看成是不成功的，因为它将自己叙事性地扩展开。直接的唐璜必须诱惑 1003 个，反思的则只需诱惑一个，而那让我们关注的是他怎样去诱惑。反思的唐璜的诱惑是一件艺术作品，在此之中每一个单个的步骤都有着其特别的意义；音乐性的唐璜的诱惑是举手之劳，一瞬间的事，做得比说得还快。我想起我曾见过的景象。一个美丽的年轻人，一个真正的白马王子。他和一些年轻女孩子们游戏着，这些女孩全都是在危险的年龄，因为她们既不是成人也不是孩子。除了别的事情之外，他们玩耍着以跳过一条壕沟来取乐。他站在沟沿，在她们跳的时候帮她们，他把住她们的腰、将她们托到空中然后放落到另一侧。这是一个可爱的场面；我既是为他也是为那些年轻的女孩子感到高兴。这时我想到唐璜。她们自己奔向他的怀抱，这些年轻女孩，于是他抓住她们，同样地迅速、同样地敏捷，他把她们放落在生命壕沟的另一侧。

音乐性的唐璜是绝对地胜利的，因此自然也是绝对地拥有每一种导致这种胜利的手段，或者更正确地说，他是如此绝对地拥有着那手段，以至于他就仿佛不需要使用它，这就是说，他不将它当手段用。一旦他成为一个反思的个体，于是就显示出另有别的东西，这东西就叫作“手段”。现在，如果诗人把这东西给了他，但与此同时也使得对抗和阻碍变得如此让人担忧，以至于胜利变得令人怀疑，这样，唐璜就落入了“那令人感兴趣的”的定性之内，并且，在这个角度上可以想象出更多对唐璜的领会方式，直到我们达成了那在前面被我们称作是“强化的（intensive）诱惑”的状态；如果诗人拒绝给予他手段，那么这种领会就落入了“那喜剧性的”（det Comiske）的定性。一种将他导入“那令人感兴趣的”之下的完美领会是我所不曾见到的；相反，大多数领会方式的情形则是，它们在趋近“那喜剧性的”。如果我们看到，这些领会的方式是与莫里哀有着关联的，那么这可以很容易得到解释了；在莫里哀的领会中“那喜剧性的”休眠着；而海贝尔的功劳则在于，他很清楚地意识到了这个，因此他不仅仅把自己的戏剧称作是木偶剧，而且还以那么多其他方式来让“那喜剧性的”闪现出来。一旦一种激情在它被展示的一刻被拒绝借助于“手段”来对自己进行满足，那么，这要么唤起一种悲剧性的转折，要么就唤起一种喜剧性的转折。在理念是作为一种完全得不到认可的东西而呈现出自身的时候，一种悲剧性的转折并不是那么容易就能够被唤出，因而，“那喜剧性的”靠近了。如果我描述出一个个体心中的赌博愿望，然后给这个个体5元国家银行币[146]让他去输掉，那么这转折就是喜剧性的。莫里哀的《唐璜》的情形当然不是完全这样，但却有着一种相似的方式。如果我现在让唐璜处在囊中羞涩的状态，被债主骚扰，于是他马上就失去他在歌剧中所具的理想性，这效果就成了喜剧效果。因此，固然莫里哀著名的喜剧场景[147]作为喜剧场景有着巨大的价值、并且也非常适合于他的喜剧，但这场景自然是绝不该被用在歌剧中，在那歌剧中它只会起到完全的骚扰作用。

莫里哀的领会方式朝着“那喜剧性的”的方向努力，这不仅仅在我们刚才所谈及的喜剧场面中显示出来（如果这场面是完全被隔离开看的话，那么它就根本不说明什么），而且在那整场的设计中也有着这样的烙印。斯伽纳瑞尔（Sganarel[148]）的第一句和最后一句台词，剧的开始和结尾，都可以绰绰有余地证明这一点。斯伽纳瑞尔以对“一嗅鼻烟”的赞誉之辞开始，除去别的不说，由此我们能够看见的就是，他在为这个唐璜做事的时候想来并不算太忙；他终结于抱怨他是唯一没有得到公正对待的人。如果我们现在考虑一下：莫里哀也让那石像[149]来带走唐璜，并且，尽管斯伽纳瑞尔也是这一可怕事件的见证，莫里哀还是让他把这些言辞挂在嘴上，就仿佛是在说，那石像（既然它另外也是参与在大地上实践公正惩罚恶行）也应当考虑能够偿付斯伽纳瑞尔长期忠诚地为唐璜工作的应得工资，他的主人因为突然的去世而没有能力支付这工资；如果我们考虑一下这个，那么谁都无疑会感觉到莫里哀的《唐璜》中喜剧性的东西。（海贝尔的修改加工与莫里哀的剧作相比有着极大的优越；这优越就是他的版本更准确，而且这个版本也以许多方式来引发出一种喜剧效果：它把一种偶然的学识挂在斯伽纳瑞尔的嘴上，这让我们看见一个一知半解的不学无术者在尝试了许多行当之后终于成为唐璜的仆人。）剧中的男主人公唐璜完全不是什么英雄[150]，他是一个倒霉蛋，看来也许是大学毕业考试没及格，而现在选择了另一条生活道路。当然，我们听说了，他是一个非常高贵的人的儿子[151]，他父亲也试图通过构想他祖先的伟大名声来鼓励他去追求美德和不朽业绩，但与他的全部其他行为相比较，这是如此地不像真的，以至于我们由此更容易想到，这全部的故事是不是都是唐璜自己编出来的谎言。他的行为并不怎么具备骑士风格，我们看不见他拿着剑为自己开道去穿过生命中的艰难，一忽儿他打这个人一个耳光、一忽儿又打那另一个人一个耳光，确实，他几乎和这某一个女孩的未婚夫又打上架[152]。这样，如果莫里哀的唐璜真的是骑士的话，那么诗人是很擅长于让我们去忘记这个，作为代替，让我们看见一个小阿飞，一个不怕用拳头打架的低俗浪荡子。一个人如果有机会去观察一下那种被人称作是浪荡子的人，那么他就将会知道，这一类人特别喜欢海，因此他也会觉得他完全可以让唐璜去看上几个女孩子并且马上在卡勒波的海滩[153]上划出一条小船要去追逐她们，一场海上的星期天爱情历险，并且翻了船。唐璜和斯伽纳瑞尔几乎搭上性命，到最后是佩德罗和长脚卢卡斯[154]救了他们，本来是佩德罗和卢卡斯打赌，在那里到底真的是几个人还是一块石头，这一赌让卢卡斯赔了一马克八斯伽林[155]，这对于卢卡斯和对于唐璜几乎是太大的一笔钱。如果我们现在觉得这样完全没问题了，那么，当我们知道了唐璜另外也是那个诱惑了爱尔薇拉[156]、谋杀了司令官以及做了别的这一类事的小子，这时，我们的印象在顷刻间就被搅混了，这一类事情是我们觉得最没有道理的，并且我们又一次不得不将它们解说为谎言以便去获得和谐。在斯伽纳瑞尔要为我们表述出那在唐璜身上奔流的激情的时候，他的表达是那么地滑稽，以至于我们忍不住要笑出来，比如说，斯伽纳瑞尔对古斯曼[157]说：唐璜为了得到他想要的，不惜去和她的狗和猫结婚，甚至更糟，他也会不惜与你结婚；或者，比如他解释说，他的主人不仅仅迷信爱情，而且也迷信药物[158]。

现在，如果说这种对唐璜的莫里哀式的领会方式作为喜剧性的加工来看是正确的，那么我就不该继续谈论这个了，因为我在这一考究中只牵涉那理想的领会方式和音乐对这一领会的意义。于是我可以满足于指出这样一个值得我们注意的事实：唐璜在中世纪的传统观念中有着理想性，而只有在音乐中我们才在这种理想性中理想地领会了唐璜。在言辞的媒介中缺乏一种理想的领会，这一点为我的陈述的正确性给出了间接的证明。然而我在这里却可以做更多，恰恰因为莫里哀不是正确的，而那阻碍他去作出正确领会的因素是，他保存了某些唐璜身上的“那理想的”，这恰恰也正是那传统观念所造成的后果。在这里我指出这一点，这将又一次显示出，在本质上唐璜的这种理想性只能通过音乐来表达，于是我又一次回到了我原本的论点上。

在莫里哀的唐璜中，斯伽纳瑞尔在第一幕里就马上有了许多台词，他在这些台词中想要让我们对他主人漫无边际的激情以及他各种各样的历险经历有所了解。这段台词是与歌剧中的那第二仆人咏叹调[159]相对应的。这台词如果没有戏剧性效果的话是根本不起作用的，在这里，海贝尔的领会就又有了优越的地方，比起在莫里哀那里的情形，“那喜剧性的”就更为纯粹单一。相反，这台词试图让我们预感到他的权力，但是效果无法达到，只有音乐能够达成这样的结合，因为在同一个时间里，它既描述唐璜的行为，又在那名单被向我们打开的同时引导我们去听到那诱惑所具的权力。

在莫里哀那里，那石像在最后一幕来带走唐璜。尽管诗人通过让一种警示性的预兆在事先出现来设法发动石像的登场，但这块石头却总是成为一块戏剧性的绊脚石。如果唐璜被理想地领会作力、领会作激情，那么上天自身必须进入行动。如果不是这样，那么，去使用这么强烈的手段就总是让人头痛的。司令官[160]实在是没有必要这样麻烦自己，因为，由珀斯克先生[161]让唐璜去坐牢，那就要实际得多。这将完全符合现代喜剧的精神：在剧中无需有这么大的权力来碾压唐璜式的激情，恰恰因为那些引起激情的权力本身就不是那么宏大。如果让唐璜去认识现实世界的平庸极限，这就会完全像一台现代的喜剧。在歌剧中，司令官重新回来，这是完全对的，然而无论如何，他的登场则也有着理想的真相。音乐马上把司令官弄成某种大于“一个单个的个体”的东西，他的声音被扩展为一种精神的声音。因此，正如唐璜在歌剧中被带着一种美学的严肃（Alvor）得以领会，对司令官的领会也是这种情形。在莫里哀那里，他是带着伦理性的庄严和沉重而到来的，这庄严和沉重几乎使得他变得可笑；在歌剧里，他带着审美的轻快、形而上学的真实而到来。在剧中没有什么权力、在世上没有什么权力曾有能力去强迫唐璜，唯独一个精神、一个鬼魂[162]有这能力。如果我们想要正确地理解这一点，那么，这又将会阐明对唐璜的领会。一个精神、一个鬼魂是一种再造，这是那隐藏在“重新到来”之中的秘密，而唐璜能够做到一切、能够抵抗一切，但唯独除了“生命的再造”是例外，这恰恰是因为他是直接的感官性的生命，精神就是其否定。

于是，作为莫里哀所领会的斯伽纳瑞尔，他成为了一个无法解释的人物，他的性格特征在极大的程度上是被搅混乱了的。在这里起着困扰作用的东西又一次是这样一个事实：莫里哀保存了某些传统中的东西。正如唐璜在总体上说是一种权力，那么，这在他与勒波拉罗的关系中也显示出来。后者觉得自己被拉向他、被他压倒、沉入在他之中，并且变得仅仅只是为自己的主人的意志作喉舌。这一朦胧的、不透明的同感（Sympathi）恰恰就使得勒波拉罗成为了一个音乐性的人物，他无法将自己从唐璜那里解脱出来，这让我们觉得完全很正常。但是，那斯伽纳瑞尔则是另一回事了。在莫里哀那里，唐璜是一个单个的个体，也就是说，斯伽纳瑞尔进入与他的关系，就是进入一种与个体的关系。如果这时斯伽纳瑞尔觉得自己是锁定地与他相连的话，那么，我们想要知道这应当怎么解释，这就是美学上的一种起码的要求了。莫里哀让他说[163]，他无法从唐璜那里解脱出来；但这是没有任何用处的，读者或者观众看不出这说法有什么合情合理的依据，而是不是存在这样一种合情合理的依据在这里恰恰就是一个问题。勒波拉罗身上的反复无常在歌剧中得到了很好的启动，因为，相对于唐璜，他更接近是一种个体意识，并且因此那唐璜式的生命有差异地在他身上反射出来，虽然他在真正的意义上还无法去渗透它。在莫里哀那里，斯伽纳瑞尔比起唐璜也是时而更好时而更坏，但莫名其妙的是，在他根本没有得到工资的情况下，他居然没有离开唐璜。如果我们要在斯伽纳瑞尔身上想象出一种统一，相应于勒波拉罗在歌剧中所具备的那种同感的、音乐性的朦胧，那么我们的想象所能得出的结果就是：除了是将之看成一种偏心的愚蠢之外再没有别的可能。这样，我们又看见了一个例子在说明：为什么如果想要在唐璜的真正的理想性中领会唐璜就必须让“那音乐性的”出现。莫里哀那里的错不是在于他去喜剧性地领会了唐璜，而是他没有正确地领会。

莫里哀的唐璜也是一个诱惑者，但是，关于“唐璜是诱惑者”，那喜剧却只为我们给出了一种很微涉的展示。在莫里哀那里，爱尔薇拉是唐璜的配偶[164]，不可否认，考虑到喜剧性的效果，这是安排得特别恰当的。我们马上就发现：我们所关注的是一个用婚姻的盟约来欺骗一个女孩的普通人。爱尔薇拉因此而失去了她在歌剧中所具备的那种理想的态度，——在歌剧中她出现，除了那被侮辱的女人所具的武器之外，她再也没有别的，而在这喜剧中，我们则想象着她带有婚姻证书；而唐璜则失去了那诱惑者的暧昧双义性——他既是一个年轻人又是一个作出了尝试的丈夫，就是说，在所有婚外试验中有过了尝试。他是怎样欺骗了爱尔薇拉的、他是以什么样的一些手段把她引诱出修女院的，关于这些，无疑斯伽纳瑞尔的一些单个的台词将会向我们说明；但既然剧中出现的诱惑场面并没有给我们机会去钦佩唐璜的技艺，那么，对斯伽纳瑞尔所提供的这些情报的信任度自然也就被减弱了。考虑到莫里哀的唐璜是喜剧性的，那么这本来也并不是什么必不可少的成分了；但既然他自己仍然想让我们明白他的唐璜真的是个英雄，是那个迷住了爱尔薇拉并杀了司令官的唐璜，那么，我们就很容易看出莫里哀剧中的毛病了；但是我们也因此不由自主地会去想：这问题的真正原因到底是不是在于“不借助于音乐唐璜就无法被展现出来”，除非我们像前面说过的那样去进入那心理学的领域，而我们到了心理学的领域里则又不那么容易能去得到戏剧性的兴趣（dramatisk Interesse）。在莫里哀那里，我们也没有听说他以自己的魅力去使得那两个年轻女孩玛图莉娜和夏洛特神魂颠倒[165]，这种使人神魂颠倒的诱惑是发生在舞台场景之外，而莫里哀再一次让我们设想唐璜向她们做出了婚姻许诺，那么又一次是如此：我们对他的诱惑才能只有轻视了。用婚姻许诺来欺骗一个女孩，这是一种非常糟糕的技艺，而因为一个人足够低级以至于去这样做，由此却绝得不出这样的结论说，他就已经高级到足够被称为唐璜。那看起来是想要为我们描述在诱惑过程中的唐璜的唯一的一个场景，虽然只有一点点诱惑性的活动，是与夏洛特在一起的那一场[166]。但是，对一个农家女说她是美丽的、她有着闪烁的眼睛，请求她转身以观赏她的自然身姿，这并不泄露出任何唐璜所具的非常之处，而只是泄露出这是一个发情的汉子在像一个贩马人看一匹马那样地看一个女孩。这一场戏中确实有着喜剧性的效果，这我们完全可以承认，如果这戏的本意只是想要这效果，那么我就不想在这里再谈论它了。但是，既然他的这一出了名的尝试与那许多他想必是经历过的故事毫无关系，那么这一场戏就又一次是在直接或者间接地帮助去显示出喜剧中的那不完美的地方。看来莫里哀确是想要从唐璜身上搞出更多东西来，看来确是想要维持唐璜身上“那理想的”，但他缺少相应的媒介，因此所有在实际上发生的东西就变成了某种无关紧要的东西。在总体上，我们可以说，在莫里哀的唐璜身上，我们只是作为一种故事而了解到他是一个诱惑者；而作为戏剧，人们则看不出这一点。他把自己的最大活动状态显示出来的一场戏就是与夏洛特和玛图莉娜在一起的那场戏[167]，在戏中他保持着与这两个人讲着话，并且不断地让两个人都以为自己是他许诺了要结婚的。但是在这里吸引了我们的注意力的不是他的诱惑技艺，而是一种完全很平常的戏剧纠葛。

我也许可以通过去考察一下人们常有的一种说法来在这结尾处阐明上面所展开的内容，这种说法就是：莫里哀的唐璜比莫扎特的更为道德化。这却恰恰是，如果我们的理解是正确的话，一种对那歌剧的赞誉。在歌剧中不仅仅有着对一个诱惑者的谈论，而且，唐璜是一个诱惑者，人们无法否认，音乐在其所有细节上常常可以是有着足够的诱惑性。而事情正是应当如此；这恰恰是音乐的伟大。因此，说那歌剧是“非道德的”，这是一种痴愚，这痴愚也只会来自那些不懂得去领会一种整体而只被各种细节抓住的人们。歌剧中那明确的追求是有着极大程度上的道德性的，它为我们留下的印象是绝对地慈善的，因为一切都是伟大的，一切都有着真实的、不加修饰的心灵激荡（Pathos），欲望的激情不亚于严肃的，而享受的激情不亚于愤怒的。

3. 歌剧的内在音乐性的构建

虽然这一段的标题已经可以被认为是有着足够的说明性，但为保险起见我仍然强调一下，我的意图自然绝不是去给出一种对剧作《唐璜》的美学估价或者一种对文本中的戏剧性结构的演示。对于这样地去作区分，我们必须总是非常小心，特别是在一种经典的创作上。这样，我想在这里再一次重复我在前面的文字里已经强调过多次的说法，唐璜只能够被音乐性的表达出来，这是我自己通过音乐而获得的本质性经验，因此我应当尽一切可能来保持警惕，避免造成一种“音乐只是作为外来的辅助”的外观。如果人们是以一种把音乐当外来辅助的方式来处理这问题，那么，尽管人们尽自己所愿对这部歌剧中的音乐能够有极大的崇敬，但在我看来，他们却根本没有领会这音乐所具的绝对的重大意义。霍托没能够摆脱开这样的一种非真实的抽象化，于是结果就是，不管他的阐述在别的情况下是多么地才华横溢，但在这里却无法被看作令人满意的。他的风格、他的阐述、他的再造是生动而感人的；他的各种范畴是不确定而飘忽的，他对《唐璜》的领会不是被一种单一的想法渗透，而是消释在许多种想法中。对于他，唐璜是一个诱惑者。但这一范畴本身就不是什么确定的东西；然而，他在怎样的一种意义上是诱惑者，这一点必须被确定下来，这也是我所曾尝试着去做的。现在，关于这一诱惑者，人们已经说了许多就其本身而言是真实的东西；但是，既然各种一般的观念被许可在这里占太大的优势，这样一个诱惑者就很容易变成一个如此高度反思的诱惑者，以至于他不再是绝对地音乐性的。他一幕一幕地贯穿这部剧；他的概述清新地散发着他的个体人格的气息，在一些个别的地方也许稍稍过头。在这种情形发生的时候，常常会伴随着一些共鸣赞同的情感倾泻，——莫扎特是多么美丽而丰富而多样地表达了所有这些。但是对莫扎特的音乐的这一抒情性的喜悦太微不足道了，不管这赞美是多么地适合于这个人、不管它是多么地善于表达出自身，对这种领会而言，莫扎特仍然是没有在自己的绝对的有效性中获得承认。这一承认是我所努力想要去达成的，因为这一承认与对“这一考究的对象是由什么构成的”这一问题的正确认识是同一的。因此，我的意图不是把整部歌剧、而是把在其整体中的这歌剧作为考察的对象，不是去单独地谈论它单个的部分、而是尽可能地在考察中使这些部分合并为整体，不去在与那整体的关联之外、而是去在这关联之中看这些部分。

在一部戏剧中，人们的首要兴趣很自然地是集中在那个在剧中被人称作是男主人公的人物上；相对于他，其他人物只获得一种从属的和相对的意义。然而，在戏剧中那内在的反思以自己的区分性的权力渗透得越多，从属人物们也就越多地获得一种相对的绝对性，——如果我敢以这种方式说的话。这绝不是什么错误，而相反是一种优越；就像那种对世界的看法，——只着眼于那些单个的个体以及他们在世界发展史中的重要意义，而不去留意到那些从属性的角色；在一种特定的意义上它当然是站得更高，但它却要低于另一种对世界的看法，即一种也把那次要的东西包容进其同样伟大的有效性的看法。对于剧作家，这只有在这样的高度上才会是成功的：没有任何无法比较的东西被留在那里、没有任何那种作为这戏剧缘起的心境（这戏剧就是从该心境中呈现出来的），这就是说，没有任何那种作为心境的心境，一切都被兑换为那戏剧世界的神圣硬币[168]：情节和处境。剧作家在这一点上达到的成功有着怎样的高度，那么他的作品所留下的整体印象（不是作为一种心境而是作为一种思想、一种理念）达到的成功也就会有着怎样的高度。一部戏剧的整体印象越多地是作为一种心境，我们就越是能够肯定，诗人自己在心境之中隐约地感觉到了这整体印象并接着让它作为心境的产物来进入存在，而不是在理念中抓住它并让这理念戏剧性地展开自身。一部这样的戏剧有着“抒情成分占不正常优势”的毛病[169]。这是一种属于一部戏剧的毛病，但绝不是一种在一部歌剧中所具的毛病。在一部歌剧中保持整体统一性的是那支承着整部歌剧的主调。

在这里所说的关于这种戏剧的整体印象的情形，也是这戏剧的各单个部分的情形。假如我要用一句话来标示出戏剧的效果，在它不同于任何一种其他的虚构创作类型所能够达成的效果的情况下，我就会说：戏剧通过“同时代的东西”[170]而发生作用。在戏剧中，我看到那些相互隔离的环节在处境、在情节的统一体中聚在了一起。那些不同的环节越是被分离，戏剧性的处境越是得到透彻的反思，戏剧性的统一体就在越小的程度上是一种心境，它就在越大的程度上是一种确定的思想。但是正如歌剧的总体性不像那真正的戏剧中的情形那样有着透彻的反思，这样的状态也是“音乐性的处境”的情形，这音乐性的处境固然是戏剧性的，但却在心境之中有着自己的统一性。音乐性的处境就像每一种戏剧性的处境一样有着“同时代的东西”，但是那些力的效用是一种协调、一种和谐、一种融洽，那音乐性的处境所给出的印象是那种通过把一起发声的东西放在一起听而产生的统一。戏剧越是得到了透彻的反思，心境就在越大的程度上被亮化为情节。情节越少，抒情的环节就占据越大的分量。这在歌剧中完全是合情合理的。歌剧没有那么多性格描述和情节作为它的内在目的，它缺乏足够的反思来达成这些性格描述和情节。相反，在歌剧里，那未经反思的、实质性的激情则找到了其表达。音乐性的处境处在心境的统一体中、处在那离散的声音多样性之中。这恰恰是音乐所特有的东西，它能够在心境的统一体之中保存声音多样性。如果我们在日常言谈中提到“声音多样性”这个词，这时，我们一般用它来标示那作为最终结果的统一体；在音乐中的情形则不是这样的。

那戏剧性的兴趣（Den dramatiske Interesse）要求一种快速的进展；一种事态多发的节拍，那种被人称作是“自由落体的内在加速度”的东西。戏剧越是高度地被反思渗透，它就越是强烈地不断加速。相反，如果那抒情的或者叙事性的环节单方面地占了过大的分量，那么它就在某种麻痹中表达自己，这麻痹使得那处境入睡、使得那戏剧性的过程和进展变得迟缓和艰难。在歌剧的本质中没有这种匆忙，对于它，某种迟缓是特征性的，某种“在时间和空间中展开详述”。情节没有自由落体的速度或者落体的方向，而更多是水平面地移动。心境没有被纯化为性格或者情节。作为由此得出结论，一部歌剧中情节只会是直接的情节。

如果我们把在这里展开的这些内容运用在歌剧《唐璜》中，那么这将给我们机会在它的真正的经典的有效性中去看它。唐璜是歌剧中的主人公，观众的首要兴趣集中在他身上；然而不仅仅是如此，他也把这兴趣给予所有其他人物。然而，我们却不能在任何外在的意义上这样看，这恰恰是这一歌剧的秘密：在剧中，主人公同时也是那些其他人物身上的力量，唐璜的生命是这些人物身上的生命原则。他的激情启动那些其他人的激情，他的激情到处回荡，他的激情回荡于（并且承担着）司令官的严肃、爱尔薇拉的愤怒、安娜[171]的恨、沃塔维欧[172]的自负、泽尔丽娜的恐惧、马塞托[173]的愤慨、勒波拉罗的困惑。作为主人公，唐璜是这部剧的命名者，就像一般情况下的英雄，他把剧名给予这剧作，但他是更多，他是（如果我可以这样说）全面命名者。所有其他的存在，相对于他的存在，只是一种派生物。如果我们现在对一部歌剧提出要求，要求它的统一性是一种主调，那么我们就很容易认识到，作为一部歌剧，比《唐璜》更为完美的作品是无法想象的。这主调，相对于这歌剧中的各种力，可以是支承这些力的一种第三者。作为这样的歌剧的例子，我想举出《白女士》[174]；但是这样一种统一体相对于这歌剧是一种对于“抒情的元素”[175]的更为外在表面的定性。在《唐璜》中，那主调除了是歌剧本身之中的基本力之外再也不是别的，这基本力就是唐璜，而他则又是（恰恰因为他不是人物而是本质性的生命）绝对地音乐性的。在这歌剧中的其他人也不是人物，而是各种本质性的激情（它们是因唐璜而被设定[176]的激情，并且在这样的关联上又一次是这样），它们成为音乐性的。这就是说，正如唐璜环抱着所有人，所有人则也是这样又环抱着唐璜，他们是唐璜的生命自身不断地设定出的那些外在结果。正是歌剧中的这一唐璜的音乐性生命的绝对中心性，它使得这歌剧去运用一种幻觉所具有的无以攀比的权力、使得这歌剧的生命在我们的情不自禁中把我们拉进剧中的那种生活。由于这音乐中的那种音乐性的无所不在，我们可以享受到它的一个单个的小部分，但我们还是在瞬间里不由自主地被吸引了进去；我们在表演的中途进入歌剧，在刹那间我们就在这中心的地方，因为，这一中心，也就是唐璜的生命，是无所不在的。我们有这样的老经验：一个人同时努力去运用两种感觉器官，这是不舒服的；同样，如果我们在耳朵全神贯注的同时要拼命去使用我们的眼睛，那么，这往往会起到骚扰的作用。因此，我们有着这样的倾向，在我们听音乐的时候闭上眼睛。这情形或多或少地是所有音乐的情形，尽管对于唐璜这是在一种更为显著的意义上的情形[177]。一旦眼睛去专注于什么，我们获得的印象就受到骚扰；因为，被呈送到眼睛之前的这种戏剧性的统一体，与在一起被听到那音乐性的统一体相比，完全是次要的和匮乏的。我自己的经验向我确证了这一点。我曾坐得很近[178]，我越移越远，我在剧院找了一个角落，以便让自己能够完全地躲藏在这音乐之中。我越是更完全地理解或者以为自己理解这音乐，我就能够让自己离它越远，不是因为冷而是因为爱，因为，它想要在一种距离中被理解。对我的生命来说，这之中有过某种奇怪的谜一样的东西。曾有过许多次，我会付出所有钱来获得一张门票，而现在我则根本无需为门票去付出 1 元国家银行币[179]。我站在外面的过道，我倚靠向那将我关在观众席外的隔板，这时，这音乐的效果是最强烈的，这是一个属于它自身的世界，被与我分隔开，我什么也看不见，然而近得足够去听见却又无限地远。

既然那些在歌剧中登场的人们无需得到如此透彻的反思以让他们作为剧中人物而变得透明，由此也进一步推导出了那我在前面强调过的说法：处境无法完全地得以展开或者呈现，但在某种程度上是由一种心境支承着。一部歌剧中的情节也有着相同的情形。那被我们在更严格的意义上称作情节的东西，那带着对于一种目标的意识去发生的作为，无法在音乐中找到其表达；但那能被我们称作“直接的情节的”东西，则无疑能够在音乐中找到表达。两者都唐璜的情形。情节是直接的情节；在这一点上，我必须重提一下我在前面所阐述过的东西：在怎样的一种意义上唐璜是一个诱惑者。由于情节是直接的情节，因而在这剧中反讽有着这样一种主导倾向，这也是完全合理的；因为，反讽是并且继续是那直接的生命的训导师。举一个例子，那司令官的重临[180]就是如此，一种极大的反讽；因为唐璜能够战胜任何一种阻碍，但是，我们都知道，一个鬼魂是我们无法杀死的[181]。这处境从头到尾都是由心境支承的；在这一点上，我得重温一下前面所讨论过的，关于唐璜对整部剧的重要意义以及其他人相对于他的相关存在。我将通过进一步在细节上谈论一个单个的处境来展示我的看法。对此，我选择爱尔薇拉的第一咏叹调[182]。管弦乐队演奏序曲，爱尔薇拉进场。在她的胸怀中奔涌的激情必须得到宣泄，而她的歌则有助于帮她宣泄这感情。然而，这场面却过于抒情，因而无法真正地成为一种处境；她的咏叹调则有着与那种在一部戏剧中的独白相同的性质。区别只会是，独白是趋近于去个体地给出那普遍的，而这咏叹调则趋近于去普遍地给出那个体的。但是，如前面所说，它包容的东西太少而不足以成为一种处境。因此它也并没有成为一个处境。在背景中，我们看见唐璜和勒波拉罗紧张地期待着他们在窗口已经留意到的那个女士的出现。现在，如果我们看的是一场戏剧，那么，那处境就不会是爱尔薇拉站在前景中而唐璜站在背景中，相反，这处境会在于“不期而遇”中。那兴趣（Interessen）将会落在“唐璜将怎样从这之中逃出来”上面。在歌剧中，“遭遇”也有着它的意义，但非常微不足道。“遭遇”是被人看的，那音乐的处境是被人听的。现在，这处境中的统一就是爱尔薇拉和唐璜共同发声的谐和心境。因此，现在唐璜尽可能地让自己处在后面的背景中，这样也完全是合理的；因为他不应当被看见，不仅仅是不应被爱尔薇拉看见，而且也不应被观众看见。爱尔薇拉的咏叹调开始了。她的激情，除了将之说成是“情爱之恨”之外，我不知道该用什么别的说法来标示，这是一种混杂的但又嘹亮地引发着共鸣的激情。她的内心处在一种不安的骚动之中，她得到了发泄，她在一瞬间里昏晕——就像每一场激情的爆发都会带来的昏晕，在音乐里接着是一段间歇。但是，她内心中的骚动足够地显示出，她的激情还没有真正足够地得到爆发；那愤怒的横膈膜还必须被更强烈地震撼。然而，什么东西能够唤出这一震撼，怎样的刺激？只会有一样东西——唐璜的嘲笑。因此，莫扎特在这里（我真希望我是一个希腊人，因为那样的话我就能够说，他在这里“完全神圣地”）使用这间歇去把唐璜的嘲笑扔进她的这种骚动之中。这样，那激情就燃烧得更猛烈了，愈发狂暴地在她身上爆发，并且在声音中喷泄出来。这就再一次重复，这时她的内心震颤着，这时愤怒和痛苦就像火山的岩浆流一样地冲进被咏叹调用来作为终结的那熟悉的一段[183]。在这里人们就可以看出我说唐璜“回荡于爱尔薇拉”时这话意味了什么，这不仅仅是一句套话。观众不应当看见唐璜、不应当看见他与爱尔薇拉一同在处境的统一体中，观众应当“进入到爱尔薇拉里去”听他、“从爱尔薇拉里出来”听他，因为这无疑就是唐璜在咏唱，但是他在以这样一种方式唱着，观众们的耳朵越是发达，就越能够听出是他在唱那看起来是出自爱尔薇拉自己的歌声。正如爱创造自己的对象，愤慨也是这样。她被唐璜迷住。这一间歇和唐璜的声音使得这处境戏剧化，但爱尔薇拉激情中的统一体（在此之中唐璜在回荡着而她的激情则是因唐璜而被设定的）却使得这处境音乐化。① 这处境作为音乐性的处境是无与伦比的。而相反，如果唐璜是一个剧中人物而爱尔薇拉也是这样一个人物，那么这处境就失败的，那么让爱尔薇拉在前景中倾诉而唐璜在背景中嘲笑就是不对的；因为，在这里所要求的是，我应当一同地听到他们，但却又没有任何手段来帮我做到这一点，而且，这里还没有算上他们两者都是剧中人物，让他们这样地能够共同发声是不可能的。如果他们是剧中人物，那么，这处境就是“相互遭遇”。

在前面我提到过，在歌剧中不像在戏剧中那样要求那戏剧性的速度——那种加速度，在歌剧中那处境完全可以稍稍多一点展开的详述。然而这却不可以退化为一种持续的停顿。作为一个真正的折中的例子，我可以强调一下我前面刚谈论过的处境，并非因为这看起来是《唐璜》中唯一的，也不是因为它是最完美的，恰恰相反，这歌剧中的所有处境都是如此，都是完美的，而是因为它在读者的记忆中是最新近的。然而，我却在这里趋向一个可疑的固定点；因为我承认，有两段咏叹调必须被去掉，不管它们就自身而言是多么地完美，然而它们还是免不了起着困扰的作用、起着耽搁性的作用。我当然是很想将之作为一种秘密，但那是没用的，真相必定会显现在天光之下。如果我们把它们去掉，那么所有剩下的就会同样地完美。一段是沃塔维欧的[184]，另一

---

① 爱尔薇拉的咏叹调和这时的处境在我看来是应当被这样理解。唐璜的无以比拟的反讽不应当被留在外面，而是应当被隐藏在爱尔薇拉的实质性的激情之中。这两者必须在一起被一同地听。正如思辨的眼睛一同地看，思辨的耳朵也这样一同地听。我将从纯物质的事物中举一个例子。如果一个人站在一个很高的立足点上向一片平坦的原野望过去并且看见不同的路相互地平行着，那么，假如这个人缺少直觉，就只看见那些路，而那些位于路间的田地就好像消失了一样，或者就只看见那些田地，而那些路则仿佛消失了；相反，假如这个人有着直觉的目光，那么他就会一同地看见它们，就会看到带有路径线条的整个原野。耳朵的情形也是如此。这里所说的自然是针对音乐性的处境；戏剧性的处境则有更多：观众知道，站在背景里的是唐璜而爱尔薇拉站在前景中。如果我现在假设，观众对这两者以前的关系是有所知的（这是观众在第一次看这歌剧时所无法知悉的东西），那么这处境就赢得许多东西，但这时，我们就也会看出，既然重心被安排在这上面，那么，这戏就不应当这么长久地将他们分隔开，这样的安排是不对的。

段是安娜的[185]，它们两者都更多地是演奏会曲子而不是歌剧音乐，沃塔维欧和安娜在总体上是实在太微不足道的角色，因而他们不敢中止那运动进程。如果我们把它们去掉，那么，这歌剧另外还有着完美的音乐性—戏剧性的速度，没有什么别的歌剧能达到这种完美。

看来我们是值得去花功夫在整个剧目中贯穿每一个单个的处境，不是为了想要用惊叹号来作陪伴，而是为了显示它作为音乐性处境所具的重要意义和有效性。然而这样的工作却越出了目前这小小的考究的有限范围。在这里，尤其重要的是去强调唐璜在整个歌剧中的中心性。类似的一些工作会在涉及那些单个的处境时得以重复。

我们所谈的，这唐璜在歌剧中的中心性，我想通过观察那些剧中相对于他的其他人来稍稍深入地阐明这一中心性。正如在太阳系中那些黑暗的天体，它们从中心的太阳那里接收它们的光，它们总只是半光明的，就是说那向着太阳的一面是光明；在这剧中的人们也是如此，只有那一个生命环节、那向着唐璜的一面，是被照亮的，而他们其余的部分，则是黑暗和不透明的。我们不应当狭义地去看这一点，就仿佛这些人中的每一个都是某种抽象的激情，比如说，仿佛安娜是恨、泽尔丽娜是轻率。这样的一类品味欠缺完全不属于这里。在那单个的人身上的激情是具体的，但这具体是就其自身而言的具体，不是在人格中的具体，或者，让我更确定地表述，那人格中的其他部分被这一激情吞噬了。这是绝对不错的，因为我们所看的是一部歌剧。这一黑暗性、这一“部分地同感、部分地反感的秘密”与唐璜的完全沟通，使得它们全都成为音乐性的，并且去导致这整个歌剧在唐璜身上发出共鸣。剧中的唯一的一个看来是例外的人物形象，自然就是那司令官；但因此这也是一个很智慧的安排，在一定的程度上他是处在歌剧之外，或者，是在限定这歌剧；司令官越是被明显地展示，这歌剧就越不是绝对地音乐性的。因此他被持恒地保留在背景之中，并且尽可能地模糊。司令官是强有力的前项和直率的后项，在这之间则是唐璜的中项，但这一中项的丰富内容是歌剧的实质。司令官只上过两次场[186]。第一次是那个夜晚；那是在剧场的背景中，我们无法看见他，但能够听见他倒在唐璜的剑下。在那里就已经有了他的严肃，而在唐璜戏谑模仿的嘲笑中，这严肃只是显得更强烈了，这是莫扎特非常出色地在音乐中所表达的东西，在那里，他的严肃就已经是太深刻以至于无法去属于一个人；在他死之前，他是精神。第二次他作为精神显示出来，天空的雷声在他严肃的庄严嗓音中轰响，但正如他自己是被光环化了的，他的嗓音被光环化为某种比一种人的嗓音更多的东西；他不再说话，他审判。

很明显，在剧中除了唐璜，最重要的就是勒波拉罗了。他与主人的关系恰恰是在音乐中变得可理解，而没有音乐则不可理解。如果唐璜是一个反思的人格，那么勒波拉罗就几乎成为一个比他更大的恶棍，并且，唐璜能够对他有这么大的权力，这就是无法理解的了；唯一剩下的一个动机就是唐璜能够比所有别人付出更多的钱给他，一个看来甚至莫里哀都不想使用的动机，因为他让唐璜处在经济困窘中。相反，如果我们坚持让唐璜作为直接的生命，那么，他能够对勒波拉罗有一种决定性的影响，他同化勒波拉罗，这样勒波拉罗几乎成为唐璜的一个喉舌，这就很容易理解了。在某种意义上，勒波拉罗比唐璜更接近于“去作为一种人格的意识”状态，但是要成为人格的意识，他就必须明白自己与唐璜的关系，但这是他所无法做到的，他无法消除这魔法。在这里又一次是如此：一旦勒波拉罗获得台词，他就必须变得对我们透明。在勒波拉罗对于唐璜的关系中也有着某种爱欲性的东西，这是一种权力，唐璜借助于这权力而囚住了勒波拉罗，甚至后者并不情愿；但在这样一种模棱两可中，勒波拉罗是音乐性的而唐璜则不断地在他身上回荡；我稍后将给出例子来表明：类似于此的说法不仅仅只是一句套话而已。

除了司令官是个例外，所有人都处在一类与唐璜的爱欲关系中。对于司令官他无法施展什么权力，司令官是意识；其他人都在他的权力之下。爱尔薇拉爱他，因此她在他的权力之下，安娜恨他，因此她在他的权力之下，泽尔丽娜怕他，因此她在他的权力之下，沃塔维欧和马塞托因为姻亲关系的缘故而跟着，因为血亲的带子是温柔的。

用一个瞬间来回顾一下我所展开的东西，这样，读者也许会看见，它在这里怎样从多方面被展开、唐璜与“那音乐性的”有着怎样的关系，这关系在整个歌剧中是怎样地起着构建性作用、它是怎样在歌剧的各个单个部分中重复的。我完全可以在这里停下来，但是，为了一种更大的完全性，我还是想通过仔细考究一些单个的细节来阐明它。选择不应当是随意的。为此，我选择了序曲，它无疑是真正在一种紧凑的浓缩中给出了歌剧中的主调；然后，我选择剧中最叙事的和最抒情的环节来展示：甚至在最极限处，这歌剧的完美性是怎样被保存下来的、“那音乐性—戏剧性的”是怎样被维持的、为什么那音乐性地支承着这歌剧的是唐璜。

前奏曲在总体上对这歌剧到底有着怎样重要意义，这里不是去展开说明这问题的地方，在这里只能强调这一点：一部歌剧要求一支前奏曲，这样一个事实足够地显示出了“抒情的元素”[187]的压倒性的分量，而通过这样做来获得的效果是去唤出一种心境，——这是戏剧所忌讳的事情，因为戏剧中的一切必须是透明的。因此，前奏曲在最后被创作出来[188]，是有着它的道理的，这样，艺术家自己就能够在音乐中真正获得渗透。这样，前奏曲在通常的情况下让人有可能获得一种对作曲家以及他与自己的音乐的灵魂性的关系的深刻认识。如果他没有成功地抓住音乐之中那中心的东西、如果他在这歌剧中不是处在与主调的那种更深的交流中，那么这就会在前奏曲中明显地暴露出来；这样，它就是一种通过散漫的想象关联交错编织出来的许多突出点的集合，而不是什么整体，作为其本分而应当做到的是：这样一种整体必须包容关于那音乐的内容的最深刻信息。于是，这样一支前奏曲在通常也是很随意的，就是说，它的长短是随它本身的需要而定，那内聚性的元素、那连续着的东西（既然这只是想象关联）愿意多长就可以拖延得有多长。因此，前奏曲对于二流的作曲家们常常是一种危险的诱惑，也就是说，他们很容易受到引诱而去剽窃自己，从他们自己的腰包里偷东西，这会起到极大的骚扰作用的。前奏曲不应当包容歌剧里的同样内容，这一点是很明显的，而同时，它自然也不应当包容什么绝对是其他的东西。就是说，它应当包容这剧作所包容的，但是以另一种方式来包容，它应当包容中心的东西，并且以这中心的东西的全部权力去抓住观众。

从这个角度来考虑，《唐璜》中这支一向被人景仰的前奏曲就是并且继续是一部完美的杰作，这样，假如我们无法为《唐璜》的经典性找到其他证明，那么，去强调这唯一的一点就已经会是很足够了，也就是，去强调“那具备着中心的东西没有也去具备边缘”这一情形中那不可思议的东西。这一前奏曲不是什么各主题的“之间”（Mellemhverandre），它不是由想象关联迷宫式地交织出来的，它是简练的、确定的、强固地建构出来的，并且最重要的，它蕴含着整个歌剧的本质。它就像上帝的思想那样有力、像世界的生命那样骚动、在其严肃之中震撼着、在其欲望之中颤栗着、在其可怕的愤怒中碾压着、在其精神旺盛的喜悦中生机勃勃，它在其惩罚判决中空虚沉重、在其欲望中尖叫着，它在其使人畏惧的尊严中缓慢庄严，它在其欣悦中骚动着、鼓翼着、舞动着。并且这不是通过去吮吸歌剧的血液来达成的，相反，对于这歌剧，它是一种预言。在前奏曲中，音乐在所有自己能及的范围里展开，扑翅几下，它就仿佛回旋飞升到它自身之上，飞翔在那它将俯冲下去的地方之上。它是一种搏斗，但是在空气的更高区域里的搏斗。如果一个人在他对此歌剧有了高度了解之后听这前奏，那么他也许会觉得他渗透进了那隐秘的工场，他在剧中所认识的那些力在这工场里带着原始的力量翻动着，它们在这里竭尽全力地相互格斗着。然而，这斗争太不平等，其中的一个权力在战役之前就已经胜利了，它逃跑和回避，但这逃跑恰恰是它的激情、它在它短暂的生命喜悦中燃烧着的不安、它在它激荡的热情中追击着的脉动。这样一来，它启动那另一个权力，并且带动后者随着自己。这后者在一开始显得如此确定不移，就好像是无法撼动的，这时却不得不动弹起来，一会儿之后运动变得如此迅速，以至于这看上去好像是一场真正的斗争。更深入地去展开是不可能了，在这里能做的事情就是去听音乐，因为这斗争不是言辞之争，而是一种自然本性元素的暴怒。我能做的只有，指出我前面所阐述的说法：歌剧的兴趣所在（Interesse）是唐璜，而不是“唐璜和司令官”，这一点已经在前奏曲中显示出来。看来莫扎特是花了功夫去这样安排的：那在一开始响动深沉嗓音，在后来渐渐地变得越来越弱，几乎就好像失去它的庄严仪态，不得不加快步伐以便能够赶上一种魔性的速度，尽管这魔性的速度避开它，但通过使它不由自主地被迫进一场在瞬间的短暂之中的赛跑，这魔性的速度却几乎获得权力来羞辱它。由此，那通向歌剧本身的过渡就渐渐地被构建出来了。作为一种结果，我们必须在一种与前奏曲的最初部分的密切关联中想象那终曲[189]。在前奏曲的进展之中，仿佛那严肃失态走到了自身之外，而在终曲中，它又重新恢复了自己的常态；现在没有了那“和享乐欲望赛跑”的问题，那严肃又重新回来，并且因此而隔绝了跑向新的赛跑的每一个出口。

因此，这前奏曲，在一种意义上是独立的，在另一种意义上被看成是对进入那歌剧的准备。我在前面的文字中曾试图通过唤醒读者对于那种“逐渐的弱化（那前一个权力在逐渐的弱化中趋近歌剧的开始）”的记忆来指出这一点。在我们观察那第二个权力的时候，我们也会看到同样的情形，也就是说，这第二种权力在一种渐增之中强化；它在前奏曲中开始，它成长和增强。特别值得惊叹的是这种对它的开始的表达。我们听见它，那么微弱，那么神秘地被暗示出来，我们听见它，但是它如此迅速地过去，以至于我们恰恰有这样的印象，就仿佛我们听见了某种我们不曾听见过的东西。为了去留意到第一次——在我们第一次在前奏曲中获得一种关于这一欲望的轻快游戏的暗示的时候，一个人需要一只警觉的、一只爱欲的耳朵；而之后这种欲望游戏则在它的整个过于慷慨的泛滥中得到极其丰富的表达。要去精密准确地给出这“第一次”在什么地方，是我所办不到的，既然我不是音乐方面的专业人士；但我也只是为坠入了爱河的人们而写，这些坠入爱河的人们无疑会理解我，他们中的一些会比我自己更深刻地理解我。然而，我对我被分派到的部分是满意的，对这一神秘的“坠入爱河”是满意的，并且，虽然我本来应当因为我成为一个男人而不是女人而感谢诸神[190]，然而莫扎特的音乐教会了我，“像一个女人那样地去爱”是美丽的和爽神的与丰富的。

我不是比喻图像们的朋友；现代文学在极大的程度上为我带来对它们的品味上的反感；因为，事情几乎就是这样，每一次我遇上一个比喻图像，就不自禁地在我身上冒出一种害怕，生怕这比喻的真正意图是为了想要隐藏起思想中的一种朦胧晦涩。因此，我不应当冒险作不明智或者无效的尝试去把那前奏曲的旺盛而精要的简短翻译成一种冗长而无谓的比喻图像语言；在前奏曲中，只有一个这样的地方，我想将之强调出来，并且为了让读者注意到这一点，我会使用一个比喻，这是我唯一能够用来建立起与他的关联的手段。这个地方，当然，除了是唐璜的第一次凸显之外不会是别的，那是一种对他、对那在以后被他用来进行突破的权力的隐约感觉。前奏曲以一些深沉的、严肃的、单调的音调开始，然后，一个暗示第一次在无限远的地方响起，却又仿佛是来得过早而被在同一瞬间里招回，直到我们在后来一次又一次地再听到那声音，它越来越大胆、越来越洪亮，首先是狡猾而玩忽，却又像是处在恐惧之中，一同溜进来，但无法真正挤出场。这样，有时候人们在大自然中看见地平线上黑暗并且乌云密布；因为太沉重而无法承受自身，它倚靠着大地并且把一切都隐藏在自己的暗夜之中，我们能够听见几声空洞的音调，但不是在运动中，而是作为一种自言自语的深沉嗫嚅，与此同时我们在天空的最外极限处、遥远地在地平线上看见一道闪光；它迅速地沿着大地疾行，在同一个“现在”（Nu）之中，它已经过去了。然而它马上又显现出来，它的力量增长着，它在即刻之中用自己的火焰照亮整个天空；在下一瞬间，地平线看上去更黑暗，但它马上更为迅速地、甚至更为炽烈地闪耀起来，这看上去就仿佛是黑暗本身失去了自己的宁静而进入了运动。这里，就像眼睛在这最初的闪光中隐约地感觉到这熊熊大火，同样耳朵在那衰減消失中的小提琴弦声中隐约地感觉到那全部的激情。在那道闪光中有着恐惧，这就仿佛是，在最深沉的黑暗中它在恐惧之中诞生出来，——唐璜的生命就是如此。在他身上有着一种恐惧，但这恐惧是他的能量。这不是一种在他身上主观地反思的恐惧，这是一种实质性的恐惧。在前奏曲中，我们所没有的东西是那“我们在通常曾说过却不知道自己所说的是什么”的东西——绝望（Fortvivlelse）；唐璜的生命不是绝望；但它是在恐惧之中诞生的“感官性之全部权力”，并且唐璜自己就是这一恐惧，但这一恐惧就是那魔性的生命欲望。在莫扎特让唐璜这样地进入存在之后，于是唐璜的生命对于我们是在各种舞蹈的小提琴乐音中发展，在这些乐音中轻快而迅速地奔向深渊。正如当我们这样扔出一块石头而让它漂浮水面的时候，它有一段时间能够以轻快的蹦跨向前跳，相反，一旦它停止蹦跳，它在瞬间里就沉到水底；在他的短暂期限里欢呼喜悦着，唐璜也是这样舞蹈着蹦向那深渊。

但如果现在，正如上面所说明的，前奏曲可以被看作是一种进入这歌剧的准备，如果现在我们在前奏曲中从那些更高的区域中走下来，那么，人们可以问：在歌剧里，什么地方是我们的最佳降落点，或者，我们怎样让歌剧开始。在这里，莫扎特看见了那唯一合适的出发点，从勒波拉罗开始。当然，看起来可以是这样：这样的做法并不值得我们去给出这么大的赞美，这样做的好处至多只是因为几乎所有《唐璜》的加工版本都是以斯伽纳瑞尔的独白开始的。然而，在此之中却有着一种大区别，并且，在这里我们又有机会去赞叹莫扎特的杰作。他把那第一仆人咏叹调[191]放置在与前奏曲直接关联之中。这是一种很少发生的情形；在这里，这样做是完全有道理的，并且为前奏曲的设计又带来了一种新的阐释。前奏曲尝试着降身下来在舞台的现实中寻找立足点，司令官和唐璜是我们已经在前奏曲里听到了的；除了他们之外，勒波拉罗是最重要的人物。他却不能被提升到那场在空气区域中的搏斗中，但他还是比任何人都要更为接近。因此，这歌剧以他作为开始，这样，他就处在与前奏曲的直接的关联之中。因此，人们把勒波拉罗的第一咏叹调算作是从属于前奏曲，完全是对的。这一勒波拉罗咏叹调相应于莫里哀剧中那段并非不闻名的斯伽纳瑞尔独白[192]。我们将更进一步考察一下这处境。斯伽纳瑞尔独白完全不能算是不风趣，而且，在我们阅读海贝尔教授的轻快流畅的诗句[193]时，它是非常有趣的，但那处境本身则是很有缺陷的。我的这说法特别地是针对莫里哀的，因为在海贝尔那里是另一回事了，并且，我说这个并不是为了要挑莫里哀的错，而是为了显示出莫扎特的价值。对于“戏剧性理念”[194]，一段独白总或多或少地是一种断裂，而在诗人为了制造效果而去试图借助于独白本身的诙谐而不是借助于它的个性来运作的时候，那么他就是在自己摒弃自己或者放弃了戏剧性的兴趣。在歌剧中则不同。处境在这里是绝对地音乐性的。在前面我已经指出过这两者之间的差异，一种戏剧性的处境与一种音乐性戏剧性的处境的差异。在戏剧中我们不容忍闲言碎语，我们要求情节和处境。在歌剧中有着一种处境中的休止。但是，是什么东西使得这一处境成为音乐性的处境？在前面强调过，勒波拉罗是一个音乐性的人物，然而那支承着处境的却不是他。如果是他自己在支承处境的话，那么他的咏叹调就会成为一种类似于斯伽纳瑞尔独白的东西，哪怕这恰恰是因此显示出，这样一种半处境在歌剧中会比在戏剧中更合适。那使得处境成为音乐性的处境的，是唐璜，他是在里面的。中心点不在那趋近着的勒波拉罗身上，而是在那我们所看不见的唐璜身上——我们听见他。现在肯定会有人反驳：但我们听不见唐璜。对此我回答：我们确实听见他，因为他回荡在勒波拉罗身上。为此，我要强调那些过渡（“他想要在里面和美人在一起”[195]），在那些过渡中勒波拉罗明显地是在再造唐璜。然而，即使事情不是如此，这处境还是被这样地安排的：我们不自禁地让唐璜进入，人们忘记了站在外面的勒波拉罗而去关注那在里面的唐璜。总的说来，莫扎特借助于真正的天赋来让勒波拉罗再造唐璜，并且因此而达成了两件事：音乐性的作用——在所有勒波拉罗独处的场合我们总会听到唐璜，以及滑稽模仿的作用——我们在唐璜也在场的时候听见勒波拉罗重复他并且因此而无意识地模仿他。我将举出那舞蹈的终结[196]来作为对此的例子。

如果有人问，在歌剧中哪一个环节是最具叙事性的，那么，答案是容易而明确的：这就是勒波拉罗的第二咏叹调，名单。在前面，通过对这一咏叹调和莫里哀剧中的独白进行比较，我们已经指出音乐有着怎样的绝对意义，音乐恰恰是通过让我们听唐璜，听那些在他身上的各种变奏而达成一种言辞或者台词所无法达成的效果。在这里，强调处境和这处境中的“那音乐性的”，就变得很重要。现在，如果我们环顾一下舞台，那么舞台上的演出者集体是由勒波拉罗、爱尔薇拉和那忠实的仆人构成。那不忠诚的爱人却没有在场，也就是说，如勒波拉罗出色地表述的——“他走掉了”[197]。这是唐璜所具的品味和技巧，他在并且——然后他走掉了，他消失（也就是说，对他自己）得那么及时就像耶罗尼姆斯到来得及时[198]。既然现在他是很明显地走掉了，那么，我这样谈论他并且以一种方式将他推进这处境，这看起来就有点奇怪了；在进一步思考之后，也许人们会觉得这完全是有道理的，并且会在这里看出这就是怎样按字面的意义去理解“唐璜在歌剧中无所不在”这句话的一个例子；因为几乎不可能再有比去指出“甚至在他不在的时候他也是在场的”更强烈的方式来解说出他的无所不在了。然而，我们现在还是要让他不在那里，因为我们在后面会看到，在怎样的一种意义上说他是在场的。相反我们要去观察那三个在舞台上的人。爱尔薇拉的在场自然是有助于去达成一个处境；因为老是让勒波拉罗在那里为消磨时间而展开那名单，那是不成的；但她的位置另外也有助于去让这处境尴尬。在总体上我们无法否认，那不时地针对爱尔薇拉的爱情而做出的嘲笑几乎是残酷的。比如说在第二幕[199]，在沃塔维欧终于鼓足了勇气拔剑出鞘要去杀唐璜的时候，她在这关键时刻冲到两人之间并随即发现这不是唐璜而是勒波拉罗，一个差异，莫扎特通过某种哀怨的低诉那么强烈地描述出这差异。在我们所讲的处境里也是这样，并且某种痛心在于：她必须在场去知道在西班牙有1003个唐璜的女孩，而更过分的是，在德语版中[200]，她被告知自己是其中的一个。这是一种德式的改善版本[201]，它是愚蠢地蹩脚不得体，这愚蠢的程度就像那德语翻译以同样愚蠢的方式可笑地安分得体，并且完全是失败的。勒波拉罗是在为爱尔薇拉给出关于他主人生活的叙事概述，我们无法否认，勒波拉罗陈述而爱尔薇拉听，这样是完全合理的；因为他们两个人对此都有着极大的兴趣。因此，就像我们在整个咏叹调中不断地听见唐璜，这样，我们在一些地方听见爱尔薇拉，她在场作为一个见证同所有其他的见证一样地有效地[202]显现在这舞台上，不是因为她所具的某种偶然优势，而是因为（既然那方法同样地保持不变）一个人的情形就是所有人的情形。如果勒波拉罗是一个人物或者一个反思透彻的人格，那么一个这样的独白是让人很难想象的，但恰恰因为他是一个音乐性的形象，他沉没在唐璜之中；因此，这一咏叹调有着如此重要的意义。它是对整个唐璜的生命的一种再造。勒波拉罗是那叙事性的讲述者。无疑，一个这样的人对自己所讲述的东西不应当是冷漠或者无所谓的，但他还是应当对这讲述的东西保持一种客观的态度。这情形却不是勒波拉罗的。他完全地被他所描述的这种生活迷住了，在唐璜那里，他忘记了自己。这样我又有了一个例子来说明“唐璜在所有地方回荡”这话意味了什么。于是，那处境不是在于勒波拉罗和爱尔薇拉关于唐璜的会话中，而是在那支承这全部的心境中、在唐璜无形的精神性在场之中。更进一步在细节上阐述这一咏叹调中的过渡（诸如，它是怎样宁静而不怎么骚动地开始、但随着唐璜的生命在此之中回荡得越来越强而越来越剧烈地燃烧起来，勒波拉罗是怎样在越来越大的程度上被这种回荡卷走、被吹进这些爱欲的微风中并被这些爱欲的微风摇动，它是怎样根据“在唐璜的影响所及范围中的女人性的各种差异”在此之中被听到而相应地进入各种不同的细微差别)，则不是我们在这里所要进行的工作。

如果有人问，歌剧中的哪一个环节是最抒情的环节，那么，这答案就可能会是更不确定而有着怀疑的；相反有一点则几乎是无法被置于任何怀疑之下的，这就是：那最抒情的环节只能够被赋予唐璜，而如果一个次要人物被允许以这种方式来吸引住我们的注意力的话，那么这就会是一种对那戏剧从属关系的违反。莫扎特也留意到了这一点。以这样一种方式，那选择就被明显地限定了，通过更深入的检视，只有这样的可能选择：要么是关于宴会[203]，那大结局的最初部分，要么就是关于那大家所熟悉的香槟咏叹调[204]。就宴会的场面而言，无疑我们在某种意义上能够将它看作是一个抒情的环节，并且，餐中的使人陶醉的饮品、泛着泡沫的葡萄酒、音乐的遥远的喜庆乐调，所有这些都联合起来去强化唐璜的心境，正如他自己的喜庆把一种增强了的光投向那全部的享受，它有着那么强烈的效果，以至于连勒波拉罗都在这一丰富的瞬间被光环化，这一瞬间是喜悦发出的最后微笑、是享受的告别问候。然而，这却更多地是一个处境，而不仅仅是一个抒情的环节。这自然不是因为在这场面中有大吃大喝，作为处境来看这种吃喝就其本身是远远不够的。处境是在于：唐璜被挤迫到生命的最极端边缘的点上。被整个世界追击，那胜利者唐璜除了一个偏远的小房间[205]之外无处落脚。就在生命跳板的这最极端的点上，因为没有欢乐的同伴，他又一次激发起自己胸腔里的所有生命欲望。如果《唐璜》是一个戏剧，那么这内在骚动在处境中要求，它会变得尽可能地短。相反在歌剧中，这处境被保持、被在所有可能的繁荣之中渲染得更壮丽，则是正确的，它听起来只会更狂烈，因为对于听众，它在那深渊里回响，而在这深渊之上唐璜则在盘旋着。

那香槟咏叹调的情形则不同。要在这里寻找一种戏剧性的处境，我想，是徒劳的，但它作为抒情的倾诉反而有了更重大的意义。唐璜对那许多交叉往来的勾心斗角感到厌倦；然而他根本没有衰竭，他的灵魂仍然一如既往地生机勃勃，他不需要快乐的伙伴，不需要看和听葡萄酒的泡沫或者用它来强化自己；他的内在活力在他身上比任何时候都更为强烈和丰富地爆发出来。他被莫扎特一直理想地理解为生命、权力，但他理想地直面着一种现实；在这里，他就好像是理念性的陶醉于自身。在这一瞬间，就算全世界的女孩都围拥着他，他对于她们来说不会是危险的，因为他就好像是过于强大而不愿去施展魅力使她们神魂颠倒，与他在自己身上所享受到的东西相比，甚至现实的最多样的享受对于他也只能是实在太微不足道了。在这里，“《唐璜》的本质是音乐”这句话所要说的东西，真正地呈示了出来。他就仿佛是为我们而让自己消释在音乐之中，他把自己展开成一个音调的世界。我们把这个咏叹调称作了香槟咏叹调，而这不容否定地有着极大的提示性。但是，我们尤其要看到的是，它不是处在一种与唐璜的偶然的关系中。他的生命就是这样的，像香槟酒一样泛着泡沫。并且，就像这葡萄酒中的气泡，当它在内在热烈中沸腾的时候，嘹亮地在它自己旋律中，升起，并且持续地升起，就这样，那享受欲望回荡在那自然力的沸腾中，这沸腾就是他的生命。因此，那把戏剧性意义赋予这一咏叹调的，不是处境，而是这个事实：这里歌剧的主调在其自身之中发声并且回荡着。

无谓的后记

现在，假如在这里所阐述的这些都是正确的话，那么我就再回到我最喜爱的主题：在所有经典作品中，莫扎特的《唐璜》应当被置于最高；这样我将再一次为莫扎特的幸运而高兴，一种真正值得羡慕的幸运，不管是就其自身而言还是为了其自身的缘故，并且因为它使得所有那些稍稍理解他的幸运的人们幸福。至少，我因为（尽管只是很间接遥远地）理解了莫扎特并且隐约感觉到他的幸运而觉得无法描述地幸福；这样，那些完全地理解了他的人，他们又会有怎样更多的幸福啊，他们会怎么地在这个幸运者的身上找到更多同感的幸福啊！

注释

［1］［莫扎特］ Wolfgang Amadeus Mozart（1756—1791），奥地利作曲家和音乐家，从孩提时代起就是卓然出群的全面音乐天才。

［2］［Иοσμος］ 希腊语（kósmos）。希腊自然哲学对有序的世界、世界安排的标示。

［3］［阿克塞尔与瓦尔堡］ 指欧伦施莱格尔（Oehlenschläger）的悲剧《阿克塞尔和瓦尔堡》。

［4］［荷马与特洛伊战争］ 特洛伊的战争为荷马的两部著名英雄诗篇《伊里亚特》和《奥德赛》构建了背景。

［5］［拉斐尔与天主教习俗］ 拉斐尔（Rafael）真名 Raffaello Sanzio（1483—1520），意大利文艺复兴画家，因为罗马希克斯图斯安息堂里的装饰而闻名。

［6］［唐璜］ 莫扎特的著名歌剧 Il dissoluto punito ossia Il Don Giovanni（在丹麦作为《唐璜》而被谈论。克尔凯郭尔称之为《唐璜》）在 1787 年被谱成曲，文字是 Lorenzo da Ponte（1749—1838）所写，是作为一种对来自反改革时代的教化性叙事材料戏剧音乐化表现的传统的延续（克尔凯郭尔在他对莫扎特的歌剧的谈论中，也涉及了一些更早的《唐璜》作品）。克尔凯郭尔把《唐璜》作为他对莫扎特歌剧讨论的文字基础。

Opera i tvende Akter bearbeidet til Mozarts Musik，overs. af L. Kruse，Kbh. 1807；这一翻译的新版本，个别地方作了改动，在 1811 年和 1822 年出版，1811 年版保留了同样的标题，但没有分场；1822 年版的标题是 Don Juan. Opera，又重新有了分场。

［7］想来作者在这里使用这个词是相对于前面的“乐观主义”（Optimisme）而进行文字游戏。“贵人”（Optimat，本意为“理想的、最佳的人”），在罗马帝国是用来标示贵族党派的政治标签。

［8］这里的一些“幸运的元素”，按照直译从哲学意义上阅读都应当

是“那幸运的”。为了满足并非研学西方哲学的读者们的休闲阅读习惯，在哲学和神学意义并不很严格的地方，译者尽可能不使用“那……的”类的哲学或神学概念名词（形容词的名词化概念）。

[9] 这里的一些“偶然的元素”，按照直译从哲学意义上阅读都应当是“那偶然的”。关于“那……的”，见前注。

[10] [Transsubstantiation] 拉丁语。本质变化。中世纪（以及罗马天主教）的教会学说中，这个词被用来标示圣餐诸元素通过仪式而成为基督肉血的变化。在这里：一种揭示出材料的外在表象之下的更为本原的实体的变化。

[11] [一个美学家们的学派] 诸如德国哲学家怀斯（Christian Hermann Weisse，1801—1866），曾出版 *System der Aesthetik von Idee der Schönheit*（《关于美之理念的美学体系》）。但在这里，所指的尤其可能是丹麦黑格尔主义者 J. L. 海贝尔及其学派。该学派遭同时代的批评，指责它片面强调美学中的形式。

[12] [黑格尔……强调那材料的意义……] 黑格尔（Georg Wilhelm Friedrich Hegel，1770—1831），德国哲学家，1801—1805 年在耶拿任特别教授，1816—1818 年在海德堡任教授，从 1818 年到其逝世在柏林任教授。这里所针对的是 *Vorlesungen über die Aesthetik*（中译为《美学史》）。

[13] [Batrachomyomachi] 希腊文蛙与鼠之间的斗争，是一个托荷马之名流传下来的对那些荷马英雄史诗们的拙劣模仿。

[14] [Receptionsstykke] 一项使得一个艺术家得以进入艺术学院的创作。

[15] [没有什么云……拿走] 见《使徒行传》1：9 中的耶稣升天：耶稣被拿上天，他的弟子们看着，“有一朵云彩把他接去了，便看不见他了”。

[16] [formende Virksomhed] 对照著名的哲学表达“nisus formativus”，构形（创造）愿望；创造力。

[17] [这个万神殿] Pantheon，罗马的庙宇。在这里被用作一个意象来标示那些“经典的”艺术作品的圣地，许多著名的人物都葬在这里。

[18] 蛾（sværmer），在丹麦语中同时也有梦想家、空想者、狂热的人的意思。

[19] Inderlighed，在这里我译作内在性，但是在一些地方我也将之译

作真挚性。

［20］原文为拉丁文 eo ipso（正是因为这个原因）。

［21］这里的一些“历史的元素”，按照直译从哲学意义上阅读都应当是“那历史的”或者“那历史性的”。关于“那……的”，见前面的注释。

［22］［歌德的《浮士德》］ 歌德（Johann Wolfgang von Goethe，1749—1832），德国诗人，多次用很多部分反复地写他的悲剧，从 1774—1775 年的原始浮士德（在 1887 年第一次被发现）到 1790 年的浮士德碎片，再到 1808 年从悲剧的第一部分到第二部分，在 1831 年完成了五幕的第二部分。歌德通过自己的作品对他从描述浮士德形象的德国民俗书（1587）中得到的材料进行了极大的文学和戏剧加工。

［23］［贺拉斯］ Quintus Horatius Flaccus（公元前 65 年—前 8 年），罗马诗人。

［24］原文为拉丁文：exilis domus est，ubi non et multa supersunt。

“那房子，在此之中没有很多既是多余（又避免了主的注意）的东西，是贫穷的。”引言出自贺拉斯的 *Epistolarum* 1，6，45，i Q. Horatii Flacci opera，铅版印版本，Leipzig 1828，ktl. 1248，s. 223.

［25］［在很多次以很多方式］ 这一表述出自《希伯来书》的开首：“神既在古时候借着众先知，多次多方的晓谕列祖。”

［26］［大胆犯险就赢了一半］ 丹麦谚语。

［27］在这里，可以看出区别于黑格尔的德国唯心主义体系的模式。可以参看谢林的《先验唯心主义体系》。

［28］“形成”（blive til），也就是说，“进入存在”。

［29］［encliticon］ 希腊语法上的用词：一种短促的非重读词与自己前面的词构成一个重音单位，而无独立重音。

［30］“灵魂性的”是处在“肉体的”和“精神的”之间的。

［31］［如果……发生在他身上］ 也就是发生在普绪克身上的事情。

［32］“代表性的关系”（repræsentativt Forhold）。在哲学中，若认为客体世界在主观意识中有着准确的代表物，那么这种认识论就把主客观关系理解为代表性的关系。否则也可以以别的形式来领会，比如说，认为在主观中的各种观念不是对客体的代表，而是主观自身所给出的解释或解说。对于克尔凯郭尔在这里所用的“代表性的关系”是与“希腊式的关系”区别开的，下文中有“那代表的理念是通过基督教而被带入世界的”说法。

作为译者我无法找到更多历史背景上的说明，因此只能够给出这样的一个注脚。在下文中，这一概念还会不时出现。

［33］原文为拉丁文：præterea censeo，“另外我认为”；针对这说法：“Præterea censeo Carthaginem esse delendam”（另外我认为，迦太基应当被毁灭）。罗马议员老加图以此来坚持着地终结他在罗马议会中的演说。

［34］［半途皈依者］　一个非犹太人在犹太国里寄居多年而没有转信犹太教，因此他只能去耶路撒冷的寺庙的一道特定的大门。

［35］［狄安娜……甚至在自己出生的时候］　罗马神话中青春和贞洁女神，但也是生育女神。在她的母亲拉托娜（在希腊神话中是莱托 Leto）生产狄安娜的孪生弟弟阿波罗的时候，她起了作用。由于狄安娜看见她母亲在生产时所承受的痛苦，她请求自己的父亲朱庇特（希神为宙斯），她愿一生为处女；这一请求得到了满足。

克尔凯郭尔把狄安娜在其母生产其孪生弟弟时的助产扩展成把狄安娜自己的出生也包括在内了。

［36］原文这里是德语 Karrikaturen des Heiligsten“最神圣者的漫画”。

［斯蒂芬斯……的前言］　斯蒂芬斯（Heinrich Steffens，1773—1845），德国—丹麦诗人。在他的《最神圣者的漫画》（*Caricaturen des Heiligsten*）的《引言》（“Einleitung” bd. 2，s. 82—120）中斯蒂芬斯对“语言和音乐相对于耳朵和听觉作为最精神性的感觉”作了深入的探讨。

［37］这里用“直接者”这个词纯粹是因为出于语感上的需要，但不是准确的。准确的翻译应当是：音乐持恒地在“那直接的”的直接性中表达“那直接的”。

［38］［音乐……基督教的世界］　这一对音乐史的（罗曼蒂克式的）观点是由德国诗人作曲家和影响深远的音乐哲学家霍夫曼（E. T. A. Hoffmann，1776—1822）在他的 *Beethovens Instrumental - Musik*（《贝多芬的器乐曲》）（出版于 1813 年和 1814 年。一个作为对贝多芬第五交响曲的评论的版本则在 1810 年已经出版了）以及在他的 *Alte und neue Kirchenmusik*（《旧的和新的教堂音乐》）（出版于 1814 年）之中首次表达出来。

［39］［莫扎特……皇冠］　在 H. G. Hotho 的 *Vorstudien für Leben und Kunst*（Stuttgart og Tübingen 1835，ktl. nr. 580）中，《唐璜》被称作“Gipfel dramatischer Opernmusik”（顶级戏剧性的歌剧音乐）。

［40］［石头也会开始说话］　《路加福音》19：40，在此之中一些法

利赛人要求耶稣去管教自己的弟子，对此耶稣回答："我告诉你们，若是他们闭口不说，这些石头必要呼叫起来。"

［41］［长老会会员］　"Presbyterianer"：长老会教派的成员。长老会是一种新教（加尔文教派）的信仰社团，社团由"最老者"（长老）和牧师领导。在苏格兰和美国传播很广，被公认为是一种清教徒的生活态度。

［42］原文为德文："Wir Presbyterianer halten die Orgel für des Teufels Dudelsack, womit er den Ernst der Betrachtung in Schlummer wiegt, so wie der Tanz die guten Vorsätze betäubt.（德语：我们长老会会员们把风琴看作是魔鬼的风笛，它借此来哄那沉思的严肃入睡，就像跳舞麻醉那些善的意图）。"

［阿奇姆·冯·阿尔尼姆的小说……那些善的意图］　指的是德国作家和出版者路德维希·阿奇姆·冯·阿尔尼姆（Ludwig Achim von Arnim，1781—1831）的小说 *Owen Tudor*。出版于1821年，以1803年在英格兰的旅行经历为背景。在小说开始的时候，小说中的"我"同一个他所不认识的长老会会员谈论舞蹈和音乐。针对"我"所提出的问题，音乐是不是一方面可以被用于各种有罪的事物，另一方面也在风琴中被崇高化而用于去以一种尊严的方式再现和表达对信仰的献身。长老会会员回答："我们长老会会员们把风琴看作是魔鬼的风笛，它借此来哄那沉思的严肃入睡，就像跳舞麻醉那些善的意图。"

［43］原文为拉丁文 instar omnium，意为"和所有其他的一样地有效"。

［44］［虽然我们的时代……可怕的证据］　也许是针对同时代对那特别而著名的伟大小提琴家帕格尼尼（Niccolo Paganini，1782—1840）的理解，他们将之理解为魔性的。

［45］原文为德文：Irische Elfenmährchen，即《爱尔兰诸精灵的童话》，根据 Thomas Crofton Croker 的 *Fairy Legends and Traditions of the South of Ireland*（London，1825）由格林兄弟（J. & W. Grimm）翻译为德文（Leipzig 1826，ktl. 1423）。这里提及的是《小小的吹风笛者》（Der kleine Sackpfeifer），讲一个吹风笛的人，用他的演奏来对有生命和没有生命的东西都施巫术。

［46］［第一阶段］　以下列出的三种音乐的情欲的阶段是基于莫扎特的歌剧而从一段笔记中的一个想法里发挥出来的。这段笔记是写于1837年

1月26日，克尔凯郭尔恰恰是在1837年1月26日晚上在皇家剧院第一次听了《魔笛》。

[47] [《费加罗》中的侍从]　切鲁比诺，爱上伯爵夫人的年轻人（但在总体上他也爱上所有他遇上的女人）。是莫扎特的Le Nozze di Figaro中的人物，该歌剧创作于1786年，是为Lorenzo da Ponte的剧词而作。剧情是建立在博马舍（P. A. C. de Beaumarchais）的戏剧《费加罗的婚礼》（Le mariage de Figaro，1778）。

[48] [opera seria]　严肃歌剧。在这里，这个名称被用来表达歌剧对宣叙调而不是对白的使用。莫扎特使用这个名称本身意义，但是，不管是《费加罗的婚礼》还是《唐璜》都不属于这种意义上的严肃歌剧。在本原的意义中，所谓严肃歌剧是说，在作品的人物、情节的严肃和诗意音乐性的风格方面有着特定习俗规范的那种庄重的宫廷歌剧。对于这里所谈到的（以及一部分其他的）莫扎特歌剧，这是说，它们把传统的喜剧性和严肃性体裁混在了一起。

[49] 这里的一些“被欲求的东西”，按直译本来都应当是“那被欲求的”。

[50] 原文是拉丁语：et apparet sublimis，意为“并且在空气中萦舞着地呈现出来”，对照“Adparet liquido sublimis in aere Nisus”（在清晰的空气中尼苏斯萦舞着地显现）出自古罗马诗人维吉尔的Georgicon 1，404。

[51] [就像托尔通过一只角来吮吸，角尖抵在世界的大洋里]　在北欧神话里，雷神托尔在乌德皋斯洛克家里无法喝干他的饮之角；事后乌德皋斯洛克透露出来，这饮之角是连着大海的。这事件在比如说欧伦施莱格尔的长诗《托尔去肴仝海姆的旅行》中又被重新描述。

[52] 原文为拉丁文neutrius generis，即“中性的”。

[53] [一句简单的台词]　针对第一幕第五场：“切鲁比诺：把它读出来，为伯爵夫人、为芳谢德、为你自己、为玛尔瑟丽娜！苏珊娜：为老玛尔瑟丽娜？哈！哈！哈！哦，他完全是在发神经！切鲁比诺：对啊，也是为了玛尔瑟丽娜！为什么不？她是女子，她是女孩——一个女孩，一个女人！”

[54] [苏珊娜]　费加罗的新娘，伯爵夫人的侍女。

[55] [玛尔瑟丽娜]　在苏珊娜和玛尔瑟丽娜之间有着一种嫉妒关系，直到有一天水落石出，玛尔瑟丽娜是费加罗的母亲。

［56］［伯爵夫人］　伯爵的正直的爱着伯爵但是被辜负的妻子；是歌剧中真正的 opera seria（严肃歌剧）角色。

［57］［甚至六十岁……的名单］　引用第一幕的目录歌，侍者勒波拉罗唱唐璜所征服的女人的名单。

［58］［祝贺……吻别苏珊娜］　麻烦而花痴的切罗比诺多次破坏了伯爵自己的相应计划，为了摆脱切罗比诺，伯爵把他送到塞维拉，让他在那里成为军官。在切罗比诺离开之前，伯爵允许他拥抱苏珊娜“最后一次!”费加罗就此情景为切罗比诺唱一首温柔而嘲讽的欢呼之歌，他把切罗比诺称作“你这个小军官!”第一幕，第八场。

［59］［吻印］　在切罗比诺打扮成一个女孩把一捧鲜花交给伯爵夫人时，她吻了切罗比诺的额头，第三幕，第十三场。Figaros Givtermaal eller Den gale Dag，s. 109. 后来他唱关于这吻：“哦，它在我额上，将使我幸福，哪怕我被判上一千年的监狱!”第三幕，第十五场。

［60］［要不我们……这一点了。］　台词是编出来的，但是相关地对应于第一幕第八场的对话：伯爵夫人：“啊，他是那么年轻!”伯爵：“不像你以为的那么年轻!”

稍后在同一场里：伯爵：“我从我的团里给他一个连——但有一个条件，他得马上上路。”

［61］［《魔笛》中的帕帕吉诺］　帕帕吉诺，一个童话般的快乐的捉鸟人，莫扎特的《魔笛》中的诸主人公之一。魔笛（Die Zauberflöte）的音乐是莫扎特在 1791 年为 Emanuel Schikaneder（1751—1812）的剧词作的曲子。

［62］［塔米诺］　Tamino。王子，在帕帕吉诺的伴随下，经受了各种考验，最后他取得了胜利并与自己所选择的帕米娜结合了。帕帕吉诺和塔米诺在许多方面是都是对立的反差：塔米诺是勇敢的并且准备好了为真相、美德和公正而斗争，而帕帕吉诺——当然并非完全绝对地——满脑子食物、酒和女人。然而不管怎样，他们是伙伴，虽然帕帕吉诺到后来渐渐放弃了去追随塔米诺走那艰难的道路。

［63］Tilblivelse：（名词）是动词“at blive til（成为、进入存在）”的名词化。有时候我也将之译作“成为”，看上下文而定。这个词在克尔凯郭尔著作中是一个重要概念。

［64］［veni - vidi - vici］　拉丁语，“我来、我看、我征服”。凯撒

(Gajus Julius Cæsar. 罗马的军事首领和统治者）于公元前47年在泽拉打赢了与本都国王帕尔纳克斯（Pharnakes，公元前100—前44年）时这么说。

［65］［第一咏叹调］　在第一幕第二场“你们在这里看见一个捉鸟人”。

［66］［钟乐］　可能是指向帕帕吉诺在第二幕第二十三场的咏叹调：“一个作配偶的女孩/就是我所想要的!”带着钟乐。

［67］［与塔米诺］　针对那介于帕帕吉诺和帕米娜的对唱，在这里被克尔凯郭尔误写为塔米诺：“那个充满了情欲之火的男人”第一幕第十四场。在这一对唱中帕帕吉诺和帕米娜在一种对婚姻的伦理追求中达成统一。而这恰恰是和帕帕吉诺形象的其他方面不符的。审美者A感兴趣的不是这一类婚姻伦理的东西。对唱的结束句是：“赞美你，哦，丈夫。”

［68］［与帕帕吉娜］　与帕帕吉娜的对唱在第二幕的结尾，“帕—帕—帕—帕帕吉娜”紧接着帕帕吉诺的自杀尝试和他的情人帕帕吉娜的出现，与帕米娜的对唱中的线索重新出现，在这里赞美爱情和有孩子的家庭生活。参看《魔笛》第二幕第二十九场。

［69］［贺拉斯笔下的农民］　引自罗马诗人贺拉斯（公元前65—前8年）Epistolarum 1，2，42。

［70］原文是拉丁文：rusticus exspectat，dum defluat amnis，意为“那乡巴站着等待，溪水流干”。

［71］［大卫……恶劣心情］　《撒母耳记》上（16：23)。每一次来自上帝的恶魔到扫罗那里，大卫就弹琴，恶魔就离开扫罗。扫罗就好了。

［72］原文为拉丁文 in parenthesi，即“在括号之中”。

［73］［那个男人的演奏……倾听］　可能是指下面的诗句：“当他嬉戏于奔流的河中/这声音鸣响在群山的房厅/于是游鱼停下来倾听/一只鸟在山谷之上歌唱”，出自诗歌《山女》。

［74］［Schikaneder］　《魔笛》的剧文作者。

［75］［丹麦语翻译者］　Niels Thorup Bruun（1778—1823），丹麦作家。他为皇家剧院翻译和加工了213部戏剧和歌剧。

［76］［帕帕吉诺……自然人］　在第二幕第三场：“我是——这样是那些博学的人们称呼我：一个为吃喝睡而感到满足的自然人——并且虽然那可能是不小心碰上的，一个漂亮的小妻子!”

［77］原文为拉丁文 instar omnium（和所有其他的一样地有效)。

［78］［那些……歌词］　“也不是在我的捕鸟网/我抓住每一个可爱的小孩/我把笼子装满/装的是每一个甜美微笑的女孩/而那可爱的/我为我自己选来做妻子/然后我把所有别的都放出来/抓吧，谁想要一个新娘!”

［79］直译的话就是“那无害的”。

［80］［去在……寻找他的快乐］　指和帕帕吉娜在第二幕第二十九场的对唱“上天授予我们所有它的好运气/那时许多许多帕帕吉诺帕帕吉娜/增大我们喜悦的数字!”指与帕帕吉娜的对唱。在第二幕，第二十九场：“上天把它的运气赋予我们/那时许许多多帕帕吉娜帕帕吉诺们/增大我们喜悦的数字!”

［81］在“那唯一的”之中只有唯一的一样东西。只有在“那多样的”之中才谈得上“那单个的”（“那个别的”）。

［82］［海捕信 Stikbrev］　从一个当局发给某人的关于一个想要抓住一个人的信，或者对希望抓住一个犯人的公开的通缉令，有着对那要被抓的人有着细节性的描述。

［83］Bravo（好极），schwere Noth，［严重的急需（德语）］Gotts Blitz［上帝的闪电（德语）］bravissimo［好极了（意大利语）］。

［O! bravo … bravissimo］　德语。“哦! 好啊! 真是天晓得啊。好极了。”

［84］［Dr. Hotho］　Heinrich Gustav Hotho（1802—1873），德国，柏林的教授，出版黑格尔的《美学史》（*Vorlesungen über die Aesthetik*）。这里所指是 *Vorstudien für Leben und Kunst*，其第一部分几乎完全是仅仅讨论莫扎特的《唐璜》，以一种自身叙述的形式，其中就有一篇对布拉格的一场表演的丰实的解说的再现。

［85］代表（Repræsentationen）。见前面的对“代表性的关系（repræsentativt Forhold）”所作注脚。

［86］原文为拉丁文 sub una specie，即“以一种形式”。

［87］原文为拉丁文 sub utraque specie，即“同时以两种形式”。

［sub utraque specie］　sub una specie 和 sub utraque specie 这两个拉丁语表达影射了那数百年的传统天主教圣餐仪式。按照这种传统，普通信众只能得到面包（sub una specie 圣餐），而牧师则得到面包和红葡萄酒（sub utraque specie 圣餐）。

［88］［瓦格纳 Wagner］　在歌德的《浮士德》中，浮士德的助手叫

瓦格纳。

［89］［堂吉诃德有桑丘潘沙］　Don Qvixote 堂吉诃德是西班牙诗人塞万提斯（Miguel de Cervantes Saavedras）著名模仿骑士小说中的主人公。Sancho Pansa 桑丘潘沙是堂吉诃德的骑士随从。

［90］［唐璜有勒波拉罗］　唐璜的仆人叫勒波拉罗。

［91］［autochthonisk］　本土的；本原的；出自希腊语 autos “自身”和 chthōn “土”、“地”，就是说，出自大地自身、本土的，但是也掺杂着希腊语 chthónios 的声音，“源自、从属于土地”。

［92］原文为希腊文 σκανδαλον（冒犯愤慨）。

［σκανδαλον］　希腊语（skándalon）冒犯、愤慨；这个词多次在新约全书中出现。

［93］在这里我将 indesluttede 翻译为“内向的”，因为这是在一般的意义上。但在某些关联中因为需要用到这个词中“关闭”的字面上的意义，所以，有时也翻译为“内闭的”。

［94］［Venus－Bjerget］　维纳斯山。关于维纳斯山的理念，作为有形的性别性（seksualitet）的特殊地点（在一座空洞的山中），在 15 世纪的上半叶常被人谈及，而尤其是通过 16 世纪初被保存下来的 Tannhäuserballaden 而闻名。

［95］［民间书］　可能是指向《那在全世界闻名的矿石—黑色—艺术家和魔术师约翰·浮士德博士，以及他与魔鬼的联盟、充满惊奇的生活和可怕的终结》，哥本哈根出版。关于历史人物约翰·浮士德博士（约 1490—约 1540），炼金术士和魔术师，有很多传说，其中就有他要和魔鬼本人立约。民间书为这一关于那流浪四方的浮士德博士的传说般故事传统加上了一种宗教—道德的加工。

［96］［未来的无固定薪水大学教师或者大学教授］　可能是指向马腾森（H. L. Martensen）的一本小书《关于勒瑙的浮士德》（*Ueber Lenau's Faust*）。此书被加插进了他的论文《对浮士德理念的思考》的最后一部分。马腾森（1808—1884）在 1837 年答辩了自己的证书论文（licentiatafhandling），第二年成为讲师，在 1840 年成为神学非常教授（ekstraordinær prof. i teologi）。

［97］［歌德写着一本浮士德］　《浮士德》出版是在 1790 年到 1832 年。

［98］［特烈布勒尔的寡妇 Triblers Enke］　当时的路标上这样写“E. M. Tribler. Bogbinder Enke. Holmensgade 114”（E. M. 特烈布勒尔。订书人的寡妇。霍尔门斯街 114）。订书人特烈布勒尔死于 1818 年，他的寡妇伊丽莎白·玛格丽特·特烈布勒尔继续经营出版社的书店，出版和出售民间书、街头歌谣以及类似的东西。商店本来是在乌尔克街 7 号，1823 年被改成霍尔门斯街 107 号。在 1823 年她买下霍尔门斯街 114 号的房子，他的儿子，订书人 P. W. 特烈布勒尔在她死后继续经营，从 1829 年一直到 1839 年。

［99］［哈尔姆广场的一个贩歌妇那里］　贩歌妇们在街头和集市里叫卖单面印刷的歌谣。在克尔凯郭尔的时代哈尔姆广场就在今天的市政广场的地方。

［100］［不断地在“今年面世”］　讽刺那种“本年印刷”的说法。印书人常常把这说法印在民间书和街头歌谣上来保持其时鲜感。

［101］［那用来构成布尔戈尔的《列诺尔》的那几个段落］　指德国诗人布尔戈尔（Gottfried August Bürger，1747—1794）所写的歌谣《列诺尔》（1774）。参看 *Bürgers Gedichte*, Gotha 1828，s. 48－57。在歌谣中讲述一个死去的武士在晚上骑马去找自己的所爱的人并把她带回自己的坟墓，jf. “‘Graut Liebchen auch？.. Der Mond scheint hell！/ Hurrah！die Todten reiten schnell！/ Graut Liebchen auch vor Todten？’－/‘O weh！Laß ruhn die Todten！’－－”（我的所爱不害怕吗？月光映照这么亮！/ 乌拉！死者们骑马好快！/我的所爱不害怕死人吗？/哦，噢！让那些死者安息吧！）s. 54. 歌谣可能是基于一支中世纪的歌，在布尔戈尔的时代人们只知道很少的段落。

［102］［现在的这个数字 1003］　按照勒波拉罗的记录，唐璜在西班牙所征服的女人的数目。参看《唐璜》第一幕，第六场。在 Tirso de Molina（本名 Gabriel Tellez（1571—1648）最早的知名唐璜文学作品 El Burlador de Sevilla 的作者，——写于大约 1620 年）没有这数字，在莫里哀那里也没有，在 G. Bertati（1735—1815）为 Giuseppe Gazzaniga（1743—1818）的歌剧 Don Giovanni o sia Il convitato di pietra（“唐璜或者石像客”在莫扎特的歌剧之前的一年内首演）的歌词中也没有。这三部作品属于莫扎特和 da Ponte 歌剧作品之前的最重要原创来源了。

［103］直译的话就是“那喜剧的”。

［104］［那些泛着泡沫的波涛……生物］　可能是指图版 CXV 的 "Wellenmädchen"（波浪女孩），W. Vollmer Vollständiges Wörterbuch der Mythologie aller Nationen, Stuttgart 1836, ktl. 1942—1943。

［105］［如他自己所说］　在引进的咏叹调中，勒波拉罗抱怨自己站在门外，而唐璜则在多娜·安娜家里面。

［106］［赫尔库利斯……女儿的家族］　在罗马神话中，年轻的赫尔库利斯杀死了那头施虐于国王特斯匹欧斯的牧群的库台荣尼狮子，因此他得到了在特斯匹欧斯家住两个月的报偿。因为特斯匹欧斯想要获得英勇而强壮的赫尔库利斯的后代，因此他让他的所有 50 个女儿都去和赫尔库利斯同房，她们为他生了 52 个儿子，就是说，其中有两个生了孪生子。

［107］这里的这个"片刻"（Moment）这个词在黑格尔哲学中被用到，是作为环节，——发展中的环节，或者统一体中的环节。

［108］直译的话就是"那辩证的"。

［109］［朱庇特］　罗马神话中的最高神；常常同一于希腊神话中的宙斯，在两种神话中都有许多爱欲的历险记。

［110］［"见她"和"爱她"］　指台词"去见查尔斯和爱他是值同一个瞬间的价"，出自斯可里布的《最初的爱》。

［111］［第二侍者咏叹调］　见前面注脚"名单咏叹调"。

［112］这里的这个"片刻"（Moment）这个词在黑格尔哲学中被用到，是作为环节——发展中的环节，或者统一体中的环节。

［113］［泽尔丽娜］　在《唐璜》中泽尔丽娜（Zerlina）和马瑟多（Masetto）是年轻的一对，他们的婚礼和婚姻幸福因为唐璜试图诱惑泽尔丽娜而受到威胁。

［114］原文为意大利语 pur chè porti la gonella, voi sapete quel chè fà（如果她只穿了一条裙子，你就很清楚他做什么）。

［pur chè porti … quel chè fà］　意大利语"如果她只穿了一条裙子，你就很清楚他做什么"。勒波拉罗所唱目录歌的结尾。克鲁斯的丹麦语翻译，本来在《非此即彼》中所用的翻译版本，有着完全另一种结尾（所有的版本都是如此）。在一个 1822 年的版本是："而她们马上谢去/在圈住她们火焰中/他还要来摘新的！"

［115］直译的话就是"那不寻常的"。

［116］直译的话就是"那寻常的"。

［117］［爱尔薇拉］　Elvira，爱尔薇拉想要对诱惑和背叛了她的唐璜进行报复。她在她自己生机尚存的爱情和麻痹性的恨之间徘徊。

［118］［因为丹麦翻译者的缘故］　这一评论想必是出自谨慎，因为这一情形也是在意大利语版本中的情形。在克鲁斯的丹麦语翻译中，唐璜唱有诸如这些关于爱尔薇拉的词：“哈！那么她是和各种恶精灵定了契约了！”而后来“在苦思中烦恼”的唐璜唱：“遭天谴的！难道我的全部计划/都要在这里翻船？噢！在我又看见她的/那一瞬间，我的心跳沉重。/在她的眼里燃烧着一道火焰/就像一个来自另一世界的生灵/给予它生命。”

［119］［机关算尽的欺骗/snedige Anløb］　用词可能是来自《以弗所书》（6：11）：“要穿戴神所赐的全副军装，就能抵挡魔鬼的诡计。”

［120］［阿奇姆……诱惑者］　指阿奇姆·冯·阿尔尼姆（L. Achim von Arnim）的小说 *Armuth*，*Reichthum*，*Schuld und Busse der Gräfin Dolores* bd. 1—2，Berlin 1810；bd. 2，s. 21。在这里阿奇姆·冯·阿尔尼姆谈论伯爵夫人的诱惑者（不同于唐璜）：他不是对每一个女人都是感官性的，而只是对那些重感官性的他就感官性展开，而与那些有着严厉的道德感的在一起，他就急切地让生命从善，与那些宗教性的一起他能够祷告；于是接下来：“如果唐璜有着他的这种多面性，那么唐璜就能得助于魔鬼的祖母而说服魔鬼把他放出来。”

［121］这就是《诱惑者的日记》中的关键。

［122］“反思”（Reflex）这个词在物理世界中的本来意义是“反射”、“反光”。

［123］［切罗比诺……跳出来］　在《费加罗的婚礼》的第二幕，第六场，切罗比诺逃掉以避免伯爵对他和伯爵夫人有嫉妒。

［124］［看……幸运儿了］　引自《费加罗的婚礼》第二幕，第六场：“看，他这么跑——那么，这让他在女孩子们那里不成了征服者吗！”

［125］［在泽尔丽娜进入舞蹈之前］　指唐璜家的盛会，在《唐璜》第一幕的终曲。

［126］原文为德文 richtig，das weiß man nicht（对的，这个，人们不知道）。

［127］［克鲁斯让……那婚礼］　随意引用克鲁斯的丹麦语翻译《唐璜》第一幕，第八场，在这里所有三个版本都这样的台词：“快乐的孩子们！不要被我的话打扰；/你们全都穿戴得就好像是要去参加婚礼！”

［128］［那些较小的神秘仪式］　在阿提卡有两种年度的艾琉西斯秘密仪式。较小的艾琉西斯秘密仪式是在二月份，为那九月份的大艾琉西斯秘密仪式做准备。

［129］［一代人的年龄］　针对一般的说法，一代人持续32年。

［130］［那归属于皇帝的一份］　也许可以关联到《马太福音》的说法，(22：21)："他们说，是凯撒的。耶稣说，这样，凯撒的物当归给凯撒，神的物当归给神。"

［131］［听啊，听，听莫扎特的《唐璜》］　指第二幕，第十九场，唐璜和勒波拉罗被石像寻访。

勒波拉罗：我不曾经历过这样的东西；/ 它们不会移动到别处去 / 大理石像显现得更近，/ 没有什么东西可以抵挡它的威力；/ 沿台阶向上它到处走 / 它的脚步马上就到我们门前，/听，听，听！

唐璜：赶走这种愚蠢的想法。

勒波拉罗：听，听，听！

唐璜：葡萄酒把你弄糊涂了。/ 有人敲门。

［132］直译的话就是"那浮士德式的"。

［133］直译的话就是"那理想的"。

［134］原文为"哪里会有一个年轻人不曾在自己的生命中有过一些瞬间，愿意给出自己的一半王国去成为一个唐璜，或者乃至给出那整个王国；哪里会有一个年轻人不曾在自己的生命中有过一些瞬间，愿意给出自己的一半生命的时间去做一年的唐璜，或者乃至给出自己的整个生命时间?"因为拗口，该述为现在的句式。

［135］原文为拉丁文 Ilias post Homerum（荷马之后的伊里亚特）。

［Ilias post Homerum］　拉丁语，"荷马之后的伊里亚特"，一句成语，表达某种多余的东西，在先前曾会是更好的，但来得太晚了。

［136］［莫里哀的唐璜］　莫里哀的 Don Juan ou le festin de pierre（1665）。莫里哀（Molière）法国喜剧诗人 Jean Baptiste Poquelin（1622—1673）的笔名。

［137］［穆塞乌斯］　Johann Karl August Musäus（1735—1887），德国作家和讽刺童话家。

［138］［蒂克］　Johann Ludwig Tieck（1773—1853）。德国诗人和翻译家，以他对中世纪神话传说的罗曼蒂克式的改写闻名。

［139］［海贝尔的《唐璜》］ Johan Ludvig Heiberg（1791—1860）。丹麦作家、编辑和评论家。1828—1839 年，在皇家剧院的剧作家和翻译家，之后剧院的审查者，1829 年获得教授头衔，1830—1836 年在皇家军事高校中任逻辑、美学和丹麦文学讲师。海贝尔在当时是居领导地位的美学审品者。他对莫里哀《唐璜》的译改以《唐璜·四幕木偶剧》为标题载于《木偶剧》杂志之中，他在《前忆》（Forerindring）中写道，他希望赋予剧作一种木偶戏的效果，因此他在许多不很重要的地方不得不与莫里哀的剧本有所不同，他在计划以及完成过程中绝大部分是遵照莫里哀的本子。另一些重要分歧的地方，他冒险按照自己的对这一观念的个人观照来改写。《唐璜》被收录于《海贝尔全集·戏剧卷》（*J. L. Heibergs Samlede Skrifter. Skuespil*）。在之中他将剧本称作《唐璜·四幕木偶剧》，并且在扉页上作说明“（部分地根据莫里哀)”。

［140］［豪赫教授］ Johannes Carsten Hauch（1790—1872），丹麦作家和动物学家，从 1826 年到 1846 年在 Sorø Akademi 教授自然科学。豪赫写有悲剧《唐璜》。

［141］［芭蕾舞］ 指根据莫里哀戏剧改编的芭蕾舞剧 Don Juan，ou le festin de pierre（Wien 1761），由 Christoph Willibald Gluck（1714—1787）和舞蹈指导 Casparo Angiolini（1731—1803）基于莫里哀戏剧编写。基于这一作品，一场新的唐璜芭蕾舞于 1781 年在皇家剧院上演，由原意大利的芭蕾大师（和作曲家）Vincenzo Galeotti（1733—1816）演出。

［142］［拜伦］ George Gordon Byron，Lord Byron（1788—1824）。英国诗人，拜伦有间歇地不断创作着自己的未完成的诗歌《唐璜》，从 1819 年直到他死。

［143］原文为拉丁文 eo ipso，恰恰因此。

［144］也就是《诱惑者的日记》中的那个诱惑者。

［145］［在莫里哀的领会中有着一个简单的暗示］ 指第一幕第二场："我的爱情是以疯狂开始的"，参看海贝尔的译改："从嫉妒，我的爱情开始。"

［146］ ［5 Rbd］ Rbd 是王国银行元（rigsbankdaler）的简称。在 1840 年，5 元国家银行币足够用来作为一个手工学徒的一星期工资。

［147］［著名的喜剧场景］ 债主底曼谢先生（Monsieur Dimanche）的那一场，第四幕，第三场。在莫里哀剧中他被称作克那菩摩尔先生（Hr.

Knapmaal)；在海贝尔的译改本那里，这人物叫“珀斯克先生”（“Herr Paaske”)。在莫扎特的歌剧中没有相应的场景，相反唐璜以一个满满的钱包来诱回勒波拉罗，第二幕，第一场。

[148] [Sganarels]　莫里哀剧中唐璜的侍者。

[149] [石像]　那唐璜所杀的司令官（在莫里哀那里和在莫扎特的歌剧中都是如此）作为鬼魂以一尊石像为形出现，为了来惩罚。

[150] 丹麦语 Helt 同时意味了男主人公和男英雄。

[151] [一个非常高贵的人的儿子]　唐璜的父亲堂·路易斯在诸如第四幕第四场带着劝导的讲演出场。在莫里哀剧中他叫 Don Lodovico。这角色在海贝尔那里被模糊化了。

[152] [打上架]　也就是说，在第二幕第三场中和夏洛特的情人皮尔洛特打架。

参看歌剧。在歌剧第二幕第五场中唐璜的解除武装和对马塞托暴力冒犯。

[153] [Kallebostrand]　在哥本哈根向南，介于西兰岛和阿玛尔之间的水域。是指海贝尔对《唐璜》的译改，之中全部的舞台场景都是以哥本哈根地理为依据的，但是卡勒波海滩却没有被提及。

[154] [佩德罗和长脚卢卡斯]　莫里哀的 Pierrot 和 le gros Lucas，第二幕第一场。在海贝尔那里叫做 Pedro 和 Lucas。

[155] [一马克八斯伽林]　1 Mk. 8 Sk.：1 mark 和 8 skilling。在海贝尔这里赌注是一个斯伽林。在莫里哀剧译本中是一个里索沃特（“en Rigsort”）就是说 24 斯伽林，相当于一马克八斯伽林。在莫里哀本子里，这赌注是 10 sous。

[156] [爱尔薇拉]　在莫里哀这里，爱尔薇拉成了唐璜的妻子，但是在别的本子里——比如在莫扎特那里——她则是一个被背叛的角色。

[157] [古斯曼]　爱尔薇拉的马夫。参看莫里哀剧中的人物表。在克鲁斯的丹麦语翻译中他也被引进莫扎特的歌剧中。在第一幕，第一场有台词。海贝尔版的台词：“他会高高兴兴地和她的狗和猫结婚，/甚至更糟，你自己，我的朋友，也可以加上去。”莫里哀剧中这里台词稍稍有所不同：唐璜会和“他自己的狗和猫”结婚。

[158] [迷信药物]　莫里哀剧中第三幕第一场。按照海贝尔的译改：“那么这不仅仅是在女孩和葡萄酒上/您是不虔诚的，甚至对药物也这样!”

［159］［第二侍者咏叹调］　名单的咏叹调。

［160］［司令官］　多娜·安娜的父亲，其鬼魂成为上天的报复者。

［161］海贝尔版本中的债主。

［162］［鬼魂］　作为上天报复形象的司令官。

［163］［让他说］　在第一幕，第一场的终结。

莫里哀剧中斯伽纳瑞尔说："但是一个高贵的主人又是一个坏人，这是一件可怕的事情。我不得不与自己的意愿作对而忠实于他，我常常不得不赞同那我内心所厌恶的东西。"

［164］［配偶］　莫里哀剧中人物表中"爱尔薇拉，他的妻"。在海贝尔的人物表中则是"多娜·爱尔薇拉，他的女伴侣"。

［165］［玛图莉娜和夏洛特］　Mathurine 和 Charlotte，在海贝尔的对莫里哀的译改剧中的人物，在莫里哀剧中她们分别叫做 Maturina 和 Carlotta。

［166］［与夏洛特在一起的那一场］　第二幕第二场。在海贝尔的剧中是第二幕第三场。这一场部分地相应于歌剧中介于唐璜和泽尔丽娜的那一个著名的诱惑场景。

［167］［夏洛特和玛图莉娜在一起的那场戏］　第二幕第四场。在海贝尔那里是第二幕第七场。

［168］［戏剧世界的神圣硬币］　可能是指《出埃及记》（30：13）："凡过去归那些被数之人的，每人要按圣所的平，拿银子半舍客勒，这半舍客勒是奉给耶和华的礼物，一舍客勒是二十季拉。"舍客勒既是硬币的名又是重量单位。按照重量，就是说，这是根据神圣奉献品的量来算计的，当时的钱是由金属块构成，钱的价值相当于金属的重量，一个舍客勒的银子就相当于 11 克银子。

［169］［一部这样的戏剧……的毛病］　可能是指海贝尔（J. L. Heiberg）对欧伦施莱格尔悲剧《康士坦丁堡的卫士》（Vœringerne i Miklagard）（1826）的批评。海贝尔在《哥本哈根飞邮报》刊登出自己的批评，比如说，海贝尔请求欧伦施莱格尔想一下，"他是不是在自己的戏剧中让'那抒情性的'获得过多压倒'那戏剧性的'的优势"，并且继续："过于频繁地使用音乐，使得这个剧几乎成为歌剧，导致出了一个骚扰性的效果，因为它把我们吊在介于两种没有共同点的戏剧创作类型间的不确定回旋之中。在歌剧中的音乐就像悲剧中的诗作；如果去问为什么唱，那是没有道

理的。欧伦施莱格尔在其悲剧中用来将歌曲、队伍行列和游行场面混在一起的这种偏爱，是一个新的证据，证明他的天才是更多地抒情叙事的，而不是戏剧的（……）。情节是这样被维持的，那场景获得一种庄严外观，这在现实中只会使人进入宗教献身状态，但是在剧院里对这一庄严感的模仿更多地是在唤起枯燥无聊感。”这批评开始了一场很长的文学争议。

[170] 直译的话就是“那同时代的”。

[171] [安娜]　多娜·安娜，唐璜在歌剧的第一场曾尝试去诱惑她。

[172] [沃塔维欧]　堂·沃塔维欧是多娜·安娜的未婚夫。

[173] [马塞托]　泽尔丽娜的未婚夫。唐璜闯入他们的婚礼，试图以结婚许诺来诱惑泽尔丽娜，第一幕，第七到九场。

[174] [《白女士》]　歌剧于1826年第一次在皇家剧院演出，然后经常在克尔凯郭尔的时代被演出。

[175] 直译的话就是“那抒情的”。

[176] [因唐璜而被设定]　由唐璜确定的。

[177] 原文为拉丁文 in sensu eminentiori（在一种更为显著的意义上的）。

[178] [我曾坐得很近]　克尔凯郭尔在从柏林给自己亲密的朋友，埃米尔·博厄森（Emil Boesen）的一封信中（日期为1842年1月1日）说：“你问及是否我的爱尔薇拉在靠近时是否有趣，对这一问题我以某种方式差不多可以回答了，因为今天晚上在一个包厢里我坐得离舞台非同寻常地近。”

[179] [1 Rbd]　1 rigsbankdaler.

[180] [那司令官的重临]　歌剧中的决定性的审判场景，之中司令官作为石像应了唐璜的邀请真的来和他当堂对账做清算。

[181] [一个鬼魂是我们无法杀死的]　基于巴格森的诗句：“并且，没有，没有娘生的灵魂/能够彻底把一个死者杀死。”

[182] [爱尔薇拉的第一咏叹调]　第一幕第五场，克鲁斯的翻译。1822年版，第一幕，第六场，1807年版。爱尔薇拉以这一咏叹调作为自己在歌剧里的登场曲，这是非传统的，因为唐璜和勒波拉罗都把自己的台词唱进了那一段总体上是作为爱尔薇拉的咏叹调的曲中。

[183] [那咏叹调用来作为终结的那熟悉的一段]　“在这个伪人死去之前/我永远也得不到安慰”，——克鲁斯的丹麦语翻译。

［184］［一段是沃塔维欧的］　也许是指沃塔维欧在第一幕，第十四场的咏叹调，他在多娜·安娜离开舞台后对她的复仇咏叹调的反应（第一幕，第十三场）。原本堂·沃塔维欧在这里并没有一种咏叹调，因为1788年的《唐璜》维也纳演出的关系而又加谱了这个咏叹调。这一咏叹调在克鲁斯的丹麦语翻译本中没有被加入。

［185］［另一段是安娜的］　可能是指多娜·安娜的第二咏叹调，第二幕，第十二场（在克鲁斯的丹麦语翻译《唐璜》的第二幕，第十六场，1807年版和1822年版都是这样），这里，安娜向堂·沃塔维欧解释那封给她的情书。这咏叹调是直接出现在歌剧的最具戏剧性的段落之前，第二幕，第十三到第十六场（在克鲁斯译本中第二幕，第十七到二十场），在这里紧张的程度渐渐强化一直到司令官石像的剧烈来临。

［186］［司令官只上过两次场］　也就是在第一幕，第一场，他被唐璜杀死，以及在第二幕，第十五场（在克鲁斯译本中第二幕，第二十场），他作为石像来和唐璜算账。然而还是有着第三次出场，在这里没有被提及。在第二幕，第十一场，墓地场，唐璜和勒波拉罗看着听着司令官的石像，唐璜挑衅说要请他到家里来吃饭；石像点头说是（在克鲁斯的丹麦语翻译中是第二幕，第十五场）。在霍托那里也有相应的说法，说司令官只上过两次场：在序幕和在终场，尽管墓地一场也被提及。

［187］直译的话就是“那抒情的”。

［188］［前奏曲在最后被创作出来］　通常莫扎特都是在最后创作歌剧的前奏。《唐璜》的前奏曲也是这样，它到很晚才被写出来，以至于在歌剧正式演出之前，这前奏曲没能来得及被预演。

［189］［终曲］　这里是表述第二幕，第十五场（在克鲁斯的丹麦语翻译第二幕，第二十场），之中，司令官来审判唐璜并且伴随着与前奏曲的开始同样的音乐。在莫扎特以及他的同代人那里，终曲是指一幕的最后一个部分，在这部分中不再在单个曲目间运用宣叙调而有着一种更高程度的精致地创作出来的音乐戏剧性形式的登场。在那被作为终曲谈论的这部分之后，接着（至少是在1787年的布拉格演出中是如此）有一场scena ultima（终场），在此之中其他人都上场（在唐璜的地狱行之后），谈论他们的未来蓝图并给出歌剧的寓意：正如人活着，人将死去。这一场却没有在19世纪的丹麦被演出（在德国，在1830年之后也不再演这场），而在克鲁斯的丹麦语翻译中只以这样一种方式出现：在唐璜离开之后，守卫、泽尔

丽娜、马塞托、沃塔维欧和安娜（但没有爱尔薇拉）马上就上场了，并且所有人都“震惊地站着”，这时幕落下。而相反霍托（Hotho）在他对布拉格歌剧《唐璜》演出的翻译中则概述了 Scena ultima。而在霍托的童年时代所演的这歌剧则很明显地以唐璜的地狱行为终结。

［190］［因为我成为……感谢诸神］　可能是指《第欧根尼·拉尔修的哲学史》中所说：“荷尔米普（Hermip）在那些生平描述中这样谈及泰勒斯，就像一些人谈论苏格拉底的情形，他为三样东西感谢幸运：1）他成为了人，而没有成为不会说话的动物；2）成为男人而不是女人；3）希腊人而不是野蛮人。”相应说法在拉柯坦提乌斯（Lactantius）对柏拉图的描述中（Institutionum divinarum，3，19）被说成是柏拉图所说，还加上了：“最后，成为雅典人而且与苏格拉底同时。”

［191］［第一侍者咏叹调］　勒波拉罗在歌剧序幕的引入部分，第一幕，第一场。

［192］［莫里哀……斯伽纳瑞尔独白］　序幕场，莫里哀剧中：“去让亚里士多德和哲学说它想说的，但没有什么东西比得上鼻烟。”

［193］［海贝尔教授的轻快流畅的诗句］　在海贝尔戏剧集之中引言这样说：“尽管有亚里士多德和所有他博学的唠叨，/在世界上却没有什么东西比得上烟草，/每一个亚当的儿子，一个侍者或者伯爵，/那没有烟草的生活不值得去生活，/它不仅刺激而且清洁我们的鼻子，/但美德的 A－B－C 教会我们阅读；/它使得人民有模有样，教他们修养，/让他们去抓住彬彬有礼的纲常。/我们以最大的礼貌将它散发给四周/左右前后向上向下。/我们就根本不等到别人来向我们要，/就像别的东西我们都会等，但，我们到处走/以同样礼貌的方式手上拿着罐子/并且说：请！您能说得价钱么？”

［194］直译的话就是“那戏剧的”。

［195］原文为意大利语 vuol star dentro colla bella（他想要在里面和美人在一起）。

［vuol star dentro colla bella］　意大利语“他想要在里面和美人在一起”，引自勒波拉罗的在第一幕第一场的入场歌。在克鲁斯的丹麦语翻译《唐璜》中，文字被改变了许多；在 1807 年版中，在第三页有这样一个版本的咏叹调开始：“很少有钱，打得更多！/夜里站在外面/而主人在里面笑/这就是我迄今的境况！”这在 1822 年版中重复。在一个现代的对 da Ponte

的意大利文字评论版中有："Voi star dentro colla bella"（你们站在美人的家里面），换一句话说，这是直接对唐璜说的。

［196］［舞蹈的终结］　第一幕的终结。这里的一个例子是唐璜反复地呼叫 "viva la libertà"（"自由万岁"），在第一幕，第二十场，（在被所有人接上之前）被勒波拉罗重复。在克鲁斯的丹麦语翻译中，对自由的呼喊则没有让勒波拉罗唱，而只是由唐璜唱"我们每个人都是自由的！"然后所有人"是的在这里大家都是自由的！"另一个例子是，第二幕中唐璜和勒波拉罗的几乎在歌词和音乐上都重叠的终结词，在此之中他们——尽管稍前唐璜试图把他对泽尔丽娜的侵犯归咎于勒波拉罗——结成了针对所有其他人的共同战线。

［197］［他走掉了］　在第一幕，第六场，克鲁斯的丹麦语翻译（在意大利版本中的第五场），在唐璜从多娜·爱尔薇拉的激情指控中消失并将她留在那里的时候，勒波拉罗唱："对！他走掉了，现在没有什么东西/要阻止我来对你说那纯粹的真相！"于是她现在就被留下来听勒波拉罗和他的叙述唐璜的许多征服的名单。

［198］［耶罗尼姆斯（Jeronimus）到来］　指霍尔堡（L. Holberg）的喜剧《产房》（*Barselstuen*）（1724），第五幕，第六场，在之中霍尔堡就像他常做的那样让那要进入下一场的人物在前一场的结尾处被介绍进来。这一场的终句就是："我唯一想与之在一起说话的就是我的邻居耶罗尼姆斯，他是一个正直的朋友，让我们去他那里，但看！那么巧他正好就来了。"

［199］［第二幕］　指第二幕中的六重唱曲，（第七到）第八场。在1087年版克鲁斯的丹麦语翻译中是在第十一场，之中爱尔薇拉唱道："噢！别杀他！"

［200］［德语版］　《唐璜》的德语文本中，名单中是："Tausend und zwei – nein, Tausend und drei; Sie sind auch dabei"（一千零二，不，一千零三；您也在之中）。

［201］［德式的改善版本］　可能是游戏于德语表达词，一种 "Schlimmverbesserung"（改得更糟的改善）。

［202］原文为拉丁语 instar omnium，即"和所有其他的一样地有效"。

［203］［宴会］　唐璜家的宴会，在爱尔薇拉和后来的司令官到达之前，第二幕，第十三场；克鲁斯的丹麦语翻译第二幕，第十七场。

［204］［香槟咏叹调］　第一幕，第十五场，克鲁斯的丹麦语翻译，

1807 年版。

［205］［一个偏远的小房间］　在克鲁斯 1807 年的丹麦语翻译中，引用到下面的舞台指导说明："在唐璜的小房子里的一个美丽的客厅里。摆设就绪的餐桌；一个小管弦乐队"，第二幕，第十七场，第 114 页。

在 da Ponte 的文字中并没有这样的说明。比较唐璜在墓地场面上的台词："另外，在这些小小的偏僻客厅，/我最近刚租的，几乎没有人来找我，/因为那里的房东也根本不知道我的名字。"

古典悲剧元素在现代悲剧内容中的反映[1]

在一种片断性的努力中的尝试

为同逝者（Συμπαρανεκρωμενοι）[2]所作讲演

如果有人要说，那悲剧的总仍然是那悲剧的，那么我并没有很多想要反驳的，因为每一种历史发展总还是持恒地在概念的范围之内进行。也就是说，在这样的预设前提之下：他所说的话应当是有着意义的，而在他的话中两次出现的这个词“悲剧的”，不应被看作是在“一个无意义的乌有”外面构建一对无意义的括号；在这样的前提下，他的意思无疑就是这个：概念的内容并不废黜概念，而是在丰富概念。另一方面，在“那古典悲剧的”和“那现代悲剧的”之间有着一种本质的差异，这一点不大可能逃过某些观察者的注意，而阅读着的和上剧院的观众则已经觉得这一点是自己有理由去合理占有的东西，就仿佛这是一种他们对于那些艺术内行们的努力所拥有的股份所生出的利润。现在，如果有人在这里再把这差异绝对地确认下来，并借助于这差异，首先是偷偷地，然后也许就是强行地挤进“那古典悲剧的”和“现代悲剧的”之间，那么他的行为和前面所提到的那个人的行为相比并不会少一点不合理，因为他想要的是：由于他必须为自己找到一个立足的支承处，他想让“那悲剧的”本身来作为这支承处，而这样的做法又同样是完全不能够去把“那古典悲剧的”和“现代悲剧的”区分开，倒恰恰是在将这两者捆绑在一起。针对每一种这样的作区分的片面努力，会起到警告作用的做法也可以是，那些美学家们仍然不断回返到亚里士多德对“那悲剧的”所提出的那些定性[3]和要求，将它们作为穷尽概念的定性和要求；这必定会是起着警告作用的，并且尤其是因为它必定以某种忧伤来打动每一个人——不管世界怎样地变化，关于“那悲剧的”的观念在本质上仍然是没有变化，正如“哭泣”对于人仍然继续是同样地自然的。现在看起来好像是，这可以让那不希望任何离异、最不愿看见断裂的人安心了，然而，那刚被驳回的麻烦带着另一种并且几乎是更危险的一种形象又冒出来了。

人们不断地返回到亚里士多德的美学，这不仅仅是出于本分的关注和老习惯，任何一个人，只要他对更新近的美学[4]有所知并且由此而确信我们是多么精确地关联着那些由亚里士多德提出的、对这更新近的美学仍然继续有效的运动点[5]，都会承认这一点。然而，一旦我们进一步考究这些问题，那么麻烦马上就显现出来。也就是说，这些定性是完全很一般的一类，我们完全能以某种方式同意亚里士多德，而同时又在另一种意义上不同意他。为了避免因为在这里马上就作为例子来提及“是什么东西在决定着这麻烦的内容”而过早地进入后面要阐述的内容，我更愿意通过就喜剧来提出相应的考虑来阐明我的看法。如果一个古时的美学家已经说过，喜剧所预设的前提条件是人物性格和处境，而它所要唤醒的是笑[6]，那么人们无疑就能够一而再再而三地回到这点上，但是，一旦人们考虑到，那能够使一个人发笑的东西可以有多大的不同，那么，人们马上就会确认，这一要求有着怎样巨大的空间范围。一个人，如果他曾经把别人的和自己的笑作为对象来观察，如果他在这样一种努力中不曾像看见“那普遍的”那样经常地看见“那偶然的”，如果他现在带着心理学的兴趣留意到，在每一个生命年龄阶段里唤起笑的东西有多么地不同，那么这个人就会很容易被说服去相信，对喜剧提出的这种不变的要求——“喜剧应当唤醒笑”，相对于不同的世界意识的关于“好笑的事物”[7]的观念，这要求就其本身而言包含了一种高度的变化性，但这不同性却没有散漫到去使得那在肉体功能中相应表达成为“笑借助于哭来表现自己”。现在，“那悲剧的”的情形也是如此。

现在，那进一步去决定这一小小的考察的内容的东西，主要不是介于“那古典悲剧的”和“那现代悲剧的”间的关系，而是一种努力，试图去显示出，那对于“那古典悲剧的”是特有的东西是怎样会被吸收进“那现代的悲剧的”的，这样，这之中的那真正的“悲剧的”就会显现出来。但是不管我怎样竭尽全力去让它显现出来，我还是应当让自己去远离每一种关于

“这就是时代所要求的东西”的预言，这样，它的“显现出来”就变得完全没有结果，而尤其是因为整个时代更多地是在朝着“那喜剧性的”的方向努力着[8]。在一定的程度上，生存被那些主体们的怀疑破坏了，隔绝越来越多地占上风，这是某种我们在留意到那多种多样的社会性努力时最能够确认到的东西。也就是说，这些社会性的努力通过“它们试图去抵制时代的被隔绝的努力”而证明这种被隔绝的努力，正如它们通过“试图让自己以一种不合理的方式抵制它”而证明了它。被隔绝的东西不断地在于使自己作为一种数目[9]而起作用；如果一个人想要使自己作为“一”来起作用，那么这就是一种隔绝；无疑，所有各种协会里的朋友会赞同我这说法，但却又无法因此而能够或者想要认识到：如果一百想要使自己纯粹地作为“一百”来起作用，那么这就完全是同样的隔绝。数字对自身总是无所谓的，不管它是1还是1000，或者仅仅作为数字性地定性的整个世界上的全部居民，它是完全无足轻重的。因此，这一协会精神在其原则上与它所想要抵制的精神是同样地革命性的。在大卫想要感觉到自己的权力和荣耀的时候，他让他的人民点出人口数目[10]；相反在我们的时代，人们可以这样说，人民面对一种更高权力为了感觉到自己的重要性，他们点出自己的人口数目。然而所有这些协会都带着随意性的烙印，常常是带着一种偶然的意图而被组织起来的，这意图的主人自然就是这协会。于是，这许多协会证实了时代的瓦解，而且自己也参与去帮助加速这瓦解；它们是国家有机体中的滴虫，在预示着有机体的瓦解。当赫泰利亚们(Hetærierne[11])开始在希腊变得普遍时，难道国家不是正开始分崩离析着么？难道我们的时代与那个时代不是有着一种显著的相似性么，甚至阿里斯托芬[12]都无法将这样的时代表现得比它的现实本身更可笑？从政治的角度看，那无形地在精神上将国家聚合在一起的带子难道不是散开了么；在宗教中，那强调着无形的东西的权力不是被削弱和消灭了么；政治家和教士们不是都有着这样的共性吗——他们就像古代占卜师们那样相望时不可能不面带微笑[13]？无疑，我们时代（远胜过那时的希腊）具备一个特征，它就是：我们的时代更为沉郁并且因此也更深地绝望。于是，我们的时代沉郁得足以去知道：有一样叫做“责任”的东西存在着，并且这有着某种含义。因此，在所有人都想要统治的同时，没有人想要去具备责任。人们对这样一件事还仍然记忆犹新吧，一个法国政治家在人们再次提供他部长职位的时候宣称，他愿意接受但有一个条件：人们必须让国务大臣具备责任[14]。法国的国王，我们都知道，是没有责任的[15]，相反首相则有责任；部长不想要这个责任而想要以“国务大臣具备责任”为条件来当部长，到最后自然就是看守人们或者管街人们倒有了责任。去写下这个责任的反向转换故事难道不是很适应阿里斯托芬的一项工作吗？反过来，为什么政府和那些执政者们就那么害怕承担责任呢——如果不是因为他们害怕一个自己轮上后也不断地通过一种类似的衡量尺度来推卸责任的反对党的话？现在，如果我们想象两种权力，它们相互面对而无法抓住对方，因为其中一个不断地消失而让位给另一个、其中一个纯粹地为代替另一个而出现，那么，这样一种安排设计无疑是不会没有喜剧性的力量的。显然，这足够地显示出，那真正聚合一个国家的东西崩溃了，而那由此而得出的隔绝自然是滑稽的，并且，这滑稽的喜剧性是在于：主体性要表明自己是作为单纯的形式在起作用[16]。每一个被隔绝的个体人格总是因为他想要在发展的必然性面前确立起自己的偶然性而变得滑稽。去让一个偶然的个体获得那普遍的理念、去想要成为整个世界的解放者，毋庸置疑，这包容了最深刻的喜剧性。相反，基督的出现则在某种意义上（在另一种意义上也就是“无限更多者”[17]）是那最深刻的悲剧，因为基督在时间之充实（Tidens Fylde）中来临[18]，并且，考虑到下面要谈论的内容我尤其要强调，承担着全世界的罪（Synd）[19]。

众所周知，亚里士多德给出两样东西来作为悲剧中情节的来源，思想和人物性格[20]，而另外还说明了首要的事情是目的[21]，并且，个体们不是为了展示性格而作出行为构成情节，这些性格却为了情节的需要而被安排在剧中的。在这里，我们很容易会察觉到在那更新的悲剧[22]那里有着一种背离。也就是，对于古典悲剧，下面这些是具有特征性的：情节行为不仅仅是出自人物性格，情节没有足够地得到主观反思，而是情节行为自身有着一种“承受”（Liden）的相对掺和。因此，古典悲剧也不曾把对话发展成如此详尽的反思以至于让一切都被结合到这对话里；在独白和合唱里，它真正有着那些与对话截然不同的环节。也就是说，不管是合唱更多的趋近叙事的实体性还是趋近抒情的奔放，它总是一样地给出那不会投身到个体性之中的“更多的东西”[23]；独白则又更多地是抒情的浓缩，而有着那不会混同进情节和处境中的“更多的东西”。在古典悲剧中，情节自身包容了一个叙事环节[24]，它既是事件又是情节。之所以如此，其原因自然是在于，古代的世界并不在自身中反思地包容有主体性[25]。虽然个体自由地活动，他却是取决于各种实体性的定性，取决于国家、家庭，取决于命运。这些实体性的定性在希腊悲剧及其真正特征属性中是那真正命运攸关的东西。因此，英雄的毁灭不只是他的行为所招致的后果，而另外也是一种承受（Liden），与此相反，在更新的悲剧里英雄的毁灭并非真正是承受，而是一个作为。因此，处境和性格特征在现代真正地是占主导位置的东西。悲剧的英雄在自身之中有着主体性的反思，这一反思不仅仅将他反思出每一个与国家、家族和命运的直接关系，甚至常常也将他反思出他自己从前的生命。我们所关注的东西是“作为他自己的所作所为”的他的生命中的某一个特定环节。基于这个原因，“那悲剧的”会因为根本不再有任何“直接的”剩下而在处境和台词中被耗尽。因此，现代悲剧没有叙事的前景、没有叙事的遗留物。英雄站立和倒下，完全是在他自己的行为之上。

这里，这简短但得到了足够阐述的文字，对于去说明介于那旧的和新的悲剧之间的一种差异，将会有重要意义；我把这种差异看作是非常重要的，这差异就是“悲剧性的辜”（Skyld）[26]的不同类型。正如我们所知，亚里士多德要求悲剧英雄必须具备罪过错失[27]。但正如情节在希腊悲剧中是行为（Handlen）和承受（Liden）之间的一种中间物，那辜（Skylden）也是这样一种东西，并且在此之中有着那悲剧冲突。然而反过来，主体性越是多地获得了反思，我们在个体中越是多地看见一个人被贝拉吉乌斯式[28]地遗弃给他自己，那“辜”就越是具备伦理色彩。在这两种极端之间就有着“那悲剧的”。如果个体根本没有任何辜，那么，那种悲剧性的兴趣所在（Interesse）就被取消了，因为在这样的情况下，悲剧性的冲撞就被减弱了；相反如果他有着绝对的辜，那么他就不再会在悲剧的意义上让我们感兴趣。因此，我们的时代努力追求去让所有那命运攸关的东西都在个体性和主体性之中得以脱胎换骨，这无疑是一种对“那悲剧的”的误解。我们不想对英雄的往昔有任何了知，我们把他的整个生命都作为他自己的所作所为而扔在他的肩膀上，使得他能够去承担一切，但因此我们也就把他的“审美上的辜”转变为一种“伦理上的辜”。这样，那悲剧英雄变坏，而“那恶的”真正地成为了悲剧性的对象，但“那恶的”不具备任何审美上的兴趣（Interesse）[29]，而“罪”（Synd）不是一个审美上的对象。无疑，这一被误解的追求在整个时代的那种向着“那喜剧的”的努力中有着其根源。“那喜剧的”恰恰是处在隔绝之中；当我们想要在这隔绝中确立起“那悲剧的”的作用，那么，我们就在“这悲剧的”的“坏”之中获得“那恶的”，而不是那种在自身模棱两可的无辜性中的真正悲剧性的咎戾冒犯（Brøde）。如果我们在现代文学中环顾一下，那么，要找一些例子并不难。比如说，格拉贝的《浮士德和唐璜》[30]，以多种方式看都是天才之作，这部著作其实就是建立在“那恶的”之上的。然而，为了不以个别文本作为论辩的依据，我还是更愿意在整个当代的普遍意识中展示一下这观点。如果我们想要描述这样一个个体，他的不幸童年对他造成了如此恶劣的影响，以至于这些童年印象导致了他的毁灭，那么，这样的一种描述就根本不会吸引我们的时代，并且这自然不是因为这一描述处理得不好，因为我完全可以想象它是得到了出色的处理的，而是因为我们的时代所应用的是另一种尺度标准。这时代不想对这一类胡说有所知，它所作的就是直接使得个体对自己的生命变得有责任。就是说，如果这个体走向毁灭，那么这事件不是悲剧性的，而是在说“这个体是坏的”。人们现在会以为，我有幸所处的时代必定是一个诸神的王国了。然而，这绝非如此，那种力量充沛、那种勇气（这样地想要成为其自身幸福的创造者、甚至自己的创造者）是一种幻觉；并且，因为这时代失去了“那悲剧的”，所以它赢得了绝望。在“那悲剧的”之中有着一种忧伤和一种医疗性力量，这本是一个人所不应轻视的；而在一个人以一种超自然的方式（就像我们的时代所努力尝试的）想要去赢得自己的时候，他就失去自己[31]，并且他变得滑稽可笑。每一个个体，不管他本来是什么，他还是上帝的、他的时代的、他的人民的、他的家族的、他的朋友的孩子，只有在这些关联之中他才有着自己的真相；如果他在这整个他的相对性中想要作为“那绝对的”，那么他就变得可笑。有时候我们在语言中碰到这样的一个词，因为句法的关系我们在一种特定的格中常要用到它，到最后它竟然被弄得独立出来就好像是在这一格中的副词；现在，对于内行人来说，这样一个词一了百了地有着一个重音和一个缺陷，这是它所永远也无法去掉的；如果现在尽管如此它还是要求去成为一个名词并且想要贯通所有五个格[32]的变化，那么这就真的是滑稽了。个体的人，被从时代的子宫里取出来，如果他想要在这种巨大的相对性中作为绝对的（这也许是够艰难的），那么他的情形也是如此。相反，如果他放弃这一要求，那么他就会是相对的，这样，他正是因为这个原因[33]就有着“那悲剧的”，尽管他是最幸福的个体；是的，我甚至想说，只有在那个体人具备了“那悲剧的”的时候，他才是幸福的。“那悲剧的”在其自身之中有着一种无限的温和；从审美上看，它相对于人的生命真正就是那神圣的恩典和慈悲所是，它还要更温和，并且，因此我要说：它是一种母爱哄着那忧虑者入睡。“那伦理的”是严格和艰厉的。因此，如果一个罪犯在法官面前为自己辩护说，他的母亲有着偷盗倾向、尤其是在她肚子里怀着他的时候有着偷盗倾向，那么法官就会去获得一份健康部的关于他的精神状况的说明[34]，并且认为他只和那贼有关而与贼的母亲无关。只要在这里谈的是犯罪，那么这罪人肯定是不能逃进审美之庙宇，但它却也还是会对他有着一种抚慰的言辞。对于他，寻求进入审美之庙的路却是不对的，因为他的路不是把他导向“那审美的”，而是导向“那宗教的”。“那审美的”是他的依据，如果他现在去抓着“那审美的”，那么这种做法在他这里就会成为一种新的罪。“那宗教的”是父爱的表达，因为它在自身中有着“那伦理的”，但这伦理的成分在这里是被缓解了的，并且，借助于什么呢？除了借助于那同样的、把自己的温情给予“那悲剧的”东西，除了借助于连续性，还会是什么？但是，“那审美的”是在罪的深刻对立面被确立之前给出这种休憩，而“那宗教的”则是在这一对立面在其所有可怕之中被看见之后，才给出这休憩。罪人将一种普遍的罪置于自身，而就是在他几乎瘫倒在这普遍的罪之下的这一瞬间，因为他只是感觉到，他变得越是有辜，被拯救的希望就越大，在这同一个可怕的瞬间，安慰就在这样的一个事实中显示出来——这是那普遍的有罪性[35]而这有罪性在他的身上也确立出了其作用；但这一安慰是一种宗教性的安慰，并且，如果一个人认为，他可以沿着除这条路之外的其他途径，比如说借助于审美性的挥发，来达到这一安慰，那么他就是在徒劳地自以为取得这安慰，而在事实上他并没有真正得到这安慰。因此，在一种特定的意义上看，时代想要让个体对一切有着责任，这是这时代所采取的一种非常正确的措施；但不幸的是，它没有做得足够地深刻和真挚，由此我们可以说，不幸的是这时代半吊子的不完全性；它有足够自以为是的小聪明去藐视悲剧的眼泪，而它也有足够自以为是的小聪明去想要免去那慈悲的在场。要么“那悲剧性的”的忧伤，要么宗教的深刻悲哀和喜悦；而如果我们把这两样东西拿掉，那么人的生命还会是什么呢，人类又会是什么呢？或者说，对于一切来自那个幸福的民族[36]的东西，难道这不是决定性的特征吗？它的艺术、它的诗歌、它的生活、它的喜悦中的一种沉郁、一种忧伤。

在前面的文字中，我主要是尝试着（鉴于古典悲剧和现代悲剧间的差异在悲剧英雄的“辜”的差异中明显地显示出来）强调古典悲剧和现代悲剧间的这种差异。这是真正的焦点，从这个焦点出发，一切都发射在各自特有的差异性中。如果这英雄是明确地有辜的，那么独白就消失了、合唱就消失了、命运就消失了，那么思想就在对话中透明、情节就在处境中透明。考虑到那心境——也就是悲剧所唤出的心境，这同样的情形也能够从另一个方面被表达出来。我们都知道，亚里士多德要求悲剧应当在观众那里唤起畏惧和怜悯[37]。我可以让读者回想一下，黑格尔在他的美学中联系到这一说法并且对它们中的每一个点都作了双重的考虑，然而这些考虑却并不特别详尽。在这里，亚里士多德把畏惧和怜悯区分开了，那么我们可能在考虑到畏惧的时候马上会想起那种伴随着单个的人的心境，而就怜悯则想到那种作为明确的印象的心境。这后一种心境是我直接关心的东西，因为它是对应于“悲剧性的辜”的心境，并且因此在它之中也就有着这概念所具的同一种辩证法。现在，黑格尔就此作出说明[38]：有两种类型的怜悯，那普通的怜悯——它关注于苦难的终极方面，和那真正的悲剧性怜悯。这一观察完全是对的，但对于我却意义不大，因为那所谓的一般的怜悯感动是一个误解，这误解既可能落在古典悲剧也可能现代悲剧之上。他就“那真正的怜悯”所补充的说法才是真实有力的：“相反那真正的怜悯是对那受苦者的同时的道德上的合理权利的同情”（第三卷，531 页）[39]。如果说黑格尔更多地是在考究一般意义上的怜悯以及它在“个体性之差异性”中的差异性，那么，我更想相对于“悲剧性的辜”的差异来强调怜悯的差异。为了马上指出这差异，我要让“Medlidenhed”（怜悯）这个词中的那“Lidende”（承受着的、受苦着的）的成分分裂出来，并在各方特别地补充上“那同感的成分”——这是“med”[40]这个词中所具的意义，但我的方式却不是去说出任何关于观众的心境的、可以暗示出他的随意性的东西，而是这样一种方式：我在表达出他心境的差异性的同时也表达出“悲剧性的辜”的差异性。在古典悲剧中，悲哀（Sorgen）更深刻、痛苦（Smerten）则比较小；在现代悲剧中，痛苦则更大而悲哀则比较小。相比于痛苦，悲哀总是包容了更多实体性的东西。痛苦总是暗示着一种对于苦难的反思，而这种反思是悲哀所不认识的。从心理学的角度，在一个孩子看着一个成人受苦的时候观察这个孩子，这是相当有趣的。孩子没有足够的反思去感觉到痛苦，然而这孩子的悲哀却是无限地深的。孩子没有足够的反思去对罪（Synd）和冒犯（Brøde）形成观念；在孩子看见成人受苦的时候，这孩子怎么也不会对之进行思考，然而，在受苦的原因对这孩子是隐蔽的时候，在孩子的悲哀里还是朦胧地带有一种对这受苦原因的隐约感觉。那希腊式的悲哀正是这样，但却是在完全而深远的和谐之中，因此它同时既是那样地温和又是那样地深刻。相反，在一个成人看见一个年幼者、一个孩子受苦的时候，那痛苦就更大而悲哀则更小。对辜的观念呈现得越多，痛苦就越大，悲哀也就越不深刻。如果我们现在把这个运用到古典悲剧和现代悲剧的关系上，那么我们就可以说：在古典悲剧里悲哀更深刻，并且在那与之相应的意识中悲哀更深刻。有必要不断地提醒这一点：这上面所谈的关系不是我这里的情形，而是在悲剧之中的情形，并且，我是为了理解希腊悲剧中的那种深刻的悲哀而不得不使自己设身处地于那希腊的意识中的。因此，在那么多人景仰着希腊悲剧的时候，这无疑常常只是一种学舌的人云亦云；因为这是很明显的，我们的时代至少对于那真正是“希腊式悲哀”的东西并没有很大的好感。悲哀更深，因为那“辜”有着审美上的暧昧双义。在我们当今的时代，痛苦更大。落在活着的神的手里是可怕的[41]，我们可以用这句话来说希腊悲剧。诸神的愤怒是可怕的，但痛苦却不像在现代悲剧中那么巨大，——在现代悲剧中，英雄为他全部的辜而受苦，在为自己的辜所承受的苦难中他对于自身是透明的。现在我们在这里所要做的是，与“那悲剧性的辜”的情形相似，去显示出怎样的一种悲哀是那真正的审美意义上的悲哀，而怎样的一种是真正审美意义上的痛苦。很明显，最刺骨的痛苦就是“悔”（Anger），但“悔”有着伦理上的而不是审美上的实在（Realitet）。它是最刺骨的痛苦，因为它有着全部“辜”的整个透明性，但恰恰因为这一透明性，它在审美的意义上并不引起人的兴趣。“悔”有着一种神圣性，这神圣性蒙蔽起“那审美的”，它不愿被人看见、最不愿被观众看见，并且它要求着一种完全是另一类型的“自我活动”（Selvvirksomhed）。固然，有时当今的喜剧偶尔也把“悔”带上舞台，但这只是在显示出作者身上的不智。也许我们可能会想起那心理学的兴趣所在，它希望看见我们能够对“悔”有所描述，但心理学的兴趣所在也还一样不是审美的兴趣所在。这也是那在我们的时代里以各种方式起着作用的困扰中的一部分：人们在一个不该寻求某样东西的地方寻求这东西，更糟糕的是人们在不该发现它的地方发现了它；人们想在剧院里得到教化、在教堂里受到审美上的影响，人们想要通过读长篇小说来改变信仰、享受那教化性的文章，人们想要在讲道坛上听哲学、让牧师上授课的讲台。也就是说，这一痛苦不是那审美上的痛苦，但却明显地就是那被当今时代作为“最高的悲剧性兴趣所在”而努力去达成的东西。在这里，我们能够看见“那悲剧性的辜”的情形也是如此。我们的时代失去了对于家庭、国家、族类的实体性的定性[42]；它必须完全地把那单个的个体交付给他自己，这样，这个体在一种更严格的意义上就成了他自己的创造者，他的辜也就是“罪”、他的痛苦就是“悔”，但这样一来，“那悲剧的”就被取消了。那种在更严格的意义上承受着苦难的悲剧也在根本上失去了其悲剧性的兴趣，因为作为苦难的来源的那种权力失去了其意义，而观众叫喊：帮助你自己吧，上天会帮你[43]；换一句话说：观众失去了怜悯，而怜悯在主体和客体的意义上都是对于“那悲剧的”的真正表达。

为了清晰起见，我现在，在我进一步展开这里所谈论的东西之前，首先要对那真正的“审美上的悲哀”稍作进一步定性。悲哀有着与痛苦所具运动方向相反的运动；如果人们不想因为滥作结论而把这问题搞糟（这也是我以另一种方式要去阻止的），那么人们可以说：无辜（Uskyld）的程度越高、悲哀就越深。如果人们对之有着过于迫切的坚持，那么人们就会取消掉“那悲剧的”。一个辜的环节总会剩在那里，但这个环节并没有真正得到主观上的反思；因此，在希腊悲剧中那悲哀是那样地深沉。为了阻止错位的结论，我只想说明，通过所有的夸张之辞我们只会得到这样的结果，就是去把这问题推到另一个领域中。就是说，“绝对的无辜”和“绝对的辜”的统一体不是审美的定性，它是一种形而上学的定性。人们总是不想去把基督的生命看成一种悲剧，这其实是有着原因的，因为人们觉得各种审美的定性无法详尽地覆盖问题的所有方面。以另一种方式，我们也能看出：与那可在各种审美定性中得以详尽阐述的事物相比，基督的生命是“更多”；这也就是，因为这些审美定性在“基督的生命”这一现象中使自身中性化并且被置于无足轻重之中。悲剧性的情节（Handling）[44]在自身之中总是包容有一个“承受”（Liden）的环节，而悲剧性的承受则包容有一个情节的环节，“那审美的”处于这相对性之中。一种绝对的行为（Handlen）和一种绝对的承受（Liden）的同一（Identitet）是在“那审美的”的各种力之上而属于“形而上学领域”[45]的。这种同一在基督的生命之中，因为他的承受是绝对的——既然这承受是绝对自由的行为，而他的行为是绝对的承受——既然这行为是绝对的顺从。这样，这一“仍然留下的辜”的环节，不是主观地得到了反思的，并且这使得悲哀更深。也就是说，“悲剧性的辜”比“单纯主观性的辜”要有更多意义，它是“传承之辜”（Arveskyld）[46]；但传承之辜正如“传承之罪”是实体性的定性，而这一“实体性的”恰恰使得那悲哀更深。索福克勒斯的那总是受人景仰的悲剧三部曲《俄狄浦斯在克鲁诺》、《俄狄浦斯王》和《安提戈涅》[47]在本质上就是围绕着这一真正悲剧的兴趣。但传承之辜在其自身之中包括了这一自相矛盾：它既是辜又不是辜。这里的系带（相应个体就是借助于这系带而变得有辜）恰恰就是“对族系的虔诚”（Pieteten）[48]，而个体因此而招致的“辜”则有着各种各样可能的审美上的模棱两可。在这里，一个人很容易就会有这样的想法，那曾发展出了深刻的悲剧性的民族必定是犹太人。比如说，既然关于耶和华（Jehova[49]）有这样的说法，他是一个忌邪的神，他到孩子们那里去追讨父亲们的罪，直到三四代[50]，或者，既然人们在旧约中听说那个可怕的诅咒[51]，那么，人们就很容易受诱惑想要到这里来寻找悲剧材料。但是犹太教在伦理上得到了太完全的发展因而不适于这个；耶和华的诅咒，虽然可怕，但却同时也是公正的惩罚。在希腊则不是这种情形；诸神的愤怒没有伦理的特征，而只有审美上的暧昧双义。

在希腊悲剧中甚至有着一种从悲哀到痛苦的过渡，并且作为例子我在这里想举出《菲罗克忒忒斯》[52]。在严格的意义上，这部剧是一部承受苦难的悲剧。但在这里也有着一种高度的客体性占据着主导位置。希腊的英雄依托于自己的命运，他的命运是不可改变的，对此没有什么更多可谈论的。这一元素真正地是“痛苦”之中的“悲哀”环节。随着第一次怀疑，痛苦就开始了，这第一次怀疑是：为什么这就发生在我的身上呢？难道这就无法有所不同吗？固然，在《菲罗克忒忒斯》中，有着一种高度的反思（这就是那总引起我注意并且使得它从本质上区别于那不朽的三部曲的东西）：对其“痛苦中的自相矛盾”的那种大师手笔的描述[53]，在此之中有着一种如此深刻的人情真相，然而，它却还是有着一种承担着这整部悲剧的客体性。菲罗克忒忒斯的反思不在自身之中深化，当他恸哭没有人知道他的痛苦[54]时，那是真正地希腊式的。在这之中有着一种非凡的真相，而恰恰是在这里，从那真正地得到了反思的痛苦中（这痛苦总是想要与自己的痛苦独处并在这“痛苦之孤独”之中寻求一种新的痛苦），也显示出那差异性。

也就是说，那真正悲剧性的悲哀要求有一个“辜”的环节，那真正悲剧性的痛苦要求一个“无辜性”（Uskyldighed）的环节；那真正悲剧性的悲哀要求有一个“透明性”的环节，那真正悲剧性的痛苦要求一个“朦胧晦涩”的环节。以这样的方式，我相信，能够最好地暗示出那种辩证的东西——在此之中悲哀和痛苦的那些定性相互触及对方，同样，也能够最好地暗示出在“悲剧性的辜”这个概念中的辩证法。

既然“去提交出有着关联一致性的工作或者更大的整体”与我们的协会之努力方向是有着冲突的；既然我们的意向并不是去努力建造一座上帝在其公正之中能够降身下来摧毁的巴比伦塔；既然我们在对于“这一混乱[55]的发生是有着其道理的”的意识中承认，就一切在自身真相中“人的追求”而言，那特征性的东西就是：它是残碎的，并且恰恰借助于这一点，它将自己从自然的无限关联中区分出来，一种个体性所具的丰富恰恰就是在于它在“残碎的挥霍”中的力量，并且，那作为“创造着的个体”之享受的东西也是“接受着的个体”的享受，不是艰苦而谨慎的实施或者那对这一实施的冗长解读，而是对于“闪烁着的顷刻”的创作和享受（这一“闪烁着的顷刻”对于那创作者来说包含有一个“更多”、一种相比于那完成了的实施所具备的东西之下的更多，因为它是理念的呈现，而对于那接受者来说包含有一个“更多”，因为它的这种闪烁唤醒了接受者自己的创造性）；我说，既然所有这些都与我们的协会之意向有着冲突，甚至，既然上面所读的这些复合句部分都几乎必须被看成是对那感叹风格的严重攻击，理念在这感叹风格中冲出来但没有达成突破（没有达成“在我们的社会里被赋予了正式性”的突破），那么，在我指出了“既然那聚结这一复合句式的系带如此松散以至于那些被包容在之中的中间分句以格言方式足够自说自话地冒出来，那么我的行为还不能被称作是造反性的”之后，我只想提醒一下：我的风格尝试了一下去让自己看上去是它所不是的东西——革命的风格。

我们的协会在每一次开会的时候都要求一次更新和重生，为了这样一个目的——它的内在活动借助于对它的生产力的新描述而重获青春。那么让我们把我们的意向命名为在那片断性的努力或者在那“书写身后遗留稿”的艺术中的尝试。一项完全地完成了的工作与创作者的人格是不成关系的；通过身后遗留的文稿，我们因为那脱节断续的和散漫不连贯的东西而感觉到一种去把人格也虚构进来的需要。身后遗留的文稿就像一片废墟，对于被埋葬者们来说，还有什么比它更自然的驻足处？这艺术就是去艺术性地创作出同样的作用、同样的粗枝大叶和偶然性，同样的没有层次和连贯性的思路，这艺术就是唤出一种享受，这种享受永远也不是当场的但却总是在自身中有着一个“已流逝了的时间”的环节，这样它就在那已逝的时间里是在场的。这在“身后遗留的”这个词中已经被表达出来了。当然，在某种意义上一个诗人所创作的一切都是身后遗留的；但是我们永远也不会想到要去把那完全达成了的东西称作是一种身后遗留的工作，哪怕它是有着这种偶然的特性——它没有在他活着的时候被出版。我也把这个看成是所有“人的创作”在其真相中的特性，就好像是我们所领会的，它是身后遗留物，因为那些人没有得到这样的担保去生活在诸神永恒的观照之中。这样，那在我们间被创作出来的东西，我愿将之称作身后遗留物（Efterladenskab），就是说艺术性的身后遗留物；我们所重视的那天赋，我愿将之称作疏忽（Efterladenhed），懒惰；我们所崇拜的自然法则，我愿将之称作惯性的力（vis inertiæ）[56]。现在，以这样的方式，我遵从了我们神圣的惯例和习俗。

那么，请走近我，亲爱的同逝者[57]，在我的周围围成一圈，在我把我的悲剧女主人公发送到这世界上的时候、在我把“痛苦”的嫁妆作为装备给予“悲哀”的女儿的时候，请围着我。她是我的作品，但她的轮廓却是如此不明确、她的形影是如此模糊。以至于你们中的每一个都会爱上她、会以你们各自的方式来爱她。她是我的创造物，她的思想是我的思想，然而，这却好像我在一个情欲之爱的夜晚曾在她那里休憩，仿佛她对我倾诉她最深奥的秘密、在我的怀抱中把这秘密和自己的灵魂一同呼吐出来，仿佛她在同一个此刻中在我面前变化、消失，这样，她的现实只能在那遗留下的心境中被追踪，而不是那事实上反过来的情形——她从我的心境中出生成长为越来越大的现实。我把言辞置于她的嘴中，但却是我仿佛在滥用她的信任，仿佛她站在我背后所责备的是我，然而事情却是反过来，她其实在她的秘密中不断地变得越来越显然。她是我的拥有物、我的合法拥有物，但有时却仿佛是我狡猾地溜进她的信任、仿佛是我必须四处张望看她有没有回来，然而事情却是反过来，她其实持恒地躺在我面前、她持恒地进入存在，只因为我在使她出现。安提戈涅[58]是她的名字。我要把这个名字从那部古老的悲剧里留出来，在大体上我要联系到这悲剧，虽然从另一个方面看一切都会是现代的。但首先我有一个说明。我使用一个女人形象，因为我相信女人的天性对于显示这差异是最合适的。作为女人她会有足够的实体性去使得那悲哀展示出自身，而作为从属于一个“反思着的世界”的人，她又会有足够的反思去获得痛苦。为了获得悲哀，那悲剧性的辜必须在“辜”和“无辜”之间游移徘徊，那使得辜转移进入到她的意识中的东西必定总是实体性的一种定性；但是，既然那悲剧性的辜为了获得悲哀必须具备这一不确定性，那么，反思就不能在自身的无限性中在场，因为那样的话，它就会把她反思出她的辜，因为反思在其无限的主体性中不能够让“传承之辜”这环节继续留在那里，而提供出“悲哀”的正是这一环节。然而，既然反思已经醒了，那么它就不会把她反思出悲哀，而是会把她反思进悲哀，它会在每一个瞬间为她把悲哀转化为痛苦。

就是说，拉布达科斯[59]的家族是愤怒的诸神的怒火的对象，俄狄浦斯杀了斯芬克斯，解放了忒拜；俄狄浦斯谋杀了自己的父亲，娶了自己的母亲[60]，而安提戈涅是这一婚姻的果实。在希腊悲剧中是如此。在这里我就偏离出来了。在我这里仿佛一切都有着同样的情形，然而一切情形却又有所不同。他杀了斯芬克斯，解放了忒拜，这是大家都知道的，并且俄狄浦斯被欢呼和被钦佩的，幸福地生活在自己与约卡斯塔的婚姻中。其他的那些都被隐蔽在人们的目光之外，并且没有任何隐约预感将这可怕的梦呼唤到现实里来。只有安提戈涅知道这个。她是怎样知道的，这问题则是在悲剧的兴趣之外，在这方面，每一个人都可以将之保留到自己的解释中去。在早年，在她尚未完全发展成熟的时候，对这可怕秘密的各种朦胧暗示在刹那间抓住了她的灵魂，直到那确定性一下子把她扔进恐惧的臂弯。在这里我马上有了一个对现代悲剧的定性。也就是说，恐惧是一种反思，并且就此而言在本质上不同于悲哀。恐惧是主体用来据有那悲哀并将之吸收的代理器官。恐惧是运动的力，借助于这力，那悲哀钻入一个人的心。但这运动不像箭的运动，它是延续性的，它不是一了百了而是持恒地成为着[61]。正如一种激情性爱欲的一瞥欲求自己的对象，恐惧也是这样地因为欲求悲哀而看着这悲哀。就像平静的、不可收买的爱情的目光聚焦于那所爱的对象，恐惧的自身全神贯注对于悲哀也是如此。但恐惧在自身之中另外还有一个环节，这环节使得恐惧更强劲地抓住其对象，因为它既爱这对象又怕这对象。恐惧有着一种双重功能，部分地，它是那发现着的运动，不断地触摸并且借助于这摸索而在它环绕着悲哀的时候发现悲哀。或者，这恐惧是突然的，把整个悲哀设置在一个唯一的“此刻”中，但却是以这样的一种方式，这一“此刻”马上消释后续的诸多瞬间之中。在这种意义上，恐惧是一种真正的悲剧定性，这句老古话“神要毁掉一个人，他先使他疯狂”[62]，可以真正是实实在在地用在这里。恐惧是一种反思的定性，语言本身显示出了这一点；因为我总是说：我因为某物而感到恐惧，这样我把恐惧从那“我因之感到恐惧”的东西那里区分出来，并且我永远也不可能在客观的意义上使用恐惧；相反，而如果我说：我的悲哀，那么我既可以表达那“我所为之悲哀”的东西，也可以表达我的“对之感到悲哀”。此外，恐惧总是在自身之中包容有一种对时间的反思，因为我不可能就“那现在的”而感到恐惧，而只会为“那过去的”和“那将来的”而感到恐惧，但“那过去的”和“那将来的”，以这样一种方式被保持相互对立以至于“那现在的”消失，这两者是反思的定性。相反，那希腊式的悲哀，正如那整个希腊式的生命，是现在的，因此悲哀更深而痛苦更少。因此，恐惧在本质上是属于现代悲剧的。因此，哈姆雷特[63]是如此地悲剧性的，因为他隐约感觉到母亲的犯罪行为。魔鬼[64]罗伯特问，他作恶多端，原因能够会是什么[65]。霍格尼（Høgne[66]）的母亲受孕于一个山怪（Trold[67]）而生下他，他偶然在水中看见自己的形象，于是问母亲，他的身体是从哪里得到了这样的一个形状的。

这差异是很容易看出来的。在那希腊悲剧中安提戈涅根本没有投入到父亲的不幸命运中。这一命运作为一种无法撼动的悲哀落在整个族类上，安提戈涅就像每一个年轻的希腊女孩一样无忧无虑地生活成长，甚至，在她的死亡是确定了的时候，合唱哀悼她，因为她那么年轻就要离开这生命、还没有品尝生命的最美丽的喜悦就要离开这生命，明显地在忘却家族自身的深深悲哀。通过上面的这些我并不是说这是轻率，或者说单个的个体独自孤独而不关心自己与族类的关系。但这是真正的希腊式的。古希腊人生活在自己已有的地平线之下，对于他们，生命的各种关系就像这地平线一样是一了百了地给定了的。如果这地平线是昏暗而多云的，那么它同样也是不可改变的。它在灵魂里给出一种主调，而这是悲哀却不是痛苦。在《安提戈涅》中，悲剧性的“辜”集中在一个特定点上：她不顾国王的禁令而埋葬自己的兄长。如果这是作为一种隔绝开的事实、作为一种姐妹性的爱及对族系传统的虔诚感情与一种随意的人为禁令之间的冲突来看，那么，《安提戈涅》就会不再是希腊悲剧，它就会是一个完全现代的悲剧主题。那在希腊的意义上给出“悲剧性的兴趣”的东西是：在兄长的不幸死亡中、在妹妹与一个个别的人为禁令的冲突中，回荡着俄狄浦斯悲哀的命运，这就仿佛是产后痛，俄狄浦斯悲剧性的命运枝蔓出来，蔓延到他的家族的单个成员们那里。这一总体使观众的悲哀变得无限地深沉。这不是一个个体，而是一个小小的世界被毁灭；这是那客体性的悲哀，它被释放了出来而现在在自己的可怕后果中作为一种自然权力登场，而安提戈涅的悲哀命运就像父亲的命运的回声，一种强化了的悲哀。因此，在安提戈涅不顾国王的禁令而决定去埋葬兄长的时候，我们在之中看见得更多的是命中注定的必然性而不是自由的行为，这必然性到孩子们身上去追击父亲们的咎戾冒犯（Brøde）。当然在此中也是有着相当多自由的，足够让我们能够因为安提戈涅的姐妹之爱而喜爱上她，但在命运的必然性中仿佛也有着一种更高的重唱副歌，它不仅仅围绕住俄狄浦斯的生命，而且也围绕住他的家族。

如果说希腊的安提戈涅如此无忧无虑地生活下去（如果这新的事实没有出现，我们可以想象她的生命在其一步步成长之中甚至是幸福的），那么，我们的安提戈涅的生命却相反在本质上是结束了。我并不吝啬于赋予她资质，并且，如人们所说“一句好话说对了地方就像金苹果被放在银钵之中”[68]，我也是这样地把“悲哀”的果实放在了“痛苦”的钵中。她被赋予的东西不是会被虫蛀锈蚀的浮华虚荣，那是一种窃贼无法破门偷取的永恒财富[69]；她自己有太多的警戒以至于偷窃是不可能的。她的生命不像希腊的安提戈涅那样地展开，它不是向外而是向内，舞台不是外在的而是内在的，它是精神舞台[70]。难道我没有成功地唤起你们对一个这样的女孩的兴趣，亲爱的同逝者[71]，或者，我是不是应当求助于一种“猎取友善意愿”[72]？她也是不属于她所生活的世界的，虽然繁荣健康，但她真正的生命是隐蔽的；虽然活着，她也是另一种意义上的死者，这一生命是宁静而隐蔽的，世界甚至听不见一声叹息，因为她的叹息是隐藏在她灵魂的秘密中。我无须提醒读者，她根本不是一个虚弱病态的女人，相反，她是骄傲而有力量的。也许世上没有什么事情能够比“保守一个秘密”更使一个人变得高贵了。这让一个人的生命得到一种重要性而这种重要性却只是对他自己而言的，这将他从所有对外部世界的虚荣顾虑中拯救出来，我们几乎就可以说，他足够自在地在自己的秘密里至乐地休憩，尽管他的秘密是最不祥的秘密。安提戈涅的情形就是如此。她为自己的秘密骄傲，她为自己被选中去以一种奇怪的方式拯救俄狄浦斯家族的尊荣而骄傲，而当感恩的人民向俄狄浦斯欢呼感谢和赞美之辞时，她就感觉到自己的重要意义，而她的秘密则在她的灵魂里越沉越深，越发让所有活着的生灵无法接近。她感觉到有那么多东西被放置在了她手上，而这赋予她那超自然的分量，要让我们在悲剧的意义上研究她，她就必须具备这分量。作为一个单个的人物形象，她必须能够让人感兴趣。比起一个普通的年轻女孩，她是“更多”，然而，她却是一个年轻女孩；她是新娘，但却处在所有的贞操和纯洁之中。作为新娘，女人达到了自己的定性，并且因此，我们对一个普通女人的关注和研究所能达到的程度就只能是她被带进与她这一定性的关系中的程度。然而我们对此有着各种类比。比如说我们谈论上帝的新娘[73]，她在其信仰和精神中有着那她所依托的内容。也许是在一种更美丽的意义上，我要把我们的安提戈涅称作新娘，甚至她几乎是“更多”，她是母亲，她是纯粹审美意义上的处女母亲[74]，她在她的心底下承受着自己的秘密，隐蔽而秘藏着的。她是沉默，恰恰因为她是神秘的，但沉默中的这一“回向自身”给予她一种超自然的仪态。她为自己的悲哀而骄傲，她唯恐失去它，因为她的悲哀，那是她的爱情。然而她的悲哀却不是一种死板不动的拥有物，它不断地在运动着，它生产痛苦并且在痛苦中被生出。就像当一个女孩决定为一种理念献出生命时，当她额头上戴着牺牲花环[75]站在那里时，她就是作为一个新娘站着，因为那激动人心的伟大理念改变了她，牺牲花环就好像是新娘花环[76]。她不识任何男人[77]，但她却是新娘；她不认识那使她内心激动的理念，因为这是不适合女性的，然而她却是新娘。这样，我们的安提戈涅是“悲哀”的新娘。她把自己的生命奉献到“为父亲的命运、为她自己的命运而悲哀”之中。这样的一种不幸，就像击中她父亲的那种不幸，要求着悲哀，然而却没有能够为之感到悲哀的人，因为没有人知道这件事。正如希腊的安提戈涅无法忍受兄长的尸体得不到最后的尊敬而被扔弃，那么以同样的方式，她会感到，如果没有人知道这事情，这会是多么艰酷；没有任何一滴眼泪会为此落下，这让她感到恐惧；她几乎感激诸神，因为她被选作这一工具。这样，安提戈涅在自己的痛苦之中是伟大的。在这里我也能够展示出“那希腊式的”和“那现代的”之间的一种差异。菲罗克忒忒斯哀恸于“无人知道他受苦”，这是真正希腊式的，——想让他人体会到这个，这是人的一种深刻愿望；但这却不是那反思着的痛苦所想要的。那发生在安提戈涅身上的不是去想要有人体会到她的痛苦，而相反是她相关于父亲感觉到这痛苦、感觉到“悲上心头”之中所蕴的公正，这在审美上就和“一个人做错了事而承受惩罚”一样地公正。因此，在希腊悲剧中的安提戈涅那里，首次迫使“悲哀”爆发出来的东西，是那对于“被判定为被活埋”的想象：

> 哦，不幸啊，
> 既不是和人们在一起，也不是和死者们在一起
> 一个异乡人，在生和死中都没有家。[78]①

而我们的安提戈涅则可以一辈子以此来谈论自己。差异是很鲜明的；在她的说辞中有着一种实在的真相，使得那痛苦被减小。如果我们的安提戈涅要说同样的东西，那么这就会是比喻性的，但这一比喻性是那实在的痛苦[79]。希腊人不用比喻来表达自己，恰恰因为在他们的生命中没有属于比喻的反思。这样，当菲罗克忒忒斯悲恸于他孤独地生活并被遗弃在荒岛上时，他的表述也有着外在的真相；而当我们的安提戈涅在其孤独中感觉到痛

---

① （844）O weh, Unselige!
Nicht unter Menschen, nicht unter Todten,
Im Leben nicht heimisch noch im Tode!

苦的时候，这“她是孤独的”则就只是比喻性的，但恰恰因此那痛苦才真正是实在的痛苦。

至于那悲剧性的辜，它则一方面是在于那事实——她埋葬了兄长，一方面则是关联到那蕴含在前两个悲剧[80]中的父亲的悲惨命运。在这里我又面对那相对于个体设置出族类之咎戾冒犯的辩证法。这是代代传承的。通常我们把辩证法想象得非常抽象，我们几乎就直接想到那些逻辑运动[81]。但是生活却马上会来告诉我们，辩证法有许多类型，几乎每一种激情都有它自己的辩证法。因此，这样一种辩证法，它以这样的方式在与单个主体的关联中设置出族类或者家族之咎戾冒犯[82]：它使得这单个的主体不仅仅在这之下接受着（因为这是一个自然结果，尽管人们徒劳地试图使自己变得刚强去与之对抗），而且也一同去承担着那“辜”并参与在它之中；这种辩证法对于我们是陌生的、对我们不具任何强制性的作用。然而，如果我们想着一种“那古典悲剧的”的重生，那么每一个个体都必须冥想其自身的重生，不仅仅是在精神的意义上，而且也是在家族和族类之子宫的有限意义上。那将个体设置进家族和族类的关联中的辩证法，不是主观的辩证法，因为这辩证法恰恰把这关联和个体从前后关系中提取出来；它是一种客观的辩证法[83]。它在本质上是虔诚(Pieteten[84])。去保存这种虔诚，不能被看成任何对个体的危害。在我们的时代，人们把一些自己认为不能将之置于精神关系中的东西置于自然关系中。然而人们却不想如此被隔绝、如此不自然以至于不愿去把家族看成一种整体的——一种人们就之可以说“一个肢体受苦它们就全部受苦[85]”的整体性的东西。无疑这是一种情不自禁，人们是无意识地这样做，否则，那单个的个体为什么这么害怕家庭里的其他成员为家庭带来耻辱——如果不是因为他也因此而受苦的话。现在，不管这个体是不是愿意，显然他必须把这一苦难承受下来。但是，既然人们的出发点是个体而不是族类，那么，这一被强制的承受（Liden）就是最大的；人们觉得，人并非完全能够成为自己的自然关系的主人，然而人们却希望人尽可能去成为主人。相反，如果那个体把自然关系看成是他自身真相中所包括的一个环节，那么他就会在精神的世界中以这样的方式来表达自己：个体参与进这“辜”。这一结果也许是许多人所无法领会的，而如果是这样，那么他们也就同样不能领会“那悲剧的”。如果那个体是被隔绝的，那么，要么他绝对地是他自己的命运的创造者，这样就不再有任何“悲剧性的”，而只有“那恶的”（因为，那个体盲目于自身或者沉溺在自身之中，这根本就不是悲剧的，因为这是他自己的作为）；要么那些个体都只是对生存的永恒实体的各种修正，而那样的话，“那悲剧的”就又不见了。

至于悲剧性的辜，在它把“那古典的”吸收到了自身之中之后，现在，我们也很容易看出在“那现代的”之中的一种差异，因为只有现在我们才能真正谈论这问题。借助于她孩提般的虔诚，希腊的安提戈涅参与她父亲的辜，现代的安提戈涅也是如此；但是，对于希腊的安提戈涅，父亲的辜和苦难是一个外在的事实，一个不可动摇的事实，她的悲哀无法动摇这事实（某种在她心中不翻转的东西[86]）；只要她自己由于自然的结果而去在父亲的辜之下亲身承受苦难，那么这就又落在她的整个外在实在性之中。我们的安提戈涅的情形则不同。我假设，俄狄浦斯死了。在他活着的时候，安提戈涅已经知道那个秘密，但没有勇气去向父亲吐露。父亲的死使得她失去了把自己从自己的秘密中解放出来唯一出路。现在，把这个去告诉任何活着的生灵，这都会使得父亲蒙受羞辱；对于她，她的生命获得意义，是因为她通过从不打破的沉默而献身于去每天、几乎是每小时向他表示最后的尊敬。然而，有一件事却是她所不知道的，就是，父亲自己是不是已经知道这个秘密。这里就是“那现代的”：这是她悲哀中的不安，这是她痛苦中的模棱两可。她全灵全魂地爱着父亲，而这爱将她从自身中拉出来而拉进父亲的辜中；作为这样的一种爱的果实，她觉得自己对于人类是陌生的，而越是爱着父亲，她越是感觉到自己的辜，只有在他那里她才能够得到安宁，作为同样有辜的他们相互在一起悲哀。但在父亲活着的时候，她不能够向他表露自己的悲哀，因为她也不知道他是不是知道；（如果他不知道，而她向他吐露的话）这样一来，有可能就是把他撞进一种类似的痛苦。然而，如果他对此是无所知的话，那么辜就会更少些。运动在这里是持续地相对的。如果安提戈涅不是带着确定性知道那实际上的前后关系，那么她就变得无足轻重，那么除了去和一种隐约的感知作斗争之外她什么也没有，这就太微不足道而不可能作为悲剧性的东西来使我们关注。但是她知道一切；而在这“知”之内则还是有着一种“不知”，这“不知”总是能够使得悲哀处在运动之中，总是将它转化为痛苦。另外，她不断地和外在的世界有着冲突。俄狄浦斯作为一个幸福的国王活在人民的记忆中，受着尊敬和赞美；安提戈涅自己也敬佩正如她爱自己的父亲。她参与他的每一场纪念和欢庆，她比王国里的任何其他女孩都更为热情——因为父亲而兴高采烈，她的思想不断地回转到他那里，她在国家里被作为一个温柔女儿的样板而被赞美，然而这一热情却是她唯一可用来让她的悲哀得到宣泄的方式。她的父亲总是在她的思想中，但怎样，这却是她的痛苦的秘密。她不敢献身于悲哀，不敢悲伤，她感觉到有多少东西要依靠她，她怕如果人们看见她受煎熬就会看出痕迹，这样，从这方面，她也没有悲哀，而只有痛苦。

在如此精心阐述和展开之后，我想，安提戈涅无疑是能够让我们去关注和研究的，如果我认为她无疑是敢于在悲剧的领域尝试并且步入一场悲剧，我想，你们不会指责我有轻率和父亲式的偏爱。至此她只是一个叙事性的人物形象，并且她身上的“那悲剧的”只有着叙事性的兴趣。

看来要想出一个能够适合她的前后关联也不会是很难，从这方面看，我们完全可以满足于希腊悲剧所给出的那些。她有着一个活着的妹妹，我想让她稍稍长大并且结婚。她的母亲也可以是活着的。这些人自然总是辅助人物，这是理所当然，正如在总体上看，这悲剧就像希腊悲剧那样地包容有一个叙事的环节却又无需因此而让这一环节那么显眼，这样，独白在这里就总是要起着主导性的作用——尽管处境应当不断地过来协助这独白。我们必须想象一切都是集中在这唯一的首要兴趣点上，它构成安提戈涅的生命内容，而如果现在一切都是以这样的方式安排好了，那么接下来的问题就是：这戏剧性的兴趣应当怎样去被达成？

我们的女主人公，正如前面文字中所描述的，正要去跳过她生命中的一个环节，她正在开始想要完全精神性地生活，这是某种自然所不能容忍的东西。以她的灵魂所具的深度，在她坠入爱河的时候，她必定是带着一种非凡的激情去爱。在这里我就面对了戏剧性的兴趣——安提戈涅在爱中，并且我带着痛苦说出来：安提戈涅不可救药地陷进了爱河。在这里明显地有着悲剧冲突[87]。在通常，我们应当带着更挑剔的目光去看那被我们称作是悲剧冲突的东西。那些冲突着的权力越是让我们同情、越是深刻并且它们越是相像，那么这冲突的意义就越是重大。这样，她陷入爱中，那作为“她的爱的对象”的人对此并非不知。现在，我的安提戈涅不是寻常的女孩，并且她的嫁妆也是这样一种不寻常的嫁妆，那是她的痛苦。不带着这一嫁妆，她无法去属于一个男人，她觉得这会是太危险，去对这样一个观察者隐藏它，这将是不可能的，想要隐藏它，这对她的爱来说是一种罪过；然而她能够带着它而去属于这男人么？她敢去向任何人乃至她所爱的男人吐露么？安提戈涅是有力量的，问题不是她是否为了她自己的缘故、为了使自己释怀而应当去向什么人吐露自己的痛苦；因为她完全无需别人的支持而承担它，但她能够在死者面前为此辩护吗？把自己的秘密吐露给他，这本身已经以一种方式使她承受痛苦了，因为她的生命也是悲哀地被交织在了这秘密之中的。然而，这却不是她所忧虑的。问题只是围绕着父亲。于是，从这一方面看，这冲突有着让人同情的性质。她的生活本来是安宁平静的，现在变得（自然是不断在她自身之中）剧烈而充满激情，她的台词在这里开始变得悲怆动人。她与自己诤斗，她本想把自己的生命奉献给这秘密，但现在她面对的要求是要让她的爱情作为牺牲奉献品。她胜利，就是说，那秘密胜利，并且她失败。现在另一个冲突出现了，因为要让那悲剧冲突真正深刻，各方冲突着的力量必须是均等的。在此之前的冲突不具备这一性质；因为那冲突其实是介于她对父亲的爱和对她自己的爱，以及她自己的爱情是否是一个过大的牺牲。那第二种冲突着的权力是对她爱人的那种令人同情的爱。他知道，他是被爱的，并且大胆地冒险进攻。无疑她矜持沉默的态度让他惊讶；他察觉到这之中必定有着非常特别的麻烦，但这麻烦对于他来说不应当是什么不能克服的困难。对他最为迫切重要的是去让她相信他是多么深地爱着她，甚至，如果他不得不放弃她的爱的话，那么他的生命就结束了。到最后，他的激情几乎是不真实了，但他的激情因为这一对抗而只是变得更富有发明力。每一个爱情的海誓山盟都在使他增大她的痛苦，每一声叹息都在让他用悲哀的箭头在她心中钻得越来越深。为了打动她，他用尽一切方法。就像所有其他人一样，他知道她对父亲的爱有多深。他在俄狄浦斯的墓前遇上她，——她想去那里倾诉衷肠，她在那里将自己投进她对父亲的思念中，尽管甚至这一思念也混有痛苦，因为她不知道她将怎样再与父亲相会、父亲是否对自己的辜有所知。他使她意外，他以那她用来思念父亲的爱来恳求她，他觉察到他为她留下了一个非同寻常的印象，他坚持着，他把所有希望都寄托在这一方式里，他不知道他恰恰是在与自己作对。

就是说，这兴趣所围绕着的是去把她的秘密从她那里逼榨出来。去让她暂时失去理智而以这样的方式泄露出秘密，这样的做法不会有什么帮助。那些冲突着的权力在这样一种程度上相互对峙，以至于行动对于那悲剧性个体成为不可能。现在，因为她的爱情、因为她对她所爱的人的同情性的承受（Liden），她的痛苦被增大了。只有在死亡中，她才能够得到安宁；这样，她的生命被奉献给了悲哀，她就仿佛是设置了一道边界：在那也许会宿命地蔓延到后代们那里的不幸前，她设立起一道堤坝。只有在她的死亡瞬间她才能够坦白出她爱情的真挚性，她才能够坦白出：只有在那她不属于他的瞬间里她才是属于他的。当义巴敏诺达在曼梯尼亚的战役[88]受伤的时候，他让箭留在伤口上，直到他听说了战役打赢了，因为他知道，在这箭被拔出的时候，也就是他的死时。同样也是这样，我们的安提戈涅在心中承受着自己的秘密，就像承受一支箭，生活使这箭越来越深地钻进她的心灵，但却没有把生命从她那里夺走，因为只要它还插在她的心上，她就还能活着，而到了它被拔出的那瞬间，她就得死。去夺走她的秘密，这是那爱着她的人不得不为之搏斗的，然而，这却也是她的确定的死亡。那么她现在死在了谁的手中？是那生者的还是那死者的？在某种意义上，是那死者的，那针对赫尔库利斯的预言[89]说他不会被一个活人而是会被一个死人谋杀，这预言也适合于她，因为对父亲的回忆是她的死亡原因（Grunden）；在另一种意义上是那生者的，因为她的不幸爱情是导致“这回忆杀死她”的缘由（Anledningen）。

注释

［1］按原文翻译应当是：“‘那古典悲剧的’在‘那现代悲剧的’之中的反映。”因为考虑到国内一般读者往往难以接受“那××的”这一类名词化的形容词，因而在这里作出勉强近似的转译——“古典悲剧元素在现代悲剧内容中的反映”。

［2］［Συμπαдανεидωμενοι］　希腊语（Symparanekrōménoi）同逝者，在日记中克尔凯郭尔在一段标有1838年1月9日的文字中写道：“我恰恰在寻找一个用来标示这一类人的名词，我会有写他们的愿望，因为我确信他们和我有着共同的看法，而现在我在卢西恩这里看到了：παϱανεκϱοι（一个和我一样是死了的人），我本来会想要为παϱανεκϱοι出版一个文本。”παϱάνεκϱος（parúnekros）这个词是在卢西恩那里所没有的，但是同义词ὁμόνεκϱος（homónekros）则出现在“死者对话”中（Dialogi mortuorum, 2, 1）。在德文版《卢西恩文集》中（*Lucians Schriften*, bd. 1—4, Zürich 1769, ktl. 1135—1138; bd. 2, s. 358）这个词被翻译为“so todt, wie ihr selbst”（正如你们自己一样地死透了的）。在1839年7月，克尔凯郭尔自己在日记EE中把自己说成是νενεκϱωμένος（nenekrōménos），意即死者，

参看《希伯来书》（11：12）中描述亚伯拉罕的年老无力的那段（“所以从一个仿佛已死的人就生出子孙，如同天上的星那样众多，海边的沙那样无数”）。从教堂神父们那里可以看到συννεκϱοῦσθαι（synnekroústhai）这个词，“与……一同死”。看来Συμπαϱανεκϱωμένοι这个词是克尔凯郭尔自己以 parúnekros、nenekrōménos 和 synnekroústhai 为背景自己创建出来的合成词；既然这是在谈论一种完成时形式，按理克尔凯郭尔应当写成Συμπαϱανενεκϱωμένοι（Symparanenekrōménoi）. 克尔凯郭尔在他的手稿《非此即彼》中把这样的说明与Συμπαϱανεκϱωμένοι这个词联系在一起：“我也许可以把这些称作Πεισιθανατοι，并由此来联想到昔勒尼哲人赫基希亚斯因为他如此出色地说出了生命的悲惨而获得的外号（cfr, Tennemann Ges. d. Ph. 2d Bd. p. 106）”（Pap. IV A 225）。Πεισιθανατοι（Peisithúnatoi）：“那些说服别人去死的人。”括号中的参考缩写是对“W. G. Tennemann Geschichte der Philosophie; bd. 2, 1799, s. 106.”的缩写。

［3］［亚里士多德对“那悲剧的”所提出的那些定性］　亚里士多德在他的关于诗艺的著作《诗学》中列出了悲剧中的六种基本元素，这些元素赋予悲剧其特征。这六种元素是：情节策划、人物性格、言语、思想、场景和歌词。从对戏剧艺术的亚里士多德式的分析，那些对演戏所提出的关于时间、地点和情节的统一体的经典要求渐渐地被提炼出来。

——亚里士多德：希腊哲学家（公元前384—前322）。

［4］［更新近的美学］　诗人和后来的美学教授欧伦施莱格尔（Oehlenschläger）在《北欧诗选》的前言（*Nordiske Digte*, Kbh. 1807, ktl. 1599, s. XXI）并且后来在一本小册子《关于〈哥本哈根飞邮报〉中对〈康士坦丁堡的卫士〉的批评》（Om Critiken i Kjøbenhavns flyvende Post, over Vœringerne i Miklagard, Kbh. 1828）中把亚里士多德的各种定性和自己的戏剧创作联系起来。那小册子是回答海贝尔（J. L. Heiberg）在《哥本哈根飞邮报》（Kjøbenhavns flyvende Post, nr. 99—101, Kbh. 1827）上对欧伦施莱格尔戏剧《康士坦丁堡的卫士》（Vœringerne i Miklagard）的评论。海贝尔又在《哥本哈根飞邮报》（Kjøbenhavns flyvende Post, nr. 7—8 og 10—16, Kbh. 1828）上回答了欧伦施莱格尔，在此之中他尤其谈论了欧伦施莱格尔与那些亚里士多德式的对于地点、时间和情节的统一的要求的关系。可能也是针对莱辛（G. E. Lessing），——莱辛曾在他的《汉堡戏剧做法谈》（*Hamburgische Dramaturgie*, XXXVII - XXXIX（1767））中讨论过

亚里士多德的戏剧理论，包括对喜剧的和悲剧的情节安排的区分。另外还可以联想到黑格尔，黑格尔在《美学史》（*Vorlesungen über die Aesthetik*, bd. 1）中说：亚里士多德关于悲剧的理论仍然是令人感兴趣的。在黑格尔的美学出现之前，右派黑格尔主义者怀斯（C. H. Weisse）讨论过亚里士多德所提出的悲剧中的六种之间的关系（*System der Aesthetik als Wissenschaft von der Idee der Schönheit*, bd. 1—2, Leipzig 1830, ktl. 1379—1380; bd. 2, s. 305f.）。

[5]［运动点］　可能是指对于地点、时间和情节的统一的那些要求。

[6]［如果一个古时的美学家……性格和处境……是笑］　亚里士多德只曾在《诗学》中零星地谈论过喜剧，但是看来他曾在一部散佚了的著作中论述过喜剧。关于悲剧，他说，它可以没有人的性格描述，但不可没有一个集中起的情节，并且它的作用是唤起畏惧和怜悯。给予喜剧这样的特质——喜剧预设性格特征描述和喜剧性的单个处境为前提条件并且有着唤起笑的功能，这样是在与悲剧的对立上对之定性。在对欧伦施莱格尔再答文章中，海贝尔对这样的一种特质进行了讨论。

[7]　直译的话就是“那好笑的”。

[8]［整个时代更多的是在朝着“那喜剧性的”的方向努力着］　根据黑格尔的美学，喜剧是艺术的最高发展形式，但同时也是艺术的瓦解消释，它被哲学取代。

在对欧伦施莱格尔再答文章中，海贝尔（J. L. Heiberg）也把喜剧设定为艺术的最高发展阶段。

[9]　原文为拉丁文 Numerus（数目）。

［Numerus］　拉丁语，数字、数目、大量；数量。可能是影射贺拉斯的 Epistolarum 1, 2, 27: “Nos numerus sumus, et fruges consumere nati”（“我们只是作为数目而存在，为销蚀农作物而生”）。

[10]［大卫……点出人口数目］　参看《撒母耳记下》（24：1—9）：“耶和华又向以色列人发怒，就激动大卫，使他吩咐人去数点以色列人和犹大人。大卫就吩咐跟随他的元帅约押说，你去走遍以色列众支派，从但直到别是巴，数点百姓，我好知道他们的数目。约押对王说，无论百姓多少，愿耶和华你的神再加增百倍，使我主我王亲眼得见。我主我王何必喜悦行这事呢？但王的命令胜过约押和众军长。约押和众军长就从王面前出去，数点以色列的百姓。他们过了约旦河，在迦得谷中，城的右边亚罗珥

安营，与雅谢相对，又到了基列和他停合示地，又到了但雅安，绕到西顿，来到推罗的保障，并希未人和迦南人的各城，又到犹大南方的别是巴。他们走遍全地，过了九个月零二十天，就回到耶路撒冷。约押将百姓的总数奏告于王，以色列拿刀的勇士有八十万。犹大有五十万。”事后耶和华要向以色列降灾，见（24：13）：“于是迦得来见大卫，对他说，你愿意国中有七年的饥荒呢？是在你敌人面前逃跑，被追赶三个月呢？是在你国中有三日的瘟疫呢？现在你要揣摩思想，我好回复那差我来的。”

［11］［Hetærierne］　公元前五世纪在雅典的那些政治俱乐部。

［12］［阿里斯托芬（Aristofanes）］　希腊讽刺喜剧诗人（约公元前445—前385年）。写有44部喜剧，11部得以保存至今。克尔凯郭尔有着阿里斯托芬剧作的希腊原文、德文和丹麦文译文。

［13］［古代占卜师们……面带微笑］　可能是指古罗马通过看祭神牲畜内脏来卜吉凶晓神谕的祭司们，罗马国家和一些富有的官员们雇佣这些祭司来用动物内脏占卜并解读警示闪电。老加图参与嘲笑这一迷信，他表示奇怪：这些伊特鲁里亚的祭师居然能够相互望着对方而不发笑——有多少他们预言的东西成为真实？老加图的嘲笑被西西罗记录下来，在De divinatione 2，24，51和De natura deorum 1，26，71。

［14］［一个法国政治家……具备责任］　指法国历史学家和部长梯也尔（Louis Adolphe Thiers，1797—1877）。他曾写法国革命史。他在1832年成为内政部长，在一个时期之后，在1834—1836年又任农业部长，在1836年里有几个月是首相和外交部长，在1840年3月又被聘任这个职务。

哥本哈根的《柏林时报》在1839年3月22日写道：“梯也尔先生尤其是应当坚持的第二个条件是：要为所有部长指定出次长，这些次长要精通管理的所有细节，这样，部长们就可以有足够的时间来实施他们在内阁和议院的功能。”

［15］［法国的国王……是没有责任的］　菲力普（Ludvig Filip，1773—1850）在革命期间被选作“法国人的王”，作为反对派自由资产阶级的中点。直到1840年，他手下有着那些要让他自己统治并去完成自由改革的部长们。梯也尔是第一个国王指定的人，但他在1830年就说出了那流传很广的话：“Le roi regne et ne gouverne pas（国王应当做国王，而不应当自己去治理）。”在1840年3月梯也尔被任命为首相和外交部长之后，他的政策却导致了与英德两国的战争，国王让他下台。革命之后，在1848年2

月菲力普退位逃到了英国。

[16] [“那喜剧性的”……起作用] 黑格尔在《美学史》中写道：在喜剧中，那就其自身的主体性在意志和行为和外在偶然性中使得自己去成为所有关系和目的的主人。

[17] 如果按字面直译，就是“那无限地更多的人”。

[18] [基督在时间之充实中来临] 指《加拉太书》(4：4)：“及至时候满足，神就差遣他的儿子，为女人所生，且生在律法以下”；“时间之充实”(Tidens Fylde) 在这里是指：到了在上帝根据自己的拯救计划想要的那个时候。参看《以弗所书》(1：10)：“要照所安排的，在日期满足的时候，使天上地上一切所有的，都在基督里同归于一。”

[19] [承担着全世界的罪] 参看《约翰福音》(1：29)：“次日，约翰看见耶稣来到他那里，就说，看哪，神的羔羊，背负世人罪孽的。”

[20] 原文为希腊文διανοια καὶ ἠϑος（思想和人物性格）。

[21] 原文为希腊文 τελος（目的）。

[亚里士多德……διανοια καὶ ἠϑος……τελος] 希腊语 (dianoía kaì ēthos)，思想和人物性格，(télos) 目的。在《诗学》中亚里士多德说，悲剧是对于人物所作行为的一种模仿，这些人物的个体性必然地是由他们的思想和性格作决定的，但他也说，对一个情节过程的描述是悲剧的目的，而目的比所有其他东西更重要。

[22] [那更新的悲剧] 对此以及下面的文字参看黑格尔的《美学史》。

[23] 那……“更多的东西”，也就是“那更多的”(det Mere)。这里的句子可以这样重组：

也就是说，不管是合唱更多地趋近叙事的实体性还是趋近抒情的奔放，它总是一样地给出“那更多的”（这一“那更多的”不会投身到个体性之中)；独白则又更多的是抒情的浓缩，而有着“那更多的”（这一“那更多的”不会混同进情节和处境中)。

[24] [叙事环节] 在海贝尔的美学中，这叙事环节完全可以被看成是结合于作者的个人发展并且被镶嵌在一种辩证过程中——从抒情经过叙事而到戏剧。

[25] [不在自身……主体性] 就是说，生活在直接性之中、在与那自然的统一之中，而不是把自然作为某种异物放在意识之前。在这一直接

性中，主体感受自己是自由的，恰恰因为它生活在与自然的统一之中，尽管它置身于国家、家庭和命运之下——因为这些习俗制度被领会作是自然给定的东西。国家、家庭和命运被称作是“实体性的定性”，就是说，人是在国家和家庭的框架之下并且受命运支配地成为人。这思路是黑格尔式的。主体就其自身而言不是一种自然对象，而是一种历史发展的结果，按黑格尔的说法，在它适应取用了那产生出它的历史发展之后，就是说，在它统一了“那主体的”和“那客体的”时候，它才达到真实的自由。

［26］辜（Skylden）：（英文相近的词为 guilt），Skyld 为“罪的责任”而在，字义中有着“亏欠”、“归罪于、归功于”的成分，——因行“罪”而得“辜”。因为在中文没有相应的“原罪”文化背景，而同时我又不想让译文有曲解，斟酌了很久，最后决定使用“辜”。中文“辜”，本原有因罪而受刑的意义，并且有“亏欠”的延伸意义。而且对“辜”的使用导致出对“无辜的”、“无辜性”等的使用，非常谐和于丹麦文 Skyld、uskyldig、uskyldighed，甚至比起英文的 guilt、innocent、innocence 更到位。

［27］原文是希腊文ἁμαρτια（罪过错失）。

［亚里士多德要求……ἁμαρτια］　ἁμαρτια希腊语（hamartía）错、罪。在亚里士多德的《诗学》（De poetica）13 中，关于悲剧英雄是这样说的：他必须是一个因为走错了一步或者自己作出了一个错误的判断而被不幸击中的人。

［28］［贝拉吉乌斯式］　贝拉吉乌斯（Pelagius），中文又译“佩拉纠”。出生于英格兰的修道士，在五世纪初，拒绝传承之罪。他所创的一种神学学说，公元416 年被罗马天主教会指责为异端。该学说否认传承之罪的说法，认为人被生出来时状态如同“罪的堕落”之前的亚当，既不善也不恶，人的行为是其自由意志的结果；这样，人的罪是人自己造成的。

［29］不具备任何在审美上让人感兴趣的东西。

［30］［格拉贝的《浮士德和唐璜》］　Grabbe：Faust und Don Juan。Christian Dietrich Grabbe（1801—1836）*Don Juan und Faust. Eine Tragödie in fünf Akten*, Frankfurt 1829, ktl. 1670.

［31］［想要去赢得自己……就失去自己］　见《路加福音》（9：25）：“人若赚得全世界，却丧了自己，赔上自己，有什么益处呢。”

［32］［所有五个格］　针对希腊语法，有五个格，而拉丁语有六个格。

［33］原文为拉丁文 eo ipso（正是因为这个原因）。

［34］［健康部的……说明］　一份皇家健康部书面发言。皇家健康部是丹麦健康部门的最高权力机构。

［35］“罪”是指现实的罪。而“有罪性”是指“罪”的可能性，在“有罪性”并不包含实在的罪。那（作为实在的罪的）“罪”和那（作为罪的可能性的）“有罪性”是有区别的。

［36］指古希腊。

［37］［亚里士多德……畏惧和怜悯］　参看亚里士多德《诗学》。

［38］［黑格尔在他的美学中……就此作出说明］　参看黑格尔《美学史》。在这里黑格尔一方面区分出对一种外在权力的畏惧和对一种道德常理的权力的畏惧，一方面区分了作为对他人不幸和苦难的同情的怜悯和那真正的怜悯。

［39］原文为德文 das wahrhafte Mitleiden ist im Gegentheil die Sympathie mit der zugleich sittlichen Berechtigung des Leidenden（相反那真正的怜悯是对那受苦者的同时的道德上的合理权利的同情）（Bd. 3, pag. 531）。引自黑格尔《美学史》（Hegel, *Vorlesungen über die Aesthetik*, bd. 3, p. 531）。

［40］［med］带有，以，用，同……一起，和……一致。

［41］［落在活着的上帝手里是可怕的］　参看《希伯来书》（10：31）：“落在永生神的手里真是可怕的。”

［42］［实体性的定性］　在个体被从家庭、国家和族类中脱离出来的时候，他就失去了自己的实体。比如说，黑格尔在《法哲学原理》（*Grundlinien der Philosophie des Rechts*）中这样说，只有在国家中个体才有可能作为实体性的人，并且，只有在与他人的关系中他才是现实的（Hegel's Werke bd. 8, § 331, s. 425）。

［43］［帮助你……帮你］　谚语：“帮助你自己吧，然后上帝会帮你”和“自助，然后上帝会帮你”。这句子其实有更老的渊源。比如说古希腊悲剧诗人埃斯库罗斯（公元前524—前456年）在《波斯人》（公元前472年）中有：“对于那自己严肃地努力进取的人，神也会伸出帮助的手。”

［44］情节（Handling），在丹麦语中 Handling 是指人的行为，但是这同一个词用在戏剧、电影或者故事中时，这个词就是指“情节”（一种诸多事件的有关联的组合）。在这里，这个词的用法是暧昧的：它是戏剧的情节，它也是剧中主人公的行为。

［45］原文直译为“那形而上学的”。

［46］［传承之辜（Arveskyld）］　使自己变得有辜的天生倾向；这个词看来是作为与“传承之罪”（Arvesynd）类比而被构组出来的。

［47］原文在这里是拉丁文 Oedipus Coloneus，Oedipus rex 和 Antigone（俄狄浦斯在克鲁诺、俄狄浦斯王和安提戈涅）。

［索福克勒斯……Antigone］　索福克勒斯（Sofokles）希腊悲剧作家（约公元前 496—前 406 年）。悲剧 Oedipus rex 或者 Oedipus tyrannos（俄狄浦斯王）是讲俄狄浦斯，他把忒拜从斯芬克斯（如果人不能解开斯芬克斯的谜就会被它杀死）的阴影中解脱出来，然后不知情地杀死了自己的父亲拉伊奥斯国王，并且和自己的母亲——王后约卡斯塔结婚。索福克勒斯讲述，当罪行真相揭示在俄狄浦斯面前时，他刺瞎了自己的眼睛。在 Oedipus Coloneus（俄狄浦斯在克鲁诺）中讲述了忒拜的传说形象俄狄浦斯国王之死。Antigone（安提戈涅）是关于俄狄浦斯和约卡斯塔的女儿安提戈涅，在乱伦中出生。她的兄长波吕尼刻斯攻打忒拜失败，与自己的孪生兄弟厄特俄克勒斯互相残杀身亡，为了自己对自己的兄长的神圣责任而与国家的律法对抗，不顾舅父克利翁的反对而为兄长的遗体举行了埋葬仪式。克尔凯郭尔有着索福克勒斯著作的希腊文版本和德文翻译。

［48］这个词（Pieteten）的本义是“对故世者、旧传统、回忆和宗教的深刻尊敬感情”。这里指安提戈涅对传统家族关系（诸如对父亲、对兄长）的深刻尊敬。

［49］［Jehova］　旧约中上帝的名字。在这里对 Jahwéh 或者——正如人们常翻译的——Jahve。因为犹太人不得说出上帝的名字，希伯来语的文字中那四个辅音 JHWH 被用 Adonaj（希伯来语的“主”）来标示 o 和 a 的元音符号来助写。在这里提醒一下读者，这应当被读作 Adonaj 而不是 Jahwéh，以及由此的错误读法 Jehova。在丹麦语 1740 年版和 1992 年版的旧约全书中，Jahve 都被译作“主”，这里，在《出埃及记》（20：5）中也是如此。

［50］［他是一个……直到三四代］　指《出埃及记》（20：5）：“不可跪拜那些像，也不可事奉它，因为我耶和华你的神是忌邪的神。恨我的，我必追讨他的罪，自父及子，直到三四代。”（在丹麦文版中，“耶和华”被“主”代替）

［51］［在旧约中……可怕的诅咒］　可能是指《利未记》20 和《约

伯记》20。

［52］［菲罗克忒忒斯］ Philoktetes，索福克勒斯的悲剧，是关于希腊传说中的英雄菲罗克忒忒斯。他在去特洛伊途中被蛇咬，因为伤口散发出令人无法忍受的臭味，他被孤独地留在林木诺斯岛上，承受极大痛苦而无人见证。祭司说只有在菲罗克忒忒斯参与的情况下希腊人才可能拿下特洛伊，于是他被奥德修斯和他的人接去了特洛伊。

［53］［对其痛苦中……描述］ 想来是指《菲罗克忒忒斯》（Philoktetes，v. 734ff），在之中，菲罗克忒忒斯在病症突发的时候，在一瞬间中希望自己死去并且大叫："噢，死亡，噢，死亡！你，我每天/不间断地呼唤，什么使你从不显现的？"（"O Tod，o Tod！Du，den ich also jeden Tag / Ohn' Unterlass anrufe，was erscheinst du nie？"）而在下一个瞬间害怕被单独留下并在这时呼叫着尼奥普托列墨斯："Nur Eines bitt' ich，lass allein mich nicht zurücko."（"我只是祈求不要让我一个人留在这里。"）见《索福克勒斯的悲剧》。

［54］［没有人知道他的痛苦］ 是指《菲罗克忒忒斯》v. 248f.，菲罗克忒忒斯大叫出来："Weh mir，dem vielgequälten，gottverhassten Mann，/ Von dessen Leide nicht ein Ruf nach Hause，noch / Sonst irgend hin gedrungen im Hellenenland！"（"噢，痛啊我，痛！诸神是多么刻骨地恨我！/在这苦难中没有一声回家的呼唤，/在希腊诸国也没有任何别的地方想到我！"）见《索福克勒斯的悲剧》。

［55］［一座……巴比伦塔……混乱］ 指《创世记》（11：1—9）中巴别塔的故事："那时，天下人的口音，言语，都是一样。他们往东边迁移的时候，在示拿地遇见一片平原，就住在那里。他们彼此商量说，来吧，我们要做砖，把砖烧透了。他们就拿砖当石头，又拿石漆当灰泥。他们说，来吧，我们要建造一座城和一座塔，塔顶通天，要传扬我们的名，免得我们分散在全地上。耶和华降临，要看看世人所建造的城和塔。耶和华说，看哪，他们成为一样的人民，都是一样的言语，如今既作起这事来，以后他们所要做的事就没有不成就的了。我们下去，在那里变乱他们的口音，使他们的言语彼此不通。于是，耶和华使他们从那里分散在全地上。他们就停工，不造那城了。因为耶和华在那里变乱天下人的言语，使众人分散在全地上，所以那城名叫巴别（就是变乱的意思）。"

［56］原文为拉丁文 vis inertiæ，惯性的力。

［57］原文为希腊文 Συμπαρανεκρωμενοι（同逝者）。

［58］［安提戈涅］　索福克勒斯的悲剧《安提戈涅》的主人公。

［59］［拉布达科斯］　俄狄浦斯的祖父。

［60］伊俄卡斯特给俄狄甫斯生下四个儿女，先是孪生子厄忒俄克勒斯和波吕尼刻斯；然后女儿安提戈涅和小女儿伊斯墨涅。

［61］成为着：进入存在。

［62］原文为拉丁文 quem deus vult perdere, primum dementat，“神要毁掉一个人，他先使他疯狂”，即神首先使得那他所想要毁掉的人疯狂。拉丁语译自一句希腊语的句子，在古典时代它被作为对索福克勒斯的《安提戈涅》中的第621句以下内容（v. 621f. i Sofokles' Antigone.）的一种解说性的评论。

［63］［哈姆雷特］　在《萨克索》（Saxo）中就已经有了哈姆雷特的人物形象。然后有莎士比亚写于1600—1601年、在1603出版的《哈姆雷特》。哈姆雷特隐约感觉到是他的母亲伙同叔父谋杀了他的父亲，国王。

［64］原文为法语 le diable（魔鬼）。

［65］［魔鬼罗伯特……什么］　Robert le diable，来自一个法国传说。故事中讲一对诺曼底的公爵夫妇，无法生孩子；在烦恼中公爵夫人答应魔鬼，如果她得到一个儿子，那么这孩子就完全属于他。她生下罗伯特，罗伯特变得残暴邪恶。一天他想要知道关于自身以及其邪恶的原因的真相，他问她母亲：“母亲大人，我急切地请求您告诉我，我不信上帝并且如此残暴原因是什么？这要么是因为来自您要么来自我父亲。因此我请求您，告诉我关于这个的原因。”

［66］［Høgne］　传说中的英雄，阿尔德利安国王的王后和一个山怪所生的儿子（在她醉后睡着的时候，这山怪使她受孕）。在他四岁时，那些和他一起玩耍的孩子告诉他，他像一个山怪；因此他在水中照自己，他看见他的脸大而可怕。于是他找她妈妈问，为什么他看上去这样；她告诉他真相。

［67］北欧神话中居住在洞穴或山中的类似巨人的精灵。

［68］［一句好话……银钵之中］　《箴言》（25：11）：“一句话说得合宜，就如金苹果在银网子里。”（丹文版为“银钵”或者“银碗”，不是“银网子”。）

［69］［会被虫蛀……永恒财富］　见《马太福音》（6：19—20）：

“不要为自己积攒财宝在地上，地上有虫子咬，能锈坏，也有贼挖窟窿来偷。要积攒财宝在天上，天上没有虫子咬，不能锈坏，也没有贼挖窟窿来偷。”

[70] [精神舞台]　意识生命中的舞台。

[71] 原文为希腊文 Συμπαρανεκρωμενοι（同逝者）。

[72] 原文为拉丁文 captatio benevolentiæ（拉丁语：猎取友善的意愿）。

[captatio benevolentiæ]　拉丁语：猎取友善的意愿；在古典修辞中（法庭）讲演或者文章中的开首言，以此来唤取法官或者读者的好感。

[73] [上帝的新娘]　这个表达词的构成背景，比如说《耶利米书》（2：2）“你去向耶路撒冷人的耳中喊叫说，耶和华如此说，你幼年的恩爱，婚姻的爱情，你怎样在旷野，在未曾耕种之地跟随我，我都记得。”以及《雅歌》（4：9—5：1）。在那虔信的传统中是一个很流行的主题，同样就像那频繁出现的表达词“基督的新娘”，作为一个象征被用于教堂、教团和那单个的信者。

[74] 原文为拉丁文 virgo mater，“处女母亲”，这个词被用于耶稣的母亲，圣母马利亚。

[75] [牺牲花环]　可能是指一个年轻女孩在仪式上被接受为修女时所带的花环；背景故事是，一个女孩被举行仪式接受为上帝或者基督的新娘。比如说，可以参看《唐璜》第一幕第六场中爱尔薇拉唱自己作为修女的日子：“上帝的新娘我曾是。”

[76] [新娘花环]　自古罗马时代起的习俗，花环作为贞操的标志。在中世纪，圣母马利亚的玫瑰花环被发展成为一个金色的马利亚冠，一个教堂能够借给处女新娘的象征物。新娘有权戴着它，直到她被带上床。在丹麦，作为贞操象征的新娘花环是由桃金娘编结出来，戴在新娘面纱之上。

[77] [她不识任何男人]　见《路加福音》（1：34）：“马利亚对天使说，我没有出嫁，怎么有这事呢?”（在丹麦语版本中“既然我不识男人，怎么有这事呢?”这个关联上的“识”在圣经的意义中为“性关系”）。

[78] 原文为希腊文：（850） ἰὼ δύστανος，

οὔτ' ἐν βροτοῖς οὔτ' ἐν νεκροισι

μέτοικος, οὐ ζῶσιν, οὐ θανοῦσι

[（850） ἰὼ δύστανος…οὐ ζῶσιν, οὐ θανοῦσι]　“哦，不幸啊，/既不是和人们在一起，也不是和死者们在一起/一个异乡人，在生和死中都没

有家。”

［79］在丹麦语中，“比喻的”（uegentlig）这个词也有“非真正的”的意思，就是对“真正的”（egentlig）这个词的否定。因此这句话也可以翻译成：

如果我们的安提戈涅要说同样的东西，那么这就会是“非真正的”（uegentligt），但这一“非真正性”（Uegentlighed）是那真正的（egentlige）痛苦。

［80］［前两个悲剧］　《俄狄浦斯王》和《俄狄浦斯在克鲁诺》。

［81］［辩证法……那些逻辑运动］　在这里对“辩证法”这个词使用，和人们在谈及黑格尔辩证法时所指有着同样的意义。就是说关于这样的关系：一个概念（一种范畴）设定出自己的对立面，通过这一设定构建出一个新的概念，这新的概念同时包容有原本的概念及其对立面。比如说，在黑格尔的逻辑中，那抽象和无内容的“存在”（Sein）设定出它的对立面“乌有”（Nichts）并且与之在概念“成为”（Werden）达成统一。这一从“存在”经过“乌有”而到达“成为”的运动是一个逻辑运动。以一种非黑格尔的方式，在这里蕴含了一种介于“作为一种逻辑运动的辩证法”和“现实性的辩证法”的区分。在黑格尔式的思路中这两者是同一的。

［82］［因此……家族之咎戾冒犯］　介于整体和部分的，或者，特别是介于个体和族类的那种辩证关系。一种这样关系：如果没有那些部分，整体是不可想象的；而那些部分只能依据于这整体而是其所是。

［83］［主观的辩证法……客观的辩证法］　黑格尔区分主观和客观的辩证法。那主观的辩证法从外在的关系或者像一个直接的观察者看事件那样地从事件出发来进行论证，但是客观的辩证法只从事件本身出发来论证。

［84］这个词（Pieteten）的本义是“对故世者、旧传统、回忆和宗教的深刻尊敬感情”。这里指安提戈涅对传统家族关系（诸如对父亲、对兄长）的深刻尊敬。在这里，我使用“虔诚”，在前面我也将之翻译为“对族系的虔诚”。

［85］［一个肢体……全部受苦］　参看《歌林多前书》（12：26）：“若一个肢体受苦，所有的肢体就一同受苦。若一个肢体得荣耀，所有的肢体就一同快乐。”

［86］原文为拉丁文 quod non volvit in pectore，“某种在她心中不翻转的东西”。

［87］［悲剧冲突］　在《美学史》中，黑格尔把悲剧定性为两种均等的权力间的碰撞冲突。安提戈涅的情形是：一边有着国家的律法，一边有着对宗教和家族的考虑。

［88］［义巴敏诺达在曼梯尼亚的战役］　义巴敏诺达，忒拜的将军和政治家，被一支标枪击中在公元前 364 年忒拜人和斯巴达人间的曼梯尼亚战役的胜利中死去。关于他的死，古罗马历史学家尼珀斯（Cornelius Nepos）在义巴敏诺达传记中有记述（Epaminondas 9，3，i De excellentibus ducibus exterarum gentium）。

［89］［针对赫尔库利斯的预言］　在索福克勒斯的悲剧 Trachiniae 中，在第 1159 行之后，赫尔库利斯说，他的父亲宙斯在很多年前预言了，这儿子将被一个死人而不是活人杀死。第 555 行之后和第 705 行之后讲述了赫尔库利斯的痛楚死亡，因为他穿上了在肯陶洛斯人（人首马身人）涅索斯的血中浸过的衣服——这血中混有赫尔库勒斯用来射死涅索斯的箭上的毒。

剪　　影

心理学消遣[1]

为同逝者（Συμπαδανεεиδωμενοι）所作讲演

永远总是会有人发誓放弃爱情；
爱的魔法在这洞穴中
将那陶醉惊讶的灵魂
哄骗进对誓言的遗忘。[2]

(Abgeschworen mag die Liebe immer seyn;
Liebes – Zauber wiegt in dieser Höhle
Die berauschte, überraschte Seele
In Vergessenheit des Schwures ein.)

昨天我爱着，
今天我受煎熬，
明天我死去，
然而我愿在
今天和明天
仍想着昨天。[3]

(Gestern liebt' ich,
Heute leid' ich,
Morgen sterb' ich
Dennoch denk' ich
Heut' und Morgen
Gern an Gestern.)

即兴致辞

我们在这个时刻庆祝我们协会的成立，我们再度欣悦于这一喜庆时机的重复，欣悦于那最长的白天[4]过去而夜晚开始进入胜利。我们等待了这好长好长的白天，在一瞬间之前我们还在为它的漫长而叹息，而现在我们的绝望已被转化为喜悦。无疑，那胜利只是无足轻重的，白天的优势会延续一段时期，但是它的统治被打破了，这一点逃不了我们的注意力。因此我们毫不犹豫地为夜晚的胜利而庆祝，直到所有人都很清楚地看见这胜利，我们不犹豫直到那麻木不仁的市民生活提醒我们白天正在减少。没有什么犹豫，就像一个年轻的新娘不耐烦地等待着夜晚的到来，我们也这样满心渴慕地等待着夜晚的最初进击、它的即将到来的胜利的第一信讯；我们曾经接近于这样的绝望——“如果白天不减短，我们将去怎样忍受”，而越是接近这绝望，喜悦和惊奇就将越大。

一年过去了，我们的协会还在，难道我们不该为此高兴吗，亲爱的同逝者[5]，为这协会的存在嘲笑着我们关于“一切之毁灭”的教条而高兴，或者，我们是不是更应当为它还存在而感到悲哀，而去为了它无论如何也只剩下一年的继续存在而高兴；因为，如果它没有在那个时候消失，那么我们的决定是不是自己去解散它呢？在它成立的时候，我们没有做出有远见的计划[6]，我们与生命之悲惨和存在之背信弃义太熟悉，我们决定帮助一下世界规律[7]，如果它不先来了结我们，那么我们自己就去消灭自己。一年过去了，我们协会的人数仍完整无缺，仍没有人被替代，也没有人让自己被替代，既然我们中的每一个人都太骄傲（因为我们全都把死亡看成是最大的幸福）而无法被替代。我们是不是应当为此高兴而不是真正地悲哀，只是为了这样一种希望而欣悦，希望生命的困惑即将来把我们分离开，生命的风暴马上将来把我们拉走！确实，这些想法无疑更适合于我们的协会，最符合这一瞬间的欢庆、最符合这整个环境。因为，在这小房间里的地板上，按照本土的风俗，洒着绿色植物，就好像在准备一种葬礼，难道这不是富有独创性和意义重大的做法吗？当我们注目着那在我们周围怒吼的狂野风暴时，当我们留意于风的强有力的嗓音时，难道这不是自然本身在我们周围向我们给出它的赞同吗？是的，让我们沉默一瞬间并且去听一下风暴的音乐，它英勇的进程、它大胆的挑战，大海挑衅的怒号、森林不安的叹息、树绝望的爆裂和草怯懦的低语。无疑人们会断言说，神圣的声音不在那强劲的暴风中，而是在轻柔的微风里[8]；但是我们的耳朵毕竟不是被构造成去捕捉轻柔的微风，而无疑是适合于去吞咽诸自然元素的喧嚣。为什么它不更为剧烈地爆发出来并且为生命、世界和这一简短的演说给出一个终结，与所有其他东西相比，这演说至少有着一个长处，就是它马上就会获得终结。是啊，那个“涡”[9]，作为世界的最核心原则，尽管人们并不觉察到它，而是在无忧无虑的忙碌中吃和喝，结婚和繁殖，但愿它爆发出来，并在内在的怨恨之中甩脱群山，以及国家和文化创造和人类的机智发明，但愿它带着那最后的可怕尖叫爆发出来，比审判的喇叭[10]更为确定地预言一切的毁灭[11]，但愿它搅动并使得这个赤裸的悬崖旋转起来，我们站在这悬崖上，就像其鼻息之前[12]的一片毛。然而，夜晚胜利而白天减短而希望增长！那么，让我们再一次斟满酒杯，亲爱的酒友们，以这杯我敬你，一切永远的母亲[13]，沉默的夜晚！一切从你这里出现，一切回返到你这里。那么，你就再对世界慈悲一次吧，那么，你就再一次打开你自己以收集一切并让我们全都得以妥善保存地隐藏在你的子宫里吧！我向你问候，黑暗的夜晚，我问候作为胜利者的你，并且，这是我的安慰，因为你在永恒的遗忘中减短一切，一切白天和时间和生命和回忆的艰辛！

自从莱辛在其著名论文《拉奥孔》中定出诗歌和艺术间的

界限[14]的那个时代以来，这无疑可以被看作是一种为所有美学家所一致公认的结论：诗歌和艺术间的差异是这样的，艺术在空间的定性中而诗歌在时间的定性中，艺术描述静态的东西而诗歌描述动态的东西。因此，那被看作是艺术性描述的对象的东西，必定是有着那种静态的透明性，内在的东西依据于一种相应的外在的东西。越是不符合这一点的情形，越是难以作为艺术家的工作，直到这差异被确定下来，使得他知道，这根本不是一份他所应当去做的工作。如果我们把这在此被随意提及而不是详细论述的说法运用到悲哀和喜悦间的关系上，那么，人们很容易看出，喜悦比悲哀远远更容易以艺术的[15]方式来描述。但我们决不因此就应当去否认悲哀是可以以艺术的方式来描述的，而确实地说，我们会走到这样一个点上，在“那内在的”和“那外在的”之间设定出一种对立，在这样一个点上对于悲哀会是有着本质性的意义，这时，这对立就使得描述悲哀对艺术成为不可能。这一点又是悲哀本身性质所固有的。喜悦是属于那一类愿意开放揭示自身的，悲哀更愿意隐藏起自身，有时甚至欺骗。欢悦是健谈的、合群开放的，它想要表达自身；悲哀是内闭的（indeslut-tet）、沉默的、孤独的，并且寻找着回向自身的路。只要一个人稍稍把生命作为一种对象来观察，那么他无疑就不会否认这之中的正确性。世上有这样的人，其内在组织结构是这样的：如果他们感情冲动起来，血液涌进皮肤系统中[16]，于是那内在的运动就在那外在表面显现出来；其他人的内在组织结构则是，血液向回涌，找通道进入心房和有机体的内在部分。就表现方式来看，这样大概地就是喜悦和悲哀间的关系了。前一种被描述的内在组织结构相比后一种而言就容易观察得多。在前一种情形，我们看见那表达，内在的运动显现到外在表面；对于后一种组织结构，我们则只能够隐约感觉到那内在运动。外在的苍白就仿佛是那内在者的告别致意，思想和幻想匆忙地寻找那隐藏在秘处的避难所。这对一种特别的悲哀尤其有效，我在这里将进一步对这种悲哀进行考察，人们可以将这种悲哀称作“反思型的悲哀”。在这里，那外在的至多只是一种隐约地指向其踪迹的提示，有时候甚至连这一点也达不到。以艺术的方式[17]，这一悲哀是无法被描述的，因为“那内在的”和“那外在的”之间的平衡被取消掉了，于是它就不再处于那空间性的定性之中了。从另一个角度看，它也无法被艺术性地描述，因为它不具备那内在的静态，而是不断地处在运动之中；即使这一运动不以新的结果来丰富它，这运动本身对它而言还是本质性的。就像一只在笼子中的松鼠那样，它不断地在自身之中打着转跑[18]，但却不像这动物一样单调，而是不断地在悲哀的内在环节的结合之中对这些环节作轮换。之所以这种反思性的悲哀无法作为艺术性描述的对象，是因为它缺乏一种内在的宁静，它无法与自身达成一致，它不依托于某种确定简单的表达。就像病人在痛苦中辗转反侧，那反思性的悲哀也这样颠簸往返地寻找自己的对象和表达。如果这悲哀有着安宁，那么这悲哀的内在也会渐渐地努力寻找向外挣扎的路而显现在那外在的表象之中，并且以这样的方式而成为艺术性描述的对象。如果这悲哀在其自身之中有着安宁与静止，这时运动就会从里向外地出现，反思性的悲哀向里运动，就像血液从外在表面逃走而让人只能够借助于那倏然即逝的苍白来隐约地感觉到它。反思性的悲哀不会在外在表象上引起任何本质性的变化；甚至在悲哀的最初一刻它就匆忙地向里跑，只有一种非常谨慎仔细的观察才能隐约感觉到它的消失；然后它小心谨慎地注意着尽可能地避免使那外在表象引起人的注意。

现在，通过这样地寻求着向里走的路，它终于找到一种内闭、一种内在深处，它认为自己能够在之中逗留，于是它就开始自己的那种形式单一的运动。就像钟中的摆，它也是这样地前后摇摆而不得歇止。它不断地从头开始并且再三考虑，讯问证人、比较和验证不同的说辞；它曾这样地做了数百次，但它总是得不到终结。形式单一的东西在时间的过程中有着某种麻痹性的内容。就像房檐上形式单一的滴水、就像发条轮子形式单一的呼呼声、就像在我们头顶上一层地板上一个人以估量后的步伐反复来回走动而发出的那种单调的声音起着麻痹作用，那反思性的悲哀也这样地在这一运动中最终找到缓解，这运动对于它就像一种幻影动作成为必然性。在最后就出现了某种平衡，那让悲哀得以爆发的愿望（只要它能够有这么一次表达出了自己）就终止了，那外在的表象静止而安宁，而在内心深处的一个小小的隐蔽角落里，这悲哀则像一个在地牢里被严加看守的囚犯，一年又一年地生活在自己形式单一的运动中，在自己的闭关之中来回地走动，从不厌倦于在悲哀的长路或者短途中的踱步。

那导致反思性悲哀的东西部分地能够在于个人的主体品性之中，部分地也可以是在于那客体的悲哀或者那导致悲哀的缘由之中。一个有着反思狂症状的个体会把每一种悲哀都改变成反思性的悲哀，他的个体心理结构和身理结构使得他不可能马上就吸收掉这悲哀。然而这却是一种病态，对我们说来意义不大，因为以这样的方式每一种偶然性都能够进入变形，通过这变形它就成为一种反思性的悲哀。个体自身之中的“客体的悲哀”或者“导致悲哀的缘由”生产出使得悲哀成为“反思性的悲哀”的反思，则是另一回事情。不管那客体的悲哀有着怎样的品性，在它在其自身并没有完成的情况下、在它留下一种怀疑的时候，它的情形都是如此。这里，一种巨大的多样性马上就呈现在思想面前，而由于一个人生活和经历过许多、或者由于他有着去把自己的敏锐用在这样的一些实验上的倾向，这多样性还会更庞大。然而我的意图却绝不是去一一论述这整个多样性中的各个细节，我只是想选出一个个别的方面，正如它在我的观察之下所显示的也是这样的一个个别方面。如果悲哀的缘由是一个欺骗，那么，那客体的悲哀本身就有着这样的一种特性，它在相应个体的身上唤出那反思性的悲哀。一种欺骗是否真的是一种欺骗，常常难以明确地搞清楚，而一切却又必须以对此的明确结论来作依据；只要模棱两可的歧义仍然存在，那么悲哀就无法得到其安宁而不得不继续在反思之中前后反复地漫步。更进一步，如果这一欺骗没有击中一个外在的东西，而是击中了一个人的内在生命、他的内在核心，那么这一反思性悲哀之持久性的几率就变得越来越大。但是，更真实地说，一个女人，除了她的爱情之外，我们还能够将什么称作是她的生命呢？于是，如果那不幸爱情的悲哀之根源是在一种欺骗中，那么，不管这悲哀会持续一生还是相应的个体战胜了它，我们就无条件地有了一种反思性的悲哀。无疑，不幸爱情就其本身而言对于一个女人是最深刻的悲哀，但这并非就理所当然地推导出“每一场不幸爱情都会生产出一种反思性的悲哀”。比如说，如果那被爱者死去、或者她也许处在一种根本没有回报的单恋中、或者生命的境况使得她的愿望不可能被实现，那么，这在此无疑就成了悲哀的缘由，但并不是一种反思性悲哀的缘由，除非相关者自己在事先就有病——因而她就不再处在我们的兴趣之内。相反，如果她没有病，那么她的悲哀就成为一种直接的悲哀，并且就其本身也能够成为艺术性描述的对象，而反过来，对于艺术，要去表达或者描述反思性悲哀或者这悲哀中的关键，则是不可能的。也就是说，那直接的悲哀是对悲哀之印象的直接印痕或者表达，就像维罗妮卡[19]在她的亚麻布衣中所保存的画像，这种印痕或表达与此完全有着一种一致，悲哀的神圣的字迹印在“那外在的”之上，美丽而纯洁，并且所有人都能清晰地将之读出。

这样，那反思性的悲哀无法成为艺术性描述的对象；一方面也就是它从来就不是“正在进入存在”的，而是不断地在形成之中，一方面那外在的、那可见的东西是无足轻重而无关紧要的。这样，如果艺术不想把自己限制在天真之中（我们在古书中可以看到这种天真的例子：一个人像被描绘出来，它几乎可以被看成是任何东西，而同时我们在它的胸口上却发现一个薄板、一颗心或者诸如此类，在之上我们可以读出任何东西，尤其是在那人像借助于其姿势而把我们的注意力引到它之上、甚至是指着它，一种人们同样也可以通过写上“请注意”而能够达到作用）；如果艺术不想这么做，那么它就不得不被迫放弃在这一方向上的描述而把这些工作让给诗歌或者心理学去处理。

我所想要选出的就是这反思性的悲哀，并且，我尽可能地让它在一些图像中展现出来。我将这些图像称作剪影[20]，部分地是为了想要通过这一命名来提示读者，我是从生命的阴暗面里将它们拿出来的，部分地是因为它们就像剪影一样不是直接地清晰可见的。如果我拿起一个剪影，我不会对它有什么印象、也无法真正有任何关于它的想象；直到我把它对着墙举起，不是去直接地看它的样子、而是去看墙上显示出的图像，这时，我才看见它。我现在要在这里展示的图像也是如此，一种内在的图像，在我透视了外在表象的时候，它才变得能够让人看见。也许那外在表象没有什么令人惊叹的地方，但我在透视了外在表象的时候才发现那内在的图像，这就是我要展示的，一幅内在的图像，因为它太过精美（既然它是由灵魂的各种最细微的心境编织出来的）而无法外在地被人看见。如果我看着一张纸，那么对于直接的观察，它也许是没有什么可看的，但在我将之举起映在天光之下透视它时，我才发现那精细的内在图像，它就仿佛是太具灵魂性而无法直接地被看见。那么，亲爱的同逝者[21]，请将你们的目光固定在这一内在图像上，让你们别去受那外在表象的骚扰，或者更确切地说，别自己去呈示出它，因为我不断地将之拉到一旁以便你们能够更好地洞察进“那内在的”。然而，想来我并没有必要鼓舞这个我有幸成为其成员的协会去这样做；因为，虽然我们算年轻，但我们全都年长得足够能让自己不被那外在表象欺骗或者僵死停留在这外在表象上。如果我以为，你们会以你们的关注来尊敬这些图像，那么这会不会是一种我用来奉承我自己的空虚希望呢，或者，我的努力对于你们来说会不会是陌生而无所谓的，不谐和于我们社会的兴趣所在，我们这个只认识一种激情（也就是对悲哀之秘密的同情）的社会。其实我们也构成了一种秩序，我们也时而像漫游的骑士们那样出行于世界，各行其道，不是为了去和妖魔搏斗、也不是为了去帮助无辜者、更不是为了在情欲的历险中经受考验。所有这些都不是我们要去为之花费功夫的，尤其是最后的这一项，因为一个女人眼中的箭[22]不会伤着我们坚毅的胸膛，而那些欢乐女孩们的欣悦微笑感动不了我们；相反，悲哀的秘密喻示则会打动我们。让别人去为了“没有女孩能够抵御住他们的情欲力量”而骄傲吧，我们不羡慕他们，那会让我们感到骄傲的是，没有任何秘密的悲哀逃得过我们的注意力，没有什么隐秘的悲哀能够那么矜持和那么骄傲以至于我们无法胜利地攻进它的最内在的隐匿处！哪一种斗争是最危险的，哪一种是预设了最大的技艺为前提并赋予了最大的享受，这是我们所不想去做考究的，我们的选择已经定下了，我们只爱悲哀、我们只寻访悲哀，不管在什么地方，只要我们发现了它的踪迹，我们就会跟踪追击，无所畏惧地、不可动摇地，直到它揭示出它自己。为了这场搏斗我们全副武装，我们每天操练这搏斗。真的是这样，悲哀如此隐秘地在世界中巡游，而只有那对之有着同情的人，只有他才会成功地隐约感觉到它。我们走过街道，一幢房子看上去像另一幢，只有那尝试过的观察者会隐约感觉到，在这某一幢房子里半夜时分显得好像完全不一样，这时有一个无法得到安息的不幸者在那里徘徊走动，他登上台阶，他的脚步声在夜的宁静里回荡。人们在街上擦肩而过，这一个看上去像那另一个，而另一个则像大多数人，只有经验丰富的观察者能够隐约感觉到，在这个头脑内部深处住着一个深居不出者，他和这个世界毫无干系，而只是在宁静的家庭手工艺中孤独地活下去。那外在表象则无疑是我们观察的对象，但不是我们的兴趣所关注的对象；钓鱼的人就是以这样的方式坐着，让自己的目光坚定不移地盯着大河，但他对大河根本毫无兴趣，而他所感兴趣的则无疑是水底下的各种运动。因此，外在表象对我们来说是有着它的意义的，但不是作为“那内在的”的表达，而是作为一种关于“在那之中深藏着什么东西”的远程通讯[23]。如果我们长时间并且集中注意地观察一张脸，那么我们有时候就仿佛在这一张我们所看的脸中发现另一张脸。通常这是一种绝不会出错的标志，它说明灵魂在隐藏一个从外在表象中撤出以便来看守一个秘密宝藏的移民，观察运动的路径是这样被暗示出来的：这一张脸就好像是藏在另一张脸之中，而后者提示我们，如果我们想要知道什么东西，那么我们就必须努力渗透到里面去。那本来是作为灵魂的镜子的脸，在这里有着一种模棱两可，这种模棱两可无法被艺术性地描述出来，并且在通常它只持续倏然即逝的一刻。要看见它，我们就必须有一双特殊的眼睛，我们必须以一种特殊的目光来追踪这一准确无误地标示出秘密悲哀的征象。这一目光是欲求着的，但却在同时又是谨慎的、紧张的和强制性的，并且也是那么地投入、坚忍和狡猾并在同时又是那么正直而善意，它温和地把个体引到某种舒坦的困倦之中，在这困倦里，个体因倾诉自己的悲哀而获得一种快感，就像我们因流血至死而获得的那种快感。“那现在的”被忘却了，“那外在的”被穿透，“那过去了的”得以复苏，悲哀的呼吸放松了。哀者获得缓解，而悲哀之令人有好感的骑士通过找到他所寻找的东西来获得欢乐，因为我们所寻找的不是“那现在的”而是“那过去了的”，不是喜悦，因为喜悦总是现在的，而是悲哀，因为悲哀之本质是“走过去”，并且，我们在现在时的瞬间之中只能够这样地看见它，就好像是这样地看见一个人——我们刚见他出现，他便马上转向另一条路并且消失而我们只在这一个“此刻”中看见他。

然而，有时候这悲哀甚至隐藏得更好，外在表象不让我们隐约感觉到什么，没有一丝一毫的征象。它能够长久地避开我们的注意力，但是，在一种偶然的表情、一句话、一声叹息、一个声音中的回响、一种眼目间的暗示、一次唇上的震颤、一次握手中的错失不可靠地泄露出了那被小心翼翼地隐藏起的东西时，于是激情就醒来了，于是斗争就开始了。在这时，起决定性作用的事实就是，我们有着警戒、耐性和睿智；因为，又有谁能像秘密的悲哀那样足智多谋，但是一个孤独的终生囚徒也有着足够多的时间来想出许多东西，并且又有谁能像秘密的悲哀那样迅速地隐藏起自己；因为，比起这种隐藏的悲哀——在它突然面对意料之外的事件时，没有什么年轻女孩能够在更大的恐惧和急速中覆盖起她所袒露出的胸怀。这里要求有一种坚定不移的大无畏，因为，我们在和一个普罗透斯斗，但是，只要我们坚持下去，那么它最终必定会输，尽管它就像那个海神[24]使用了各种各样的形象来设法逃走，像一条蛇在我们手中蜿蜒，像一只狮子以吼叫来吓唬我们，把自己变成枝叶瑟瑟的树，或者变成轰响激奔的流水，或者变成噼啪闪耀的火焰，他到最后还是得算命[25]，而那悲哀最终还是得揭示出自身。看，这些历险是我们的兴致、我们的消遣，在此之中考验我们的骑士品格；为此我们现在像强盗一样在深夜起身[26]，因此我们敢做一切；因为，没有什么激情会像同感之激情那样狂野。不用怕我们会缺少历险，倒是该担忧我们会遭遇上一种过于艰难而无法击破的抵抗，因为，就像自然研究者们所说，人们在炸开一些数百年不化的巨石时，在石头内部的深处发现一个活着的动物，它不被发现地维持着生命[27]，那么，这样的事情无疑也是可能的，有着一些人，他们的外在就像一座巉岩坚石的山守卫着那悲哀所具的一种永远地隐藏着的生命。然而，这却不应当抑制我们的激情或者冷却我们的热心，相反，它应当让火焰更为热烈；因为，我们的激情不是好奇心，它不会因为那外在的和表面的东西而得到满足，它是一种同感的恐惧，它搜索心肾[28]和隐秘的想法；它借助于魔法和咒语把那隐藏的东西（甚至那被死亡挡住了我们的目光不让看的东西）都召唤了出来。据说扫罗在打仗之前乔装打扮地去一个占卜妇那里并且要求她向他展示撒母耳的图像。当然，促使他去这样做的原因不会仅仅是好奇，不是那想要见撒母耳有形图像的愿望，而是因为他想要经历撒母耳的想法，并且他无疑是带着不安等待着，直到他感觉到那严厉的审判者的判决之声[29]。同样，那打动你们中的这一个或者那一个去观察我将为你们描绘出的那些图像的东西，亲爱的同逝者[30]，无疑也不会仅仅只是好奇。这样，虽然我以一些特定的诗意[31]名字来标示她们，但因此并不就应当暗示着，那出现在你们面前的，只是那些诗意的形象，这些名字必须被看作是通用名[32]，并且，如果你们中的这一个或者那一个会觉得想要为那单个的图像给出另一个名字、一个更温柔的名字或者一个也许会让他觉得更为自然的名字，那样的话，从我这一边来说，不会有任何异议阻碍你们去这样做。

1. 玛莉·博马舍[33]

在歌德的《克拉维果》[34]中，我们认识到这个与我们有关联的女孩，只是在她失去了那戏剧性的兴趣吸引力之后、在悲哀的后遗症渐渐消减了的时候，我们在时间里会稍稍更为持久地陪伴着她。我们要继续伴随着她，因为我们，同情之骑士，有着同样多的天生禀赋和后天训练出来的技能，能够在行进的队伍中与悲哀齐驱并进。她的故事是简短的：卡尔维果与她订婚，卡尔维果离弃她。这一介绍对于那习惯于像在珍玩柜中观察珍品奇物那样地观察生命诸现象的人来说已经是足够了；越简短越好，我们就能够看到越多。以同样的方式，坦塔罗斯受渴和西西弗斯向山上推石头[35]，这些也都可以非常简短地被讲述出来。如果我们很匆忙，那么，在这上面继续逗留无疑就是一种耽搁——既然我们所已经知道的就是那全部的故事了，我们无法再知道比这更多。那要去征得更多关注的东西，必定是另一种类型。人们在茶桌周围围成隐秘的团伙，煮茶机唱着自己最后的诗句，家里的女主人请求那神秘的陌生人放松自己的心怀，为此她让人送上糖水和蜜饯，而这时他就开始讲述；这是一个冗长的故事。在小说中就是这样开始，但也有一件完全另外的事情：一个冗长的故事和这样一个简短的小公告。这对于玛莉·博马舍是否一个简短的故事，是另一个问题；我们所能够确定的是，它不冗长，因为一个冗长的故事还是会有着一个可测量的长度，而一个简短的故事则时常有着这种神秘的性质，这样，尽管有其简短性，它还是比那最冗长的故事还要更长。

在前面的文字中我已经说明，反思性的悲哀并不显形于外在表象，就是说，它不在那外在表象中得到其安闲、美丽的表达。那内在的不安（Uro）不允许这一透明性，更确切地说，那外在表象是因此而被销蚀着；只要“那内在的”在外在表象中宣示出自己，那么它其实就是处在某种病态之中，而既然这病态不具备“那美的”（det Skjønne）的兴趣所在，那么它就绝不会成为艺术性描述的对象。歌德曾以几个简单的暗示来提到这一点[36]。但是，即使我们现在一致同意这一观察的正确性，那么我们还是倾向于将之看成是某种偶然的东西，并且，只有在我们通过纯粹诗意和审美的考虑而确定了“这观察所得出的东西是美学意义上的真相”之后，我们才会得到那更深的意识。现在，假如我想象一种反思性的悲哀并且问，它是不是能够被艺术性的描述出来，那么，我们马上就可以看出：相对于它，那外在表象完全是偶然的；但如果这是真的，那么，“那艺术性的—美的”就被放弃了。不管她是大是小、是举足轻重是无足轻重、是美是不太美，所有这一切都无所谓；去考虑怎样做将会是更正确，是去把头低向这一边或者那一边，还是低向大地，是去让目光沉郁地凝视还是忧伤地焦注于大地，所有这些都完全是无所谓的，这一种方式并不比另一种方式更为充分地表达出那反思性的悲哀。与“那内在的”相比，外在表象就变得无足轻重并被置于漠不关心之中。“反思性的悲哀”中的关键是：悲哀持恒地寻找着自己的对象，这一“寻找”是悲哀所具的不安以及它的生命。但是这一“寻找”是一种持恒的波动，并且，如果那外在表象在每一刻之中都是对于“那内在的”的一个完美表达，那么我们为了要描述那反思性的悲哀就必须有整个的一系列图像；但既然这些图像作为单个的图像没有变得美丽，而只是真实，那么，不会有任何单个的图像表达了那悲哀，也不会有任何单个的图像获得真正的艺术性价值。我们必须像观察钟表的秒针那样地观察这些图像；我们看不见作品，但那内在的运动通过外在表象不断地被改变而不断地表达出自己。但这一可变性无法被艺术性地描述出来，而这却是整个问题的关键所在。如果，比如说不幸爱情的原因是在于一次欺骗，那么痛苦和苦难就是这个：悲哀无法找到其对象。如果那欺骗得到了证实，并且，如果那相应者就认识到这是一场欺骗，那么，那悲哀无疑并没有终止，但那样的话，它就是一种直接的悲哀，而不是一种反思的悲哀。我们很容易看出这辩证的麻烦，因为，她是在为什么而悲哀？如果他是一个骗子，那么他离弃了她无疑就是一件好事，而且越早越好，她更应当对此感到高兴而为她曾爱过他而悲哀；然而他是一个骗子，这却是一个极深的悲哀。但是，这个“那一切是不是一种欺骗”，这是“不安”处在“悲哀”的永动机[37]之中。为“一场欺骗是一场欺骗”这样一个外在的事实找到确定性，这已经是非常困难的了，而事情却绝不就此了结，运动也不就此停止。就是说，一场欺骗对于爱是一种绝对的悖论，并且，在这之中有着一种反思性悲哀的必然性。在那单个的人身上，爱的不同事实能够以最不同的方式被混合在一起，于是在这一个人身上的爱不会与在另一个人身上的爱相同；“自私的元素”[38]可以是更有分量的，或者“同情的元素”[39]会有更大的分量；但是不管那爱情是怎样的，不管是对于它的诸多单个环节还是对于那整体，一场欺骗是一个悖论，一个它无法思想、但它却在最终还是想要思想的悖论。确实，如果“自私的元素”[40]或者“同情的元素”[41]是绝对地在场的，那么悖论就被取消了，这就是，个体依据于“那绝对的”出离了反思，无疑，他不是在这样的意义上想这悖论——去通过一种反思的“怎样”来取消它，他恰恰是因为没有去想它、因为不去关心反思所具的忙碌启示或者疑惑而得救了，他依托于他自己。自私地骄傲的爱因为自己的骄傲而把欺骗看成是不可能的，它不关心而并不想去知道什么是可以同意或者反对的、那相应的人能够怎样得到辩护或者原谅，因为它太过骄傲而无法相信有人敢欺骗它。同情的爱拥有能够移山的信仰[42]，任何辩护与它拥有着的这种不可动摇的坚信相比都不值一提，任何指控都无法向这个发言者证明什么，这发言者解释说，这不是欺骗，它不是以这种或者那种方式来解释，而是绝对地解释。但是我们在生命中很少甚至也许永远都不会看得到这样的一种爱情。通常在爱中同时有着这两个环节，这就把它带进了悖论的关系中。在上面所描述的两种情形中，那悖论无疑也是为爱而存在的，但却得不到爱的关注，在后一种情形中悖论是为爱而存在的。悖论是无法想象的，然而爱却还是会想它，根据那些一时一刻中显现出来的事实，爱去靠近它，以求通过一种常常是矛盾的方式去想它，但却无法做到。这一思想的路是无限的，直到那个体通过确立出另一种东西、一种意志的定性而武断地将之打断，它才会中止，但这样一来，那单个的人就进入了伦理的定性而不再能够在审美上使我们去关注它。通过一个决定，它就达到了它无法沿着反思的路来赢得的东西：终结，休止。

这是所有渊源于一场欺骗的不幸爱情的情形；在玛莉·博马舍这里，那更能够唤出反思性悲哀的东西是这只是一个被撕毁了的婚约。婚约是一种可能，而不是一种现实，而恰恰因为它只是一种可能，看起来就好像它被撕毁不会引发出很强烈影响，似乎一个个体要承受这样的冲击就要容易得多。有时候这无疑也会真是如此；但在另一方面，这样一种“它只是一种被消灭了的可能性”的情形却更多地把反思诱发出来。在一个现实被撕毁的时候，这断裂在一般的情况下是更为激烈，每一根神经都被割断，并且这断裂作为一种断裂来看包含了一种完全的了断；在一种可能被撕毁的时候，那瞬间下的痛苦也许不是很大，但却常常也留下某种小小的韧带，仍然是完整而没有受损的，它就成了一种继续痛苦的持久缘由。那被消灭的可能性在得到美化后显现在一种更高的可能性之中，相反，如果被撕毁的是一种现实，那么要召唤出一种这样的新可能的诱惑就不会有那么大，因为现实性要高于可能性。

于是，克拉维果离弃了她，背信弃义地取消了这关系。她已经习惯于依托于他，在他把她推开的时候，她没有了站着的力气，于是无力地她就倒在周围世界的怀中。这看来就是玛莉的状况。然而我们也可以想象出另一种开始，我们想象，她在第一瞬间已经马上有了足够的力量去把悲哀转变为一种反思性的悲哀，她（要么是为了避免听其他人谈论她被欺骗的羞辱，要么是因为她还是那么非常喜欢他，以至于她会因为听到他被人一而再再而三地骂作一个骗子而感到难过）马上断开所有与其他人的关系，以求在自身之中销蚀悲哀并在悲哀中销蚀自身。我们跟着歌德的思路走。她的周围世界并非是漠不关心的，它与她一同感受着她的痛苦，在对这痛苦的感受中它说：这会成为她的死亡[43]。从美学的角度上说，这也完全正确。一场不幸的爱情可以有着这样的特性：自杀可以被看成审美上是正确的，但它却不能渊源于一场欺骗。如果事情是这样，那么一场自杀会失去所有那崇高的部分并且包括一种让步，而骄傲会禁止给出这种让步。相反，如果这成为她的死亡，那么这就等同于他谋杀了她。这一表达完全谐和于那在她自身之中的强烈内在运动，她在此之中找到缓解。但是，生命并非总是准确地追随审美的范畴、并非总是遵从审美的规范要求，并且她没有死。这样一来，她的周围世界就被带入了一种尴尬。在她仍然继续活着的时候不断地重复对于“她死去”的保证，这让它觉得不合适；另外，它觉得自己无法再像在一开始时一样地以同样激情充沛的能量去承受这事实，然而如果要为她找到某种安慰的话，这却是前提条件。于是这周围世界就改变方式。他是一个恶棍，它说，一个骗子、一个可鄙的人，因为他的缘故而去死是不值得的；忘记他、不再去想这事，那只不过是一次订婚，在你的记忆中删除这一事件，并且你仍然是年轻的，你可以再去希望。这煽起她的感情火焰，因为这种愤怒的激情与她身上的其他心境谐和，她的骄傲在那报复性的想法中得到满足，去把这一切变成乌有，她那时并不是因为他是一个非凡的人而爱他，完全不是，她非常清楚他身上的毛病，但那时她以为他是一个好人、一个忠诚的人，因此才爱他，那是出于怜悯，因此要忘记他是一件很容易的事情，因为她从来就不曾需要过他。周围的世界和玛莉又一次达成共鸣，并且他们间的二重唱进行得很漂亮。周围的世界觉得不难去想象克拉维果是一个骗子；因为它从来就不曾爱过他，这样，这就不是什么悖论，并且，如果说它也许曾喜欢过他（这是歌德考虑到那姐姐而暗示的某种关系[44]），这一“喜欢”的兴趣所在恰恰成为它去针对他的武器；这一善意，也许比善意还稍多一点，成为一种很好的燃料维持着仇恨的火焰。周围的世界也不觉得去删除关于他的记忆会有什么困难，并且因此而要求玛莉也这样做。她的骄傲爆发为仇恨，周围的世界鼓风加油，她在各种强烈的辞语和有力而有效的意图中得到发泄，她在之中沉醉。周围的世界欢欣喜悦。它并不察觉到她自己几乎不愿对自己承认的事实——在下一个瞬间她就会虚弱低沉，它并不察觉到攫住她内心的那种令人恐惧的隐约感觉——她隐隐感到她在这些特定瞬间里所拥有的力量只是一种幻觉。她小心谨慎地隐藏起这种感觉，并且不去对任何人承认这一点。周围的世界成功地继续那些理论性的操练，但却还是开始想要去查找那些实际效果的迹象。没有任何迹象出现。周围的世界继续对她煽情，她的言辞表露出内在的力量，然而周围的世界却生起怀疑觉得事情好像不大对头。它变得不耐烦，它冒起极大的风险，它用讥嘲的鞭策来刺激她试图惊起她的反应。太晚了。误解已经进入了。他真的是一个骗子，这对周围的世界没有什么羞辱性的意义，但对玛莉却无疑是羞辱性的。那供她驱策的复仇方式，“去蔑视他”，不再有什么大的意味；因为，如果这复仇要有意义，那么他就必须爱她才行，而他并不爱她，而她的鄙夷则成为一张无人签收的支票。另一方面，这“克拉维果是一个骗子”对于周围的世界来说没有什么刺痛作用，但对于玛莉则无疑会造成痛楚，并且在她的内心深处他并非是完全没有辩护者的。她觉得她走得太远了，她隐隐地感觉到一种她所不具备的力量，这是她所不愿承认的。而在那“去蔑视”之中又会有什么安慰呢？那么，去悲哀会更好一些。另外，她也许拥有某种秘密的注脚，这注脚对整个文本的解说有着重大意义，并同时还有着这样的特性：它既能够将他置于更为有利的方位也能够将他置于更为不利的方位，一切根据境况的需要来看。然而她却没有并且也不会接纳任何人进入这一秘密，因为，如果他不是骗子，那么我们都能够想象出，他后悔自己所走的这一步，转身回来；或者，那更妙的情形是，他也许无需对此后悔，他绝对能够证明自己的正当或者对一切作出解释，那么，如果她使用了这“注脚共享”的话，这也许会成为一种冒犯，那么，这样一来以前的关系就不再能够被挽回，并且，这样就是她咎由自取了，因为正是她自己——她在他的爱情最秘密的成长中为他找来同享秘密的人；而如果她真的能够使自己确信，他是一个骗子，那么，这一切对于她则无疑是无所谓的，并且在所有的情况下，对于她来说，最漂亮的就是不去使用这“注脚共享”。

这样，周围的世界现在是与自己的意愿相悖地去帮助了她发展一种新的激情，即，对她自己的悲哀的猜忌提防。她的决定已经作下了，那周围的世界在所有的方向上都缺乏能量去谐和于她的激情，她戴上了头纱；她没有进修女院，但是她戴上了悲哀的面纱，这面纱藏起她、替她挡去所有陌生的目光。她的外在表象是平静的，那一切都被忘记了，她的话语无法被感觉出什么，她向自己给出了悲哀的诺言，现在她开始了自己孤独隐秘的生命。在同一瞬间里，一切都变掉了；在先前的那个也是她，就好像她能够与他人谈话，而现在她不仅仅是被那保持沉默的诺言约束住（这诺言是她的骄傲以她的爱情允诺来强迫她作出的、或者她的爱所要求和骄傲所同意的），而且她现在也完全不知道她应当从哪里开始和怎样开始，并且，这不是因为有新的环节出现，而是因为那反思获得了胜利。如果现在有人想要问她，她所为之感到悲哀的是什么，那么她将无言以答，或者，她将会以那个被询问什么是宗教的智者所使用的方式来回答——这智者要求提问题的人给他思考的时间，然后再给他思考的时间，这样一来对问题的回答就不断地被拖欠着没有给出[45]。现在她不知有世界、不知有周围的环境，活活地被关在高墙背后；她用忧伤来覆盖那最后的开口处；她感觉到，在这一瞬间也许还仍然有着可能去公开出自己，在下一个瞬间她就被永远地从世界和周围的环境中去掉了。然而这却是已经决定了的，不可动摇地决定下来的，而她无需像一个通常活活地被关在高墙背后的人那样地害怕自己在那随身带着的少量的面包和水的供给被用完之后就会死去，因为她有着长时间的饮食所需，她无需害怕无聊枯燥，因为她有着自己所专注的东西。她的外在表象安宁平静，没有什么引人注意的地方，然而她的内在却不是一种安静的精神[46]的正直不阿的本质，而是一种不安的精神没有结果的忙碌。她寻求孤独或者对立。在孤独中，她从那种紧张的努力（要强制自己的外在表象进入某种特定的形式，代价就是这种紧张）中得到了松弛。正如那久久地在一种强制性的姿势中站着或者坐着的人带着快感伸展肢体，就像一根被长期强行扭曲的树枝在绑带绷断的时候带着欣悦重新进入它自然的姿势，她也是这样地获得了自己精力的恢复。或者，她寻找对立面，喧嚣和消遣，以便在所有人的注意力都被引到其他东西上的同时能够安全地集中心思去关注自己；那最邻近地在她周围所发生的事情，音乐的调子、嘈杂的对话，听起来是那样地遥远，以至于这就好像是她自己一个人坐在一个小房间里，远离整个世界。她也许无法强行收住自己的泪水，假如是那样的话，那么她肯定是被误解了，也许她就直接哭出来了；因为，如果我们生活在一个受压制的教会[47]中，这时，如果一个人的礼拜在它的表达方式上是和公共的礼拜相符合的，那么，这就该是一种喜悦。她只惧怕那更宁静的社交圈子，因为在这里她轻率得更少，在这里是那么容易出错，那么难以阻止它去引起人们的注意。

于是向外没有什么可注意的，而向内则有着忙碌的活动。在这里一场审讯正在进行着，我们完全有理由并且带着强调的重音将之称为酷刑审讯；一切都被提取出来，并且准确地审核了，他的形象、他的表情、他的声音、他的用词。有时候也会有这样的事情，一个法官在这样的一种酷刑审讯中因为被那被告的美丽吸引住以至于无法继续这审讯。法庭带着期待等着他的审讯结果，但这结果不出现，并且这绝不是因为法官没有履行自己的职责；看守可以作证，他每天晚上都到场，被告被带过去，审讯持续好几个小时，在他的任职期间不曾有过一个法官能够有如此的耐性。由此法庭得出结论：这必定是一个非常复杂的案子。这样的情形不仅仅是一次地发生在她身上，而是一再又一再地反复。一切都以它们发生时的样子被展示出来，非常可信，这要求公正，以及——爱。这里引用那被告的话：“他来到了这里，在角落处转身，他打开门上的窗口，看，他是那么匆忙，不耐烦地，就仿佛是要把一切扔到一边以便能够尽快地到我这里，我听见他迅速的脚步，比我的心跳还快，他来了，他就在那里”，而审讯则被延期缓办。

“我的上帝，这我曾如此频繁地对我自己重复的小小言辞，在许多其他东西中它被回忆出来，但我从来没有留意过在那之中到底隐藏了什么东西。是了，这说明了一切，他离开我，那不是认真的，他会回来。和这小小的言辞相对整个世界算什么。人们都厌倦了我，我没有朋友，但现在我有了一个朋友，一个知心者，一句能够说明一切的小小言辞——他会回来，他没有垂下眼睑，他半责备地看着我，他说：你小信的人[48]啊，并且这一小小言辞像一片橄榄叶[49]一样回旋在他的唇上——他在那里”，而审讯被延期缓办了。

在这样的情况下，要给出一个判决总是会联系到巨大的麻烦，我们觉得这是完全有道理的。一个年轻的女孩理所当然不是法学家[50]，但这并非就意味了她无法做出一个判决，然而这年轻女孩的判决却总是会有着这样的性质：在最初一见之下它是一个判决，而与此同时，它也包含了某种“更多”，这“更多”显示出它不是一个判决，并且还显示出在下一个瞬间里会被给出一个完全相反的判决。“他不是骗子；因为如果他是一个骗子，那么他在一开始就必定是意识到这一点；但是他没有意识到，我的心告诉我，他曾爱着我。”如果我们要以这样一种方式来坚持推出“一个骗子”这概念，那么说到底也许就从不曾有一个骗子生活在这里过。以这样的理由来宣告他无罪，这显示出那指控者的兴趣所在，这既无法符合那严格的公正，也不能抵御任何一种反对意见。“他是一个骗子，一个可鄙的人，他曾冷酷无情地赋予我漫无边际的不幸。在我认识他之前，我对生活心满意足。是的，这是真的，我不曾想象过，我会变得如此幸福，或者说，在喜悦中会有着他教我看到的这样一种财富；但我也不曾想象过，我会变得就像他教我感受到的那样不幸。因此我恨他、厌憎他、诅咒他。是的，我诅咒你，克拉维果，在我灵魂的最深隐秘中我诅咒你；没有人可以知道这个，我不能允许任何别人这样做，因为除我之外无人有权去这样做；我曾爱你，没有任何他人可比地爱你，但我也恨你，因为没有人像我这样地深知你的狡猾诡诈。你们善心的诸神，复仇属于你们，请给予我一小会儿的时间，我不会滥用它，我不会是残酷的。那样，我将在他爱上另一个人的时候悄悄地潜入他的灵魂，不是为了去杀死这一爱情，那不是什么惩罚，因为他爱她的程度之低正如他对我所做的，他根本不爱人，他只爱理念、想法、他在宫廷里的巨大影响、他的精神权力，所有那些我无法想象出他怎么会去爱上的东西。这是我要从他那里剥夺掉的东西；这样他就会明白什么是痛苦；而在他临近绝望的时候，我则将会把这一切都再给予他[51]，但他为此要感谢我——然后我就得到了报复。”

“不，他不是骗子，他不再爱我，因此他离开我，但这却不是欺骗；如果他仍然和我在一起而不爱我，那么他就会是一个骗子，那么我就会像一个退休者一样依靠他从前曾有过的爱来过活，依靠他的怜悯来过活，依靠那些他甚至也许是富足地扔给我的小点心来过活，作为他的负担和作为对我自己煎熬而活着。怯懦、可怜的心啊，蔑视你自己吧，去学会变得大度，向他学；他曾爱我，比我所懂得的爱我自己更高地爱我。难道我应当去对他愤怒吗？不，我会继续地爱他，因为他的爱更强有力、他的想法比我的虚弱怯懦更骄傲。也许他还爱着我，是的，他离开我是出于他对我的爱。”

“是的，现在我认识到了这一点，现在我不再怀疑，他是一个骗子。那时我看着他，他的表情是骄傲而得意洋洋的，他以他嘲弄的目光打量着我。在他的一旁有着一个西班牙女孩，鲜花般地让自己的美貌盛开；为什么她那么漂亮——我可以杀了她——

为什么我没有她那么漂亮？我没有她那么漂亮吗——我不知道，但他曾教会我认识到我的美，为什么我现在不再漂亮？这是谁的过错？诅咒你，克拉维果，如果你和我在一起，我会变得更漂亮，因为我的爱情由于你的言辞和你的确定而成长着，也带着我的这美丽一同成长。现在我凋谢了，现在我不再风华正茂，和你的一句话相比，整个世界的温情所具的力量又算得了什么呢？哦，但愿我能够重新漂亮，但愿我再次能够让他喜欢，因为只是因此我才希望我漂亮。哦，但愿他不再能够狂热地迷恋青春和美丽，否则的话，我将比从前更为伤心，谁会比我更为伤心。”

“是的，他是一个骗子。否则他怎么会停止爱我？我可曾停止过爱他？难道男人的爱有着不同于女人的爱的法则？或者，一个男人会比那弱者更弱？或者，也许他搞错了，也许，所谓‘他爱我’，这会不会是一个幻觉，一个像梦一样地消失的幻觉，这适合于一个男人吗？或者，这是一种三心二意，难道变幻无常是适合一个男人的品质吗？为什么他在一开始对我海誓山盟，说他是那么深地爱着我？如果爱情没有持恒，那又有什么东西会有持恒？是的，克拉维果，你从我这里夺去了一切，我的信仰，我对爱情的信仰，不仅仅是对你的爱情的信仰！”

“他不是骗子。是什么东西迷住了他的心窍，我不知道；我不认识这一阴暗的权力，但这也刺痛着他自己，深深地刺痛着；他不愿让我共享他的痛苦，因此他做出一副样子就好像他是一个骗子。是呵，如果他去和另一个女孩好，那么我就会说：他是一个骗子，那么世界上再也不会有什么权力能够让我去相信别的；但他没有这样做。也许他以为，通过给出一种骗子的表象就能够使得我少一些痛苦，就能够武装起我来对抗他。因此他有时就和一些年轻的女孩一同出现，因此他那天如此嘲弄性地看着我来激怒我因而可以让我得到解脱。不，他肯定不是骗子，这样的一个声音怎么会欺骗？它是那样平静而却又那样感人；它仿佛是在为自己开辟出一条穿过诸山岩的道路，它就是这样地从一种内心深处发出的声音，其深度是我所几乎无法揣测的。这样的一个声音会欺骗吗？那么这声音又是什么呢，难道它是舌头的敲击、是人们能够按自己意愿而引发出的噪音吗？它在灵魂深处的某个地方必定有着其家园，它必定有着一个诞生地。并且，它确实有着家园，在心灵的最深处它有着自己的家园，在那里他爱着我，在那里他爱着我。固然，他也有着另一种声音，它是冷漠的、冰凉的，它可以杀死我灵魂中的任何喜悦、窒杀每一种欣喜的想法，它甚至使得我自己对自己的吻感到冷噤和厌恶。那一个是真的？他能够以任何一种方式来欺骗，但我感觉到，那个颤抖的声音——他的全部激情在这声音中震颤，我感觉到这声音不是欺骗，它不可能是欺骗。那另一个声音是一种欺骗。或者，那是控制住了他的那各种邪恶力量。不，他不是骗子，这将我永远地锁向他的声音，它不是一种欺骗。他不是一个骗子，即使我从来没有明白过他。”

她永远也无法完成这审讯，她也永远无法完成审判；无法终结审讯，因为不断有中止出现，无法得出审判，因为这审判只是一种心境。因此，一旦这一运动出现了，那么，只要它愿意，它就可以不断地继续，在它之中看不见什么终结。只有一种强行打断能够让它停下来，也就是说，通过让她中断那整个思维运动来强行打断。但这却是无法发生的，因为意志不断地在为反思服务，它为那刹那间的激情提供着能量。

有时，在她想要让自己从这整个事件中挣脱出来、让这事件成为乌有的时候，这却又只是一种心境，一种刹那间的激情，而反思则继续不断地作为胜利者。一种调和是不可能的；如果她想这样开始，让这一开始以某种方式作为反思运作的结果，那么她在同一瞬间就被消除掉了。意志必须保持完全的中立，依据于其自身的意愿而开始，只有在这时我们才能够谈论一种开始。如果这情形发生了，那么，她无疑就能够开始，但那就完全落在了我们兴趣所在的范围之外，这样，我们就很愉快地把她转交给道德家们或者任何别的想要关注她的人，我们愿她有一场正直可敬的婚姻，并且许诺在她的婚礼日跳舞，这时，侥幸那被改变掉名字也让我们去忘却，这就是那我们所曾谈论过的玛莉·博马舍。

但是，我们回到玛莉·博马舍。正如上面所说，那在她的悲哀中的特征性的标志是那种阻止她去找到悲哀的对象的“不安”。她的痛苦无法得到宁静，她缺少和平——在生命要能够去吸收其营养并且通过这养分来得到振作的时候，这和平对于每一种生命都是必要的；在她吮吸那痛苦的时候，没有任何幻想以平静的沉着来笼罩她。在她赢得了情欲之爱的幻觉时，她失去了童年的幻觉，而在克拉维果欺骗了她的时候，她失去了这爱的幻觉；如果她有可能去赢得悲哀的幻觉，那么她就得到了帮助。那样，她的悲哀就会达成男人的成熟，并且她将得到对那丧失的补偿。但是她的悲哀没有繁荣，因为她没有失去克拉维果，他欺骗了她，这悲哀总仍然是带着一声叫喊的婴儿，一个无父无母的婴儿；因为，如果克拉维果不曾被从她那里夺走，那么，这在关于他的忠诚和深情的回忆中有着父亲而在玛丽亚的狂热中有着母亲；而她没有任何能够用来养育它的东西；因为那已被体验的东西无疑是美的，但就其自身而言并没有任何意义，而是作为“那将来临的东西”的预示性品尝；去希望这痛苦之子要变成喜悦之子，是她所不能的，去希望克拉维果回转过来，是她所不能的；因为她将没有力量去承担未来，她失去了那欢悦的信心，本来她会带着这信心无所畏惧地追随他直到深渊，而现在她得到数百种疑虑，她至多只能够与他共同再经历一次那过去的时光。在克拉维果离弃她的时候，有一个未来在那里等着她，一个如此美丽、如此迷人的未来，以至于它几乎使她困惑，它朦胧地把自己的权力运作于她，她的变形已经开始了，然后这发展被打断了，她的变化被中止了；她隐约预感到一种新的生命、隐隐地感觉到这新生命的力量在她之中，然后这被打断了，并且她被撞了回来，并且没有任何对她的报偿，不管是在这个世界还是在那将来临的世界。那将要到来的东西如此丰富地向她微笑并且在她的情欲之爱的幻觉中映照出它自身，然而一切却又是那么自然而那么直接；现在，一种无力的反思也许在什么时候为她画出一种无力的幻觉，这幻觉不会对她本身有诱惑作用，但无疑在一个瞬间里会对她起着抚慰的作用。对于她时间将以这样的方式继续，直到她耗尽她的悲哀自身的对象（这对象并不同一于她的悲哀，但却是她不断地寻找一种悲哀之对象的缘由）。如果一个人拥有一封信，关于这封信，他知道或者以为，它包括有关那被他看作必定是生命的至福的东西的信息，但字体是纤细而模糊的，字迹几乎是无法读出的，那么他肯定就会带着恐惧和不安、带着全部的激情去读了又读，并且在这一瞬间他得出了这样一种意义而在下一瞬间又读出那样一种意义，全都取决于他在他以为是很确定的读出了一个字词时想要根据这个词所想作的解释；但是他永远也不会达到比他开始时所具的那同一种不确定性更远的地方。他将凝视，越来越焦虑，但他越是凝视，他看到的就越少；随着时间的流逝，这字迹变得更为模糊而难以辨认，到最后这纸张本身破损消失了，他除了一双泪光模糊的眼睛之外什么也没有保留下来。

2. 多娜·爱尔薇拉[52]

我们从歌剧《唐璜》中认识这个女孩，并且，现在在这里观察一下剧中所给出的她早年生活的那些踪迹线索，这对于我们以后的考究并不是没有意义的。她是一个修女[53]；唐璜是将她从一座修女院的平和之中拉了出来。由此暗示出了她的激情之惊心动魄的剧烈度。这不是一个出自一个女子学校的轻佻愚蠢的女孩，学会了在学校里爱、在舞会上调情；这样一类的女孩有没有被诱惑意义都不大。相反，爱尔薇拉是在修女院的纪律之下得到了训导教养，但这种纪律却并没有成功地去清除掉所有的激情，但肯定是教会了她去抑制激情并因而使得它在一旦有可能爆发出来的时候变得更为激烈。对于一个唐璜，她是一个很确定的猎物；他会知道去引诱出那激情，狂野的、无法控制的、永不知足的激情，只能够在他的爱情之中得到满足。在他那里，她有着一切，并且那过去的都是乌有，如果她离开他，那么她就失去了一切，也失去了那过去的。她放弃了世界，然后一个她所无法放弃的形象显现出来，那就是唐璜。从这时起，她就放弃一切以求与他生活在一起。她所放弃的东西越是意义重大，她就越是紧密地必须让自己依附于他；她越是紧密地拥抱着他，她在他离弃她时的绝望就变得越可怕。从一开始起，她的爱情就已经是属于一种绝望的了；如果没有唐璜，那么，就没有什么东西对她是有意义的，不管是天上的还是地上的。

在剧中，只是在爱尔薇拉与唐璜的关系对于他有着重要意义的范围里，她才引起我们的关注。如果我要用少量的词句来提示出她的这一意义的话，那么我就会说，她是唐璜的叙事性命运，司令官是唐璜的戏剧性命运。在她那里有着一种仇恨在每一个隐蔽的角落里追寻着唐璜，有着一种火焰要照亮最黑暗的隐藏处，而如果她仍然没有发现他，那么在她那里就有着一种爱想要找到他。她参与别人对唐璜的追击，但我想象，如果所有权力都被无效化了、他的追击者们的努力相互取消和被取消，那么爱尔薇拉就单独地和唐璜在一起并且他完全在她的控制之下，那么，那仇恨就会武装起她去谋杀他，而她的爱则会禁止她这样做，不是出于怜悯，而是因为他对她的意义太重大而使得她无法这样做，而这样，她就会持恒地使他继续活着，因为，如果她杀了他，那么她也就是杀了她自己。这样，如果在剧中除了爱尔薇拉之外没有其他力量处于针对唐璜的运动的话，那么这剧就永远也不会终结；因为，爱尔薇拉会自己去挡住那闪电——如果可能的话——不让闪电击中他，以求让自己去报复他，然而，她还是不会有这个能力去报复。这样，她在剧中是令人感兴趣的；但在这里，我们只关心她与唐璜的关系——只要这关系对她是有着意义的。她是许多方面兴趣所在的对象，但是以非常不同的方式。唐璜在剧开始之前对她感兴趣，观众把自己的戏剧兴趣倾注到她身上，但我们这些悲哀之友，我们不仅仅陪伴她到那最近的岔路口，不仅仅在她走上舞台的那个瞬间，不，我们在她的孤独的路上伴随着她。

于是，唐璜诱惑了爱尔薇拉并且离弃了她，这过程很快，快得“就像老虎折断一朵百合花[54]”；如果单是在西班牙有着1003个女孩，那么，我们由此可以看出唐璜是处在匆忙之中并且可以或多或少地算出运动的速度。唐璜离弃了她，但她可以让自己无力地倒在其怀中的周围世界不存在，她无需害怕周围的世界会过近地围住她，它当然知道去打开层层的队列让她出离，她无需害怕会有人与她谈论她的丧失，也许不久就会有什么人来展示它。她孤独地站在那里，被离弃了，并且没有任何怀疑引诱着她；很明显他是一个骗子，从她那里夺走了她的一切并把她带进了恶名和耻辱。然而，从审美的角度说，对于她这还不是最糟糕的，这一事实在一个短暂的时间里把她从那反思的悲哀里救出来，那反思的悲哀无疑比那直接的更痛苦。在这里，事实是不容置疑的，而反思无法一会儿将之变成这一个、一会儿又将之变成另一个。一个玛莉·博马舍可以同样剧烈、同样狂野和充满激情地爱上一个克拉维果；那最糟糕的没有发生，相对于她的激情这可以是一种完全的偶然性；她几乎会希望它发生，因为那样的话这故事就总算有了一个终结，那样的话，她就会远远更为强大地武装起来对抗他，但那没有发生。她所具的事实要远远更为可疑，它真正的本性永远继续是一个介于她和克拉维果之间的秘密。当她想到那冷酷的狡诡、那卑鄙的机智（这些狡诡机智，它们以这样一种方式参与去欺骗她，以至于这欺骗在世界的眼中有着远远更为温和的外表，以至于她成为这样一种说着“噢，仁慈的上帝，事情不算太危险”的关怀的牺牲者），这能够使得她震惊，她几乎因为想到那种骄傲的优越感而发疯，在它面前，她根本什么都算不上，它为她设出了一个限定并说：到此为止，不可更多[55]。然而，这一切可以以另一种方式来解释，一种更美的方式。但事实是完全要根据这解释来看的，既然解释有了另一种，那么事实本身也就成了另一种事实。因此，反思就马上会有足够的事情要去做，而那反思性的悲哀是不可避免的了。

唐璜离弃了爱尔薇拉，在这同一个“此刻”中，一切都清晰地显现在她面前，没有任何怀疑来把悲哀引诱进那反思的会客室[56]，她在自己的绝望中哑口无言。这绝望以一种唯一的脉搏涌透了她，并且它的流动是向外涌的，激情以一种火焰彻底映透她并且在那外在表象中显现出来。仇恨、绝望、报复、爱，一切都绽放了出来，以求有形地展示出自己。在这一刻她是独特有形的。因此想象力马上也向我们显示出一幅她的图像，并且那外在表象在这里没有被置于无关紧要之中，对之的反思不是没有内容的，在它进行取舍的时候，它的活动不是没有意义的。

她自己在这一刻是不是一个艺术性描述的工作，这是另一个问题；但我们可以确定的是，在这一瞬间她是有形的，并且能够被看见，当然不是在这样一种意义上说——“这个或者那个真实的爱尔薇拉可以被看见”，这通常是等同于“她不被看见”，而我们所想象的爱尔薇拉则在其本质性之中是有形的。艺术是否能够在这样的程度上刻画出她表情中的微妙差异而使人们能够看出她的绝望的实质，这不是我应当去定夺的，但她能够被描述，并且那由此而被呈示出的图像不仅仅成为无所谓有无的记忆的担子、而且也有着其有效性。但是又有谁不曾看见爱尔薇拉！那是一个早晨，我漫步在西班牙的浪漫区域之一。大自然醒来，森林的树木摇着它们的头，树叶们就好像是在摩擦着睡眼，这一棵树弯向那另一棵树看它是否起床，整个森林在凉爽清新的微风中波动；一阵淡雾从地上升起，太阳将它们揭走就像揭掉一层毯子，大地在这毯子之下安息了整个夜晚，现在太阳像一个温柔的母亲向下面的鲜花和一切有生命的东西俯视着并且说：起床了，亲爱的孩子，太阳已经晒过来了。当我在一个凹路口转弯的时候，我看见一座修道院高高地坐落在山尖上，一条小径拐了许多个弯通到上面。我的思绪在那里萦绕徘徊，这样地，我想着，它在那里，就像一个上帝的家，稳固地坐镇在山岩上[57]。向导说，那是一个修女院，以它严厉的戒条而闻名。我放轻我的步子，也放轻我的思想，既然一个人离修道院已经那么近了，那还有什么好着急的。也许我本来已经完全停下来了，如果不是在我不远处的一阵迅速的运动惊动了我的话。我不禁转过身，那是一个骑士快速地掠过我。他是那么漂亮，他的步履是那么轻盈却又那么有力，那么庄严却又那么敏捷，他转过头来看后面，他的脸是那么有魅力而他的眼神却又是那么不安，那是唐璜。他是匆忙地赶去约会还是刚离开一场约会！然而，他马上从我的眼前消失并且被我的思绪忘却，我的目光又重新焦注在那修道院。我又重新沉浸在对于生命之欲乐和修道院的宁静平和的考虑中，这时我在高高的山上看见一个女人的形象。她火速地沿着山径疾冲下来，但路径很陡，看上去她不断地好像是在从山上坠落。她走近了。她的脸是苍白的，只有她的眼睛在可怕地烧灼，她的肢体是疲惫的、她的胸部剧烈地运动着，但她却跑得越来越快了，她的发绺拍打着在风中散开，但是早晨清新的空气和她的疾速无法使她的苍白脸颊变得红润，她的修女面纱被撕裂了并且向后飘动，如果不是她脸上的激情能够引起甚至那最败坏的人的注意力的话，那么，对于一种亵渎的目光而言，她轻盈洁白的修女服会泄露出很多东西。她疾速地从我身旁跑过，我不敢对她说话，她的前额太庄重，她的目光太高贵，她的激情太典雅，乃至我不可能对她说话。这女孩是属于什么地方的？是修女院的？在那里难道有着这些激情的家园吗？——是尘世的？这修女服。为什么她疾跑？是为了隐藏自己的羞耻感还是为了追上唐璜？她急着跑向森林，它将她拥住、把她隐藏起来，我不再看得见她，却只听见森林的叹息。可怜的爱尔薇拉！难道那些树知道了什么吗？——不过，树们比人们要好一些，因为树们叹息和沉默，而人们则低语。

在这最初的一刻，爱尔薇拉是可以被描述的，而尽管艺术无法真正处理这一类，因为要找到一种表达上的统一体，而且这统一体还要包容她所有激情的多样性，这将会是很难的，但灵魂还是要求我们看她。我曾试图借助于上面所勾画出的这小小的图像来提示出这一点；然而我的意思却不是因此就描述出了她来，我是想提示出，这“她被描述”也包括在内，这不是一个随意地冒出的念头，而是一个来自理念的有效要求[58]。然而，这却只是一个环节，因此我们必须继续进一步跟随着爱尔薇拉。

那最临近的运动是一种在时间中的运动。通过一系列的时间环节，她将自己保持在前面所提示到过的几乎是画像般的尖顶上。由此，她获得了戏剧性的兴趣关注。她与我擦肩而过时的那种疾速正是她用来追赶唐璜的疾速。这也是完全有着其道理的，因为他确实是离弃了她，但他把她拉进了他自己的生命的速度中，并且她必须赶上他。如果她赶上他，那么她的全部注意力又转变为外向，而我们则仍然得不到那反思性的悲哀。她失去了一切，在她选择了世界的时候，她失去了天堂，在她失去了唐璜的时候，她失去了世界。因此她除了去唐璜那里之外无处可去，只有在他的在场处，她才能要么借助于通过用仇恨和怨愤的喧嚣去湮没那些内心里的声音（只有在唐璜亲身在场的时候，这些喧嚣才是有着强调性的）、要么借助于去希望来保持让绝望远离自己。这后一种方式已经暗示出：通向那反思性的悲哀的那些环节是在场的，只是它们还没有得到时间去内向地聚集起自己。“首先必须残酷地使她信服”，在克鲁斯的译改本中这么说[59]，但这一要求完全泄露出了那内在的意向。如果她没有因这发生的一切而确信唐璜是一个骗子，那么她永远也不会确信这一点。但是，只要她还在要求更多另外的证据，那么她就能够成功地通过一种不安宁地漂泊的生命不断地忙于去追逐唐璜而躲避开那宁静的绝望所具的内在不安。悖论已经站在了她的灵魂面前，但是，只要她能够借助于外在的证据（这证据不会说明那过去的事情而只给出关于唐璜目前状态的信息）来保持使灵魂处于激荡的状态，那么她就不会有那反思性的悲哀。仇恨、怨愤、诅咒、祈求、恳请轮换着，但她的灵魂却还是没有返回到她自身之中以便去休憩于那“她被欺骗了”的想法中。她等待着外来的解释。因此克鲁斯让唐璜说：

你现在是愿意听
愿意相信我的话了——你这个怀疑我的人？

于是我几乎可以说不可能
原因就好像是强制着的，[60]等等。

这时，我们必须小心，不要去以为那在观众耳朵里听起来像是嘲弄的话语会在爱尔薇拉那里有同样的作用。对于她，这一说法就像一种爽神剂；因为“不可能的事情”（det Usandsynlige）正是她所要求的，并且她愿意相信这说法，恰恰因为它是不可能的[61]。

如果我们现在让唐璜和爱尔薇拉相冲突，那么我们可以选择是让唐璜成为最强者还是让爱尔薇拉成为最强者。如果他是最强者，那么她的整个出场的行为都不会有什么意义。她要求“一种残酷地使人信服的证据”[62]，他可以有足够的绅士风度去不让它不出现。但她自然是不会信服并且要求新的证据；因为，要求证据是一种对痛苦的缓解，而不确定性则是爽神剂。她只是成为唐璜征服女性战绩的又一个见证。但我们也能够把爱尔薇拉想象为最强者。这是很罕见的，但是出于对性别的绅士风度，我们会作这样的想象。那样，她仍然处在她风华正茂的美丽中，因为，她固然是哭了，但是眼泪并没有把她眼中的光泽浇灭，她固然悲哀了，但是悲哀并没有销蚀掉她青春的丰茂，她固然伤心过，但她的伤心没有咬碎美丽的生命力，固然她的脸颊变得苍白，但这正是更为灵魂化的表达，固然她不再带着那孩提式无邪之轻松东跑西跑，但她带着女人的激情所具的那种精力充沛的坚定出现了。她就是这样地去遭遇唐璜的。她曾爱他高于世上的一切、高于她自己灵魂的至福，她曾为他而荒废了一切、甚至她的荣誉，而他则对她不忠诚。现在她只认识一种激情，那就是恨，只认识一种想法，那就是报复。这样，她就和唐璜一样地强大；因为，如果说，去让自己一次性地以整个灵魂完完全全地被诱惑而在之后去恨或者，如果人们愿意也可以这样说，去带着一种任何做妻子的人都不具备的能量去爱，如果说这是一种“女人性的质地”的话，那么，去诱惑所有的女孩就是对于这样一种“女人性的质地”的男人性的表达。她就这样地去遭遇唐璜，她不缺乏勇气去冒险出击他，她不是在为道德原则而战，她是为自己的爱情而战，一种她没有将之建立在尊严上的爱情；她不是为了“要去成为他的配偶”而搏斗，她是为了自己的爱情而搏斗，而这并不因一种悔过的忠诚而满足，它要求报复；出于对他的爱，她丢弃了自己的至福，而如果她再有机会得到这至福，那么为了去报复，她还是会再次将之丢弃。一个这样的形象永远也不会在唐璜身上达不到她想要达到的效果。他知道，在对于青春最初的那种最精美最芬芳的鲜花的吮吸中有着怎样的乐趣；他知道，那只是一个瞬间，并且他知道这一瞬间之后紧接而来的是什么，他见得太多了，这些苍白的形象如此迅速地凋谢，以至于他能够看得见这凋谢的发生，但是，在这里，某种奇妙的事情发生了，生存之普遍过程的法则被打破了，一个女孩是他曾诱惑过的，但她的生命没有被杀、她的美丽没有消退，她有了变化并且变得前所未有地美丽。他无法否认这一点，她比曾经吸引过他的任何女孩更为强烈地吸引住了他，比爱尔薇拉本身的吸引力更强烈；因为那无邪无辜的修女不管怎么说都还只是一个与许多其他女孩一样的女孩，他对这修女爱尔薇拉的爱慕只是他许多爱情探险中的一次，但现在的这个女孩则是在其同类中独特唯一的。这个女孩带着武器，她没有在胸前藏着一把匕首[63]，但是她有着一种武装，看不见的，因为她的恨是无法以话语和雄辩来满足的，而是无形的，她所有的武装就是她的恨。唐璜的激情醒来了，她必须再一次属于他，但这样事情没有发生。甚至如果那是一个虽然自己不曾被他欺骗但却认识到了他的卑劣行为而恨他的女孩，那么唐璜就赢了，但这个女孩是他所无法战胜的，他的所有诱惑对她都是无可奈何的。甚至即使他的声音能够比他自己真正的声音更曲意奉承、他的功夫能够比他自己真正的功夫更为狡猾机敏，他也无法打动她，即使是有天使在为她求告、即使上帝的母亲要在婚礼上成为女傧相，也仍然是无济于事。正如蒂朵在阴界里自己转身不理会那对她不贞的埃涅阿斯，以这样一种方式，她不会转身不理他，而是比蒂朵更为冷然地转向他[64]。

然而爱尔薇拉的这一与唐璜的遇会只是一个过渡环节，她走过舞台，幕帘落下，但是我们，亲爱的同逝者[65]，我们悄悄地跟在她身后，因为只有在现在她才真正地成为爱尔薇拉。只要她还是在唐璜邻近处，那么她就不再是她自己，而当她恢复到她自身时，那么这时的事情就是思考那悖论了。尽管我们有着现代哲学的各种保险以及这哲学的年轻增补者鲁莽的勇气[66]，“去思考一种自相矛盾”总是和巨大的麻烦联系在一起的。也许我们会原谅一个年轻女孩，她觉得这很难，然而她却正是这任务所设定指派的，要由她去考虑“她所爱的人是一个骗子”。这一点，她与玛莉·博马舍有着共同的地方，但是在她们各自进入那悖论时所使用的方式上却是有着一种差异的。玛莉所具的能够使自己去发生关联的事实，就其本身而言就已经是那么辩证，以至于反思带着其强烈的欲求（Concupiscens）必定会马上将之攫住。而在爱尔薇拉，对于“唐璜是个骗子”的事实性证据是那么明确，因而我们就不容易看出反思能够怎样去把握住她的境况。因此，它是从另一个方面切入来着手于这问题的。爱尔薇拉失去了一切，然而在她面前却仍有着一整个生命旅途，她的灵魂要求着生活所需的盘缠费用。现在我们在这里看得见两种可能性，要么是进入伦理的和宗教的定性，要么是保存她对璜的爱。如果她进入第一种可能性，那么她就不再处于我们兴趣所在的范围之中，我们很高兴地让她离场去进入抹大拉救济院[67]或者任何她想去的地方。然而这也许会让她也觉得很艰难，因为如果这对她要成为可能的话，她就首先必须绝望；她曾在先前有一次认得“那宗教的”，第二次就会有巨大的要求。“那宗教的”在总体上说是一种危险的权力，去进入它就如同玩火，它是要求人对自己有绝对崇信的并且容不得被讥嘲。在她选择了修道院的时候，也许她的骄傲灵魂在之中找到了一种丰富的满足；因为，人们可以尽管去说他们想说的，而没有什么女孩能够找到这么出色的对象，那是与天堂的联姻；而现在，她则相反要洗心革面地走回到“悔”

（Anger）和思过之中。另外，她是否能够找到一个这样的牧师，一个能够带着唐璜开示欲乐的喜悦讯息时的那种精辟来宣示悔和思过的福音的牧师，则也总是一个问题。这样，要将自己从这一绝望中拯救出来，她就必须紧紧抓住唐璜的爱，这对她要容易得多，因为她无论如何还是爱着他的。第三种可能性是不可思议的；因为，如果她要借助于另一个人的爱来安慰自己，那么这就会比那最可怕的情形更可怕。就是说，为了她自己的缘故，她必须爱唐璜；自我保护的机制让她这样做，这是反思之驱策，它强迫她去注目于这一悖论：尽管他欺骗了她，她是否能够爱他。每当绝望将要抓住她的时候，她就求助于对唐璜的爱情的回忆，而为了让自己真正忘忧于这一驻留处，回忆就诱使她去想象他不是一个骗子，尽管她以不同的方式去这样想；因为一个女人的辩证法是非同寻常的，而只有那有机会去观察的人才能够去模拟它，否则，即使是有史以来最大的辩证家也都会因为想要创造出它而冥想成狂。然而，我曾那么幸运地认识一些非常出色的例子，借助于它们我得以从头到尾地修习了一期完整的辩证课程。很奇怪，人们会以为我肯定是在首都发现它们，因为喧嚣和人群会隐藏起许多东西，但其实不然，就是说，如果我们想要获得珍本的话，情形就不是这样。在外省、在小镇上、在庄园里，人们会遇上那些最美的例子。我尤其想着的是一个瑞典女士，一个高贵的小姐。她的初爱对她的欲求无法比我——她的第二个爱人——对追随她的心路历程的努力更强烈。然而，实际上我有必要承认，那使得我进入这一追踪的轨道的，不是我的敏锐和睿智，而是一种偶然的境况，一种过于冗长复杂而无法在这里详述的偶然境况。她曾生活在斯德哥尔摩，她在那里认识了一个法国伯爵，在他不守信约的魅力面前，她成为牺牲品。她仍然活生生地站在我面前。我第一次见到她的时候，她没有真正给我留下什么印象。她那时也是美丽的，有着一种骄傲和高雅的气质，她不多说话，如果不是由于一个偶然事件使得我成为与她共同地知道她秘密的人的话，我也许就会像我聪明地到来一样聪明地离去。从那一瞬间开始，她对我来说就有了一种重要意义；她给了我一幅那么生动的爱尔薇拉形象以至于我会不知厌倦地看着她。一天晚上我和她都去了一个大型晚会，我比她早到，在我走向窗口看她是不是来的时候，我已经在那里等一会儿了；稍后，她的马车停在了门外。她下了车，并且，她的服饰马上为我留下了一个奇特的印象。她穿着一件薄而轻的外套，几乎就像歌剧中跳着芭蕾出现的爱尔薇拉所穿的那带有面具头巾的化装舞衣。她带着一种真正动人的高雅尊严走进来，她穿着一条黑丝裙，她有着最上品的衣着但却又完全很简单，没有首饰来装点她，在她的脖子上没有悬挂任何东西，而正因为她的皮肤比雪更白，在她的黑丝裙和洁白的胸脯之间有着这么美丽的一种反差，这是我很少曾见到过的。我们经常看得见不戴饰物的脖子，但很少能看见这样一个真正有胸脯的女孩。她向这个晚会的客人们行屈膝礼，而当晚会主人走过来问候她的时候，她向他作了一个很深的屈膝，尽管她开启嘴唇微笑，但我却不曾听见她说一句话。对于我来说，她的行为是高度真实的，我作为她的知密者，在我宁静的思绪中把那些用来描述神谕的话用到了她身上：它既不说明也不隐讳，但暗示[68]。从她那里我学到了很多东西，在许多受益中包括，我常常所作的这样一种观察得到了肯定：那种珍藏着一种悲哀的人们随着时间的流逝会获得一种单个的言辞或者单个的想法，对于他们自己或者那得以与他们共享这秘密悲哀的个体，他们能够用这一言辞或想法来标示任何东西。与悲哀的冗长复杂相比，这样的一句话或者一种想法就像一个小词（Deminutivum[69]），它就像一个昵称外号，我们可以在日常说话时用它。它与它所标示的东西的关系常常是一种完全偶然的关系，它的渊源几乎总是一个偶然事件。在我赢得了她的亲密信任之后、在我成功地战胜了她对我的怀疑之后，因为一个偶然机会将她置于我的权力之中，在她告诉了我一切之后，我常常同她一起全面考究各种心境的全部进阶系列。但如果她不是本来就有着这种倾向但却仍想要为我给出一种关于她的灵魂完全被贯注在了悲哀之中的暗示，那么，她就会抓着我的手看着我说：我比一根芦苇更纤细[70]，他比黎巴嫩的柏树更华荣[71]。她是从什么地方获得这样的词句的，我不知道；但我确信，如果卡戎[72]将来有一天要划着自己的船来渡她去阴界的话，那么他在她的嘴里发现的不会是他所要的欧珀尔[73]铜币，而只是这些话：我比一根芦苇更纤细，他比黎巴嫩的柏树更华荣！

这样，爱尔薇拉不能发现唐璜，而现在她必须想办法自己去弄明白她生命的缠结，她必须觉醒过来。她改变了周围世界，而这样一来，本来可能会有助于她去引出悲哀的那帮助也被去掉了。她新的周围世界根本不认识她从前的生活，一无所知；因为她的外在表象没有任何引人注目或者让人奇怪的地方，没有悲哀的记号，没有向人们表明"这里有人正悲哀"的标志。她能够控制每一个表达，因为她的荣誉的丧失很好地教会了她这个；尽管她不把人们的看法很当一回事，但她至少能够请免他们的慰问。这样，现在一切都不成问题，并且她可以完全肯定她在余生中绝不被引起那好奇人众的怀疑（一般而言，人众之愚蠢正如他们的好奇）。她在人们眼中是合情合理并且理所当然地拥有着自己的悲哀，只有在她实在是倒霉到了遇上一个职业走私者的时候，她才会有必要害怕一种更为深入的搜查。那么，在她的内心深处又发生了一些什么呢？她悲哀吗？当然，这是没有疑问的！但是我们要怎样去解说这一悲哀呢？我愿将之称为营养性的悲哀；因为我们知道人的生命并非仅仅只是吃喝；灵魂也要求得到赡养。她年轻，她的生命储存却都被用尽了，然而这并不意味着她就死去。从这方面看，她每天都在为明天担忧。她无法不去爱他，但他却欺骗了她，但是如果他欺骗她，那么她的情欲之爱当然就失去了营养性的力量。是啊，如果他不曾欺骗她，如果一种更高的权力把他摘除，那么她本来并不用为生存担忧，任何女孩所能够希望的也就是这样的生活了；因为，比起许多生活着的丈夫，对唐璜的回忆在各种不同的方面都是一种"更多"。但是如果放弃了自己的情欲之爱，那么她就被消减到了一无所有，那么她就必须回到修女院去承受奚落和羞辱。是啊，如果她能够以此代价重新买到他的爱的话，那有多好！这样的话，她就能够活下去。眼下的这一天，她觉得她还是能够忍受，仍然有剩下的那一点可让她活下去；但是下一天却是她所畏惧的。于是她一遍遍地考虑，她不放过每一条出路，然而她却找不到任何出路，而这样，她就永远也无法有条理而健康地悲哀，因为她不断地在寻找她应当去悲哀的方式。

“我所想要的是去忘记他，把他的形象驱逐出我的灵魂，我就像一团焚烧的火焰那样地搜查我自己，每一种属于他的想法都应当被烧掉，只有这样，我才能得救，这是自我保护机制，如果我不把每一种这样的思绪排除掉，哪怕是最渺茫的想法，只要是关于他的，那么我就迷失了，只有这样地把他忘记掉，我才能够保护我自己。关于我自己，我的这个自己是什么，可怜和悲惨，我对我最初的爱不贞[74]，难道现在我要通过对我的第二次爱的不贞来进行弥补吗？”

“不，我要恨他；只有在这恨之中我的灵魂才能得到满足，只有在这恨之中我才能够得到安宁并找到可让我去打发时间的事情。我要用所有让我回忆起他的东西来编织出一个诅咒的花环，对每一个吻我都说‘你这个遭诅咒的人’、对他每一次拥抱我我都说‘你这个遭十倍诅咒的人’、对每一次他信誓旦旦说他爱我我都将发誓说我要恨他。这将是我的作为、我的工作，对此我全身心地投入；反正我在修女院里习惯了念玫瑰经[75]，这样我仍然还是一个早晚祷告的修女。或者，也许我应当为他曾爱过我而感到满足，也许我既然知道他是一个骗子就应当作一个聪明的女孩而不这样带着骄傲的藐视鄙弃他，也许我应当成为一个好主妇精打细算尽可能长远地过日子。不，我要恨他，只有这样我才能将自己从他那里解脱出来并向我自己显示我并不需要他。但在我恨他的时候，难道我就不欠他什么了吗？难道我不是在以他为生吗？因为，如果没有我对他的爱，我的恨又能从什么地方得到养分呢？”

“他不是骗子；他想象不出一个女人会有什么样的煎熬。如果他想象到了这个的话，那么他就不会离开我。他是一个男人，自信自足。难道这对我不是一种安慰吗？这肯定是了，因为我的所承受的痛楚和苦恼向我证明了，我曾是多么幸福，那么幸福，乃至他对此根本无法想象。那么我又为什么要抱怨呢，因为，一个男人不像一个女人，不会像那在她幸福时的她那样幸福，不会像那在她无限地不幸时的她那样不幸，她现在无限地不幸，因为以前她的幸福是无限的。”

“他欺骗了我吗？不！他曾许诺我什么吗？不。我的唐璜不是什么求婚者；不是可怜的偷鸡贼，因为一个修女不会委身于这一类人的。他没有抓着我的手向我求婚，他把他自己的手伸向我，而我抓住他的手，他看着我，我是他的，他张开自己的怀抱，我属于他。我投向他，就像一株植物我缠住他，我把我的头偎靠在他的胸膛上并且凝视进这张全能全权的脸，他以这张脸去统治世界，而这张脸却倚靠于我，仿佛我对于他就是全世界；就像一个吃奶的孩子我吮吸着充实和丰富和至福。我还能想要更多吗？难道我不是他的？难道他不是我的？即使他不是我的，难道我就因此而会减低我属于他的程度吗？在诸神行走在大地上并爱上女人们的时候，他们可曾对他们的所爱忠贞过？但却从不曾有人说他们欺骗了她们！为什么不，因为我们想要让一个女孩为‘曾被一个神钟爱’而感到骄傲。而奥林匹斯山上的全部诸神和我的唐璜相比又算得了什么。难道我不应当骄傲吗、难道我该去贬损他吗、难道我该在我的思想里侮辱他并听由它去把他逼进那通用于普通人的狭隘可鄙的法则吗？不，我会为他曾爱我而骄傲，他比诸神更伟大，我想要使他得到荣耀，为此即使让我成为乌有我也在所不惜。我愿爱他因为他曾是我的，爱他因为他离弃我，继续下去我仍然是他的，并且我会收藏起他所扔掉的东西。”

“不，我不能去想他；每次在我想要回想他的时候、每次我的思绪靠近了他的记忆在我灵魂中的秘密居所时，我就仿佛是犯下了新罪；我感觉到一种恐惧，一种不可言说的恐惧，一种就像我在修女院里坐在我孤独的小房间里等待他时所曾隐约感受到过的恐惧——那时各种想法使我毛骨悚然：修女院院长声色俱厉的鄙夷、修女院的惩罚、我对上帝的冒犯。难道这恐惧不是其中的一部分吗？如果没有这恐惧，那么我对他的爱又算什么呢！他又没有和我结婚，我们没有得到教堂的祝福，钟声不曾为我们而鸣，颂诗不曾为我们而唱，然而，所有教堂的音乐和喜庆又算得了什么，它们可能为我带来的心境又怎能和这一恐惧相比！然而就在那里，他来了，恐惧的不谐和消释在极乐的安全感的和谐之中，只有轻微的颤抖打动着我充满快感的灵魂。难道我应当去害怕这一恐惧吗？难道它不令我回忆起他吗？难道它不是对于他将到来的宣示吗？如果我不是带有这恐惧地回忆他，那么我就没有回忆他。他正到来，他要求安静，他控制住了那要将我从他那里扯出来的精神，我是他的，在他那里极乐。”

如果我想要想象一个身处海难的人，对自己的生命毫不担忧，坚持留在船上，因为船上还有着某种他想要救出而又无法救出的东西、因为他对于“他所应该去救出来的东西是哪一件”不知所措，这样我就有了一幅爱尔薇拉的图像；她处在海难中，她的毁灭正在临近，但这是她所不关心的，这是她所感觉不到的，她正在对“她应该去救出的东西是什么”感到不知所措。

3. **玛格丽特**[76]

我们从歌德的《浮士德》中认识了这个女孩。她是一个市民阶层的小女孩，不同于那注定在修女院中的爱尔薇拉；但她仍然在敬畏上帝的教养熏陶中长大，虽然她的灵魂太孩子气而无法感觉到严肃，正如歌德以他无与伦比的方式说：

一半是孩童的游戏
一半是上帝在心中。[77]

我们特别喜欢这个女孩的地方是她纯洁的灵魂所具的可爱的

单纯和谦卑。她第一次看见浮士德[78]，她马上觉得自己太渺小而不会被他爱上，她摘下了雏菊的叶子，不是出于“想知道浮士德是否爱她”的好奇，而是因为谦卑，因为她觉得她自己太渺小以至于不能够作选择，因此才去顺从一种神秘权力的神谕说法。是啊，可爱的玛格丽特！歌德泄露出了你是怎样摘下叶子并且诵读出这样的词句：他爱我，他不爱我[79]；可怜的玛格丽特，你其实可以继续你所做的，只是把词句换掉：他欺骗我，他不欺骗我；你其实可以用一小块地来种植这种类型的鲜花，你有一辈子要做的手工活。

我们曾作出这样的评述：关于唐璜的传说[80]讲述了单是在西班牙就有1003[81]个被诱惑的，而关于浮士德的传说则只谈论一个被诱惑的女孩，这是值得留意的。我们值得花一点功夫不去忘记这一观察，因为这对后面的文字有着很重要的意义、会帮我们去定出玛格丽特的反思性悲哀的本质性特征。乍看之下这就好像是，爱尔薇拉和玛格丽特间的差异只是有着同样经历的两种个体人格间的差异。然而这差异却是远远地更为本质性的差异，并且这差异与其说是渊源于那不同女人天性的差异性倒不如说是渊源于一个唐璜和一个浮士德之间的本质差异性。从一开始起就必定已经有了一种介于一个爱尔薇拉和一个玛格丽特间的差异，因为一个“要去影响一个浮士德”的女孩必定在本质上会是不同于一个“影响一个唐璜”的女孩；是的，即使我想象那引发出两个人的关注力的是同一个女孩，这一个人觉得被她吸引和那另一个人被她吸引，这吸引着两个人的东西完全会是两回事。这样一来，这只是作为一种可能而在场的差异，通过被带进一个唐璜或者一个浮士德的关系中，就会发展成一种完全的现实。固然，浮士德是对唐璜的一种再造；但恰恰“他是一种再造”这一点使得浮士德在本质上不同于唐璜，甚至在那人们能够将他称作是“一个唐璜”的生命阶段里也是如此；因为去再造出另一个阶段并不是说仅仅是成为这个“另一阶段”，而是成为在自身中包容了所有前阶段之各环节的“另一阶段”。因此，哪怕他欲求着与唐璜的欲求相同的东西，他也是以另一种方式来欲求这东西的。但是，为了他能够去以另一种方式欲求这东西，这东西也就必须以另一种方式在场。在他身上有着一些环节使得他的方式成为另一种方式，正如在玛格丽特身上也有着一些环节使得一种另外的方式成为必然。而他的方式又依据于他的欲望，而他的欲望是不同于唐璜的欲望的，即使在它们之间有着一种本质性的相似性。我们在通常以为，在我们强调“浮士德最终成为一个唐璜[82]”的时候，我们是在说出某种非常明智的道理，然而通过这句话我们并没有说出很多；因为这里的关键是在于：他在怎样的意义上成为唐璜。浮士德是一个魔鬼，正如唐璜，但一个更高的魔鬼。对于他，“那感官性的”是在他失去了整个过去的世界之后才获得了意义，但关于这一“失去”的意识并没有被删除，它仍然在场，因此在“那感官性的”之中他所寻找得更多的不是享受而是消遣[83]。他那怀疑着的灵魂没有找到任何能够让它得到憩息的东西，而现在他抓住那情欲之爱，并非是因为他信仰它，而是因为它有着一个包容有一瞬间的安宁的现在时环节，以及一种从怀疑之乌有中对注意力的消遣和导离。因此，他的欲乐没有那种快乐，那种标志出一个唐璜的快乐[84]。他的脸不是微笑着的脸，他的额头不是晴朗的而欢乐不是他的随伴；那些年轻的女孩子们没有在他的怀抱里舞蹈，而是他让她们感到恐惧而奔向他。因此，他所追求的东西不仅仅是感官性之欲乐，他所欲求的是精神的直接性。就像阴界的那些影子们[85]，如果他们抓住了一个活着的生灵，吸出他的血，并且只要这血还热着并且营养着他们，那么他们就可以是活着的，浮士德也是这样地在追寻着一种直接的生命，通过这生命他就能够重新年轻并且得到强化。那么，除了在一个年轻女孩的身上之外，他又能够在哪里更好地找到这种直接的生命呢，除了在情欲之爱的拥抱中之外，他又能怎样更完全地吮吸进这直接的生命呢？正如中世纪谈论懂得炼制返老还童药剂的魔术师[86]，说他们用无辜小孩的心来制作，正是如此，浮士德所寻求的这一强化也是他衰老的灵魂所需要的，是那唯一能够让他得到一瞬间满足的东西。他有病的灵魂需要那被我们称作是“一颗年轻的心灵的最初绿芽”的东西；我又能拿什么别的东西来和一个无辜女人的灵魂的最初青春相比较呢？如果说它如同一朵花，那么我说太少；因为那是更多，它是一种开花；希望的和信仰的和信任的健康在丰富的多样性中冒芽并且盛开，轻柔的渴慕摆动着那些精美的幼芽，那些梦笼罩着它的繁荣。它就是这样地打动一个浮士德，它招引他不安宁的灵魂，就像宁静大海中一座和平之岛。它是流转无常的，没有任何人比浮士德更明白这一点；他对它并不比对任何别的东西有着更多的信念；但它是存在的，这一点是他在情欲之爱的拥抱中得到了确定的。只有无辜性与童性之充实能够给予他一瞬间的清爽。

在歌德的《浮士德》中，靡菲斯特[87]让他在一面镜子中看见玛格丽特。在他对她的凝视中，他的眼睛获得了欢悦，但她的美丽却不是他所欲求的，虽然他把这美丽作为一种附带而包括在一起。他所欲求的是一种女性灵魂纯洁的、本原的、丰富的、直接的喜悦，但他不是精神性地而是感官性地欲求着这喜悦。这就是说，他的欲求在某种意义上就像是唐璜的那种，但却以完全不同的方式去欲求。（在这一点上某个私人讲学博士）[88]如果他确信自己曾是一个浮士德——否则的话他就肯定不可能去努力成为一个私人讲学博士，他也许会指出，浮士德在那个要唤醒他的欲求的女孩子那里要求精神上的发展和教养。也许会有相当多的一批私人讲学博士觉得那是一个绝妙的看法，并且他们各自的妻子和女朋友点头赞同。然而，这说法其实却是完全不得要领；因为浮士德所欲求的一点也不会少。一个所谓的有学识教养的女孩会处在与他自己一样的相对性之中，而尽管如此，这对于他却没有任何意义，也根本不会是什么重要的东西。她也许会借助于自己的这点学识教养去引诱这个老怀疑大师[89]而让他带她一起到那激流中，在此之中她马上就会绝望。相反，一个年轻无辜的女孩则会处在另一种相对性之中，并且，因此她和浮士德相比在某种意义上什么也不是，而在另一种意义上则是无可比拟之多，正因为她是直接性。只有在这一直接性之中，她才是他的欲求的一个目标，并且因此我说，他不是精神性地而是感官性地欲求着直接性。

所有这些都是歌德完全认识到的，并且因此，玛格丽特是一个市民阶层的小女孩。一个我们甚至倾向于要称之为“无足轻重”的女孩。我们现在要稍稍进一步考虑——既然这对于玛格丽特的悲哀来说是很重要的，考虑浮士德会是怎样地影响了她。歌德所强调出的那些单个特征自然是有着极大的价值，但我还是觉得，为了完美性的缘故我们有必要考虑一下小小的修正。在她无辜的单纯性中，玛格丽特马上就察觉到，在信仰方面，浮士德有点不大对头[90]。在歌德那里，这是在一个小小的问答场景[91]中出现的，这一场景无疑是诗人的出色创意。现在的问题就是，这一考核的各种后果，就他们相互间的关系而言，会是怎样的。浮士德将自己显现为怀疑者，看来，歌德（既然他没有更进一步在这方面作提示）是想让浮士德继续作为怀疑者，在玛格丽特面前也是这样。他努力去将她的注意力从所有这样的考察上导离了出去而单单地将之拴定在爱的实在之中。但是，在一方面我觉得，这会让浮士德感到艰难，因为麻烦已经出现过了，一方面我也觉得这在心理学的角度看并不正确。如果是为了浮士德的缘故，我不该进一步在这一点上徘徊，但现在是为了玛格丽特的缘故；因为，假如他没有让自己向她显示为怀疑者的话，那么她的悲哀就会多一个环节。于是，浮士德是一个怀疑者，但他不是一个自负的愚人想要通过怀疑别人所相信的东西来显示自己的重要性；他的怀疑在他那里有着一种客观依据。说出这一点是出于对浮士德的尊重。相反，一旦他想要让自己的怀疑在别人身上起作用，那么，这之中就很容易混入一种居心不纯的激情。一旦怀疑被用在他人身上，那之中就会有一种妒忌在为扭除掉那些被别人看成是确定的东西而高兴。但要在怀疑者那里唤醒这种妒忌的激情，那么在那相应的个体那里就必须有可能涉及一种对立面。如果在这里不存在这样的可能，或者，甚至对这种可能性的想象在这里都会是不合适的话，那么这种妒忌的诱惑就消失了。一个年轻女孩的情形正是这后一种。面对她，一个怀疑者总会处在一种尴尬中。去扭除掉她的信念绝不是他所要做的事情；相反他觉得，正因为这信念她才是她所是的伟大者。他觉得谦卑；因为在她身上有着一种自然的要求，在她自己摇摆不确定的时候要求他成为她的支持者。是啊，一个可怜虫型的怀疑者、一个业余博学强盗，也许能够通过为一个年轻女孩扭除掉她的信仰来得到一种满足、通过吓坏妇人和孩童来得到喜悦，既然他无法唬住男人们。但这可不是浮士德的情形；与那种人相比他可以说是太伟大了，因此他不会去做这种事。于是，我们能够同意歌德的看法，浮士德在第一次背叛了他的怀疑，但相反我难以相信第二次他还会这样做。在对玛格丽特的领会上，这一点有着极重要的意义。浮士德很容易看出，玛格丽特的全部意义在于她的无辜单纯性；如果这单纯性被从她身上去掉，那么她就其自身而言什么也不是、对于他就什么也不是了。因而，它必须得到保护。他是一个怀疑者，但是就他自身而言他有着那正面的所有环节，因为否则他就是一个糟糕的怀疑者。他缺少终结点；这样一来所有环节就变成负面的环节。相反，她有着终结点，有着童稚性和无辜性。于是，对于他来说再也没有比去装备她更容易的事情了。他的生命实践足够频繁地让他明白，那被他作为怀疑来谈论的东西，对于别人有着一种正面真相的作用。现在，他以一种见解的丰富内容来充实她，在这之中他找到了自己的喜悦，他拿出那直接的信仰的全部装饰品，他以此来装点打扮她，在这之中他找到了一种喜悦，因为这很适合于她，并且她在他的眼中因此而变得更美了。另外他也利用着这样的一个事实：她的灵魂被越来越紧密地捆绑在了他的灵魂上。在真正的意义上她根本不理解他；作为一个孩子她密切地依附着他，那对于他是怀疑的东西，对于她则是坚定不移的真相。然而，在他以这种方式教化出她的信仰的时候，他却在同时破坏这信仰，因为他对于她最终成为了一个信仰的对象，一个上帝，而不是一个人。只是在这里我必须努力预防一种误解。这看上去就好像是我在把浮士德弄成一个卑鄙的虚伪者。事实上却绝不是这么回事。格丽特[92]自己是把这一切置入轨道的人；他以半眼估认出她以为自己所拥有那种荣耀，并且看出它无法经受住他的怀疑，但是他并不忍心去摧毁它，现在他以这样一种方式来对待它，甚至是带着某种慷慨的友善。她的爱赋予她对他而言的重要意义，然而她却几乎成了一个孩子；他屈尊俯就她的童稚性，并且看着她怎样去学用据有一切而感到喜悦。对于玛格丽特的将来这却有着各种可悲的后果。如果浮士德在她面前显现为怀疑者，那么她也许在以后能够拯救自己的信念，她在自己的所有谦卑中认识到了，他的各种高飞而大胆的想法不是适合于她的，她紧紧抓住了她自己所拥有的东西。相反她现在却要把信仰的内容归功于他，而她在他离弃了她的时候则还是认识到他自己并不相信这内容。只要他还和她在一起，她就没有发现那怀疑，现在他走掉了，一切在她面前都变了样，她在一切之中都看见怀疑，一种她所无法控制的怀疑，因为她总是连带着地想着这样一个细节：浮士德自己没有能够把握它。

浮士德用来迷惑住玛格丽特的，在歌德的领会中也是这样，并非是一个唐璜的诱惑天赋，而是他巨大的优越。因此，正如她那么可爱地表述的，她在真正的意义上根本无法明白，浮士德在她身上看见的亮点是什么[93]？因而他给她的最初印象是完全压倒性的，相对于他，她成为了完全的乌有。这样，她属于他，不是在“爱尔薇拉属于唐璜”那种意义上的“属于”，因为爱尔薇拉对于唐璜的那种“属于”是一种直面唐璜的独立存在，而玛格丽特则完全地消失在了浮士德之中；她也不曾通过与天堂决裂来使自己属于他，因为在那决裂之中有着一种面对着他的正当权利；毫不察觉地，没有任何最少许的反思，他成为她的一切。但是，正如她从一开始就这样地是乌有，然后她变得（如果我敢这样说）越来越小，随着她对他的几乎神圣的至高权威越来越确定；她什么也不是并且只是通过他而存在的。歌德在一个地方说及哈姆雷特，说他的灵魂相对于他的身体是一颗橡子被种在花盆中，因此最后终结于崩裂这容器[94]，玛格丽特的爱也是如此。浮士德对于她实在是太高大了，而她的爱情必定会终结于去分裂开她的灵魂。这样的一个瞬间不会等待很久而终于要在什么时候出现；因为浮士德无疑感觉到，她不可能继续逗留在这种直接性之中；他现在并不将她引导进精神的各种更高区域，因为他所逃避的恰恰正是它们；他感官性地欲求她——并且离弃她。

这样，浮士德离开了玛格丽特。她的丧失是如此可怕，以至于周围的世界在一时间里忘记了那它本来所难以忘记的事情：她蒙羞了；她倒在了一种完全的无力之中，甚至不能够去想她的丧失，乃至那想象自己的不幸的力量都被从她身上剥夺走了。如果这一状态能够继续下去，那么那反思性的悲哀将不可能上场。然而，周围世界所给的安慰使得她一点一点地恢复过来，向她的思绪给出一个撞击，因此这思绪重新进入运动状态；但一旦它重新开始了运动，马上就很容易地显示出，她没有能力去抓住这思绪的各种看法，一种也抓不住。她还是听着它，就仿佛那不是在对她说话，它的任何言辞都无法停止或者加速她思维中的不安。她的问题和爱尔薇拉的问题是一样的，想着“浮士德是一个骗子”，但她的问题更麻烦，因为她受浮士德的影响要远远更深；他不仅仅是一个骗子，而且他也是一个虚伪者；她没有为他做出任何奉献，而是她欠他一切，而这一切是她在某种程度上仍然拥有着的，只是现在它显现为一种欺骗。但是，因为他自己不相信他所说的那些东西，难道这些东西的真实性就减少了吗？绝不，然而这对于她却是如此，因为她是通过他才相信这些东西的。

看起来可以是这样：在玛格丽特这里，反思必定是更难以进入运动；那阻碍它的也就是那种“她什么也不是”的感情。然而在这之中又有着一种极大的辩证弹性。假如她能够坚持那种“她在最严格的意义上什么也不是”的想法，那么反思就被排除了，那么她也就并没有被欺骗；因为，既然一个人什么也不是，那么就不会有任何关系，在任何关系都不存在的时候，那么也就无法谈得上一种欺骗。在这样的情况下她是处在了安宁之中。然而这种思路却无法持续，而是在瞬间中转入其对立面。这“她什么也不是”只是表达了“爱情的所有有限差异都被否定了”，并且正因此也表达了她的爱情的绝对有效性，在绝对有效性之中又有着她绝对的正当权利。他的行为不仅仅是一种欺骗，而且是一种绝对的欺骗，因为她的爱情是绝对的。而在这里她又一次无法歇息；因为既然他曾是她的一切，那么，如果不是通过他，她就也同样无法坚持这一想法；但要通过他来想这种想法则是她所不能的，因为他是一个骗子。

在周围世界现在对于她不断地变得越来越陌生的同时，内在的运动开始了。她不仅仅是曾以自己的整个灵魂爱着浮士德，而且他也曾是她的生命力量，她通过他而进入存在。其结果就是：她的灵魂在心境中当然没有比一个爱尔薇拉更少地被感动，但每一个单个的心境却是被感动得更少。她开始去获得一种基本心境，那单个的心境就像一个气泡从深处升起，这气泡没有力气去耐久、也不被新的气泡驱逐开，而是消释在那一般的心境——“她什么也不是”之中。这一基本心情又是一种状态，它被感觉到而没有在任何单个的爆发之中给出表达，它是不可说的，而那单个心境为将之托起、让它升起而作的尝试，都是徒劳的。因此那整个心境不断地在那单个的心境中参与共鸣，它作为无力和虚弱为单个心境建构出回声。单个的心境表达出自己，但不缓和、不舒松；如果我使用我的瑞典爱尔薇拉所用的表达语来说（这说法无疑是非常有说服力的，尽管一个人可能并非是十足地理解了它），它是一种假叹息，它迷惑欺骗，而不像一种真正的叹息那样是一种强化和有用的运动。那单个的心境甚至都不是发出了全声的或者精力充沛的，因为她的呼吸负荷过重过于吃力而无法发出洪亮有力的声音。

“我能够忘记他吗？尽管那小溪不断地继续往前奔流，不管它流得多远，但它能够忘却渊源、忘却自己的来源、让自己摆脱源头吗？那样的话，它就必须停止奔流！那箭，不管它飞得多快，它能够忘记弓弦吗？那样的话，它就必须停止它的飞行！那雨点，不管它落得多远，它能够忘记那天空——它落下前所在的地方吗？那样的话，它就必须被分解掉！我能够成为另一个人、我能够被一个不是我母亲的母亲重新生出来吗？我能够忘记他吗？那么我就必须停止存在！”

“我能够回忆他吗？我的记忆能够将他呼唤出来吗，现在既然他消失了，我自己就只是我关于他的回忆？这个苍白的、模糊的图像就是我所崇拜的浮士德吗？我回忆他所说的话，但是我不拥有他声音中的竖琴声！我记得他说的话，但我的胸膛太弱而无法发出他们的全声！它们落在聋了的耳朵中是毫无意义的！”

“浮士德，哦，浮士德！回来，给饿着的人吃饭、给赤身裸体的人穿衣、使身心憔悴的人复苏、探访孤独的人！[95]无疑我知道，我的爱对于你没有任何意义，但是我也没有这样的要求。我的爱谦卑地伏在你的脚边，我的叹息是一种祷告、我的吻是感恩的供品、我的拥抱是崇拜。你因此而要离弃我吗？难道你在之前不知道这个吗？或者说，我需要你，在你不与我在一起的时候我的灵魂憔悴着死去，难道这不是爱我的理由吗？”

“在天的上帝啊，宽恕我，我爱一个凡人更甚于爱你，并且我现在还仍然爱他；我知道，我这样地对你说话，这是一个新的罪。永恒的爱，哦，让你的仁慈抓住我，不要把我从你这里推出去，把他还给我，让他的心重新倾向于我，向我展示你的慈悲吧[96]，怜悯，我又这样地祷告了！”

“那么我能够诅咒他吗？我是什么人，敢这么大胆？难道陶器能够冒犯陶匠[97]吗？我是谁？乌有，什么也不是！一块他手中的泥土[98]，一根他用来造出我的肋骨[99]！我是谁？一株微渺的野草，他向我弯下腰，他抚育我，他对于我是一切，我的上帝、我的思想的本原、我的精神食粮。”

“我能够悲哀吗？不，不！悲哀就像夜雾坐在我的灵魂之上。哦，回来，我会放弃你，永不要求属于你，就在我这里坐一下吧，看我，我能够赢得力量去叹息，和我说话吧，说关于你自己，就好像你是一个陌生人，我将忘记这是你；说话，这样眼泪就可以迸发出来。这样，我就根本什么都不是，如果不是通过他，我甚至没有能力哭泣！”

“我该在什么地方找到安宁和休憩？那些思绪在我的灵魂里站起来，一个针对另一个，一个搞乱另一个。那时你和我在一起，它们听从你的暗示，于是我像小孩子一样和它们游戏，我用它们编织花环并将之放在我的头上；我让它们像我的头发一样飘动，在风中飘散开。现在它们可怕地缠绕着我，它们就像蛇一样地蜿蜒并且拧压着我充满恐惧的灵魂。”

“并且，我是母亲！一个活着的生灵在我这里要求着营养。难道那饥饿的人能够喂饱那饥饿的人、那身心憔悴的人能够为那渴急的人解渴吗？我应当去成为谋杀者吗？哦，浮士德，回来，拯救子宫中的孩子，如果你实在是不想拯救这母亲的话！”

就这样，她不是被心境感动，而是在心境中被感动；但那单个的心境无法缓解她的痛苦，因为它在那她所无法取消的整体心境中瓦解消释自身。固然，如果浮士德被从她那里剥夺走，那么玛格丽特不会寻求任何抚慰；她的命运在她的眼中当然是令人羡慕的，然而，她是受欺骗的。她缺乏那被人称作是“悲哀之处境”的东西，因为她无法单独地悲哀。当然，如果她能够，像那童话中的可怜的浮萝丽娜那样，找到回声之窟的入口（从那里她得知每一声叹息、每一声抱怨都会被那被爱者听见），那么她就不仅仅会像浮萝丽娜只在那里待三个夜晚[100]，而是要日日夜夜地留在那里；但是，在浮士德的宫殿里没有回声之窟，并且他在她的心中没有耳朵。

*

也许我已经太久地把你们的注意力锁定在了这些图像上，亲爱的同逝者[101]，并且，尤其是因为（不管我说了多少）没有任何有形的东西向你们显现出来。然而之所以是这样，其原因当然不是在于我的描述中的欺骗性，而是在于事情本身和悲哀的狡猾。在有利的机会被提供出来的时候，那隐藏的东西就公开出自己了。这机会是我们在我们的权限之内所具备的，作为道别我们现在将让上面的三个悲哀许婚者联合起来，我们让她们在悲哀之和谐中相互拥抱，我们让她们为我们构成一个群体，一个圣龛，在之中悲哀之声不会暗哑下来、在之中叹息不会息止，因为她们甚至比圣女更为谨慎和忠诚地看守着对那些神圣仪节的观察。我们是不是该到那里面去打断她们、我们是不是该祝愿她们重获那丧失了的东西、这对她们是不是一种收益？她们不是已经得到了一种更高的起始吗？而这一起始将把她们联合起来，将一种美丽投向她们的联合并且为她们在联合中提供对痛苦的缓解，因为只有那自己被蛇咬过的人才知道那被蛇咬的人所承受的会是什么样的痛苦[102]。

注释

［1］［心理学消遣］　在1842年7月25日的一个草稿中，副标题被从“在巫术中尝试”改为“心理学消遣”。

［2］［Abgeschworen … des Schwures ein］　这些诗句的来源不详。

［3］［Gestern liebt' ich … Gern an Gestern］　引自莱辛的《西班牙的歌》（*Lied aus dem Spanischen*）。

［4］［那最长的白天］　西方夏至日，6月21/22日。

［5］原文为希腊文 Συμπαρανεκρωμενοι（同逝者）。

［6］［kastet vidt udseende Planer］　贺拉斯《颂诗》：“不让我们去抓着目光长远的期待”和“我们为什么要为自己在一个短暂的生命时间里死死地设定出一个长远的目标”。

［7］［世界规律］　按照斯多噶学说，关于逻各斯（世界规律）：世界从火中产生并且在火中毁灭。

［8］［神圣的声音……轻柔的微风里］　见《列王记上》：（19：11—12）耶和华说，你出来站在山上，在我面前。那时耶和华从那里经过，在他面前有烈风大作，崩山碎石，耶和华却不在风中。风后地震，耶和华却不在其中。地震后有火，耶和华也不在火中。火后有微小的声音。

［9］［那个“涡”］　有许多希腊哲学家设想在宇宙中有着一种不断的漩涡运动。阿那克萨哥拉（约公元前500—前428）宣称宇宙是由质的粒子

在运动（“涡”）构成，这运动是由一种宇宙的意识（努斯）启动的。德谟克利特（约公元前460—前400）和列欧基珀斯（Leukippos，公元前五世纪）如此假设，一切都是那空洞中运动的原子。

［10］［审判的喇叭］ 指那预言一切毁灭的七枝号，它们在上帝接手世界的统治之前出现。《启示录》（8：7—11：9）。

［11］［在无忧无虑……毁灭］ 见对“人子显现”的预言：“挪亚的日子怎样，人子的日子也要怎样。那时候的人又吃又喝，又娶又嫁，到挪亚进方舟的那日，洪水就来，把他们全都灭了。又好像罗得的日子。人又吃又喝，又买又卖，又耕种，又盖造。到罗得出所多玛的那日，就有火与硫磺从天上降下来，把他们全灭了。人子显现的日子，也要这样。当那日，人在房上，器具在屋里，不要下来拿。人在田里，也不要回家。”《路加福音》（17：26－31）。

［12］［鼻息之前］ 也许是影射《诗篇》（18：15）：“耶和华阿，你的斥责一发，你鼻孔的气一出，海底就出现，大地的根基也显露。”

［13］［一切永远的母亲］ 按照赫希俄德 *Theogonia*（就是说，关于诸神的本原和谱系）从123行起：夜晚是混沌（kaos）的女儿，是以太和白天的母亲。

［14］［莱辛在……界限］ 莱辛（Gotthold Ephraim Lessing，1729—81）德国作家、戏剧家、批评家和哲学家。在《拉奥孔或者论绘画与诗歌的界限》（*Laokoon oder über die Grenzen der Malerey und Poesie*）（1766）中，他把诗歌写作定性为一种描述时间性的过程（一种行为情节）的艺术，而相反二维空间的绘画和三维的雕塑在一种空间性的构成中只能够在一个情节过程中描述出一个单个的处境。

［15］克尔凯郭尔在这里所说的“艺术的”，就是指与诗歌想象艺术相对的绘画雕塑类艺术。

［16］［血液涌进皮肤系统中］ 对于精神状态和体液间关联的假设是情绪心理学的基础，这一心理学把血液和多血质脾性联系起来。这一学说是由希腊医生加利诺斯（129—199）建立出来的，直到1628年英国医生哈尔维（W. Harvey）发现了血液循环系统，这一学说一直是占主流的。

［17］就是说，以视觉艺术的方式。

［18］［就像……松鼠……打着转跑］ 在当时松鼠能够被作为宠物养在有着一只踏转轮的笼子里。

［19］［维罗妮卡］　根据法国修道士罗杰斯·达香迪欧（Rogers d'Argenteuil）的圣经故事（大约 1300 年），一天维罗妮卡外出卖布，但遇上耶稣背着十字架在向骷髅地去的路上。她出自同情把布递给耶稣，耶稣把布压向自己的脸，然后还给她，布上是一副印有他的荆冠和受难的脸的像，后来人们将之称作维罗妮卡的汗布。中世纪的传说把维罗妮卡（Veronica）这个名字和拉丁语“真正的画像”（vera icona）联系在一起。

［20］［剪影］　剪影图像被作为投影而映现出来。如果它们要被映现在墙上，就必须使用一个投影器，比如说幻灯机。

［21］原文为希腊文 Συμπαρανεκρωμενοι（同逝者）。

［22］［一个女人眼中的箭］　是指后期罗曼蒂克文学中所描述的那厄若斯、阿莫尔和丘比特用来播种爱慕的箭。

［23］［远程通讯］　在这里是转义，是指没有言辞的隐秘讯息。这里牵涉到当时的现代远程通讯，信号通讯在 1800—1862 年一阶段是运用在哥本哈根与施莱维格间（Slesvig）通讯方式，在奥斯特发现了电磁之后被电报取代。

［24］这里的“海神”，原文是“男性人鱼”（havmand），一种传说中的海洋生物，长有男人的头部及上身，却生有一条鱼尾巴。

［25］［一个普罗透斯……还是得算命］　海神普罗透斯被墨涅拉俄斯国王逼迫算命，但努力通过不断变换自身面目来逃避；最后他只好让步为墨涅拉俄斯算命。他的各种变化被写在荷马的《奥德赛》中。

［26］［像强盗一样在深夜起身］　贺拉斯的书信中“为了去杀人，强盗在半夜起身”。

［27］［就像自然研究者们所说］　所指事件不详。

［28］［搜索心肾］　搜索内在肾脏。语出旧约全书（中文翻译为“察验人肺腑心肠”），上帝搜索人的心肾，比如说在《诗篇》（7：9）和《耶利米书》（11：20）中。在新约中用在上帝之子身上，《启示录》（2：23）。

［29］［扫罗……判决之声］　《撒母耳记上》（28：3—19）：“那时撒母耳已经死了，以色列众人为他哀哭，葬他在拉玛，就是在他本城里。扫罗曾在国内不容有交鬼的和行巫术的人。非利士人聚集，来到书念安营。扫罗聚集以色列众人在基利波安营。扫罗看见非利士的军旅就惧怕，心中发颤。扫罗求问耶和华，耶和华却不借梦，或乌陵，或先知回答他。扫罗吩咐臣仆说，当为我找一个交鬼的妇人，我好去问她。臣仆说，在隐多珥

有一个交鬼的妇人。于是扫罗改了装，穿上别的衣服，带着两个人，夜里去见那妇人。扫罗说，求你用交鬼的法术，将我所告诉你的死人，为我招上来。妇人对他说，你知道扫罗从国中剪除交鬼的和行巫术的。你为何陷害我的性命，使我死呢？扫罗向妇人指着耶和华起誓说，我指着永生的耶和华起誓，你必不因这事受刑。妇人说，我为你招谁上来呢？回答说，为我招撒母耳上来。妇人看见撒母耳，就大声呼叫，对扫罗说，你是扫罗，为什么欺哄我呢？王对妇人说，不要惧怕，你看见了什么呢？妇人对扫罗说，我看见有神从地里上来。扫罗说，他是怎样的形状？妇人说，有一个老人上来，身穿长衣。扫罗知道是撒母耳，就屈身，脸伏于地下拜。撒母耳对扫罗说，你为什么搅扰我，招我上来呢？扫罗回答说，我甚窘急。因为非利士人攻击我，神也离开我，不再借先知或梦回答我。因此请你上来，好指示我应当怎样行。撒母耳说，耶和华已经离开你，且与你为敌，你何必问我呢。耶和华照他借我说的话，已经从你手里夺去国权，赐予别人，就是大卫。因你没有听从耶和华的命令。他恼怒亚玛力人，你没有灭绝他们，所以今日耶和华向你这样行，并且耶和华必将你和以色列人交在非利士人的手里。明日你和你众子必与我在一处了。耶和华必将以色列的军兵交在非利士人手里。”

［30］原文为希腊文 Συμπαρανεκρωμενοι（同逝者）。

［31］这里这个“诗意”——“digteriske”在丹麦语中和“诗人（Digter）”这个词的关系正如中文中的“诗意”和“诗人”间的关系。但是它更有着一种泛指的意义：创作和虚构。这里我将之翻译为“诗意”是强调“诗人”，但是在理解上，有必要同时也理解为“虚构出的特定名字”。

［32］原文为拉丁文 nomina appellativa（通用名）。

［33］［玛莉·博马舍］　玛莉·卡隆是皮尔·奥古斯丁·卡隆·德（Pierre Auguste Caron de Beaumarchais，1732—1799）的妹妹。后者在后来因其喜剧《塞维尔的理发师》（1775）和《费加罗的婚礼》（1784）而著名，这两个剧作成为了法国革命的前奏曲。在1764年，他去了马德里向西班牙作家法加多（Clavijo y Fajardo，1730—1806）进行报复，因为法加多对玛莉许诺了婚姻，并且赢得了她的心许，但却就此离开了她。看来博马舍的目的是达到了，婚姻结下了，但他得到风声说这个西班牙人试图在政府中离间他，之后他让国王罢去法加多的职位并驱逐出马德里。法加多后

来被政府宽恕，政府让他在1773年出任编辑，后来成为自然历史博物馆馆长。

［34］［歌德的《克拉维果》（*Clavigo*）］　歌德在博马舍的《回忆录》（*Mémoires*）（1774）（书中描述了博马舍1764年在马德里的游历）中获得了他的悲剧《克拉维果》（*Clavigo*）（1774）的素材。歌德在这悲剧中让玛莉死去而让博马舍杀了克拉维果。剧作在1808年被翻译成丹麦语。

［35］坦塔罗斯被罚站立在水中，当他想饮水时水就消退而饮不到；其头上悬着水果，当他想摘时水果就避开。西西弗斯被罚将一块巨石推上海蒂斯的一座小山，但每接近山顶，石头就又滚下来。

［坦塔罗斯受渴和西西弗斯向山上推石头］　在荷马《奥德赛》中有所叙述（11：582—600）。

［36］［歌德……这一点］　《克拉维果》第一幕第二场。

［37］原文为拉丁文 perpetuum mobile，永动机。

［38］直译的话就是“那自私的”。

［39］直译的话就是“那同情的”。

［40］直译的话就是“那自私的”。

［41］直译的话就是“那同情的”。

［42］［能够移山的信仰］　参看《歌林多前书》（13：2）：“我若有先知讲道之能，也明白各样的奥秘，各样的知识。而且有全备的信，叫我能够移山，却没有爱，我就算不得什么。”

［43］［我们跟着歌德……她的死亡］　《克拉维果》第二幕。

［44］［歌德……某种关系］　克拉维果第三幕第一场。玛莉的姐姐索菲说：“哦，难道我不爱他，像你这样，以最完美的、最纯洁的姐妹般的爱?”

［45］［这智者……欠着没有给出］　指古希腊诗人凯欧斯的西蒙尼德斯（Simonides，约公元前500年）出自西塞罗的 De natura deorum 1，60。

塞拉库斯的暴君希俄隆向他所提的问题却不是关于什么是宗教，而是关于什么是神圣。

［46］［安静的精神］　参看《彼得前书》（3：4）：“只要以里面存着长久温柔安静的心为妆饰。这在神面前是极宝贵的。”

［47］原文为拉丁文 ecclesia pressa，受压制的教会。

［48］［你小信的人］　《马太福音》（8：26）：“耶稣说，你们这小

信的人哪，为什么胆怯呢。于是起来，斥责风和海，风和海就大大的平静了。”另外也参看《马太福音》（16：8）：“耶稣看出来，就说，你们这小信的人，为什么因为没有饼彼此议论呢?”

［49］［橄榄叶］　《创世记》（8：10—11）：他又等了七天，再把鸽子从方舟放出去。到了晚上，鸽子回到他那里，嘴里叼着一个新拧下来的橄榄叶子，挪亚就知道地上的水退了。

［50］比如律师、法官和法律学者。

［51］［我则将会把这一切都再给予他］　见《约伯记》中约伯的故事。她失去了一切，牛羊骆驼、仆人、孩子和自己的健康，然后在上帝那里又得到了这一切。

［52］［多娜·爱尔薇拉］　歌剧《唐璜》中的女主人公。

［53］［修女］　参看《唐璜》第一幕第六场。爱尔维拉唱：“我在修女院的小房间享受的那种尊敬，一种出自爱的奉献!”以及“我曾是上帝的新娘，我宁可得到你的爱，是生是死给我一句话!”

［54］［就像老虎折断一朵百合花］　引言出自丹麦罗曼蒂克作家和诗人欧伦施莱格（A. Oehlenschläger）的喜剧《阿拉丁》（*Aladdin*, *eller Den forunderlige Lampe*）。

努拉丁（Noureddin）问灯神把阿拉丁、他的新娘和宫殿搬到非洲的可能性，灯神回答：“就像老虎折断一朵百合花。”

［55］［到此为止，不可更多］　也许是影射《约伯记》（38：11），在之中上帝对大海说：“你只可到这里，不可越过。你狂傲的浪要到此止住。”

［56］［会客室］　“会客室”在丹麦原文中是“谈话间”，在大多数情况下用在修道院中的那种客访谈话的房间，当人们探访修道院中的居住者的时候，被访者在这房间里可以接待访客，与访客谈话。

［57］［上帝的家……在山岩上］　影射耶稣登山宝训中以房子所作的比喻。《马太福音》（7：24—27）：所以凡听见我这话就去行的，好比一个聪明人，把房子盖在磐石上。雨淋，水冲，风吹，撞着那房子，房子总不倒塌。因为根基立在磐石上。凡听见我这话不去行的，好比一个无知的人，把房子盖在沙土上。雨淋，水冲，风吹，撞着那房子，房子就倒塌了。并且倒塌得很大。

［58］［一个来自理念的有效要求］　在黑格尔那里，理念（Ideen）

是那通过世界历史的发展而得以实现的概念，在这里概念是那历史性发展的本质（自由）和它的驱动力。概念在黑格尔这里所扮演的角色就像是形式在亚里士多德那里所扮演的角色。说起“一个来自理念的有效要求”，这不是在说什么主观的东西，而是某种客观的东西，某种依据于“那现实的”而发生的东西。

［59］［首先必须残酷……克鲁斯的译改本］　指《唐璜》第一幕第六场，爱尔薇拉终于遇上了唐璜，并且向这个点燃了她的心灵的负心人唱道：“哦！这是个什么样的问题啊！你难道不曾以一种永恒的火焰映染了我的心灵，永恒的火焰，围着它点燃的东西熊熊燃烧。现在我的头脑徒劳地想要清醒地指控你，因为总会有一个声音在那里在不断地为你说话，啊，它比上帝、理性和忠诚声音更响亮！”她握住自己的马夫古斯曼的手并继续说道：“我首先必须残酷地让我的心明确地知道真相是什么，这是我的目的；因此我来找你，在每个城市，每个城镇，每条路上，在漆黑的夜晚，在灿烂的阳光下；我不再怕被别人发现；因为，如果你是假的，那么一切对我就都无所谓了！现在我找到了你——说话呀，为你的行为道歉。我曾是上帝的新娘，我更想要得到你的爱；给我一句话，是生还是死！绝望已经在向我袭来，我惊恐的灵魂只能投奔你；上帝离弃了我！啊，你明白了我说的话么?”

——克鲁斯（Lauritz Kruse，1778—1839）丹麦作家和翻译家。

［60］［克鲁斯……强制的］　引自《唐璜》第一幕第六场。尴尬的唐璜让侍者勒波拉罗去回答那绝望的爱尔薇拉的咏叹调：“爱尔薇拉！我最好的女孩！你说的这些深深震撼着我的心；——但是你现在是愿意听，愿意相信我的话了——你这个怀疑我的人？这样的话，我就几乎可以说——不可能的，原因就是不可能——这事情就好像是在强制着的——”。唐璜让自己镇定了下来，接着说：“说呀，勒波拉罗！你把一切都说出来——我自己什么都不想说”。

［61］有必要说明一下。这里所说的“不可能的”（usandsynlig）是指概率上的那种不可能性，就是说，是偶然性中的不可能性，——未必发生的，想来是不会发生的，不像是真的会发生的；用概率的说法就是“不可几的，非概然的”。不同于“可能性—必然性”中所说的“不可能”（umulig），其所指是必然的不可能性，——必然不发生的、绝对不会发生的、绝对不是真的。后者的英文是 impossible，前者的英文是 improbable。

［62］［残酷地使人信服的证据］　当那惊讶的勒波拉罗得到唐璜的指令去为爱尔薇拉做出解释的时候，她催促他说，尽管她对于他将说出的东

西怀有恐惧。唐璜逃走了，然后侍者勒波拉罗称他为背叛者并唱起他的名单歌。

［63］［在胸前藏着一把匕首］　见《唐璜》第一幕第六场的舞台说明。“她拔出匕首，唐璜和古斯曼拉住她的手臂。”

［64］［正如蒂朵在阴界里自己转身不理会那对她不贞的埃涅阿斯］指维吉尔的《埃涅伊德》（*Æneide*）中的第六歌第 469—474 行：“这样埃涅阿斯，眼中满是泪水抚慰地叫着那女王，她的脸上发出愤怒的闪光。她回避地让眼睛向下看，也不再被他的话语感动，比坚硬的岩石和帕里斯的大理石更无动于衷；最后她挣脱并带着敌意跑到了树林的阴影里，他的第一任丈夫斯凯乌斯在那里温柔地分担她的悲哀。”在这阴界相遇的前面有这样的故事背景：在从特洛伊去意大利的路上英雄埃涅阿斯（据传说是罗马帝国的建国者）被风暴冲到北非海湾，在那里他得到女王蒂朵（据传说是迦太基的建国者）的友好款待。他们相爱了，但是埃涅阿斯离开北非，他们的爱情关系就结束，这样蒂朵在之后就死去了。埃涅阿斯是罗马民族史诗《埃涅伊德》的主人公，史诗的命名是取他的名字。

［65］原文为希腊文 Συμπαρανεϰρωμενοι（同逝者）。

［66］［各种现代哲学……勇气］　“现代哲学”主要是针对黑格尔主义。

［67］［抹大拉救济院］　通过教养、劳动和宗教影响来救助“堕落”女人的收容所。“抹大拉”这个名字来自妓女抹大拉的马利亚。参看《路加福音》第八章。

［68］原文是希腊文 οὔτε λέγει οὔτε ϰϱύπτει, ἀλλὰ σημαίνει[1]（它既不说明也不隐讳，但暗示）。

［69］［Deminutivum］　拉丁语，小词，比如说在词后加上一个带有“小”的意思的词尾。

［70］［比一根芦苇更纤细］　爱尔薇拉的特征是苗条而柔韧的。

［71］［比黎巴嫩的柏树更华荣］　见《雅歌》（5：15）：“他的腿好像白玉石柱，安在精金座上。他的形状如黎巴嫩，且佳美如香柏树。”

［72］［卡戎］　希腊神话中死亡的摆渡人的名字，他摆渡死者们的灵魂过冥河去死亡的国度。

［73］［欧珀尔］　小铜币。在古希腊民间传说中，人们在死者嘴里放一枚铜币作为给卡戎的摆渡钱；没有它，人就无法被渡到死亡国度。

［74］［我对我最初的爱不贞］　《启示录》（2：4），说及以弗所教会：“然而有一件事我要责备你，就是你把起初的爱心离弃了”，就是说对基督的爱。

［75］数着念珠念玫瑰经祈祷。玫瑰经向圣母玛利亚虔诚奉献的修行方式，主要由三套各五篇万福马利亚祈祷经文构成。

［76］［玛格丽特］　《浮士德》中的女主人公，被浮士德诱惑并辜负，在淹死了他们共同的孩子之后，终结于被靡菲斯特谴责诅咒而被“上天”拯救走。

［77］原文是德文：

Halb Kinderspiel,

Halb Gott im Herzen.

即“一半是儿戏，一半是上帝在心中”引文出自《浮士德》的上半部的大教堂场面。

［78］［她第一次看见浮士德］　指《浮士德》剧中的街头场面。浮士德第一次见到十四岁的玛格丽特，但她觉得自己太渺小而配不上他的感情却并没有被谈及。

［79］［他爱我……他不爱我］　指花园场景。玛格丽特和浮士德一同散步，女友玛塔和靡菲斯特。玛格丽特摘下一朵雏菊，在她把一片片花瓣摘下来的时候，他稍稍提高声音说：“他爱我——他不爱我。”

［80］［关于唐璜的传说］　这传说完全回到古代西班牙故事，关于来自塞维拉的浪荡贵族唐璜·泰诺里欧的故事，他劫持了堂·古扎洛·德·乌洛瓦的女儿，并在后来杀死了堂·古扎洛·德·乌洛瓦。上天要惩罚唐璜对教会骑士勋章的司令官的杀害，让他的石像把唐璜撞进地狱。西班牙人加布里尔·特莱，一个高位的神职人员，以笔名提尔索·德·莫利纳写下了关于唐璜的第一个虚构故事 El Burlador de Sevilla 约 1620 年。然后是莫里哀的喜剧 Don Juan ou le festin de pierre 1665 年，成为 da Ponte 的为莫扎特歌剧所写的意大利文本（Il dissoluto punito ossia Il Don Giovanni，1787）的先行者之一。先是在莫里哀那里，然后尤其是在 da Ponte 那里，重点才被放在唐璜的无数诱惑之中。

［81］［1003］　指名单咏叹调。在《唐璜》的第一幕第六场中，勒波拉罗的咏叹调如此说：如果您，多娜！愿意听我所写下的这名单，……首先意大利一百二十个！二十来个德国的，不是撒谎。法国女孩围着她飞。

在西班牙，有一千零三个！

[82]［浮士德最终成为一个唐璜］　在这里，只仅仅是考虑歌德的《浮士德》的第一部。

[83]“消遣”丹麦语 Adspredelse，有消遣、分散注意力、转移、注意力转向和散射的意思。中文相应的心理学词汇是“导离”。这个词是克尔凯郭尔经常使用的。

[84]原文是德文 Heiterkeit（快乐）。

[85]［阴界的那些影子们］　在希腊和罗马的神话中阴界被看做是一个死者们的灵魂在离开了肉体后所驻留的地方。荷马描述，奥德修斯到了死亡国度的边界（人们把死亡国度置于地球的内在中），借助于祭品礼物他和死者们的影子发生了关系。据说，虽然灵魂作为影子而活着，但他们能够回到墓上去吃人们留下的祭品礼物。

[86]［懂得炼制……魔术师］　在浮士德遇上玛格丽特之前，他得到了一种魔术饮料，会给他青春的活力。

[87]［靡菲斯特］　浮士德传说的习俗中魔鬼的名字。在 1587 年的第一本关于浮士德的书中已经用到了这个名字。在歌德的《浮士德》，在巫厨场景的结尾处，靡菲斯特在许诺浮士德马上将看见一切女人中最美丽的那一个将活生生地站在他面前时，让浮士德在一面镜子中看见他在未来对玛格丽特的征服。

[88]［私人讲学博士（Privatdocent）］　尤其是在德国人们在大学里任用私人授课博士，就是说作为博士但没有正式聘用的授课者。这里的用名也许是指马腾森（H. L. Martensen）。

[89]［怀疑之博士］　在歌德的《浮士德》的第一部中的开始场“夜”，浮士德在这里描述了他在受到靡菲斯特的影响并开始练习魔法之前的生活。他在这里把自己描述为一个“牵着学生们的鼻子”的魔术师和博士，并且谈到自己在内心中痛苦地意识到“我们什么都无法知道”这一道理。但浮士德也说他既不受顾虑也不受怀疑的困扰，他既不怕地狱也不怕魔鬼。也许在这里也指向“玛塔的花园”这一场面，“直接的宗教的信仰者”玛塔询问“智性的怀疑者”浮士德，关于他与宗教以及与“对上帝的信仰”的关系。在日记 AA 中一个日期是 1835 年 6 月 1 日的笔记中克尔凯郭尔把浮士德说成是“人格化了的怀疑”。

[90]［玛格丽特……浮士德有点不大对头］　参看玛塔的花园的场景。

［91］［问答场景］　指玛塔的花园的场景。

［92］原文在此处是 Grete（格丽特），而不是玛格丽特（Margrete）。格丽特可以是玛格丽特的缩减称呼。

［93］［她那么可爱……是什么］　指在小花园房中的场景。玛格丽特敬佩浮士德的博识，羞惭地说，她不明白，他在她身上看见什么，她只是一个无知的孩子。

［94］［歌德……这容器］　是指 Wilhelm Meisters Lehrjahre 第四书第十三章，在 Goethe's Werke bd. 19，s. 76，在之中说，莎士比亚在《哈姆雷特》中会这样描述："eine große That auf eine Seele gelegt, die der That nicht gewachsen ist.（…）Hier wird ein Eichbaum in ein köstliches Gefäß gepflanzt, das nur liebliche Blumen in seinen Schoos hätte aufnehmen sollen; die Wurzeln dehnen aus, das Gefäß wird zernichtet."

［95］［给饿着的人吃饭……探访孤独的人］　见《马太福音》（25：31—46）中的审判日场景，在之中耶稣对那些义人们说："因为我饿了，你们给我吃。渴了，你们给我喝。我作客旅，你们留我住。我赤身露体，你们给我穿。我病了，你们看顾我。我在监里，你们来看我。"

［96］［让你的仁慈抓住我……向我展示你的慈悲］　见《诗篇》51章中大卫在和拔士巴同室之后所说的："神啊，求你按你的慈爱怜恤我，按你丰盛的慈悲涂抹我的过犯。""不要丢弃我，使我离开你的面前。不要从我收回你的圣灵。求你使我仍得救恩之乐，赐我乐意的灵扶持我。"

［97］［难道陶器能够冒犯陶匠吗］　见《罗马书》（9：20—21）："你这个人哪，你是谁，竟敢向神强嘴呢？受造之物岂能对造他的说，你为什么这样造我呢？陶匠难道没有权柄，从一团泥里拿一块作成贵重的器皿，又拿一块作成卑贱的器皿吗？"

［98］［一块他手中的泥土］　见《约伯记》（10：9），约伯对上帝说"求你记念制造我如抟泥一般，你还要使我归于尘土吗？"另见《以赛亚书》（64：8）和《创世记》（2：7）。

［99］［一根他用来造出我的肋骨］　根据《创世记》（2：21—22），上帝用从亚当身上取出的肋骨造出女人。

［100］［童话中的……三个夜晚］　指童话《蓝鸟》中的女王。

不幸福的女王浮萝丽娜离开自己的宫殿去寻找她的爱人，国王奥蒙德。在她到达了奥蒙德的宫殿时，她发现他正在他的婚礼上；她买通了进入宫殿中的回音窟的入口，她从奥蒙德那里知道，他在这里可以听见一切被说的话。最初的两天奥蒙德没有听见什么，因为他睡死了；但第三天她成功地贿赂了宫殿仆人让他不要给奥蒙德吃通常吃的安眠药。这个夜晚她如此迫切地讲着他们一起经历过的，这样国王就知道在洞窟里说话的浮萝丽娜。他从一个秘密的阶梯下去找到她，他们幸福地结合了。

［101］原文为希腊文 Συμπαρανεκρωμενοι（同逝者）。

［102］［只有那自己被蛇咬过……痛苦］　出处不详。

最不幸的人

一篇写给同逝者的热情洋溢的致辞

星期五周会上的终结讲演

众所周知，在英格兰的某地肯定是有着这样一个坟墓，这坟墓没有以宏伟的纪念碑或者忧伤的环境、而是以一个小小的碑铭来展示出自身的特别——“最不幸的人”[1]。据说人们打开过墓穴，但在里面却找不到任何尸体的痕迹。人们找不到尸体，或者人们打开了墓穴，这两者中哪一个事实更引起人们注意呢？确实是够奇怪的，人们这样花时间去搞明白在这墓穴之中是否有什么人。当人们在碑刻上读到一个名字的时候，很容易受到这样一种诱惑，去想象这个人的生命曾经是怎样在世界上奔走着的，人们会有愿望走进墓穴去与他聊上一聊。但是这一碑文，它是那么意义重大！一本书能够有一个标题，这标题让人有读这书的愿望，但是一个标题就其自身可以是如此思想丰富、如此具备对个人独特的吸引力，以至于使人永远都不想去读这本书。实在地说，如果一个人在静思之中也许曾秘密地让自己衷心沉湎于这样一种想法，觉得他自己是那最不幸的人，那么，对于每一个有过这样想法的人，这一碑文确实是意义重大的；它到底是会具有震撼性的意义、还是会具有喜悦的意义，则完全根据这个人所具的心境来决定。但是，我能够想象一个人，他的灵魂从不认识这样的追求，对于他来说，去知道在这一墓穴中是否真的有人存在，就成了他的好奇心所想要完成的一种任务。并且，看哪，那墓穴是空的[2]！也许他又重新复活，也许他是想要嘲弄那诗人[3]的词句：

——在墓中有的是安宁
它的沉默居民不知悲哀[4]。

他无法找到安息，甚至在墓中也找不到，他也许又无常地在这世界上飘游，他离开了自己的寓所、自己的家，而只让自己的地址留在了那里！或者他尚未被人发现，他这个最不幸的人，这个人，在他找到了祭寺的门和谦卑的祈求者们的长凳之前，甚至连欧墨尼得斯姐妹们都不追踪他[5]，而各种悲哀维持着他的生命使得他活下去、追随着他到墓穴！

如果他还没有被发现，那么，亲爱的同逝者[6]，让我们就像十字军骑士那样进入一次远行，不是去那坐落在幸福的东方的神圣墓穴，而是去那坐落在不幸的西方的悲哀墓穴。在那空墓穴前，我们将寻访他，那最不幸的人，确定了要去找到他，因为，正如信者们的渴慕趋向那神圣的墓穴，那些不幸者们也这样向西方移徙到这空墓，每一个人都被这样的想法充填：这墓穴是为他而定下的。

或者，这样的一种考虑对于我们的观察来说也许不是一种有价值的对象，我们的活动——我应当遵从我们协会的神圣习俗——是在格言式的、偶然的祈祷仪式中的尝试，我们不是格言式地思想和言语着的我们，而是在格言式地生活着的我们，异乎寻常[7]地生活着的我们，就像生活中的格言，与人们的社会无关，不参与他们的悲哀和喜悦，我们不是生活之喧嚣中的谐音，而是夜之宁静中的孤独飞鸟，只偶尔一次聚集在一起以便在对生活之可悲、对白天之漫长和时间之无限延续的观想展示中获得启发，我们，亲爱的同逝者[8]，是不相信“喜悦的游戏”或者“傻瓜们的幸福”的人，我们是除了不幸之外什么也不信的人。

看，无数的人成群地向前涌动，全都是不幸的人们。然而，相信自己就是被召唤的人有许多，而被选中的则不多[9]。在他们之间必须被定出一种区分[10]——一个词，而人众消失，也就是，把所有那些不请自来的、认为“死亡是最大的不幸”、因为畏惧死亡而变得不幸的客人们全都排除掉；因为我们，亲爱的同逝者[11]，我们就像罗马的士兵[12]那样不怕死亡，我们知道更糟的不幸，并且它自始至终首先就是——“活着”。是啊，如果有这样一个人，他无法死去，如果传说中所说的关于那个永恒的犹太人[13]的说法是真实的话，那么，就去宣告他为那最不幸的人吧，我们还踌躇什么？这样一来，我们也就弄清楚了为什么墓穴是空的，这是为了标示出那最不幸的人就是无法死去的人、无法被置放进墓穴的人。这样，问题就搞定了，答案就很简单，因为那无法死去的人是最不幸的，而能够死去的人则是幸福的、在老年寿终正寝的人是幸福的、在青年夭折的人是幸福的，最幸福的是在他出生的时候就死去的人，最最幸福的是那从来不曾出生的人[14]。然而，事情并非如此，死亡是所有人的共同幸福，因此，只要那最不幸的人还没有被找到，那么他就必须在这一界定之中被寻找。

看，人众消失了，数字减少了。我现在不说“把你们的注意力集中起来听我说话”，因为我知道，我拥有着你们的注意力；我不说“把你们的耳朵竖向我”，因为我知道它们属于我。你们的眼睛闪烁，你们从你们的座位上站起来。这是一场值得去参与的辩论，一场比生死攸关更为可怕的搏斗；因为我们并不畏惧死亡。但是那酬报，是的，它比世上任何其他酬报更令人骄傲，并且更为确定，因为，那确定了自己是最不幸者的人，他根本就无需畏惧幸福，他不会去品尝在自己的最后一刻不得不叫喊“梭伦、梭伦、梭伦！”[15]的羞辱。

然后，我们于是就举行一场自由竞争，任何人都不会被排除在这竞争之外，不管是从身份的角度还是年龄的角度看。除了幸福的人和畏惧死亡的人之外，没有任何人被排除在外——不幸者们的社团中的每一个值得尊敬的成员都是受欢迎的，宝座为每一个真正不幸的人而定，墓穴保留给那最不幸者。我的声音在这世界里发出，倾听它，所有你们这些自称是世上的不幸者而不畏惧死亡的人们。我的声音回响到时间中的往昔；因为我们不想振振有词到因死者已死的缘故而去排斥死者的程度，因为他们也曾活着。我恳请你们原谅我在一时一刻中打搅你们的安宁；在这空墓前聚集。我三次对世界这样喊叫，倾听它，你们这些不幸的人们；因为在这里，我们的意图不是在世界的一个角落里裁决我们自身间的一个事件。地点已经找到，而在这一地点，该事件必须面向全世界来得以裁决。

然而，在我们去盘问那些单个的人们之前，让我们使我们自己称职而能够无愧地坐在裁判者和辩论参与者的位置上。让我们强化我们的思想，武装它去抵抗软耳根子中的蛊惑；因为，在一个不幸的人讲述他自身的不幸的时候，又有什么声音能够像不幸者的声音那样逢迎奉承、又有什么样的声音能够像不幸者的声音那样具有迷幻的魔力呢。让我们使自己称职去坐在裁判者和辩论参与者的位置上，不失去概观和洞察能力，不被那些单个的人们迷惑；因为悲哀所具的雄辩是无限的并且有着无限的创新能力。我们将把不幸者们划分成特定的群组，每一个群组都只有一个人能够发言；因为我们不想拒绝这样的事实，即，任何单个的个体都不会是那最不幸者，最不幸者是一个类别；但因此我们不想有所踌躇，去赋予这样一个特定类别的代表这个名称：那最不幸者，我们不会踌躇于去把那个墓穴赋予他。

在黑格尔的所有体系文本中有一个段落是关于不幸意识[16]的。一个人总是带着一种内在的骚动和心跳进入对这样的各种考究的阅读，带着这样的畏惧，唯恐获知太多或者太少。"不幸意识"是这样的一个词，哪怕只是偶然地被置于谈话的过程中，它就几乎能够使得血液凝结、使得神经颤抖，而现在，它被如此显著地表述出来，就像柯莱门斯·布伦塔诺的一篇小说[17]中的那个秘密词："第三颗核桃是死亡"[18]，能够使人像一个罪人那样地战栗。唉，那除了就这个问题写一段文字之外就不再与这个问题有更多关系的人是幸福的；而更幸福的人则是那能够写接下去的文字的。现在，那不幸的人就是这样的人：他的理念、他的生命内容、他的意识财富，他的根本的本质以某种方式是处在他自身之外的。那不幸的人对其自身而言总是缺席的、对其自身而言从来不是在场的。但是缺席，很明显，一个人可以是要么在过去的要么在将来的时间里缺席。这样，整个不幸意识的领域就被足够地限定下来了。对于这一固定的限定，我们要感谢黑格尔的工作，而现在，既然我们不仅仅是那种保持着距离看这个王国的哲学家，那么，我们就要像一个本土人那样地更接近地去观察那之中各种不同的阶段。这样，不幸的人是缺席的。但是一个人的缺席，如果一个人不是在过去的时间就是在将来的时间里的话，那么他就是缺席的。这一表述在这里是迫切的；因为很明显，正如我们也能够在语言科学看到的，有一种时态是过去时中的现在时，还有一种时态是将来时中的现在时；而这同一种科学也告诉我们说，有一种时态是过去完成时，在之中没有任何现在时的东西，还有一种时态是将来完成时，也具备同样的特性。这是那些希望着的和回忆着的个体人格。但是，如果一般地看，只有那对于自己是在场的人才是幸福的人，那么，只要这些个体仅仅是在希望着或者仅仅是在回忆着，在某种意义上他们无疑就是不幸的个体人格。然而，在严格的意义上，我们不能将一个在希望或者在回忆中在场的个体人格称作是不幸的。也就是说，在这里必须强调的是：他在那希望或者回忆之中是现在着的。我们也将从这样的事实中看出这一点：一次打击，不管它有多么沉重，不可能使得一个人成为最不幸的人。也就是说，一次打击要么是只能够剥夺他的希望而使得他在回忆中现在着、要么是剥夺他的回忆而使得他在希望中现在着。现在我们继续进一步讨论并且将去看，不幸的个体人格在更具体的细节上必须怎样被定性。首先让我们看一下那希望着的个体人格。如果一个人作为希望着的（并且因此而言是不幸的）个体人格对自身而言不是现在着的（præsentisk），那么他在更为严格的意义上就变得不幸。一个希望着永恒生命的个体在某种意义上无疑是一个不幸的个体人格，如果他放弃了那现在的；但在严格的意义上却不是不幸的，因为他在这一希望中对于他自己是现在着的，并且与有限性的单个环节并不构成冲突。相反，如果他无法在希望中对于他自己是现在着的，而是失去了自己的希望、又再重新希望并且又如此继续，那么他对于他自己就是缺席的，不仅仅是在那现在的时间里、而且也是在那将来的时间里缺席，这样我们就有了一种不幸者的构成形式。如果我们观察那回忆着的个体人格，那么情况也是如此类似的。如果他能够在过去的时间里对他自己是现在着的，那么他在严格的意义上就不是不幸的；但是如果他不能够达成这一点，而是在过去的时间里对自己持恒地缺席的，那么我们就有了一种不幸者的构成形式。

回忆尤其是那些不幸者们的真正元素，那是自然的，因为过去了的时间有着值得注意的特性，“它是过去了的”；将来的时间所具的特性则是“它将要到来”，因此我们在某种意义上能够说，与过去的时间所处相比，将来的时间所处与现在的时间更为接近。现在，为了使得那希望着的个体人格在将来的时间里变成现在着的，这将来的时间就必须为这个个体人而具备实在性，或者更确切地说，这时间就必须为这个个体人去获取实在性；为了使得那回忆着的个体人格在过去的时间里变为现在着的，这过去的时间就必须为这个个体人而具备实在性。但是当那希望着的个体人格想要希望一个将来的时间而这一将来时间却无法为这个体获取任何实在性时，或者，当那回忆着的个体人格想要去回忆一个不曾具备过实在性的时间时，那么，这时我们就有了那些真正不幸的个体人格。前者在人们看来是不可能的或者被人看成是纯粹的疯狂，但其实并非如此，因为，那希望着的个体人格固然不去希望某种对它而言是没有实在性的东西，但它却希望着某种它自己都知道是无法实现的东西。就是说，当一个个体人格在它失去了希望的时候，它不是去成为一个回忆着的个体人格，而是继续想要作为一个希望着的个体人格，那么，我们就获得了这样一种构成形式。当一个个体人格在它失去了回忆的时候，它不是去成为一个希望着的，而是继续想要作为一个回忆着的个体人格，那么，我们就获得了一种不幸者的构成形式。比如说，如果一个个体人迷失在古代或者中世纪或者任何一个其他的时代中，但是以这样一种方式，这时代对于他有着一种决定性的实在性，或者他迷失在自己的童年或者青少年时代，以这样一种方式，这时代对于他有着一种决定性的实在性，那么，他在严格的意义上就不是什么真正不幸的个体人格。相反，如果我想象这样的一个人，他自己不曾有过什么童年，因为这一时代走过他而不对他构成任何意义，但是他现在比如说因为成为孩子们的老师而发现了所有童年时代所具的那美好的东西，并且他现在想要回忆他自己的童年、总是回眸凝视着它，那么，他无疑就是非常合适的例子。他想要向回走，去为那对于他已经是过去了的、但他却想要在其意义中回忆的东西找到意义。如果我想象一个人，他曾经生活却没有领会到生活的喜悦或生活的乐趣，而现在他在自己死亡的瞬间突然看见了这些喜悦和乐趣，如果我想象他不死，这会是最为侥幸的事情，但是如果他复活而没有因此重新从头再生活，那么，在“谁是最不幸的人”这个问题出现的时候，他将无疑能够成为我们的考虑对象。

希望类的不幸个体人格们在自己身上从不具备像回忆类的不幸个体人格们所具的那种痛楚。那些希望着的个体人格们总是有着一种更为欣悦的失望。因此，要寻找那最不幸的人就总是必须去回忆类的不幸个体人格们中寻找。

然而，我们得继续，我们要去想象出对以上所描述的这两者的一种结合，在更严格意义上的各种不幸的构成形式。那不幸的希望着的个体人格无法在他的希望中变得对自己是现在着的，而那不幸的回忆着的个体人格也有着类似的情形。这结合只能够是这样的结合：那阻碍他“在自己的希望之中成为现在着的”的东西是回忆，而那阻碍他“在回忆之中成为现在着的”的东西是希望。一方面这是在于，他不断地希望着那应当被回忆的东西；他的希望持恒地成为失望，但是在这希望成为失望的时候他发现，这失望不是渊源于希望的目标被更久远地推迟，而是由于他与目标擦肩而过，这目标已经被经历或者本该是已被经历而以这样一种方式就过渡进了回忆之中。在另一方面，他持恒地回忆那他本来应当是去希望的东西；因为他在想象之中已经用掉了那将来的，他在想象中经历了它，这一被经历的东西本来是他应当去希望的东西，但是他却回忆这东西。这样，他所希望的东西处在他的身后；他所回忆的东西处在他的前方。他的生命不是向后，而是双向地错反。他马上就会觉察到不幸，尽管他不明白这不幸到底是在什么地方。然而，因为他要真正有机会去感受到这不幸，那误会，那在每一个瞬间里以一种古怪方式讥嘲着他的误会，就介入了。在日常中他尽享那“被看成是有理智的人”的荣誉，但他却知道，如果他去向任何一个人解释这发生在他身上的到底是什么，他都会被人宣告为是发了疯。这一点是足以让人发疯的，但是他却没有，而这却恰恰是他的不幸。他的不幸就是他过早地来到了这世界并且因此而不断地来得太迟。他不断地完全接近目标，而在同一瞬间他远离了这目标，这时他发现那使得他不幸的东西——因为他拥有这东西或者因为他是如此而使得他不幸，这东西正是那在几年前会使得他幸福的东西——如果他那时拥有这东西的话，但那时他变得不幸，因为他并没有拥有它。他的生命没有意义正如那个阿凯乌斯[19]的生命，关于他有着这样习俗的说法：除了曾经因为他而出现了一句谚语之外，人们对他一无所知，仿佛这谚语本身还不能足够地说明问题。这谚语是：

在杯子和唇边之间有着很长的一段[20]。

他的生命从来不曾见到过安宁并且没有任何内容，他在此刻的瞬间对于他自己不是现在着的，他在将来的时间里不是现在着的，因为那将来的东西已经被经历了，他在过去的时间里不是现在着的，因为那过去的东西还没有到来。就这样，他就好像勒托娜那样被到处驱逐最后跑到北方极寒之土[21]的黑暗之中、跑到赤道光明的岛上，无法生产出孩子而持恒地作为一个生产着的孕妇[22]。他站在这个辽阔的世界中，孤独地只有自己，他没有可让他依附的同时代，没有可让他怀念的过去，因为他的过去还没有到来，没有可让他希望的未来，因为他的未来已经过去。孤独地，他在自己面前只有那整个世界，作为一个“你”，一个与他共处于冲突中的“你”；因为他之外的整个世界对于他来说只是一个人物，而这个人物、这个分不开而令人头痛的朋友，那是一种误解。他无法变老，因为他从来不曾年轻过；他无法变得年轻，因为他早已经变老；以一种方式说，他无法死去，因为其实他就不曾活过；以一种方式说，他无法活着，因为其实他已经死去；他无法爱，因为那爱总是现在着的，而他没有现在的时间，没有将来的、没有过去的，但是他却是一个具有令人同情的本性的人；并且他恨这世界，仅仅是因为他爱这世界；他没有激情，不是因为他缺少这激情，而是因为他在同一瞬间有着那相反的激情，他没有时间去做什么，不是因为他的时间被其他东西充满，而是因为他根本没有时间；他是无力的，不是因为他缺少力量，而是因为他自己的力量使得他无奈无力。

然而，不用多久我们的心就得到了足够的锤炼，我们的耳朵塞住了，虽然没有全封闭。我们听到了深思熟虑的冷静声音，让我们感受激情的雄辩，简短精练如一切激情。

一个年轻的女孩站在那里。她悲诉她的爱人对她不忠。这是一个人所无法反思的；但是她在这整个世界里只爱他一个人，她出自自己的整个灵魂、整个心灵和全部思想[23]地爱他——那样，她还是能够去回忆和去哀伤。

这是一个真实的人物还是一幅图像，这是一个活着的人死去，还是一个死者活着，——这是尼娥柏。她一下子失去了一切；她丧失了那她赋予生命的东西、她丧失了那赋予她生命的东西[24]！仰首看一下她，亲爱的同逝者[25]，她站得稍高于世界，在一个墓丘上像一块纪念碑。然而没有什么希望向她招手，没有什么未来打动她，没有什么前景诱惑她，没有什么希望使她骚动——她无望无告地在回忆中化成石头；在一瞬间里，她是不幸的，而在同一瞬间里她变得幸福，并且没有什么东西能够将她的幸福从她那里拿走；世界变换，但她不识任何变化，而时间到来，但对于她则没有任何将要到来的时间。

看那里，多么美丽的共同体！一代人向另一代人伸出手！这是为了祝福、为了忠诚的团结、为了喜悦的舞蹈？这是俄狄浦斯那被放逐的家族，这打击繁衍下来并碾碎那最后的人——那是安提戈涅[26]。然而对于她却有着这样的考虑，一族人的悲哀对一个人的生命来说是足够了。她弃绝了希望，她以回忆所具的忠诚来替换掉了希望的变幻无常。那么，去逗留在幸福中吧，亲爱的安提戈涅！我们希望你有一个长远的生命，就像一声深沉的叹息一样地意味深长。但愿不会有任何遗忘来剥夺你什么东西！愿悲哀的日常苦涩能够被丰富地提供给你！

一个强有力的形象出现了；但他不是唯一的，就是说，他有朋友，那么，他是怎么来到这里的呢？那是悲哀之族长，那是约伯——以及他的朋友们[27]。他失去了一切，但不是通过一次打击[28]；因为主收取[29]、并且主收取、并且主收取。朋友们教会他去感觉到丧失之苦涩；因为主给予、并且主给予，并且还有一个不明事理的妻子作为额外赠品[30]。他失去了一切；因为他所保存了的东西是在于我们的兴趣之外。敬重是属于他的，亲爱的同逝者[31]，为了他的白发和他的不幸。他失去一切；但是他曾拥有过。

他的头发花白，他的头垂落，他的脸枯萎，他的灵魂忧虑。这是那迷途浪子的父亲[32]。他就像约伯一样失去了他在世上最亲爱的东西，然而不是主在收取，而是敌人夺取这东西；他不是曾失去，而是正在失去这东西；这东西不是被从他那里拿走，而是消失不见了。他不是在家坐在壁炉前的麻袋布和灰中[33]；他站起来离开家，离开了一切去寻找那迷途的孩子；他抓向他，但是他的手臂及不到他，他叫喊着他，但是他的声音追不上他。然而他希望，哪怕是通过泪水，他瞥见他，哪怕是通过雾气，他赶上他，哪怕是在死亡之中。他的希望使他苍老，除了与他相依为命的这希望之外再也没有什么别的东西使他和这个世界有所关联。他的脚累了，他的眼睛昏暗了，他的身体寻找安息，他的希望活着。他的头发全白了，他的身体衰老了，他的脚步停下了，他的心破碎了，他的希望活着。抬起他来吧，亲爱的同逝者[34]，他曾是不幸的。

谁是那苍白的形象，就像死人的影子一样无力！他的名字被忘却了，那些日子已经过去了许多百年了。他曾是一个年轻人，他曾热情洋溢。他寻求献身想要成为殉道者。在想象中，他看见自己被钉上了十字架、看见天空被打开；但现实对于他太沉重，梦想的狂热消失了，他拒绝自己的主也拒绝自己。他想要承受起一个世界，但是因力不能及而身心交瘁；他的灵魂没有被碾碎、没有被消灭，它折裂了，他的精神瘫痪了，他的灵魂麻痹了。祝贺他吧，亲爱的同逝者[35]，他曾是不幸的。然而，他却确实变得幸福，他确实是成为了他所想要成为的人，他成为了殉道者，虽然他的这种殉道献身没有成为他所想要的那种——被钉上十字架或者弃尸喂野兽，而是另一种，是被活活焚烧，被一种文火慢慢地销蚀掉。

一个年轻的女孩坐在那里，如此地沉思。她的爱人对她不忠诚，——这是一个人所无法反思的。年轻女孩，看这集会的严肃表情，它曾听到过各种更为可怕的不幸，它的大无畏灵魂要求更大的事件。是的，但是在这整个世界里我只爱他一个人，我出自我的整个灵魂、我的完全心灵和我的全部思想[36]地爱他。

——这样的说法我们已经在前面听过一次了，不要让我们不耐烦的渴望变得疲劳；你完全可以去回忆和哀伤。

——不，我无法哀伤；因为他也许并没有对我不忠诚，他也许不是欺骗者。

——你怎么就不能哀伤？走近点，女孩中的特选，原谅这位严格的监审一时间里要把你弹回去——你无法哀伤——那么你还是可以去希望的。

——不，我无法去希望；因为他是一个谜。

好吧，我的女孩，我理解你，你在不幸的梯子上攀得很高；看她，亲爱的同逝者[37]，她几乎是在不幸之尖顶上盘旋了。然而，你必须分割你自己，你必须在白天希望、在晚上哀伤，或者在白天哀伤、在晚上希望。骄傲吧；因为一个人绝不应当为幸福而骄傲，但无疑应当为不幸而感到骄傲。固然你不是那最不幸的人，但是，你们不是这样认为的吗，亲爱的同逝者[38]，让我们授予她一个尊敬的亚军称号吧。我们不能把墓穴授予她，但是赋予她最靠近墓穴的位置。

因为，他在那里站着，他，叹息王国的特使、苦难的特选宠儿、悲哀的门徒、痛苦的沉默朋友、回忆的不幸爱人，在他的回忆过程中被希望之光明困惑、在他的希望过程中被回忆之阴影挫丧。他的头承受着烦恼的重压、他的膝盖是松弛的，然而他却只是依靠在他自己身上。他黯然疲惫，然而却那么充满力量，他的眼睛看起来并不曾涌流，但是喝下了许多眼泪，并且，在他的眼中却有着一种火焰在燃烧——这火焰能够销蚀掉整个世界，但是却无法销蚀去他自己胸中忧愁的任何一个碎片；他弯曲了，然而他的青春却预示他一个漫长的生命，他的嘴唇对着这个误解他的世界冷笑。站起来，亲爱的同逝者[39]，鞠躬，悲哀的见证人，在这个庄严的时刻。我向你致意，伟大的不知名者，我不知道你的名字，我以你的荣誉头衔向你致意：最不幸的人。不幸者们的社团共同体在这里、在你的家居之中向你致意，在通向这谦卑低矮但又比所有世界上的宫殿更为骄傲的居所的入口处向你致意。石头已经辊开了[40]，墓穴的阴影带着其美味的凉爽等待着你。然而，也许时间还没有到来，也许路很长；但是我们答应你会更为频繁地在这里集会以向你表达对你的幸福的羡慕。那么，请接受我们的祝愿，一个美好的祝愿：愿没有人能理解你而所有人都羡慕你；愿没有朋友喜爱你，愿没有女孩爱上你，愿没有任何秘密的同情能隐约感觉出你孤独的痛苦；愿没有眼睛能够测出你遥远的悲哀；愿没有耳朵能够探听到你秘密的叹息！或者，如果你的骄傲灵魂鄙夷这一类同情的愿望、蔑视这一缓解努力，那么，愿女孩们爱你，愿那些有孕的人们在她们的恐惧中求助于你；愿那些母亲们寄希望于你，愿那些濒死的人们在你这里找到安慰；愿年轻人们聚向你；愿男人们信赖你；愿老人们如同抓住拐杖一样地抓住你。愿全世界相信你能够使之幸福。那么，好自为之地生活吧，你最不幸的人！然而，我在说什么：那最不幸的人，我应当说“那最幸福的人”，因为这其实恰恰是一件幸福的礼物，没有人能够给自己这样一件礼物。看，语言碎裂了，思想混乱了；因为除了那最不幸的人之外又有谁会是那最幸福的人，而除了那最幸福的人之外又有谁会是那最不幸的人；除了是疯狂之外，生活又会能是什么别的，除了是愚蠢之外，信仰又会能是什么别的，除了是厄运的暂缓之外，希望又会能是什么别的，除了是伤口上的醋之外，爱又会能是什么别的。

他消失了，而我们再次站在这空墓前。于是我们还是祝愿他和平、安息和康宁，以及所有可能的幸福，以及一个迅速的死亡，以及一场永恒的遗忘，以及毫无记忆，这样不至于会有什么对于他的回忆来使得另一个人不幸。

站起来，亲爱的同逝者[41]！黑夜过去了，白天又开始它孜孜不倦的活动，正如它所显示的表象，从不厌烦于永永远远地重复它自己[42]。

注释

［1］［在英格兰的某地……“最不幸的人”］　指在伍斯特大教堂（Worcester Cathederal）中的一个有着碑文“Miserrimus（拉丁语。最悲惨的人，最不幸的人）”的墓。在一本1840年的笔记本中克尔凯郭尔写道：“在英格兰某地有一块墓碑，上面刻有这样的字句：‘最不幸的人。’我能想象有人读到它并且认为墓中根本没有人被埋在那里，但这墓却是注定为他保留的。”

［2］［看哪，那墓穴是空的］　影射到新约圣经中关于耶稣复活的那段空墓穴描述。比如说可参看《马可福音》（16：4—6）。

［3］［诗人］　指普拉姆（Christen H. Pram，1756—1821）挪威丹麦诗人，以叙事诗《斯泰尔寇德》（Stœrkodder）闻名。Stœrkodder，Kbh. 1785。在这叙事诗中，古代、童话和现代被混杂在了一起。

［4］［在墓中……不知悲哀］　引自普拉姆的《斯泰尔寇德》（Stœrkodder）第七歌，第142页：“哦，友善的墓穴，安宁居住在你的阴影中，你的沉默的居民不知悲哀。”

［5］［在他找到了祭寺的门……欧墨尼得斯姐妹们都不追踪他］　在希腊悲剧诗人埃斯库罗斯的剧作《欧墨尼得斯们》（“复仇女神们”，奥瑞

斯忒亚三部曲中的最后一部剧作）中讲道，阿伽门农和克吕泰尼丝特拉的儿子，俄瑞斯忒斯，是怎样在杀死了自己的母亲之后被复仇女神欧墨尼得斯姐妹们追逐，直到他在德尔斐的祭祀庙中获得庇护。

［6］原文为希腊文 Συμπαρανεκρωμενοι（同逝者）。

［7］原文是希腊语和拉丁语在一起的“ἀφοϱισμενοι并且 segregati”（希腊语和拉丁语：异乎寻常）。

［ἀφοϱισμενοι和 segregati］　希腊语的一个词（aphorisménoi）和拉丁语中与之相应的一个词。意为：隔离出来的、区分开的，被逐、被排斥的，被特选出的。在《罗马书》（1：1）中，保罗将自己作为“ἀφωϱισμένος εἰς εὐαγγέλιον θεοῦ”来谈论，在拉丁语译本 Vulgata 中被译写为“segregatus in evangelium Dei”，隔离出或者特选出来传播上帝的福音。ἀφοϱισμενοι为ἀφωϱισμένοι之误。

［8］原文为希腊文 Συμπαρανεκρωμενοι（同逝者）。

［9］［相信自己……被选中的则不多］　对照《马太福音》（20：16）：“因为被召的人多，选上的人少。”参看《马太福音》（22：14）。

［10］［在他们之间……一种区分］　对照《路加福音》中富人和拉撒路的故事。富人在死亡之国中祈求亚伯拉罕把拉撒路派给他，用一小点儿水来为他的舌头消渴。亚伯拉罕拒绝了他，并说“在你我之间，有深渊限定，以致人要从这边过到你们那边，是不能的，要从那边过到我们这边，也是不能的”，《路加福音》（16：26）。

［11］原文为希腊文 Συμπαρανεκρωμενοι（同逝者）。

［12］［罗马的士兵］　比如说，在西塞罗的“Cato maior”（20：75）中有谈及罗马士兵的视死如归。

［13］［那个永恒的犹太人］　或者阿哈斯韦鲁斯（Ahasverus）。在许多传说中有提及，在 13 世纪初被收录进南欧和英格兰的编年史，并且在民间书籍中得到继续流传。根据传说之一，可能可以追溯到亚美尼亚，那永恒的犹太人曾是本丟·彼拉多的看门人，并且在耶稣被拖出城堡时曾侮辱地以拳头击打耶稣的背；并且他据说还向耶稣喊叫：走快点！对此耶稣答道：我走，但你要等待，直到我重新再来。根据其他传说，这永恒犹太人在耶稣背着十字架去骷髅地的时候拒绝让耶稣在他房子的门槛上休息。更新的传说则说他是耶路撒冷的鞋匠，因此他就被标示为耶路撒冷鞋匠。永恒犹太人对耶稣所做的这些使得他作为惩罚永远无休止地在大地上流浪。

［14］［最幸福的……不曾出生的人］　对照古希腊文学中著名的“民间智慧”句子：那最大的幸福是从来不曾出生，其次是在出生后马上死去。

［15］［梭伦、梭伦、梭伦！］　指富有的吕底亚国王克洛索斯的故事，在希罗多德的 Historiarum 1，32 和 86 有所记载。在公元前 546 年，克洛索斯败在波斯国王居鲁斯手下，居鲁斯抓住了他并且决定烧死他。在克洛索斯不幸地站在柴火上时，他想到雅典的智者梭伦对他说过的话，只要人还活着，没有人能够是幸福的，于是他大喊三声“梭伦”。在居鲁斯听到了他的叫喊之后，让翻译去问他为什么这样喊叫。在居鲁斯知道事情的缘由之后，他下令灭火让克洛索斯得以活命。

［16］“unglückliches Bewusstsein.”中文译本的《精神现象学》将之翻译为“苦恼意识”。通常我自己也使用“苦恼意识”的这一中译词。但在这里为了与“不幸的人”相应，所以我重新将之直译为“不幸意识”。

［不幸意识］　不幸意识是一种割裂的意识。它意识到自身，它无法将那被理解为经验意识（就是说，关于偶然关系的意识）的意识统一于那作为自我意识（从对某种异物的认识出发而在这异物中重新找到自己的意识）的意识。

［17］［柯莱门斯……一篇小说］　Die drei Nüsse，Berlin og Königsberg 1834，为德国诗人柯莱门斯·布伦塔诺（Clemens Brentano，1778—1842）所作。

［18］原文是拉丁文 tertia nux mors est，即“第三颗核桃是死亡”。

［tertia nux mors est］　拉丁语“第三颗核桃是死亡”。引自柯莱门斯·布伦塔诺的 Die drei Nüsse。在这小说中讲述了美丽的药剂师夫人的故事，她的兄弟因为在决斗中杀死了对手而不得不逃亡。在里昂城外的森林里姐弟俩相互告别，在他们坐着吃核桃的时候，兄弟引用拉丁谚语：“Unica nux prodest；nocet altera；tertia mors est”（第一颗核桃有用，第二颗核桃有害，第三颗核桃是死亡）。在他说了这话的时候，他被嫉妒的药剂师一枪打死，药剂师以为他是妻子的情人。药剂师逃跑了，但是当他后来在德国听到了那关于三颗核桃的谚语（“tertia mors est，die dritte ist der Tod”）时，他被打动而回到里昂自首，然后他被处决了。

［19］［阿凯乌斯］　关于阿凯乌斯，海神波塞冬的儿子萨默斯岛的国王，在罗迪乌斯（Apollonius Rhodius）的 Argonautica 的评注中有谈及。他

开辟了一个葡萄园，然后祭祀师预言他将活不到喝这葡萄酿出的酒的时候。葡萄熟了，他榨出一杯葡萄汁并嘲笑祭祀师。祭祀师以下面的这段希腊语引言回答他。在阿凯乌斯还没有来得及喝的时候，人们叫他，因为野猪蹂躏他的葡萄园。在狩猎野猪的时候，他被野猪杀死。

[20] 原文是希腊文 πολλα μεταξυ πελει κυλικος και χειλεος ἀκρου（在杯子和唇边之间有着很长的一段）。

[21] 根据古希腊神话在极北之地住有北方净土之民。

[22] [好像勒托娜那样……生产着的孕妇]　赫拉阻碍孕中的提坦女神莱托（拉丁语勒托娜 Latona）生产，并且禁止所有莱托所到的国土为她提供驻足处。只有德洛斯岛胆敢给予她避难所，在这里她生出了阿波罗和阿提米丝（拉丁语为狄安娜）。

[23] [出自自己的整个灵魂、整个心灵和全部思想]　对照爱的诫谕“耶稣对他说，你要尽心，尽性，尽意，爱主你的神”。(《马太福音》22：37) 参看《申命记》6：5。

[24] [尼娥柏……丧失了那赋予她生命的东西]　希腊传说中的女王尼娥柏夸口与莱托平起平坐，然后阿波罗和阿提米丝杀死了她所有孩子，六儿六女（不同传说来源中儿女数目有不同）。之后宙斯将她化为石像。见荷马《伊里亚特》24 歌，第 602—617 行。

[25] 原文为希腊文 Συμπαρανεκρωμενοι（同逝者）。

[26] [俄狄浦斯……安提戈涅]　俄狄浦斯和自己的母亲约卡斯塔生下两个儿子两个女儿。在俄狄浦斯眼睛失明时，他的两个儿子羞辱他，他诅咒他们；后来他们相互杀死对方。两个女儿（安提戈涅是其中一个）都被烧死在一座赫拉神庙中。

[27] [约伯——以及他的朋友们]　在《约伯记》中，一开始，“约伯的三个朋友毯蟌人以利法，书亚人比勒达，拿玛人琐法，听说有这一切的灾祸降临到他身上，各人就从本处约会同来，为他悲伤，安慰他。他们远远地举目观看，认不出他来，就放声大哭。各人撕裂外袍，把尘土向天扬起来，落在自己的头上。他们就同他七天七夜坐在地上，一个人也不向他说句话，因为他极其痛苦”（2：11－3）。然后他们各自为约伯作讲演以安慰他（4：1－5、27）、(8：1－22) 和（11：1－20）。然后再一次为约伯讲演，责备他并使得他的丧失变得难以承受（15：1－35）、（18：1－21）和（20：1－29）。在第三次的讲演中，三个朋友中有两个责备约伯是

自以为公正（22：1－30）和（25：1－6）。最后“耶和华对约伯说话以后，就对提幔人以利法说，我的怒气向你和你两个朋友发作，因为你们议论我，不如我的仆人约伯说的是。现在你们要取七只公牛，七只公羊，到我仆人约伯那里去，为自己献上燔祭，我的仆人约伯就为你们祈祷。我因悦纳他，就不按你们的愚妄办你们。你们议论我，不如我的仆人约伯说的是。于是提幔人以利法，书亚人比勒达，拿玛人琐法照着耶和华所吩咐的去行。耶和华就悦纳约伯。约伯为他的朋友祈祷。耶和华就使约伯从苦境转回，并且耶和华赐给他的，比他从前所有的加倍”（42：7—10）。

［28］［他失去了一切，但不是通过一次打击］　一次次的不幸是怎样接踵而来的在《约伯记》中有描述（1：13—19）和（2：7—8）。

［29］主收取：上帝来收取。主耶和华收取。

［主收取］　参看《约伯记》（1：21）“我赤身出于母胎，也必赤身归回。赏赐的是耶和华，收取的也是耶和华。耶和华的名是应当称颂的。”

［30］［一个不明事理的妻子作为额外赠品］　指《约伯记》（2：9—10）：“他的妻子对他说，你仍然持守你的纯正吗？你弃掉神，死了吧。约伯却对她说，你说话像愚顽的妇人一样。唉，难道我们从神手里得福，不也受祸吗？”

［31］原文为希腊文 Συμπαρανεκρωμενοι（同逝者）。

［32］［迷途浪子的父亲］　针对与《路加福音》（15：11—33）中故事的比较。

［33］［在壁炉前的麻袋布和灰中］　穿麻袋布和灰土，头蒙灰土在旧约中一方面是表达悲哀和绝望，一方面是表达懊悔和修赎。参看《创世记》（37：34）、《以斯帖记》（4：1）、《撒母耳记下》（13：19）、《约伯记》（42：6）。不同于坐在灰堆中的约伯（《约伯记》2：8），浪子的父亲在他回家的时候奔向他（《路加福音》15：20）。

［34］原文为希腊文 Συμπαρανεκρωμενοι（同逝者）。

［35］原文为希腊文 Συμπαρανεκρωμενοι（同逝者）。

［36］［出自自己的整个灵魂、整个心灵和全部思想］　对照爱的诫谕“耶稣对他说，你要尽心，尽性，尽意，爱主你的神”。（《马太福音》22：37）参看《申明记》6：5。

［37］原文为希腊文 Συμπαρανεκρωμενοι（同逝者）。

［38］原文为希腊文 Συμπαρανεκρωμενοι（同逝者）。

［39］原文为希腊文Συμπαρανεκρωμενοι（同逝者）。

［40］［石头已经辊开了］　对比新约中的复活故事。见《马可福音》（16：3—4）。

［41］原文为希腊文Συμπαρανεκρωμενοι（同逝者）。

［42］［那黑夜……重复它自己］　也许可以比较《传道书》（1：3—11）参看尤其是第五句：“日头出来，日头落下，急归所出之地”和第九句：“已有的事，后必再有。已行的事，后必再行。日光之下并无新事。”

最初的爱[1]

斯克里布[2]的独幕喜剧，J. L. 海贝尔翻译[3]

这篇文章本该是被印发在一份刊物上，一份弗雷德里克·温斯曼[4]决定了要在一个特定时间里出版的刊物。噢，都是些什么样的人为定性啊！

任何一个曾具备生产创造倾向的人肯定也会留意到，那引发出真正生产创造的机缘[5]是一种小小的偶然的外在境况。也许只有那些以某种方式为那启示着自己的东西找到了一种最终意图的作家会拒绝这一点。然而，这对于他们自己却是有害的，因为，所有真实的和所有健康的生产创造极点因此而被从他们那里剥夺掉了。其中一个极点也就是被人们以一个传统的名目称作是“缪斯呼唤[6]”的东西，而另一个就是机缘。“缪斯呼唤”这一表达能够导致出一种误解。呼唤缪斯一方面可以是意味了“我呼唤缪斯”，另一方面也可以是意味了“缪斯呼唤我”。现在，每一个作家，不管他是足够天真地以为一切依赖于高贵的意愿、勤奋和追求，还是他足够无耻无畏地去兜售精神产品，他都不会缺少热切的呼唤或者无礼的热情。但是由此达成的收获却不大，因为就像威瑟尔（Wessel）就品味之神曾说过的那样，在这里也还是这么一回事（他说，“所有人都呼唤的东西，很少会来到”[7]）。相反，如果我们在看见这一说法的时候想着，那呼唤者是缪斯，我不想说缪斯所呼唤的是我们，而是说缪斯呼唤那些相应的人们，那么，事情就获得了另一种意义。在那些呼唤着缪斯的作家们上了船而不见缪斯的出现时，后一种关于“缪斯呼唤”的描述则会遇上另一种麻烦，因为，要使得那成为了一种内在定性的东西也能够成为一种外在定性，就需要一个更多的环节：这就是人们所说的机缘。也就是说，由于缪斯呼唤了他们，她将他们招出了世界之外，而现在，他们只是听着她的声音，思想之丰富繁荣向他们打开，但却如此势不可挡，以至于尽管每一个词都是清晰而生动的，但在他们看来却仿佛不是他们所拥有的言词。在意识重新恢复过来而重新拥有全部内容时，这样的一个在其自身中包含了真正的“进入存在”（Tilblivelse）的可能性的瞬间就出现了，然而，这里还是缺少什么；机缘就是这里所缺少的东西，你看这有多奇怪，尽管它在另一种意义上看来是无限地微不足道的，但它却同样是必不可少的；对于最大的对立各方的联结就曾以这样的方式取悦于诸神[8]。这是现实所具有的一个秘密，它对于犹太人是一种冒犯、对于希腊人是一种愚蠢[9]。机缘总是偶然的东西，而这偶然的东西是绝对地与那必然的东西完全一样地必然，这一点则是极大的悖论。在理想的意义上说（就好像当我在逻辑的意义上去考虑“偶然的东西”时[10]），机缘不是偶然的东西；但是，机缘在拜物教的意义上是偶然的东西[11]，而在这一偶然性之中则是必然的东西。

考虑到那被人们在生活实践中称作是机缘的东西，这里就有着一种巨大的困惑。也就是说，一方面我们在之中看见太多，一方面又看见太少。每一种处在通俗定性中生产创造力（更不幸的尤其是在于，这一生产创造力的归属是日常的琐碎）都忽视机缘，正如它同样地忽视灵感。因此，这样的一种生产创造力认为，它适合于所有时代，人们可以承认它的这种看法。因此它纯粹地忽视机缘的重要意义，这就是说，它在一切之中都看见一种机缘，它就像一个多嘴的人在那些最对立的东西中看见一种机缘，不管人们在之前听到过还是没有听到过，全都一样，它都看见一种机缘去展示出自身以及自己的故事。但是，正因为此，突出的关键点[12]就消释了。在另一方面则有着一种生产创造钟情于那机缘。对于前一种我们可以说，它在一切之中看见机缘，而对于后一种则可以说，它在机缘中看见一切。这样一来，机遇作家的大社团现在就被勾画了出来，从那些在深刻意义上说的机遇诗人们[13]一直到这样的一类人，——这类人在严格的意义上说是在机缘之中看见一切，并因此而使用同样的诗句、同样的公式，却又希望他们自己的机缘会成为“通向一种适当报酬”的充分机缘的人们。

如果一种机缘，它就其自身而言是非本质和偶然的事物，那么在我们的时代里，它有时就会到革命性的事物中去冒险尝试。机缘常常扮演成完全的主人；它起着决定性的作用，它能够按着自己的意愿来决定产品和生产者的成败。诗人等待机缘来给出灵感，并且带着惊愕看到什么都没有发生，或者他创作出了某种他自己在内心深处认为是微不足道的东西而现在则看见机缘使之成为一切、看见自己被以所有可能的方式赋予荣耀并特选出来，并且他自己知道对所有这一切他只有感谢机缘。这样，这些人钟情于机缘；而我们在前面所描述过的那些，他们则忽视机缘并且因此在任何意义上说都总是在没有任何呼唤的情况下强施自己的意图。事实上他们可以被分为两类：那些仍然暗示一种机缘是必要的人们，和那些根本对此毫不留意的人们。这两种人自然立足于对自己价值的一种无限的过高评估之上。当一个人滔滔不绝地把这样的措辞挂在嘴上，诸如"在这一机缘中我看到"、"在这一机缘中我不禁想到"，等等，这时，我们就可以确定，这样的一个人在他自己的问题上是走上了迷途。即使是在最意义重大的事情中他也常常只看见一个机缘去给出自己的一小点儿看法。那些甚至不想暗示任何机缘之必然性的人们，我们可以将他们看作是不怎么虚荣、但却更为狂乱的人。他们不厌其烦地甩出他们废话的绳索，甚至不再左右环顾一下，并且，他们使得他们的言语和文字在生命中起着磨盘在童话中所起的那种作用，就像这样：就在所有现在这些事情发生的时候，磨盘克立克拉、克立克拉地转动着[14]。

然而，即使是最完全的、最深刻的和最有意义的创作，也一样有着一种机缘。机缘是精细的、几乎看不见的蛛网，在这之上悬挂着果实。因此，只要有时候看起来那本质性的东西呈现为机缘，那么，这在一般的情况下就是一个误会，因为在此情形之中，这只是它的一个单个的边缘。如果有人认为我这种说法不对，那么这就是由于他把机缘混淆为依据和原因了。比如说，如果现在有人问我：所有这些考虑的机缘是什么；那么如果我回答说"接下来的这些"，他就会很满意，而这样他就犯了这种混淆错误并且也使得我让自己犯这一错误。相反，如果他在自己的问题中是很严格地对待"机缘"这个词，那么，我回答"这之中没有机缘”就非常正确。就是说，相对于那整体中的单个部分，去要求人们相对于整体才能够合理地要求的东西，这就会是一种不合理。就是说，如果这些考虑要求给出一个机缘，那么它们本身就必须是一种圆满的小型整体，这就会是它们的一个自我本位的尝试。

这样，考虑到每一种创作，机缘就有了最重大的意义，甚至，相对于创作的审美价值而言，它就是真正地起决定性作用的东西。各种没有机缘的创作总是会缺少什么东西，不是在自身之外，因为尽管机缘归属于创作，但它在另一种意义上又不归属于创作，这里所说的缺少是说在这些创作自身之中缺少某种东西。一种在之中机缘就是一切的创作则也缺乏着什么。就是说，机缘不是在进行正面的创作，而是负面的创作。一种创造是出自乌有的创作，而相反机缘则是那使得“一切”出现的这个“乌有”。思想的丰富、观念的圆满可以是在那里存在着，但缺乏机缘。这样，借助于机缘并没有新的东西出现，但是，借助于机缘一切都出现了。机缘的这一朴素意义也在这个词自身之中得以表述。

这就是许多人所无法把握的东西，但这是由于他们根本不明白什么是真正的审美创作。一个全权律师能够写自己的文告，一个店主可以写自己的信件，等等，都无需隐约感觉到任何隐藏在“机缘”这个词中的秘密，但尽管这样他还是会这样开头，“有这一机缘得知尊敬的您……”

也许现在会有人同意我上面所阐述的这些，并且承认它对于诗歌创作所具有的意义，但如果我要把类似的看法也运用在评论和批判上的话，他们会感到非常惊诧。然而，我相信恰恰是在评论和批判领域，它才有着最重大的意义，并且，由于人们忽视了机缘的意义，这就导致了各种一般意义上的评论就像纯粹的生意活计一样地糟糕。在批评的世界里，机缘还获得一种强化了的重要意义。虽然人们在批评性的评论中确实也因此经常听到足够多关于机缘的说法，只是对于“在这里机缘怎么一回事”所知之少也同样是一目了然的。看来批评家无需“缪斯呼唤”；因为他所创作的不是诗歌作品；但是如果他无需缪斯呼唤，那么他就也无需机缘。然而我们却不要忘记那老古话的重要意义：只有志同道合者才相互理解[15]。

现在，那作为审美家的考虑对象的东西无疑是已经完成了，他无须像诗人自己那样地去创作。然而无论如何，那机缘却完全有着同样的重要性。那将美学看作是自己的职业而在自己的职业中又看见那真正的机缘的审美者，他是恰恰因此[16]走迷失了。但这绝不是意味了，他就不能够去达成各种不同的技能；但那所有创作活动中共有的秘密却是他所无法明白的。他过于确定地是一个贝拉吉乌斯式的自我控制者，这样，当他面对这样的事实——仿佛是各种陌生的力量在创作出一个人以为是属于自己的东西，这时，他不会在孩子般的惊讶中为这样的事实中的奇特之处欢欣；这些陌生的力量也就是灵感和机缘。灵感和机缘相互不可分割地关联着；这是一种人们在世界里经常发现的构成形式：那大的、那高贵的角色不断地会有一个短小精悍的人物做伴。这样一个人物就是机缘，一个本来并不会使人脱帽致意的人物，这样一个人物，在他与上流社会人物在一起的时候，他不敢开口而只是带着一丝恶作剧的微笑沉默地坐着并且在内心中自得其乐，丝毫不会暴露出他为了什么微笑、或者暴露出他知道自己是多么重要、多么不可缺少，更不会让自己卷入与此相关的争议；因为他非常清楚地知道：这种参与没有什么好处，并且人们只会抓住每一个机缘来羞辱他。机缘就是不断地有着这样一种模棱两可的性质，并且，不管是想要拒绝、想要从这一肉中刺[17]这里解脱出来，还是想要将机缘置于宝座，其实都一样，因为如果它身穿贵族的紫衣、手持节杖的话，看起来也是非常糟糕的，因为人们马上就会看出，它不是天生的统治者。然而这一迷途就在咫尺之间，而那些走上歧途的常常是一些最有头脑的人。也就是说，如果一个人有足够的眼光去为生活看出那永恒的生灵对人类所进行的嘲弄（它以这样的方式嘲弄着人类：某种如此微不足道和微渺的东西、某种人们在上流社会人物在一起时几乎是羞于启齿谈及的东西，却是绝对不可缺的一部分），那么在他看出这种嘲弄时，他很容易受诱惑去想要擅自插上一手，甚至想要去以其治人之道来回敬这一嘲弄；这时，正如上帝通过把人类扔进机缘的规律来嘲讽人类的伟大，而他则通过把机缘弄成一切并把另一个环节弄成一种愚蠢，这样一来上帝成为多余、而那对于一种智慧治理的观念成为一种荒唐，并且，机缘成为一个既要弄上帝又要弄人类的捣蛋鬼，这样一来，这整个生存就终结于一种恶作剧、一种笑话、一种字谜游戏[18]。

这样，机缘同时既是最意义重大又是最微不足道、既是最高又是最卑微、既是最重要又是最不重要的东西。没有机缘，就不会真正有什么东西发生，但机缘又丝毫不参与那发生的东西。机缘是最后的范畴，是从理念层面到现实的真正过渡范畴[19]。这正是逻辑应当去考虑的。如果它愿意，它可以尽可能地深沉于内在的（immanent）思维[20]、从乌有坠入到最具体的形式之中，机缘永远达不到它，因此也就永远也达不到现实。在理念中，整个现实都已经完成就绪，而没有机缘它永远也不会变得现实。机缘是有限性的范畴，对于一种内在的思维而言，要去抓住它是不可能的；它对于内在的思维是太过悖论性而无法被捕捉。我们可以看出这一点，因为那出自机缘的东西是与机缘自身完全不同的东西，这对于每一种内在的思维而言都是一种荒谬。因此，机缘也是所有范畴中最逗乐的、最有趣的、最诙谐机智的一个。就像一个鷓鴣[21]，什么地方都有它并且什么地方都没有它。它就像小精灵一样在生活中游走[22]；它对于所有学校老师校长之类是无形的，这些老师校长们的姿势动作则因此对于那相信机缘的人们来说成了一种取之不竭的笑料。然而就其自身而言，机缘什么东西也不是，只有相对于那被它引发出的东西而言，它才算是某样东西，——就此而言，它确实什么东西也不是。就是说，一旦机缘成为“某样东西”而不是“什么东西也不是”，那么它就处于一种与它所引发出的东西间的相对内在关系，那么它要么是依据要么是原因了。如果我们不坚持强调这一点的话，那么一切就又被弄迷糊了。

这样，如果我说，斯克里布的一部戏的这一小小剧评，它的出现之机缘是这一剧作所达成的出色演出，那么，我这就是在侮辱这舞台上的艺术；因为，事情也完全可以是如此：哪怕我不曾看到它的上演、不曾看到它出色地上演，甚至，哪怕我看到它被演得很糟糕，我也一样能够写一篇对之的剧评。在最后一种情形，我甚至更应当将那糟糕的演出称作是一种写剧评的机缘。而现在则正相反，既然我从头到尾地看了它的上演，这样，这舞台上的表演对于我就成了一种远远要大于机缘的东西，对于我来说，这表演是我的理解中的一个非常重要的一个环节，不管它是起到了纠正我的看法的作用、还是起到了强化和肯定我的看法的作用。因此，我的虔敬会禁止我将这舞台表演称作“机缘”，它会使我觉得有义务去在之中看见更多东西、去承认如果没有这表演也许我就无法完全理解该剧作。因此，我就没有处在批评家们在通常的情况下足够聪明或者愚蠢地所处情形中，——他们通常先是谈论剧作，然后专门谈论一下表演。对于我，表演本身就是剧作，并且，我在纯粹审美的角度上对之的喜欢不足以说明问题、作为一个爱国者对之的喜欢不足以说明问题。如果我想要向一个外地人展示我们戏剧的出色全貌，那么我就会说：去看《最初的爱》。丹麦戏剧在海贝尔夫人[23]、傅瑞登达尔[24]、斯达格尔[25]和仳斯特尔[26]他们这里拥有一个四人组（Fiirkløver）[27]，而在此恰恰完全地显示出了他们的美丽整体。我愿用“四人组”来称呼这一艺术家的联合，然而，我还是会觉得所说太少，因为一棵四叶苜蓿（Fiirkløver）的特征是在同一棵茎干上有着四片普通的苜蓿叶子，但是我们的四人组有着与众不同的地方：它的每一片单个的叶子，在其自身隔绝开看就是和一棵四叶苜蓿一样地罕见，而现在这四片叶子却又在联合之中构建出一个四叶苜蓿式的四人组。

然而，我在完全一般的意义上想要说一些关于机缘的东西，或者关于一般意义上的机缘，这本身是由于“产生这一小小的批评文字的机缘”所引发出的机缘。我已经说出了我所想说的东西，这本来是很幸运的事件；因为，我越是考虑这件事，我就越是确认，关于这方面在通常的意义上是根本没有什么东西可说的，因为在通常的意义上并不存在什么机缘。如果是那样的话，那么我就是差不多进入了我在一开始的时候所处的位置。读者不应当对我生气，这不是我的错，这是机缘的错。也许读者会觉得我在一开始的时候应当对这全部作出周全的考虑，并且不应当像现在这样，在一开始的时候说一些什么，而在之后又显示出自己什么也没有说。然而，只要他是以一种更有说服力的方式使自己确信了“机缘在一般的意义上是某种‘什么都不是的东西’”，那么，我就觉得他还是应当公正地对待我的展开方式。在事后，如果他使自己确信了，在这个世界上有着某种其他东西，对这种“其他东西”人们可以在对于“这可以是某种东西”的想象中说出许多来，然而它却有着这样的特性，在人们说了这许多之后，它却仍然显示出“它什么也不是”，那么，在这时，他也许会重新对此有所思考。于是，在这里所说的东西，可以被看成是一种多余，就像在一部著作被装订成书时没有被订进书中的一页多余封面。因此，除了以一种无与伦比的简洁方式（我看到保罗·缪勒教授就是以这种方式来结束他对《各个极端》[28]的出色评论的引言的：以此本引言告终[29]）之外，我不知道还有什么别的方式来给出终结。

关于目前的这一小小批评的特殊机缘，在此可说的是：它关联到我的无足轻重的性格，并且，斗胆以“它是无足轻重的”这样一个普通特性来向读者推荐自身。斯克里布的戏剧《最初的爱》以各种各样的方式触及了我的个人生活，而借助于这一触及就导致出了现有的评论，这评论也就是最严格意义上的机缘之子。我也曾年轻过，也曾是一个狂热的梦想者，也曾坠入爱河。那曾是我的渴慕的对象的女孩，我是在更早的早年认识她的，但是我们不同的生活状况致使我们只是很少相互见面。相反，我们更为频繁地相互思念。这一相互间双向的牵挂对于我们是一种同时间里的咫尺天涯。就是说，在我们相互见面时，我们间的关系是那么地羞怯、那么地端庄，以至于我们间的距离要比我们没有相见时更为遥远。而在我们重新分开、并且那双向焦虑中的不舒服感觉被遗忘的时候，我们的相互见面才获得了它完全的意义，这时我们又准确地在我们上一次梦中停下的地方重新开始。这样的情形至少是我的情形，而在事后我知道，在我所爱的人那里的情形也是如此。那时，结婚对于我是一件很遥远的事情；而在另一方面，我们的理解没有碰上过任何能够刺激我们的障碍，我们就是这样地以世界上最无邪的方式相爱着。我必须等到我的一个富有的叔父（我是他的唯一财产继承人）死去之后，才能够考虑公开表达出我的感情。这也是让我觉得美丽的；因为在所有那些我所知道的浪漫小说和喜剧中，我能够看见主人公处在一种类似的处境中，并且，我为这样的想法而感到高兴——我就像是一个诗意的人物。这样，我美丽的诗意生活继续着，到了有一天，我在报纸上看见[30]，有一部名叫《最初的爱》的戏将上演。我本不知有这样的一出戏的存在，但是剧名让我喜欢，我决定就去剧院看这部戏。最初的爱，我想，它恰恰就是对你各种的感情的表达。我曾爱上过除了她之外的任何人吗，我的爱不是回到了我最初的记忆中吗，我将能够想象自己去爱上另一个人或者想象她去和另一个人结合吗？不，她将是我的新娘，否则我永不结婚。因此，这个词——“最初的爱”，是那么美丽。它在暗示爱之中最本原的东西，因为，人们谈论“最初的爱”，那不是在量的意义上谈的。诗人也完全可以说：真正的爱，或者取这样的剧名：最初的爱是真正的爱。这个剧会帮助我明白我自己，它会给我机缘去深深地在我自身之中内省；因此诗人们被称作是教士，因为他们解说生命[31]，但是他们不想让人众理解，而只想让那些有着善感之心的至性人们理解。对于这些至性之人，诗人是一个通灵的歌手[32]，到处展示美，但从头到尾，首先是见证爱情之美。这部剧将以它的诗意力量使得我胸中情欲之爱爆绽出来，它的花蕾一下子突然绽开就像一朵西番莲[33]。啊，那时我非常年轻！我几乎不知道我所说的东西，但是我却觉得这些话都说得很漂亮。一下子，情欲之爱的花蕾突然绽开，感情就像香槟酒那样强行冲开自己的塞子。这是一个豪爽的表达，充满激情，我对之很喜欢。然而，我所说的话说得很漂亮，因为我认为，它必须像一朵西番莲那样地绽开。这是评述中漂亮的地方，因为情欲之爱完全可以在婚姻之中绽开，而如果我们要将之称为是一朵花，那么我们很恰当地可以称之为西番莲。然而，回到我青春的话题上。这剧上演的日子到了，我得到了一张票，我的灵魂处在喜庆的境界中，有着某种骚动不安，欣悦而充满期待，我匆忙地进入剧场。在我步入大门时，我将目光投向第一层，我看见什么了？我的爱人，我心灵的女主人，我的理想；她坐在那里。我不由自主地在正厅的黑暗中向后退了一步，以便不被看见地观察她。她是怎么来到这里的，她必定是今天刚刚到城里，而且我并不知道，而且现在就在剧场中。她将看这同一场剧。这不是意外巧合，而是一种天意安排，一种来自爱之盲神的善愿。我走上前，我们的目光相遇，她认出了我。向她躬身致意、和她交谈是不可能的，简言之，不能有什么会让我感到尴尬的东西。我的狂想完全地奔放出来。我们在半道相遇，就像在光辉中理想化的生灵我们相互向对方伸出手，我们萦舞，就像神灵，就像幻想世界中的小精灵。她的眼睛感伤渴慕地停落于我，一声叹息提起她的胸膛，这是为我的叹息，她属于我，这是我很清楚的。然而我却没有想要上去奔向她、没有想要投身在她的脚下，那样做会让我尴尬，而以这样的方式，带着距离，我感觉到“爱她”和“敢于希望被爱”的美丽。序曲结束了。枝形灯[34]升起；我的眼睛随着它的运动轨迹，它最后一次向第一层也向她投出自己的光芒。一种幽暗的微光散漫开，这一光亮让我觉得更美丽、更迷狂梦幻。幕布被拉起。在我注目于她的时候，再一次，这对于我就仿佛是看进了一场梦。我转过身。戏开始了。我只想去想着她、想着我们的爱；所有为“最初的爱”而说的话语，我都想将之用在她身上和用在我的处境中。也许在整个剧场里没有人会像我这样地理解诗人的神圣话语——也许她会。那关于强有力印象的想法已经使我更坚强，我感觉到那种“在明天就让我那些秘密感情迸发出来”的勇气，它们必定不会在她身上失去它们的效用，通过一次简单的暗示我会让她回想起我们在这一夜晚曾听见和看见的东西，这样，诗人就会协助我，使得她比任何时候都更容易接受我，使得我自己比任何时候都更为坚强、更为健谈。我看着听着，并且听着，幕布落下了。枝形灯又离开了它的天际隐藏处、幽暗消失了，我朝上面看去，所有的年轻女孩看上去都心满意足；我的爱人也是那样，泪水在她的眼中——她笑得那么厉害，她的胸膛仍然骚动地起伏着，笑意占据了她。我的情形侥幸也是如此。第二天我们在我姨家见面了。我们通常同处一室时会有的那种不自然消失了，取而代之的是某种亲切欢快的欣喜。我们相互逗笑了一番，我们相互明白对方，而这是因为那诗人的缘故。正因为此，人们将诗人称作是占卜者，因为他卜占那将来的东西。这有着一种解释。然而我们却不可能决定去完全消灭掉以前发生的一切。这样，我们以一个神圣的誓言来将我们捆在一起。就像艾玛丽娜和查勒斯相互许诺观月[35]，我们也是这样地许诺，每一次在这个剧上演的时候我们都去看。我忠实地履行我的诺言。我看过丹麦语的、德语的、法语的演出，在国外和在国内，我从不厌倦于它永不枯竭的诙谐机智，再没有什么人比我更透彻地明白它的真相。这就成了眼下这一小小批评的最初机缘。由于如此经常看这一剧作，我自己变得相对于这一剧作有了生产创造力。只是这一生产创造力在相当的程度上是留在我的头脑里，只有个别的一个随想被写了下来。这一机缘则可以被看成是导致出这一批评之“理想的可能性”的机缘。

也许我无法写出更多，如果没有更多的新机缘登场。几年前，在我们的各种期刊中有一份想让我写一篇小文章，它的一个编辑找到了我，让我写完了交给他。他有着非同寻常的把人心说活的口才，并且他说动了我而使得我给出了一个许诺。这一许诺也是一个机缘；但它是一个一般意义上的机缘，因而对我只起到稍稍的催助作用。我觉得不知所措，就像一个神学硕士在人们把一部圣经交给他让他自行选择他自己的文字时的那种尴尬处境。然而我被我的许诺套住了。带着许多别的想法，但也带着关于我的许诺的想法，我在西兰岛进行了一段小小的短程旅行。当我到达了那我想要过夜的驿舍时，我让侍者为我拿来驿舍老板所能收集的各种书籍，这是我通常在旅行中从来不会遗漏的事情。我总是习惯于观察这一常规，并且曾经常从中获益，因为这样你就会完全偶然地碰上那本来也许会逃开了你的注意力的事物。但在这一切却不是那样，因为人们为我带来第一本书就是《最初的爱》。这很使我惊诧，因为人们很少会在乡村见到剧院节目单[36]。然而，我已经失去了对最初的爱的信仰，并且不再相信那最初的东西。在下一个城市，我拜访我的一个朋友。我到的时候，他不在家；家人让我等他，并且带我进去看他的工作室。在我走向他的工作台时，我看见一本书打开着——那是《斯克里布戏剧》[37]，而打开的地方就是《最初的爱》（les premières amours）。现在，看来命运的骰子是被扔出来了。我决定去兑现我的诺言，并且写一篇这一剧作的评论。要使得我的决定变得坚定不移，这些事情就该那么奇怪地发生：我从前的爱，我最初的爱，她曾住在那个地区，现在到了城里，不是到首都，而是到那我所住的小城。我很久没有见到她了，并且发现她现在订了婚，幸福而快乐，这样，对于我来说，看着这一切也是一件愉快的事。她向我说明了，她从不曾爱过我，而她的未婚夫是她最初的爱，然后她接着说，就像那艾玛丽娜同样的故事：只有最初的爱是那真正的爱。如果我的决定在之前不是坚固的，那么这时也变得坚固了。然而，我还是得看，“最初的爱”意味了什么。我的理论开始摇摆不定，因为在“她现在的爱是她最初的爱”这一点上，“我的最初的爱”是固定不动的。

有了足够的动机；论文差不多到了要结束了，除了最后的句号，只有一些单个的中间句要在这里和那里被插入。我的朋友，那个编辑，催促着我，顽固坚持着地让我兑现我的诺言，他的这种顽固足以让一个艾玛丽娜本身感到荣幸。我向他解释说，论文已经结束，只缺一些小的细节，而他向我表达出了他的满意。然而，随着时间的行进，这些小细节就像蚊子被变成了大象[38]，成为了无法克服的困难。另外还有，在我写的时候我忘记了它是要被印出来的。我已经以这样的方式写出过许多永远无法付印的小论文。在他无法得到文稿的时候，他对于"我已经结束"的说法感到没劲。我对于他的不停要求感到没劲，并且愿所有诺言都去见鬼。然后他的刊物因为缺乏订户而停了，我感谢诸神，我又重新觉得轻松了，不用再受任何诺言打扰。

就是由于这样的机缘，这一批评，作为一个对于我自己的现实，作为一个对于我的那位编辑朋友的可能——一个到后来变成了一种不可能的可能，它进入这个世界。又一年的时间过去，在这时整整又大了一岁。现在这就不再是什么特别引人注目的事情了，因为正如我的情形，这也许就是大多数别人的情形。但有时候，这一年可能会比别的一年更富有意味，比"人又大了一岁"更有意味。在这里的情形也是如此。在那一年的年底我处在了自己生命的新章节之中，一个新的幻想世界，一个只能由年轻的真正男人来承当的世界。也就是，如果一个人属于"读者教派[39]"，如果一个人以某种方式作为一个勤奋而细心的读者将自己从其他人中区分出来，那么，在别人那里，"从一个人身上冒出一点作家的成分"，这样的几率就增大了，因为，正如哈曼[40]所说："人从孩童长成，新娘由处女变成，作家出自读者而成[41]。"现在，一种与一个女孩的最初青春非常相似的玫瑰色生活就开始了。编辑们和出版商们开始献殷勤了。这是一个危险的阶段，因为编辑们的话语是非常有诱惑力的，一个人很快就被他们控制住，但他们只骗我们这样的可怜孩子，然后，是的，然后就来不及了。小心，年轻人，不要老是去面饼房和饭馆[42]；因为编辑们在那里张开他们的网。在他们看见了一个无邪年轻人的时候，这年轻人信口开河，滔滔不绝地说话却毫不考虑自己所说的东西是否有内容，只是乐于让话语天马行空地奔跑出来、乐于在他说话时听自己的心脏跳动——在所说的话中跳动，在这个时候，一个黑暗的形象走向他，而这个形象就是一个编辑。一个编辑，他有着很好的耳朵，他能够马上听出，那些被说出的话在被印出后是不是看上去很好。然后他引诱这热血沸腾的年轻人，他向这年轻人指出，这样地把自己的珍珠扔掉[43]，这是怎样的一种不负责任行为，他向这年轻人许诺金钱、权力、影响，甚至在那美丽的性别那里。心灵是虚弱的，编辑的话语是美丽的，而这年轻人马上就成为了俘虏。现在，他不再寻找那些孤独的地点去叹息，他不再兴高采烈地跑到青春的操场去陶醉在话语中，他沉默，因为那写着的人不说话。他苍白而冰凉地坐在自己的工作室里，他不因理念之吻而变色，他不像那年轻的玫瑰在露水沉入它的花冠时那样泛出红晕，他没有微笑、没有眼泪，眼睛随着笔尖在纸上走动，因为他是作家而且不再年轻。

我的青春也曾经受过这一类诱惑考验。然而我相信，我能够为自己作见证，我的对抗曾是充满勇气的。那曾经帮助了我的因素是：我在我很年轻的时候就有了这种经验。那接受了我的第一个诺言的编辑对我很好，但我仍不断地觉得：人们想要从我的手中接受一篇文章，这就仿佛是落在我身上的一种恩惠、一种荣耀，就好像人们在兵役适龄青年[44]中指着我说：随着时间他会有出息的，让他试一下身手，如果他得到这方面的荣誉，那对他是一种鼓励。这样，那诱惑还不算很大，然而我却认识到了一个诺言所能导致出的所有可怕后果。作为一个年轻人，我可以算是有着针对诱惑的非同寻常装备，因此我敢相当频繁地去面饼房和饭馆。这样一来，危险就得从另一个边沿出现，并且，它不会就此消失。这样的一件事发生了：我的面饼房熟识之一决定去成为编辑；他的名字将被人在那份刊物的首页上看见。在他有了这个主意并和出版商谈了各种关键的问题之后，他马上就在一个夜晚坐到写字台前彻夜书写——给各种可能撰稿的人们写信要求他们写稿。这样的一封信，以那些最使人难以推却的言辞写成、充满了最灿烂的前景，我也收到了他的这样一封信。然而我毅然地作出了对抗，但我答应他尽可能帮他对那些寄来的文章进行增删。他自己孜孜不倦地致力于那篇作为创刊辞的文章。他差不多写完了这篇文章，并且善意地给我看。我们度过了一个非常愉快的上午，看来他对我的意见感到满意，对一些地方进行了修改。心境和气氛很美好，我们吃水果和糖果，喝香槟，我为他的文章感到高兴，而他看来也对我的看法感到满意，然而，我的倒霉星在这时却要搞一点事情出来，在我弯腰去取一颗杏子的时候，我打翻了墨水瓶泼溅上了整篇文稿，我的朋友冒火暴跳了起来。"整篇文章全毁了；我的刊物的创刊号无法在预定的日子出版，我的信用泡汤了，订户全都会退订，你不知道弄到这些订户需要花多大的功夫，而在你弄到了他们之后，他们就像雇佣兵那样毫不忠实并且寻找任何机会想从你这里逃掉。全都完了，没有别的办法了，除非你交一篇文章出来。我知道你有文稿放在那里，为什么你不让它们印发出来，我知道你有你对那最初的爱的批评，给我吧，我会完成它的；我请求你，我以我们的友谊、以我的名誉、以我的刊物的未来向你祈求了。"

他接受了文章，我的墨水壶成为了这样一个机缘，导致我的小小批评成为一个现实，现在它是（我带着惊恐地这样说）公共财物[45]了。

如果说一个人要用很少的几句话来提示出现代喜剧，尤其是斯克里布的喜剧，相对于那旧的喜剧[46]而言所具的优越之处，那么他也许会这样表述：诗意人物的人格实体与对话相称[47]，独白的倾泻被弄成多余；戏剧情节的实体与处境相称[48]，故事叙述介绍[49]被弄成多余；最后，对话在处境的透明性中变得能够被听得见。这样，不再有必要出现各种让观众了解情节的介绍，不再有必要在戏剧中安排停顿来给出线索和讲述。在生活中是这样，一个人在每一瞬间都需要解释性的注脚；但是在诗歌之中不应当是如此。这样观众就能够无忧无虑地享受、不受打搅地

吸收那戏剧性的生活。虽然这样一来现代戏剧似乎在观众这里要求更少的自我活动，然而，以另一种方式看，则也许是要求更多，或者更确切地说，这不是在要求，而是在报复对之的遗忘。那戏剧性的形式，或者说，戏剧之建筑越是不完美，观者就越是频繁地被从自己的睡眠中刺激出来，如果他睡着的话。如果一个人在一条很糟的乡间公路上颠簸，一忽儿马车碰上一块石头、一忽儿马被灌木丛陷住，那么就没有什么好的机会让人睡着。相反，如果那是一条法利马格路[50]的话，那么，一个人当然是有时间和机会去一路观赏，但是也会更不受打搅地睡着。现代的戏剧也是这样，一切发生得如此轻松而迅速，以至于观众在不稍稍带有注意力的情况下会遗漏掉许多东西。固然，一部五幕的老式喜剧和一部五幕的新式喜剧持续同样长的时间，这没错；但问题则总是：在剧中是不是发生同样多的事情。

继续深入于这一考究，这无疑会是很有意思的，但我不打算在这一剧评中深入；在斯克里布的剧中更为细节化地展示它无疑会有其意义，但是我相信，对这一小小杰作的精确评述会是很足够的，它也就是目前考虑的对象。我更愿意在目前的这一剧作上流连；无法否认，人们常常会觉得在斯克里布的其他戏剧中缺少那种完美的准确性，因为处境变得昏昏欲睡而对话则是片面地喋喋不休。相反，《最初的爱》则是一个没有缺陷的剧目，如此完美，以至于单凭它就已经使得斯克里布不朽了。

我们首先要更进一步对这一剧作中的各个人物单独进行观察，然后看诗人是怎样知道去让他们的个体人格在台词和处境中被揭示出来的，不管整个剧作如何，这只是一个梗概。

德尔维伊尔[51]，一个富有的生铁铸造匠和鳏夫，只有一个女儿，“一个十六岁的少女”[52]。他的“希望被看成是一个正直出色有着很多钱的男人”的每一个合理要求无疑是应当得到尊重，而相反每一个想要去作为丈夫、作为“不懂笑话”[53]的父亲的努力则必须被看成是失败的。在他的女儿那里他也无可奈何，没有女儿的同意和赞成他几乎不敢把自己看成一个理性生物。

“她对他没有忌惮”[54]，并且他显示出了领会笑话的非凡能力，因为她的淘气任性不断地与他的父性尊严玩捉迷藏。

他的独生女儿艾玛丽娜现在十六岁了。一个可爱迷人的小女孩，但她是德尔维伊尔的女儿并且由姨母裘蒂特带大。姨母用长篇小说来熏陶教育她，父亲的财富则确立了这样一种可能性，使得这一教育不受生命现实打搅而得以保存。家里的一切都听从她的任性随意，其变幻无常我们可以在诸如侍者拉比耶尔在第三场的独白[55]中看出来。因为裘蒂特的教育，她住在父亲的房子里对外面的世界没有什么特别的了解，并且不缺乏将自己编织进多愁善感之网的机会。她和她的表兄查勒斯一同长大，他是她的玩伴、她的一切，是对姨母的小说的不可或缺的补充。与他一起，她通读了所读的一切，而既然他在非常年少的时候就离开了她，她把一切都转移到了他的身上。他们的道路分开了，他们生活在两个相距遥远的地方，只是通过“一个神圣的诺言”[56]来结合。

查勒斯有着和表妹共同的小说教养，但有着不同的生活境况。在他非常年少的时候，他就被送进了人间世界，一年只有三千法郎（参看第六场）[57]，并且马上被迫去尽可能地使得自己的学养在世界里变得富有成效。看来他在这方面的努力并不是很幸运，不久现实世界把他和他的理论削减为荒谬[58]；满心希望的查勒斯变成了一个纵欲的浪荡子、一个倒霉蛋、一个失败的天才。这样的一个人物就其自身有着极大的戏剧作用，我们很少看见这样的人物形象被派上用场，这真是不可思议。然而一个业余的戏剧诗人就很容易受诱惑去完全抽象地理解这样的一个人物形象：一个一般意义上的倒霉蛋。斯克里布的情形不是如此，但他也不是一个业余的门外汉，而是大师。要让这样的一个人物形象具备重要性，我们就必须不断地隐约感觉到事情是怎么发生的；也就是说，这样一个人物必须有着一种先存（Præexistens[59]）。而这个，我们则必须在他的失败之中窥视到，并且因此而看见他的堕落败坏之可能性。然而，这要做起来却不像说起来那么容易，并且我们对于这种大师级的艺术能力只有赞叹不已，斯克里布懂得通过使用这种艺术能力来让这一切出现，不是在漫无边际的独白之中、而是在处境之中出现。在总体上说，也许查勒斯是斯克里布带上舞台的最出色的形象之一；他的每一句台词都是字字烁金，然而诗人却将他像率意的草稿一样匆匆勾画出来。查勒斯不是抽象，不是一个崭新的查勒斯，但是我们马上明白过来，这一切是怎样发生的，我们在他的身上看见他生活的前提条件所造成的后果。

小说教养的果实可以是一种双重果实。要么一个个体人在幻觉之中越陷越深，要么他就从中出离并且失去对幻觉的信仰而赢得对神秘化的信仰。在幻觉中，个体人躲避自己，在神秘中他则躲避别人，但这两种情形都是小说教养的结果。一个女孩最有可能陷于幻觉，这样的情形也是诗人让艾玛丽娜经历的情形，从这一角度看，她的生活是幸运的。查勒斯则不同。他失去了幻觉；但虽然他被现实以各种方式带入麻烦，他的小说教养却并没有完全从他身上耗干。他相信自己有能力以神秘去迷惑人。因此，在艾玛丽娜谈论他父亲根本无法明白的同感[60]时，我们马上就听见小说的女读者；而在查勒斯的台词中，我们发现对他的教养的同样正确的记忆。他赋予自己非凡的神秘化才能；而这一对神秘化的信仰就像艾玛丽娜的多愁善感梦想一样地浪漫。“在八年的流浪漂泊之后他隐名埋姓地回来了；他有着天生的理智和阅读的学养，并且知道，一个人要能够打动一个叔叔的心灵有五六种方式；但首要的事情是：一个人是不知名的，这是一个必要的条件。”[61]我们马上听到一个浪漫小说的主人公。查勒斯要赋予自己足够的机灵去愚弄像他叔叔那样的懦弱者，那是势在必然；但那不是查勒斯所考虑的，他谈论关于一般意义上的叔叔，关于五或六种一般意义上的方式以及关于在一般意义上的条件——“作为不知名的人”。这样，他对于神秘化的信仰就像艾玛丽娜的幻觉一样地异想天开，我们能够在两个人身上都认出裘蒂特的教育。在这种意义上，我们可以通过下面事实来更好地弄清楚查勒斯的夸张：尽管他有着所有这些漂亮的理论，他却无法做成最小的一件事，并且不得不去让丝毫没有任何空想的林维尔来指导自己。他对于神秘的信仰就像艾玛丽娜对幻觉的信仰一样地毫无结果，并且诗人也让他们两个人都走进同样的结果之中，也就是说，与“他们自以为是努力要去达到的东西”相反的结果，因为，艾玛丽娜的同感和查勒斯的神秘所达成的后果恰恰是他们以为会达到的东西的反面。我将在后面进一步对此展开阐述。

虽然现在查勒斯以失去幻觉为代价赢得了对于神秘化的信仰，但他还是稍稍保留了一点幻觉，而这是人们在这倒霉的查勒斯身上认出裘蒂特的学生和艾玛丽娜的玩伴的另一个特征。尽管他有生活的所有悲惨和琐碎，他却还是知道怎样把自己的这生活放在一种罗曼蒂克的理想化中去理解。他回顾自己的青春，那时他走进世界，就像“一个极具魅力的骑士，一个有着最佳心境的年轻人，充满火焰、生机和优雅，面临着异性的剧烈追逐”[62]。甚至和帕米拉的那段故事[63]在他眼中也有着一种罗曼蒂克的外观，尽管观众们能够隐约感到查勒斯在实际上成为了笑柄。人们很容易看出为什么我把神秘化作为查勒斯的首要特征；因为他所处的幻觉其实是一种就他的神秘化才能而言的幻觉。在这里我们又看见一个浪漫小说的主人公。这在查勒斯身上是一种无可比拟的真相。相对于一般的人，这样的一个倒霉蛋有着某种高贵的东西，他受到理念的影响，他的脑子对各种空想的观念并不陌生。因此，这样的一个人物形象确实真正是喜剧性的，因为他的生活隶属于一般的生活、隶属于悲惨的现实，然而他却相信，他在履行非凡的事情。他相信，与帕米拉的故事是一个“历险记”，然而我们却觉得是另一回事，——这里好像是帕米拉牵住了他的鼻子，我们不禁会几乎这样想：他比他所想的要更为天真无邪，帕米拉“用裁缝剪刀”来威胁他的原因不是她那被侵犯的爱而是别的东西，甚至这原因说不定根本就是在他与她的关系之外。

最后，由于一种滑稽戏式的感动、一种相信伟大感情并为之打动的温柔，我们在这倒霉蛋身上看见那本原的查勒斯。在他听说他叔叔付了兑票的时候，他叫了出来："是啊，自然和血缘的关系是神圣的。"①[64]他真的是被打动了，他罗曼蒂克的心被感动了，他的感情得到了发泄，他变得感伤起来了！"是啊，我不是总这么想的吗？要么你有一个叔叔，要么你一无所有。"[65]在他这里毫无反讽的痕迹，这是最鲜艳的感伤；而正因为此，剧中的喜剧效果是无限的。在表妹向父亲为了那被人当成是查勒斯的人乞求原谅时，他感动地，热泪盈眶地叫出来：哦！好表妹！[66]他还没有完全失去这样的信念：在生活中就像在浪漫小说一样有着高贵女性的灵魂，其崇高的放弃只会挤迫出一个人的泪水。现在这一信念带着其从前的感伤梦想醒来了。

我下了功夫在查勒斯身上逗留更久一些，因为，出自诗人之手，他是一个如此完美的人物形象，以至于我相信只要我使自己注意力集中到他的台词上，就能够写一整本关于他的书。人们也许会以为，艾玛丽娜是那多愁善感者而查勒斯则相反变得对世界有了敏锐的认识？其实绝不是这样。这之中恰恰有着斯克里布的无穷机智：查勒斯以自己的方式与艾玛丽娜一样地多愁善感，这样，两者都同样有力地显示出自己是裘蒂特姨妈的弟子。

现在，老德尔维伊尔、他的女儿和查勒斯联合起来构建出一个完全异想天开的世界，尽管他们在另一种意义上全都是从生活中提取出来的人物形象。这一世界要被带入与现实世界关系中，而这是通过林维尔先生而发生的。林维尔是一个有修养的年轻人，他曾在国外旅行。他在这样的一个年龄，适宜于通过一场婚姻来跨出整个生命中决定性的一步。他自己考虑了这个问题并把自己的目光盯向艾玛丽娜。他太了解世界了，因而不可能多愁善感地做梦；他的婚姻是考虑得很周密的一步，他有许多理由去作

① 假如读者对剧本非常熟悉的话，他就会有机会喜欢那诗意的情形。这情形让林维尔在第一场中扮查勒斯，如此诗意真实地将他再现出来，以至于他的言语成为了一种有着无限喜剧效果的腹语，因为那就好像是人们在看和听那浑身透着多愁善感气味的查勒斯感动地以这些话语高谈阔论："难道血的声音只是一种幻觉？它不是在对你的心说话吗？它不是在对你说话吗，我的宝贵的叔叔……"（参看第六场）

出这样一个决定。首先，这女孩很富有并且看来是能有五万法郎的年息；其次这女孩的父亲和他的父亲有着一种友谊；第三，在他开玩笑时表述出了他会去征服这个矜持的美女；第四，这确实是一个可爱有魅力的女孩[67]。这原因最后出现，后面我加上一个注脚。

这样，我们观察了剧中的那些单个的力量，现在，我们考究一下，为了赢得戏剧上的重要性，这些力量在相互间的关系上必须被怎样安置出来。在这里我们就很容易获得去赞叹斯克里布的机会。这个戏剧必须被建立在艾玛丽娜身上，这是毋庸置疑的。从总体上，艾玛丽娜习惯于支使人，这样，她在剧中也是一个有着支配地位的角色，这完全合理。她有着去成为一个女主人公的所有可能特性，但不是实体性的，而是在负面的意义上的。这样，她是喜剧性的，并且，因为她，这剧成为了一部喜剧。她习惯于支使人，相称于一个女主人公，但是她所支使的是一个傻父亲，仆佣，等等。她有悲怆，但是，既然这悲怆的内容是胡扯，那么，她的悲怆在本质上就是喋喋不休的废话；她有激情，但是，既然这激情的内容是幻影，那么，她的激情在本质上就是疯癫；她有感伤，但是，既然这感伤的内容是乌有，那么，她的感伤在本质上就是胡闹；她想要为自己的激情牺牲所有东西，这就是：她要为乌有牺牲一切。作为喜剧性的女主人公她是无与伦比的。在她那里一切都是围绕着一种幻觉，而在她之外的一切是围绕着她，并且也因此而围绕着她的幻觉。我们很容易看出，这整个设计会具备多么完全的喜剧性，我们向这之中看进去，就好像是看进一个由可笑滑稽构成的深渊。

艾玛丽娜的幻觉所指向的对象不多不少，那就是：她爱她从八岁起就一直没有再见到过的表兄查勒斯。她找来捍卫自己的幻觉的主要依据就是这个：最初的爱是真正的爱，一个人只爱一次。[68]

作为对最初的爱的绝对有效性的捍卫者，艾玛丽娜代表了一个由无数人构成的类别。无疑人们会认为不止一次地去爱是可能的；但是，最初的爱却与任何一种别的爱都有着本质性的区别。这一点，除了通过去假设“有一种富于同情心的魔鬼存在并且它向人稍稍喷洒了一些用来装点生活的镀金液”之外，无法得到解释。“最初的爱是真正的爱”这一陈述是非常圆通的，并且能够以很多方式来对人们起到帮助作用。如果一个人不是很幸运而无法得其所愿，那么他还是有那最初的爱的甜蜜。如果一个人是那么不幸而以至于多次去爱，那么，他每一次去爱就都是最初的爱。就是说，这一陈述是一个非常诡辩性的陈述。如果一个人第三次去爱，那么，他就说：我现有的这爱才第一次是我的真正的爱，而真正的爱才是那最初的爱，因此[69]，这一“第三次”就是我最初的爱。那诡辩性的地方在于，“最初的”这一定性，在同时既是质的又是序数上的定性。如果一个鳏夫和一个寡妇凑合到了一起，如果各带五个孩子，那么他们在婚礼上还是要相互向对方确定：这一爱是他们最初的爱。艾玛丽娜在自己的罗曼蒂克正宗之中会带着厌恶来看这样一种结合，这对于她会是一种谎言般的可恶，对于她就好像一个修士和一个修女间的婚姻对于中世纪人们一样嫌憎。她以序数的意义来理解这一陈述，并且带着这样一种良心上的度量衡，因而她认为她八岁时的印象对于整个一生是决定性的。她也以同样的方式来理解第二句陈述：一个人只爱一次。然而，这句陈述也是同样地带有诡辩性和伸缩性。一个人多次去爱，并且每一次他都拒绝之前诸次的有效性，这样，这个人仍然还是宣告了“一个人只爱一次”这一陈述的正确性。

艾玛丽娜则是序数上定性地来坚持这一陈述，无人能够反驳；因为每一个胆敢反驳的人，她都会坚决不给予好感。现在，她必须去获得经验，而经验则反驳着她。问题就变成了：在这一点上我们应当怎样去理解剧作诗人。事实显示出，她爱的是林维尔而不是查勒斯。这个问题的答案在这里就会去决定这部剧是在无限的意义上喜剧性的、还是在有限的意义上起着道德教化作用的。正如我们所知，剧作结束于艾玛丽娜从查勒斯转向林维尔，把手伸给他说：“这是一个错误，我把过去的东西混淆为将来的东西。"[70]现在，如果这部剧是在有限的意义上起着道德教化作用的话——就像人们在一般的意义上领会的，那么，诗人在艾玛丽娜身上所要讲述的就是：一个孩子气的、被扭曲了的女孩在脑子里顽固地认定她爱自己的查勒斯，但现在头脑清醒过来、治好了自己的毛病、理智地去和林维尔先生结合并且让观众展望她最佳的未来，——她会成为一个很有进取心的家庭主妇，诸如此类。如果这是这部剧的意图的话，那么那最初的爱就被从一部杰作转化成一种戏剧琐碎（在这样的前提之下：诗人多多少少算是推动了她的进步）。既然现在不是这么一回事，那么这部剧在整体上看就成为一部不怎么样的剧作，并且人们可以感到可惜：在戏中，那些出色的特殊细节都被浪费掉了。

现在我要展示的是：斯克里布绝对不曾推动她的进步。林维尔决定声称自己是查勒斯。他成功地欺骗了艾玛丽娜。他完全地进入了那被认作为查勒斯的人的多愁善感，而艾玛丽娜则喜出望外。林维尔吸引她的不是因为他的性格，而是因为查勒斯的节日礼服。甚至，即使在这里是一个真正的而非虚构的查勒斯、即使他看上去和林维尔完全一样，戏中并没有因为这一人物的登场而有"去爱"的新动机。相反，她以一种客观的数学性的爱情来爱他，因为他符合她自己所构建出来的那个形象。在事实上，林维尔则根本不曾为艾玛丽娜留下任何印象。他有多么无能为力也通过这样的情节显示出来：在他没有指环的时候，她不爱他，而他得到了指环时，她又爱他了[71]；由此看来，这样的一种可能性在起着作用：这只指环对于艾玛丽娜是一只魔术指环，她会去爱任何一个戴着这只指环出现的人。在艾玛丽娜最终知道了查勒斯已经结婚之后，她才决定和林维尔结婚。假如这一步以某种方式要隐喻她身上的一个改变，甚至不仅仅是一般的改变，而是向更好的方向改变，那么，一方面林维尔就必须成功地以自己的魅力去博得她的喜欢，而在剧中看来林维尔的魅力就必定比查勒斯的魅力更上品，另一方面他必须成功地去消解和转化她在"最初的爱的绝对有效性"方面的理论性执著。事实上这两个方面都没有达成。林维尔作为查勒斯出现，并且只因为他像查勒斯才博取她的喜欢。而她所具有的查勒斯形象不是一种诗意角色所归属的伟大想象人物，不，她理想的查勒斯是从一堆偶然性中认出来的，尤其是手指上的指环。他只是通过他与查勒斯的相似处来博取她的喜欢，他并不去把自己身上的任何一个能够为艾玛丽娜留下印象的可爱品质展开出来。在总体上说，她根本看不到林维尔，而只看见她自己的查勒斯。她是处在这样的一个立足点上：她爱查勒斯而厌恶林维尔；他们中谁对于她而言是最可爱的，这不是她通过与他们的交往来决定的，而是在事先早就已经决定了。在查勒斯作为林维尔登场时，她觉得他“很可恶”[72]。现在，观众也会认为她的这一判断是对的；但是，去赋予这一判断巨大价值，看来却不是诗人的意图；在她看见他之前，她就知道他是令她厌恶的；她几乎不去看他，并且觉得这厌恶感得到了强化。诗人更想把她对这个被人看作是林维尔的人的判断显示为一种偶然性，因此，他不断地让它被父亲的判断滑稽地模仿。父亲觉得在那被看成是查勒斯的人身上没有任何吸引人的地方，相反，他觉得那被看成是林维尔的人是非常可爱的，女儿的看法则正相反；他觉得这样，因为他希望是这样，她也是如此。观众看得出来，她是对的；但是她的判断却同样地是纯粹的偶然性，并且，通过这个，这处境获得了那么多喜剧性的力量。

林维尔也没有成功地战胜她的理论。查勒斯结了婚，就是说，她无法得到他①，除非她要去和公共权威作对。她出于两个理由[73]而和林维尔结婚，一方面是要报复查勒斯，一方面是要听从自己的父亲。这些理由看来并不指向一种向较好的状态的转变。如果她为了报复查勒斯而这样做，那么这就显示出她仍然爱

① 也许还可以找到另一条出路，如果我们让艾玛丽娜获得这样一种想法：她会满足于查勒斯的半颗心。我们在那些浪漫小说里见到过，并且这也并不是不可思议，这样的想法会在艾玛丽娜那里完全明了起来。整个欧洲的文学缺乏一种堂吉诃德的女性对应人物，这在总体上说是值得关注的。难道这样的时代还没有到来，难道感伤主义的新大陆还没有到被发现的时候？

着查勒斯，这动机是完全依据了浪漫小说的逻辑，并且，我们绝对不可能把她看成是康复了的。如果她是为了听从父亲而这么做，那么这就必定是：要么有一种严肃进入了灵魂，一种对于自己曾做过的事情的懊悔和难过（她曾放纵自己去愚弄一个这样的父亲，他的唯一弱点就是对她太好了），但是，这就会与整部戏发生矛盾；要么她的顺从听话是基于这样一个原因，——他的意愿与她的任性念头相和谐，而这样，她在这里又一次是没有什么转变。

在剧中看不出丝毫的迹象是在隐喻她对林维尔的选择要比她所做的任何别的事情更明智。艾玛丽娜的本质是无限的胡扯，她在剧的终结处就像在剧的开始处一样地胡扯，因此，我们完全可以尽享整部剧的喜剧效果，这一喜剧效果是通过“处境不断地与她作对”来发动的。在剧的终结她并没有得到改善，正如埃拉斯姆斯·蒙塔努斯[74]在霍尔堡[75]的那里的情形。她是一个太完全的理论家、太出色的辩证家（并且，每一个有着固执观念的人都是同一根弦上的大师），因而她不可能通过经验而被说服。查勒斯对她不忠诚，她就和林维尔结婚；但是她罗曼蒂克的良心对她毫无责备。如果裘蒂特姨妈还在世的话，她会平静地走向姨妈，她会对姨妈说：“我不爱林维尔，我从不曾爱他，我只爱查勒斯，并且我还要说：一个人只爱一次，并且最初的爱是真正的爱；但是我尊敬林维尔，因而我和她结了婚并且遵从了我父亲”（参看第十四场）。这时裘蒂特就会回答：“对啊，我的孩子，教科书在一个注脚中允许这一步。她说：当相爱的人无法相互得到对方，那么他们就应当继续宁静地生活下去，并且，尽管他们无法相互得到对方，他们的关系还是应当有着同样的意义，就好像他们相互得到了对方一样，并且他们的生活应当是同样地美好，并且，以所有的方式都应当被看成是一种共同的生活。这是我从我自己的经验中得知的。我最初的爱是一个师范生，但他无法得到谋生的工作。他是我最初的爱，并且成为了我最后的爱，至死我没有结婚而他则没有工作。但是，如果两个人中的一个对另一个不忠诚，那么这另一个就可以得到许可去结婚，然而以这样一种方式：她是因为出自尊敬而这样做。”

既然我们在这两者之间有着一个选择，要么是通过去宣告在这戏中有着某种不可明确展示的东西来把斯克里布的剧作降为一种戏剧琐碎，要么是通过能够对一切作出解释而为一部杰作感到高兴，那么，看来这选择就显得很容易。这部戏不是在有限的意义上起着道德教化作用的，而是在无限的意义上诙谐机智的；它没有有限的意图[76]，但它是对艾玛丽娜的无限促狭。因此，这戏也没有结束。既然对于林维尔的新爱只是通过一种身份的错认来发动，那么，让这出戏到此结束就是一种完全随意的偶然。现在，要么这是剧中的一个错，要么这是一个优点。选择又是容易的。在观众以为戏已经演完、以为他已经赢得了一个确定的立足点的时候，他突然发现，他所踩着的不是什么固定的东西，而是像在跷跷板的一边上，并且，就在他踩上去的时候，他就把整部戏翘得跳过自己。这里显示出了一种无限的困惑可能，因为，艾玛丽娜（由于她的浪漫小说教养）变得相对于每一种对现实的定性都是覆盖性的[77]。她搞明白了，那真正的查勒斯不是她的查勒斯；但在林维尔成为了林维尔的时候，她马上会去说服自己去认为，他也不是。衣冠决定人[78]，而她所看着的是罗曼蒂克的衣装。也许会有一个新的像查勒斯的人物形象显现出来，并可以这样类推下去。如果我们这样理解这部剧，那么她的终结台词甚至会是深刻的，否则的话，至少对于我来说，不可能在这台词中找到什么意义。她标示运动的变化。从前她的幻觉逗留在她身后的往昔中，现在她要到世界中、到未来之中去寻找这幻觉，因为她并没有放弃那罗曼蒂克的查勒斯；但不管她是向前还是向后旅行，她寻找“最初的爱”的探险旅行可以和人们为自己的健康而作的旅行相比较，——如人们所说，总是超前一站[79]。

就艾玛丽娜的理论，人们按理是完全可以有权要求得到说明，但是她没有作出任何解说，而这也完全是有着其道理的。如果一个人改变自己的信念，我们要求一种说明，如果他是理论家，那么我们就有权要求他给出这说明。艾玛丽娜不是什么外行的女孩，她是有学问的，她有她的理论，她依据于这一理论而爱查勒斯，她建立出这一命题“最初的爱是真正的爱”。她会怎么去使自己脱身呢？如果她要说她从不曾爱过查勒斯，而林维尔是她最初的爱，那么她就是自相矛盾，因为她在事实上是以为林维尔就是查勒斯。如果她要说：那最初的爱只是儿时的游戏，那第二次爱才是真正的爱，那么，我们就很容易看出，她只有通过一种诡辩才能脱身。如果她说：这与数字毫无关系，不管它是第一还是第二，一个人通过某种完全是另外的东西来认识那真正的爱；这样，我们就可以问，既然留神的观察者除了看见林维尔为了赢得她欢心而如此彬彬有礼地装扮查勒斯之外不曾发现任何别的可爱之处，那么她在林维尔身上所发现的魅力到底是什么呢？如果这戏真的要就此结束，那么我们就完全有理由去要求得到关于所有这一切的介绍。相反，如果诗人的意图是，这部戏是无限没有终结的，那么，我们就没有理由去向艾玛丽娜要求一个解说，因为她自己都还没有真正搞明白这方面的问题。

我们所关心的是艾玛丽娜和她的幻觉。要导出冲突是很容易的事情。现在，我要花一点时间来把除了查勒斯之外的三个人置于相互间的关系之中，以便去弄清楚：这样一来我们能够达到多远。父亲希望看见艾玛丽娜结婚并且得到照顾。她拒绝所有建议。最后他提出年轻的林维尔，比起所有别人，他更热情地推重林维尔，甚至做出一种非常坚定的表情。艾玛丽娜承认，她爱另一个人，也就是查勒斯。林维尔来了，收到这信，想出了冒充查勒斯的主意。

这样一来，这部戏可以通过三个人物继续下去，并且我们不会错过戏中最重要的处境之一：识别的场景。在这里我能够马上使用这个机缘来显示：斯克里布是怎样让一切呈现在处境之中的。艾玛丽娜从不在独白中、但总是在对白和处境之中流露她的多愁善感。我们在孤独中听不到她对查勒斯的狂想。直到她父亲强烈地要求她坦白，这坦白有助于使得她的多愁善感更好看些。

我们在独白中听不见她向自己反复叙述她的爱情回忆，在处境中我们才听到。她的好感马上告诉了她林维尔是查勒斯，并且，现在她与他一起重温所有往昔的回忆。实在是很难找到一个更为诙谐的处境了。林维尔有着现实的世界，而借助于稍稍一点关于艾玛丽娜精神状态的信息，他马上就看出来，她的表兄查勒斯是一个非常模糊而神秘的人物形象。她在她的想象中描绘出了一幅能够与所有人相符的查勒斯形象，就像由那诸多维缪勒（die mehreren wehmüller）中的一个所画的那些脸能够和所有匈牙利人相符[80]。查勒斯的形象就像这位画家的民族脸型。这一肖像和一些普通的公式，也不要忘记一段小诗[81]，就是她的小说教养的果实。这样，这一冒名顶替对于林维尔来说是相当容易并且在所有的方式上都获得了成功。

现在，我们也可以借助于这三个人物以及他们相互间的关系来构建出一部喜剧。林维尔认识到，虽然他作为林维尔深受父亲的垂青，但获取女儿的欢心则是更重要的，在德尔维伊尔的家里一切都听从她的支使。他还是想继续冒充查尔斯。这样一来，他就在家庭中赢得了稳固的立足点，并且有了去为自己捕获这女孩的机会。他敢押宝于艾玛丽娜对父亲的控制，并且，既然她勒索到了她父亲的许可，那么他就必定知道要去在这样一种程度上迷住这女孩，使得她不会再踌躇。

我们很容易在这一设计中看出那不完美的地方。为了让德尔维伊尔去使得女儿坦白出自己的秘密，那么，他就必须对她施加很大的影响；因为，否则的话，在他第一次对她谈及她人生中的婚事时，她早就已经坦白了。这样，父亲有许多理由去希望林维尔成为自己的女婿。他越是热心，关系就越是紧张，他会同意让她得到查勒斯的可能性就越小。另一方面，艾玛丽娜可能会搞错，这样的一个戏剧性的几率必定是存在的。诗人是通过这样的方式来达成这一点的：查勒斯在那里等着，并且做出了这样的安排——她自己带来了这消息而在同一瞬间留意到那被当成是查勒斯的人。父亲的尴尬，以及他想要隐瞒查勒斯的到来的那种急切，这都使得她更加确信这来人真的是查勒斯。

现在我要把这第四个人物拿出来以显示这部戏的机构设计之出色，并显示出处境是怎样在机智诙谐中一个压倒另一个地向前推进的。

查勒斯就像一个迷途的浪子[82]一样匆匆回家，为了投入叔叔的怀抱、摆脱表妹并且还掉所欠的债。但是为了达到这个，他就必须隐匿身份。正如几乎每一个处境都是对艾玛丽娜的多愁善感的无限诙谐的嘲弄，同样，几乎每一个处境也都是对查勒斯的神秘化的无限诙谐的嘲弄。他回到家，对自己的神秘化能力充满信心。他以为那施展阴谋的人是他、以为那进行神秘化的人是他，然而观众看得出，神秘化在查勒斯上场之前就已经开始了；因为我们都知道，林维尔已经在那里自称是查勒斯了。这阴谋包括了查勒斯，林维尔的神秘化把查勒斯逼进自己的神秘化，而查勒斯则还是认为这是渊源于他。现在，这部戏中就有了完美的生机，一种在恶作剧之中的几乎疯狂的处境交错。也就是说，所有这四个人相互地具备着神秘性。艾玛丽娜想要得到查勒斯，查勒斯想要摆脱她；查勒斯，这个制造神秘的人，根本不知道林维尔冒充他并且以各种方式试图以这个名字来迷住那女孩。林维尔不去考虑，查勒斯作为林维尔在以所有的方式贬损着他；德尔维伊尔更喜欢林维尔，但是他所喜欢的人其实是查勒斯；艾玛丽娜更喜欢查勒斯，但是她所喜欢的人其实是林维尔。这样，整个运作过程就消释在了荒唐之中。这出戏所围绕的东西是乌有，这出戏所产生的东西是乌有。

艾玛丽娜和查勒斯相互抵消，而他们两个还是都达成了与他们想要达成的东西的对立面：她到最后是得到了林维尔，而热衷于神秘化的他则到最后泄露出了一切。

在每一家上演了《最初的爱》的剧院，无疑人们会为这部剧而捧腹大笑，但我敢向去剧院看戏的观众们保证，人们永远也不会觉得自己是笑够了。回想起以前的一个故事，如果我想说一个这样的人，他笑得非常剧烈，那么，要么他是疯了，要么他就是在阅读[83]，也许更确切地说，是在观看《最初的爱》；这样，我觉得我这说法并不过分。有时候，我们因为一些事情而发笑，而在同时感到懊恼；但是这部戏中的各种处境是属于这一类的：人们越是深入进它们，就越是觉得它们好笑，它们就越发显得疯狂。现在，既然处境自身是极度逗笑，那么那些就其自身而言就诙谐的台词就只会以一种更为奇妙的外观呈现出来。

斯克里布擅长于写台词，这是我们都很清楚的，因而对此无需再说什么。我们为此而钦佩他，但我们更钦佩他的那种大手笔，他知道去把这些台词安置在处境中而让它们在处境中呈现出来并又去阐明处境。如果他的台词偶尔一次不很准确，他马上就能够以这台词的机智诙谐来获得谅解。然而我们要记住，我所谈的不是斯克里布的所有剧作，而只是关于《最初的爱》。

随着这第四个人物被加了进去，在戏的素材中就有了一种完全的戏剧性发酵。我们无需担心这素材会缺乏生机，而相反倒是该去担心素材中的生命力过于活泼散漫、过于固执任性而无法被驾驭。每一个处境都必须有自己的时间，然而人们必须在之中感受到这戏的内在骚动。斯克里布在这方面是大师，现在，我在结尾处通过对这些单个处境的一一考究想要显示的就是这一点。读者得原谅我的过于冗长繁复，之所以这样，原因是在于我对于斯克里布的热情和对读者的怀疑。我对斯克里布的热情向我耳语道，斯克里布永远都无法被足够准确地理解；我对读者的怀疑使得我相信读者在各单个的段落里看不到所有的一切。通常人们以为，与悲剧性的东西相比，那喜剧性的更多地是瞬间的事情；喜剧的东西，人们笑完了就忘记了，而人们常常回到那悲剧的内容里并且沉湎在之中。“那喜剧的” 和 “那悲剧的”，要么可以是台词，要么可以是处境。有些人更愿意在台词上流连，将它保藏在记忆中并且常常回去找它。另一些人则更愿意在处境上流连，在记忆里重建这处境。后者是那些思辨性的人格。他们也不会否认，一个喜剧处境对于直觉也有着某种同样地令人满意的作用，而如果运用得正确的话，它甚至比悲剧性的处境更能够诱使一个人去沉湎于之中。我听过和读过许多悲剧，但只能够记得一句简单的台词，而这台词也不怎么让我当一回事，相反，处境则是我能够在宁静中坐下而沉湎于之中的。我可以举一个例子。在歌德的《艾格蒙特》之中，克莱尔馨已经知道艾格蒙特被抓住了，于是她走向前去与那些荷兰人说话，想要打动他们去造反。她确信她的雄辩能够震撼他们，然而那些荷兰人则仍然直挺挺地站在那里，就像是荷兰人[84]那样，无动于衷，只是在想着要避开她[85]。她的台词我从不曾记得一句，而处境则相反从我第一次看它的那一瞬间起就对于我是无法忘怀的。作为悲剧处境，它是完美的。这个美丽的年轻女孩，在她对艾格蒙特的爱情中诗意盎然，被艾格蒙特的整个人格激发出活力，我们会觉得她必定能够感动整个世界，但是荷兰人们全都不明白她。灵魂带着一种无限的忧伤憩息在这样的一个处境中；但是它栖息着，沉思完全地处于休止状态。喜剧性的处境对于沉思肯定也是有着一种类似的持恒性，但在同时反思却内在地处于运动状态；并且，它发现的东西越多，那喜剧性的处境就越是无限地好像停留在自身之内，它就越发使我们晕眩，然而我们却还是无法使自己不去向它之中凝视。

《最初的爱》中的各种处境恰恰就是属于这一类型的。对它们的第一印象就已经有着一种喜剧的作用，但是，当人们使之在直觉中再现时，哈哈大笑的声音就静了下来，代之是越来越美观的微笑，人们几乎无法再使得思绪离开它们，因为这让人感觉仿佛还会有更为好笑的东西出现。这种对处境的平静享受（在我们向着这享受中看进去时，大致就像一个吸烟的人向烟雾中看进去），也许某些读者会对它感到陌生。这不是斯克里布的问题；如果是这样的话，那是读者自己在对斯克里布的理解上有问题。

为了让艾玛丽娜与林维尔结婚，德尔维伊尔对她施加了很大的压力，她承认了自己对查勒斯的爱、坦白了最无邪的恋情（她与他曾生活在这种无邪的恋情中）、以好言好语使得父亲感动而写了一封信给林维尔，信中包括了对婚事的回绝；侍者把信送走了；家里闭门拒客，林维尔出现了。拉比耶尔不是去对手下的佣仆说这事，而是自己穿上马靴。这样，林维尔被允许进门了。在这里，斯克里布并没有去让林维尔先生登场自报姓名，他马上获得了一个绝非不诙谐的处境，这处境中不仅仅有着对艾玛丽娜的嘲讽，而且也有着对德尔维伊尔在同样程度上的嘲讽。林维尔收到了信，读了它。在这里又是一个处境。在通常的情况下，常常就是这样：一封信就被读了，这样人们的注意力就单单地集中在了信的内容上；但是在这里事情却不是这样。正是在德尔维伊尔的家里，这个未来的女婿得到了拒婚。林维尔想出了一个计划。德尔维伊尔出场，林维尔声称自己是查勒斯。

在这里，我们有了一个彻底诙谐的处境。自然，再也没有任何客人能比查勒斯更不受德尔维伊尔先生欢迎的了。这是林维尔所没有预感到的。于是，他的整个策划看来是呈现为一个非常倒霉的主意。处境不在于林维尔自称是查勒斯，而是在于他选择了那他所能选择的最倒霉的人，尽管他必定自以为选择了最幸运的。接下来的处境则是在于，德尔维伊尔在自己的家里有着这年轻出色的林维尔但自己却丝毫没有往这上面去想。现在，如果我们去注意那些就其自身而言是诗意地正确的台词，那么我们就会一再地去在一种更高的强度中品赏这处境，因为，在这些台词中，处境中那可笑的东西变得越来越清楚。林维尔在那多愁善感的风格中开始了。这是不是正确，看来可能是值得怀疑。他对查勒斯并没有具体的了解，因此无法知道哪一种方式会是最具欺骗性的。相反他对德尔维伊尔家有着大概的了解，并且因此而敢从这种了解出发来推导出这个家庭中其他成员的个性。如果我们把这开始看成是不正确的，那么我们就无法否定，斯克里布对这一弱点的弥补就是台词的机智诙谐，以及在观众那里唤醒的关于真查勒斯的那种隐约预感。那不正确的地方是在于：林维尔的第一句说辞[86]是如此动情，以至于这看起来似乎是他唯恐不受欢迎，而按照这之前的剧情看，林维尔恰恰是应当以为自己会受欢迎的。因此，林维尔看来多少是太像那个真正的查勒斯了。这叔叔，尽管他有着其他方面的愚蠢，看来是对查勒斯有着很恰当的判断，他认为他可以用金钱把查勒斯打发掉，他把从前的一年给他3000法郎改成6000法郎[87]。这样一来，我们不由自主地就会想到那真正的查勒斯。他会觉得自己很幸运，带着欣喜接受这个价格。整个这一场就会结束在一种与开始时一样的激情感伤之中；他会投向叔叔的怀抱并呼喊出：是啊，自然和血缘的关系是神圣的。然而林维尔却不因此而满足，他继续保持他一开始的语气，完全就像查勒斯在不需要这6000法郎的情况下可能会表现出的样子。叔叔现在决定友善地待他，想把他赢到自己的这一边，叔叔率直地告诉他事情的全部关联、对林维尔作了一场赞美讲演（这讲演因为处境的关系而变得像滑稽模仿）。在德尔维伊尔向林维尔透露心意的时候，处境达到了其完全的高度，——他说他想过要想出某种计策让艾玛丽娜去留意于林维尔而又避免引起她的怀疑①。这一对立是非常漂亮的。德尔维伊尔想要搞出一个计策，而这一计策早就已经被林维尔想出来了。林维尔的计策构建处境，而在这处境中我们听见德尔维伊尔的台词。德尔维伊尔自己承认，他不是很会想办法，他的计策是非常简单的，查勒斯能不能发一下善心离开这里。如果这一计策成功了，那么德尔维伊尔就做下了差不多他能够做到的最愚蠢的事情了。

然而林维尔却没有走，相反艾玛丽娜上场了，带来消息说，有某个萨哈利阿斯先生[88]想要和她父亲说关于查勒斯的事情——这个所有人都随时等待着其出现的查勒斯。

父亲的尴尬泄露出了一切，她认出了查勒斯。诗人通过这一设计赢得了许多东西。这自称的查勒斯所遇到的第一个人是叔

---

① 也许一个留心的读者会这样想：在这里这部戏其实可以结束了。因为，这时林维尔向老德尔维伊尔公开出了自己，并且这样地在双重顺风之下航行，在艾玛丽娜那里作为查勒斯而在德尔维伊尔那里作为事实上的他自己——林维尔；还有什么比这更简单。然而，我们却不能责怪林维尔在德尔维伊尔面前保持这种匿名；因为，只听德尔维伊尔所说的几句话就足以使他认识到，如果一个人玩诡计，那么绝对不能把德尔维伊尔当成同谋。

叔，他可以被看成是那最容易欺骗的人。他很笨，因为查勒斯将要到来而不安，因此只会有太大的倾向去相信这一可悲事件的确定性；他也绝不可能梦想到有人会想到要冒充查勒斯。因此，相对于他，林维尔能够有足够的胆子。相对于艾玛丽娜则相反，这会是过于大胆的冒险，既然她总是要聪明狡猾得多。另外再加上，如果林维尔完全无视礼仪举止，那也会是非常不雅观的，而从艾玛丽娜的角度看至少也是不雅观的了。相反，现在她在父亲的尴尬中获得了“这就是查勒斯”的最可靠证据。身份重认的过程发生在父亲的眼皮之下，林维尔无需做任何事情；这时他不用花功夫去扮好自己的角色，而是能够保持完全的平静，因为现在艾玛丽娜睁开了眼睛。她可以说是在强迫林维尔去成为查勒斯，并在这方面他没做错什么，而她自己也没做错什么，因为正是父亲自己在迫使她将他当成查勒斯。诗人通过这一设计把某种微妙的考虑撒向这处境，这种考虑把处境中的所有令人不适的东西都去掉而使得它成为了一种无邪的促狭。

这处境的诙谐并不亚于前面的处境。德尔维伊尔非常紧张，然而这一切都是他自己弄出来，而且他帮林维尔度过了在艾玛丽娜面前装扮查勒斯的难关。这处境另外还形成了一种对前面的处境的滑稽模仿；叔叔不能够马上认他。相反她能够认出他。她解释说这是由于一种奇怪的感情，只是她不知道这感情是什么，但它仿佛是一种声音在对她耳语：他就在那里。（无疑这声音就是父亲的声音[89]，它泄露出了一切。）她解释说这是由于同感，她无法向父亲解释这同感，但是能够向裘蒂特阿姨解释。现在谁是最聪明的：是德尔维伊尔，德尔维伊尔此前不认识他，对他一无所知，但现在认识了他；还是艾玛丽娜，她从一开始就认识他。我们看得越多，它就变得越搞笑。台词在这里又帮助观众去沉浸在处境的搞笑之中。在艾玛丽娜的台词说她有这样一种奇怪的感情[90]之后，德尔维伊尔接上去说：“我在我这里没有任何预感，而如果他不直接说出自己的名字的话[91]”……这样的台词是字字值金。它是那么自然而简单，然而，对于这样的处境，也许十个戏剧家中找不到一个会有足够的头脑和眼光来让这种台词出现。一个普通的戏剧家会让所有注意力集聚在艾玛丽娜身上；当然是这样，在前一场他已经写完了德尔维伊尔和查勒斯间的相认。他不会去写出这一互动作用，而这一互动作用却是有助于使得处境变得那么诙谐。艾玛丽娜在林维尔身上马上就认出查勒斯，这是喜剧性的；而德尔维伊尔的在场则有助于使得处境具有讽刺性。德尔维伊尔像傻瓜一样站在那里，对什么事情都不清楚。然而，那一方面是最容易解释的，是艾玛丽娜对此的感知，还是德尔维伊尔对此的一无所知。

现在，接下来的是相认的一场，这是人所能够想象到的最幸运处境之一。然而，那诙谐的地方却绝不是在于她把林维尔混淆为查勒斯。我们也在舞台上足够频繁地看见了人物的混淆。一种混淆依据于事实上的相似，不管它是相应个体所没有意识到的，还是这个体自己去将它招致出来的。如果这是这里的情形的话，那么，林维尔在通过了考验之后必定是多少知道一点查勒斯看上去大约是什么模样；因为查勒斯看上去必定是大致地像他自己。然而这却不是剧中的情形，任何这样的结果都会是一种痴愚。那诙谐的地方是在于艾玛丽娜在林维尔身上认出了一个她所不认识的人。那诙谐的地方不是在于她认出林维尔，而是在于人们现在看出了这个事实：她不认识查勒斯。发生在林维尔身上的情形也可以会是发生在同样的境况之下任何一个男人身上的情形，她也会把别人当成查勒斯。她把林维尔混淆为一个她所不认识的人，而不可否认，这是一场非常诙谐的混淆。因此，这一处境有着一种在几率可能性上能使人觉得是难以达到的高度。而林维尔，只要他以为自己是又向前走进了一步，那么他就也成了一个笑柄。也就是说，艾玛丽娜的查勒斯是一个 X，一个尚缺席者[92]，在这里我们很明显地看出那本来是在平静中发生的事情：这样一个小小的少女是怎么为自己去构出了一个理想的。并且，她确实是爱了查勒斯八年、并且不想去再爱任何别人。

如果我们遇上一句完全简单的台词，它看上去稍稍有点不对头，那么斯克里布就回报以一种幽默机智。比如说林维尔的台词："感谢上帝，我恐怕是走得比我所希望的更远了。"[93]

这样，艾玛丽娜认出了查勒斯，或者更确切地说，她发现了他。就是说，一方面，就像我们所最倾向于去期待的，林维尔无法得知查勒斯的外表如何，在另一方面，艾玛丽娜则得知了这个，而这是非常聪明的安排，因为她在事先并不知道这个。这处境是如此荒唐，以至于我们可以怀疑，到底是林维尔欺骗艾玛丽娜还是艾玛丽娜欺骗林维尔；因为他以某种方式确是被欺骗的，只要他相信确实是存在着又一个查勒斯。但是在所有这一切之下，那无穷的意味是在于：这一场是相认的一场戏。如果一个人从不曾见过自己的形象而他第一次在镜子中看见自己时所会说的台词是：我立刻认出我自己，——这一场的戏的处境就像这台词一样地荒唐。

艾玛丽娜和查勒斯之间的关系曾在当年因查勒斯的离去而被拆断，而现在，在叔叔以自己的在场再次来拆断他们的时候，艾玛丽娜和这被当成了查勒斯的人在相认的戏中的话题恰恰进入到他们当年因查勒斯的离开而被拆断的这个点上。叔叔从萨哈利阿斯先生那里得到关于查勒斯的消息，这消息不是很令人愉快的。现在这就全都得由林维尔来承当了。在本质上，这处境和之前完全一样；但我们将看见诗人所赢得的东西是什么。查勒斯的事迹有着这样的性质：如果它们是直接明了地被叙述出来，那么它们会对这部戏的整体印象起到打扰作用。这里要做的是赋予它们某种漫不经心的印痕，使它们因而不至于显得太严肃。诗人以两种方式达成了这工作。我们得到的第一个关于查勒斯的生活的讯息，是在第九场。在这里，林维尔声称自己是查勒斯，这查勒斯的生活就得由他来承当了。观众的注意力则被从故事中的那些详尽的细节导引到了那错相认的混淆之上；我们所想着的不是那些单个的特征，而是一般意义上的愚蠢行为和林维尔的尴尬，以及这样一种场面的喜剧效果：人们在要求他给出更深入的讯息。完全的讯息，我们是在第十六场中查勒斯自己的亲口叙述中获得的，但不要忘记：查勒斯声称自己是林维尔。各种在查勒斯作为其真身讲述这讯息时会变得过于严肃或者过于无礼的东西，现在，这些东西获得了一种喜剧性的、几乎是欢闹的色调，因为他是在林维尔的身份中讲述这些的，他使用自己的匿名去使之变得尽可能地奇妙。如果他以自己的身份来讲述自己的生平，那么我们就会向他要求一种关于这方面的意识，而如果他没有这种意识，我们就会觉得这是高度地不道德的。而现在则相反，既然他是以另一个人的身份讲述这一切，甚至是为了使得艾玛丽娜感到害怕，那么我们就会觉得他的故事的幻想色调在双重意义上都是诗意地正确的。

这样，德尔维伊尔得到了讯息，而那被看成是查勒斯的人无法修正或者完备这些讯息。这时艾玛丽娜发现“他不再是同一个人”[94]。这是在她彻底地确定了“他完全就是过去的他”之后迅速出现的事情。在这里，艾玛丽娜看来真正地是置身于自己的元素之中，所有她所说的全都是一大堆空话。这台词本身应当得到更精确的观察，因为它给出机缘去进一步为处境感到欣喜，这处境在它所有的搞笑之中又在新的角度上得到阐明。“同一个人”这个词的赤裸裸的发声在处境的癫狂之中就像是一种新的刺激性成分，我们情不自禁地发笑，因为我们情不自禁地问自己：与谁是同一个人？与他在试探的那一场中所显现为的人是同一个人。我们却不禁会想，这一试探是多么不完美。与谁是同一个人？与查勒斯，这她所不认识的人。还有，如果我说一个人，他是同一个人或者不是同一个人，那么，我既可以把这说法看成是外在意义上的、也可以将之看成是内在意义上的，考虑到他的外在或者考虑他的内在本质。我们该相信后者对那恋爱的人尤其有着重要意义。相反，现在我们发现，那试探根本没有关心过这个问题，而他却被看成是同一个人。完全很偶然地，艾玛丽娜开始考虑，查勒斯就性格而言是不是有所改变，而这时她发现，他不是同一个人。对于“他从道德方面看是同一个人”的否认也包括了一个对于“他从所有其他方面看还是同一个人”的肯定。

不过，艾玛丽娜更准确地解说了自己的意思。她不是在寻找“查勒斯成为一个败家子并且可能更糟”这方面的变化，她寻找的变化是：他不再向她衷心地诉说一切，他这种衷诉是她所习惯的。这必定是她的浪漫小说理念之一，这种理念最好是应当这样去理解：她习惯于，正如在相认的那一场戏中的情形，把一切都向他唠叨出来。所谓查勒斯习惯于向她衷诉一切，这根本不是她从经验中得到的，而是她从小说中看到的，——我们在小说中知道，在相爱的人之间不应当有秘密。查勒斯是不是一个在逃的锉磨所囚徒[95]，这个问题不会困扰她，只要她能够通过“他向她衷诉这事”来让自己的爱欲的好奇心得到满足就行。艾玛丽娜通过查勒斯的性格来使自己去确信其身份的尝试可以被看成是一种胡扯，这一胡扯一方面呈现了她的全部性格，另一方面也呈现了她的其他胡扯。因此，在同一瞬间她放弃了这一想法而得到了一个证明“他不是同一个人”的更为确定的证据，因为她发现他没有那指环。现在她无需更多针对他的证据了。因此她承认，她会做一切他想要让她做的事，最疯狂的事情，或者换一句话说，可以按照他的意愿来改变自己，而他却应继续保持是同一个人，但是，他没有指环[96]，这就指证了他不是同一个人。艾玛丽娜有着一种自己特有类型的抽象思维来标示她的个性特征。她根据并借助于抽象化过程来保存下来的东西更多地是那指环而不是纯粹的查勒斯人格本质。艾玛丽娜该被看成是指环的精灵，这精灵听从那“手上有指环的人”[97]。

拉比耶尔通报新的陌生人到来。人们都同意：这必定是林维尔。艾玛丽娜被吩咐去整妆并且现在喊叫了出来：“多么无聊乏味。我现在要去为一个我无法忍受的陌生人的缘故而整妆；我不用见他就已经知道我无法忍受他。”[98]通过这句台词观众们被及时地提醒去注意到后面的各种处境之一中出现的反讽。总体上看，艾玛丽娜能够纵情地去成为反讽的宠儿。这反讽到处逢迎着她，然后它就愚弄她。她想要让那被看成是查勒斯的人是一个英俊的年轻人，那反讽逢迎着她，德尔维伊尔无法看见这一点，他被弄成了傻瓜，艾玛丽娜尽享胜利，然而她自己却是最大的笑柄。她想要让那被当成林维尔的人是一个她所无法忍受的人，尽管父亲告知她说这会是一个出色的年轻人。反讽又逢迎了她，但却是这样：它让她自己成为可笑的傻瓜。

第十一场是林维尔的一段独白[99]。看来这段独白最好是该去掉，因为不管从哪一个角度看，它都会起到打扰作用。如果我们允许让林维尔保留他的竞技场并让他作为第一个接待查勒斯的人的话，那么，我们就可以缩短他的独白。然而这独白也并不是没有它的作用。这独白，用诗人的话讲可以这样："太好了！事态发展得太好了！和父亲争执、和女儿争执！我倒是确实得坦白说：这是一个很看好的计划。"这样，这段独白就包含了一种对剧中过程的客观反思。如果诗人认为，为了让查勒斯的到来获得一些时间而有必要去把独白拉长，这样的话，他完全可以让林维尔和自己开一个小小的玩笑，调侃一下关于他也许在最后会更聪明地进入自己的形象、调侃一下（随着各种关于查勒斯的新信息的到达他就这样地从一种糟糕状态进入到另一种糟糕状态）这事情过程中的荒唐滑稽。最好是让他在这一思虑过程中被舞台一侧查勒斯的台词打断独白。按斯克里布的设计，独白这样地结束，我们就会过于强烈地感觉到：现在独白结束了、现在会有新的人到来。如果林维尔的独白以上面的方式被打断，那么，接下来的这些都可以获得一种新的领会、进入一种新的亮点：查勒斯那种难以置信的急速，他行为中的那种可以被看成是他的一贯特征的气急败坏，同样还有那种上气不接下气的傻态[100]，诗人以如此无与伦比的手笔把这傻态的印痕打在了他最初的那些台词上。

然而，这却是不很重要的。这段独白的首要错误是，林维尔所提示出的这个行动计划显得完全像是一种泛泛而谈，一种单单是假想的运动。林维尔解释说，他不再是为了好玩而扮演这查勒斯的角色。事实上这从来就不是好玩，相反，他自己在一开始就为"他必须想要去搞定与艾玛丽娜的婚姻"给出了三个实打实的理由。然后他解释，他想要阻止艾玛丽娜将他混淆成查勒斯，他要使自己确信她所爱的是他，而不是对查勒斯的回忆。这一点对整部戏有着极大的重要性，因为，就像上面所阐述的，到底这部戏是在有限的意义上起着道德教化作用的、还是在无限的意义上喜剧性的，这个问题的答案就取决于这一点。这样，他的行动计划就该致力于去通过查勒斯的身份来让自己的、他所特有的魅力呈现出来。然而，这预期的事情却没有发生，如果发生了的话，这部戏就成了完全另一个故事了。在艾玛丽娜那里，一切则都围绕着那指环：在第十五场，在他戴着指环出现时，她就原谅了他，认可他是同一个人，等等。从这出戏的整体效果上看，林维尔在总体上不能被看成是一个诗意的人物形象，这一点是无法通过那些落在他身上的单个光线来阐明展示出来的。他是一个进入了有判断力的年岁的、对自己所做的事情有着可靠理由的男人。因此，偶尔会有一道喜剧性的光落在他身上，因为事实表明，他的可靠理由和他的理智为他去捕获像少女艾玛丽娜这样一个罗曼蒂克的小羚羊只给出很少的帮助。虽然他是绝对有魅力的并且对一颗少女的心说来是一个危险人物，然而对艾玛丽娜，他却无能为力，她在感情上是固若金汤，他想要对她有所影响，就只有在他触及了她的固执观念的时候，然后借助于那指环。但是，既然这部戏的首要意趣要去抵消掉他真正的魅力，那么，去强调他的魅力就是不正确的，因此，除了在那段唯一的独白中，诗人也从不曾去强调他的魅力。在林维尔和艾玛丽娜最有关系的那一场[101]中，我们当然是无法说，他会有任何机会去施展出他的个人魅力。如果一个年轻的女孩在这样的程度上，就像艾玛丽娜对他这样地，屈身喜爱一个男人，不断地借助于自己的顺从来向他呈现潜入她心灵的机会，那么，如果他不能助她以一臂之力的话，他林维尔无疑就会是木头了。这一场肯定是不能被看成被设计出来显示林维尔的魅力的，相差太远了，乃至它看起来更好像是在将他置于一种多少有点滑稽的灯彩之下。林维尔明显地是一个偏重理智的人；他在之前的独白中多少有点自夸，就像他要让他的那些在巴黎的朋友们明白一样，他要让观众明白：他当然是那“能够去驯服这样一个小小少女”的男人。他事实上是成功了，这是真的；但是，如果他在巴黎的朋友能够看见这事情发生的过程，那么他们就不会有机会来赞叹他的才能了。他的理智告诉他，冒充查勒斯的做法是可行的。就这方面而言，我们得承认他是对的。现在这事情发生了，现在他必须展示他的魅力了，现在，我们这样想，他会去全力以赴，然而现在我们却看见他什么都没有去做，敏捷的艾玛丽娜匆忙地跑回到少年的回忆之中，她带上了林维尔先生，而任何一个不是彻头彻尾的木头人都会有能力和他一样地去弄出这一杰作。

在这里，就林维尔的人格所阐述的这些文字在我看来对整个剧作是有着绝对的重要性的。在之中不得有任何人物形象、不得有任何能够要求幸免于毁灭的戏剧性内容——反讽从一开始起就在这毁灭之中准备好了一切。当幕布落下时，一切就都被忘记，只剩下乌有在那里，而这是我们唯一能看见的东西；我们唯一能听见的是一声大笑，作为一种自然之声，这笑声不是出自一个单个的人，而是世界力量的语言，并且，这一力量就是反讽。

查勒斯上场，并且是和林维尔遇上了。处境中诙谐机智的地方是在于：查勒斯，这个阴谋家，到达得太晚了，不仅是相对于萨哈利阿斯先生，而且首先是相对于剧中的阴谋，他来得太迟了。他的台词在这里，就像在任何别的地方一样，是很有水平的，同时既有自己的特征性又适合于处境。林维尔给查勒斯出主意让他自称是林维尔。林维尔完全地暗示出了这样去做的主意，查勒斯在“神秘化”的方面是不可能让自己去受别人教导的，这时查勒斯就打断了林维尔，并且让人看起来仿佛是他自己想出了这整套计划。然而，事实马上显示出，他不是想出这主意的人，他甚至连细微相关的方面都不可能想得出；如果不是林维尔提醒他的话，他甚至连指环的这一节都会忽略掉。林维尔得到了指环。

查勒斯向家里人自我介绍说是林维尔，他的被接受是以此为条件的。德尔维伊尔觉得他比查勒斯更为年轻英俊，艾玛丽娜觉得他令人厌恶，两个判断是同样地靠不住，并且我们完全敢这样去想：艾玛丽娜甚至觉得不值得花这工夫去看他，而是根据一种灵感知道他令自己厌恶。在父亲那里的情形也是类似于这样。因此这处境包含有一种对查勒斯的深刻嘲讽，而查勒斯则大概是将这一幸运的接待归功于自己的机灵，并且他希望，只要他继续保持匿名，那么一切就会成功。

现在接着的是一段独白，在这独白中，艾玛丽娜扪心自问并且认识到她永远也不会忘记查勒斯而去和林维尔结婚。[102]

林维尔来告别并且交出指环。他们和好了。这些处境是我们都已经知道的了。

现在接下去的是全剧中最漂亮的处境。在这处境之上笼罩着一种灵气光环，一种神圣理想化，它在自身中有着一种庄严，这样我们几乎会去希望看见裘蒂特姨妈在背景中像一个神灵在向下看着她的两个门徒。艾玛丽娜决定向那被看成是林维尔的人吐露秘密并且公开一切。这一处境完全地曝光了艾玛丽娜和查勒斯。艾玛丽娜的忠贞变得完全是滑稽可笑的。任何价钱都无法买得她去放弃他，不管是水还是火都无法吓退她，查勒斯变得越来越尴尬，因为他是希望摆脱她。这样的一种忠贞自有其道理；因为像艾玛丽娜这样的小小少女，在被爱者想要摆脱她的时候，她一般总是最忠贞的。在查勒斯发现了萨哈利阿斯先生还没有把那最糟的事情[103]兜露出来的时候，他还非常确定自己能够通过自己的机灵而从这整个事件中摆脱出来，而现在他自己则成了那泄露出一切的人。这机会太有引诱力。他可以成为讲述他自己的生活的行吟诗人，并且希望以这样的方式来摆脱掉自己的表妹。在前面已经提醒过，因为查勒斯的放荡获得了一种喜剧性的轻描淡写，因此处境赢得了一种轻巧。我们获得了一种对于他的轻率和精神困惑的活生生的想象，但是我们并不觉得愤慨，——而如果他是作为他自己而以同样的方式讲述这一切，那么我们则会感到愤慨，不过，我们还是隐约地感觉到他也许会做这样的事。我们隐约感觉有这样的事，但我们没有听他说这事。但是查勒斯什么也没有去做，他只是自得其乐。艾玛丽娜的忠贞不知边际。最后查勒斯承认他结了婚。诗人有着怎样的信心呵，他知道怎样去反讽化艾玛丽娜，这真是不可思议。她听见他结婚了，她狂怒起来。某些观众可能会想到，她之所以对查勒斯发火的原因是，她现在得知了他的所有荒唐行为。绝不是这样，我的朋友！你误解了她。她会要去得到他，如果她还能够得到他的话。但是他结了婚。固然，她会觉得，如果他在八年里不曾和别的女孩好而只是有良心地观月，那是应该的。然而，她却知道怎样使自己去置身于这一类事情之外。让他去曾经诱惑十个女孩吧，她不惜一切代价地[104]去得到他，但是如果他已经结婚了，那么她就不能得到他了。由此就出现这些眼泪[105]。如果这不是诗人的意思，那么他会让艾玛丽娜稍稍更早一点打断查勒斯。查勒斯解释了，他曾身受过许多异性的追求、他有过许多恋爱历险、也许他有时在自己的魅力中走得太远了[106]。她没有打断他，她答应为他做一切去使他重新与父亲和解并且使自己得到他；因为看来很明显，在她不能得到他的时候（一旦她听说了他已经结婚），她就不再是忘记在营地里拉响警报[107]的人。查勒斯开始讲述与帕米拉的故事，她平静地听。现在他讲到了那可怕的一节，他结婚了，这时，挪威的王国爆裂[108]了。

在这一处境中的深刻反讽则是在于艾玛丽娜心中神圣不可亵渎的忠贞，任何价钱都无法买得她去放弃查勒斯，因为这会让她付出生命，同时这反讽也在于查勒斯越来越大程度上的尴尬，因为他无法摆脱艾玛丽娜。这整个一场就像一种拍卖竞价，在之中那理想的查勒斯被敲定给了艾玛丽娜。最终这一切终结于这样一个点：在这里我们看出，她无法得到查勒斯，而查勒斯无法从自己的荒唐行为中逃脱。

艾玛丽娜喊叫了起来，父亲上了场，他许诺说他绝不会原谅查勒斯。

现在那被看成是查勒斯的人上场了。艾玛丽娜请求父亲不要太激动，她会自己听他的交代。我们在这里就像别的地方一样得惊叹诗人的节奏安排。就是说，这一场的场面变得可笑而处境变得反讽，因为我们要在那被当成林维尔的人那里看见这电闪雷鸣般的谴责的效果，而这谴责本来是要针对那被看成是查勒斯的人的；也就是，那真正的查勒斯在他自己被在图片上[109]处决的时候有幸亲自在场。现在，如果诗人让德尔维伊尔作这一谴责讲演，那么这就是一种在诗意上的不公正。叔叔曾是查勒斯的生活赞助人并且有着“不在查勒斯面前成为笑柄”的合理要求。固然，叔叔不像这女孩一样地机敏，但是他许多年下来的施舍使得他在查勒斯面前有着一种优势，这优势完全不同于查勒斯给予艾玛丽娜的这样一个随意作出的婚姻许诺。我们看见了艾玛丽娜所说的所有其他的一切，包括婚约诺言在内，全都是些胡扯的话；而在这时，这一菲利普式的谴责讲演[110]以这样的方式呈现出来，则相反是有着其道理的。她从前对查勒斯的钟情是胡扯、她现在对林维尔的新关系也是胡扯；她的感伤是胡扯、她的愤怒也是胡扯；她的顶撞是胡扯、她的好意也是胡扯。

艾玛丽娜发泄了自己的愤怒，那被当成是林维尔的人通过真正的查勒斯的表情和姿势来使得她的演说效果变得极其滑稽可笑。她所作的“她真正爱过查勒斯”的坦白可以被看成这一处境中的高潮点。在这里，混淆得到了圆满完成。就是说，按照她自己的坦白，她整整八年所爱的人，现在是林维尔；而在这个林维尔身上，她在一开始的时候曾借助于同感马上认出了一个查勒斯；而这个查勒斯，她在稍后确信不是同一个人，然而又在看见了指环之后马上又被重认为同一个人。

最终，错认的混乱消释了。事实显示出来她得到的是林维尔而不是查勒斯。到此这部戏就结束了，或者更确切地说，它没有结束。对这一点我在前面已经展开过讨论，在这里我再一次只用几句话来阐明一下那已经给出的说法。如果这戏的意图是为了显示艾玛丽娜变成了一个有头脑的女孩，因为选择了林维尔而作出了理智的选择，那么，这整部戏的着重点就落在了一个错误的地方。也就是说，在这样的情况下，我们就没有很大的兴趣去确切地知道“查勒斯在怎样的一种意义上是倒霉蛋”。相反，我们会去要求的是关于“林维尔的魅力”的介绍。就是说，从“因为查勒斯是一个浪荡子”，绝对不会就推导出“所以她就应当选择林维尔”，——除非我们是想让斯克里布降格为一个这样戏剧门外汉，去跟从“每一个少女都应当结婚”的戏剧习俗而在一个女孩不想要这一个的时候就让她得到另一个。相反，如果我们按我所理解的那种方式去理解这部戏，那么，那恶作剧就完全是没有意图的，那诙谐是无限的，这部喜剧是一部杰作。

幕布落下，戏演完了，没有什么东西持存下来，只有那些巨大的轮廓（在之中显现着反讽所导演的那种处境的奇妙的影戏[111]）被留给了沉思。那直接的真实的处境是那不真实的处境，在它的背后一个新的处境呈现出来，这新的处境的错误程度也并不比之前的更低，并且如此一直继续下去。我们在处境中听见台词，在这台词最为理智的时候，它显现为是最荒唐的，并且，正如处境消逝，台词也这样地跟随着消逝，越来越没有意义，不管它有怎样的理智性。

为了在沉思中享受这部剧中的反讽，人们不该去读这剧本而必须去看这出戏；人们必须一而再再而三地看这部戏，并且，如果人们有幸与那四位戏剧天才（他们在我们的戏剧中以各自的方式帮助去向观众显示并让观众感受到处境的透明性）处于同一时代，那么在每次人们去看这戏的时候，乐趣会变得越来越大。

让这部剧中的那些台词就那么地诙谐机智吧，我们会忘记他们，但一旦我们曾看了剧中的各种处境，它们就是我们所无法忘记的。如果我们对这戏熟悉了，那么在我们下一次看这戏的时候，我们就学会对这戏剧表演感恩。这部戏是如此高度完美，以至于它使得一个人在最初几次看它的时候完全不知珍惜，因为这人所获得的是这部剧，即不多也不少；除了这样说之外，对这部剧的演出，我不知道还能有什么更高的赞美。我认识一个年轻的哲学家，有一次他向我解说了一部分关于本质的学说[112]。这全部的整体是如此容易、如此简单、如此自然，以至于我在他讲完之后几乎耸耸肩膀说：全部就这些吗？在我到了家之后，我想要在头脑中重温一遍那些逻辑运动，这时我发现我无法开始这些运动。这时我觉察到，这必定是另一回事，不是像我所想的那么简单；我觉得他的天才和他的优越超出我太多了，我觉得这几乎像是一种嘲弄：他对这学说的解说如此出色，以至于我对此不知珍惜。他是一个哲学方面的艺术家，并且，他的情形也是所有大艺术家的情形，包括我们的主。

正如我的哲学朋友相对于我的情形，《最初的爱》的演出相对于我也是如此。现在则相反，我一次又一次地看了它的演出，也在别的剧院看了，直到现在我才对我们的戏剧艺术家们真正地感恩。因此，如果我要向一个陌生人展示我们的舞台戏剧，那么我会在这部戏剧上演的时候把他带到剧院，这样，在“他知道了这部戏剧”的前提下，我会对他说：看傅瑞登达尔，让目光离开他，闭上眼，让他的形象出现在你脑海中；这些高贵纯粹的特征、这一贵族姿态，它是怎样能够唤出笑声的，再睁开眼并且看傅瑞登达尔。看海贝尔夫人，低下你的眼帘，因为艾玛丽娜的魅力对你也许会是危险的；听这声音中感伤的渴慕期待，孩子气任性的女孩的暗讽，即使你像一个簿记一样枯燥呆板，你还是该微笑。睁开眼，这是怎么可能的？重复这些运动，尽快，以至于这两者几乎是同时在一瞬间里，对于那些被演出的东西你就有了一种观想。没有反讽的话，一个艺术家永远也无法勾画；只有通过矛盾，一个戏剧艺术家才能够创造出形象勾画，因为勾画的本质是表面性；而在不要求性格描画的地方，将自身转化到表面就是一种艺术，而这对于戏剧表演是一种悖论，并且只有很少的一些人能够解决这问题。一个直接的[113]喜剧演员永远也演不了德尔维伊尔，因为他不是一个有性格的角色。艾玛丽娜的整个人就是矛盾，因此无法被直接地展示出来。她必须是有魅力的，因为否则整部戏的效果就泡汤了；她必须是不具魅力的、但必须是矫揉造作的，因为否则这出戏的整体效果在另一种意义上就丢失了。看仳斯特尔，在你想要将你的目光集聚在那种印染在他脸上的无限平淡的愚蠢时，你几乎会感到难受。然而这却不是一种直接的愚蠢，他的目光还仍有着一种在其可笑之中让人想起某种往昔的感伤热情。一张这样的脸不是什么人天生就有的，它有着一种历史。在我小时候，我还能记得，我的保姆对我解释说，人不可以用脸来做怪样子，并且，为了警告我和别的孩子，她讲了一个关于一个扭歪了脸的人的故事：这个人有了一张扭歪的脸，因为他用脸做怪样子。也就是说，事情就是这样的，风向转了而这个人就固定地保留下了自己扭歪的脸[114]。仳斯特尔让我们看见一张这样扭歪的脸；还有着罗曼蒂克怪样子的痕迹，但是在风转向的时候，它就成了某种扭歪的东西。仳斯特尔表演的查勒斯有较少的反讽而有更多的怪诞。这完全对，因为他人格中的矛盾不是那么地引人注目。如果不是在德尔维伊尔和艾玛丽娜的眼中，他本不是一个林维尔因而不应当去像一个林维尔，而德尔维伊尔和艾玛丽娜则在同样的程度上各有自己的偏见。

看斯达格尔，去为这一美丽的男性姿态、这一有修养的人格、这一轻松的微笑（这微笑泄露出林维尔面对德尔维伊尔充满幻想的家族时的自以为是的高傲）而高兴吧，并且，看这个理智的典型被卷进那场由艾玛丽娜空洞无物的激情（如同一场疾扫的狂风）导致出的那场混淆中。

注释

［1］［最初的爱］　奥古斯丁·欧仁尼·斯克里布的喜剧 Les Premières Amours ou Les Souvenirs d’enfance（初恋或儿时留念）的丹麦语标题。这部剧 1831 年 6 月 10 日第一次在皇家剧院上演。之后又演了 139 次，它因此而是斯克里布上演次数最多的剧作。

［2］［斯克里布］　斯克里布·奥古斯丁·欧仁尼（1791—1861）法国的剧作家，40 年中他以约 350 部杂要剧、喜剧和歌剧剧词（其中有许多是与他人合作）而在巴黎戏剧居于主流地位。在 1824 年到 1874 年之间斯

克里布是在皇家剧院被演得最多的剧作家。其中有 100 部左右是 J. L. 海贝尔介入参与的。

［3］［J. L. 海贝尔翻译］　《最初的爱》斯克里布的独幕喜剧，J. L. 海贝尔翻译（在皇家剧院的剧目表 45 号）。

［4］［弗雷德里克·温斯曼］　杜撰出的人物。

［5］［机缘］　在这里区分一下事物的原因（因）和机缘（缘）。一个原因和它的结果是同类的现象，而相反，机缘和那被机缘导致的东西则是非同类现象。机缘是偶然事件，它不会造成那被导致的东西，而是引发出那被导致的东西。其他东西也能够进入它的位置，因此它与那被导致的东西的关系是外在的关系。

［6］［缪斯呼唤］　缪斯之呼唤，在荷马的《伊里亚特》和《奥德赛》中首先被引入，后来在古希腊诗歌创作中成为一种普遍。缪斯在这里被领会为宙斯和摩涅莫辛涅（记忆女神）的诸女儿。这些女神徜徉之地是希波克莱纳和卡斯塔里亚泉的海林肯山和帕纳塞斯山上，她们保护艺术和诗歌。一开始古人们分出三个，后来在古希腊分出九个缪斯。

［7］［威瑟尔（Wessel）就品味之神曾说过的那样，在这里也还是这么一回事，——他说，“所有人都呼唤的东西很少会到来”］　威瑟尔（Johan Hermann Wessel /1742—85）挪威丹麦作家。在诗歌《犹太女孩。断片》中写到：“你，所有行吟诗人们的神，机智之裁判 / 呼唤你的声音如此频繁，但却如此罕见你出现/ 如果你有时间，就朝着我的歌看一眼（译者说明：就像神看一眼泥土就赋予了泥土灵性那样）/但若你没有时间，那就派送一个缪斯来”。

［8］［对于……取悦于诸神］　比如说可参看柏拉图的《斐多》60B－C。

（我在这里引用中文版《柏拉图全集·第 1 卷》第五十五页中的文字。王晓朝译，人民出版社 2001 年版。其中苏格拉底说：“我的朋友们，真是件怪事，这种感觉一般人称之为快乐！值得注意的是它与痛苦，它的通常的对立面，有着多么密切的联系。它们不会同时来到某个人身上，但是如果你追求其中的一个，而且捉住了它，那么你也几乎总是会同时拥有另一个；它们就像附着在一个脑袋上的两个身子。我敢肯定，假如伊索想到这一点，那么他会就此写一个寓言，就好比说，神想要制止它们不断的争吵，但发现这是不可能的，于是就把它们的头捆绑在一起。这样一来，其中的一个无论在哪里出现，另一个也会跟着出现。我现在完全就是这种情况。

长时间带脚镣使我的腿很疼，但是现在我感觉到除去脚镣后随之而来的快乐了。”）

［9］［对于犹太人……愚蠢］　参看《哥多林前书》（1：23）之中谈及基督被钉上十字架的说法对于犹太人是一种冒犯、对于异教人是一种愚蠢。

［10］［我在逻辑的意义……偶然的东西］　“那偶然的”可以在两种意义上说。在逻辑的意义上，一种现象被称为是偶然的，如果它自身和它的对立面在逻辑上都是可能的；还有一种就是实在意义上的偶然。这是一种相当非黑格尔式的区分，因为黑格尔把“那偶然的”定义为可能性和现实性的统一。

［11］［机缘……偶然的东西］　就是说，在实在意义上的“那偶然的”。黑格尔把一种拜物（对于物的信念）意义上的东西定性为一种引发出某物的外因。

［12］原文为拉丁文 punctum saliens（突出的关键点）。

［13］歌德曾声称所有自己创作都是机遇创作。

［14］［磨盘……克立克拉地转动着。］　可能是指格林童话中的《杜松树的故事》“它飞了很远很远才来到一座磨坊，磨子正在‘轰隆隆！轰咚咚！轰隆隆！轰咚咚！’地转动着。磨坊里有二十个伙计正在劈着一块磨石，伙计们用力地‘咔嚓！噼啪！咔嚓！噼啪！’地劈着，磨子的轰隆隆、轰咚咚与伙计们劈磨石的咔嚓、噼啪声交织在一起，难听极了。”

［15］［只有志同道合者才相互理解］　也许是指亚里士多德的《形而上学》b，4。

［16］原文为拉丁文 eo ipso（恰恰因此）。

［17］［肉中刺］　对比《哥林多后书》（12：7），在之中保罗写道：“又恐怕我因所得的启示甚大，就过于自高，所以有一根刺加在我肉体上，就是撒旦的差役，要攻击我，免得我过于自高。”

［18］［字谜游戏］　charade：一种音节或者单词的拼写游戏，它的谜底是一个多音节词，在之中首先要把那些音节猜出来。

［19］［从理念层面到现实的真正过渡范畴］　从思想层面到现实的过渡是由一种外在的、偶然的机缘促成的。这样。思想和现实并非是像黑格尔所说的那样被必然性捆绑在一起。“概念”不能够像黑格尔所说的那样实现自身。

［20］［内在的思维］　在思维自身的内在层面中的运动。黑格尔的哲学就是一种内在运动的哲学。

［21］［鹪鹩］　丹麦非常常见的一种很小的本土麻雀。

［22］［就像小精灵一样在生活中游走］　是指 J. L. 海贝尔的罗曼蒂克童话剧《小精灵们》(1835)。在剧中有两个教师，格林曼和曼格林。

［23］［海贝尔夫人］　Johanne Luise Heiberg（1812—1890），在当时的整个世纪中的最出色的丹麦女演员。受职于皇家剧院 1829—1864 年，与海贝尔（J. L. Heiberg）成为当时那些领导潮流的家族圈子中的中心。

［24］［傅瑞登达尔］　Jørgen Peter Frydendahl（1766—1836）。丹麦演员，属于皇家剧院的最重要的性格演员之一。演过大约五百个角色，最后一次是在 1835 年。

［25］［斯达格尔］　Johan Adolph Gottlob Stage（1791—1845）。丹麦演员，尤其以其所扮演的权威性父亲和醉汉闻名。也在皇家剧院任舞台监督和导演。

［26］［仳斯特尔］　Joachim Ludvig Phister（1807—1896）。丹麦演员，在其所演的近 650 个角色中展示出了他的理智、想象力和变化能力。

［27］［四人组 Fiirkløver］　四人组，——在丹麦语中，四人组和四叶苜蓿（一般苜蓿通常又被称作三叶草）是同一个词 firkløver，只是有不同的性：四人组是中性而苜蓿是通性。民间习俗中说，一个人看见一棵四叶苜蓿，那么他的愿望就会实现。一直到 1835 年 3 月，除了偶尔的例外，上面所提及的四个演员所构成的四人组将《最初的爱》一剧演了 25 场。

［28］［各个极端（Extremerne）］　佚名出版的小说，作为《日常生活》故事作家的新短篇小说（*Nye Fortællinger af Forfatteren til En Hverdags - Historie*）卷二。由海贝尔出版。

［29］［保罗・缪勒教授……引言告终］　对 Thomasine Gyllembourg 的 Extremerne 评论，刊于《文学月刊》（*Maanedsskrift for Litteratur*）卷十五 1836 年，第 135—163 页。

保罗・缪勒（Poul Martin Møller，1794—1838）丹麦作家和哲学家，1826 年任职于克里索达尼亚大学，1831 年在哥本哈根大学任教授。

［30］［在报纸上看见］　皇家剧院的夜晚节目一般提前几天被预告出来，有时候是在上演的同一天。《最初的爱》的上演消息发布于 1831 年 6 月 10 日，这样，在同一天的报纸《当日》（编辑为 Thaarup 女士）第 137

期上："戏剧。6月10日星期五，七点钟：……（略），最后：斯克里布的独幕喜剧《最初的爱》，由海贝尔教授先生翻译（首演）。"

[31]［因此诗人们……解说生命］　在罗曼蒂克中，艺术家，尤其是诗人，被看成是一种观照者，拉丁语 vates，既意味了诗人又意味了占卜者。他能够认识那在具体现实背后的理想真相，因此有着为生活给出真知并且解释生活的前提条件。

[32]［诗人是一个通灵的歌手］　针对民间创作中的云游歌手和行吟诗人，歌手是一个广泛的称呼，尤其是用在抒情诗人身上。

[33] 在英文和丹麦文中，西番莲在字面上就叫做"激情花"。

[34]［枝形灯］　过去的戏剧舞台不是以投影灯照亮的，而是靠舞台最前边上的前灯、幕后的灯以及观众席中的枝形灯照亮。当枝形灯被升起，观众席厅中的光就暗下来。

[35]［就像艾玛丽娜和查勒斯相互许诺观月］　在第一场，艾玛丽娜向自己的父亲解释说，她和她特选出的表兄查勒斯相互许诺了永恒的忠诚；她父亲问，在那之后他们是否还有联系，她答道："是的，每次满月；十点钟我出去向天上看月亮；他在同一时间也这样做，这是我们间的约定。"《最初的爱》第二页。

[36]［剧院节目单］　指皇家剧院的节目单。是作为一种本子的形式，被演出的剧目联系着其上演而发表在节目单上。

[37]［斯克里布戏剧］　是指 Téatre d'Eugène Scribe，1—10卷，Paris 1827，或者 Scribes Théatre complet，1—20卷，Paris 1833—1837.

[38]［蚊子被变成了大象］　对照习语"把蚊子弄成大象"（中国话有"拿鸡毛当令箭"），就是说，小题大做。

[39]［读者教派］　所指尚未认定。

[40]［哈曼］　Johann Georg Hamann（1730—1788），德国哲学家。

[41] 原文是德文 aus Kindern werden Leute，aus Jungfern werden Bräute，aus Lesern werden Schriftsteller（人从孩童长成，新娘由处女变成，作家出自读者而成）。

［aus Kindern … Schriftsteller］　"人从孩童长成，新娘由处女变成，作家出自读者而成"语出 J. G. Hamann "Leser und Kunstrichter; nach perspectivischem Unebenmaße"。

[42]［面饼房和饭馆］　在20世纪初，面饼房不仅仅是做面包的店，

也是一个让人喝咖啡和茶、吃糕点的地方。在克尔凯郭尔的时代，人们对主要是喝咖啡但也可以吃饭的咖啡馆与主要是吃饭的饭馆没有作很大的区分。

［43］［把自己的珍珠扔掉］　对照《马太福音》（7：6）：“不要把圣物给狗，也不要把你们的珍珠丢在猪前，恐怕他践踏了珍珠，转过来咬你们。”

［44］［年轻兵员群］　丹麦语 det unge Mandskab 是用来指适合于去服兵役的年轻人的专用语。

［45］原文是拉丁文 publici juris（公共财物）。

［46］［那旧的喜剧］　可能是针对那从古希腊，经过普劳图斯（Plautus）、泰伦斯（Terents）到古典主义性格喜剧（莫里哀、霍尔堡）的这一传统。

［47］［诗意人物的人格实体与对话相称］　戏剧人物的性格特性可以用对话来衡量，就是说，在台词中显现出来。

［48］［戏剧情节的实体与处境相称］　戏剧情节的形象可以在处境中被衡量，就是说，在各种处境或者各种具体的场景中显现出来。

［49］［故事叙述介绍］　讲述着的而不是直接在对话中出现的介绍。

［50］［法利马格路］　一条平坦舒适的路。连接哥本哈根东桥、北桥和西桥的长马路叫法利马格路。

［51］［德尔维伊尔］　艾玛丽娜的父亲。

［52］［一个十六岁的少女］　德尔维伊尔在第一场中这样说及自己的女儿。《最初的爱》第一页。

［53］［不懂笑话］　在第一场，德尔维伊尔对不听话的艾玛丽娜说：“但是从现在开始，我不明白任何笑话，并且你应当乖乖地礼待我们今天所等待的求婚者。”《最初的爱》第一页。

［54］［她对他没有忌惮］　原文为“她穿着木鞋在他那里进进出出”，丹麦语的成语，意即“她对他没有忌惮”。在第六场，德尔维伊尔对林维尔谈及他的艾玛丽娜：“假如我试图骗她，那么我可以确定，她马上就会猜出来，因为她穿着木鞋在我这里进进出出。”《最初的爱》第五页。

［55］［侍者拉比耶尔在第三场的独白］　“前进两英里、后退两英里，一路全部小跑！这是很好玩的一件事！在我回来之后，我将更忙。这是一种新的休息方式。这闺女也不会喜欢什么东西；只要她有了什么新念

头，我就马上得上马。当然，她是合情合理的，她是为这些麻烦付了很好的价钱的。但是假如能够得到钱而不用有这么些麻烦，那么就是更好了。”《最初的爱》第三页。

[56] [一个神圣的诺言] 参看第一场。艾玛丽娜对父亲说：“自从查勒斯离开后，我只想他；我不爱别人；所以我回绝所有别的方面；因为一方面我想到我为他立下的神圣的诺言；一方面在我看见一个年轻人的时候不可能不想：哦，有什么区别！他不是查勒斯！远不是他！”《最初的爱》第二页。

[57] [一年只有 3000 法郎（参看第六场）] 德尔维伊尔讲述道，他为他的外甥查勒斯一年付出 3000 法郎。《最初的爱》第五页。

[58] 原文为拉丁文 in absurdum（进入荒谬）。或译作“不久现实世界用归谬法反证他和他的理论不成立”。

[削减为 in absurdum（进入荒谬）] 拉丁语中所说的归缪，反推到不合理、可笑。参看论证中的归谬法或者反证法“reductio ad（in）absurdum”一个命题的结论通往自相矛盾。

[59] 先存：之前的存在，先于此在的存在。

[60] [艾玛丽娜谈论他父亲根本无法明白的同感] 参看第七场。德尔维伊尔宣称他无法认出这个被人当作是查勒斯的人，艾玛丽娜对他说：“是的，你！这是另一回事，但我！有各种同感，那是永远也不会欺骗的；裘蒂特姨妈会向你解释”，《最初的爱》第六页。

[61] [在八年的流浪……一个必要的条件] 在第十二场，查勒斯说：“在八年的流浪漂泊之后掩名埋姓地回来了，就像迷途的浪子”，稍后：“因为，在我的机灵，以及我的雄辩天赋方面，我不傻。我有着天生的理智和阅读的学养：我由裘蒂特姨妈领大，她教会我认识世界，通过让我读小说和喜剧。要打动一个叔叔的心灵有五六种方式，促使他去原谅；但首要的事情是：一个人是不知名的，这是一个必要的条件。”《最初的爱》从第九页起。

[62] [一个极具魅力……剧烈追逐] 查勒斯自己对把他当成是林维尔的艾玛丽娜这样说。第十六场。《最初的爱》第十二页。

[63] [和帕米拉的那段故事] 在第十六场，装成了林维尔的查勒斯和艾玛丽娜的对话，查勒斯对艾玛丽娜讲述他与缝衣女帕米拉的关系：“看查勒斯和爱他有着同一瞬间的价值。查勒斯很能干，但却无法否定自

己的感情。帕米拉在绝望中要了结自己的生命。她已经举起那杀人的匕首对准自己的胸口——有必要说一下，那不是真正的匕首，而是一把巨大的裁缝剪刀。查勒斯要么得和她结婚、要么得看她死在他的面前。”《最初的爱》第十三页。查勒斯在一些台词之前把他与帕米拉的关系作为“最后的探险”来谈论。第十二页。

［64］［难道血的声音只是一种幻觉？它不是在对你的心说话吗？它不是在对你说话吗，我的宝贵的叔叔］　林维尔在第六场对德尔维伊尔说，后者将他当成了查勒斯。《最初的爱》第四页。

［65］［是啊，自然和血缘的关系是神圣的……要么你一无所有。］在第十二场，林维尔给查勒斯他叔叔德尔维伊尔所支付的一张到期的兑票。查勒斯在与林维尔的交谈中说：这可能吗！多么好的叔叔啊！是啊，自然和血缘的关系是神圣的。是啊，我是总这么想的，我自己总是想，要么你有一个叔叔，要么你一无所有。《最初的爱》第九页。

［66］［哦！好表妹！］　第十八场。

［67］［有许多理由……一个可爱有魅力的女孩］　在第五场中林维尔说：“这女孩应当是美丽而可爱的，她必须有相当可观的财产，必须是有着矜持的口碑，她必须是拒绝了一打求爱者的。我自己想：命中注定必须是我去驯服这颗任何别人都无法征服的心。”《最初的爱》第四页。在第一场，德尔维伊尔想说服艾玛丽娜去和林维尔结婚，对她说：“我觉得你太过分了，但是如果你是一个鳏夫，弗朗什孔泰省区的最领先的铸铁工之一，并且有五万法郎的年息，并且还有一个独生女，你又有什么办法呢？”作为对艾玛丽娜的抗议的回答，德尔维伊尔接着说：“对啊，这正是一个原因，如果你还要知道别的原因，那么听着：我在这个省区里住了三十年，我那时没有财产、没有朋友或者亲戚来帮我；多亏老林维尔先生照顾我；他向我贷出巨大资本，因为我的财产，我从头开始就要感谢他。现在我想要回报我所欠他的，对此我想到的是要靠你了，艾玛丽娜。”第一页。

［68］［主要依据……一个人只爱一次。］　I 在第一场，艾玛丽娜对自己的父亲说：“不，爸爸，你错了。你不知道，最初的印象是最持久的；最初的爱是真正的爱，一个人一生只爱一次；以前裘蒂特姨妈总是对我这样说，现在我自己这样感觉。”《最初的爱》第二页。

［69］原文是拉丁文 ergo（因此）。

［70］［这是一个错误……混淆为将来的东西。］　剧作的最后一句台

词。《最初的爱》第十四页。

[71] [在他没有指环……她又爱他了]　在第九场，艾玛丽娜发现：那装扮查勒斯的林维尔没有戴那与她的指环相配的指环——那是她与查勒斯分手时交换的指环；这使得艾玛丽娜惊呼出来："现在我们俩的关系结束了。"《最初的爱》第八页。在第十二场林维尔得到了查勒斯的指环，第十页。在第十五场，艾玛丽娜与被看成是查勒斯的林维尔最终告别，对他说："我曾有一点爱过你（……）；但是现在根本不爱了。"林维尔把指环交给她作为分手礼物，于是她的怒气中止了，并且她问林维尔是否仍然爱她。第十一页及之后。

[72] [很可恶]　在第十三场，艾玛丽娜对父亲谈起那以林维尔面目出现的查勒斯："不，他多么讨厌。"《最初的爱》第十页。在第十四场，艾玛丽娜自言自语："我一看见他就觉得他讨厌；他的整个气质和他所说的一切，只是增大我的厌恶。"第十一页。

[73] [出于两个理由]　在第十场艾玛丽娜对那她以为是查勒斯的林维尔说到那她以为是林维尔的查勒斯："对啊，对啊，你现在能够感觉那么好；我要尽我的全部可能的努力去在他那里找到快乐；这样我就报复了你，并且显示出对我父亲的顺从。"《最初的爱》第八页。

[74] [埃拉斯姆斯·蒙塔努斯（Erasmus Montanus）]　指霍尔堡的喜剧《埃拉斯姆斯·蒙塔努斯或者拉斯姆斯·贝尔格》（1731）。《丹麦剧场》第五卷。

[75] [霍尔堡]　霍尔堡（Ludvig Holberg，1684—1754），丹麦挪威作家和科学家。从 1717 年起任哥本哈根大学教授，他担任校长并且在 1737—1751 年任基金会负责人。因为当时在小绿街（现在的新阿德尔街）开立一家丹麦剧院，霍尔堡开始写他最初的那些喜剧，三卷本出版于 1723—1725 年。最初的二十五部喜剧以《丹麦剧场》为标题出版 1–5 卷。

[76] 在这里"有限的意图"中的"有限"（endelig）在丹麦语中同时有着两种意义"有限的"和"终结的"，一般来说是可以翻译成"最终的意图"，但是因为在上下文中它所对应的对立形容词是"无限的"，所以翻译成"有限的意图"。然而，对应于后面的一句"这戏也没有结束"中的动词"结束"（ende），那么，"最终的意图"的意义也就跳了出来。

[77] 原文是德文 übergreifende（覆盖性的）。

[78] [衣冠决定人]　对照谚语："是幸运或是不幸，衣装创造人。"

［79］［总是超前一站］　总是走过头，超过的路程相应于邮驿马车路线的下一站的距离。

［80］［由那诸多……匈牙利人相符］　所指出自克莱门斯·布伦塔诺（Clemens Brentano）的小说 *Viel Lärmen um Nichts*. Von Joseph Freiherrn von Eichendorff；und：Die mehreren Wehmüller und ungarischen Nationalgesichter. Von Clemens Brentano，Zwei Novellen，Berlin 1833，ktl. 1850.

第三十三页，述及虚构出的肖像画家维缪勒，他在手头总是画有半百民族面型。

［81］［一段小诗］　指向谣曲："我们有时可以说，一个人避开自己的女孩。然而心灵却牵挂着他最初的爱。"这是艾玛丽娜和化名查勒斯的林维尔在第八场（在艾玛丽娜讯问林维尔关于她的和查勒斯的往事的时候）所唱的。《最初的爱》第七页。

［82］［一个迷途的浪子］　另外对照与《路加福音》中的迷失之子的相似处（15：11—24）在他失去了一切而恨不得拿作为猪食的豆荚来充饥时，他决定回家。"于是起来往他父亲那里去。相离还远，他父亲看见，就动了慈心，跑去抱着他的颈项，连连与他亲嘴。"

［83］［以前的一个故事……要么他就是在阅读］　指 C. D. Biehl 为她自己所翻译的《堂吉诃德》（丹麦文标题 Don Quixote af Manchas Levnet og Bedrifter）所写的前言，她说（在第十二页）："菲利普三世国王一天站在马德里宫殿的窗前，随着目光的扫视他注意到曼扎那尔河边上有一个学生在读一本书，但这学生不时地停下阅读以欣喜和愉快的无比运动敲击自己的额头。对此，国王说：要么这个学生脑子有问题，要么他在读堂吉诃德。"

［84］Hollænder 这个词既有"荷兰人"的意思，又可以用来说打浆机、漂打机和大麦脱壳精碾机。

［85］［在歌德的……在想着要避开她］　指歌德的戏剧《艾格蒙特》第五幕第一场。

［86］［林维尔的第一句说辞］　在第六场林维尔要开始假装查勒斯，他对自己说："鼓起勇气！现在我必须让自己看上去又感人又悲怆才行"，然后对他第一次遇上的德尔维伊尔说："这么说，你是不记得我长什么样了？难道离家八年就能让我的家人不再认识我吗？"《最初的爱》第四页。

［87］［这叔叔……改成 6000 法郎］　指德尔维伊尔对化名查勒斯的

林维尔所说的台词，他向那假查勒斯提出把从前的一年给他 3000 法郎改成 6000 法郎，“但是有一个条件，这就是马上离开这里，并且，我们从现在起有几年要放弃我们间相互见面的双向愉快了”。

[88] [萨哈利阿斯先生]　一个放高利贷的，他找德尔维伊尔来兑现查勒斯的债券。第七场。《最初的爱》第五页。也参看第十二场。第九页。

[89] [父亲的声音]　在第七场，德尔维伊尔不知不觉地泄露出查勒斯已经在家里了，因为他以为林维尔就是查勒斯。《最初的爱》第五页以及之后。

[90] [艾玛丽娜的台词说她有这样一种奇怪的感情]　在第七场，在德尔维伊尔要揭出那事实上是林维尔的查尔斯时，艾玛丽娜喊道：“我一走进客厅就有了这样一种奇怪的感觉，我也不知道这是什么。这就好像是一种声音在对我耳语：他就在那里。”《最初的爱》第六页。

[91] [德尔维伊尔接上……他不直接说出自己的名字的话]　《最初的爱》第七场的摘句。

[92] 原文是拉丁文 desideratur（尚缺席者）。

[93] [林维尔的台词……所希望的更远了]　在第八场，旁白。在之前林维尔说了：“如果我记得正确的话，我在第二天盗取了一个新的吻”。艾玛丽娜回答说：“不！第二天早晨你就从这里离开了”，《最初的爱》第七页。

[94] [艾玛丽娜……同一个人]　在第九场，艾玛丽娜对化名查勒斯的林维尔说：“以前你对我什么都说，你告诉我所有你的心事！但你变了，你不再是同一个人了。”《最初的爱》第八页。

[95] [在逃的锉磨所囚徒]　一个从克里斯蒂安港的“教养、锉磨、预备所”逃出的邪恶的或者逃跑的刑事犯。在 1817 年有一场大规模的犯人暴动，许多犯人逃走但很快又被抓回；七个领头的人被砍了头。

[96] [她承认……没有指环]　在第九场，艾玛丽娜说：“我能够原谅你所有别的事情：你欠债、你把债据转到我父亲头上，随便什么；但是我无法原谅你没有我的指环……”《最初的爱》第八页。

[97] [手上有指环的人]　对照欧伦施莱格尔的喜剧《阿拉丁，或者神灯》。之中灯的精灵对努拉丁说：“不仅仅是我，所有灯的精灵都是这样，弯下膝盖听从那手上有灯的人。”

[98] [喊叫了出来……我无法忍受他]　在第十场。《最初的爱》第

八页。

［99］［第十一场是林维尔的一个独白］　太好了！事态发展得太好了！和父亲争执、和女儿争执！我倒是确实得坦白说：这是一个很看好的计划。我不再是为了好玩而扮演这角色，这让我难过。艾玛丽娜是非常迷人的，我无法再放弃她的手。我当然知道我只需用一句话就能为我的行为做出辩护，但是在我说这句话之前，我必须首先确定她所爱的是我自己，而不是对查勒斯表哥的回忆。人们说，在婚姻中有理由去提防表兄弟们，他们一被提及，我就已经打颤了！因此我为了保险起见要想办法去使她忘记那危险的表哥；因为否则的话这很容易会看上去不对头：如果我今天进入他的位置，那么在结婚之后他就会很容易地进入我的位置。

［100］［最初的那些台词］　在第十二场，查勒斯在台侧说："谢谢！我可能还想要稍稍休息一下，因为再也没有什么东西能比邮信马车更让人疲劳了，尤其是当一个人肚子里空空荡荡的时候。"对他在去德尔维伊尔家的路上所第一次遇到的林维尔说："德尔维伊尔先生可能不在吧?"并且进一步说道："他的女儿也不在吧?"——"这让我高兴"。——"是的，因为我必须与他们谈一下；但是，既然他们不在，我倒是可以想一下我该怎么说"。《最初的爱》第十二页。

［101］［在林维尔和艾玛丽娜最有关系的那一场］　就是说，第八场，艾玛丽娜和自称查勒斯的林维尔重温他们共同的童年回忆。《最初的爱》第六页及后页。

［102］［在这独白中……而去和林维尔结婚］　"他想到午饭然后才想到我！我要让这样一个木瓜做我的丈夫！我一看见他就让我有一种对他的厌恶；他的全部存在以及他所说的一切，增大我的厌恶。然而我却答应了和他结婚并且忘记查勒斯。和他结婚？我会吧，如果到最后事情不得不这样；但是，忘记查勒斯？不，这我做不到！不，心灵悬挂在它的最初的爱情上。"《最初的爱》第十一页。

［103］［萨哈利阿斯先生……那最糟的事情］　也就是查勒斯和帕米拉的婚姻。参看第七场和第十二场。

［104］原文是法文 à tout prix（不惜一切代价地）。

［105］原文是拉丁文 Hinc illæ lacrymæ（由此这些眼泪），语出特伦特（Terent）戏剧《安德里亚》（Andria）第一幕第一场。

［106］［他曾身受过许多异性的追求……太远了］　参看第六场，在

之中化名林维尔的查勒斯告诉艾玛丽娜说他关于查勒斯所知的事情，“他曾身受过许多异性的追求，正如他自己有着一颗非常敏感的心（……）这样看来也没有什么可惊叹的，他有过许多恋爱历险。自然他在这些历险中显示了他的魅力，但也许他有时在自己的魅力中走得太远了。”《最初的爱》第十二页。

［107］“忘记在营地里拉响警报”，丹麦的半成语说法，就是说“忘记掉事情之后果”。

［108］［挪威的王国爆裂］　在关于1000年斯沃尔德的决定性战役——一场介于挪威人、丹麦人、瑞典人和挪威造反者间的战役——的故事中，挪威的国王沃拉夫·特律格瓦森问他年轻的弓箭手艾纳·坦佩斯凯勒韦尔，为什么在他的弓被一支丹麦弓箭射中并且裂开时会有爆炸声：“什么东西爆炸这么响?”沃拉夫问。“挪威的王国在你手中，国王先生，”艾纳回答。“爆裂声不会那么危险吧，”沃拉夫反驳道，并且把自己的弓递给艾纳·坦佩斯凯勒韦尔。在弓箭手张了一下弓之后，他把弓递还给国王并且说：“太弱，国王的弓太弱了。”

［109］原文是拉丁文 in effigie（在图片上）。在图片上；in effigie 在图片上处决一个人就是说，在这个人缺席的情况下消灭这个人的一张图片或者照片。

［110］［菲力普式的谴责讲演］　怒火演说，惩罚演说，以古希腊雄辩家德摩斯梯尼对马其顿国王菲利普谴责演说命名，后来西塞罗使用这一说法来标示他对马尔库斯·安东尼的演说。

［111］原文是德语 Schattenspiel（影戏）。

［112］［我认识……本质的学说］　关于本质的学说构成了黑格尔的《逻辑学》的第二卷。这年轻的哲学家可能是阿德勒（A. P. Adler）。他在《对黑格尔客观逻辑的普及讲座》（*Populaire Foredrag over Hegels objective Logik*）（1842，ktl. 383）中写有一个关于本质学说的章节。可能是谈论维尔德尔（K. Werder），克尔凯郭尔在1841—1842年冬天在柏林去听过他的关于逻辑和形而上学的课。在一封从柏林写给西贝尔恩（Sibbern）的信中（1841年12月15日），克尔凯郭尔谈论了维尔德尔教授作为讲学者的大师水准。在这些课中，维尔德尔论述了黑格尔关于本质的学说；相反，维尔德尔在《逻辑：作为对黑格尔逻辑学的评论和完成》（*Logik. Als Commentar und Ergänzung zu Hegels Wissenschaft der Logik*）中（1841，ktl. 867），他并没

有进入到黑格尔逻辑的这一个部分。

[113] 直接的，就是说，没有得到反思的。这里所谈的各种“直接”的情形都是作为“反思的”、“有过历史的”、“沧桑的”等的对立。

[114] 根据民间说法，如果一个人做鬼脸把面孔扭歪，一旦这时的风向转了，那么，他的扭歪的面孔就再也无法复原成正常的面孔。

轮　作[1]

对一种社会睿智学说[2]的尝试

克莱米罗斯　……人被一切东西填足。
被情爱
卡瑞翁　小麦小圆面包，
克莱米罗斯　声乐艺术，
卡瑞翁　水果馅饼。
克莱米罗斯　被荣誉，
卡瑞翁　糖块，
克莱米罗斯　勇敢，
卡瑞翁　无花果饼。
克莱米罗斯　被荣耀欲，
卡瑞翁　大麦粥，
克莱米罗斯　军队命令，
卡瑞翁　小扁豆汤。

阿里斯托芬：《普鲁托斯》第189页起[3]

克莱米罗斯……任何东西到最后都让人厌倦。
厌倦于爱情，
卡瑞翁　小圆面包，
克莱米罗斯　缪斯的艺术
卡瑞翁　以及糖点。
克莱米罗斯　厌倦于荣誉，
卡瑞翁　糕饼，
克莱米罗斯　勇敢
卡瑞翁　以及无花果面包。
克莱米罗斯　厌倦于荣耀，
卡瑞翁厌倦于炒鸡蛋，
克莱米罗斯　厌倦于命令，
卡瑞翁　厌倦于素菜。[4]

阿里斯托芬的《普鲁托斯》[5]，根据德罗伊森的翻译[6]

富有经验的人们声称，从一种基本命题出发应当是非常有理智的；我遵从他们的说法并且从“所有人都是无聊乏味的”这句基本命题出发。或者，难道有什么人会足够无聊乏味到了要来反对我这说法的程度吗？这一基本命题现在在最高的程度上有着那种令人厌恶的力量，那种人们总在“那否定的”之中要求的令人厌恶的力量。在这里，“那否定的”在根本上是一种运动原则[7]；它不仅仅是令人厌恶的，而且还是无限地令人觉得可怕的，并且，那在身后有着这一基本命题的人，则必定要有着一种无限的航速来作出这一发现[8]。也就是说，如果我的命题是真的，那么，我们只需就自己的情形去考虑，无聊（Kjedsommelighed）对于人来说是有着多么大的腐蚀败坏作用，在我们进行这样的考虑时，我们根据自己想要在怎样的程度上减低或者增大自己的动量[9]而进行或多或少的调节；如果我们几乎是不顾对火车头构成危险而要把运动的速度推到最高，那么我们就只需对自己说：无聊是万恶之源。无聊自身是一种如此宁静平稳的东西，但它能够有着这样的一种力量去使得运动进行起来，这真是够奇怪的。无聊所施展出的是一种彻底的魔法作用，只是这作用不是吸引人的作用，而是排拒人的、让人反感的作用。

无聊有着多么大的腐蚀败坏作用，这也是所有人相对于孩子而言都承认的。只要孩子玩得愉快，那么他们总是乖顺的，我们可以在最严格的意义上这样说，因为，如果他们有时甚至在玩耍时都失控，那么，这其实是因为他们开始感到无聊乏味；无聊已经趋近，只是以另一种方式行进罢了。因此，如果我们选择一个保姆，那么我们在本质上总是要看，不仅仅看她是否清醒、忠实和和善，而且我们也有着一种审美上的考虑，她是不是懂得去让孩子们开心，并且，我们会毫不踌躇地辞退一个保姆，如果她不具备这一品质，哪怕她有着所有别的卓越美德。在这里，这一原则是足够明确地得到了认可的，但是，世界上的事情是奇怪的，习惯和无聊在这样一种程度上占据了这样的优势，以至于保姆的情形是唯一审美获得公正对待的情形。如果我们因为妻子无聊乏味而想要离婚，或者如果我们因为一个国王看上去无聊乏味而要求他逊位，或者我们因为一个牧师听上去无聊乏味而要求放逐他，或者我们因为一个部长无聊乏味而要求罢免他，或者因为一个记者是令人觉得可怕地无聊乏味而要求判处他死刑，那么，我们的要求肯定是无法被人可接受的。世界向后倒退，邪恶的事物向四周扩展开，这又有什么奇怪的呢，既然无聊在增大而无聊是万恶之源。关于这个，我们可以一直追踪到世界的开始。诸神觉得无聊乏味了，因此他们创造了人[10]。亚当觉得无聊乏味了，因为他只有一个人，因此夏娃就被造了出来[11]。从这一瞬间起，无聊进入了世界，并且，最精确地根据人口增长的尺度而增长。亚当单独地觉得无聊乏味，然后亚当和夏娃结合在一起觉得无聊乏味，然后亚当和夏娃和该隐和亚伯作为家庭[12]觉得无聊乏味，然后世界中的人口增长了并且人们全体地[13]觉得无聊乏味。为了获得消遣，他们有了造一座塔的想法，这座塔要高到进入云霄之中[14]。这一想法之无聊乏味正如这塔之高远，并且它是一个可怕的见证，见证无聊是怎样赢得它的优势的。然后他们被分散世界上，正如我们现在去外国旅行，但他们继续无聊乏味。并且，哪些后果是这一无聊所不具备的。人站得高并且跌得深，先是通过夏娃，然后是从巴比伦塔上。在另一方面，那推迟了罗马毁灭的东西是什么，那是面包和戏[15]。在我们的时代，人们做什么呢？人们在为找到某种消遣的手段而思考吗？恰恰相反，人们在加快毁灭到来的步伐。人们想到去召集一场代表大会[16]。难道谁还能想象出什么更为无聊乏味的事情吗，不管是对于那些参与者先生们还是对于那些读到和听到他们[17]的人？人们想要通过节省来改善国家财政[18]。难道谁还能想象出什么更为无聊乏味的事情吗。人们不是去增大债款，而是去分期偿还。根据我所知的政治形势来看，借一笔一千五百万[19]的款子对于丹麦来说是一件很容易的事情。为什么没有人这样想。我们偶尔听说这样的事情，一个人是天才并且不还自己借的债，为什么一个国家就不能做同样的事情，只要有着一致的同意？借一笔一千五百万的款子，不是用来分期还债、而是用于公共娱乐。让我们带着欣悦和欢喜来欢庆我们一千年的王国吧。正如现在到处都是小罐子[20]，人们可以往里面扔钱，按理应该到处都是碗钵，里面装满了钱。一切都是免费的；人们免费上剧院、免费去找公共妓女，人们免费坐车去鹿苑，人们得到免费葬礼、人们免费得以听人宣读对自己的悼词；我说免费；因为如果人们总是有钱在手上，那么以某种方式一切就是免费的。没有人可以拥有固定财产。只有我应当是例外。我为自己在伦敦银行里固定地每天存进一百元国家银行币[21]，一方面是因为更少钱无法满足我、一方面因为给出这个主意的人是我，最后因为人们无法知道在一千五百万被用完了之后我会不会又想到新的注意。这一福利状态的结果会是什么？所有伟大的事物都会涌向哥本哈根，那些最伟大的艺术家、演员和舞蹈家们，哥本哈根会成为另一个雅典。结果会是什么？所有富人会在这一都市住下。在他们之中会有波斯的皇帝和英国的国王也来到这里。看，现在我又有另一个主意。去把皇帝的人身当财产占有下来。也许有人会说：在波斯会有暴动，人们拥戴新的皇帝上台，这在从前常常发生，而这样旧的皇帝就跌价了。如果是这样的话，我的主意就是把他卖给土耳其人，这土耳其人肯定会知道去用他来赚钱。另外，还有一种情形看来是我们的政治家们所完全忽略的。丹麦是欧洲的平衡点。再也无法想象出什么比这更幸运的存在了。我从我自己的经验中知道这个。我曾是一个家庭中的平衡点，我能够为所欲为，有问题从来落不到我身上，倒霉的总是别人。哦！我的话语该是涌进了你们的耳朵吧，你们这些身居高位的负责着管理、管理、再管理的人们、你们这些国王的人和人民的人、来自所有阶层的明白而有理智的公民们！小心注意了！旧的丹麦在走向毁灭，这是致命的，它因为无聊而走向毁灭，这是最最致命的。在古代，那最美丽地颂扬死者的人成为国王[22]；在我们的时代，那讲出最好笑话的人应当成为国王，而那为讲出最好的笑话提供了机缘的人应当成为太子。

然而，美丽的感伤热情，你多么使我忘情！我是不是该如此开口去向我的同代人们讲演、去向他们传授我的智慧？不，绝不；因为事实上我的智慧不是让每一个人去使用的[23]，而那最睿智的做法是对睿智律总是保持沉默。因此，我不想要门徒，但是，如果一个人在我临终时站在我床前，那么，我也许在我确定了我的一切正在结束的情况下，在一种慈善的迷狂突发中，会对着他的耳朵低声讲述我的学说；无法确定我这样做到底是不是在给他带来好处。人们谈论很多关于“人是一种社会性的[24]动物”[25]，在根本上人是食肉动物[26]，这是不仅仅能够通过对其牙齿的观察而得以确定的。因此，这关于社会性和社会的所有泛泛之谈，一方面是一种遗传下来的虚伪、一方面是一种精心构思的诡诈。

然而，所有人都是无聊乏味的。这个词本身显示出了一种划分的可能性。这个词：无聊乏味，既能够被用来标示一个让别人觉得乏味的人，也可以被用来标示一个使自己感到无聊的人。那些让别人觉得乏味的人，是市民、是庸众、是人在普遍共性之中的无限队列；那些使自己感到无聊的人，是那些特选者、是高贵者；那么奇怪的是：那些不使得自己觉得无聊乏味的人，一般使得别人无聊乏味，而相反那些使得自己觉得无聊乏味的人，使别人得以娱乐。那些不使得自己觉得无聊乏味的人，一般就是那些以某种方式在世界中忙碌着的人，而恰恰因此这些人就是那些最无聊乏味的人，那些让人无法忍受的人。无疑，这个动物类不是男人的欲求（Begjær）和女人的欲乐（Lyst）[27]的果实。就像所有低级的动物类一样，它的标志是高度的繁殖力并且在令人无法思议之中繁殖。令人无法理解的地方还有：大自然居然需要用九个月的时间来生产这些的本来可以一打一打地被生产出来的生物。那另一类的人，那些卓越的人，是那些使得自己觉得无聊乏味的人。正如前面所提及的，他们一般使得别人愉快，——这“别人”，有时候以某种外在的方式是平民庸众，而在更深刻的意义上则是那些相知同类。他们越是彻底地使自己无聊乏味，他们为那些别人所提供的消遣方式就越有力，在无聊达到其最高点的时候也是如此，因为这时他们要么（被动的定性）死于无聊、要么（主动的定性）因好奇而将自己发射出去。

人们习惯于说：闲散是万恶之首。为了遏制“那恶的”，人们推荐“工作”。然而，我们很容易看出来——不管是从那引发出惊慌的机缘还是从那被推荐的手段看：这整个观点是出自一种非常庸俗的市民家传。在人们不无聊的时候，闲散本身根本不是什么邪恶之源，相反它是一种真正的神圣生活。固然，闲散能够给出让人失去财产等等的机缘；但是那些高贵天性不畏惧这一类事情，而是怕无聊。奥林匹斯山上的诸神不无聊，他们幸福地生活在幸福的闲散之中。一个美丽的女性，如果她既不缝纫、也不纺线、也不烫衣、也不阅读、也不演奏，那么她就是幸福地处在闲散中，因为她不无聊。于是，闲散就是这样远远地不是邪恶之源，以至于更确切地我们可以说它是真正善的东西。无聊是邪恶之源，它才是人们该保持远离的东西。闲散不是“那恶的”，甚至我们可以说，每一个对闲散没有感觉的人因没有这感觉而显示出他还没有将自己提升到“那人性的”（det Humane）水准上。在这样一个人的生活里有一种不知疲倦的活动使得他被隔绝在精神的世界之外而将他置于动物的类别中，这些动物总是本能地不得不处在运动中。有些人有着一种把一切都变成生意的非凡才能，他们的整个生活是生意，他们带着与他们在办公室工作时同样的生意热情去恋爱和结婚、听一个笑话和赞叹一部艺术作品。拉丁谚语“闲散是魔鬼的枕头”[28]说得完全对；但在人不无聊的时候，魔鬼就没有时间把头放在这个枕头上。然而，既然人们相信“去工作”就是人的定性，那么这一对立就是对的：闲散——工作。我认为“让自己开心”是人的定性，因此我所说的另一种对立至少是同样地正确。

无聊是魔性的泛神论[29]。如果一个人持续不变地处在这样的状态中，那么它就成为“那恶的”，相反，一旦它被取消掉，那么它就成为真正的泛神论；但是它只通过“让自己开心”而被取消，——所以[30]，人们应当让自己开心。“它通过工作而被取消”，这样的说法泄露出不明确性；因为闲散无疑会被工作取消掉，因为工作是闲散的对立面，而无聊则无法被工作取消，正如我们在这样的事实中看见：那些最忙的劳作者、那些在它们繁忙的营营飞舞中最呼呼不止的昆虫是最无聊乏味的；如果它们不觉得无聊，那么是由于它们对于什么是无聊一无所知，但在这样的情况下无聊并不是被取消了。

无聊一方面是一种直接的天赋，另一方面是一种后天获得的直接性。在总体上，英格兰民族是范式的民族。真正天生的懒散是我们很少遇到的，在大自然中是没有的，它属于精神的世界。我们有时候碰上一个旅行中的英格兰人，就像这一天赋的化身，一种沉重的无动于衷的旱獭，其整个语言宝藏构成了一个唯一的单音节字、一个感叹词，——他使用这个词来标示自己的最高的赞叹和最深的无所谓，因为赞叹和无所谓在无聊的统一体中失去了区别。除了英格兰之外，再也没有什么别的民族出产这样的自然奇观；任何一个属于别的民族的人总是会稍稍更活泼一些而不是如此绝对地一副未生先死的样子。我所知的唯一类比就是空洞热情的使徒们，他们也同样地坐在一声感叹上作贯穿生命的旅行，这样的人们，他们到处把热情洋溢当职业、到处在场，不管发生了重要的还是不重要的事情，都叫喊“啊”或者“噢”，因为对于他们而言，“重要的事物”和“不重要的事物”的差异在那盲目喧嚣的“热情洋溢”的空虚之中失去了区别。那后来的[31]无聊则通常是一种被误解的消遣。那作为“用来针对无聊的手段”的东西能够这样招致无聊，这看起来令人深思的；但是，也只有在它被不正确地运用的情况下，它才会招致无聊。一种歪曲的、在通常的情况下是古怪的消遣在自身之中也有着无聊，以这种方式看，它是通过努力而出现的，并且显现为“那直接的”。正如我们对马进行“死蹒跚病”和“飞蹒跚病”[32]的区分，但把两种类型都称作蹒跚病；我们也可以以这样的方式来为两类无聊做一下区分，而它们却都同属于无聊定性之下。

在一般的情况下，在泛神论中有着一种充实（Fylde）的定性，而“无聊”的情形则反过来，它是建立在空虚之上的，但恰恰正因此，它是一种泛神论的定性。无聊立足于那缠绕遍生存（Tilværelsen）的乌有，它的昏晕是无限的，就像那种向一个无底深渊望下去时的晕眩。因此，那种古怪的消遣是建立在无聊之上的，这一点也可以从这里看出来：这消遣发着回响却没有共振、没有回响的声音，恰恰因为在乌有之中甚至没有足够的东西来使得一声回响成为可能。

现在，正如上面所展开论述的，如果无聊是万恶之源，那么又有什么是比设法去克服它更为自然的事情呢？但在这里的情形正如在所有别的地方，我们尤其要进行平静的思考：我们不要被无聊魔性地迷住而以至于在我们想要逃避开它的时候反而沉陷进了它之中。所有无聊着的人们呼叫着变化。对此，我完全同意他们，只是在这里关键是在于要去依照原则行动。

我与人们普遍所具看法的分歧通过一个词就能够得到足够的表达：轮作。看起来仿佛在这个词中有着一种暧昧双义，而如果我要在这个词中为一种对那普通的方法的命名找到空间，那么我就得说：轮作在于不断地轮换土壤。然而，农民们却不是这样使用这个表达词。不过我在一时一刻间还是要这样地使用它来谈论这样一种轮作，这轮作依据于变化之没有边际的无限性，它的广延向度。

这一轮作是粗俗普通的轮作、非艺术性的轮作，并且处在一种幻觉之中。一个人厌烦于生活在农村，他旅行到首都；一个人厌烦于自己的祖国，他旅行到国外；一个人“厌倦于欧洲”[33]，他旅行到美洲，等等，一个人献身于一种关于“从一颗星辰到另一颗星辰的无边旅行”的狂热希望。或者，那运动是另一个方式的，但仍然是广延的。一个人厌烦于以瓷器吃饭，他以银器吃饭；一个人厌烦于以银器吃饭，他以金器吃饭；为了看特洛伊的大火，一个人烧掉半个罗马[34]。这一方法取消自己，并且它是坏的无限（den slette Uendelighed）[35]。那么，尼禄最终达到了什么呢[36]？没有，还是安东尼大帝[37]更聪明，他说："重新从头开始你的生活，是在你的权限之下。再去看那些你以前所做的事物。所谓重新从头开始你的生活，恰恰在于此。"（第七书，2.）[38]

我所建议的这种方法，不是在于去改变土壤，而是作为那真正的轮作——对耕作方法和种子类型的改变。在这里马上有着限制原则，它是世上唯一的拯救原则。一个人越是限制自己，他就越是变得有创造性。一个孤独的终身囚犯是非常有发明力的，一只蜘蛛可以是他的巨大娱乐物。我们想到自己的学生时代，我们进入那样一种年龄，在那时在对那些要教学的人们的选择上没有任何美学考虑，并且因此他们都是非常无聊乏味的人；我们在那时又岂不是有着许多突发异想？这让我们多么快活：抓住了一只苍蝇并把它关在核桃壳下，并且，看哪，它是怎样拖着这核桃壳打着转跑动；这让我们多么开心：在桌上挖了一个洞，把苍蝇关进这个洞里，并且通过一张纸看下去！去听那单调的房檐滴水，难道不是能为我们带来那么大的乐趣吗？什么样的严谨观察者是我们成为不了的，哪怕最小的声响和动态也都躲不开我们的注意力。这里有那原则的锋芒，它不是通过广延度而是通过强烈度来寻求抚慰的。

在对耕作方法的改变上，一个人越有创造力越好；但是每一个单个的变化则是在于那介于回忆和忘却间关系的一般规则之内的。正是在这两种急流中，整个生命运动着，因此，以一种正确的方式控制住这两者就是很重要的了。要等到在我们把希望丢弃的时候，只有到了这时候，我们才开始艺术性地生活，只要我们还在希望着，我们就无法限定自己。看一个人带着希望的顺风起航入海，这确实是美丽的，我们可以借这个机会让自己拖在驳船绳上跟着，但是我们自己永远都不应该让这希望进入自己的小船，作为舵手就尤其不可以了；因为它是一个没有信义的船长。因此，希望也是普罗米修斯的可疑礼物之一；作为那些不朽者们先见之明的替代物，他给予人类希望[39]。

忘却——所有人都想要这个；在他们遇上了什么令他们不快的事物时，他们总是说，真羡慕那能够忘却的人。但是“去忘却”是一种艺术，要在事先训练。能够遗忘总是依据于人怎样去记得；但人怎样去记得，又依据于人怎样去体验现实。那带着希望的冲力疾跑的人，他会如此回忆而以至于他没有能力去忘却。因此，不去为什么东西惊叹[40]是真正的生活智慧。对一个人来说，每一个生命环节所具的意义都不能超过这样的一个限定：在任何一个瞬间，只要他想要忘记它，他就能够忘记它；而从另一方面看，每一个单个的生命环节对于他必须有着足够大的意义而使他在每一瞬间都能够记得它。记性最好的年龄也是最健忘的年龄，那就是童年时代。一个人诗意地记得越多，他就越容易忘记，因为“诗意地记得”在实际上就只是对于“忘记”的表达。如果我诗意地记得，那么，那被体验的东西就已经有了一种变化，通过这种变化，这被体验到的东西就失去了所有那使人痛苦的成分。为了能够以这样的方式回忆，我们就必须去留意，我们是怎样生活，尤其是我们是怎样享受的。如果我们不管三七二十一地一路享受到底，如果我们不断地带走享乐能够提供的最高点，那么我们就会既无法回忆也无法遗忘。也就是说，除了一种我们能够想要去忘记、但现在以一种不自觉的回忆来骚扰的厌腻之外，我们再也没有什么别的东西可回忆了。因此，如果我们觉察到，享乐或者一个生命环节过于强烈地使我们沉迷，那么我们就停下一瞬间并且去回忆一下。再也没有比“过久地沉湎”更好的引起厌倦感的手段了。我们从一开始就对享乐进行控制；并不是每一个决定都使得我们全力以赴，我们带着一定的猜疑去投身，只有这样我们才能够说这样的成语是谎言，——这成语说鱼和熊掌不可兼得[41]。无疑，警察禁止人们带秘密武器[42]，但再也没有什么武器比“能够回忆”这一艺术更危险的了。这是一种奇特的感受，如果我们在享乐的过程中为了回忆而观察这享乐的话。

如果我们在“去忘却”的艺术和“去回忆”的艺术中以这样的方式完美了我们自己，那么我们就有能力去和整个生存打羽毛球了。

在“去忘却”的力量上我们事实上能够量出一个人的弹力。那无法去忘却的人，他总是达不到很多。是否在什么地方有着一条忘川[43]在潺潺流动，我不知道；但我所知的是，这一艺术是可以得到发展的。然而，这艺术却绝不是在于那单个的表达会消失得无影无踪；因为健忘性并不等同于“能够去忘却”的艺术。我们也很容易看出，通常人们对这一艺术所理解的程度有多么低；因为他们常常只是想要去忘记那不愉快的、而不是那愉快的东西。这就泄露出一种完全的片面性。如果以正确的表达来说，也就是，遗忘是那把被体验了的东西归减为共振板的真正同化过程。因此，大自然之所以是如此伟大，那是因为它忘记了它曾是混沌（Chaos）[44]，但这一想法在任何时候都会冒出来。既然，我们常常只是关联到不愉快的事物而想到遗忘，因此我们常常就把它想象成一种抑制性的狂野力量。但遗忘却相反是一种平静的劳作，并且，它在相对于愉快的事情时应当与在相对于不愉快的事情时有着同样的关系。作为过去的，恰恰是作为过去的，在愉快的事物自身之中也内在地有着一种不愉快，通过这种不愉快它能够唤醒缺憾；这一不愉快通过遗忘而被取消。不愉快的事物有着一种针刺，这谁都承认。这也通过遗忘而被去掉了。然而，如果我们就像那许多在“去忘却”的艺术中作弊的人们那样，把那不愉快的事物全部掸掉，那么我们马上就会看出这会有什么好处。在一个失去警惕的瞬间里，这不愉快的事物就会以“那突然的东西”的所有力量来让人感到惊讶。这对于一个理智头脑中井井有条的安排来说是完全有冲突的。没有什么不幸、没有什么灾难是如此不友善、如此充耳不闻，它不接受丝毫恭维阿谀；甚至冥府的看门狗都接受蜜糖糕[45]，而我们所诱骗的可不仅仅是女孩子们而已。我们努力去说服它并以此来夺去它的敏锐，绝不是想要去忘却它，而是想要通过忘却它而去回忆它。有些回忆具备这样的特性，我们会觉得永恒的遗忘是针对它们的唯一手段，甚至对于这样的回忆，我们也允许自己的这种狡猾，并且，那熟练的人成功于伪造作假。遗忘是我们用来剪除我们不能使用的东西的剪刀，但有必要说明一下：是在记忆的最高度监视之下进行剪除。以这样的方式，遗忘和记忆是同一回事，并且这种艺术性地获得的同一性是我们用来举起整个世界的阿基米德点[46]。我们说，把某件事情写进遗忘之书[47]，这时，我们其实是同时在暗示“它被遗忘”和“它却又被保留”。

“去回忆”和“去忘却”的艺术也会起预防作用，这样我们就不会卡在任何单个的生命关系中，并且它确定我们有一个完美的飘荡飞旋。

这样，我们要警惕友谊。一个朋友是怎样被定义的？一个朋友不是哲学所说的那必然的第二者[48]，而是那多余的第三者。友谊的仪式是哪些？人们相互称“你”[49]地喝酒、人们打开血脉、将自己的血混同于朋友的血。这一刻在什么时候到来，是难以确定的；但是它以一种谜一样的方式预告自己的到来，人们能够感觉到这个，人们无法再相互向对方称“您”。在这一感觉在场了之后，看来人们就永远也不会犯像姬尔德·韦斯特伐拉和刽子手相互称“你”地喝酒[50]时所犯的那种错了。——友谊的确定标志是什么？古代回答说：意愿相同、不愿相同，这时才是坚实的友谊[51]，并且也是极其无聊乏味的。友谊的意义是什么？在主意和行动上的相互协助。因此，两个朋友紧密地联合在一起以求相互对于对方成为一切；并且即使一个人对于另一个人除了能够成为妨碍之外根本不能成为别的什么东西，也是如此。当然，人们能够以金钱相互帮忙、相互帮忙穿大衣脱大衣、相互成为对方的谦卑仆从、在一次真诚的新年祝贺上聚首、同样也[52]聚首于婚礼、生孩子和葬礼。

但是因为我们要远离友谊，并不因此我们就得不与人接触地生活。相反，尽管我们在一个时期里有着同样的运动冲力，但只要我们总是这样地有远远更大的速度来使得我们能够从之中跑出去，那么，这些关系有时候也可以作出一种深刻的转向。人们无疑会认为这样的一种行为将留下不愉快的回忆，会认为这不愉快的成分是在于：一种关系从“对于一个人曾是某物”缩减为“是乌有”。这却是一个误解。就是说，不愉快的事物是生命之郁闷中的辛辣成分。另外，这同样的关系可以重新以另一种方式来获得意义。我们要小心的是：绝不去卡在什么地方，并且为了这一目的而总是让“遗忘”在耳朵后面回响。有经验的农民有时休耕，这社会睿智学说同样也推荐这个。一切无疑会再来，但是以另一种方式；那曾经被安排在轮流中的事物继续留在这轮流中，但是在耕作方式上被安排出变动。因此，我们希望非常一贯地在一个更好的世界里遇会我们的老朋友和老相识，但我们并不像人众们那样惧怕这些老朋友老相识会变化得太多以至于我们无法再认出他们；相反我们其实是害怕他们会是完全没有任何改变。甚至最无关紧要的人能够借助于这样一种理智的耕作而赢得的这东西，它是多么不可思议啊。

我们绝不让自己陷入婚姻。结了婚的人们，他们相互许诺永恒的爱情。现在，这是够容易的，但也没有什么巨大的意味；因为，如果一个人和时间的关系终结了，那么这个人和永恒的关系想来也就结束了。因此，如果前面提到的那结婚的人们不是说直到永远，而是说：直到复活节[53]，或者，直到五月的第一天[54]，那么他们所说的话中就还有些意义；因为在这两者中，人们都说出了某物，并且是人们也许能够达成的某物。在婚姻里是怎样的呢？短短一段时间之后，首先是一方感觉到有了问题；然后另一方抱怨起来并且响彻云霄地高喊：“不忠，不忠。”在一段时间之后，另一方也跑到了同样的点上，这样就达成了一种中性，因为互相的不忠两讫于共同的满足和愉快。然而这却还是太迟了；因为一场离婚是关联着巨大的麻烦的。

既然婚姻的情形是如此，那么，人们以许多方式借助于道德性的支柱来撑住它，这就没有什么奇怪的了。如果一个人要和自己的妻子离婚，那么人们就会喊：他是一个鄙劣的人、一个恶棍等等。多么可笑，对于婚姻，这是怎样的一种间接的攻击啊。要么婚姻在自身之中有着实在性，那么失去了婚姻对于他就是足够的惩罚了；要么它不具备实在性，那么去辱骂他就是没有道理的，因为他比别人更聪明。如果一个人对自己的钱感到无聊乏味并且将它们扔出窗户，那么不会有人说他是一个鄙劣的人；因为，要么钱是有着实在性的并且这样剥夺自己的钱对于他就是足够的惩罚了，要么钱没有实在性，这样他其实就是聪明的。

我们必须总是警惕着，不要轻易去进入任何契约性的生命关系，通过这种关系一个人会成为更多人。因此，友谊已经是危险的了，而婚姻则更不用说了。固然人们说，结了婚的人们成为一体[55]；但这是一个昏暗神秘的数字。在人们是更多个的时候，那么人们就失去了自己的自由而不能在自己想要去旅行的时候去定做旅行鞋，就不能无常地漫游。如果一个人有妻子，那是麻烦的；如果一个人有妻子并且也许有孩子，那是艰难的；如果一个人有妻子和孩子，那是无法忍受的。固然，我们有这样的例子，一个女茨冈人一生把自己的丈夫背在肩上[56]，但是，一方面这是一种罕见现象，一方面在长时间里这会让人疲倦——对于那丈夫而言。另外，通过婚姻，一个人就被卷入一种高度致命的习俗上的连续，而习俗就像风雨雷电一样是完全地不可定性的东西。在日本，据我所知，习俗就是这样：男人也躺在分娩床上[57]。为什么这样的时代就不会来到，说不定欧洲到了那一天也会采用外国的习俗。

友谊已经是危险的了，婚姻则更危险；因为，一旦一个人进入了与一个女人的持续性的契约关系，女人就是在毁灭并且继续毁灭着男人。拿一个年轻人打比方，活蹦乱跳英勇得就像一匹阿拉伯马，让他去结婚，他就迷失了。一开始女人是骄傲的，然后她就虚弱，然后她就晕眩，然后他就晕眩，然后整个家庭就晕眩。一个女人的爱只是装模作样和弱不禁风。

因为我们不让自己进入婚姻，并非因此就需要让我们的生活成为没有爱欲的生活。爱欲的东西[58]也应当有无限性，但那是诗意的无限性，它也可以被限定在一小时或者一个月中。如果两个人相爱并且感觉到他们相互注定了是对方的，那么在这时，重要的就在于要有勇气去中断；因为继续下去的结果只会是失去一切而赢得乌有。这看来是一个悖论，它确实只能作为感情的对象，而无法作为理智的对象。在这个领域里，尤其重要的是能够去使用心境，如果我们能够使用心境，那么我们就能够获取一种对于各种组合的无穷轮换。

我们永远也不要去把一种职责生意[59]招上身。如果一个人去出任公职，那么他就成为了一个真正的“张三李四王某某”、成为了国家体制机器上的一个小齿轮；他停止了自己去成为耕作的主人，并且那理论在这时也帮不上什么大忙。他获得一个头衔，而在这头衔之中有着“那罪”和“那邪恶的”的所有后果。那用来奴役他的法律是同样地无聊乏味，不管提升的速度是快还是慢。他再也无法去掉一个头衔，如果实在要去掉它，那么就得借助于一个犯罪行为使他去获得一次公共鞭刑[60]，但即使这样我们也无法确定他的头衔就真的被去掉了，因为通过王室政令，他可以获得赦免并重新得到自己的头衔。

虽然我们要远离各种职责生意，我们却不应当怠惰无所作为，相反我们应当把重心放在所有能够等同于“徒劳无益”的工作上，我们必须从事各类无法获利的艺术创作。从这方面看，我们不应当像在强烈度上那样地在广延度上展开，并且，虽然我们在年龄上变得更大，老古话还是显示出它的正确性：要让孩子愉快是很容易的[61]。

现在，正如我们根据这一社会睿智学说在一定的程度上变换土壤；因为，假如我们想要只和一个人有关地生活，那么轮作就必定很难实践，就好像如果一个农民只有可种一桶种子的地[62]，那么后果就会是他永远无法闲置这土地，而这闲置是那么极端地重要的[63]；同样，我们也必须不断地变换自己；这是真正的秘密。为了这个目的，我们必然地需要能够控制各种心境。在这样一种“在我们想要让它们出现的时候就能让它们出现”的意义上去控制它们，那是不可能的，但是睿智学说所教的是去利用瞬间。正如一个有经验航海者总是审视水面，并且提前很早就预言出暴风的来临，这样，我们也应当总是在事先看出心境。在我们进入这心境之前，我们必须知道，它是怎样作用于我们自己的以及它可能怎样作用于别人。我们首先是稍稍敲击来引发出纯音调，并且看出一个人潜在地可能会是怎样的人，然后跟上半色调。我们实践得越多，就越是容易使自己确信，在一个人身上常常有着许多我们从不曾想到的可能性。比如说敏感的人，这些人就其自身是一个极其无聊乏味的人，如果他们发起火来的话，那么他们常常是很好玩的。调侃是一种尤其出色的探测工具。

在随意性之中有着全部的秘密。人们以为，“随意”不是什么艺术，然而要以这样一种方式随意——在让自己不迷失于之中的同时也让自己从中获得乐趣，却是一门高深的学问。我们不是在享受直接的东西，而是完全另外的东西——是我们自己随意地置于之中的其他东西。我们看一部戏的中场，读一本书的第三部分。由此我们获得一种完全另外的享受——完全不同于那作者曾善意地设计想象它的读者会得到的享受。我们享受某种彻底偶然的东西，我们在这一立足点上观察整个生存，让它的实在性在之上搁浅。我在这里举出一个例子。有一个人，由于生活中的境况，我不得不听他的闲聊。他不放过任何一个机会随时都会来一段小小的哲学讲演，极端地无聊乏味的讲演。在几乎绝望的时候，我突然发现：在他讲话的时候，他非同寻常地大量出汗。这一排汗现象吸引了我的注意力。我看汗珠是怎样在他的额头上聚集起来，然后聚合为小溪，沿着他的鼻子滑下，终结于一种滴状体悬挂在他的鼻尖上。从这一瞬间起，一切都改变了，我甚至能够从中获得喜悦：去鼓励他去开始他的哲学指教，仅仅只为了观察他额头上和鼻子上的汗。巴格森[64]在一个地方说及一个人，这个人无疑是一个非常和善的人，但是，他有一样东西和他作对：没有什么词可以和他的名字押韵。像这样地去让生命的各种实在性在这样一种随意的趣味之中变得没有区别而无所谓，这是极其有益的。把某种偶然的东西弄成那绝对的，并且使之就其自身成为绝对赞叹的对象；尤其是在性情处在运动中的时候，这样做的效果尤其出色。相对于许多人而言这一方法是一种很好的刺激手段。人们把生活中的一切看成是一种赌注，等等。一个人越是始终如一地知道去坚持随意性，那些组合就越是好玩。一贯性的程度高低总是显示出一个人是艺术家还是外行；因为，在一定的程度上所有人都做同样的事情。一个人用来看现实眼睛必须不断地变化。新柏拉图主义认为：那些在世界上曾不怎么完美的人们在死后根据他们的应得的报应成为完美程度不一的动物；比如说那些曾在较低程度上遵行公民美德的人们（小商贩），成为公民性的动物，比如说蜜蜂。这样的一种生命观，在这里、在这个世界中看所有人被变成动物或者植物（普罗提诺也认为是这样[65]：有些人被变化为植物），这样的生命观给出了一种丰富的轮换之多样性。画家提希白恩尝试了去把每一个人理想化为一个动物[66]。他的方法有着这样的错误：它过于严肃，并且在努力找出一种真正的相似性。

一个人之外的偶然性和这人之内的随意性是相应和的。因此，我们总是要保持对那偶然的睁大双眼，总是就绪待发[67]，如果有什么事物会出现在我们面前的话。那些所谓的社会性喜悦，人们提前了八天或者十天来为之做准备，并没有什么大意义；相反，甚至那最微不足道的事物也可以在一个偶然事件中成为娱乐的丰富材料。在这里进入细节是不可能了，没有什么理论能够走到这么远。即使是那最详尽的理论与天才在自己的无所不在[68]中所轻易地发现的东西相比也只是贫乏而已。

注释

［1］［轮作］　轮作或者轮换耕作，是农业专业用语，用来标示一种耕作形式，人们在同一块地上依次种植不同的作物或者使用不同的耕作方

式，或者，在不同的地上交替变换地种植一种作物，以保护土壤的生产力。轮作在1800—1840年前后被尝试着加入到丹麦农业中，其中耕地闲置是当时轮作的一个重要元素。

［2］［社会睿智学说］　人们谈论一种社会性的睿智学说，这就是在表述和展示，这样的学说是建立在对于“人在事实上是有着怎样的本性”的经验上的，比如说，人是一种自私的生物，而不是建立在“人应当是什么”的理想化观念上。

［3］原文为希腊语：*Χϱεμυλος*.

189. ...... ἐστὶ πάντων πλησμονή.

190. ἔϱωτος.

Καϱιων.

ἄϱτων.

Χϱεμυλος.

μουσικῆς.

Καϱιων.

τϱαγημάτων.

Χϱεμυλος.

191. τιμῆς.

Καϱιων.

πλακούντων.

Χϱεμυλος.

ἀνδϱαγαθίας.

Καϱιων.

ἰσχάδων.

Χϱεμυλος.

192. φιλοτιμίας.

Καϱιων.

μάζης.

Χϱεμυλος.

στϱατηγίας.

Καϱιων.

φακῆς.[i]

［4］［Cfr. Aristophanis … sqq.］　参看阿里斯托芬的《普鲁托斯》

(*Plutus*)。

[5] [Chremylos … am Gemüs’]　德语：

Cfr. Aristophanis Plutus v. 189 sqq.

Chremylos.

……an Allem bekommt man endlich Ueberdruß.

An Liebe

Karion.

Semmel.

Chremylos.

Musenkunst

Karion.

und Zuckerwerk.

Chremylos.

An Ehre

Karion.

Kuchen.

Chremylos.

Tapferkeit

Karion.

und Feigenschnitt.

Chremylos.

An Ruhm,

Karion.

an Rührei,

Chremylos.

am Kommando.

Karion.

am Gemüs’.

[6] [Cfr. Aristophanes Plutos 德罗伊森的翻译]　Jf. Plutos oder der Reichthum i Des Aristophanes Werke. 由德罗伊森（J. G. Droysen）翻译。

–德罗伊森：Johann Gustav Droysen (1808—1884)，德国历史学家和翻译家。1840 年起在基尔（Kiel）任教授。

［7］［在“那否定的”……是一种运动原则］　否定在黑格尔的哲学中扮演着一个很重要的角色，因为那“否定的”，否定性，被看成是“那绝对的”之中的一个基本元素，并且因此在对整个存在之特征的定性上有着本质性的意义。在那“辩证的”方法中“那否定的”是真正的向前驱动性的环节，而“那绝对的”借助于辩证的方法使自己循环上升。在概念更直接地被定性之后，“这绝对的”在概念中为自己公开出一种对立或者矛盾的关系，这关系是它在自己的直接性之中、在它的“An sich – Sein（自在之在）”中所覆盖的；而通过这一公开，概念被驱向其对立面、其“否定”；并且，借助于一种思辨所作的“理性的”否定之否定，概念才进入一种更高的统一体，在之中那“直接的”的和那些“否定的”的概念环节被看作是被和解了的（被中介了的、被调和了的），因为它们能够没有矛盾地作为环节在一种更高的概念中持存。以这样一种方式一路向上贯穿体系：那否定的是不完美性，但也是克服不完美性的驱动力。

［8］这里被用作比喻的“发现”，是指探险旅行中的新发现。所谓探险旅行，目的是为了发现新的事物。比如说发现新大陆的探险旅行。旅行、奥德赛等常常成为思考经历的比喻，作为一种心灵之旅，以求在思想中有所发现。

［9］原文为拉丁文 impetus（动量）。

［10］［诸神觉得无聊乏味了，因此他们创造了人］　来源尚未查明。

［11］［亚当觉得无聊乏味了，因为他只有一个人］　对照《创世记》（2：18—20）在之中上帝说：“那人独居不好，我要为他造一个配偶帮助他。”但是之中没有说及亚当觉得无聊乏味。

［12］原文为拉丁文 en famille（作为家庭）。

［13］原文为拉丁文 en masse（全体地）。

［14］［为了获得消遣……进入云霄之中］　指《创世记》（11：1—9）中巴比伦塔的故事。人类决定建造一座有着一座塔的城，塔要通天，并且以此来创造出人类的名声，以免他们被分散在全地上。

［15］原文为拉丁文 panis（面包）和 circenses（戏）。

［panis og circenses］　根据罗马讽刺作家尤维纳利斯的《讽刺》10，第八十页及之后，罗马人在这样倒退着，现在他们只想要面包和戏。

［16］［代表大会］　不同社会阶层的代表们的集会，被称作省议会。在 1831 年弗雷德里克六世撰写出关于顾问协商性的代表大会的法律。省议

会的章程则是在1834年才被通过。但是有四个省议会，一个是诸岛的，一个是日德兰半岛的，一个是斯莱斯维格的，一个是霍尔斯坦的（当时的斯莱斯维格和霍尔斯坦尚属丹麦）；它们两年聚一次。

［17］［读到和听到他们］　省议会在开会期间发送出版他们的工作和商议内容，通常被称作议会日志。

［18］［改善国家财政］　在1835年秋天在这一年的丹麦国家财政总体概观被发表出来时，人们在议会中感到恐慌。成立了一个议会成员的委员会来提出对于节省的进一步建议，其中也包括了对王室预算的节省。

［19］［一千五百万］　就是说，一千五百万国家银行币（rigsbankdaler），差不多相当于1835年国家债务总值的十分之一。

［20］［到处都是小罐子］　以储钱罐（施舍罐）募钱在19世纪初是公共救济体制的首要收入来源。这样的罐子在哥本哈根的许多地方都有，其中包括一些教堂之外。

［21］［一百元国家银行币］　100 Rbdlr。在1840年薪水最高的公务员年薪是1200国家银行币；好地带的一套私房公寓，一季度房租是大约170国家银行币。

［22］［那最美丽地颂扬死者的人成为国王］　在萨克索·格拉玛提库斯（Saxo Grammaticus）的丹麦编年史Gesta Danorum中，第六书的开始讲述了，在国王弗若德死后，行吟诗人雅尔纳写了一篇墓志铭；这墓志铭是如此漂亮，以至于丹麦人们把国王的王位给他作为酬报。

［23］原文为德语zum Gebrauch für Jedermann（让每一个人去使用的）。

［24］或者说“合群的”。

［25］［人是一种社会性的动物］　亚里士多德在《政治学》（*Politica*）中所说，（1，2）：人就其自然本性是一种“πολιτικόν ζῷον（希腊语politikón zōon‘政治性的动物’）”。

罗马喜剧诗人普劳图斯则相反在喜剧《说驴》（Asinaria）第二幕第四场中说，“Lupus est homo homine”（人待人如狼）。

［26］食肉动物是狩猎者，而食草动物则会成为食肉动物的猎物。

［27］Begjær和Lyst的区别是，前者更多地是一种对于“去得到”的欲望，而后者更多地是一种对于“享受”、对于“快感”的欲望。

［28］原文是拉丁语otium est pulvinar diaboli（闲散是魔鬼的枕头）。在霍尔堡的喜剧《雅可布·冯·提卜或者说大话的士兵》［Jacob von Tyboe eller Den stortalende Soldat（1725）］的第一幕第六场斯提格提乌斯教师（magister Stygotius）对他的仆人言斯说："你不知道在拉丁语初学课本背后是什么：otium est pulvinar diaboli（闲散是魔鬼的枕头）?"

［29］［无聊是魔性的泛神论］ 无聊是泛神论，因为那无聊者体验着一种无所不在的乌有。它是魔性的，因为那无聊者被判定给了他自己，就是说，内闭在了他自己的无聊之中。

［30］原文是拉丁文 ergo（因此）。

［31］前者是直接的天赋，后者是作为后天获得的直接性的无聊。

［32］［"死蹒跚病"和"飞蹒跚病"］ 在兽医学中使用术语"蹒跚病"，尤其是马所患的脑炎。显示作迟钝的，叫"死蹒跚病"，而在晚期的阶段显示为骚动和暴躁的，叫"飞蹒跚病"。

［33］原文为德语 europamüde（厌倦于欧洲），欧洲 19 世纪 40 年代的一个文学口号。

［34］［为了看特洛伊……烧掉半个罗马］ 罗马历史学家斯维通（Sveton）在他所写的《十二凯撒生平》中关于尼禄皇帝的章节中写道，尼禄让人烧掉了罗马的一大部分：在他从美凯纳斯院的一座塔上看这大火，并且因为这场大火的美丽效果而感到欣喜，他穿着他在舞台上时穿的悲剧戏服咏唱一首关于特洛伊废墟的诗篇。

对西北小亚细亚的古城特洛伊的烧毁，荷马在其关于特洛伊战争的史诗《伊里亚特》中有所描述。

［35］关于"den slette Uendelighed"。如果克尔凯郭尔这里所说是沿用黑格尔的 die schlechte Unendlichkeit 的话，那么我将之翻译成"坏的无限性"，取用了商务印书馆 1966 年版的《逻辑学》（杨一之译）中的所译的"das Schlecht - Unendliche：坏的无限物"和"die schlechte Unendlichkeit：坏的无限性"。比如说：

"…ist es das Schlecht - Unendliche，das Unendliche des Verstandes zu nennen…"（vgl. Hegel - W Bd. 5，S. 152）："……它便可以叫做坏的无限物，或知性的无限物……"（第二章、实有。第 137 页）以及"Diese schlechte Unendlichkeit ist an sich dasselbe，was das perennierende Sollen;"［Hegel：Wissenschaft der Logik.（vgl. Hegel - W Bd. 5，S. 155）］："这种坏的无限性，本身就与那种长久的应当同一的东西，它诚然是有限物的否定，但是它不能够真正从有限物那里解放自己。"（第二章、实有。第 141 页）

［这一方法取消自己，并且它是坏的无限］　黑格尔的唯心主义是一种在“那无限的”之光映照下对“那有限的”的理解；所谓“那无限的”之光，就是说，那自我发展之整体（历史）之光。这一理解等同于绝对知识，并且，以这样的方式，它以一种无限物和有限物的统一。但是，如果意识只是从一种有限性向一个无限之链的下一环节运动的话，那么它就继续留在了有限性的层面中，并且以这样的方式就无法继续。这样的一种无限性被黑格尔称为坏的无限性。

［36］［尼禄］　尼禄，Nero Claudius Cæsar（37—68），公元54—68前的罗马皇帝。

［37］［安东尼大帝］　即马可·奥勒留（Marcus Aurelius Antoninus）（121—180），罗马皇帝。他是斯多噶主义者，常被称作皇帝宝座上的哲学家，著作中译为《沉思录》。

［38］原文为希腊文：ἀναβιῶναί σοι ἔξεστιν· ἴδε πάλιν τὰ πϱάγματα, ὡς ἑώϱας· ἐν τούτῳ γαϱ τὸ ἀναβιῶναι.（Βιβλιον Ζ.，β.）。

即“重新从头开始你的生活，是在你的权限之下。再去看那些你以前所做的事物。所谓重新从头开始你的生活，恰恰在于此。”（第七书，2.）就是说，在马可·奥勒留（Marcus Aurelius）的“自我观察”中。

［39］［希望也是普罗米修斯……人类希望］　根据埃斯库罗斯的悲剧《被缚的普罗米修斯》（从第252诗句起），普罗米修斯把两件礼物带给人类：盲目的希望和火。

［40］原文为拉丁文Nil admirari（不为任何东西惊叹），贺拉斯的在Epistolarum 1，6，1，中的开首语。

丹麦语的翻译*Q. Horatius Flaccus' samtlige Værker*，bd. 2，s. 299，在之中J. Baden如此表达：“什么也不景仰”，带出这样的解释：“不把什么东西看得伟大，没有什么东西值得欲求或者畏惧。”

［41］［这样的成语……不可兼得］　指丹麦类似于成语的俗语：“人不能既得到东西装小袋子又得到东西装大袋子。”用了这种方式就不能用另一种方式，两者只能取一，不能兼用。

［42］［警察禁止人们带秘密武器］　可能是指1823年12月24日的布告，禁止出售和携带手杖剑和类似的隐秘武器。违反禁令者罚款，罚款的钱一半归警察局、一半归告发者。

［43］［忘川］　希腊传说中冥府哈德斯的遗忘之河。

［44］［混沌］　根据希腊作家赫西奥德的诗《神谱系》混沌是万物之前的最初者。

［45］［冥府的看门狗都接受蜜糖糕］　冥府的看门狗 Cerberus 是三头犬，看守冥府的大门。罗马诗人维吉尔在《埃涅伊德》（Æneide）中的第六歌，诗行第 417—424 中写道在他的英雄埃涅亚斯走下地府时，同行的女占卜者给 Cerberus 一块催睡的蜜糕。

［46］［阿基米德点］　针对那著名的说法："给我一个我能够站立的固定点，我会让大地动起来。"人们认为这说法是出自阿基米德，古希腊数学家（约公元前 287—前 212）。参看马塞卢斯传 14，7，在普卢塔克的《生平》（Vitae parallelae）中："然而阿基米德仍然写信给西俄罗国王，他的亲戚和友人：人们以给定的力量可以使得任何给定的负荷动起来，甚至，出自对自己的证明力的夸张的自信，还声称能够使得我们的地球本身移动，只要他能够有另一个地球可供他站立。"

［47］［把某件事情写进遗忘之书］　针对谚语式的说法："将某事物打进遗忘之书。"解释为"忘记它（特别是出自无所谓的不留意）"。

［48］第二者 Andet，德语是 Anderssein。在哲学上本来是译作"他者"，但因为在这里有上下文的关系，所以译作"第二者"。

［哲学所说的那必然的第二者］　他者。从"成为"（Werden）范畴，黑格尔走到"此在"（Dasein）范畴，就是说，一种特定的存在，并且也就是一个"某物"。但是某物能够被定性为某物，是通过它相对于某种其他——"他者"而被限定，就是说，一个"某物"预设出一个"他者"为前提以便能够被定性为一个"某物"。于是，这个他者就是"那必然的他者"。因此"某物"和"他者"是那些在辩证的发展中跟在"此在"后面的范畴。在一般的意义上，一种对于某种在者的定性要求：它相对于那它所不是的东西而被限定，就是说，一个某物只有在它被从这一"某物"的"他者"定性出来的情况下才是被确定了的。参看，比如说，黑格尔《逻辑学》。

［49］在欧洲许多国家，包括丹麦，在从前有"你"和"您"的称呼上的区别。只有亲密的人们之间才称你。

［50］［姬尔德……相互称你地喝酒］　指霍尔堡的喜剧《姬尔德·韦斯特伐拉师傅或者多嘴的理发师》。该剧有两个版本。原本是五幕喜剧，上演于 1722 年，并且印在 1723 年第一卷的喜剧。这一卷在 1724 年重印，

这部喜剧被改为独幕剧。姬尔德·韦斯特伐拉不经意地就和一个斯莱斯维格的刽子手相互称你地喝上了酒（旧版第二幕第四场，新版第八场）。

［51］原文是拉丁文 idem velle，idem nolle ea demum firma amicitia（意愿相同、不愿相同，这时才是坚实的友谊）。

［52］原文是拉丁文 item（同样也）。

［53］［直到复活节］　对于一个将来时间点的民间说法，一方面是促狭地谈及将来在一个很久以后的一个时间点、一方面是反讽地谈论对在将来有一天的诺言的实现或者愿望的达成，就是说，永远达不成。

［54］［直到五月的第一天］　对于一个在最近的将来一个可知时间点的民间说法。五月一日是仆人们的替换日，这样的一天里有许多离开的人和去别的地方的人。

［55］［结了婚的人们成为一体］　指这样的说法“并且他们成为一体”，出自《创世记》（2：24），这被教堂用于婚礼仪式。

根据《丹麦颁行圣坛书》：“因此男人要离开自己的父亲和母亲，去自己的妻子那里，他们要成为同一块肉。”

［56］［一个女茨冈人……肩上］　针对小说《流浪生活》，在布里克尔的《短篇小说集》中。其中叙述：一个女茨冈人一生把自己的丈夫背在肩上，因为他没有脚。

［57］［在日本……分娩床上］　尚不知这一说法的来源。

［58］直译是“那爱欲的”（Det Erotiske）。

［59］［职责生意］　一个人由一种更高的权力机构被提名（指定）去担任的职位或者公职。

［60］［公共鞭刑］　鞭刑时犯人被绑在木桩上，在公共场所，以软化的、捆在一起的桦树枝抽打赤裸的脊背。

［61］［要让孩子愉快是很容易的］　类似于谚语的说法。

jf. nr. 144：“Det er Lidt，der kan fornøie Børn”，i N. F. S. Grundtvig Danske Ordsprog og Mundheld，s. 6.

［62］［一桶种子的地］　一块地，大小是能够播种一桶（136 公升）种子的范围；1.81 桶相当于一公顷。

［63］［闲置这土地，而这闲置是那么极端地重要的］　见前面对“轮作”的注释。

［64］［巴格森……他的名字押韵］　巴格森的讽刺诗《戏剧行政管理处》——Theateradministratoriade。这诗是写关于他在皇家剧院时作为协同

导演的时期。诗中有说到一个离开了的提词员，因为一个对法语 souffleur 的诙谐翻译而被称作“一个吹玻璃的人”，诗中说，他的名字 Hassing 难以找到押韵词，除了华盛顿的三分之二 Washing－，而把剩下的三分之一 ton 断到下一行。

巴格森：Jens Immanuel Baggesen（1764—1826），丹麦诗人。从 1790 年起教授。1796—1803 年瑞根森的副学监，从 1798 年任皇家剧院协同导演。1811—1814 年任基尔大学丹麦语言文学教授。

［65］［新柏拉图主义……普罗提诺也认为是这样］　古典时代新柏拉图主义是柏拉图哲学向神秘方向的一种继续发展。从 3—5 世纪，我们可以说一种在罗马帝国的真正的新柏拉图主义学派，奠基者和最重要的人物是希腊哲学家普洛提诺（约 205—270），他的 54 篇论文被集为所谓的六部九章集。在第三部九章集中，第四篇论文的第二章，写有这里提到的教义，被感官和欲求控制并且理解能力差的人们重生为植物。另外可以参看柏拉图《斐多》81c－82，之中苏格拉底想象描述出：那些“贪吃、自私、酣酒”的人们的灵魂在死后会投向“驴子或其他堕落的动物”，而“那些自愿过一种不负责任的生活，无法无天、使用暴力的人，会变成狼、鹰、鸢”。“那些养成了普通公民的善的人，这种善被称作自制和诚实，通过习惯和实践来获得，而无需哲学和理性的帮助”——这些人的灵魂很有可能会“进入某种过着社会生活，受纪律约束的动物体内，比如蜜蜂、黄蜂、蚂蚁，甚至可能再次投胎于人，成为体面的公民。”（《柏拉图全集》卷一，人民出版社，2002 年版，第 86—87 页）。

［66］［画家提希白恩……动物］　提希白恩（Johann Heinrich Wilhelm Tischbein，1751—1829），德国画家，歌德的朋友。歌德的一首关于“人在动物中作为真正的诗人而不是迷失者”的诗歌有可能是克尔凯郭尔曾读过的。

Goethe's Werke bd. 2, 1828, s. 168:“Statt den Menschen in der Thieren / Zu verlieren, / Findest du ihn klar darin, / Und belebst, als wahrer Dichter, / Schaf－ und säuisches Gelichter / Mit Gesinnung wie mit Sinn. / Auch der Esel kommt zu Ehren / Und yaht uns weise Lehren. / Das was Büffon nur begonnen, / Kommt durch Tischbein an die Sonnen.”

［67］原文是拉丁文 expeditus（就绪待发）。

［68］原文是拉丁文 Ubiquitet（无所不在）。

［Ubiquitet］　在一切地方在场，全在，无所不在。尤其常用于路德教义，之中这说法被用于基督的人性、他的肉和血的“全在”，既是通过上帝的右手、也是通过面包和红酒的圣餐来表达出来的。

诱惑者的日记

他最大的激情
是那青春初放的女性。[1]

——《堂·乔万尼》第四咏叹调[2]

我无法对自己有所隐藏，在我出于自己的利益考虑而决定去把我那时在极大的匆忙中带着极大的骚动获得的那份潦草抄本准确地誊清一份出来时，我几乎控制不了在这样一个瞬间里袭向我的恐惧。现在这处境出现在我面前，就像那时一样地使我惶惶不安并且感受到一种责备。那天，不同于往常，他没有关上自己的文书写字柜，它的整个内容就这样可由我支配了；但是，即使我通过提醒自己说我不曾打开任何抽屉来粉饰自己的行为，那也是没有用的。一个抽屉是被拉开了的。在之中有着一大堆散页，而在这些散页之上有着一本大四开本的书，装订得很精巧。朝上的一面有着一幅白纸上的插画，在之上有他自己写的“持续的评注”[3]第四号。也许我可以让自己去以为，假如这书的正面不是向上、假如这引人注目的标题不曾引诱我，那么我就不会陷进这诱惑，或者我还是会对诱惑做出抵抗，然而，这种努力只会是徒劳。这标题本身是奇怪的，然而，就其本身而言的话，还不如说是因其所处环境而显得奇怪。通过对那些散页的匆匆浏览，我感受到，这些纸张包含对各种爱欲处境的诸多理解、对某个关系的一些个视角，以及一些非常奇特的信稿，这种奇特是我后来在它们的艺术上完美的、精明算计出的漫不经心中认识到的。现在，在我看穿了这个堕落的人的阴险内心之后回想那个处境的时候、在我带着我那“向一切狡猾睁大着的”眼睛走向那个抽屉的时候，我所获得的印象就像是一个警察进入造假者的房间、翻动他的物品、在一个抽屉里发现一大堆散页纸张、尝试手稿时所获得的印象；在一页上是一个小小的树叶装饰图案、另一页上是一个署名花押字样、第三页上是一行反写的文字。这很轻易地向他显示出，他正在沿着正确的踪迹侦查，对此的喜悦混杂着某种对于这种专研、这种不容忽视的勤奋的钦佩。我的情形则无疑会稍有不同，因为我不怎么习惯于侦探各种犯罪事件并且没有得到一枚警标[4]的武装。我会觉得真相的双重分量：我是走在非法的路径上。在一般的情况下，我总是缺乏言辞，而在那时，我在思想上的匮乏不亚于言语上的匮乏。一个印象深深映入人的脑海，直到反思重新挣脱出来并且在自己的运动中以各种各样的方式迅速地去说服和取悦那不认识的陌生者。反思越是得到发展，它就越是迅速地知道去振作自己，它就像为外国旅行者签护照的公务员，如此地习惯于去看那些神话般的人物形象以至于不再轻易地去为什么东西而惊诧。然而现在，尽管我的反思无疑是高度地得到了发展，在最初的一刻我还是大吃一惊；我很清楚地记得：我变得苍白，我几乎摔倒，为此我是多么地恐惧。想象一下：如果他到了家、发现我手抓着抽屉晕眩在文书写字柜前，——负疚的良心却能够使生活变得有趣[5]。

书的名字就其本身并不让我惊奇；我想那是一个摘录的集子，这在我看来完全很自然，因为我知道，他总是热情盎然地拥抱他的各种研究。然而它包括了完全另外的东西。它不多不少只能是一部日记，非常精心地写下的日记；正如我根据我从前对他的所知并不觉得他的生命非常需要一种评注，我根据我现在所得的认识并不否定，这标题的选择既有品味又有理智，对于他自己和对于处境有着真正审美和客观上的把握。这一标题与整个内容有着完全的和谐。他的生活曾是一种对于去实现“诗意地生活着”这一任务的尝试。他有一只敏锐地得到了发展的器官，要去在生活中找出“那令人感兴趣的”，他知道怎样去找到它并且在找到它之后不断地半诗意地再生产那被体验了的东西。因此，他的日记不带有真实记述的准确性、也不是简单的叙述，不是陈述式、而是虚拟式[6]。尽管那被体验了的东西自然是在它被体验了之后才被记录下来的，有时甚至也许是在很久以后，但它却常常被以这样一种方式展现出来，仿佛它就发生在现在的同一瞬间，那么戏剧性地生动，乃至这一切有时就好像是发生在一个人的眼前。现在我们看，他极不可能因为对这日记有着任何别的意图而写这日记；很明显，在最严格的意义上这日记对他只有个人意义；不管是从其整体还是从其单个细节来看，都不允许这样的一种假设："我面前有一部诗歌著作，它也许甚至已经被人决定了要去付印。"确实，他就其个人而言无需因为出版它而害怕什么；因为大多数姓名是如此古怪，以至于它们彻底没有可能不是杜撰的；我只曾有一点怀疑，这些人物们的名想来是真实的，这样他自己就总是能够去确定地认出那真实的人物，而任何一个不相关的人都会被人物们的姓误导。至少我所认识的那个女孩——也就是这日记的首要兴趣所在——考尔德丽娅的情形是如此，她名叫考尔德丽娅[7]，非常确实是真的，但是她却不姓瓦尔[8]。

尽管如此，但现在这日记有了这样的一种诗意印痕，这又该怎么解释呢？对此的回答并不难，我们可以让他身上的诗意天性来解释，这种诗意天性，如果我们愿意的话，我们既可以说它是不够丰富、也可以说它是不够贫瘠，达不到能够去把诗歌和现实两者相互区分开的程度。那诗意的成分是他自己身上所带的那种"更多"。这一"更多"是他在现实的诗意处境中所享受的诗意内容；然而他却在"诗意的反思"的形式中又把它收了回来。这是第二种享受，而享受则是他的生命的意图所在。在前一种情形，他个人亲身享受"那审美的"，而在第二种情形，他审美地享受自己的人格[9]。在前一种情形，关键是在于，他自我本位地亲身去享受那部分地是由现实给予他的、部分地是他自己用来使现实受孕的东西；在第二种情形中，他的人格被挥发出来了，这时他在处境中享受处境和自身。在前一种情形，他不断地需要现实来作为机缘、作为环节；在第二种情形中，现实被淹没在了"那诗意的"之中。于是，第一阶段的果实就是日记所处的心境，——日记从这一心境中显现出来作为第二阶段的果实，在后一种情形中这个词被以一种不同于前一种情形中的意义来理解。他的生命就在一种模棱两可的暧昧中流逝，而以这样一种方式，他因这暧昧而不断地拥有着"那诗意的"。

在我们所生活的这个世界的背后，远远地在背景深处有着另一个世界，它与我们所处世界的关系就像我们时常在剧院中看见的那种在真正的舞台背后的舞台与这真正的舞台间的关系。透过一层薄纱我们仿佛是看见一个薄纱的世界，更轻、更形同虚空，有着不同于现实世界的另一种质地。许多人是有形地显现在这现实世界里，但他们却不是生活在这个现实世界，而是生活在那另一个世界。然而，一个人这样地消退，甚至几乎是从现实中消失，其原因要么会是在一种健康、要么会是在一种疾病中。后者是这样一个人的情形，我曾对这人有所知但并不认识他。他不属于现实世界，但他却还是和现实有着很大的关联。他不断地奔向这现实，但是甚至是在他最投入的时候，他也总是在现实之外。然而，那把他召唤走的并不是“那善的”，事实上也不是“那恶的”，我甚至在目前的这瞬间也不敢这样说他。他患有一种大脑激亢症[10]，对于这种病症，现实没有足够的刺激，如果有这刺激的话，至多也只是一时一刻的。他并不就现实作出过度的努力，他不是太虚弱而无法承受它，不，他太强有力了；但这一强力是一种病症。一旦现实失去了作为刺激的那种意义，他就被解除了武装，他身上的“那恶的”就在于此。连他自己都意识到了这一点，甚至在刺激的瞬间也是这样，而“那恶的”就在这意识之中。

那个女孩，她的故事构成了这日记的主要内容，以前我认识她。他是不是曾诱惑过更多人，我不知道；不过从他的文稿看来是可能的。另外，看来他在另一种完全表现出他的性格特征的实践中曾是非常熟练的；因为他在太大的程度上被精神性地定性[11]，以至于不会去成为一个一般意义上的诱惑者。我们也可以从日记中看出，有时候，他所欲求的东西是某种完全偶然随意的东西，比如说一声问候，并且决不接受更多，因为这是那相关者身上最美丽的东西。借助于他的精神天赋，他知道怎样去引诱一个女孩，去吸引她，而没有想要去在更严格的意义上占有她。我能够想象，他知道怎样去把一个女孩的情感引向至高点，他确定她会为他奉献一切。当事情走到这一步的时候，他就中断了，不会从他这边发生哪怕最微渺的趋近、不会落出一个关于爱的词，更不用说一种宣告、一种诺言了。然而这事情还是发生了，那不幸的人双倍苦涩地保留了对之的意识，因为她无慰无告没有任何可诉求的东西，因为她不得不持续不断地颠簸在一种可怕的巫术舞蹈中的不同心境之间——她一忽儿责备她自己而原谅他、一忽儿又责备他；而现在，既然这关系毕竟只是在比喻性的意义上[12]有过现实性，她不得不持续不断地去同那种“是否这全部都是一个幻觉”的怀疑进行搏斗。她无法向谁去倾诉；因为她其实没有什么东西可倾诉。如果我们做梦，我们可以对别人讲述自己的梦，但是她所能够讲述的东西则不是梦，那是现实，然而一旦她想要将之向另一个人诉说、想要缓解那忧虑的心，这时，它就突然是乌有。她自己完全感觉到它。没有人能够把握住它，她自己几乎也不能，但是，它却带着一种令人不安的沉重压在她心上。因此，这样的受害者们是很特殊的一类。她们不是那种不幸的女孩，被遗弃或者觉得她们被社会抛弃，健康而强烈地伤心，时而在心灵超载的时候到仇恨或者原谅中去获得发泄。这样的受害者，在她们那里没有发生什么明显的变化；她们生活在通常的关联之中，像平时一样地受尊敬，然而她们却变了，这变化对她们自己来说几乎是无法解释的，而对别人来说是无法理解的。她们的生活不像那些不幸女孩们的生活那样破裂或者被折断，而是转向到自身之中；对于别人来说是迷失了，她们徒劳地想要找到她们自己。在同样的意义上，正如我们可以说，他贯穿生命的路是无法追踪的（因为他的脚是这样长的——他可以收藏起它们之下的脚印，以这样的方式我最容易去想象他那种在他自身中的无限的反思性）；我们同样可以说，没有什么受害者倒在他面前。他生活得实在太精神化，以至于他无法成为一般意义上的诱惑者。然而他有时候却取用一个表象躯体[13]，并且现在是纯粹的感官性[14]。甚至他与考尔德丽娅的故事是那么错综复杂，以至于他有了这个可能作为那被诱惑者登场，甚至那最不幸的女孩有时候对此也会不知所措，并且在这里他的足迹也是那么模糊，乃至任何证据都是不可能。那些个体对于他来说只曾是刺激物，他将他们扔开，正如那些树甩掉叶子——他重焕青春，而叶子枯萎。

但是在他自己的头脑中看起来又是怎样的呢？正如他将别人引上迷途，于是我想，他最终自己也步入迷途。他将别人引上迷途，不是从外在意义上看，而是内在地就他们自身而言。如果一个人把一个在路上走失的旅行者引上一条错误的小径并且就此把他一个人遗留在他的迷途上，这样的做法是令人反感的；但是，这与“引导一个人去在其自身之中进入迷失”相比又算得了什么呢。那迷失的旅行者还是有着这样的安慰：原野在他的周围不断地变换风景，并且每次变换都产生出找到一条出路的希望；那在其自身中迷失的人没有这么大的一个区域来让他走动；他马上就会发现这是一条他无法发现出口的循环路。我想他自己的情形也会是如此，只是要根据一种还要远远更为可怕的尺度来衡量。我无法想象出还有什么比一颗机关算尽的脑袋失去对机关的控制更为痛苦的折磨，这时，随着良心的苏醒，它的所有敏锐诡诈都反过来针对自己，这时最重要的就是把自己从这一昏乱中救出去。尽管他在自己的狐狸洞里有许多出口，但那也没有用，在他那惶惶不安的灵魂以为已经是看见了照进来的日光的这一瞬间，结果显示出它其实是一个新的入口，并且，他就这样像一只受惊的猎物，被绝望追击着，不断地寻找出口而不断地找到进口——进入这进口他又走回到他自身之中。一个这样的人并非总是那种能够被人称作是罪犯的人，他自己也常常被自己的阴谋欺骗，然而他所遭受的惩罚却要比一个罪犯可怕得多；因为甚至那懊悔[15]的痛楚和这一有意识的疯狂相比又算得了什么。他的惩罚有着纯粹的审美特征；因为即使是“良心苏醒”这句话，如果被用来描述他的话，也是一个过于伦理的表达；良心在他面前表露出自己，只是作为一种更高的意识，这更高意识表现为一种骚动不安，在更深刻的意义上说，这骚动不安并没有在指控他，而只是在保持使他清醒、使他在他的毫无结果的碌碌营营之中得不到安息。他也不是疯狂的；因为那些有限想法的多样性没有在疯狂性的永恒中被僵化掉。

可怜的考尔德丽娅，要找到安宁对于她也是一件很难的事。她从她的内心深处原谅了他，但是她自己得不到安宁，因为这时怀疑醒来了：那取消婚约的是她、导致不幸的机缘的是她，是她的骄傲在欲求那非同寻常的东西，这时她后悔，但她得不到安宁；因为这时那指控着的想法宣称免除她的责任：那是他，借助于他的狡猾而把这个计划设置进她的灵魂，这时，她就恨，她的心在诅咒之中感到轻松，但她得不到安宁；她再次责备自己，责备，因为她恨过，自己就是一个罪人的她恨过，责备，因为不管他有多么狡猾，她总是有着辜咎[16]。他欺骗了她，这对她来说是沉重的，而更沉重的是，我们几乎会忍不住要说，他唤醒了那多嘴多舌的反思，他在审美上使她得到了足够的发展、使她不再谦卑地听从一个声音而是能够一次同时听许多说话声。这时，回忆在她的灵魂中醒来，她忘记了过失和辜咎，她回忆那些美丽的瞬间，她被麻醉在一种不自然的亢奋激动中。在这样的时刻中，她不仅回忆起他，她用一种透视洞察力来理解他，而这洞察力只是显示出她得到了多么强有力的发展。这时她在他身上看不到罪犯的形象、但也看不到高贵人的形象，她只是觉得他是审美的。她曾写给我一封短信，在信中她谈论到他。“有时他是那么地富有精神性，以至于我觉得自己作为女人被消灭了，而在另一些时候他是那么狂野而充满激情、如此充满欲求，以至于我几乎为他而震颤。有时候我对于他就仿佛是陌生人，有时候他完全地奉献出身心；有时，在我投出双臂拥抱向他的时候，突然一切都变掉了，而我是在拥抱云朵[17]。在我认识他之前，我就知道这种说法，但是他教会了我去理解它；在我使用它的时候，我总是想着他，就好像我只是通过他而去想每一个我的想法。我一直喜爱音乐，他是一件无与伦比的乐器，总是被打动，他有着一种任何其他乐器所不具备的音域，他是一种所有感情和心境的总和，没有什么思想对于他是高不可及的、也没有什么思想对于他是绝望无比的，他能够像秋天的风暴那样地咆哮，他能够默无声息地低语。我的话没有一句是不发生作用的，然而我不能说，我的话破坏了自身的作用；因为我不可能知道它会发生怎样一种作用。带着一种无法描述的、但却是神秘的、至福的、无法命名的恐惧，我听着这一我自己召唤出的但却又不是召唤出的音乐，总是有着和谐、他总是让我欣喜若狂。”

对于她这是可怕的、对于他这会变得更可怕，我可以得出这样的结论，因为我自己每次想到这一事件都几乎无法控制那攫住我的恐惧。我也被卷进了这雾的王国、这梦的世界，在之中人们每一瞬间都被自己的影子惊吓。我徒劳地想要将自己从那里解脱出来，我就像一个不祥的形象、像一个无声的指控者那样地跟着。多么奇怪！他在一切之上散布了那最深刻的秘密，然而却还是有着一个更深刻的秘密，而这秘密就是：我是一个知密者，我自己以一种非法的方式成为了一个知密者。去忘记这一切是做不到的。有时候我想着去对他说这事。然而这又有什么用，他要么会否认一切而声称那日记是一部诗意尝试，要么他会要求我保持沉默，而这要求是我考虑到我以这样一种方式已成为知密者而无法拒绝他的。然而，再也没有别的东西会像秘密这样地牵涉到这么多诱惑和这么多诅咒。

我从考尔德丽娅那里收到一个书信集。这书信集是否完全，我不知道，然而我记得好像她曾说起过她自己在这书信集中拿走了几封。我将之抄录了下来，并且现在将这抄录下的拷贝的编插进我的誊清本。当然，它们缺乏日期，但即使它们有日期，这也帮不了大忙，因为这日记的内容在它不断继续的进程中变得越来越稀疏，甚至在最后除了一个单个例外之外，所有日期都被放弃了，仿佛这故事在其发展中具备了一种质地上的意义，达到了这样一种程度，以至于它几乎就是理念——尽管它本来是现实中的真实事件，因此时间上定性就变得无所谓。相反，那对我构成帮助的东西，在日记的不同段落中有着几个词，我在一开始没有搞明白这些词的意义。通过将它们和那些信件联系在一起我却认识到了，它们是信件中的各种主题。因此，在我去把这些信编插在恰当的地方时，对于我事情就容易得多了，因为我不断地把信件插到那对相应主题有所提示的地方。如果我没有发现这些指导性的提示，那么我就会去造成一种误解；因为，在一些单个的时间里相互间的信件来往是那么地频繁，乃至看来在同一天里她收到几封信，——这是我本来不会想到的，然而现在可能性却在日记中得以挑明。如果我按我自己的想法去编排，那么我就可能会更平均地对它们进行分配而决不会想到，他通过那充满激情的能量所达到的是怎样一种效果，借助于这种效果，正如他使用所有别的手段，他使用这种手段来使得考尔德丽娅被保持在激情的顶点上。

除了关于他与考尔德丽娅的关系的完全信息之外，这日记还包括了在间隔中交错地插入的某些短小的解说。所有有着这样解说的地方，边沿的空白上都写有一个“注意”的缩写记号。这些解说与考尔德丽娅的故事完全无关，但却为我给出了对于一个他常用的表达词的含义的生动想象，尽管我在之前是以另一种方式理解它的：一个人总是应当在外面有一根古怪的小钓线。如果这部日记的前一卷落到我手中的话，那么我肯定会遇上更多这样的解说，他自己在一处边沿空白中将之称为“有着距离的作用”[18]；因为他自己表露出，考尔德丽娅占据了他太多功夫，以至于无法真正有时间去留意周围的事情。

在他离开了考尔德丽娅后不久，他收到她几封信，他没有拆开就寄还给她。在那些考尔德丽娅交付给我的信中也包括了它们。她自己破去了蜡封，我也就借机会斗胆将它们抄录一份下来。她从来不曾向我谈及过它们的内容，相反，在她提及她与约翰纳斯的关系时，她总是会诵读一段小诗，据我所知是歌德的，相对于她心境上的差异性以及由此而相应决定的不同措辞，这段小诗对于她意味了某种不同的东西：

走，
去藐视

忠贞，
懊悔
随即而来。[19]

下面是这些信的内容：

约翰纳斯！

我不将你称作“我的”，无疑我认识到，你从来就不曾是我的，并且，因为“你是我的”这一想法曾让我的灵魂欣悦，我已经受到了足够严厉的惩罚；然而，我还是将你称作“我的”；我的诱惑者、我的欺骗者、我的敌人、我的谋杀者、我的不幸之渊源、我的喜悦之墓、我的噩运之深渊。我将你称作“我的”，并且我将我称作“你的”，并且正如这样的声音曾在你的耳边使你心旷神怡而你的耳朵骄傲地俯向我的崇拜，现在它听上去就像一种对你的诅咒，一种永恒的诅咒。不要梦想我会有意图为了引发出你的讥嘲而追击你或者用一把匕首来武装自己！逃到你想去的地方去吧，我还是你的，跑去世界的最边缘吧[20]，我还是你的，去爱一百两百个其他女人吧，我还是你的，甚至在死亡的时刻我都是你的。甚至我用来针对你的语言，都会向你证明，我是你的。你胆敢去这样地欺骗一个人，以至于你成为了我的一切，这样，我带着我的全部喜悦去成为你的女奴，我是你的，你的，你的，你的诅咒。

你的考尔德丽娅

约翰纳斯！

有一个富人，他有大大小小成群的家畜，有一个贫穷的小女孩，她只拥有唯一的一只羊羔，它吃她手中的、喝她杯中的。你就是那个富人[21]，拥有世上的全部显赫，而我是那穷女孩，只拥有我的爱情。你拿下了它，你因它而喜悦；这时欲乐向你招手，你就牺牲出我所拥有的那一点点，而你不能从你自己的拥有物中牺牲出任何东西。有一个富人，他有大大小小成群的家畜，有一个贫穷的小女孩，她只拥有自己的爱情。

你的考尔德丽娅

约翰纳斯！

一点希望也没有了吗？难道你的爱情再也不会醒来吗？因为，你曾爱我，这是我所知道的，尽管我不知道，那使得我这么确信的东西是什么。我会等待，哪怕时间对于我会是那么漫长，我会等待，等到你倦于去爱别人，那时你对我的爱会重新从墓中复活，那时我会一如既往地爱你、一如既往地感谢你，就像往昔那样，哦，约翰纳斯，就像往昔那样！约翰纳斯！难道你铁石心肠的冷漠是针对我、难道这是你的真实本性？难道从前你的爱情、你丰富的心灵都是谎言和虚假、而现在你才重新是你自己？给予我的爱情一份耐心、原谅我继续爱你，我知道我的爱情对于你是一种累赘；但是这样的一个时刻会到来的，那时你就会回归向你的考尔德丽娅。你的考尔德丽娅！听这祈求的话语！你的考尔德丽娅，你的考尔德丽娅。

你的考尔德丽娅

即使考尔德丽娅不拥有那在她的约翰纳斯那里备受推崇的音域，我们还是可以很明显地看出，她并非没有变调。她的心境明显地印烙在每一封信中，尽管她在描述方面缺乏一定的明晰性。第二封信中的情形尤其是如此，我们更多地是感觉到（而不是真正地理解）她的意思，但是，这种不完美使得这封信让我觉得是那么地感人。

四月四日。

谨慎，我美丽的陌生人！谨慎；从马车车厢中走出来可不是那么轻易的一件事，有时候是决定性的一步。我可以借您一本蒂克的小说，从中您可以看到，一位女士在从一匹马上下来的时候，在这样一种程度上被卷入一种复杂的麻烦，以至于这一步成为了她整个生命中极其重要的一步[22]。通常的马车车厢上的梯阶设置得很不对头，以至于一个人几乎是要被迫放弃所有优雅而冒险作出绝望的一跳，跳向车夫或者仆人的双臂。是啊，车夫和仆人是多么愉快；我真的觉得我想要到一个有着年轻女孩的家庭里求职去做仆人；一个仆人很容易成为这样一个小小少女的秘密的知密者。

然而，看在上帝的份上，千万别跳，我请求您；周围很暗；我不会来打扰您，我只是站在这盏街灯之下，这样您不可能看见我，并且，一个人永远只是在这样的情况下才谈得上感到羞怯，那就是他（她）被别人看见了，而他（她）永远只是在这样的情况下才谈得上被别人看见，那就是他（她）看见了别人；于是，出于对那仆人的关心，他也许会没有能力接住这样的一跳，出于对丝裙的关心，同样也[23]出于对花边褶叠缘饰的关心，出于对我的关心，让这一优美可爱的小脚，它的细柔是我已经惊叹过的，让它在这个世界里作最初的尝试吧，冒一下险让您自己去相信它，它肯定会找到坚实的落脚点，并且，如果这让您在内心中战栗了一瞬间，因为看起来仿佛它是在徒劳地寻找它能够搁落的地方，甚至，如果您在它发现了搁落点之后仍然战栗，那么赶紧伸出另一只脚，又有谁会那么残酷地让您悬浮在这样的一个姿势中呢，而在美[24]的宣示之中，又有哪个追随者会那么不雅观、那么迟钝呢。或者，您还在害怕什么不相关的人吗，仆人当然不是、我也不是不相关的，因为事实上我已经看见这只纤小的脚，并且，既然我是自然科学家，我从居维叶[25]那里学会了由此而去推导出确定的结论。那么赶紧吧！多么令人感叹，这一忐忑不安的心情[26]强化了您的美丽。然而忐忑不安的心情就其自身而言并不美，只有当人们在同一瞬间看见了那战胜它的能量时，它才是美的。对，就是这样了！多么令人感叹，现在这只小小的纤足不是站定了么！我留意到，有着小脚的女孩子在通常比那些平底大脚的女孩站得更稳固。

现在，谁能想到这个？这和所有经验相抵触；一个人在走出车厢时面临的衣裙被挂住的危险绝不是稍稍地大于跳出车厢时的情形。但是，对一个年轻的女孩，乘坐马车总是一件有必要在事先考虑再三的事情，只是考虑到最后，结果她们还是待在了马车中。花边和装饰是掉落了，而事情也就因此结束了。没有人看见什么；固然有一个黑影冒出来，浑身被一块斗篷裹起而只露出眼睛；我们无法看出他是从哪里来的，路灯光直闪进人的眼睛；他是在您正要进入靠街的正门的那一刻走过您的。恰恰是在决定性的一秒，从侧面射过来一瞥撞落在它的目标上。您的脸上泛出红晕，胸膛变得过于充满而无法在一呼一吸之中倾吐出自己；在您的目光中有着一种愤慨，一种骄傲的蔑视；在您的眼里有一种祈求、一滴泪；两者是同样地美，我同样公正地接受这两者；因为我同样可能会是这两者中的这一个或者那一个。

但我却是恶意的。房子的号码是多少？我看见的是什么，一个礼品货类的公开展览；我美丽的陌生人，也许我是可恶的，但我沿着那条有光线的路走……

她忘记了那过去的事，是啊，在一个人十七岁的时候，在一个人在这样一个幸福的年龄里去外出购物的时候，在一个人对于每一件拿在手上的大大小小的物品都感到有着不可名状的喜爱时，那么他（她）就很容易忘记。她还没有看见我；我在柜台的另一面，远远地独自站着。在对面的墙上挂着一面镜子，她没有想到这个，但是那镜子想到了。它是多么如实地把握了她的形象呵，就像一个谦卑的奴隶通过忠诚来显示自己的奉献，一个奴隶，对于他，她无疑是意义重大，但他对于她却毫无意义，他无疑是敢去拉住她但却不敢去抱住她。不幸的镜子，它确实能够把握住她的形象，但不能把握住她，不幸的镜子，它不能够把她的形象藏在自己的秘密之中、使之隐形于整个世界，相反它却只能将这形象去泄露给别人，正如现在它将之泄露给我。怎样的苦恼啊，如果一个人被造就得像这镜子一样。然而，不是有很多像这样的人吗：除了在他们向别人显示什么东西那一瞬间之外，他们什么也不拥有；他们只是抓住表面而不是本质，而在这东西想要显现出自己的时候，他们就失去一切；就像这面镜子，如果她在一次呼吸中对它吐露出自己的心声，它就会失去她的形象。假如一个人甚至在当场的瞬间里都无法去拥有回忆的一幅景象，那么，他就必定会总是想要去与这美丽保持距离，不能太接近，太近了尘俗的眼睛就会无法看见这东西有多美，这东西——他抱在怀中的东西、那外在的眼睛失去了的东西，他固然能够通过让这东西远离自己而在外观上重新赢得它，然而他也能够在肉眼无法看见时（因为在嘴唇贴向嘴唇的时候，它与他太接近了）让灵魂的眼睛看见它……

她是多么美丽啊！可怜的镜子，这肯定是一种苦恼，侥幸的是你不知道什么是嫉妒。她的头部是完美的椭球形，她将之稍稍前倾，这样额头就被提起，纯洁而骄傲地抬高，没有丝毫理智器官的印痕。她的黑头发柔软地环绕在她的额头上。她的脸像一颗果实，每个棱角都圆润饱满；她的皮肤是透明的，触摸起来就像天鹅绒，这是我可以用目光去感觉的。她的眼睛，是的，我还不曾看见，它被眼睑隐藏，以鱼钩般弯曲的丝边武装，对于那想要与她目光相遇的人来说是危险的。她的头部是一幅玛多娜头像[27]，纯洁和无辜是它的标志；她就像玛多娜一样垂下头，但是她没有沉湎在对于上帝的默想中；这为她脸上的表情给出一种变换。她所观照的东西是多样性，在这多样性上，尘世间的壮丽和荣耀投出一种映象。她脱下手套来向镜子和我展示出一只右手，白而且匀称得像一尊古代雕像，没有任何装饰，更没有一只扁平的金戒指在无名指上[28]——太好了！

她抬起眼，多么奇妙，一切都被改变并且一切依旧是同样的一切，额头稍稍地不再很高，脸稍稍地不再是很正规地椭圆而是更为生动。她和店员说话，她愉快、喜悦、健谈。她已经挑选了一、二、三样东西，她拿起第四样东西，她将之拿在手上，她的眼睑再次垂下，她问这东西多少钱，她将之放到一边的手套下，这无疑必定是一个秘密，肯定是给一个情人——但她可并没有订婚呢——噢，有许多并没有订婚的人却有一个情人，有许多订了婚的人，却没有情人……

我应当放弃她吗？我应当让她不受打扰地逗留在她的喜悦中吗？

……她要付钱，但她丢失了钱包……

她可能提及了自己的地址，这我不想听，我不想把意外之喜从自己这里剥夺掉；我肯定会在生命中再次遇上她，我肯定会认出她，而她也许也会认出我，我斜视的目光是人们不那么容易遗忘的。这样，当我在那我所想不到的情况下因与她不期而遇而意外时，那就轮到她了。如果她认不出我，如果她的目光没有马上让我确定她已认出我，那么我肯定马上会找机会去从一旁看向她，我发誓她会回想起现在这处境。不要不耐烦，不要贪婪，一切都将被慢慢享受；她被选中了，她无疑是会被追上的。

五日。

这是我所喜欢的：独自一个人晚上走在东街上。是的，我看见那后面跟上来的仆人，不要以为我对您有那么不好的想法，以至于想象您完全独自行走，不要以为我那么没有经验以至于在我对处境的综观中没有马上观察这一严肃的人物形象。但是，又为什么要那么急呢？一个人当然是稍稍有着恐惧，一个人会觉得某种心跳，这心跳的原因不是在于对回家的不耐烦的渴望，而是在于一种不耐烦的畏惧感，它带着自己甜蜜的不安涌遍整个身体，并且，因此而有了脚步的迅速节拍。

然而，这却是那么壮观，无价的风景：这样地单独行走——仆人跟在后面……

一个人十六岁，她阅读，就是说，阅读各种各样的浪漫小说，在她偶然地走过哥哥弟弟们的房间时，她顺耳从他们和他们的熟人的谈话中听到一句话，一句关于东街的话。稍后她多次匆忙地去收集尽可能稍稍更为详尽的介绍，但都是徒劳。然而，一个长大了的大女孩理应知道一些关于世界的消息。如果就这样直接地出去走一走并让仆人跟在后面的话，也许就行。是的，那样很好，只是父亲母亲会拿出一面孔的好看出来，她该给出怎样的理由呢？如果她要去参加晚会，那就没有机会去那里，有点太早，因为我听奥古斯特说那是在九点十分[29]；在她回家的时候，那就太晚了，并且通常她得要有一位绅士陪着走。星期四晚上，在我们离开剧院的时候，在根本上是一个很好的机会，但是那样的话，她就总是要坐马车，并且还得在车厢里带上托姆森夫人和她的那些迷人的表姐妹；哪怕她能够一个人坐马车的话，那么她也可以让窗户开着稍稍浏览街景。然而，不曾预料的事常常发生[30]。今天母亲对我说：想来你还没有做完你为你父亲的生日要做的衣服，为了使你完全不受打搅，你可以去耶德阿姨那里，在那里一直待到喝茶的时候，然后彦斯会来接你。在事实上，这根本不是一个那么让人愉快的消息，因为耶德阿姨家是非常乏味的；但那样的话我就要在九点钟单独和仆人一起走回家。现在，等彦斯来了，他就得等到十点差一刻，然后出发。只是我本来要和我的兄弟先生或者奥古斯特先生碰头——那也许并不是我希望的，那样的话，也许我和他就该一起回家（多谢了，我们能免则免吧，自由一点），但是，如果我能够先看见他们，那么他们就不会看见我了……

好吧，我的小小的小姐，您看见了什么呢，还有，您以为我看见了什么呢？首先是您所戴的那小小的无檐帽[31]，它与您太相称了，完全地和谐于您行为上的全部匆忙。它不是有边的礼帽，它也不是软帽，而是某种类型的无边帽。但是在早上您出门的时候，您则不可能戴着它。是仆人为您带来的，还是您从耶德阿姨那里借了一顶？

您也许是不想被人认出来。

如果一个人要展开观察的话，那么她就不应让面纱完全落下。或者，也许这就不是面纱，而是宽花边带？在黑暗中不可能判定出来。不管那是什么，它遮掩住脸的上半部。下巴是相当美丽的，稍稍太尖了一些；嘴挺小，张着；这是因为您走得太快了。那些牙齿——洁白如雪。本来就应当这样。牙齿有着极大的重要性，它们是隐藏在嘴唇的诱惑性温柔背后的保镖。脸颊上泛着健康的红晕。

在一个人把头倾向一侧时，很有可能会从这面纱或者花边下看透进去。您要小心了，这样的一种来自下面的目光要比一种直接的[32]目光更为危险。这就像是在击剑中的情形；又有哪一种武器能够像眼睛那样尖锐、那样有着渗透性、那样在其运动中闪耀并因此而那样地具有欺骗性？一个人做出样子对准上左侧出击，如击剑者说，而在第二击中进行突袭；这突袭在做出了第一个出击样子后紧跟着出现，越迅速越好。做出第一次出击样子的这个“此刻”是一个无法描述的瞬间。对手感觉仿佛是一砍之下，他被击中了，是的，是真的，只是他被击中的地方完全不是他原以为会被击中的地方……

她坚定地向前走，没有畏惧、没有瑕疵。您可要小心；那里过来一个人，放下您的面纱，不要让他的亵渎目光玷污了您；您想象不出，它以一种恐惧来触及您，对于您来说，想要忘记这令人厌恶的恐惧也许在很长一段时间里是不可能的，——您没有察觉到这个，但我则相反察觉了，他综观了那处境。仆人被选作最靠近的对象。

是的，现在您看见单独与仆人一同行走的后果了。仆人倒下了。这在根本上是可笑的，现在您想怎么办？回过去帮他站起来，那是不可能的；与一个浑身是泥的仆人走在一起是不舒服的；单独行走是危险的。小心了，妖魔在趋近……

您不回答我，只需看着我吧，难道我的外观使您害怕吗？我丝毫没有给你留下什么印象，我看上去就像一个来自完全另一世界的好心人。在我所说的话中没有任何内容是打搅您的，没有任何内容使得您想起那一处境；没有任何稍稍过分靠近您的行动。您仍然有着一点恐惧，您仍然没有忘记那个令人不舒服的[33]人物形象向您跑来的情景。您对我有了一定的好感，我的尴尬使得我不敢看您，这让您控制了局面。我的这尴尬使您高兴，让您有安全感；您几乎忍不住想要逗弄我。我敢打赌，如果您想得到这样的做法的话，在那一瞬间您肯定会有胆量来挽住我的手臂……

这样，您住在斯多姆街。您冷淡而迅速地向我行屈膝礼。我应得的就是这个吗，我这个帮您出离这整个不愉快事件的人？您改变了想法，您转回来为我的友善向我道谢、向我伸出您的手。为什么您脸色变得苍白？难道我的声音不是像刚才一样吗、我的态度不仍然是那样吗、我的目光不是同样地平静安宁吗？这一握手？难道这样握一下手意味了什么吗？是的，意味了很多，太多了，我小小的小姐，在十四天内我将向您解释一切，但在这之前，您仍然逗留在这矛盾之中：我是一个像一个骑士一样地帮助一个年轻女孩的好心人，并且我还能够以一种不亚于好心的方式握您的手。

四月七日。

“这样，星期一，一点钟，在展览的地方。”很好，我将会荣幸地在十二点三刻出现。一个小小的约会。在星期六，我终于对这件事情做一个了结，并且决定去拜访一下我的时常在外旅行的朋友阿道夫·布鲁恩。为此，我在大约下午七点出发去西街，因为我听人说他按理是住在那里。然而，他却是个无法被找到的人，我气喘吁吁地跑到三楼[34]，但找不到他。在我正打算要下楼的时候，我的耳朵被一个富有旋律的女声触动，这声音轻轻地说：“这样，星期一，一点钟，在展览的地方，那个时间别人都走掉了，但你知道，我永远也不敢在家里和你见面。”这邀请不是给我的，而是给一个年轻人，他一二三就跑出了门，如此迅速，以至于我的眼睛，更不用说我的两腿，根本无法赶上他。为什么人们没有在楼梯上装煤气灯[35]，那样的话，我也许就会弄明白，这是不是值得我努力去那么准时地出现。然而，如果有煤气灯的话，我也许就不会听见任何东西。那持存的却还是那理性的[36]，我是并且继续是乐观主义者……

现在，那是谁？在展览上密集着女孩子们——如果我用多娜·安娜的话来说[37]。到了十二点三刻整。我美丽的陌生人！愿您的约见者也像我一样地准时，或者，也许您更希望他永远也不该提前一刻钟到，如您所愿吧，以各种方式我都会提供我的服务……

“迷惑人的魔法女人，是仙女还是巫婆，让你的雾气消散吧”，呈示出你自己，想来你已经到场了而只是对于我是无形的，显露你，因为否则的话我肯定不敢等待一种启示。也许，会不会有更多怀着和她一样的使命的人到这儿来？很有可能。谁知道一个人的路是怎样，尽管他是来看展览。

在最前面的房间里，来了一个年轻女孩，匆匆忙忙，比追逐罪人的良心判官更迅速。她忘了递交出她的入场票，红衣人阻止了她。呀，上帝保佑！她有着怎样的匆忙啊！这必定是她了。这一错位的激烈是为了什么，一点钟还没有到，请记住，您要和爱人相会；难道一个人的外观在这样的一个场合完全是无所谓的吗，难道在这样的意义上不是有这样的说法——“你要把最好的腿放在前面[38]”？在一股这样年轻的、无邪的[39]血液要去约会的时候，于是，她就像一个癫狂者一样地处理这事。她彻底乱了手脚。相反我坐在这里，安乐舒服地坐在我的椅子里并且观察着乡村的美丽景色……

这是一个魔鬼的女儿，她像风暴一样地穿过所有房间。您得设法稍稍隐藏您的急切渴望，记住那些对少女丽丝贝特说的话：如此急切地想要与情人同居对于一个年轻女孩是不适合的[40]。现在，当然，您与爱人的共处是那些无邪的关系之一。

在通常，一场约会对于相爱的人们来说被看成是最美丽的瞬间。我自己仍然能够如此清晰地回想我第一次急速地跑到约会地点，就好像那是在昨天，那时我的心一方面被那等待着我的喜悦丰富，一方面又对之陌生；第一次我用手敲三下、第一次一扇窗户被打开、第一次一块小小的窗板盖被一个女孩无形的手打开（她因为打开这板盖而将自己隐藏了起来）、第一次我在夏天的白夜里把一个女孩藏在我的斗篷之下。然而在这一判断之中混有许多幻觉。一个平静的第三者不会总是觉得那相爱的人们在这一刻里是最美的。我曾见证过一些约会，尽管女孩是可爱的、男人是英俊的，整体印象却是几乎令人厌恶，那遇会本身远远不是什么美好的，虽然它对于那相爱的人们来说感觉很美好。在人变得更有经验之后，人就以一种方式有了收获；因为，无疑人失去了那种不耐烦的渴慕中甜美的不安，但人赢得了一种姿态去使得那瞬间变得真正地美丽。在我看见一个男人在这样一种场合这么混乱困惑的时候，我就会心里很恼火，因为我觉得他从赤裸裸的爱情之中得了一种震颤谵妄症[41]。农民们对凉拌黄瓜又懂什么[42]。不是去获得足够的清醒来享受她的不安、使之去点燃她的美丽并映耀这美丽，相反他只是引出了一场难以卒睹的混乱，他倒是好，高兴地回家，自以为那是某种荣耀。

但是见鬼，这人到哪里去了呢，已经两点钟了。好吧，这是很出色的一类，这些情人们。这样一个无赖，让一个年轻女孩等待他。不像这种人，我则是完全另一种，是一个可靠的人！看来最好是趁现在她第五次走过我的时候去对她说话。“原谅我的冒昧，美丽的小姐，您肯定是在这里寻找您的家人，您多次迅速地走过我，而在我的眼光追随着您的时候，我留意到，您总是停留在最后第二个房间，也许您不知道在里面还有一间房间，也许您会遇上您要找的那些人。”她向我行屈膝礼；这与她很相称。机会是有利的，我很高兴这人没有来，在被搅动过的水中钓鱼总是最好的；在一个年轻女孩处于内心激动的时候，我们就能够有运气去尝试那本来会失败的事情。我尽可能地礼貌并且有距离地向她躬身，我重新在我的椅子上坐下，观望着风景并且留意着她。直接去跟着她，那冒险太大，这会让人看起来我是过于纠缠，而那样她就马上会警惕起来。现在她的判断是我是出于关心而与她搭话，我对她有好感。

在最里面的那个房间里什么人也没有，这我很清楚。孤独对她是会有好处的；只要她看见那么多人在周围，她就会不安，而当她独处时，她无疑就会平静下来。没错，她确实待在了那里面。过一会儿我偶然经过[43]去那里；我有权再去和她说一句话，无论如何，她几乎还欠我一声问候。

她坐下了。可怜的女孩，她看上去是那么地忧伤；她哭过，我想，或者至少在眼中有过眼泪。这真是令人反感的行为——去迫使这样的一个女孩流泪。但放心，你会得以报复的，我会为你去报复，他会得到教训让自己明白，什么是等待。

她是多么美丽，现在，各种各样的狂风暴雨都平息了下来，而她栖息于唯一的一种心境中。她的本质是忧伤和痛楚的和谐。她确实是吸引人的。她穿着旅行服坐在那里，然而她却不是那要去旅行的人，她穿上了旅行服想要出来寻找欢悦，但现在这却成了她的痛苦的标志；因为她就像一个被欢悦所离弃的人。看起来她就好像是和这爱人做了永远的告别。让他去吧！

处境是有利的，那一瞬间在招手。现在事情就是，我要以这样的方式来表达自己，就好像我是以为她在那里找家人或者找一群聚在一起的熟识，然而却要热情到这样的程度，使得我所说的每一句话都能够扣住她的情感，这样，我就有机会去潜入她的思绪。

那么，愿无赖见鬼去吧，那里不是冒出了一个人来吗，毫无疑问，肯定是他了。见鬼，让我看这笨蛋，现在我刚刚如我所愿地控制了局面。好吧，好吗，这之中还是稍稍有所收益的。我得去触及他们的关系，将我自己导入这处境。在她看见我的时候，她不禁向我微笑——这个人以为她是在那里寻找她家人，而她则是在寻找完全别的东西。这一微笑使得我成为她的知密者，这总是有着某种意义的。

多谢了，我的孩子，这一微笑对于我的价值远远超过你所想的，它是开始，而开始则总是最难的。现在我们认识了，我们的相识是建立在一种富于刺激处境中的，对我而言暂时是足够了。您在这里肯定不会待过一小时，两小时后我就知道您是谁，否则，您想，为什么警察要设立人口查询记录[44]呢？

九日。

我瞎了吗？灵魂的内在眼睛失去了它的力量吗？我看见了她，但这就好像我看见了一种上天的启示，然后她的形象又完完全全地从我面前消失了。我徒劳地集中起我灵魂的全部力量来召唤出这一形象。如果我会再见到她的话，那么，哪怕她是和几百人站在一起，我也马上能够认出她来。现在她跑掉了，我灵魂中的眼睛带着其渴望徒劳地想要去赶上她。

我走在长线条[45]上，表面上漫不经心似乎不留意四周的环境，虽然我侦察的目光不漏过任何观察细节，这时，我的目光触及了她。这目光固定地盯在了她身上，它不再听从主人的意志；对我而言，要让目光有所移动是不可能的事，要通过调整目光来综观其对象也是不可能的，我想要看这对象，但我没有在看，而是在听任目光凝注在这对象上。就像一个击剑者停留在出击后的位置，我的眼睛也是这样地凝固不变，被冻结在了那最初的方向上。对我来说，向下垂落目光是不可能的、将之收进我自己也是不可能的，不可能去看，因为我看见了太多。我唯一保存下来的东西就是：她穿着一件绿色的斗篷，这就是全部，我们可以将之称作“抓住云朵而不是朱诺”；她从我这里跑脱，就像约瑟从波提乏的妻子那里跑掉一样，并且只留下了自己的斗篷[46]。她与一个半老的女士同行，后者看来是她的母亲。我能够从头到脚地描述她，尽管我其实没有看着她，而只是至多偶然经过[47]顺带看她一下。事情就是这样。这女孩为我留下印象，我忘记了她，而另一个人没有为我留下了印象，我能够记得她。

十一日。

我的灵魂仍然不断地陷在这同样的矛盾之中。我知道我看见了她，但我也知道，我又忘记了我所见的，但却是这样：那仍留在那里的残余记忆并不使我振奋。带着不安和激动，就仿佛我的安乐濒临危险，我的灵魂要求这一形象，但它却不显示出来，我能够抓出我的眼睛以惩罚它的健忘。当我在不耐烦中暴跳时、当宁静留在我的内心中时，这时，就仿佛预感和回忆编织出一个形象，但它却仍无法为我赢得人物的身影，因为我无法让它在关联中平静地站定，它就像一个在一种精织布料中的图案，这图案比背景的色彩更淡，如果单单去看这图案，它就无法被看出来，因为它的颜色太淡了。

这是我所处的一种古怪状态，但它有着它令人惬意的地方，一方面是在其自身之中，一方面是因为它使我确信我仍然还年轻。另一种观察也能够让我看出这个，也就是说，我可以观察到我自己在年轻女孩们中追寻我的猎物，而不是在年轻的妇人们中。一个妇人所具的自然天性就要少一些，更多的是风情；与她的那种关系不是美丽的、不是令人感兴趣的（interessant），它是有刺激的（pikant），而“那有刺激的”总是那最后的[48]。我不曾期盼我还应当能够再去品尝这一“坠入爱河”的最初收获[49]。我在爱河中是潜在水下，我遇上了那被游泳者称作“一次强制入水”的情况，因而我有点昏昏然，这就没有什么奇怪的了。这样一来，情况是越来越好，我对这一关系期待就越来越多。

十四日。

我几乎不认识我自己。我的心灵就像翻腾的大海在激情的风暴中咆哮。如果另一个人能够在这样的状态中看见我的灵魂，这会让他感觉到，我的灵魂就像一只小船，船尖朝下地钻向大海，仿佛它在自己可怕的冲力中会冲到深渊的底部。他看不见在桅杆上有着一个水手坐在那里瞭望。冲击吧、咆哮吧，你们这些狂野的力量，翻滚吧，激情的力量，哪怕你们的浪涛将泡沫甩上云霄，你们却无法通过堆积自身而盖过我的头；我像一个悬崖王[50]一样平静地坐着。

我几乎找不到落脚的地方，就像一只水鸟，我徒劳地想在我心灵中翻滚的大海里寻找降落的地方。然而这样一种不平静却是我的元素——我所依赖的元素，正如冰鸟[51]在海上建窝。

雄火鸡在看见红色的东西时会发怒竖起羽毛[52]，在我看见绿色时，我也是这样，每次我看见一件绿色斗篷就会这样；既然我的眼睛经常欺骗我，这样，有时候我的所有期待就在一个弗雷德里克医院的搬运工[53]身上全部泡汤。

二十日。

一个人必须限制他自己，这是所有享受的首要条件。看来我并不该这么快就得到关于这个女孩的任何信息，这个女孩，她以这样一种方式来充实我的灵魂和我的所有想法，以至于匮乏获得了营养。我应当让自己完全冷静；因为这种状态，这种昏暗而不确定但又强烈的情绪也有着其可爱。我一向喜欢在一个月明之夜躺在一只小船上漂在湖面上——我们那些美丽的湖泊中的一个。我放下帆，收起橹，卸掉桨，尽量地伸展开身子躺着并且仰视着天穹。在波浪们以它们的胸膛摇动着小船的时候、在云朵们在风前强烈地游动而使得月亮在一瞬间消失而后又出现的时候，我就在这一不安宁中找到安宁；波浪的运动催我入睡，它们对着船发出的噪音是单调的摇篮曲，云朵迅速奔跑、亮与暗的交替使我陶醉，于是我醒着做梦。现在，我就这样躺下，放下帆，卸掉桨；渴望和没有耐心的期待在它们的臂弯里翻动着我，渴望和期待变得越来越宁静、越来越福至心灵，它们摇动着我就像哄一个小孩；在我之上，希望的天空完成拱形，她的形象萦绕过我，就像月亮的形象，模糊而不确定，一忽儿以它的光、一忽儿以它的阴影使得我眼花目眩。多大的享受啊，这样地在摇动的水面之上起伏拍溅——多大的享受啊，在自身之中被摇动荡漾。

二十一日。

日子过去，我仍然在原地踏步。那些年轻女孩比任何时候更让我欢喜，但我却没有去享受的愿望。我到处都在找她。这使得我常常不合情理，蒙眬我的目光，骚扰我的享乐。美丽的季节马上就要到来，那时，人们在街巷间公共场合的日常生活中大量地购买那些人们在冬天的社交生活中要付出足够贵的价钱才能得到的东西；因为，一个女孩能够忘记很多东西，但忘不了一个处境。社交生活固然将人带进与美丽异性的接触，但是，在一个人要开始一种新篇章的时候，这就是没有什么意义的。在社交生活中，每一个女孩都是有着武装的，处境则是贫乏的，并且一再出现，她得不到快感的震颤。在街上，她就是在公海中漂泊，一切因此而显得更强烈，同样一切也就更神秘。我为一个在大街的处境中的女孩子的微笑给出 100 元国家币，但是在社交场合里则不会为握手给出 10 元国家币，这完全是不同的货币流通类型。而在这故事开始之后，一个人就在社交场合里寻找这相应的人。他与她有着一种神秘的沟通，这种沟通是诱惑性的，这是我所知的最有效力的刺激。她不敢谈论这事，但她却想着这事；她不知道他有没有忘记这事；一忽儿他以这样一种方式误导她，一忽儿又以另一种方式误导。今年我没有收集到很多，这个女孩占据了我过多精力。在某种意义上说，我的猎物变得稀少了，但是这样我却有了获得暴利的前景。

五日。

可诅咒的偶然事件！我从不曾诅咒你，因为你显示出了你自身，我诅咒你，因为你根本不显示出你自己。或者，难道这也许会是你一种新发明，不可捉摸的东西，万物之不育的母亲，从那个时代——那必然生下了自由的时代、那自由又被重新骗入子宫的时代——剩下的唯一残余？可诅咒的偶然事件！你是我唯一的知密者，那唯一被我认为是值得作为我的盟友和我的敌人的存在物，在不同之中永远不变的你自己，永远不可捉摸，永远一个谜！你，我以我灵魂的全部同情所爱的你，在你的形象中我创造出我自己的你，为什么你不显现出你自己来？我不祈求，也不谦卑地恳请你让你这样或者那样地显示出自己来，这样的拜神是偶像崇拜，不会使得你高兴。我向你挑战，为什么你不显示出自己来？或者，难道寰宇中的摆体停止了摆动，难道你的谜被解开了，那么你也跳入了永恒之海吗？可怕的想法，那么世界就被无聊刹止了！可诅咒的偶然事件，我等待着你。我并不想通过原则或者通过被愚人们称作是品质的东西来战胜你，不，我要创作你！我不想为其他人而成为诗人；显示出你自己，我创作你，我吃下我自己的诗歌，而这就是我的食物。或者，难道你觉得我不配？就像一个神殿舞者为神的荣耀而舞[54]，我也是这样地奉献出了自己来为你服务；轻盈、身着薄衣、柔韧、不带任何武器，我放弃一切；我什么也不拥有，我什么也不愿拥有，我什么也不爱，我没有什么可失去的，但是，难道我不因此而对你更有价值吗——你，你无疑早就已经厌倦于在人们手中剥夺他们的所爱，厌倦于他们怯懦的叹息和怯懦的祈祷。给我一个意外吧，我已经就绪，不投任何赌注，让我们为荣誉而搏吧。向我展示出她，向我展示出一种看起来是不可能的可能，在冥界的阴影里向我展示她，我将把她带上来[55]，让她恨我、鄙视我、对我无所谓、爱别人，我不怕；但去搅动那水[56]、打破那宁静。像现在这样让我饿着，你这样的做法就很蹩脚，你还自以为是比我更强大呢。

五月六日。

春天临近；一切都在绽开，那些年轻女孩子们也在绽开。她们的斗篷被放在了一旁，想来我的绿色斗篷也被挂了起来。在大街上认识一个女孩子会有这样的结果，而不是在晚会上：在大街上你可以马上知道她叫什么、她出自怎样的家庭、她住在什么地方、她是否已经订婚。这最后的对于任何一个清醒而稳定的求婚者来说都是最重要的信息，这样他就绝不会不巧地去爱上一个已经订了婚的女孩。这样的一个从容缓行的人，如果他是在我的位置上，那么他肯定会处于一种致死的苦恼中；如果他为获得各种信息所作的努力被戴上幸运之冠并且另加这样一个额外的收获——“她已经订了婚”，那么他就会完全地被毁灭。然而这个却并不很让我担心。一个订了婚的人只是一种喜剧性的艰难。我既不怕喜剧性的、也不怕悲剧性的各种艰难；我唯一所怕的是那些无聊乏味的事物[57]。到现在为止，我还没有找到一丁点的信息，尽管我肯定地尝试了一切可能的方式，许多次，我感觉到那诗人的词句中的真理：

> 夜晚和寒冬、漫长的路途和残酷的痛楚，
> 各种各样的孜孜努力都在这一没有战争迹象的营地里。[58]

也许她根本不生活在这城里，也许她是从乡村来的，也许、也许，我会因所有这些“也许”而恼火暴跳，而我越是恼火，“也许”就越多。我总是准备着一笔钱以便随时能够出去旅行。我徒劳地在剧院、音乐会、舞会、散步中寻找她。在某种意义上，这让我高兴；一个总是参与这一类娱乐活动的女孩，一般说来并不值得去征服；这样的女孩常常缺乏那种独特本原，而这种独特本原对于我来说是并且继续是不可或缺的条件[59]。相比起在那些出售年轻女孩的鼓乐舞吧中寻找，在茨冈人中找到一个普莱希鸥萨（Preciosa[60]）不算是那么不可思议。

所有的清白无邪——

咦，上帝保佑，又有谁在说别的东西？

十二日。

是啊，我的孩子，为什么您不继续在大门口彻底平静地坐着呢？一个年轻的女孩在下雨天进入大门之内，这是人们完全没有理由提出反对的。如果我没有伞的话，我自己也会这么做，有时甚至在我有伞的时候我也这么做，比如说现在。另外，我还可以

列出诸多受人尊敬的女士，她们也会毫不犹豫地这样做。我们可以完全放心，背对大街，这样，那些路过的人们根本不会知道，我们到底是站着还是正要进入这房子。相反，在大门半开着的时候躲在大门的背后则是不谨慎的做法，主要出于对后果的考虑；因为我们越是隐藏，措手不及时就越尴尬。相反，如果我们隐藏起了自己，那么我们就完全平静地保持站着，将自己推荐到自己善意的保护神和所有天使的照顾之下；我们尤其是不要去向外瞅——看雨是不是过去。就是说，如果我们想对此有所确定，那么我们就走出很确定的一步并严肃地看着天空。相反，如果我们是稍稍好奇地、羞怯地、恐惧地、不自信地探出头去并马上又缩回来，那么每一个小孩子都知道这个被人们称作是捉迷藏的运动。而我，作为总是在游戏中的人，我是不是该有所保留，在有所询问的时候，我不该去应答……

不要以为我对您怀有某种侮辱性的想法，您根本不曾有丝毫意图想要探出头去，这是世界上最无邪的事情。同样您也不得在您的想法中侮辱我，这是我的良好名气和声望所不能忍受的。另外，开始了这一切的人是您。我忠告您绝不要去向任何人谈及这一事件；在您这边您就是不对的。除了像每一个绅士所做的那样——把我的伞给你——之外，我还能想要做什么别的呢？

……

她去哪里了？好极了，她躲到了下面门房的门里去了。

这真是一个最可爱的小女孩了，快乐而知足。

“也许您可以向我提供一下这样一个年轻女士的信息，她在这一时刻正把头往这扇大门外伸去，很明显是遇到了没有伞的尴尬。我想找的就是她，我和我的伞。”

您笑了。

也许您可以允许我让我的仆人明天来取它，或者您下令我该找一辆车来。

不谢，这只是一种应有的礼貌。

这是我很久以来所见的那些最快乐的女孩中的一个，她的目光如此稚气，但又如此大方，她的气质是如此可爱、如此贞洁端庄，然而她却是好奇的。

平平安安地去吧，我的孩子[61]，如果不是有着那绿色斗篷的存在的话，我无疑会很想和她进一步结识的。

她沿着大寇贝玛尔街[62]走下去。她是多么地无邪和有信心哦，没有丝毫的做作。看她走得多么轻快、她甩着脖子的样子是多么充满生机。

那件绿色斗篷要求自我否定。

十五日。

谢谢，善意的偶然事件！她是率真的，并且骄傲、神秘而富有想法，她就像一棵云杉、一株枝芽、一种深深地从大地的内部向天空射出的想法，不可解说的、对其自身是不可解说的，一种不具备部分的整体。山毛榉立出它的树冠，它的叶子讲述树冠之下所发生的一切，云杉没有树冠、没有故事、对于其自身是神秘的——如此也是她的情形。她对自身是隐藏着的，并且是隐藏在她自身之中，她从自身之中升起展现出来，在她之中有着一种静止的骄傲，就像云杉大胆冲天的轨迹，尽管这云杉是被钉在大地上的。一种忧伤就像斑鸠的鸣咕声一样地向她喷涌，一种不希求任何东西的渴慕。她是一个谜、一个拥有着其自身谜底的谜，一个秘密，一切善于玩弄外交手腕的人们的所有秘密与之相比又算得了什么，一个谜，在这世上又有什么能够像那揭开这个谜的词那样美丽？而语言又是多么地具有标示性、具有内涵意义：解谜——又有什么模棱两可的暧昧不是在这个词之中呢，这暧昧如此美丽而如此强烈地遍及了那所有有着这个词在之中出现的关联！正如只要舌头上的声带没有被解开，并且这谜也就因此没有被解开，那么，灵魂的财富就是一个谜，以同样的方式，一个女孩也是一个谜。

谢谢，善意的偶然事件，请接受我的感谢！假如我在冬天时节有机会看见她，那么她无疑就被包裹在了那绿色的斗篷之中，也许冻僵了，而大自然的苛酷在她身上贬损了其自身的美丽。然而，现在则相反，怎样的侥幸！我第一次重见到她，是在年度最美丽的时节，是在初夏午后的阳光中。当然，冬天也有它自己的长处。一个灯火通明的舞厅对于一个身穿舞会华衣的年轻女孩来说无疑可以是一种奉承性的环境；但是一方面，如果她在这里出现，恰恰因为一切都在要求她这样做，这样的出现就很少是对她自己有着完全的好处，——不管她是对这要求作了妥协还是抵制，这要求都是在起着困扰作用；另一方面，一切都让人想起无常和虚妄，并且引发出一种不耐烦，使得享受变得不怎么爽快。在某些时候，我无疑也不愿失去进入一个舞厅的机会，我不愿错过它昂贵的豪华、不愿错过它的青春与美丽的无价外表、不愿错过它的各种力的多元施展；但是我的享受却及不上我在可能性中的纵情沉溺。那吸引人的东西不是一个单个的美丽化身，而是一种整体；一种梦幻形象在人们眼前游弋过去，在这梦幻形象中所有这些女性生灵在相互间为自己构型，而所有这些运动都在寻找着什么、在一幅无法被人看见的图像中寻找着安宁。

那是在北门和东门间的那条小径[63]。时间差不多是六点半。太阳失去了它的旺头，只有对之的回忆被保存在一种温和的微光之中，这微光遍布在风景之上。大自然更为自由地呼吸着。湖面平静，空明如镜。褪白塘（Blegdammen[64]）怡人舒适的建筑在水中倒映出来，更远的水面则暗得像金属。另一边的那些建筑和那小径被太阳无力的光线映照着。天空晴朗明净，只有一丝单独的轻云不经意地滑过，在你将目光凝注在湖面上时看得最清楚，这云从它光亮的额上滑过而消失。没有任何树叶颤动。

那是她。我的眼睛没有骗我，尽管那绿色的斗篷曾骗过我。现在，尽管我已经准备了这么久，对于我来说，要控制住某种骚动仍然是不可能的，一种升升沉沉，就像云雀在那些邻近的原野的上空鸣唱着上升和下沉。她独自一个人。她穿着怎样的衣服，我又忘记了，不过我现在又有了一幅她的图像。她一个人，全神贯注地，很明显不是全神贯注于自己，而是全神贯注于自己的各种想法。她没有在思想，但是思绪的宁静劳作为她的灵魂编织出一幅渴慕图像，这图像被一种隐约的预感拥有着，就像一个年轻女孩的诸多叹息那样地不可解说。她正处于最美丽的年华。一个年轻的女孩并不是像在一个男孩的那种意义上得到发展，她不是长大，她是被生出来。一个男孩马上就开始发展自己并且把很长的时间用在这发展上，一个年轻女孩持久地被生出来[65]并且一生出来就是长大了的。这之中有着她无穷的财富；在她出生的一瞬间，她就是成年的，但这出生的一瞬间姗姗来迟。因此，她出生两次，第二次是在她结婚的时候，或者更正确地说，在那一瞬间她才停止被出生，到了这一刻，她才得以诞生。不仅仅只有密涅瓦是从朱庇特的额头上作为完全的成人而蹦出来[66]，不仅仅只有维纳斯在自己完全的美丽中从大海里升起[67]，每一个年轻的女孩都是这样，她的女人性（Qvindelighed）不曾因那种人们所称的“发展”而被败坏掉。她并不是渐渐地醒来的，而是一下子，相反，如果人们没有因自己高度的不理智而去过早地唤醒她的话，她就会更长久地做着梦。但这种“做梦”却是一种无限的财富。

她不是全神贯注于自身，而是在自身中全神贯注，而这一全神贯注是一种在自身中的无限平和与休止。这样，一个年轻女孩是富有的，而去拥抱这一财富则使得一个人自己变得富有。她是富有的，尽管她不知道她拥有着什么；她是富有的，她是一个宝藏。宁静的平和覆盖着她，以及稍稍的忧伤。用目光来试举她的话，她很轻，就像被守护神们担抬走的普绪客那样轻[68]，甚至更轻；因为她自己承担着自己。让教会里的教师们去为关于圣母马利亚升天[69]的问题而去争执吧，这问题对于我来说没有什么不可思议的，因为她不再属于这个俗世；然而一个年轻女孩的轻[70]则是不可思议的，并且在嘲弄着重力法则。

她什么也没有留意，并且因此而以为自己也没有被人留意。我站在远处，并且吸纳了她的形象。她走得缓慢，没有任何匆忙打搅她的安宁或氛围的安静。河边坐着一个男孩，他在钓鱼，她站定、注视着镜子般的水面和那小浮舟。固然她没有走得很快，但她却试图寻求着一点凉爽；她解开一块在头巾下绕着脖子的手巾；一阵来自湖面的微风吹拂着一个胸脯，白如雪但却温暖而丰满。看来那男孩对于有人来见证他的垂钓并不是很高兴，他带着冷漠的目光转过身来打量她。他实在是构成了一个滑稽的人物形象，我不会见怪她去笑话他。她笑起来是多么富于青春气息；如果她和那男孩是一起独处的话，我想，她不会害怕和他打架。她的眼睛大而透亮；如果你注视进这眼睛，你会看见它有着幽暗的光泽，你能够通过这光泽而隐约感觉到无限的深度，因为想要渗透进去是不可能的；它是纯洁的，并且无邪、温和、安宁，在她微笑的时候充满淘气顽皮。她的鼻子很有韵味地弯曲；在我从一旁看她时，它就好像是将自身拉进额头，并因此而变得稍微更短些，也稍稍更为漂亮了。她继续走，我跟着。幸好在小路上有着更多散步的人；在我与某个人攀谈一两句话的同时，我让她超到我的前头并且随后马上又赶上她，这样我就摆脱了这种“必须带着距离走得像她一样慢”的必要性。她走向东门。我想要更临近地看她而又不被她看见。在街角上有一幢房子，从那里看，我必定能成功地达到这目的。我认识住在那房里的这个家庭，因而我只需去拜访他们一下。我以快步急速地走过她，就好像我根本没有留意她。我超前了她挺长的一段路，向那家人左右打招呼，然后就占据了那朝小径方向开着的窗口的位置。她来了，我看着，并且在我与客厅里喝茶的人们闲聊了几句话的同时，我看着窗外。她的步履使我很容易地确信，她不曾经受过任何真正的舞蹈训练，但在步履中却有着一种骄傲，一种自然的高贵，但却没有对自身的留意。我看见了她，比我事实上所算计出的还要更多一次。从窗口看出去，我无法沿着小径向下看很远；相反我却能够观察到一座走向湖中的桥，我很惊讶地在那里又发现了她。我不禁想着，也许她就住在这里的乡村，也许她家里人在这里有着消夏房间[71]。我已经开始对我的拜访感到后悔了，因为我怕她会折回去而使得我失去对她的注目，甚至，她这样显现在桥的最外头尖上，这本身就好像是她从我眼中消失的一种标志……

然后她在临近处出现了。她走过了这房子，我急忙抓向我的帽子和我的手杖，想要再多次地，如果可能，赶上去走过她，然后再落在她身后，直到我发现她的住处……

这时，我在匆忙中撞上了一位女士正向人斟着茶的手臂。这就引发了一声可怕的尖叫，我拿着帽子和手杖站在那里，只是在想着要离开，并且，想着尽可能去为事情给出一个转折来促成我的退席，于是我带着凄婉叫出来：就像该隐，我该被流放驱逐[72]出这个看见了这茶水泼溅出的地方。但是，就仿佛一切都在合谋与我作对，主人有了这绝望的主意来接上我的话头，高声而庄严地宣布：在我品尝了我的这杯茶、亲自去为女士们重新斟上被撒泼了的茶水并弥补了一切过失之前，我是得不到允许离开的。既然我完全清楚，在目前的这情形中，我的主人会把使用强制看成是一种礼貌，那么除了留下不走之外我也没有别的选择。

她消失了。

十六日。

坠入爱河是多么美妙，知道一个人坠入爱河是多么令人感兴趣[73]。看，这是那差异。我会因为关于“她第二次从我这里消失”的想法而恼火，然而这却也在某种意义上让我感到欣悦。我所拥有的她的形象不确定地回旋于两者之间：时而是她的现实形象、时而是她的理想形象。现在，我让这一形象面对我显示出来；但恰恰因为要么它是现实、要么这现实只是机缘而已，所以这是一种独特的魔术。我没有感到任何不耐烦，因为她必定还是住在这城里，在目前的情况下这一点对于我已经足够了。这一可能性是她的形象能够正确地显现出来的前提条件——一切都必须被慢慢地享有。难道我不该冷静吗，我这个能够被看成是诸神的宠爱者的人、这个获得了罕有的幸运去再次坠入爱河的人。这种幸运却不是什么艺术、什么研究能够引发出来的东西，它是一种天赋馈赠。但是，如果我成功地再次激扬出一种情欲之爱的话，那么我则想看一下，它能够被持续多久。我对这一爱情的宠溺之深是我从前在我最初的爱中所从未达到的。机会对于一个人来说是够稀罕的，所以，如果机会出现了，真正要做的事情是去好好使用这机会；因为绝望之处在于："诱惑一个女孩"不是什么艺术，而"能够找到一个值得去诱惑的女孩"才是一种幸运。

爱情有着许多神秘，而这种最初的坠入爱河也是一种神秘，尽管它只属于少数人；大多数人，他们奔涌出来，去订婚或者去做其他蠢事，翻掌之间一切就过去了，他们既不知道他们征服了什么、也不知道他们失去了什么。现在，她两次向我显现出来并且消失；这意味了，她不久会更经常地出现。在约瑟向法老解释梦的时候，他加上了一句：但你梦了两次，这意味了它不久就会被实现[74]。

这会是令人感兴趣的，如果我们在事先能够稍稍看见那些力——它们的出现构成生命的内容。现在她在她的全部平静安宁中继续生活下去；她还没有隐约感觉到我的存在，更没有感觉到我内心之中所发生的东西，更不会感觉到我用来观照进她的未来的那种确信心；因为我的灵魂要求越来越多的现实，它变得越来越强烈。如果一个女孩没有在第一眼就给人留下这样深刻的印象以至于去唤醒那理想的东西，那么这现实在通常就不是特别值得去欲求；而相反如果她给人留下了这样的深刻印象，那么，不管一个人是多么地久经考验，他在通常情况下多少会受到震撼。对于那对自己的手、自己的眼睛和自己的胜利没有信心的人，我总是会给出忠告让他在这最初的状态中去冒险出击（在这最初的状态中，恰恰因为他受到了震撼，他有着各种超自然的力）；因为这一震撼是同情与自私的奇特混合。相反，他会错过一种享受；因为，既然他自己是投身于此、是隐藏在之中的，那么他就不是在享受这处境。什么是那最美丽的东西，是难以决定的，而什么是那最令人感兴趣的，则容易决定。然而，尽可能接近地趋向这条线则总是好的。这是那真正的享受，而别人所享受的是什么，则肯定是我所不知道的。纯粹的占有是无足轻重的东西，这种只想去占有的爱者们所使用的手段在通常都是够差劲的；他们甚至不会去鄙夷使用金钱、权力、外来陌生的影响、安眠药水等等作为手段。但是，如果情欲之爱在自身中不具备那最绝对的奉献，那么它又有什么享受可言，从另一方面看的话就是这样，然而，一般说来情欲之爱是有着精神归属于其中，而精神则正是这些只想去占有的爱者们一般说来所不具备的东西。

十九日。

她叫考尔德丽娅，这样，考尔德丽娅！这是一个美丽的名字，而这也是有着其重要性的，因为，如果在关联到那些最温柔的形容词的时候我们所不得不提及的名字是一个不雅观的名字，那么我们就常常会获得一种困扰性的效果[75]。在很远我就已经认出了她，她和她左边的两个女孩走在一起。她们的步履动态看上去在暗示她们马上要停下来。我站在街角读一张公告，而与此同时我持续地注视着我的那不相识的女孩。她们相互道别。那两个可能走了一段绕行的路，因为她们朝相反的方向走。她走向我所在的街角。在她走出了几步之后，那两个年轻女孩中的一个跑向她并且以高得足以让我听得见的声音喊着：考尔德丽娅！考尔德丽娅！然后第三个也来了；她们伸出头聚在一起凑成一个枢密院[76]，我以我精灵的耳朵试图去探听这枢密院的秘密，但只是徒劳；然后她们三个一起笑了起来，并且以稍快一点的速度匆匆地走向那两个女孩刚才所走的方向。我跟上。她们走进斯特兰德[77]大街的一幢房子。我等了一会儿，因为考尔德丽娅马上会单独走回来的几率可能性是很大的。然而这事情却没有发生。

考尔德丽娅！这确实是一个出色的名字，李尔王的第三个女儿也叫这个名字，这个杰出的女孩，她的心灵不居住在嘴唇上，而在她的心灵扩展了自己的时候，她的嘴唇是哑的[78]。如此也是我的考尔德丽娅的情形。她像她，这是我所肯定的。但在另一种意义上，她的心灵却还是居住在她的嘴唇上，没有言辞的形式，但以更为由衷的方式，有着一个吻的形式。她的双唇因健康而丰润，多么丰润！我从不曾见过这么美丽的嘴唇。

我真正地坠入了爱河，我能够在诸如那种神秘性中看出这一点，对于我自己，我几乎也是通过这种神秘性来判断这件事的。所有爱情都是神秘的，甚至是那种不忠实的爱情，如果它在它自身中有着那相当的审美环节的话。我从不曾想过去找一个知密者，或者去夸耀我的历险。这样，我几乎是为此而高兴：我并没有获知她的住处，但是却知道了她常去的一个地方。也许我另外也因此离我的目标更近了。我能够进行我的观察而无需引起她的注意，而从这一固定点[79]出发，我感觉到要获取进入她家的可能性不是一件难事。相反，如果这一境况到最后成为一种艰难的话，那么，好吧[80]！我就带上这艰难吧；我所做的一切，我都是带着喜爱去做的；这样，我也带着喜爱[81]去爱。

二十日。

今天我了解到了关于那幢房子的情况，那幢她在之中消失的房子。在那里住着的是一个寡妇，有着三个可爱的女儿。在这里可以了解到足够多的情况，这就是说，只要她们知道一些什么的话，都可以了解到。唯一的困难就是要以数学上的三次方来理解这些信息，因为她们三张嘴巴交叠在一起说话。她叫考尔德丽娅·瓦尔，是一个海军军官的女儿。他在几年前去世了，母亲也去世了。父亲在世时是一个非常严厉的人。她现在住在她姑妈家里，就是说，她父亲的妹妹[82]，她该是很像他的哥哥，但通常说来是一个非常受人尊敬的妇人。现在，一切都挺不错，只是另外她们对那姑妈家一无所知；她们从不去她那里，但考尔德丽娅常来她们家。她和那两个女孩在皇家厨房学厨艺。因此，她一般在午后比较早的时候去那里，有时上午也会去，但从不在晚上去。她们自顾自地生活，与外界往来很少。

这样，故事到此结束，看来是不存在任何可让我作为捷径来进入考尔德丽娅家的桥梁了。

这样，她是有着一种关于生命中的痛楚、关于生命的阴暗面的观念的。谁会来这样地说及她呢。然而，这些回忆无疑是属于一个更为年轻的时期，那是一个她曾在之中生活而不曾真正去留意的视平线领域。这非常好，这拯救了她的女人性，她没有被扭曲。在另一方面，如果一个人明白怎样正确地去唤出它，那么它对于去提高她也是有着意义的。在通常，所有这一类东西都会给予一个人骄傲（只要它不是在让一个人崩溃），而她则远远没有到崩溃的程度。

二十一日

她住在堤坝旁，位置不是最好的，没有可去结识的邻居，没有可供人进行观察而又不引起他人注意的公共场所。堤坝本身就不太合适，人在那里马上就被别人看见。如果你走在下面的街上，那么你就不能够怎么容易地在那一边靠着堤坝走，因为在那里没有人走，走在那里太引人注目，否则的话你就得走进去，到那些房子的区域里，那样的话你就什么都看不见。这是一个拐弯角[83]。你从街上也能够看见向着院子开的那些窗户，因为在这房子旁边没有贴邻的房子。想来她的卧室必定是在那里。

二十二日。

今天我在岩森夫人家第一次见到她。我被介绍给她认识。看来她并不是对我很感兴趣，也不是很在意我。我尽可能地使自己显得无足轻重，这样我就能够尽可能周详地观察她。她只在那里待了一小会儿，她来是为了接那两个要去皇家厨房的女儿。在两位岩森小姐穿衣服的时候，我们两个单独在客厅里，我带着一种冷淡的、几乎是忽视的漠然态度随意地与她搭了几句话，她则以一种礼貌来回答我，尽管我的这种态度不配得到这礼貌。然后她们就走了。我本来是能够向她们提出陪她们走；然而这却足以会使我露出殷勤求爱者的面目，我确信，以这种殷勤的方式是无法赢得她的。

相反，我宁可选择另一种方式，在她离开后的一刻我也马上离开，但走得比她们快得多，并且我所走的是另一些同样通往皇家厨房的路，这样，在她们沿着国王大街走到要拐弯的时候，我就急速地跑过她们，既不打招呼也不做别的举动，让她们大吃一惊。

二十三日。

创造出进入她家的可能性对于我是一种必要，在这方面，就好像用军事语言所说的，我是就绪[84]了。然而这看来却成了一件相当拖沓和艰难的事情。我从不曾见过生活得如此隔绝的家庭。家里只有她和她的姑妈。没有兄弟、没有表兄弟，没有可抓的线索，没有无限远的远亲可让你去挽一下手臂。我总是空闲着一个手臂到处走，我决不会在这时候每个手臂挽着一个人地走路，我的手臂是一种人们总是准备好了随时要用的抓船钩[85]，我的手臂是为那些不确定的收入而特定的，如果不是在遥远处远远地显现出一个远亲或者朋友可让我远远地就能够稍稍挽进手臂，那么，我就会抓出去。另外，一个家庭生活得如此隔绝也是不对的；人们把这可怜女孩去结识世界的机会给剥夺了，更不用说它还会有其他危险的后果。生活总会做出自己的报复。求婚的情形也是如此。借助于这样的隔绝，人们固然是保证了自己不遭受小窃贼们的侵犯。在一个社交频繁的家宅里，境况使人们成为窃贼。但那不是什么大问题；因为在这样的女孩子们那里没有什么大东西可偷；当她们到了十六岁时，她们的心灵已经是一块完全绣满各种名字的布块了，而我从来就不喜欢在大多数人已经写下了他们名字的地方再去加上我的名字，我从来就不曾想到过要把自己的名字刻画在一块窗玻璃上、或者刻在一家酒馆里、或者刻一棵树上，或者刻在弗雷德里克堡公园[86]的一条长椅上。

二十七日。

我越是留意看她，我就越是确信她是一个被隔绝的人物形象。这是一个男人所不应当是的形象，甚至年轻人也不该是这样；因为他的发展在本质上是依据于反思，这样，他就必定是进入了与他人的关系。因此，一个年轻女孩则也不应当是令人感兴趣的（interessant），因为“那令人感兴趣的”总是包容有一种对自身的反思，正如在艺术中，“那令人感兴趣的”同样因此总是也包括了这艺术家在内。一个想通过令人感兴趣而来使人欢愉的女孩，其实是想使自己欢愉。这话是从那审美者的角度说的，这是对于各种各样风骚的反驳。所有那在比喻意义上说[87]的风骚，作为自然本性自身的运动，则是另一回事；比如说，那女性的羞怯，总是最美丽的风骚。固然一个如此地令人感兴趣的女孩完全能够成功地去令人欢愉；但是就像她自己放弃自己的女人性，那些因她而欢愉的男人们在通常的情况下也是以这样的方式同样地不具备男人性。只有通过与男人的关系，这样的一个年轻女孩才真正变得令人感兴趣。女人是两性中较弱的一方，但是比起男人，在自己青春中独往独来的生活对于她具有远远更重大的本质意义，她必须对自身感到自足，但是进一步说“通过某样东西来自足”和“在某样东西中自足”时，这之中的这个“某样东西”就是一个幻觉；这正是自然造化赋予她——作为国王女儿——的嫁妆。但这种处在幻觉中的静止恰恰就使得她被隔绝。我曾常考虑，这一现象的根源会是什么：对于一个年轻女孩，再也没有比“与其他年轻女孩的大量交往”更具败坏作用的事情了。很明显，这是因为这样的交往是一种不正不反的东西，既非此又非彼，它打搅了那幻觉，但却又不去澄清出真相。为男人做伴是女人最深刻的定性[88]，但通过与她自身性类的交往就容易导出一种对这交往的反思，这使得她成为一个女伴（Selskabsdame）而不是伴侣（Selskab）。在这方面，语言本身就是非常有标示性的；男人被称作“主人”（Herre[89]），但女人并不叫“仆人”或者诸如此类，不，人们所用的是一种本质之定性：她是伴侣（Selskab），而不是伴女（Selskaberinde）。如果我要想象一个理想的女孩，那么她就必须总是单独地站在世界上，并且因此而只归属于她自己，但尤其是不能有女友。固然，美惠女神[90]有三个；但是肯定从来也不会有人去想象她们在一起交谈；她们在她们沉默的三位性中构成一个女性美丽的统一体。这样看的话，我几乎情不自禁想要再推荐处女闺房[91]，如果这一强制不再起到伤害作用的话。对于一个年轻女孩来说，最可取的总是这样，让她得到她的自由，但不向她提供这机会。通过这个，她就变得美丽，并且得到拯救而免于去变得令人感兴趣。如果一个年轻女孩总是和其他年轻女孩们在一起，那么我们给她戴处女头纱或者新娘头纱就只会是徒劳的；相反，那有着足够审美意识的人则总是会觉得，一个在一种更为深刻和高雅的意义上说是无邪无辜的女孩是戴着头纱被带到他这里，即使使用新娘头纱不是一种习俗，也会是如此。

她得到了很严格的教养，为此我要在她父母的墓前向他们表示我的敬意；她生活得非常端庄适度，为此我能够抱着她姑妈的脖子道谢。她尚未认识到世上的欢乐，尚未具备胡闹的厌腻。她是骄傲的，她不理睬那些使得其他年轻女孩高兴的东西，事情正是应当如此。这是一个谬误，但我应当知道怎样去利用这个谬误，使之对我有利。虚饰和浮华使得其他年轻女孩喜欢，但对于她却不具备这种意义；她有点好争要强，但这对于一个有着她那种心灵激荡的女孩却是必要的。她生活在幻想的世界里。如果她落在了一个她不该遇上的人手中，那么在她身上就会有某种极其非女人性的东西被引发出来，而这恰恰是因为在她心中有着那么多的女人性。

三十日。

路径交错，我们处处相逢。今天我碰上她三次。她每次出门我都知道，哪怕最短促的出行，我知道在什么时候和什么地方将遇上她；但这一知情并没有被用来为我创造一次与她的不期而遇；相反，我在以一种可怕的计量尺度挥霍着时机。一次遇会，通常花费我好几个小时的等待，被像一种琐碎小事一样地浪费掉；我没有真正触及她，我只是与她外围表面的存在相切而已。如果我知道她将去岩森夫人家，那么，我不想和她相遇，除非“去进行一次单独的观察”对于我是很重要的；我宁可稍早一点到岩森夫人家并且尽可能在她到达而我离开的时刻与她相遇在门口，或者在台阶上，我不在意地与她擦肩而过。这是必须去让她入彀的第一张网。在街上我不去让她停下，或者，我与她互相致意，但从不接近她，而是不断地瞄准着距离。我们间不断出现的偶遇对于她来说无疑是很显眼的，她无疑会觉察到，在她视平线上有一颗新的星体显现出来，这新的星体在自己的轨道中以一种奇怪的不作打搅的方式来打搅性地介入到她的轨道中；但是她却对这一构建出运动的法则一无所知，相反，她情不自禁地左右环顾，想知道她是不是能够发现这个作为目标的点；这个点就是她，但她对此毫不知觉，正如她的反面对此的一无所知。她的反应就好像是我周围的世界中的人们通常的反应：他们以为我有着一种繁复多样的事务，我持续不断地在运动中并且就像费加罗那样地说：同时进行一、二、三、四种密谋策划的活动，这是我的快乐[92]。在我进行我的进击之前，我首先得去认识她和她的整个精神状态。大多数人享受一个年轻女孩就像他们享受一杯正在泛泡的瞬间的香槟酒，哦，是啊，这真的是很美，在许多年轻女孩那里，这无疑是我们能够达到的最佳点；但她是“更多”。如果一个个体人过于脆弱而无法承受清晰性和透明性，那么，好啊，那么我们就去享受那朦胧的，但是很明显她是能够承受这清晰性和透明性的。我们能够带进情欲之爱的奉献越多，就越令人感兴趣。这一瞬间之享受（尽管不是外在的但在精神性的意义上说）是一种强奸，而在强奸中只有一种自欺欺人的享受，它就像偷来的吻那样是一种不上品的东西。不，在情欲之爱中应当有奉献，如果我们能够使之达到这样的一种状态：一个女孩为自己的自由而要去完成的只有一个唯一的任务，就是去奉献自己；

她在这奉献之中感觉的自己的极乐至福，她几乎是在乞求获得这种献身而同时却又是自由的；这样的话，才会有享受，但在这之中总是有着精神性的影响。

考尔德丽娅！这却是一个很漂亮的名字！我坐在家里，像一只鹦鹉一样地练习着这名字的发音，我说：考尔德丽娅，考尔德丽娅，我的考尔德丽娅，你，我的考尔德丽娅。想到那种惯例，我在一个特定的瞬间将按这惯例去说出这些话，我不禁微笑。一个人总是得进行事先的可行性研究，一切都必须到位就绪。诗人们总是把这一“相互开始称你”的瞬间[93]描述为美丽的瞬间，这没有什么奇怪的，在这样的一瞬间里，那些爱着的人们不是通过冲洗滋润自己（固然有很多人停在这一地步而不再继续）而是通过下水[94]走进爱的海洋来脱胎换骨地出离那旧人[95]而从这一洗礼中走上来，并且只有在这时才相互作为旧识而真正相互认识，虽然他们的年龄只有一瞬间[96]。对于一个年轻女孩，这一瞬间总是最美丽的，为了正确地享受这个，一个人应当立足更高，这样，他不仅仅只是受洗者，而且也应当是牧师[97]。稍稍的反讽使得这一瞬间的下一瞬间成为那最令人感兴趣的瞬间之一，那是一种精神性的宽衣解带。一个人必须有着足够的诗人品质才不至于会去打扰这一下水的行为过程，然而一个人心中的促狭鬼却总是会在那里伺机以待。

六月二日。

她是骄傲的，我在很久以前就看出了这个。当她和三位岩森女士坐在一起的时候，她说话很少，很明显，她们的喋喋不休让她觉得无聊，唇上的某种微笑暗示出了这一点。这一微笑是我所指望的。

别的时候，她会放任自己进入一种几乎是像男孩子一样的野性，这让岩森家里的人们觉得惊奇。对于我来说，如果我考虑到她的童年，那么就并不是无法解释的。她只有一个比她大一岁的哥哥。她只认识父亲和兄长，曾见证了各种严肃的场面，这使得一般的闲聊胡扯令她厌烦。她的父母的共同生活并不幸福；那本来是或明或暗地向一个年轻女孩招手的东西并不向她招手。我敢说完全有可能她困惑于“什么是一个年轻女孩”这个问题。也许她在某一特别的瞬间会希望自己不是女孩，而是男人。

她有着幻想、灵魂、激情，简言之，所有实体性，但它们是没有主观地反思过的实体性。今天，一个偶然事件使得我确信了这一点。我从岩森家人们那里得知，她不演奏乐器，演奏和姑妈的根本规矩相悖。我一直对此感到遗憾，因为音乐一向就是与年轻女孩交往的很好的沟通工具，如果一个人（请注意）如此谨慎而不去作为一个内行出场的话。今天我去了岩森夫人那里，我把门推得半开而没有敲门，一种无礼的行为，这种无礼常常会帮上我不少忙，而在必要的时候，我也能够通过一种可笑的行为来对这无礼做出补救，就是说，去敲几下那已经打开了的门。

她一个人坐在钢琴前。

看起来她似乎是在私下偷着演奏。

那是一段小小的瑞典曲子。

她的演奏技巧并不精湛，她变得不耐烦，但这时更柔和的乐调又出现了。我关上门，并且待在外面，倾听着她的各种心境中的转换，时而在她的演奏中有着一种激情，让我想起少女弥德丽：她弹起金竖琴，于是乳汁就从她的乳房中喷射出来[98]。

在她的演奏中有着某种忧伤的东西，但也有着狂热的东西。

我也能够向前冲去，抓住这一瞬间。

那会是一种愚蠢。

回忆不仅仅是一种保存工具，也是一种扩增工具，被回忆渗透了的事物让人感觉是双倍的。

我们常常在书中，尤其是在赞美诗的书中，遇上一朵小小的花，而使得这花被夹在那里的机缘往往就是一个美丽的瞬间，而回忆则更为美丽。很明显，她隐瞒她会弹琴的事实，或者她也许只弹这支小小的瑞典曲子——也许它对于她来说是有着一种特别的兴趣。所有这些都是我所不知道的，然而因此这一事件对于我就有着极大的重要性。现在，如果我什么时候要和她更为交心地谈话的话，那么我就会极其隐秘地将她引到这个点上并让她自己坠进这个活板陷坑。

六月三日。

关于她应当被怎样解读，在这个问题上我仍然无法与我自己达成一致；因此我保持让自己那么平静、那么不引人注目，甚至就像一个前哨链[99]中的士兵，趴向地面倾听一个行进中的敌人遥远的脚步声。我在事实上不是为她而存在，不是在“一种否定的关系”的意义上说，而是在“毫无关系”的意义上说。我仍然没有冒险做任何实验。

“见她”和“爱她”是同一回事，在小说中是这么写的。

是的，在相当的意义上确实是这样，如果爱情不具备辩证法的话；但是，一个人从小说中到底能够得知一些什么关于情欲之爱的东西呢？纯粹的谎言，这谎言有助于去缩减相关者所面临的任务。

根据我所已经了解到的这些情况，我再回想她在我第一次见到她时留给我的印象，这样，我关于她的观念无疑就得到了修正，但这修正不管是对她还是对我都有着好处。一个年轻女孩以这样一种方式完全独来独往，或者一个年轻女孩以这样一种方式沉没在自身之中，这恰恰不是什么在日常里正常发生的事情。她经受了我最严厉批评的考验：她是优雅的。优雅是一个极其易逝的环节，它消失，就像昨天的日子，那在它已经过去了之时的昨日的日子[100]。我不曾想象她处在这样的一些境况之中——她生活在这样的境况中，我尤其不曾想象她如此不作反思地司空见惯于生活的风暴。

我却很想知道，她的感情的状况是怎样的。无疑，她从不曾坠入爱河，她的精神有着太多的自由翱翔而不可能坠入爱河，她更不会属于这些在理论上经验丰富的少女，在现实中的这一时刻到来之前很早就已经如此轻易地[101]想象自己身处于一个自己所爱的男人的手臂之中。她所遇到的那些现实中的人物形象恰恰没有能力去将她导入关于梦想与现实间关系的不明确性之中。她的灵魂仍然是由各种理想的神圣的诸神的食物[102]滋养着。但是那恍惚在她面前的理想则肯定恰恰不是一个小说中的牧羊女或者女英雄、不是一个情妇，而是一个贞德[103]或者诸如此类的人物。

问题总还是：她的女人性是强到了足以让自己作出反思，还是它仅仅只是被作为一种美丽和优雅来被人享受；问题是，我们是不是敢去把弓张得更紧。找到一种纯粹的直接的女人性，这已经是一件大事了，但是如果我们敢冒险去作改变，那么我们就有了“那令人感兴趣的”。在这种情况下，最好就是为她找一个全然十足的求婚者来绊住她。所谓这会对一个年轻女孩有伤害的说法，只是民间所保存的迷信。

是的，如果她确实是一株非常精美娇贵的植物，在其生命中只有一个尤其令人赞叹的特征：优雅；那么，最好的情形就总是：她从不曾听人提及过爱情；但如果事实并非如此，那么这就是一个额外的优越，并且我会毫不犹豫地为她安排出一个求婚者，如果还没有求婚者出现的话。这个求婚者也不能是一个漫画形象，因为这样一来什么好处都达不成；他必须真正地是一个值得尊敬的年轻人，如果可能甚至是有魅力的，而对于她的激情而言，他则又必须处于一种太微不足道的状态中。她忽视这样的一个人，她获得一种对爱情的嫌恶；在她感觉到了自己的定性并且看到了现实所提供是什么的时候，她对自己的实在感到怀疑绝望；如果这“去爱”，她说，不是别的东西，那么它就不是什么大不了的。她在自己的爱情中变得骄傲，这一骄傲使得她让人感兴趣，它通过一种更高的肉身来映照出她的品质；但她也就更靠近了自己的衰败，但这一切不断地使得她越来越令人感兴趣。然而，最好的却还是首先在她的相识者们中确定一下，是不是会有一个这样的求婚者。在家里没有什么机会，因为基本上没有什么人到访，但是她仍出门走动，这样的一个求婚者还是有可能存在的。在我们知道这情况之前，就安排出一个人来，这样的做法总是不够审慎的；两个就自身而言都是无足轻重的求婚者会因为他们间的相关性起到有害的作用。我现在得看，是不是在暗中有着一个这样的没有勇气冲进她家的秘密爱人，一个在一幢这样的修女院般的房子里看不到机会的偷鸡贼[104]。

于是，总是在一种令人感兴趣的处境中进入与她的关联，这就是那战略性的原则，这一战役中所有运动的法则。这样，“那令人感兴趣的”就是这样一个区域，战斗就在这区域中进行，“那令人感兴趣的”的力量必须被耗尽。如果我没有出很大的错，那么整个她的结构[105]就是这样设计的，这样我所想要的东西恰恰就是她所要给予的东西，确实是这样，甚至是她所想要的。这正是我们在这里所关心的事，去窥探出那单个的人所能给予的东西是什么、而作为由此的结果她所要求的是什么。因此，我的各种爱情故事总是对于我自己有着一种实在，它们构成一个生命环节、一个教育阶段，这是我所明确地了知的，甚至，某种这样或者那样的技艺也常常与它们有着关联；我为我所爱的第一个女孩的缘故而去学跳舞，我为一个不知名的女舞蹈演员的缘故而去学着说法语。那时我就像所有的傻瓜们一样去集市，常常被人坑骗。现在我做囤积居奇的生意。然而，也许她耗尽了“那令人感兴趣的”的一个方面，她的内闭的生活[106]似乎暗示出了这一点。这样，这里要做的事情就是去找到另一个方面，这样一个方面，通过最初的一瞥看来她根本不觉得是如此，但恰恰因为这一意外的冲击使得她对之有了兴趣。为了这个目的，我没有选择那诗意的（det Poetiske），而是选择那平淡无奇的（det Prosaiske）。于是，这就是开始。首先要通过平淡无奇的常识和讥嘲，不是直接地，而是间接地，也通过那绝对的中性物——精神，去中和抵消[107]掉她的女人性。对于她自己，她几乎失去自身的女人性，但在这一状态中她无法保持孤独，她投入我的怀抱，并非仿佛我是爱人，不，仍然完全是中性的，这时女人性醒来，我们将它引诱到它的最高韧性弹力点，我们让她去违犯某种现实的有效性，她越过这有效性，她的女人性到达了几乎是超自然的高度，她带着一种世界激情而归属于我。

五日。

我其实并不需要走很远。她到批发商巴喀斯特尔家拜访。在这里我不仅仅发现了她，而且也看见一个来得同样地恰到好处的人。爱德瓦尔德，这家人的儿子，不可救药地爱上了她，我们只需用半只眼睛就能看出来，如果我们看他的两只眼睛。他正在做生意，坐在他父亲的办公室里，一个英俊的人，很令人愉快而稍稍羞怯，我想，这羞怯在她的眼里对他没有负面效果。

可怜的爱德瓦尔德！他根本不知道他应当怎样开始自己的爱情。在他知道她将在晚上来这里时，他就只是为了她的缘故而精心打扮自己、为了她的缘故而穿上自己新的黑外套、为了她的缘故而戴上袖口，就这样他在客厅里和其他穿着普通的人们在一起就几乎成了一个可笑的人物形象。他的困窘差一点就达到了令人难以置信的程度。如果这是一种伪装，那么爱德瓦尔德就会成为我的危险对手。运用困窘是一门很有讲究的艺术，但通过对困窘的运用一个人也能够做成许多事情。我常常用困窘来蒙骗一个小女孩，这对我来说太平常了！通常在年轻女孩子们谈及困窘的男人时，她们所说的话非常刻薄，但她们在暗中却喜欢他们。稍稍的困窘就这样逢迎一个女孩子的虚荣心，她感觉到自己的优越，这是预付的定金。在你将她们哄得昏昏欲睡时，这样，你恰恰就是通过这样的一个机会（在她们必定会以为你困窘得要死的时候）显示出你远非如此，乃至你完全能够特立独行。通过困窘一个人失去了自己的男人意义，因此这相对而言也是一种用来中和性别关系的好办法；因此，在她们察觉到这只是一个伪装时，她们就会害羞起来，在内心中觉得脸红，她们很清楚地感觉到，她们以一种方式超越了她们自己的界限；这情形就好像是她们过于持久地把一个男孩当作儿童来对待一样。

七日。

然后，我们还是朋友，爱德瓦尔德和我；一种真正的友谊，我们间有着一种美丽的关系，正如那种自希腊最美丽的日子以来一直所不曾出现过的关系[108]。在我把他卷进了各种各样的与考尔德丽娅有关的观察之后，我使得他向我坦白出了自己的秘密，这样，我们马上就成了知心。当然，在所有秘密全都跑了出来的时候，这个秘密也就跟着一起出来。可怜的小伙子，他已经叹息很久了。每次她来，他都打扮自己，然后他在晚上送她回家，一想到她的手臂停留在他的手臂弯里，他就心跳，他们看着星辰散步回家，他按响她家靠街的大门的门铃，她消失，他绝望——但希望着下一次。他还没有勇气让自己的双脚越过她的门槛，他这个有着一个这么好的机会的人。尽管我忍不住暗自要讥嘲爱德瓦尔德，但在他的孩子气中还是有着某种美丽的东西。尽管我本来自以为自己在情欲之爱的精华实质中是相当有经验的，然而，我却从不曾在我自身之中观察到过这种状态，这种坠入爱河的恐惧和战栗[109]，就是说，到了这样一种程度，以至于它使我无法再沉住气，因为我本来是对坠入爱河有着足够的认识的，但它对于我是这样的：它是反过来让我变得更强有力。也许有人要说，如果那样的话，我就是从不曾真正坠入过爱河；也许吧。我责备了爱德瓦尔德一通，我鼓励他坚信我的友谊。明天他要迈出关键的一步，亲自去她那里对她提出邀请。我使得他想到了这样一个绝望的主意——要请求我一起去；我答应了他。他把这个看成是非凡的友谊展示。这机会就完全如同我所希望的，这就是所谓的

“迫不及待”[110]。如果她对我出现的意义还会有丝毫怀疑的话，那么，我的出现接下来就会让一切事物都感到困惑糊涂了。

从前我从不曾有过为我与别人的交谈作准备的习惯，现在，为了让姑妈感到愉快，这样的准备就成为了一种必要。也就是说，我接受了这个值得尊敬的任务，并且以此来为爱德瓦尔德针对考尔德丽娅的恋爱运动打掩护。早先姑妈曾在农村居住，既是通过我自己对农业经济文献的仔细研究，也是通过姑妈基于经验的各种讲述，我在认识和技能方面都取得了极大的进步。

在姑妈那里，我的成功是完美的，她把我看成是一个冷静稳重的人，一个与之共处能够真正得到乐趣的人，不像我们的服装时尚追逐者们。在考尔德丽娅那里，看来我留下的印象则不是特别好。固然，她有着一种纯洁无邪的女人性，太纯洁无邪，乃至无法去要求所有男人尊敬她，然而，她却仍然在我的存在之中过多地感觉到了那反叛性的东西。

当我这样地坐在那氛围舒适的客厅时，在她像一个善良的天使把优雅散布到各处、散布给与她有接触的所有人、散布给善良和邪恶的人们时，我时而会内在地感到不耐烦，我情不自禁地想要从我的隐藏处冲出去；因为，尽管我在所有人的眼前坐在客厅里，我却仍然是隐藏着的；我不禁想要去抓住她的手，拥抱这整个女孩，将她隐藏在我之中，唯恐有人将她从我这里抢走。或者，在爱德瓦尔德和我在晚上离开她的时候，在她作为告别向我伸出她的手的时候，在我将这手握在我手中的时候，我时而会觉得难以让这只鸟飞出我的手。耐性——“那在以前是驱动力的东西，现在是方法”[111]，她必定会是以完全不同的方式被缠入我的网中，而在那时我将突然让情欲之爱的全部权力喷涌出来。我们没有通过亲吻抚摸、通过错位的预期来败坏掉这一刻，为此你可以感谢我，我的考尔德丽娅。我努力去发展出那对立面，我拉紧爱情的弓以求让箭创达到更深的地方。就像一个射手我让弦从手中脱出、再拉起它，听它的歌，这是我的战曲，但是我还没有瞄准、还没有将箭搭上弦。

当人数很少的几个人常常在同一间房间里相互接触时，于是就很容易发展出一种传统，定出每个单个的人都有自己的座位、自己的立足处，对于一个人来说，这成为一幅在他想要打开的时候就能够为自己打开的图像、一张地形部署图。现在，这样在瓦尔家我们也一起生活成一幅图像。在夜晚则喝茶。通常，在之前一直坐在沙发上的姑妈这时移身坐到小缝纫桌前，这个位置则是考尔德丽娅刚刚离开的，她移身到了沙发前的茶桌，跟着她的是爱德瓦尔德，我跟着姑妈。爱德瓦尔德寻求神秘感，他想要低语，他在通常低语得很出色以至于他的声音变得彻底听不见，我在对姑妈滔滔不绝的时候绝不保密，集市价格、对于通过掼奶油中介和黄油搅拌器的辩证法[112]制成一磅黄油要用多少罐牛奶的计算[113]，这是现实的东西，一个年轻女孩不仅可以听着而不受到任何危害，而且更不寻常的是在于，这是一种固定可靠而且基本全面而且有教化意义的交谈，同时能够使得头脑和心灵变得高贵。我通常是背对着茶桌，也背对着爱德瓦尔德和考尔德丽娅的多愁善感，我则和姑妈狂谈胡聊。难道在这种黄油制作中不是可以看出大自然的伟大和智慧吗，黄油难道不是一种宝贵的馈赠吗，这是自然和艺术多么辉煌的结晶呵。无疑姑妈是不会听得见爱德瓦尔德和考尔德丽娅两人间所谈的东西——假如这之中真的有什么东西被说出来的话，这是我答应了爱德瓦尔德，我向来遵守诺言。相反，我能够很清楚地听见交谈的每一句话、看见每一个动作。这对我很重要，因为你无法知道一个人在自己的绝望中会想出什么大胆的事情来。那些最小心和最怕事的人有时候会胆敢去作出最不考虑后果的事情来。虽然以这样的方式我与这两个孤独的人没有丝毫的关系，我却完全能够觉察到考尔德丽娅，对于她，我无形地不断在场于她和爱德瓦尔德之间。

我们四个人一起构建出的这幅图像却是非常奇特的。如果我要去想一些著名的图像的话，那么想来我无疑可以找到一个类比，比如说我可以把我自己想成是靡菲斯特；麻烦的事却是，爱德瓦尔德不是什么浮士德。如果让我自己成为浮士德的话，那么麻烦的事则又是，爱德瓦尔德无疑绝不是什么靡菲斯特。我也不是什么靡菲斯特，尤其在爱德瓦尔德的眼里不是。他把我看成是他的爱情的守护神，这一点他是说对了，至少他能够确定没有人比我更小心翼翼地看护着他的爱情。我答应了他去和姑妈交谈，我严肃认真地去履行这一崇高的职责。姑妈几乎是在我们眼前消失在纯粹的农业经济之中；我们进入厨房和地下室、在房顶阁楼，看鸡和鸭，以及鹅，等等。所有这些都让考尔德丽娅感到不高兴。我真正想要什么，这自然是她所无法明白的。我对于她成为了一个谜，但却是一个没有诱使她去猜测而使她恼火乃至使她愤慨的谜。她很清楚地感觉到，姑妈几乎变得可笑，然而姑妈其实是一个那么值得尊敬的女士，她无疑不应当被看成是可笑的。在另一方面，我做得那么漂亮，乃至她完全可以感觉到，如果她想要撼动我，那只会是徒劳的。有时我在这方面走得那么远，以至于我使得考尔德丽娅在暗中也不禁要以微笑来应对姑妈。这是一些练习曲，是必须去作出的操练。这并非是我仿佛和考尔德丽娅联合起来了，根本不是，如果我和她联合的话，那么我绝不会让她以微笑来应对姑妈。我继续不变地保持严肃周全；但她忍不住要微笑。这是第一个虚假课程：我们必须教会她反讽地微笑；但就像这一微笑击中姑妈那样，它几乎也在同样程度上击中我，因为她根本不知道对于我她应当想象什么。也许这也是可能的，我是这样一个过早地变老的年轻人，这是可能的；另一种设想也是可能的，第三种也是，等等。在她以微笑来应对姑妈时，她对自己感到愤慨，我则转过身去，而在我继续和姑妈说话的时候，我完全严肃地看着她，然后她以微笑来应对我，以微笑来应对这处境。

我们的关系不是“理解”的温柔而忠实的拥抱、不是吸引，它是“误解”的拒斥。我与她的关系其实是完全的乌有；它是纯粹精神的关系，相对于一个年轻女孩，这样一种关系自然就是完全的乌有。我在这里使用的方法则却有着其非凡的便利。一个以护花骑士面目登场的人，他唤起一种怀疑并且为自己引发出一种对抗；所有这样的事我都避免了。人们不来警惕我，相反，人们更愿意把我选出来当成一个可靠的、非常适合于去看守那年轻女孩的人。这方法只有一个毛病，就是，它太缓慢；但正因此，在“去赢得”就是“那令人感兴趣的”的地方，这种方法就能够用来针对个体的人们，并且在这时它只会是有着优越性。

一个年轻女孩所具备的是什么样的青春重焕的力量？晨气的清新没有这力量、风的低语没有这力量、大海的凉爽没有这力量、葡萄酒的芬芳没有这力量、它的香醇美味没有这力量——在这个世界上没有什么东西有着这种青春重焕的力量。

不久，我希望我把这进程推到这样的一个点上，让她恨我。我完全给出了一个胡椒单身汉[114]的形象。我所谈的东西不外乎坐得舒坦、躺得安逸、有一个可靠的仆人、一个有着稳定地位的朋友——我们可以在挽着他的手臂行走时能够真正地相信他。我现在可以让姑妈离开那些农业经济方面的考虑了，而是把她带到这样的话题里，以至获得进入“反讽”的更直接的机缘。人们可以去笑话一个胡椒单身汉，甚至对他稍稍有着怜悯，但是一个年轻人，即使不缺乏精神，通过这样的行为则只会让一个年轻女孩反感，所有她的性别之意义、她的性别之美丽和诗意都被消灭掉了。

日子就这样地继续着，我看她但不与她谈话，我在她在场的情况下与姑妈谈话。某个夜晚我突然会想到要排泄一下我的爱情。这时我把自己裹在斗篷里，把帽子拉下来压在眼睛之上，走到她的窗户之外。她的卧室是朝着院子的方向，但是，因为这地方是个街角房，从街上也可以看得见。有时她会在窗前站一会儿，或者她开窗，朝上向星辰望去，没有谁会察觉到她，但只有那个她无疑最不可能想到会留意她的人却是例外。在这些黑夜时分里我像一个精灵一样在周围走动，我就像精灵一样地居留在她的住处所在的地方。这时我忘记了一切，没有任何计划、没有任何算计、将理智抛在脑后，我通过深深地叹息来扩展和强化我的心胸，一种我所需要的运动，为了避免我的行为中那种体系性的东西对我的煎熬，我需要用这种运动。别人是在白天道貌岸然而在晚上行罪，我在白天是伪装而在晚上是纯粹的欲求。假如她在这里看见我、假如她能够看进我的灵魂的话——

假如。

如果这个女孩想要懂得她自己，她就必须承认，我是一个适合于她的男人。她太热烈、感动得太深刻，因而无法在婚姻中幸福；如果让她栽在一个全然的诱惑者手中的话，那就太可惜了；而如果她被我迷住，那么她就从这一海难的沉船中把“那令人感兴趣的”救了出来。她必须在与我的关系中——按哲学家们以文字游戏说出的话来说——zu Grunde gehn[115]。

她对于听爱德瓦尔德说话实在是感到厌倦。就像一般在人们为“那令人感兴趣的”设出了逼仄的限定之后的情形，这样一来，人们总是反而发现更多。她有时候听我和姑妈的交谈。在我觉察到这点时，一种远远地在地平线上闪烁的迹象出现了，它来自完全另外的一个世界，让姑妈和考尔德丽娅都大吃一惊。姑妈看见闪电但什么都没听见，考尔德丽娅听见了声音但什么都没看见。然而在同一个刹那间一切都归于平静的常规，姑妈和我之间的谈话在单调的进程里继续，正如在夜晚的宁静里的信邮马车；煮茶机[116]的忧伤在一旁伴唱。在这样的瞬间里，客厅里的气氛有时会变得不舒服，尤其是对于考尔德丽娅。她没有了能够对她说话或者听她说话的人。如果她转向爱德瓦尔德，那么她就有可能碰上一种危险，因为他会在困窘之中做出一些愚蠢的举动或者说出一些愚蠢的话；如果她转向另一边，对着姑妈和我的方向，那么，这一边所弥漫的这种使人镇定的气氛、这种有节奏谈话的单调锤击正好与那边爱德瓦尔德的不自信构成最令人不适的对照。我完全明白，考尔德丽娅肯定会觉得姑妈是受到了蛊惑，她如此全然地在我的节拍的速度中运动。她也不能加入这谈话；因为这是我也要用来激惹她的那些工具之一：我当仁不让地把她完全当成小孩子。并非我仿佛是在因此而允许自己随意将任何自由用来针对于她，远非如此，我很清楚这种做法会起到多么大的烦扰作用，而尤其重要的是，她的女人性必须能够重新纯洁美丽地冉冉升起。由于我与姑妈的密切关系，对于我来说，把她当成一个不谙世事的小孩子是很容易的。由此她的女人性并没有受到侮辱，而只是被中和抵消掉了；因为，诸如谈论她对集市价格的无知，这不可能侮辱她的女人性，但将集市价格之类说成生命中最高的东西，却无疑能够激惹她。姑妈在我强烈的赞同之下朝这个方向更进一步地发挥着。她几乎变得狂热起来，这当然是因为我的缘故。她唯一觉得她在我身上看不过去的地方是，我什么身份都没有。现在我加上了这样一个习惯，每次谈及某个有空缺的职位时我就说：这是一个很适合于我的职位，于是我带着最高度的严肃与她谈论这事。考尔德丽娅总是能够察觉出这反讽，而这正是我所想要达到的效果。

可怜的爱德瓦尔德！可惜他不叫弗利兹。每次我在自己的静思中细想我与他的关系时，我总会想到《新娘》中的弗利兹[117]。另外，爱德瓦尔德就像他的榜样一样，也是国民卫队的兵士。如果让我坦白地说，爱德瓦尔德也确实是相当无聊乏味。以错误的方式着手这事情，他总是衣冠整洁地到场。出于与他的友谊，我们私下讲[118]，我到场时尽可能地不修边幅。可怜的爱德瓦尔德！那唯一几乎使我心里难过的事情是，他对我是那么无限地心怀感激，以至于他几乎不知道该怎样感谢我。让我为此而受感谢，那真的实在是过分了。

现在，为什么你们不能老老实实地安静下来？除了摇扯我的遮阳篷、拉动我的反光镜和上面的绳索、玩耍我四楼的拉铃线、敲打我的窗户，简言之，以各种各样的方式来宣告你们的存在，就好像你们想要招我出去到你们中间，——除了这之外，你们在整个早晨这段时间里又做了些什么？是啊，天气是挺好的，但我没心情，让我待在家里……

你们这些顽皮欢闹的西风们（Zephyrer[119]），你们这些快乐的男孩子们，你们完全可以自己去；就像你们一向所做的，去和女孩子们一同愉快吧。是的，我知道，没有人能够像你们这样地懂得去充满诱惑地拥抱一个女孩；她徒劳地想从你们那里蜿蜒绕行地溜走，她无法从你们的缠藤中解绕脱身出来，而她也不想脱身出来；因为你们使人冷却、使人凉爽、不煽情激愤……

你们自己上路吧！不要拖上我。

……那样的话你们就不会从中得到乐趣，你们觉得，你们不是为了你们自己才去这样做的……

这样，好吧，我一起去吧；但是有两个条件。第一个条件。在国王的新广场住着一个年轻女孩，她非常美好而可爱，但却也毫无道理地不愿意爱我，甚至更糟糕的是，她爱另一个人，并且到了他们相互手挽着手散步的程度。我知道他将在一点钟去接她。现在，答应我，你们中最强烈的风继续隐藏在附近的某个地方，直到他和她一起走出街门[120]的那一瞬间。在他将要转入大国王街的同一时刻，这一前锋力量就冲出来，以最有礼貌的方式从他头上掀走那顶礼帽，以一种匀速吹着这帽子保持行进在他之前恰恰两英尺[121]的距离；不能更快，因为那样我们就可以想象，他会重新转回家去。他不断地相信，下一秒他就能抓住这帽子；他甚至不让她的手臂脱离他。以这样一种方式，你们引着他们穿过大国王街，沿着堤坝到北门，到高桥广场[122]……

到那里要用多长时间？我想差不多半小时。一点半整我从东街[123]出来。在那前锋力量把这对情人引到了广场中央时，这时，对他们进行猛烈的攻击，在这攻势中你们也把她的帽子掀掉、把她的曲卷发型吹乱、吹走她的围巾，而与此同时，他的礼帽欢跳地越飞越高，简言之，你们制造出一场混乱，这样那些最受尊敬的观众们，不仅仅是我，全都哄堂大笑，那些狗开始吠叫，塔顶的哨兵[124]开始敲铃铛。你们这样地设法，使得她的帽子飞向我，我就成为那幸运地去把帽子递还给主人的人。

第二个条件。那跟随着我的单位要听从我的每一个召唤、保持不违犯恰当得体的规矩、不去冒犯任何美丽的女孩、除了该做的事情之外不得有任何更大的自由，它要做的事情只是去让她孩子气的灵魂在这整个促狭中保持其喜悦、让她的嘴唇保持其微笑、让她的眼睛保持其平静、让她的心灵保持没有恐惧。如果你们中的任何一个作出别的举动，那么你们的名字就会受到诅咒。

而现在，出发吧，向生命和喜悦、向青春和美丽出发吧；向我展示我常见到的东西、我永远看不厌的东西，向我展示一个美丽年轻的女孩，以这样一种方式向我打开她的美丽，以至于她自己变得更美；以这样一种方式考验她，以至于她为这考验而感到高兴！

我选择宽街[125]，但是你们知道，我只能够在一点半之前对我的时间有所支配。

那里过来一个年轻女孩，艳妆而服饰整洁，当然，今天是星期天……

凉却她一下，吹给她一点凉爽，在无声的气流中滑向她，以你们无邪的触摸拥抱她！多么奇妙啊，我隐约感受到脸颊的微妙红晕、嘴唇的颜色更深了、胸脯挺起了……

我的女孩，这是无法描述的，呼吸这清新的空气是一种至福的享受，不是吗？小衣领就像一片叶子一样地摇摆着。她的呼吸是多么健康饱满。她的步伐放轻，她几乎是被轻风抬起，就像一片云、像一场梦……

吹得更有力一些、来一阵更长久的风！

……她镇定了下来；手臂向前胸抱得更紧，她更为小心地覆盖着前胸，这样风的吹拂不至于过于无礼地骚扰、这样它就不至于蹦跳着冷飕飕穿进那单薄轻盈的覆盖物……

她的红晕更健康了、脸颊更丰满了、眼睛更透明了、步履更有节奏了。所有顾虑使得一个人更美丽。每一个年轻的女孩都应当爱上西风（Zephyren）；因为没有什么男人像它那样地明白这道理，它在与她发生冲突的时候增大她的美丽……

她的身体稍稍前倾，头看向脚尖……

稍停一下！太过分了点，她的形象变宽了、失去了她美丽的苗条……

稍稍冷却她一下！

……不是吗，我的女孩，在一个人感到热的时候突然感到这些清新的冷战，难道这不是令人心爽的事情吗？一个人会出于感恩、出于对生存的喜悦而打开自己的怀抱。

……她转向一边……

现在，赶紧用力吹一下，我能够隐约地感觉到各种体态的美丽！

……再有力一点！让褶皱能够裹得更贴切……

过分了！姿势变得不雅了，轻松的步子被打乱了……

她再次转身……

现在，吹起来，让她自己想办法！

……够了，过分了！她的头发散落出来了……你们能不能想办法控制好你们自己！

> 那里一整个军团行军而来：
> 这一个完全彻底地坠入了爱河，
> 那一个很想也这样。[126]

是的，左臂挽着自己的未来姐夫[127]在外面走，这不可否定地是生命中的糟糕地位。对于一个女孩，这差不多就等于像一个男人去做市政公务员……

但是市政公务员可以被提升；他在办公室里有他的位置，在特别的机会里也参与共事，这不是小姨子的命运；但是反过来她的提升则不是那么缓慢——如果她得到提升而被转移进另一个办公室……

现在，吹得稍稍快一点！如果一个人有一个可供扶持的固定点，那么这人就可以进行抵抗……

中间拼命向前，两翼无法跟上……

他站得足够地稳定，风无法撼动他，他重得无法撼动，——但也重得使翼翅无法将他从地面提起。他向前冲，来显示出他是一个沉重的物体；但是他越是坚定不移地站着，那些女孩子们就越是为此而难受……

我美丽的女士们，我是不是可以得到允许作为一种服务而给出一个忠告：您让那未来的丈夫和姐夫别来管您的事情吧，试着单独行走，并且您将由此得到远远更多的快感……

现在吹得稍轻一些！

……她们在风的波荡中怎样地颠簸呵；不一会儿，她们沿着街在路边相互面对面地登场了……

又有什么样的舞蹈音乐能够引发出一种更为欢愉的快乐呢，然而风却并没有使人精疲力竭，它使人更有劲道……

现在，她们肩并肩地沿着街扬起满帆扫行下去……

还能有什么样的华尔兹能够更具备诱惑性地把一个女孩子牵动起来让她情不自禁地起舞呢，然而风却并没有使人疲倦，而是抬着……

现在她们转身面对那个作为丈夫和姐夫的人……

不是吗，稍稍的阻力是令人愉快的，一个人很愿意为了去拥有那自己所爱的东西而斗争；而且这人完全有可能得到自己所争取的东西，有一种更高的主宰向爱情伸出援手，看，不是正因此这个男人就有着顺风帮着他吗……

难道我不曾准确地说明了这一点：在一个人自己在背后有风推动着的时候，这人就很容易扶持着爱人走过去，而在一个人顶着迎面而来的风的时候，那么这人就进入了一种舒心的运动，这样这人就逃向爱人，风的吹拂使得这人更健康，并且更有吸引力，并且更具有诱惑作用，而风的吹拂使得嘴唇的果实觉得凉爽，这果实最喜欢享受凉意，因为它是那么地热辣，就像香槟酒在几乎冻结的时候有着辣嘴的味道……

他们那样地嬉笑和交谈——风把这些话语夺走——这时在这里也有什么可谈的吗？

她们又笑起来并且向风中屈身，并且抓住帽子，并且守望双脚……

现在，停下，不能让这些年轻女孩们变得不耐烦、对我们生气或者害怕我们！

对啊，坚决而有力，右脚在左脚之前……看她环顾世界的样子，多么无畏和勇敢……

如果我看得准确的话，她当然是挽着一个人的手臂，就是说，她已经订婚了。让我们看，我的孩子，你从生命的圣诞树[128]得到了怎样的礼物……

呵，是的！这看上去真的是非常确定地订了婚。她则是处在订婚了的第一阶段，她爱他——无疑很可能，但她的爱情还是在拍翅舞动，海阔天空，绕着他松散地拍翅舞动；她仍然拥有着爱情的斗篷，这斗篷能够遮掩许多[129]……

再吹得稍稍强烈一点……

是呵，如果一个人走得那么快，那么就难怪帽带对着风绷紧，难怪这看起来似乎它们就像翅膀一样地承受着这一轻巧的生命体——以及她的爱情——它也跟着，就像风所嬉戏着的一块精灵纱。是呵，在一个人这样地看爱情的时候，它看起来是那么地广袤；但是一个人要穿上它时、在这纱要被缝成便裙时——于是就做不了多少个褶裥……

咦，我的上帝！在一个人有了勇气去跨出整个生命中的决定性的一步时，难道这人不也该有胆量率直地顶风而上？谁会怀疑这个？我不会；但不要激动，我的小女孩，不要激动。时间是一个不容易对付的训导者，而风则也不怎么坏……

逗她一下！

……手绢到哪里去了？

……好的，您又找到了它……

一根帽带散开了……

这对于那未来的新郎来说是很难堪的，他就在当场……

那里来了一个女友，您要向他打招呼。这是她第一次看见订婚后的您；您在这里，在这宽街上，并且此外还打算去长线条，其实就是为了显示一个已经订婚了的您。据我所知，这是一个风俗：新婚夫妇在婚礼之后的第一个星期天去教堂，而新订婚的未婚夫妇则到长线条。是的，一场订婚在通常也确实与长线条有极大的相同之处……

现在，小心了，风在刮着帽子，稍稍扶着它一点，低下头……

这真的实在是要命的，您根本没有来得及向女友问候、没有获得这样的沉着去带着一个已订婚的女孩面对那些未订婚的人们时按理应当具备的优越神情作出问候……

现在，吹得稍微轻一些！

……现在美好的日子来到了……

她是怎样紧紧地倚靠着那爱人，然后她到了他前面，远到她能够回过头来看着他，因为他而感到高兴，他是她的财富、她的幸福、她的希望、她的未来……

哦，我的女孩，你为他做了太多……

或者，他看上去如此有力量，难道他不该来感谢我和风？而你自己看上去如此生机勃勃、如此充满憧憬、如此心怀预感，难道你不该来感谢我和那些轻柔的微风在这个时候使你康复并且把你的痛楚带进遗忘？

> 我不想要一个学生，
> 彻夜躺着读书，
> 我想要一个军官，
> 在帽上戴着羽毛[130]。

人们马上就在你这里看见，我的女孩，在你的目光中有着某种东西……

对，和一个学生在一起绝不是你所应得的……

但为什么是一个军官？难道一个结束了学业的神学硕士，他就不能做同样的事情？

……然而，在这一瞬间我能为你提供的却既不是一个军官，也不是一个神学硕士。相反我能够为你提供一些定温的凉意……

现在，吹得厉害一点！

……这正好，把丝巾刮回到肩上；非常慢地行走，这样脸颊就变得稍稍更苍白，目光的闪耀就不那么剧烈……

就这样。是的，稍稍一点运动，尤其在像今天这样的好天气里，然后稍稍有点耐性，然后您肯定就会得到那军官。

这是相互构成天作之合的一对。在步履中有着的是怎样的节奏、在整个表演中有着自信，它们被建立在相互的信任上，在所有动态中有着怎样的事前注定的和谐[131]，怎样万无一失的周到啊。他们的姿势不是轻松优雅的，他们没有相互在一起跳舞，不，在他们之中有着一种持久性，一种率直，它唤醒坚实可靠的希望、启示出双向的尊重。我敢打赌，他们的生命观就是这个：生命是一条路。看来他们也是注定要相互挽着手走过生命中的喜悦和悲哀。他们和谐到了这样一种程度，以至于那女士放弃了“去走在石板路上”的要求……

但是你们，亲爱的西风，为什么你们那么忙碌地缠着这一对呢？这看来是不值得去注意的。难道有什么特别的东西该去留意的吗?

……然而时间已经是一点半了，出发去高桥广场吧[132]。

人们不会相信，在整体上这么准确地算计出一部灵魂上的发展史会是可能的。这显示出考尔德丽娅有多么健康。真的，这是一个出色的女孩。固然，她是宁静而谦虚的，谦逊无求，但在她心中无意识地有着一种巨大的要求。

在我今天看见她从外面走进门的时候，我有一种被撼动的感觉。一阵微风所能达成的这点点阻力仿佛是在唤醒她心中的所有力量而无需让她在心中有什么冲突。有时候一个女孩会消失在手指之间，那么脆弱，以至于我们几乎担心，她会在我们看着她的时候破碎掉，然而，考尔德丽娅不是这一类无足轻重的小女孩；然而她也不是什么自以为是的装饰性花朵。因此，就像一个医生，我饶有兴致地观察这一健康史中的所有表征。

在我的出击中，我逐渐地开始向她趋近，渐渐地转入更为直接的攻势。如果我要在我对这家人的军事地图上标示出这一变化，那么我将说：我这样地把椅子调转了方向，我现在转向了她的这一边。我与她的接触更密切了，与她说话，引诱她回答。她的灵魂是激情、热烈，并且，它有着一种对于“非正常的事物”[133]的需求，但却没有通过那庸人自扰的虚妄反思而钻进怪癖的牛角尖。我对于人类愚蠢的反讽、我对他们的怯懦和麻木不仁的讥嘲吸引着她。她无疑是喜欢在天穹之上驾驭着太阳车[134]、过于趋近大地并且把人类烧焦一小片。然而，说到要信任我，这则是她所不会做的事；迄今我一直阻止自己去作出任何亲近的表示，甚至在精神的方面也是如此。在我让她倚靠于我之前，她必须在自身之中得以强化。乍看之下，似乎是我在想要使她成为我在自己的秘密教义中的知心人，但这也只不过是乍看之下而已。她自己必须在自身之中发展自己；她必须感觉到自己灵魂的张力，她必须去拿下世界并且举起世界。她的说辞和她的眼神向我展示出她所取得的进展；只有唯一的一次，我在之中看见的一种毁灭的愤怒。她必须不欠我任何东西；因为她应当是自由的，爱情只有在自由之中存在、对时间的打发和永恒的消遣只有在自由之中存在。也就是说，尽管我的目标是让她就好像是带着一种天性的必然沉入我的怀抱，尽管我努力去使得她被吸引到我身边，然而，问题也是在于，她不像一件重量物体那样地落下，而是以这样一种就像精神对精神的吸引的方式来到我身边。尽管她应当属于我，这却不应当等同于那种不漂亮的做法，她不应当像一种负担一样地落在身上。她既不该在肉身方面成为一种累赘，也不该在道德方面成为一种义务。在我们两人之间，占统治地位的只应当是自由本身的游戏。对于我，她应当是那么轻松，以至于我能够把她挽进我的手臂。

考尔德丽娅几乎占据我太多生命。我又失去了我的平衡，不是她在场时面对着她失去平衡，而是在我从严格的意义上说单独地和她相处的时候。我会渴慕思念她，不是为了和她说话，而是为了让她的形象萦舞着从我身边飞过；如果我知道她出了门，我会悄悄追随他，不是为了被她看见，而是为了看见她。前些日子的一个晚上，我们相伴着走出巴喀斯特尔家的门；爱德瓦尔德陪着她。我非常急地与他们分手，疾速转进另一条街，我的仆人在那里等着我。在一刹那里，我换了一身衣服，并且再一次去不让她有所知地与她相遇。爱德瓦尔德像往常一样地默不作声。我无疑是爱上了她，但不是在一般的意义上坠入爱河，对此我们也是必须非常谨慎的，爱上一个人总是有着各种危险的后果，不管怎么说，我们只这样地爱一次。然而，爱神是盲眼的[135]，如果我们机敏的话，我们肯定是能够愚弄他的。这技巧是在于，就印象而言要尽可能地敏感，要知道什么是你给出的印象、什么是你从每一个女孩那里获得的印象。以这样一种方式，你甚至能够同时爱上许多个，因为你是在以不同的方式爱上那每一个单个的人。

爱一个女孩，太少了；爱所有女孩则是肤浅；认识自己并且爱尽可能多的女孩，让自己的灵魂以这样一种方式隐藏起所有情欲之爱的权力，以至让每一个女孩获得各自特定的营养，同时让意识囊括那整体，——

这是享受，这是在生活。

七月三日。

说到底爱德瓦尔德真的不能怪我。事实上我倒是希望考尔德丽娅爱上他，希望她会在他身上获得对纯粹作为爱情的嫌恶并且因此而走向自己的极限；但那恰恰蕴含了这样一种条件：爱德瓦尔德不能是一个漫画式人物；因为漫画式人物起不到什么作用的。现在，爱德瓦尔德不仅仅在市民性的意义上是好对象，这在她眼里毫无意义，一个十七岁的女孩看不上这一类东西；他还有着各种人格上可爱的品质，我试图帮他将这些品质以一种最有利于他的方式展示出来。就像一个女化妆师，就像一个装饰工，我用尽家里可用的资源来把他的举止修饰得尽可能地漂亮，有时我甚至把一些借来的装饰也挂在他身上。在我们一同去那里的时候，走在他身边让我有一种非常奇怪的感觉。这让我感觉就好像他是我的兄弟、我的儿子，然而他却是我的朋友、我的同龄人、我的情敌。他绝对不会对我构成一种危险。因此，既然他终究是要跌落下来，那么我能够把他抬得越高就越好，这在考尔德丽娅那里就唤醒越多关于“她所鄙视的是什么”的意识，她对于“她欲求什么”的隐约感觉就越强烈。我帮他一把，我在人前推崇他，简言之，我做一个朋友为一个朋友所能做的一切。为了真正地使我的冷漠鲜明化，我几乎对爱德瓦尔德进行斥责。我把他说成是一个梦想家。既然爱德瓦尔德根本就不知道怎样自己想办法解决问题，那么我就不得不对他施以援手。

考尔德丽娅恨我并且怕我。一个年轻女孩怕什么？精神。为什么？因为精神构成对于她的整个女性存在的否定[136]。男性美、一种令人喜爱的本性等等，都是很好的工具。一个人也可以借助于它们去进行征服，但却不会赢得一种完美的胜利。为什么？因为这人在一个女孩自身的势力范围里与这个女孩作战，而在她自己势力范围里，她总是最强大的。借助于上面所说的这些工具，这人能够使得一个女孩泛起红晕、垂下眼睑，但却永远也不可能引发出那不可描述的、勾人魂魄的恐惧（Angst），这恐惧使得她的美丽令人感兴趣。

> “奥德修斯并不美丽，但他善于辞令，
> 并且他还是使得海洋女神们为情欲之爱所痛。”[137]

现在，每一个人都应当知道自己的力量。但是有一些东西常常令我不快：甚至那些有着天赋的人们也这样作出门外汉的行为。如果一个成为了别人的牺牲品，或者更准确地说成为了自己的爱情的牺牲品，那么，事实上我们就应当马上能够看出她是在怎样的一个方向上被欺骗的。那经过训练的谋杀者捅出特定的一刀，而那有经验的警察在看了伤口之后马上就认出作案者。但是，我们在哪里能够碰上这样的计划周密的诱惑者，在哪里碰上这样的心理学家？去诱惑一个女孩，这对于大多数人来说就意味了诱惑一个女孩，并且就此打上句号，然而，在这种想法之中却隐藏着一整套语言。

作为女人——她恨我；作为一个有天分的女人——她怕我；作为一个有头脑的人——她爱我。我现在首先是在她的灵魂里安置了这一冲突。我的骄傲、我的桀骜不驯、我的冷然讥嘲、我的无情反讽引诱着她，并非似乎是她会来爱我；不，在她心中肯定是丝毫没有这一类情感的痕迹，而尤其不会对我有这样的情感。她想要和我比高低。这引诱出她面对人类时的那种骄傲的独立性，一种自由，类似于阿拉伯人在沙漠中的自由。我的笑和我的怪异在中和抵消着每一种情欲之爱的流露。她对我是相当自由的，并且，如果在这之中有着某种矜持的话，那么它就是智性的多于女性的。她根本不是把我看成爱人，这样我们所处的关系只是作为两个有头脑的人之间的关系。她抓我的手、握我的手、嬉笑着、在一种纯粹的希腊意义上[138]向我显示出某种关注。而在反讽者和讥嘲者对她进行了足够长久的逗弄之后，我则按着从那古诗句中找到的指示去做：那骑士铺展开他的斗篷，那么红，并请求美丽的少女坐上斗篷[139]。然而我铺展开我的斗篷，却不是为了和她一起坐在大地的草皮上，而是为了和她一起消失在空气中、消失在思想的漫游中。或者，我不带上她，而是让自己跨骑在一种想法上，挥手向她致意、以手指飞吻、在长出翅膀的言辞的低吟轻唱中变得让她看不见却能听见，不是像耶和华那样在声音中越来越清楚地显形出来[140]，而是越来越淡褪地消隐，因为我说得越多，我就升得越高。这时她就想和我一同，在大胆的思绪遨游中远离。然而，这却只是一个瞬间，进入下一刹那，我又冷又干[141]。

女性的红晕有不同的类型。有一种是那粗糙的代赭石红晕。这是浪漫小说家们在让他们的女主人公们完全彻底地[142]泛起红晕时总是大量地具备的那种。有一种细腻的红晕；这是精神的朝霞。它在一个年轻女孩那里是无价的。跟随着一种幸福的想法而出现的那种一闪即逝的红晕在男人身上是美丽的，在年轻人身上更美丽，在女人身上是可爱的。它是闪电的瞬烁，精神的无声电闪[143]。它在那年轻人身上是最美的，在那女孩子身上是可爱的，因为它是在自己的童贞性中展示出来，因此它也有着意外状态的那种羞涩。随着人的年龄越来越大，这一红晕也在越来越大的程度上消失。

有时我为考尔德丽娅朗读一些东西；一般说来都是一些非常无所谓的东西。通常的情况下，爱德瓦尔德必须举着灯；是这样，我向他指出了，借一些书给一个女孩子，这是一种人们用来和一个女孩子建立交往的非常好的方式。他也以各种不同的方式由此而有所获；因为她确实是为此而对他有着感激。最大的赢家是我；因为我决定对各种书籍的选择并且自始至终地置身事外。在这里我有着一个可用于我的观察的、宽阔的运作场地。我可以按我的意愿把我所想要给爱德瓦尔德的书交给他，既然他不懂文学，我可以尽管在任何极端上大胆地随心所欲。现在，在我和她一起在晚上相约的时候，我则就好像是很偶然地拿一本书在手上，稍稍翻动，半出声地朗读，称赞爱德瓦尔德的周到。昨晚，我想通过一种实验来确定地了解她的灵魂的张力。我吃不准是不是该让爱德瓦尔德把席勒的诗歌[144]借给她——因为我可能会在要朗读的时候偶然地翻到“特克拉之歌”[145]，还是把布尔戈尔的诗歌借给她。我选择了后者，因为，尤其是他的《列诺尔》还是有些夸张性的，不管它在其他方面有多么美。我打开《列诺尔》，用我所有可能唤出的感伤激荡来朗读这首诗。考尔德丽娅被感动了；她带着急切缝纫着，就仿佛威尔海姆要来接的人就是她[146]。我停下，姑妈听着而没有什么特别的投入；她既不怕活着的威尔海姆，也不怕死去了的他，另外她的德语也不是很出色；相反，在我向她显示这装订精美的书册并且开始一场关于订书工作的谈话时，她则是如鱼得水。我的意图是马上在考尔德丽娅那里消灭掉那心灵激荡的东西——在它被唤醒的同一瞬间里将之消灭掉。她变得稍稍有点恐惧，但是我很清楚，对于她这恐惧所起的作用不是引诱性的，而是令人毛骨悚然的[147]。

今天我的目光第一次停留在她身上。人们说，睡眠能够使得眼皮重得自己关上；也许这道目光也能够达成某种类似的效果。眼睛闭上，但那各种阴暗的力量却仍然在她内心中骚动着。她没有看见我在看她，她感觉到这个，在整个躯体中感觉到它。眼睛闭上了，这是夜晚；但在她的内心中这一刻却是白天。

爱德瓦尔德必须消失。他走入绝境；我预感他随时都有可能去找她并向她作出爱情宣言。没有人比我更清楚地知道他了，我是他的知心者，并且孜孜不倦地使得他处在过劳的状态，让他能够愈发强烈地对考尔德丽娅发生影响。但让他去坦白自己的爱情，这则是太大的一个冒险。我很肯定地知道他会获得一个“不”，但故事并不就此结束。他无疑会非常痛苦地对此耿耿于怀。这种情伤也许会感动和震撼考尔德丽娅。尽管我在这样的情况下无需害怕最糟糕的事情会发生——无需害怕她会改变主意，然而她灵魂的骄傲有可能会通过这种纯粹的同情而受到损害。如果这样的事情发生的话，那么我对于爱德瓦尔德的意图就完全地失败了。

我与考尔德丽娅的关系开始进入一种戏剧性的新进程。一些事情必须发生，不管它们是什么事情，我无法再这样继续单纯地观察而不让这瞬间流失。必须有什么事情发生来使她感到意外，这是必需的；但是，在一个人想让她感到意外时，这人就必须进入他的岗位。那在一般情况下会使人意外的东西可能并不会在她身上造成同样的效果。如果要真正地让她感到意外的话，那么就必须通过这样的方式：在一开始的那一刻起，“一件很平常的事情的发生”就几乎是使得她意外的原因。接下来的事实就必须显示出，在这平常的事情之中蕴含了某种令人意外的东西。这也一直是对于“那令人感兴趣的”的法则，而这又是对于所有我针对考尔德丽娅所作出的运动的法则。只要一个人知道怎样去使人意外，那么这人就总是已经在游戏中取胜了；在一瞬间中，这人悬置[148]那相关者的能量，使得她没有可能去作出行动，并且，不管这人是使用非同寻常的东西还是寻常的东西来作为手段，都是如此。我还能记得对于一个出自显赫家庭的女士所进行的鲁莽冒险，这说来多少也是一件让我得意的事情。我在一些时候暗中巡游在她周围，想要找到一种令人感兴趣的接触机会，但只是徒劳，然后，在一个中午，我在街上遇到了她。我很肯定，她不认识我，并且也不知道我是在这城里的。她一个人走着。我追上去赶在她前面，这样我就反过来与她面对面地走向她。我到一边让路给她，她保持走在石板路上。在这一刻，我向她投射出一种忧伤的目光，我相信在我眼中几乎是有着眼泪。我摘下我的礼帽。她停下了。我以一种感人的声音带着梦幻般的目光说：不要生气，高贵的小姐，您的容颜与一种我以我全部灵魂爱着但却又生活在距我遥远的地方的生灵非常相似，这种相似是那么非同寻常地令人注目，以至于您会原谅我古怪的行为。她以为我是一个多愁善感的梦想者，而一个年轻女孩很喜欢稍稍来一点多愁善感的梦想，尤其是在她同时还能够感觉到自己的优越并且敢以微笑来应对这人的时候。对啊，她微笑了，这微笑太与她相衬了，简直无法言说。她带着一种高贵的屈尊随和向我问候，并且微笑。她继续她的步履，我在一边跟随了她几步。几天之后我遇上她，我放任自己向她打招呼。她取笑我……

忍耐确实是一种宝贵的美德，笑在最后的人，笑得最好。[149]

可以想象出各种不同的方法来让考尔德丽娅感到意外。我可以尝试着发动一场爱欲的风暴，足以把树木连根拔起的风暴。借助于这风暴我能够尽可能地尝试着让她从根本上挣脱出来、把她从那历史的关联中解放出来；争取在这一动荡中通过一些秘密幽会来引出她的激情。这样的事情是可以做得到的，这并非是不可思议的。一个带着她这样的激情的女孩，我们可以去把她带进她所应处的状态。然而，从审美上看这却是不对的。我不喜欢头昏眼花的晕眩，只有当我们遇上那种唯独使用这样的方式才能激发出诗意反射的女孩子们时，我们才推荐进入这一状态。另外，那样的话，我们很容易错过那真正的享受；因为太多的困惑也会造成损害。用在她身上的话，这样的方式只会完全地败坏其效果。以几口吮饮，我会把那我能够长期享用的东西都吸掉，更糟的是，通过慎重我原本是可以更完全而更丰富地享受它的。考尔德丽娅是不会在亢奋中被享用的。如果我这样去行事的话，也许在最初的瞬间会使她意外，但是她马上就会感到满足得腻味，恰恰正是因为这种意外太靠近她大胆无畏的灵魂。

一种单纯的订婚就在所有的手法中成为最好的，最符合意图的。如果她听我作出一种平淡无奇的爱情宣示，而且同样[150]请求着她的手来作求婚的表示，这时，也许她会更难以相信自己的耳朵，比起让她倾听我热情洋溢的雄辩、让她吮吸我有毒的麻醉饮料、让她在一种关于私奔的想法中听自己的心跳，这订婚的请求更使她觉得难以置信。

订婚之可诅咒之处在于它之中的伦理成分[151]。这种伦理成分在科学中同样是无聊乏味的，正如它在生活中是无聊乏味的。怎样的差异呵，在审美（Æsthetiken）的天空下一切都是轻松、美丽、短暂的，而当伦理（Ethiken）参与进来时，一切就变得艰难、生硬，无限地无聊乏味。然而，在更严格的意义上，一场订婚却没有伦理的实在性，不像一场婚姻那样，它只有人类一致认定的[152]有效性。这一模棱两可的暧昧可以对我有很大的好处。之中的伦理成分恰恰足以使得考尔德丽娅在某时某刻获得这样的印象，觉得自己越过了普遍事物的界限，而那之中的伦理成分也不至于严肃到我必须为一种更为严重的震荡而担忧的程度。我对伦理方面的东西[153]一直有着一定的尊重。我从不曾向什么女孩给出婚姻许诺，甚至在随便说说的情况下也不会，如果说在这里看起来我是在这样做的话，那也只是一种装模作样的动作。我要把事情设计成这样，使得那取消这义务的人是她自己。我的骑士风度对于去做许诺是蔑视的。我鄙视一个法官用对自由的许诺来引诱罪人忏悔。一个这样的法官放弃了自己的力量和能力。在我的实践中甚至还要加上这样的情况：我不想要任何在严格意义上不是自由之馈赠的东西。让蹩脚的诱惑者们去使用这样的手段吧。他们到底又能达成什么？一个人，如果他不知道怎样去使得一个女孩骚动到彻底看不见一切我们觉得她不该去看的东西、如果他不知道怎样去花言巧语地使得一个女孩自愿地去按着他的意愿去做一切，那么他就是并且继续是一只三脚猫；我不会因他的享受而对他有什么羡慕。一只三脚猫是并且继续是一个这样的人，一个诱惑者，而人们却绝不能将我称作是诱惑者。我是一个审美者，一个抓住了爱情的本质及之中要旨、相信爱情并在根本上深知爱情的爱欲者，作为一个这样的爱欲者我只把这种私密的看法保留给我自己：所有爱情故事至多持续半年，而且所有爱情关系都是这样，一旦我们享用了其终结点，它就马上结束。我知道所有这些，并且我知道，被爱、被爱得高过世上的一切，这是人所能够想象出的最高享受。用花言巧语去吸引住一个女孩是一门艺术，而用花言巧语去使得她离开你则是一部杰作。然而后者在本质上则依赖于前者。

还有着另外一种可能的方式。我能够竭尽全力去让她和爱德瓦尔德订婚。我则成为常来家拜访的密友。爱德瓦尔德会无条件地相信我，因为他能够得到这种幸运，之中多少是归功于我。这样我就赢得让自己有更好地隐藏的机会。但是这没有用。她不可能和爱德瓦尔德订婚而同时又能够免于以某种方式使自己降格。另外，在这种情况下，我与她的关系就会变得更多地是有刺激的而不是令人感兴趣的了。订婚中所蕴含的那无限的平淡无奇恰恰就是“那令人感兴趣的”共振板。

在瓦尔家一切都变得更意味深长。人们能够明显地感觉到，在那些日常的形式之下有着一种隐藏着的生命在蠢动着，而这马上又在一种相应的开示中展现出自己。瓦尔家在为一场订婚做准备。如果一个人仅仅是一个外在的观察者，那么他也许会想着，这一对可能是姑妈和我。在这样的一个婚姻中，我们能够为在下一代人中对农业经济知识进行普及推广做太多事情了，又有什么做不到的？这样的话，我就变成了考尔德丽娅的姑父了。我是一个思想自由之友，没有什么想法会是太荒谬的，而以至于我没有勇气去坚持它。考尔德丽娅害怕爱德瓦尔德会作出爱情宣言，爱德瓦尔德希望这样一种爱情宣言会将一切都决定下来。现在他也会对这一点感到很肯定。然而，为了避免让他去面对走出这样一步之后的各种不愉快后果，我要想办法抢先他一步。我希望现在马上将他打发走，他实在是在路上挡道了。我今天真正感觉到这个。他看上去岂不就是在做着梦并且沉醉在爱情之中吗，我们简直会怕他像一个梦游者一样突然地站起来，在全部人众面前以这样一种客观地洞察的方式来坦白出他的爱情，以至于他根本不去向考尔德丽娅靠拢。今天，我对他怒目而视。就像大象用鼻子来卷东西，我也以同样的方式用我的目光把他的全身卷起来向后扔去。虽然他仍然坐在那里，我却相信，他在整个身体上还是会有着一种相应的感觉。

考尔德丽娅没有像以往那样带着自信面对我。她一般总是带着女性的自信向我接近，现在她变得有点踌躇。然而这并不意味着什么大问题，我不觉得把一切恢复到过去的关系会有什么困难。但我却不想这样做。只是再一次去进行了勘探，然后请求订婚。这之中没有什么艰难的问题。考尔德丽娅在她的意外之中答应了，姑妈给出一声衷心祝福。她将为这样一个通晓农业经济的（侄）女婿而忘情于喜悦。（侄）女婿！在你冒险进入了这个领域的时候，一切是多么地亲密无间。我在严格的意义上并不会成为她的女婿，而只是她的侄儿，或者更确切地说，若承上帝的意愿[154]，两者都不是。

二十三日。

我曾让这样的一个流言散布开去，说我爱上了一个年轻女孩；今天我收获了这流言的果实。得助于爱德瓦尔德，考尔德丽娅对此也有耳闻。她是好奇的，她关注着我，然而她却不敢问；但她想要得到一种确定，这对于她不是不重要的，一方面因为这事情让她觉得无法相信，一方面因为她几乎想要为自己在此之中找到一个先例或者榜样；因为，如果一个像我这样的讥嘲者也会坠入爱河的话，那么她就无疑也能够无羞无愧地去坠入爱河。今天我把这事情放入了轨道。以这样一种方式来讲述一个故事，使这故事不丢失其中心点，我想，我就是一个以这种方式讲故事的人，同样也[155]以这种方式去使得这中心点不会太早地显现出来。使得那些听故事的人们处在悬而未决的焦灼之中[156]、借助于各种有插曲特性的小情节来使自己去确知他们希望这故事得到怎样的结果、在叙述过程中愚弄他们，这就是我的乐趣；使用各种模棱两可的语焉不详，让听者们先是在被讲述的东西中领会一种意义，但一忽儿又突然察觉到这些话也能够以另一种方式来理解，这就是我的技能。如果一个人真的想要在某种特定的方向获得机会去进行观察，那么这人就总是应当讲说一番。在交谈中，这人能够更好地逃避掉自己想逃避的人、能够借助于问和答来更好地隐藏起各种话语为人留下的印象。带着庄重的严肃，我向姑妈开始我的讲话，“我是应当把这个看成是我的朋友们的好意呢，还是看成我的敌人的恶意，谁不为各种各样的事情感到厌烦呢?”在这里，姑妈提了一个意见，我尽我的全力让话题在她的意见上拖延，以便去使得旁听着的考尔德丽娅处于被吊着胃口的焦灼中，她又不能够消除掉这焦灼，因为我是在和姑妈说话，而且我的心境是庄严的。我继续说：“或者，我是不是应当把这个看成是一种偶然事件，一种流言之 generatio æquivoca（自生自发）”（这个词明摆着是考尔德丽娅所不懂的，这只是使得她困惑，而我在之上加了一个虚假的强调，在说的时候带着一种狡黠的表情，仿佛那关键的意义就在这个词中，这则更使她困惑），“我这个习惯于隐匿地生活在世界上的人，在人们声称我已订婚的时候，就成了议论的对象”；很明显，考尔德丽娅仍然没有得到我的解说，我继续说：“有可能是来自我的朋友们，因为坠入爱河总是得被看作是一种巨大的幸福（她很吃惊），有可能是我的敌人，因为像这种幸福的事情落成了我的命运则总是得被看成是非常可笑的”（反方向的运动），“或者这只是偶然，因为这流言实在是毫无根据；或者只是流言之 generatio æquivoca，因为这整个流言完全可能是一种空空如也的头脑与自身所作的毫无思想的交合所孕育出来的东西。”姑妈带着女性的好奇急着想知道这位让人们乐意于使之与我订婚的女士会是谁。在这一方面的所有问题都被回绝了。在考尔德丽娅那里，这整个故事留下了印象，我几乎相信，爱德瓦尔德的股票上升了几个点。

决定性的瞬间正在趋近。我能够向姑妈写信，书面地请求得到与考尔德丽娅成婚的许可。无论如何，这是恋爱事件中正常程序，仿佛书面写出来的比口头说出来的对于心灵而言更为自然。然而，那使得我决定选择这种方式的，恰恰正是这种方式中的俗气成分[157]。如果我选择了它，那么我就错过了真正的意外，而这真正的意外则是我所不能放弃的。

假如我有一个朋友，那么他也许会对我说：你有没有很好地对你将走出的这最严肃的一步作出周密考虑，这一步对于你整个接下来的一生和对于另一个人的幸福都是有着决定意义的。如果你有一个朋友，那么你现在就有了这样的好处。我没有朋友；这是否一个好处，我不想做断言，相反，我把得免于这样的一种朋友忠告看成是一种绝对好处。另外，我确实是咬文嚼字地在最严格的意义上对这整件事进行过彻底周密的考虑。

从我这一边看，现在是没有什么东西可以阻碍这订婚了。于是继续求婚，谁又会在我身上看出我是这样的呢。不久，我这个微渺的人将被人从一个更高的立足点上来看。我停止作为单身的人，而去成为伴侣；甚至是一个好的伴侣，姑妈会这样说。那几乎让我最觉得心怀愧意的人，是姑妈；因为她以一种纯粹而正直的农业经济的爱心来爱着我，她几乎是把我当成她的理想来崇拜。

现在，我在我的生命里做出过许多爱情表白，但所有我的经验在这里根本帮不上我；因为这一表白必须以一种非常特别的方式来作出。我尤其铭刻在心的是，这一切全都只是一种装模作样的造势。我曾进行过各种各样的舞步练习来看出以怎样的方式登场是一个人所能做得最好的。如果去使得那一瞬间变得充满情欲的意味，那么这就会显得可疑，因为这就很容易会去提前用上了那在以后才该出现并且要继续展开自身的东西；如果去使得那一瞬间变得非常严肃，那则是危险的；这样的一刻对于一个女孩子来说有着太多的意义，以至于她的整个灵魂都能够被固定安置进去，正如一个濒死的人把一切置于自己的最后意愿；如果去使得这一刻变得很热忱诚恳、滑稽，这会与我迄今所用的面具不协调，与我打算搞出来戴上的新面具也不协调；去使之变得诙谐而具反讽性，则会冒太大的风险。如果我的情形和一般人们在这样的境况中的情形一样，对于我来说首要事务就是去引诱出一个小小的“是”的答允，如果是那样的话，那么这事情就像把脚放进裤子那么容易。无疑这对我来说有着其一定的重要性，但并非是绝对的重要性；因为，尽管我现在为自己选择了一次这个女孩，尽管我把许多关注甚至全部的兴趣都投放到她身上，但在这里还是有着各种条件的，在这些条件下我不想接受她的“是”。对于我，想要去做的根本不是外在意义上的“去占有一个女孩”，而是艺术性地享用她。因此这开始就必须是尽可能地有艺术性。这开始必须尽可能地模糊悬浮，它必须是一种无所不可的可能性。如果她马上在我身上看出一个欺骗者形象，那么她就误解了我；因为在一般的意义上我绝不是欺骗者；如果她在我身上看出一个忠诚的情人，那么她也误解了我。这里的关键是，要使得她的灵魂尽可能地不因这一插曲而被规定下来。一个女孩的灵魂在这样的一刻就像一个濒死者的灵魂那样地具有预言性[158]。这是必须被阻止的。我可爱的考尔德丽娅！我在从你这里骗取某种美丽的东西，但这是别无选择的，我会给予你所有我能给出的补偿。这整个阶段必须被保持尽可能地无足轻重，这样，她在她给出了一个“是”的允诺时就无法对于这一关系背后所能隐藏的东西做出任何阐明。这一无限的可能性恰恰就是“那令人感兴趣的”。如果她有能力去预言出什么东西，那么我所做的事情就是错的，而这整个关系就失去了其意义。她因为爱我而说“是”，这是不可思议的；因为她根本不爱我。如果我能够让订婚从行为转化为事件，从某种她所做的事情转化为某种发生在她身上的事情——对此她不得不说：只有上帝才知道这事情到底是怎么会变成这样的，如果事情能够这样发展，那么这就是最好的情形了。

三十一日。

今天我为一个事外人写了一封情书。这样的事情对于我来说只是一种快乐。首先，使自己生机旺盛地进入这样一种处境，却又带着所有可能的安逸，这总是非常有趣的。我为自己的烟斗装上烟、听事情的前后关系，寄自相关者的来信都被放在我面前。一个年轻女孩怎样写信，这对于我一直是重要的研究项目。现在，他坐在那里，坠在爱河里就像一只老鼠，朗读她的信，不时被我的简洁评论打断：她写得很好，她有感情、品味、审慎，她无疑在此前爱过，等等。其次，这是一桩我所做的善事。我帮助撮合一对年轻人；现在我算一下账。为了每一对幸福的情侣，我选择一个牺牲者；我使得两个人幸福，至多只有一个人不幸。我是诚实可靠的，从不欺骗任何一个向我交心的人。稍稍的取笑总是免不了的，因为不管怎么说这也是合理的手续费[159]。为什么我享受这种交心的信任，因为我会拉丁语并且用心学习研究，并且因为我总是只让我的小故事们留在我自己心里。难道我不配获得这种信任吗？不管怎么说，我从来没有滥用过这种信任。

八月二日。

这一瞬间到了。我在街上一眼瞥见姑妈，于是我知道她不在家里。爱德瓦尔德在海关税务口[160]。也就是说，考尔德丽娅单独在家的几率可能性（Sandsynlighed）是非常大的。结果真是如此。她坐在缝纫桌前，忙碌于手上的一件活。我很少在上午造访她家，因此，看见了我，她就稍稍有点感情上的变化。这处境几乎是有点太过让人感动。这却不是她所造成的；因为她很轻易地就镇静了下来，这状态的起因反而是我自己；因为，尽管我全副武装有着防卫装备，她仍然给我留下了一个非同寻常的强烈印象。她是多么可爱呵，穿着蓝色条纹的家常棉布裙，胸前有一朵新鲜摘下的玫瑰。一朵新鲜摘下的玫瑰，不，这女孩自己就像一朵新鲜摘下的玫瑰，她是如此新鲜，刚刚来临；又有谁知道，一个年轻女孩会在哪里度过夜晚，我想是在幻觉们的国土上，但每个早晨她又回来，她的青春的新鲜欲滴就是这样来的。她看上去那么年轻却同时又那么完美，仿佛大自然像一个温柔丰沃的母亲刚刚在这一瞬间里才松开手掌让她从手中出来。对于我来说，我就仿佛是这一告别场面的见证人，我看见，那温柔慈爱的母亲怎样再一次拥抱她告别，我听她说："现在，走出去，进入这世界吧[161]，我的孩子，我为你做了一切，现在，接受这一吻，就像你唇上的一个封印[162]，这是一道看守着至圣之物的封印，如果你自己不愿意，谁都无法打破它，而当那适当者到来时，你就会明白他。"她在她的唇上压上一个吻，一个吻，不像一个人类的吻那样拿取什么，而是一个神圣的吻，它给予一切，它给予那女孩吻的权力。神奇的大自然，你是多么地深奥和神秘，你将言辞赋予人，将吻的雄辩赋予这女孩！她在嘴唇上有了这吻，在额上有了告别祝福，在眼睛里有着喜悦的问候，因此，她看上去同时既是有着在自己家里的那种无拘无束（因为她是家里的孩子），又是陌生的（因为她不认识世界而只认识那在无形中看护着她的、温柔慈爱的母亲）。她确实很可爱，年轻得像一个孩子，但又有着高贵的少女尊严作为首饰，使人肃然起敬。

然而，不一会儿我就又变得没有了激情，庄严地呆滞，相应于在我们想要使得某种充满意义的事情以一种让这事不具任何意义的方式发生时的状态。在几句相互间的一般问候之后，我稍稍向她靠近了些，并且开始我的陈情表白。一个像一本书一样说话的人让别人听起来是极端地无聊乏味的；但有时候这样的说话方式对于去达到目的也会是非常有作用的。就是说，一本书有着那值得我们去注意的特性，就是，根据人们认为它应当如何被解读，它就能够被解读成如何。如果一个人像一本书一样说话，那么这个人所说的话就也会有着这种特性。我非常按部就班地遵照那些通常的程式来做。正如我所期待的，她感到意外，这是不可否认的。要为我自己作一下对“她看上去的样子”的描述的话，那是困难的。她看上去表情是丰富多样的，真的差不多就好像是这样一篇对于我的书尚未出版却已经预告了的评论，一篇包含有每一种解说的可能性的评论。一句说辞，她笑话了我，一句说辞，她受到了感动，一句说辞，她躲避了我；但是，没有任何说辞冒出我的嘴唇，我继续庄严地呆滞着，使自己准确地按照那仪式所要求的状态行事。

“她认识我这么短时间”，仁慈的上帝，一个人只会在订婚的窄路上但不会在情欲之爱的鲜花小径里遇到这样的麻烦[163]。

够奇怪的。在前些日子我考虑这事情的时候，我对此是相当果决的，并且确信她在意外的瞬间会说“是”。在这里我们可以看见所有准备工作所能够帮上的是一些什么忙，这事情并没有获得这样的结果，因为她既不说“是”也不说“不”，而是让我去对姑妈说。我本来应当是预见到这个的。然而我确实是有幸运在身；因为这个结果更好。

姑妈表示同意，对此我也从不曾有过丝毫的怀疑。考尔德丽娅听从她的意见。对于我的订婚，我则不该自夸说它是诗意的，以任何一种方式看，它都是俗气而尖矛市民式的。那女孩子不知道她是该说“是”还是该说“不”；姑妈说“是”，那女孩也说“是”，我拿下了这女孩，这女孩拿下了我——

现在故事开始了。

三日。

就这样我订婚了；考尔德丽娅也是，并且这可能就是她对这件事情所知的一切。假如她有一个她愿与之真诚交谈的女友，那么她肯定会说：“这全部到底意味了什么，我实在是搞不明白。在他那里有着某种东西把我吸引向他，但那是什么，这问题则是我无法想出答案的，他对我有着一种奇异的权力，但是要说爱他，不，我也许永远也不会爱他，不过我完全能够忍受和他生活在一起，因此也能够挺幸福地和他在一起；因为他肯定不会要求很多，只要一个人能够忍受他。”我亲爱的考尔德丽娅！也许他要求更多，但相反少一些忍受。

在一切可笑的东西中，订婚是最可笑的。在婚姻中则还有着意义，尽管这种意义使得我不舒服。订婚是纯粹的人为发明，并且绝对没有为它的发明者带来荣耀。它既不是这个也不是那个[164]，它与情欲之爱的关系就像学校门房所背戴的布带[165]与一个教授的袍子间所具有的关系。现在，我是这一尊贵团体的成员。这不是没有意味的；因为正如特若普所说的，只有通过自己成为艺术家，一个人才获得评判其他艺术家的权利[166]。难道一个订了婚的人不就也是一个鹿苑艺术家吗？

爱德瓦尔德愤慨得失去了理智。他不再刮胡子，把自己的黑套装挂了起来，这很能说明问题。他想和考尔德丽娅说话，想要对她描述我的狡诈。这会是一个令人震惊的场面：爱德瓦尔德胡须丛生、衣装随便、高声地向考尔德丽娅说话。差一点他就用自己的胡子来将我驱逐出去。我试图通过解释来让他冷静下来，但只是徒劳；我解释说，是姑妈撮合成我们这一对，也许考尔德丽娅对他还是有着感情的，如果他想要赢得她，我愿意退出。他犹豫了一瞬间，踌躇考虑着他是不是要以新的方式来刮自己的胡子、买一套新的黑套服，在下一个瞬间里他大声痛骂我。我尽我的全力对他保持一种善意的表情。不管他对我有多么恼火，我很肯定，如果他不向我咨询，他不会有所举动；他忘不了有我作为贤明指导[167]的时候他得到了多大的好处。我为什么要摘扭掉他最后的希望、为什么要和他断交；他是一个好人，谁知道在时间的进程之中又会有什么样的事情发生呢。

我现在要做的事情是：一方面是要安排一切到位以便去取消

婚约，这样我就能由此而确定出一种与考尔德丽娅的更为美丽而更意义重大的关系；另一方面要尽可能有效地利用这时间去为所有这种优雅、所有这种可爱而感到欣悦，大自然以这种优雅可爱如此丰富地装点了她，我要去为此感到欣悦，而同时又带着这样一种“确保某些东西不被提前使用掉”的限定和审慎。当我终于达成了这样的目的，使得她弄明白什么是“去爱”、什么是“爱我”，那时，婚约就作为一种不完美的形式而爆裂掉，她将属于我。别人在他们到达了这样一个点并且有了通往一种在所有永恒之中的无聊婚姻的远景时订婚。那是他们的事情。

一切事情仍然保持不变的状态[168]；但是几乎不会有什么订婚的人能够比我更幸福；不会有什么找到金块的守财奴能够比我更感到极乐。我陶醉于这样的想法：她处在我的控制之下。一种纯洁无邪的女人性，像大海一样透明，却又像大海一样深刻，对爱情一无所知！现在她应当去了解，情欲之爱是一种怎样的权力。就像那从尘土中升上父亲的宝座的国王的女儿[169]那样，她现在要被置于她所属的王国。这要通过我而发生；在她学着去爱的时候，她将学着爱我；在她展开那规则的时候，范例也会跟上而得以展开，而这范例就是我。当她在情欲之爱中感受到自己的全部重要意义时，她将之用来爱我；在她隐约感觉到她从我这里学到这个时，她将双倍地爱我。我想到我的喜悦，这想法震撼我，到了使我几乎发狂的程度。

她的灵魂没有在情欲之爱不确定的蠢动中被挥发掉或者变得松弛，这种蠢动使得许多年轻女孩永远都无法去爱，这是说，无法明确地、精力充沛地、完全地去爱。她们在自己的意识中有着一幅不确定的图像，这图像要作为一种理想，而现实的对象要根据这理想来得到检验。从这样不伦不类的残缺不全中出现一种“某样东西”，借助于这“某样东西”人们能够帮助自己正派地通过这世界。

现在，当情欲之爱在她的灵魂中醒来时，我会洞察它，通过倾听所有情欲之爱的声音而在她身上听出它来。我要确定它怎样在她心中发展成形，并且与之相似地构建出我自己；并且，就仿佛我已经直接地被接受进了那情欲之爱在她的心中所经历的故事中那样，我从外面，带着尽可能大的迷幻力，再次走向她。毕竟，一个女孩只会爱一次。

现在，我是法定地拥有了考尔德丽娅，有着姑妈的同意和祝福、朋友们和亲戚们的祝贺；这应当是靠得住的。于是，战争的艰难过去了，现在，和平的祝福开始了。怎样的一种愚蠢呵！仿佛姑妈的祝福、朋友们的祝贺有这个能力来使得我在更深刻的意义上拥有考尔德丽娅；仿佛情欲之爱有着这样一种介于战争时与和平时的对立，而不是（只要它存在它就会）总是在冲突中显示出自身，尽管武器是会有着各种不同。它所具有的差异在实际上是这差异：所发生的冲突是手头现成的[170]还是有着距离的[171]。在一种爱情关系中，冲突得越是有距离[172]，事情就越令人悲伤；因为这样一来，那近身格斗就变得越微不足道。一次握手、一次与脚的接触，都是属于近身格斗，大家都知道，这是某种被奥维德[173]在非常推荐的同时又带着深深的警惕所热切地反对的东西，而一个吻、一次拥抱则更不用说了。那带着距离搏斗的人在通常的情况下只能够相信眼睛；然而他会（如果他是艺术家）知道去带着这样的一种精湛技艺来使用这一武器，以至于他几乎会达成同样的结果。他将能够让自己的目光带着一种游移而难以捉摸的温柔落在一个女孩的身上，这种温柔让人感觉好像是在偶然地触摸着她；他将有能力用目光来抓住她，就仿佛是他在将她环拥在自己的怀抱里。然而，如果我们过久地进行有着距离的搏斗，那么这就总是会成为一种错误，或者一种不幸；因为，这样的一种搏斗持恒地只会是一种标示，而不是享受。而当一个人以手头现成的条件搏斗时，一切则在这时获得了其真实意义。如果在情欲之爱中没有搏斗，那么这情欲之爱就停止消失了。我几乎就根本不曾进行有距离的搏斗，因此我不是处在终结而是处在开始，我取出武器。我拥有她；这是真的，就是说在法律上和尖矛市民性的意义上，我拥有她；但是对于我，由此并不会推导出任何东西来，我有着远远更为纯粹的观念。她是和我订婚了，这是真的，但如果我由此想要推出“她爱我”的结论，那么，这就是一种幻觉；因为她根本不爱。我法定地拥有她，但是我却没有拥有她，正如我完全可以拥有一个女孩而无需法定地拥有她。

在秘密地泛着红晕的脸颊上，
心灵的灼炽闪耀着光焰。[174]

她坐在茶桌旁的沙发上；我坐在她身边的一张椅子上。这一位置安排有着秘密活动参与者间的那种亲切信任感，但同时也有着一种又重新把距离拉开的高雅感。有非常多的东西总是要依赖于姿势和位置安排，在这里是说，对于有着相应眼光的人是这样的。情欲之爱有着许多不同的位置，而这是第一种。大自然是怎样奢华地装点这个女孩呵；她的纯洁柔软的形态、她的深奥女性的无邪、她的明晰的眼睛——

一切都让我陶醉。

我问候了她。她就像往常一样，高兴地走向我，但稍有点羞涩、稍有点迟疑，不管怎样，订婚必定使得我们的关系变得有点不一样了，怎么不一样，她不知道；她抓住我的手，但不像往常那样的带着微笑。作为对这问候的回应，我在她手上很轻地、几乎无法觉察地捏握了一下；我是温和友善的，但不是带有爱欲感的。她坐在茶桌旁的沙发上，我坐在她身边的一张椅子上。一种升华了的庄严很快地在这处境中弥漫开，一种清淡的晨光。她沉默着，没有什么东西打破这宁静。我的目光轻悄悄地滑向她，不是欲求着的，而如果是带着欲求的目光，那就太不像话、太无礼了。一种微妙的、一瞬即逝的红晕，就像田野上方的一朵云，在她那里迅速飞过，忽升忽沉。这片红晕意味了什么？它是情欲之爱、是渴慕、希望、畏惧；是因为心灵的颜色是红色？不，绝不是。她觉得奇怪，她感到意外，不是为我感到奇怪，我能为她带来的东西微乎其微；她感到意外，不是对自己觉得奇怪，而是在自身之中有着奇怪的感觉；她在自身之中有了变化。这一瞬间要求宁静，因此不应有任何反思来打搅它、不应有任何激情之噪音来打断它。这就好像是我根本没有在场，但我的在场却又恰恰是她的这一冥思式的惊奇出现的条件。我的实在谐和于她的实在。在这样的一种状态中，一个年轻女孩就像各种单个的神圣，通过沉默而被膜拜和崇敬。

我侥幸地拥有我叔父的房子。如果我要为一个年轻人带来对烟草的厌恶感，那么我就会把他带进瑞恩森宿舍区[175]的某个吸烟室；而在我想要为一个年轻女孩带来对订婚的厌恶感时，我就只需把她带到这里来。正如在裁缝们的会所[176]里人们纯粹只会找裁缝，同样，在这里人们纯粹只找订了婚的人们。如果和这样的一堆人卷在一起的话，真是很可怕的事情，我不可能责怪考尔德丽娅变得不耐烦。当我们成群地[177]聚在一起的时候，我想，除了那些来协助的、在大型庆典日来到都市的附加团队，我们有十对在那里。我们这些订了婚的人们能够真正享受着订婚之喜悦。在警报集合场，我和考尔德丽娅进了场，我这样做是为了让她品尝到厌恶感，对这些相爱中的明火执仗、对这些恋爱的匠人们[178]的粗制滥造的厌恶。人们彻夜不断地听见一种声音，就仿佛有人拿着苍蝇拍走来走去——这是那些情人们的接吻声。在这幢房子里，人们拥有着一种可爱的我行我素；人们甚至不寻找那些角落，不！人们环坐在一张大圆桌周围。我也作出了以同样的方式来对待考尔德丽娅的样子。为了这个目的，我不得不在极大的程度上强制我自己。如果我允许自己以这样一种方式去侮辱冒犯她深奥的女人性，那真的会是令人作呕的事情。假如那样，我会为这种行为而责备自己，更甚于我在我欺骗了她的情况下会产生的自责。总的来说，我能够保证每一个和我交心的女孩从我这里得到一种完美的审美待遇；只是这终结于她被欺骗；但这也是我的美学中的一部分；因为，要么女孩欺骗男人、要么男人欺骗女孩。如果人们能够让某个文学苦力[179]在童话、传说、民谣、神话中数一下，到底是女孩还是男人更常做出不忠实的行为的话，这是足以让人感兴趣的。

我无悔于考尔德丽娅花费去我的时间，尽管她花去了我很多时间。每一次相会一般都要求很长时间的准备。我与她在一起体验她的情欲之爱的形成。甚至在我明显地坐在她身旁的时候，我也几乎是隐形地在场。就好像一场其实应当由两个人跳的舞蹈只是由一个人在跳，我与她的关系就是如此。也就是，我是另一个舞者，但却是隐形的。她就好像是在梦中运动着，但她却与另一个人在跳舞；这另一个人就是我——只要我是明显地在场，我就是隐形的；只要我是隐形的，我就是明显可见的。那些运动要求一个第二者；她向他屈身、她把手伸给他、她避开、她又再次靠近。我抓住她的手，我使她的想法圆满地完成，而她的想法本来在其自身就是圆满地完成了的。她在她灵魂自身的旋律中运动着；我只是机缘，“她运动着”的机缘。我不是爱欲的，任何爱欲只会惊醒她，我是迎合的、有弹性的、不具人格的，几乎就像是一种心境。

订了婚的人们在通常谈一些什么事情呢？据我所知，他们很忙碌地相互使对方被编织进各自相应的家庭的无聊乏味的关联。怪不得那爱欲的成分[180]消失了。如果一个人不懂得去把情欲之爱转化成“那绝对的”（det Absolute）——与这绝对的东西相比所有其他历史都会消失，那么这个人就永远不该去让自己进入“去爱”的领域，哪怕他结婚十次。我是不是有一个叫玛丽安娜的姨妈、一个叫克里斯多夫的叔叔、一个当少校的父亲，等等，等等，所有这些公共信息都与爱情的各种神秘没有关系。是的，甚至一个人自己过去的生命也不能算什么。在这方面，一个年轻女孩通常没有很多东西可说；如果她有，那么也许是值得人们花一番功夫去倾听的；但是按照规矩，不是因此而去爱上她。我就我自身说来不是在寻找故事，这种故事我无疑有着太多；我寻找的是直接性（Umiddelbarhed[181]）。在情欲之爱中，这是那永恒的东西：相爱的个体们要到情欲之爱的瞬间中才相互为了对方而进入存在。

必须在她那里稍稍地唤醒一点信任感，或者更准确地说，必须消除掉一种怀疑。我不是那种出于尊重而相爱、出于尊重而结婚、出于尊重而一起生孩子的人，我并不能够被准确地算进这一类“爱人”们的人口统计数字；但是我很清楚地知道，情欲之爱（尤其是在激情还没有被启动情况下）向那作为它的对象的人提出要求，要求他不去审美地违犯那道德的东西[182]。从这方面看，情欲之爱有着它自己的辩证法。比如说，一方面，我与爱德瓦尔德的关系，从道德的立场上看，比我对于姑妈的行为远远更应受责备，但在另一方面，我则觉得，在考尔德丽娅面前为前者（我与爱德瓦尔德的关系）作合理辩解比起为这后者作辩解，要远远容易得多。固然她不曾表述出什么，但是我却仍然觉得最好还是向她解释我以这样一种方式行事的必要性。我所使用的谨慎对于她的骄傲是一种奉承，我用来处理一切的神秘性捕捉住了她的注意力。无疑，这看起来可能是这样：我在这里已经泄露了太多爱欲方面的修养，以至于以后到了我有必要作出“我从不曾爱过”的暗示的时候，我会与我自己自相矛盾；然而，这也没有什么。只要她不察觉到这个，我不怕自相矛盾，而我则达到我所想要达到的东西。让那些博学的博士生们去为避免每一个矛盾而感到荣耀吧；一个年轻女孩的生命太丰富了，要让它不具备任何矛盾是不可能的，就是说，它使得矛盾成为是必然的。

她是骄傲的，而且也没有关于“那爱欲的”（det Erotiske）的真正观念。现在，在精神的方面，她无疑是在相当的程度上屈从于我，与此同时也可以想象，在“那爱欲的”开始使自己起作用时，她可能会突然想到要用她的骄傲来针对我。根据我所能够观察到的一切看，她对于女人真正的意义是困惑的。因此她针对爱德瓦尔德很容易就升起了她的骄傲。然而这一骄傲却完全是不正常的，因为对于情欲之爱她根本没有什么观念。如果她获得了关于情欲之爱的观念，那么她就获得了自己真正的骄傲；但是那种不正常骄傲的一点剩余则还是很容易就会尾随而来。现在，我们可以想象，她会来针对我。虽然她不后悔自己对订婚作出同意，但她还是很容易看出，我以相当划得来的价钱得到了这订婚许可；她会看出，从她这一边，还没有真正进入开始。在她意识到了这一点的时候，她就会敢于来和我对抗。事情正是该如此。那样，我就能够确定，她被感动得有多深。

完全不错。远远地在街上，我就已经看见这可爱的、小小的、带着卷发的头从窗户里尽可能地往外伸。这是我第三天留意到它了……

一个年轻的女孩无疑不会无缘无故地站在窗户前，她也许是有着自己完美的理由……

但是我请求您，看在上天的份上，不要这么大幅度地把您的身子探出窗外；我敢打赌，您是站在椅子的横木条上，我能够根据姿势推导出这个结论。想象一下那可怕的后果，您掉下来，不是落在我的头上；因为我至今不让自己卷入这事情，而是落在他身上，他，是的，因为肯定是存在着一个他……

不，我看见什么了，远远在街中央走来，我的朋友证书硕士[183]汉森。在他的行为里有着某种不一般的东西，那是一种非凡的运送工具，如果我估计对了的话，他是乘着渴慕的翅膀而来的。难道他是这家里的常客？我不知道……

我美丽的小姐，您消失了；我想，您是走去打开门让他进来……

只是，您会再回过来的，他根本不会进这房子……

您怎么会更清楚地知道？我则能够向您保证……

……他自己这么说。如果那辆驶过的马车不曾弄出这么大的噪音的话，那么您自己就也能听见这个。我就这样完全顺便地[184]对他说：您要进这里吗？对此他答以清楚的言辞：不……

现在您完全可以说再见了；因为现在证书硕士和我要出去散步了。他是尴尬的，尴尬的人们通常多话。现在我要和他谈论他所申请的牧师职位……

再见，我美丽的小姐，现在我们要去海关税务口[185]。在我们到了那里时，我对他说：真是糟糕透了，你把我带到了这个地方，不是我本来要走的路，我本来要去西街[186]的。

看，现在我们又到了这里……

怎样的忠诚啊，她仍然站在窗前。这样的一个女孩一定是能够让一个男人幸福的……

您问，我为什么做所有这些事情。因为我是一个通过逗弄他人来取乐的恶劣的人吗？不，绝不是。我是出于对您的关心而这样做的，我可爱的小姐。首先，您等待着证书硕士，渴慕地想着他，那么，在他现在到来时，他就显得双倍地英俊了。其次，在证书硕士现在走进门的时候，他会说："刚才我们几乎让人看出我们的事情，在我要进门来找你的时候，那个可恶的人不是站在门口吗。但我很聪明，我和他长篇地胡聊我所申请的那个职位，一忽儿这里、一忽儿那里，把他完全引到了海关税务口；我可以保证，他什么也没有看出来。"结果是怎样呢？您比以前更喜欢这证书硕士了；因为您一直认为他有一种非常杰出的思维方式，但是，他是聪明的……

是啊，现在您自己看见了。这件事可得归功于我。

但是，我突然想到什么。他们的订婚还没有公开宣布出来，否则的话我必定会知道。这女孩看上去是美丽而让人愉快的；但她很年轻。也许她的见识尚未成熟。不难想象，她轻率地走出了最严肃的一步。这必须被阻止；我必须和她谈谈。我应当去为她做这事；因为这无疑是一个非常可爱的女孩。我应当去为那证书硕士做这事，因为他是我的朋友；在这样一个关联上，我也应当去为她做这事，因为她是我的朋友的未来妻子。我应当为这家庭做这事，因为这无疑是一个非常值得尊敬的家庭。我应当为整个人类做这个，因为这是一个善良的作为。整个人类啊！多么伟大的想法，多么崇高的运动，以全人类的名义去行动、去拥有这样的一个至高的全权代表地位。

还是回到考尔德丽娅的话题。我总是能够使用心境，这女孩的美丽思念真的感动了我。

现在，与考尔德丽娅的第一次战争开始了，在这战争中我逃避着，并且以此来教会她在对我进行追逐的时候取得胜利。我不断地逃回来，并且我在这一运动中反向地教会她从我身上认识到所有情欲之爱的力量、它的骚动想法、它的激情，认识到什么是渴慕，认识到希望和不耐烦的期待。在我以这样的方式为她做表演的时候，所有这一切就在她身上相应地得到发展。我将她带上的这条路是凯旋的征途，而我自己一方面是那如痴如醉地为她的胜利唱赞歌的人，一方面也在同样程度上是指路的人。在她看见情欲之爱对我的统治、看见我的运动时，她将获得勇气去相信这情欲之爱、相信它是一种永恒的权力。她会相信我，部分地因为我对我的艺术有着信心、部分地是因为我所做的事情是以真相作为其依据的。也就是说，如果事情不是这样的话，她不会相信我。通过我的每一个运动，她变得越来越强劲；情欲之爱在她的灵魂中醒来，她被安置于自身的“作为女人”的意义之中。

我至今还没有以一种在尖矛市民意义上所称的求婚方式来向她求婚；我现在要这样做，我要使得她获得自由[187]，我只想以这样的方式来爱她。我不能让她知道她的这一切是我造成的；因为那样的话，她就会失去对自身的信心。到了她觉得“自己是自由的”的时候，那么自由，以至于她几乎觉得有着一种要和我断绝这关系的诱惑，这时候，第二场斗争就开始了。在这样的时候，她有着力量和激情，而斗争对我有着意义；那些瞬间的后果是怎样就让它们怎样吧。设想她在她的骄傲之中晕眩、设想她和我断绝那关系，这很好啊！她有着她的自由；但是她却仍应当属于我。如果谁以为订婚会对她有所约束的话，那就错了，这是一种愚蠢；我只想拥有处在自由中的她。让她离开我，第二场斗争终究开始，而在这第二场斗争中我将取胜，这是非常肯定的，正如她在第一场斗争中的取胜只是一种幻觉。在她身上的力量充实度越高，对于我就越能够激发出高度的兴趣。第一场战争是解放战争；它是一种游戏；第二场战争是征服战争，它是一场生死搏斗。

我爱考尔德丽娅吗？当然爱的！真挚地爱？是的！忠诚地？是的！

这是在审美的意义上说的，而这无疑也是有着某种意味的。对于这样一个女孩，如果她落进了一个忠诚可靠的丈夫笨拙呆板的手中，这又有什么好处？她会有什么出息呢？什么也没有。人们说，要去走通世界，就必须有着一点比诚实更多的东西；我则要说，要去爱一个这样的女孩，就必须有着一点比诚实更多的东西。我具备这一“更多”——它是虚伪。然而我却忠诚地爱着她。我严格而有节制地看管着我自己，使得她身上的一切、她身上的整个神圣丰富的天性得以展开。我是寥寥无几的能够做这事的人之一，她是寥寥无几的适合于此的人之一；难道我们相互间的关系不是一种天作之合吗？

我没有看着牧师，而是把我的目光凝注在您手上所握的美丽的镶花边手绢上，难道我不是有罪过吗？您这样握着它，难道您不是有罪过吗？

……手绢一角上有着名字……夏洛特·韩是您的名字……以这样一种偶然的方式来获知一位女士的姓名，这是那么具有诱惑性。这就好像是有着一个热心帮忙的精灵在神秘地使得我认识您……

这手绢如此折叠而恰恰能够让我看见这姓名，或许，这不是偶然的吧？

……您被感动，您擦去一滴眼泪……那手绢又重新垂落下来……

我看着您而不是看着牧师，这让您觉得很古怪。您看向手绢，您留意到它泄露出您的名字……

其实在极大的程度上这是一件无邪的事情，一个人很容易去得知一个女孩的名字……

为什么要让那手绢受过？为什么要将它褶卷起来？为什么要对它生气？为什么要对我生气？听，那里牧师在说："没有什么人可以去让另一个人陷于诱惑；即使一个人是对此一无所知地这样做，他也有着一种责任，他也已经欠了那另一个人，他只能够通过更大的善意来偿还这所欠的"……

现在他说阿门，在教堂外面，您也许敢于让手绢在风中飘摆……

或许您变得对我有了恐惧，我到底做了什么？……我做了什么超出您所能够原谅的限度的事情吗，我做了什么超出了您的记忆允许您敢去原谅的限度的事情吗？

相对于考尔德丽娅，一种双重的运动成为必要。如果我只是不断地逃开她的优越力量，那么她身上所具的"那爱欲的"就很有可能会变得太散漫松弛，以至于那更深刻的女人性无法得以具体实现。这样，在第二场斗争开始的时候，她就没有能力作出对抗。固然她一觉睡到她自己的胜利，但这也是她本来应当做的；但在另一方面，她则必须不断地被唤醒。在某一瞬间，她觉得仿佛她的胜利又一次要从她那里被扭夺走，这时，她应当学会带着意愿去紧紧把握住它。在这场角斗中，她的女人性得以成熟。我

要么能够使用谈话来燃起火焰而用书信来冷却，要么反过来。在所有的方式中，后者是最可取的。这样，我尽享她最激烈的瞬间。在她收到了一篇书信文字的时候，它甜美的毒汁就被传输进了她的血液，这时，一句话就足以把情欲之爱召唤进爆发状态。到了下一个瞬间，反讽和冷霜使得她疑惑，但这种疑惑却并不大，不足以使她停止感觉到自己的胜利、感觉到随着自己收到下一篇书信文字这胜利会变得更大。反讽也不太适合于被置于书信之中，在书信中免不了会有着“她读不懂这反讽”的风险。多愁善感的热情只能被暗示性地用于交谈。我自己的在场将阻止狂热的发作。如果我只是在书信中出场，那么她就很容易承受与我的交往，在某种程度上，她把我混淆为某个居住在她的情欲之爱中的更为一般的生灵。在一封信中人能够更为随便地东跌西撞，在一封信中我能够以一种优雅的方式来拜倒在她的裙下，等等，某种如果我自己真的去做会看上去很像是胡闹的东西；如果我自己以行为而不是以书信来表达的话，那幻觉就会被丢失掉。在这些运动中的矛盾会唤起并且发展、强化并且巩固她身上的情欲之爱，以一句话说就是：诱惑着它。

然而，这些书信文字不能过早地染上一种强烈的情欲色彩。在一开始，它们最好是带着一种更为一般的印迹、包容有一种简单的暗示、去除掉一种简单的怀疑。如果有机会的话，订婚的好处也会被暗示出来，只要一个人能够借助于神秘化而不让人们靠近。她不应当缺少机缘去留意到，它另外有着怎样的缺陷。在我叔父的家里有一幅漫画，我能够不断地让它与我并肩而行。如果没有我的帮助，她是无法呈现出那内在爱欲的真挚性（Det inderlige Erotiske）的。如果我拒绝帮助并且听任这幅滑稽的漫画来折磨她，那么，她无疑会为自己的订婚而感到难过，但却无法真正说那使得她为此难过的人就是我。

今天的一段小书信文字向她暗示了她的内心状态会是怎样，因为这段文字描述了我的灵魂状态。这是那正确的方法；而我有的是方法。我要把这归功于你们，我从前所爱过的亲爱的女孩子们。因为你们，我的灵魂才有了这样的状态：我能够让自己成为自己想让考尔德丽娅看的样子。带着感谢，我回想起你们，荣誉是属于你们的；因为我一向都得承认，一个年轻女孩是一个天生的教学大师，在这样的老师那里一个人总是能够学到（如果实在没有别的东西可学）去欺骗她；因为这方面，一个人最好是去女孩子们自己那里学；不管我的年龄有多大，我都绝不该忘记，只有到了一个人老得再也无法从一个年轻女孩那里学到任何东西的时候，他的这一切才结束。

*

我的考尔德丽娅！

你说你不曾想象过我是如此，然而，我其实也不曾想象过，我会变成这样。现在，变化是在你身上进行着吗？因为人们完全可以这样想，我并没有真正地被改变，而是你用来看我的眼睛有了变化；或者，难道变化是在我身上进行着吗？它在我身上进行，因为我爱你；它在你身上进行，因为我所爱的是你。借助于理智的冷漠平静的光芒，我观察一切，骄傲而无动于衷，没有什么东西使我惊骇，即使那精灵敲响我的门，我也会平静地抓起枝状烛台[188]去开门。但是，看哪，我打开门所见的不是鬼魂们，不是各种苍白无力的形象，我是在为你打开了门，我的考尔德丽娅，那走向我的是生命、青春、健康和美丽。我的灵魂震颤，我无法平静地抓着烛台，我向后逃避开你，却禁不住让目光固定在你身上、禁不住想要让自己平静地抓着烛台。我变了，但是变成什么、怎样变的、这变化的内容是什么？我不知道，除了这个，在我无限神秘地说及我自己的时候，我所说的这一句：我被改变了；除了这个，我不知道还有什么更确切的定性可补充、还有什么更丰富的谓词可使用。

你的约翰纳斯

*

我的考尔德丽娅！

情欲之爱喜爱秘密，订婚是一种公开；它喜爱沉默，订婚是一种公告；它喜爱低语，订婚是一种高声的宣示；然而，借助于我的考尔德丽娅的艺术，一场订婚恰恰会是一种欺骗那些敌人的漂亮手法。在黑暗的夜里，对于其他的船只来说，再也没有什么别的事情能够比挂出一盏灯更危险的了，这灯比黑暗更具欺骗性。

你的约翰纳斯

*

她坐在茶桌旁的沙发上，我坐在她旁边；她挽住我的手臂，她的头因许多想法而变得沉重、倚靠在我的肩上。她距我如此近，却更遥远；她向我奉献自己，然而她不属于我。仍然有着一种抵抗；但这抵抗不是得到了主观地反思的，它是女人性的一般抵抗；因为女人的本质是奉献，其形式是抵抗。

她坐在茶桌旁的沙发上，我坐在她旁边。她的心脏搏动着，却没有激情；胸脯起伏，却不是在骚动中；时而她脸上泛起色彩，但只是在潜隐的变化中过去。这是爱情吗？绝不是。她听着，她明白。她倾听着那熟悉的言语，她明白这些话，她倾听着另一个人的话，她明白这话就好像是她自己的话；她倾听着另一个人的嗓音，在这嗓音回响在她心中的时候，她明白这回响就好像那是她自己的声音在向她和另一个人作启示。

我在干什么？我在哄骗她吗？绝不是；用那样的方式对我也没有什么好处。我在窃取她的心吗？绝不是，我宁可看见我所爱的女孩保存着自己的心。那么我在做什么呢？我为我自己构建出一颗和她的心相似的心。一个艺术家画自己所爱的人，这时这就是他的喜悦，一个雕塑家塑造出她。我也是在这样做，但在一种精神的意义上。她不知道我拥有这幅图像，而在之中真正地有着我的伪造。我以一种隐秘的方式获得了它，并且，我在这样一种意义上偷盗了她的心，就像人们说及关于利百加，在她以一种狡猾的方式从拉班那里拿走了他的家神时，她是偷走了他的心[189]。

环境和框架对一个人还是有着巨大的影响的，它们是那在记忆中或者更确切地说在整个灵魂中印刻下最牢固和最深刻的痕迹的东西中的一部分，并且因此它们也不会被忘记。不管我的年龄会变得多大，要让我去想象考尔德丽娅不是置身于这一小小的房间而是在别的环境之中，那对于我则总是一种不可能。如果我去拜访她，女佣通常开门让我从客厅门进去；她本人从自己的房间里进来，在我打开客厅门要进入客厅的时候，她打开另一扇门，这样我们的目光就马上在门口相遇。客厅挺小，让人感到舒适，差一点就几乎可以被看成是一个包厢。虽然现在我从许多不同的视角来审视过它，我仍然觉得从沙发的位置出发来看它是最为亲切的。她坐在我的身旁，面前有着一张圆茶桌，在茶桌上铺有一块褶皱丰富的桌布。在桌上有着一盏桌灯，这桌灯的构形是一朵有力而充实地向上伸展承负着花瓣的花枝形状，在之上一道精致地剪制出的纸屏悬垂下来，那么轻而以至于无法保持静止。桌灯的形状让人联想到东方国家的风情，纸屏的拂动让人联想到那些地带的微风。地板被地毯掩住，地毯是由一种特别的柳条编织成的[190]，一种马上就泄露出自己的异国渊源的工艺。在一些单个的瞬间，我让桌灯作为我风景的指导观念。这样，我和她坐在一起，在桌灯花朵下的大地上舒展开自己。另一些时候我让柳枝地毯唤出关于一艘船的联想，一个官员的特等舱，我们则是在大洋之中航行。在我们坐在离窗户很远的地方时，我们直接地向天空巨大的视平线中看进去。这也使得幻觉扩展。在我坐在她身旁的时候，我也让这些作为一种图像显现出来，这图像就像死亡进入一个人的坟墓那样飞逝地从现实之上匆匆而过。

环境氛围总是有着极重要的意义，尤其是为了回忆的缘故。每一场爱欲的关系都应当以这样一种方式来被透彻地经历，使得它帮助我们很容易地给出一幅拥有着它所有美丽成分的图景。要去成功地做到这一点，我们就必须特别留意这环境。如果我们觉得它并不符合我们的愿望，那么我们就要去使得它符合我们的愿望。对于考尔德丽娅和她的爱情，这环境是完全相称相配的。而反过来，在我想着我的小爱弥丽的时候，又会有怎样不同的图景会向我展现呢，而环境氛围又是怎样地以另一种方式来与之相称呢？我无法想象她，或者更确切地说，我只会让自己回忆她在那小小的花园门房。门开着，被这房子所限定的景观前的一个小花园强迫着眼睛去攻向这里、去停留在那大胆地跟上而消失在远方的公路上。爱弥丽是可爱的，但是比起考尔德丽娅不怎么重要。这环境也是为此而考虑安排的。目光停留在大地上，它没有大胆不羁而不耐烦地奔涌出来，它停留在那小小的显眼位置上；公路本身，尽管它浪漫地消失进了远方，却给人这样的感觉：目光走遍那摆在它面前的那一段，转身回来，以便再一次走遍这同一段路。房间在大地上。考尔德丽娅周围不得有任何显眼区域，而只能有视平线无限的大胆不羁。她不可以站在地上，而必须飞翔，不可以行走，而必须翱翔，不可以来回徘徊，而必须永远地向前。

在一个人自己是订了婚的时候，他马上就被相当彻底地邀入那些订婚者们的可笑愚蠢之中。几天前，证书硕士汉森带着那个与他订婚的可爱的年轻女孩一起出现了。他私下对我说，她很可爱，这是我事前就知道的；他私下对我说，她非常年轻，这也是我本来就知道的；最后，他私下对我说，恰恰是因此，他才选择了她，为了他自己能够将她培养成那总是依稀模糊地在他脑子里盘旋的理想。上帝，这真是一个愚蠢的证书硕士，以及一个健康蓬勃、如鲜花般盛开而带着生命喜悦的女孩。现在我是一个相当老辣的实践者了，但我却只是像去靠近大自然的神圣造化[191]一样地去向一个女孩靠近，而从来不会有任何别的态度，并且首先是从她那里学东西。如果说我能够对她有任何教养熏陶方面的影响，那也只是一再地把我从她那里学到的东西重新教给她。

她的灵魂必须在所有可能的方向被打动、被翻搅震撼，然而不仅仅只是小零小碎，不仅仅只是面对一阵狂风，而是完全彻底的翻江倒海。她必须去发现“那无限的”，并且体验到，它才是那距离一个人最近的东西。这是她所必须去发现的，不是通过思想之路，而是在幻想中，思想之路对于她是一条歧路，而在幻想中才有着她和我之间的真正交流；因为在男人那里是部分的东西，在女人那里就是整体。她不应当通过思想的艰辛道路去努力达到“那无限的”，因为女人不是为工作而生的，相反她应当是沿着幻想和心灵的轻便道路去抓住这无限的东西。“那无限的”对于一个年轻女孩来说就像“所有爱情都必定是幸福的”这种观念一样自然。一个年轻女孩，不管她走到哪里，她总是到处都在自己的周围有着那无限性，而那过渡是一个跳跃，但是要注意到，那是一种女性的而不是男性的跳跃。在一般的情况下，那些男人们则是多么地粗笨不雅啊。在他们要跳跃的时候，他们就要先预跑一段、做很长的准备、以眼睛量出距离、多次的预跑，变得羞怯而又跑回来。最后他们跳出去并且失足。一个女孩以另一种方式跳跃。在山区，人们常常会遇上两座尖耸的山梁。一道无底的深壑将它们分开，看下去的话给人的感觉是可怕的。没有什么男人敢跳过去。相反，根据当地人的叙述，一个女孩则敢跳，并且，人们将之称为处女之跃[192]。就像我愿意相信所有关于一个年轻女孩的特别描述，我完全能够相信这说法，并且听那些淳朴的当地人谈论这事，对于我就是一种陶醉。我相信这所说的一切，相信这奇妙的故事是真的，对此吃惊只是因为我相信了；作为这世界上那唯一让我感到吃惊的事物，一个年轻的女孩是第一件也会是最后一件。而在男人的跳跃总会是滑稽可笑的同时，这样的一次跳跃对于一个年轻女孩却只是一跳而已；因为对于一个男人，不管他跨越出去的步子有多远，他的努力相对于峰顶的距离而言总是会一下子变成乌有，但却又给出一种尺度。但又有谁会这么傻而去想象一个年轻女孩开始起跑？我们当然可能会想到她跑着的样子，但是，这一“跑”本身是一种游戏、一种享受、一种可爱之展示，而反过来那关于起跑的想象则把那种在一个女人身上相属一体的东西区分了出来。就是说，一次起跑在自身之中有着辩证的东西，而辩证的东西则是与女人的天性相悖的。而现在，我们看这跳跃，谁又敢如此没有仪态而去把那一体的东西分开呢！她的跳跃是一次翱翔。而到了她到达另一边的时候，她则又站在了那里，根本没有因为所做出的努力而疲倦，而是比平常更美丽、更充满灵魂，她向站在峡谷这一边的我们投出一吻。年轻、如初生婴儿，就像一朵花从山根绽开出来，她在那深渊之上一晃而过，于是这几乎让我们眼前一黑。

她所必须学会的是去做出所有无限性的运动，让自己晃动，让自己在各种心境中摇摆，让诗歌和现实、真实和虚构混淆在一起，在无限之中欢跳雀跃。在她习惯于这一动荡的时候，这时我再加上“爱欲的元素”[193]，那时她就是我所想要和所愿望的她。那时，我的任务就完成了，我的工作结束；那时我就把我的所有篷帆都收回来，那时我就坐在她身边，我们向前航行所扯起的是她的风帆。在事实上，在这个女孩被爱欲陶醉时，这时我才有足够这方面相关的事情去做，去坐在舵旁控制速度的适中，这样就不会有什么东西出现得太早或者以一种不雅的方式出现。有时候一个人可以在帆上刺一个洞，而在下一瞬间，我们则又再向前疾冲。

在我叔父的房子里，考尔德丽娅变得越来越愤慨。她多次建议，我们不该再去那里了；但这建议没起到多大用处，我总是知道怎样找到借口。当我们昨晚从那里离开的时候，她以非凡的激情握着我的手。可能她真的觉得在那里面是很痛苦的，而这也没有什么奇怪。假如我不是老在对这一人工产品的矫揉造作的观察中获得乐趣的话，那么我早就会没有可能忍受了。今天早上我从她那里收到一封信，在之中她带着比我原以为她所具备的还要更多的机智诙谐来讥嘲订婚行为。我亲吻了这信，这是我从她那里得到的最为心爱的一封信。这样就对了，我的考尔德丽娅！这样的方式就是我所想要的。

这样的事情确实挺奇怪的，在东街有着两家糕饼店[194]，相互面对面开着。在二层向左的门户里住着一个处女，或者说，小女孩。她通常躲在一道遮盖住窗玻璃的软百叶窗的背后，在这玻璃窗旁坐着。软百叶窗帘是由非常薄的布做成的，如果一个人认识这女孩或者曾多次见过她，那么他就能够，如果他眼睛不错的话，很容易地认出她的每一个动作特征，但是，对于那些不认识她或者眼睛不怎么好的人，她则显现为一个黑影。后者在某种意义上就是我的情形，而前者则是一个年轻军官的情形，这军官每天十二点准时在附近出现，把自己的目光对准那软百叶窗帘。其实我是通过那软百叶窗帘才留意到这一美丽的以目光与手势作为交流方式的关系。在别的窗户上没有软百叶窗帘，并且，这样的一副只遮着一扇窗的孤独的软百叶窗帘在通常就是一种“在背后不断有人坐着”的标志。一天上午，我站在街的另一边上的糕饼店里的窗前。时间是十二点整。我不去看那些在街上行走的人们，在那百叶窗帘后的黑影突然开始有动作的时候，我让自己的眼睛牢固地盯住那副软百叶窗帘。一个女性的头影通过最靠近的一块玻璃这样地显现出来：它以一种奇怪的方式转向软百叶窗帘所显现的方向。接着，这头影的女主人非常友好地点了点头，并且马上又藏到了软百叶窗帘的背后去了。首先我得出的结论是，她所问候的那个人是个男人，因为她的身姿手势动作太充满激情，不会是因为看见一个女友而引发出的；其次我可以推断，她所问候的人在一般的情况下是来自街的另一边。她将自己安排在一个很恰当的位置，这样她就能够事先在很长的一段距离中就

能够看见他，甚至也许会隐藏在软百叶窗帘背后向他打招呼。

真的是这样，非常准时十二点，这一小小情欲之爱的场景中的主人公到来了，我们亲爱的中尉。我坐在糕饼店里，那是底层，而那少女则住在二层。中尉已经看见了她。现在可要小心啊，我亲爱的朋友，这样姿态优雅地向二层问候可不是一件那么容易的事情啊。顺便说一下，他是不错的，体魄健美挺直，英俊的轮廓，弯曲的鼻梁，黑头发，头上的三角帽很适合于他。现在有点麻烦了，他的双腿开始多少有点胡诌了，开始变得太长。这为眼睛留下一种印象，它可以和一个人在牙疼并且牙齿在嘴里变得太长时所具的那种感觉相比较。如果一个人要在眼睛里集中起他的所有控制力并且对准那二层楼窗户的方向的话，那么他就很容易从两腿中吸走太多力量。请原谅，我的中尉，我在这一目光的升天过程中停阻了它。这是鲁莽了，我知道。我们不能说这一眼神是千言万语尽在其中的，相反倒应当说是毫不流露片言只语的眼神，但却是承诺着海誓山盟的眼神。但很明显，这许多承诺过于强有力地升向他的头脑；他踉跄蹒跚，用诗人描述安格妮特的话[195]来说，他摇摇晃晃地行走，他跌倒。真是太难了，假如是我身处这事中的话，那么这样的事情就绝不会发生。他太善良了，就做不好这事。这是致命伤；因为，如果一个人想要为女士们留下温柔绅士印象的话，那么他就绝不可跌倒。如果一个人想要充当温柔绅士，那么他就必须注意这一类事情。相反，如果一个人只是作为一种理智形象出现，那么所有这一类事情就是无所谓的；这人沉没在自身之中、这人瘫倒，如果一个人真的会倒下的话，那么这之中根本就没有什么引人注目的东西。

这一事件可能会为我们的少女留下怎样的印象呢。我无法同时位于这一达达尼尔海峡[196]的两边，这真是一种不幸。无疑，我是能够让我的一个熟人在另一边占据一个位置的，但是一方面我总是宁可去作出观察，一方面人们绝不会知道，我从这个故事中所能够得出的东西是什么，这样一来，去弄一个知密者出来总不是什么好事，因为那样的话我就不得不花费一部分时间去他那里搜刮出他所知的东西并且使得他不知所措。

我真的开始对我亲爱的中尉感到厌烦了。他一天又一天地穿着整齐的制服在那里走动。这真是一种可怕的持之以恒。这样的事情对一个士兵来说合适吗？我的先生，您不带佩剑吗？难道您不该去冲击占据这房子并且以武力占有那女孩吗？当然，如果您是一个学生、一个证书硕士、一个借助于希望而得以活下去[197]的助理牧师，那么这就是另一回事。然而我却原谅您；因为我越多地看着那女孩，她就越让我喜欢。她是美丽的，她的棕色眼睛充满了调皮。在她等待着您的到来时，她的表情升华为一种更高的美丽，在一种无法描述的程度上与她相般配。由此我得出结论，她肯定是有着许多幻想，幻想是这一美丽性别的自然化妆品。

*

我的考尔德丽娅！

渴慕是什么？对于语言和诗人们，它和这个词押韵：监狱[198]。多么没有道理[199]！就仿佛是那能够渴慕着的人只坐在监狱里。就仿佛在我们自由的时候我们就没有能力去渴慕了吗？假如我是自由的，我怎么会不渴慕。在另一方面我确实是自由的，就像一只鸟那样自由，然而我怎么会不渴慕！在我走向你的时候，我渴慕，在我离开你的时候，我渴慕，甚至在我坐在你身边的时候，我渴慕你。一个人能够渴慕他所拥有的东西吗？是的，如果他考虑着他在下一瞬间也许不再拥有这东西。我的渴慕是我永恒的不耐烦。只有在这样的情况下——如果我彻底体验了所有各种永恒并且使自己确定了你在每一个瞬间都属于我，只有在这时，我会重新回到你身边，并且与你一同彻底体验所有各种永恒，并且无疑不会有足够的耐性与你有一瞬间的分离，我才会不用渴慕而带着足够的安全感坐在你的身边。

你的约翰纳斯

*

我的考尔德丽娅！

在门外停着一辆小小的双轮马车，对于我，它比整个世界更大，因为它大得足以载下两个人；套绑着两匹马，狂野而不羁就像自然的力量，没有耐性就像我的激情，大胆无畏就像你的思想。如果是你所想的话，那么我可以带着你走，我的考尔德丽娅！你命令这样做吗？你的命令是口令，它释放开缰绳和逃亡之快乐。我将你带走，不是从某些人这里带到另一些人这里，而是带出世界。

马匹们站在后腿上暴跳起来；车厢升起；那些马直立着几乎越过我们的头；我们穿过云层驶进天空；风在我们的周围嗖嗖作响；静坐着的是我们，运动着的是全世界，或者，这是我们大胆的逃亡吗？你晕眩吗，我的考尔德丽娅，那么就紧紧抓住我；我不晕眩。如果一个人只想着唯一的一件事，那么他在精神的意义上从来都不会晕眩，而我只想着你；如果一个人让自己的眼睛只盯着唯一的一样东西，那么他在肉体的意义上从来都不会晕眩，而我只看着你。紧紧抓住；如果世界消失；如果我们轻巧的马车在我们身下消失，我们则相互拥抱着对方，在苍穹的和谐[200]中翱翔。

你的约翰纳斯

*

这几乎是太过分了。我的仆人等了六个小时，我自己在风雨交加之中等了两小时，仅仅只是为了拦截那亲爱的孩子夏洛特·韩。她通常在每星期三的两点到五点之间拜访她的一个年老的姨妈。恰恰今天她不会来，恰恰今天我是那么地想要遇上她。为什么？因为她将我带进一种完全特定的心境。我向她问候，她向我躬身屈膝行礼，同时既是有着无法描述的俗世人情却又是那样地如天空般超凡脱俗；她几乎是保持站立着，就好像她是要沉入地下，但同时她有着一道目光，仿佛她就要被提升上天空。在我看着她的时候，我的脑海里同时既泛起崇高的感觉又奔涌着欲求的愿望。本来这个女孩根本没有引发出我的关注，我想要的只是这一问候，没有任何更多，哪怕她自己想要给更多。她的问候将我带入心境，我又将这心境挥霍在考尔德丽娅身上。

然而，我敢打赌，她以某种方式和我们擦肩而过了。不仅仅是在喜剧中，在现实中也是如此，要看住一个年轻女孩是很难的；对每一根手指你都必须有一只眼睛去看着。有一个女仙，卡蒂娅[201]，她专门戏弄男人。她居留在森林地域，把自己的爱人们引入最深的灌木林然后消失。她也想戏弄亚努斯[202]，但他却反过来戏弄了她，因为他在脖子上也长着眼睛。

我的那些信达到了它们的意图。它们在灵魂的方面使她得到了发展，虽然不是爱欲地。要爱欲地发展她则也不能用书信，而是要用小字条。那爱欲的东西出现得越多，它们就变得越短，但它们也就越确定地抓住那爱欲的关键。然而，却是要使她不变得感伤或者软弱，以至于反讽又来僵化那些感情，而且还要使她对那她所最喜爱的养分有欲求。这些小字条使人对那最高的东西有着遥远而不确定的隐约感觉。在这一隐约感觉开始在她的灵魂中破晓的那一刻，这关系就断了。在我的对抗之下，这种隐约感觉在她的灵魂里成形，仿佛这就是她自己的想法、她自己的心灵驱动力。这正是我所想要达到的。

*

我的考尔德丽娅！

在这城里有一个地方住着一个小小的家庭，由一个寡妇和三个女儿构成。她们中的两个在皇家厨房学厨艺。那是在初夏的一个下午，大约五点左右，向着客厅的门轻轻地被打开，一道侦视的目光在房间里四处窥探。没有别人，只有一个女孩在钢琴前。

门被稍稍地虚掩上，这样，一个人能够很清楚地听见琴声。这不是一个女艺术家在演奏，否则那门无疑是会被完全关上了。她弹奏着一段小小的瑞典曲子，是关于青春和美丽的短暂持续。那些言辞讥嘲着女孩的青春和美丽；女孩的青春和美丽讥嘲着言辞。谁是谁非：是女该还是言辞？音调听上去是那样宁静，如此忧郁，就仿佛忧伤是那将要决定争执中是非的仲裁者。

但它是不对的，这一忧伤！青春和这各种考虑之间又会有什么样的共同物呢！早晨和晚上之间又有什么共同体呢！琴键震颤和战栗；共振板的精灵们在困惑中升起，并且相互不明白，我的考尔德丽娅，为什么那么剧烈！这一激情通向何方！

一个事件要在时间里被挪移到离我们多么久远的地方我们才能够去回忆它；要在多么久远的地方回忆的渴慕才不再能抓住它？在这方面，大多数人有着一种极限；他们无法回忆在时间中距离他们太近的东西、也无法回忆距离他们太远的东西。我不认识任何极限。在昨天经历的东西，我将之推到时间中的千年之前，并且回忆着它，就仿佛它是在昨天被经历的。

你的约翰纳斯

*

我的考尔德丽娅！

我有一个秘密想要和你共享，我的知心人。谁会来和我共享这秘密？回声？它会泄露出秘密。星辰？它们是冷的。人类？他们不会理解这秘密。只有你，我只敢和你共享这个秘密；因为你知道怎样去隐藏起这秘密。有一个女孩，比我灵魂的梦更美好、比太阳的光线更纯净、比大海的源泉更深奥、比鹰的翱翔更骄傲，有一个女孩，哦！让你的头倾向我的耳朵并倾向我的话语，这样，我的秘密就能够滑进你的头脑里，我爱这个女孩更高过我的生命，因为她是我的生命，我爱她更高过我的所有愿望；因为她是那唯一高过我所有思想的东西；因为她是我的唯一；我爱她比太阳爱花朵更热烈；比哀伤爱“那忧愁着的思绪”之隐秘更为真挚内在；比沙漠炙热的沙子爱雨水更充满渴慕——我总和她在一起比母亲看着孩子的目光更温柔；比那向上帝祈祷着的灵魂更充满信心；比连在自己的根上的植物更无法分离。

你的头是那么沉重而充满思绪，它向胸口沉下，你的胸膛挺起帮着支承它，我的考尔德丽娅！你明白了我，你准确地理解了我，一字一句地，你不曾忽略掉任何少许的音节！我是不是应当绷紧我耳朵的弦并且让你的声音来向我确定这个？我还会怀疑吗？你会藏起这个秘密；我可以让自己相信你吗？人们说起关于在可怕的犯罪行为上共享相互间沉默的人们的事情[203]。我与你共享了一个秘密，这秘密是我的生命和我生命的内容，难道你没有什么富有意义、美丽而纯洁的秘密可以和我共享，如此富有意义、如此美丽、如此纯洁，以至于假如它被泄露，各种超自然的力量就会显现出来？

你的约翰纳斯

*

我的考尔德丽娅！

天空多云——天空使得乌云皱起，就像它充满激情的脸上的黑眉毛，森林的树木们骚动起来，被不安的梦涌动着翻来翻去。你从我面前消失到了森林里。在每一棵树的后面我都看见一个女性的生灵[204]，都像你，如果我向前走近，那么它就马上隐藏到下一棵树的背后。你不愿向我显示出你自己、不愿意镇定一下吗？一切都在我面前混淆起来；森林的单个部分失去它们相隔的轮廓，我看见一切就像一片雾海，在之中到处都是女性的生灵，她们和你相像，显现又消失。我没有看见你，你不断地在观想的浪涛中波动着，然而每一种与你的相似则已经让我感到幸福了。它在什么之中呢——那是你的天性中丰富的统一体还是我的天性中贫乏的多样性？

爱你难道不是爱世界吗？

你的约翰纳斯

*

如果有这个可能完全准确地再现出我和考尔德丽娅之间那些对话的话，我真的会对这样的做法很有兴趣。然而我却很容易地认识到这是不可能的，因为，即使我真的成功地回忆起了我们间交流的每一句话，那么，要再现出那种同时性的东西（这同时性的东西其实是对话中的神经）、那种在脱口而出的话语中的使人意外的成分、那种在会话中是作为生命原则的激情性的东西，这本身也总会是一种不可能。在一般的情况下，我自然不会在事先有所准备，这也是和那真正的对话的本质有矛盾的，尤其是那爱欲的对话之本质。只有我的那些信中的内容是我持恒地保持在心中的，而那通过这些信而可能在她那里唤起的心境则也总是持恒地被保持在我的眼前。去问她是否读过我的信，这样的事情我自然是绝对不会去做的。我很容易使自己确信她是读过了这些信。我也绝不会直接地和她谈这事，但我总是在我的会话中保存着一种与这些信的神秘沟通，一方面是为了把某种印象更深刻地钉进她的灵魂中，一方面是在她那里把这种印象刮除掉并使得她不知所措。于是她能够再次读信并且从信中获得一个新的印象，并且如此继续反复下去。

在她身上有了变化，并且继续在变化着。如果我要描述她的灵魂在这一瞬间的状态，那么，我就想说，这是一种泛神性的大胆无畏。她的目光马上就把这一点泄露了出来。它是大胆无畏的，几乎是在各种期待中的愚勇鲁莽，仿佛它在每一瞬间要求着并且准备好了要洞察进那非凡的东西。就像一只从自身之外观望着的眼睛，这一目光也看到了那直接显示出的表象之外，并且看见那奇妙的东西。它是大胆无畏的，几乎是在期待中的、但不是在对自身的信任中的愚勇鲁莽，因此它是某种梦想和祈祷着的、而不是骄傲和命令着的东西。她在自身之外寻找着那奇妙的东西，她想要祈求这奇妙的东西会显示出自身，仿佛她无法通过她自己的力量来召唤出这东西。这必须被阻止，否则我就会过早地进入对于她优势。昨天她对我说，在我的本性中有着某种王者的东西。也许她想要屈从，但这完全是不可以的。当然，亲爱的考尔德丽娅，在我的本性中确实有着某种王者的东西，但你根本没有稍稍地感觉到我所统治的是怎样的一个国度。它处在那些心境的风暴之上。正如伊俄勒斯[205]，我保持使它们内闭在我的人格之山里，有时释放出一种、有时释放出另一种。恭维会给予她自我感觉，“我的”和“你的”之间的不同会确定下来，一切都被放置在她的那一边。在“作恭维”之中包含了极大的谨慎。有时一个人必须将自己置于极高的位置，却是以这样的一种方式，要保留一个更高的位置在那里，有时候则必须将自己置于很低的位置。在一个人向“那精神的”的方向运动的时候，前者是最正确的，而在他向着“那爱欲的”的方向运动的时候，则后者是最正确的。

她欠我什么吗？绝不。我能够希望她欠我什么吗？绝不。我是一个太内行的人、对于“那爱欲的”有着太多的理解力而不可能做这样的傻事。如果事情真的这样，我会竭尽我的全力拼命去使得她忘记这个，并且把我自己在这方面的想法催入沉眠。每一个年轻的女孩相对于自己心灵的迷宫都是一个阿里阿德涅[206]，她拥有着那线绳，通过这线绳一个人就能够穿过那迷宫，但是她以这样一种方式拥有着它——她自己不知道怎样使用它。

*

我的考尔德丽娅！

说话——我服从。你的愿望是命令，你的祈求是全能的符咒，你的每一个一闪即逝的愿望都是一个对于我的善行；因为我不是作为一种服侍的精灵在听从着你，仿佛我站在你之外。在你指令的时候，你的愿望就进入了存在，并且我也随之进入存在；因为我是一种灵魂的困惑，只是在等待着你的一句话。

你的约翰纳斯

*

我的考尔德丽娅！

你知道我非常喜欢谈论我自己。我在我自身之中找到了我所认识的人们之中的最令人感兴趣的人。有时候我担心我会在这些谈话中缺少内容，现在我就没有了畏惧，现在我有了你。现在以及永远，我都在和我自己谈论你，和最令人感兴趣的人谈论最令人感兴趣的对象——

呵，我只是一个令人感兴趣的人，你是那最令人感兴趣的对象。

你的约翰纳斯

*

我的考尔德丽娅！

你觉得我爱你的时间是那么短，你觉得几乎是害怕我在从前曾爱过。有一种文字手迹，在之中那幸运的眼睛马上就隐约地感觉出一种更老的文字，这文字随着时间的流逝已经被挤迫成了微不足道的荒唐可笑。通过酸蚀剂，后来的文字被抹除，这时那最老的文字就清晰明白地展示出来[207]。以这样的方式，你的眼睛在我自身之中教我去找到我自己，我让遗忘销蚀去一切不是围绕着你的事情，这时我就发现一种古朴的、一种神圣地焕发着青春的原始文字，这时我就发现，我对于你的爱就像我自己一样地古老。

你的约翰纳斯

*

我的考尔德丽娅！

一个自相纷争的国，能够在什么地方持续下去[208]；既然我与我自己有着纷争，我又怎么能够持续下去？为什么而争？为你，为了可能去在“我爱上了你”这样一种想法中找到安宁。但我怎么去找到这一宁静？在那些争执着的力量中的这一个不断地想要说服那另一个，表明它当然是深沉而真挚地坠入了爱河，而在下一瞬间，则那另一个想要向这一个证明自己是坠入了爱河。如果我是在我自身之外有着这争执，那么我也不会很担忧，如果有人胆敢爱上你或者胆敢不爱上，所犯的罪是同样严重；但这一在我自身内在之中的争执则销蚀着我，这一在其双重性中的唯一激情。

你的约翰纳斯

*

消失吧，我的小渔女；躲到那些树的背后去吧；挑起你的担子吧，你屈身的样子与你很般配，是的，甚至在这一此刻之中它也是有着自然的优雅，你屈身进入你所收集的那些树枝之下，一个这样的小女孩要承担起这样的担子！就像一个女舞者你泄露出那些形态的美丽——腰细、胸宽，风华正茂，这是任何一个招募处负责人所不得不承认的。也许你认为这是微不足道的琐碎细节，你觉得那些高贵的女士们要远远地更美，哦，我的孩子！你不知道，在这个世界上有着多少虚假。只担着你的担子开始你的旅行到这巨大的森林中去吧，这森林可能向原野里伸展出很多很多公里[209]进入那蓝色远山[210]的边界。也许你并不是一个真正的渔女，而是一个身中魔法的公主；你在一个巨人那里作伺役；他残酷到了让你去森林里找柴火的程度。在童话里总是这样。否则的话，你为什么在森林里走得更深；如果你真的是渔女，那么，你就该担着你的柴火去下面的渔村经过那站在路的另一边的我。

随着那在群树间嬉戏的通幽小曲径尽兴地走吧，我的目光找到你；环顾四周只朝我这里看一下吧，我的目光跟着你，打动我，这是你所做不到的，渴慕无法使我忘情，我平静地坐在扶手栏杆上抽雪茄。

另一次什么时候吧——

也许。

是的，在你这样地半转回过头时，你的眼神是调皮的；你轻松的步履是引人心动的——

是的，我知道这个，我清楚这条路通往哪里——是通往森林的孤独、通往群树的低语、通往那丰富多样的宁静。看，天空本身也垂青于你，它躲在云朵背后，它使得森林的背景发暗，这就像是在我们面前拉上了窗帘。

再见我美丽的渔女，好自为之，谢谢你的钟爱，那是一个美好的瞬间，一种心境，没有强到足以打动我离开我在栏杆上的固定位置的程度，但还是使得我有了相当多的内心骚动。

在雅各和拉班就他所做的服务而讨价还价的时候、在他们一致同意了雅各要看管那些白羊并且作为他的工作报酬可以获得所有那些在他的羊群里出生的有花色的羊时，这时，他在流水道里放了一些棍子，并且让那些羊看着这些棍子[211]——

我也是这样地到处将自己置于考尔德丽娅面前，她的眼睛持恒地看着我。对于她，这就像是来自我这边的全然的关注；从我这边，我则知道，她的灵魂因此而失去对任何其他东西的兴趣，在她心中发展出了一种精神上的激情欲望，这激情欲望到处都看见我。

*

我的考尔德丽娅！

假如我能够忘记你的话！那么，我的爱情是不是记忆的作品？哪怕时间把一切都从它的板面上删擦去[212]、哪怕它删擦去记忆本身，我与你的关系还会继续是同样地活生生的，你还是不会被忘记的。假如我能够忘记你的话！那么，我该回忆什么呢？我其实也已经忘记了我自己来回忆你；如果我真的忘记了你的话，那么我就会回忆我自己，但在我记忆起我自己的那一瞬间，我必定会重新又回想到你。假如我能够忘记你的话！那么会发生什么事情？我们有一幅来自古代的图像[213]。这图像展示的是阿里阿德涅。她从卧榻上跳起，满心焦虑地望着一艘扬起满帆疾驶着离去的船只。在她的边上站着一个拿着无弦弓的埃莫并且擦着自己的眼睛。在她的背后站着一个有翅膀的女性形象头上有着头盔。通常人们认为，这一形象是复仇女神[214]。想象一下这一图像，想象它稍有变化。埃莫没有哭，并且他的弓上不是没有弦[215]；或者因为我变得疯狂，这样你就变得不怎么美丽、不怎么战无不胜了。埃莫微笑着张开弓。复仇女神在你那边也不是无所动作，她也张开了弓。在那张图像上，我们看见在船上有一个男性形象忙碌于自己的工作。人们认为这可能是忒修斯。在我的图像中则不是这样。他站在船尾，他充满渴慕地向回看，他伸展出双臂，他后悔了、或者更准确地说是他的疯狂离开了他，但是那船把他带走了。埃莫和复仇女神两个都在瞄准，每张弓上飞出一支箭，它们肯定是击中了目标，我们可以看出这一点，我们明白，它们全都射中了他心上的一个位置，作为一种标志——他的爱情就是那复仇着的女神。

你的约翰纳斯

*

我的考尔德丽娅！

我爱上了我自己，人们这样说及我。这并不让我觉得奇怪；因为，既然我只爱你，人们又怎么会觉察到我能够爱呢，既然我只爱你，另一个人又怎么会感觉到这个。我爱上了我自己，为什么？因为我爱上了你；因为我爱你，仅仅是你，以及所有真正属于你的东西，而以这样的一种方式我爱我自己，因为我的这个“我”属于你，因此，如果我停止爱你，我就停止爱我自己。这样，在世界的亵渎的眼睛里是用来表达最大自私的东西，对于你那共享秘密的目光而言则是在表达最纯粹的同感；在世界的亵渎的眼睛里是用来表达最平凡的自我维护的东西，对于你那神圣的视觉而言是在表达对自己的最热情的消灭。

你的约翰纳斯

*

我所最怕的是，这整个发展会花去我太长的时间。然而我却看到，考尔德丽娅取得了巨大进展，是的，如果要真正地保持让她处在精神之中，那么我就有必要去启动一切使之处于运动状态中。说到底最重要的是，她不能提前变得厌倦，就是说，在“时间对于她而言已经过去了”的这一时刻之前，不能让她变得厌倦。

如果人们在相爱着，那么人们就不会沿着公路走。只有婚姻是置于国王路[216]之中的。如果人们相爱并且从诺德波（Nøddeboe）出发散步，那么人们就不会沿着埃斯隆湖[217]走，虽然这其实只是一条狩猎路[218]；但它是一条开辟出的路，而情欲之爱宁可自己开出自己的路。人们在格里布森林[219]里探索得更深。在人们这样手挽着手地在林中漫步时，这时人们是相互理解的，这时那在之前隐隐地使人欣喜和痛苦的东西就变得明确了。人们丝毫不会感觉到有什么别人在场。

于是，这一美好的山毛榉成为你们的爱情的见证；在它的树冠下，你们第一次相互表白。你们那么清晰地回忆这一切，你们第一次见面，第一次你们在跳舞时相互向对方伸出手，第一次在你们临近拂晓相互分手的时候，第一次在你们没有什么想要向自己表白、更没有什么想要相互表白的时候。

听这些情欲之爱的反复重述真是很美的。

他们在树下跪下，他们相互海誓山盟不渝的爱情，他们在誓约上封盖上那第一个吻。

这是一些必须被挥霍在考尔德丽娅身上的繁荣心境。

那么这棵山毛榉就成为见证。哦，是的，一棵树是相当合适的见证；但它却又太微不足道了。固然，你们认为，天空也是见证，但天空就这样直接地看是一种非常抽象的见证。看，因此还有一个见证。

我应当站起来让他们觉察到我在这里吗？不，也许他们认识我，这样的话这场游戏就输了。我应当在他们远去后站起来，让他们明白有着另一个人在场？不，这是不恰当的。沉默应当休憩在他们的秘密之上（只要我还愿意这样）。他们是在我的力量控制之下，如果我想要这样做，我就能够将他们分开。我知道他们的秘密；只有从他或者从她那里，我才能够得知这个。从她自己那里，这是不可能的；那么从他那里。这是可憎的。妙极了。然而，这却几乎是一种恶毒行径。好吧，让我看怎么办吧。如果我能够得到关于她的特定印象，那种我本来无法获得的印象，一般地，就像我所想要的，那么我也没有办法，我只好去这样做。

*

我的考尔德丽娅！

我是贫乏的——你是我的财富；我是昏暗的——你是我的光明；我什么都不拥有、什么都不需要。而我又怎么会能够拥有什么东西呢，这当然是一种矛盾：那不拥有自己的人能够拥有着什么东西。我像一个不能够也不可以拥有任何东西[220]的孩子那样地幸福。我什么也不拥有；因为我只属于你；我不存在、我停止了存在，为了成为“你的”。

你的约翰纳斯

*

我的考尔德丽娅！

“我的”，这个词要标示什么呢？不是什么属于我的东西，而是我所属于的东西，那包容了我整个本质的东西，只要我属于这东西，这东西是我的。很明显，我的上帝不是那属于我的上帝，而是那我所属于的上帝，并且，在我说我的祖国、我的家、我的职务、我的渴慕、我的希望时，同样也是如此。如果在从前不曾有过不朽，那么“我是你的”这一想法就会突破大自然的正常行进。

你的约翰纳斯

*

我的考尔德丽娅！

我是什么？我是那追随着你的胜利的微不足道的叙述者；当你在你的美丽的轻快中升起的时候，我就是那屈身到你身子之下的舞者；在你疲于飞翔的时候，我是那你在一瞬间里所休憩的枝条；我是那插进女高音的热情洋溢之中的低音调，以便让这种热情升得更高。

我是什么？我是那将你抓向大地的地球引力。那么，我到底是什么？物体、物质、泥土、尘和灰。

你，我的考尔德丽娅，你是灵魂和精神。

你的约翰纳斯

*

我的考尔德丽娅！

爱是一切，因为这个原因，对于那爱着的人，一切都停止具备自在自为的意义，并且只具备这样一种由爱情所赋予它们的那种解说中所给出的意义。因此，如果另一个订婚者确信有着另一个他所关心的女孩存在着，那么，他也许就会像一个罪犯那样地站在那里，并且她会愤怒反感。但相反我知道，你会在一种这样的表白中看见一种效忠仪式；因为，你知道“我会能够去爱上另一个人”是一种不可能，那向整个生命投出光辉的东西，是我对你的爱情。如果我关心另一个人的话，那么，那则不是为了让自己确信“我不爱她”——那样的话就会是放肆了，而是为了让自己确信“我只爱你”；但是既然我的整个灵魂充满了你，生命就会对我有着另一种意义，它成了关于你的神话。

你的约翰纳斯

*

我的考尔德丽娅!

我的爱情销蚀着我，只剩下我的声音，一种爱上了你的声音，到处都在向你低语说我爱你。哦！你厌倦于听这一声音吗？它到处围绕着你；就像一种多样多变的框架，我把我彻底反思后的灵魂放置在你的纯洁而深奥的本性的周围。

你的约翰纳斯

*

我的考尔德丽娅!

人们在传说故事中阅读到，一条河爱上了一个女孩。正是这样，我的灵魂如同一条爱你的河。有时候它是平静的，并且让你的形象深刻而不动地在它自身之中反映出来，有时候它自以为已经抓住你的形象，于是它的波纹荡漾起来想要阻止你脱身；有时候它让自己的表面轻轻泛起涟漪，并且嬉戏着你的形象，时而它失去这形象，这时它的波动就变得黝黑而绝望。

我的灵魂就是如此：就像一条爱上了你的河。

你的约翰纳斯

*

老实说，无须具备非同寻常地活泼的想象力，你也能够想象自己是处在一种更为舒适、更为方便并且尤其是更为稳定的车子里，和一个泥炭农[221]一同坐着旅行，这只是在非本真的意义上引起人的关注。

在没办法的时候，你也只好心满意足。你沿着公路走了一段；你上车，你坐着行驶了一里[222]路，什么也没有碰上；两里路，一切都好；你变得安静而觉得安全；在这一个点上，原野看上去确实是比通常更漂亮；你几乎达到了三里。谁会想到，在这里，在这么远的公路上会碰上一个哥本哈根人？这是一个哥本哈根人，这是您肯定已经留意到的，这绝不是一个来自农村的人；他有着完全自己独特的看东西的方式，那么确定的、那么审视着的、那么具有评估性、那么稍带着嘲讽。呵，我亲爱的女孩，你的姿势绝对是不舒服的，你坐着，就仿佛你坐在一个托盘上，马车是那么平，以至于它没有放腿的空当。

但这却是您自己的过错，我的车厢完全可以供您使用，我斗胆向您提供一个要好得多的、不使您难受的位子，如果您不介意坐在我身边的话。如果您介意的话，我则把整个车厢都让给您，我自己去坐在车夫座上，很乐意能够斗胆将您送到您的目的地。

草帽根本无法足够地阻挡住一侧看进来的目光；那是徒劳的，您应当弯下您的头，我则赞叹您的美丽剪影。

那农人在向我打招呼，不遗憾吗？这完全合情合理，农人问候一位高贵的先生。

您可没这么容易就跑了，这里有一个酒馆，是的，一个邮局，还有一个泥炭农，他有着他自己的方式，实在是太虔诚，因而不能不作祷告——然后吃饭。现在我要照顾着他。在让泥炭农们感到尽兴的方面，我有着一种非同寻常的天赋。哦！难道我也成功地能够让您感到愉快。他无法推拒我的敬奉，而在他接受了它之后，他则无法抵住来自它的作用。如果我不行，那我的仆人没有问题。他现在进入了酒吧，您一个人留在棚子里的车上。

上帝知道，这是怎样的一个女孩？这会是一个市民阶层的小女孩吧，也许是一个教区学校老师的女儿？如果她是，那么，她作为一个教区老师的女儿就是穿着得非同寻常地美丽和非同寻常地有品味了。教区学校老师的收入肯定是相当不少的。我想到什么了，这会不会是一个有着高贵教养的小姐，厌倦于乘坐奢华的马车，她可能想要远足到乡下的农房去，而现在还想尝试一下小小的历险。很有可能，这样的事也不是从来没有听说过。

农人什么也不知道，他是一个只知道喝酒的愚夫。是的，是的，他只是在喝酒，我的老人，让他尽情喝吧[223]。

但是我看见什么了[224]，居然就是少女耶斯佩尔森小姐，汉西娜·耶斯佩尔森，一个批发商的女儿。咦哦，上帝恩典，我们是相互认识的。她是我曾在宽街上遇到过的那位，她坐在一个背对着马车行驶方向的座位上，她无法打开窗户；我戴上我的眼镜，并且在此刻有着用目光追随她的享受。那是一个非常难为情的姿势，在车厢里有那么多人，以至于她无法动弹，去作出大声叫喊，那想来是她所不敢的。现在的姿势无疑是相当尴尬的。我们两个注定是相配的，这一点是明显的。这应当是一个浪漫的小女孩；她无疑是自作主张地出来的。

那里仆人和泥炭农一同过来了。他完全醉了。这是令人讨厌的，这是一个败坏了的群落，这些泥炭农。啊，是啊！但还是有着比泥炭农更糟的人。

看，现在接下来您是真的有麻烦了。现在您不得不自己驾驭那些马匹来驾车了，这完全是很浪漫的。您谢绝了我的好意，您声称您很善于驾驶。您没有骗我；我无疑是觉察到您有多狡猾的。当您驶出了一段路之后，您就跳下车，在森林里人们很容易找到隐藏处。

我的马要上鞍；我骑着马跟上。

那么，看吧！现在我已经就绪，现在您有了安全，不会被任何袭击冒犯。

现在，不要那么害怕，接着我马上会再转回来。我只是想稍稍让您紧张一下而给出一个机缘使得您的自然美得以上升。您也不知道那让泥炭农喝醉的人就是我，我当然不允许让任何侮辱性的话语来冒犯您。一切仍然可以是相当好的；我自然会为这事情给出这样的一个转折，这样您就能够取笑整个事情的过程。我只想和您了结一下小小的账目；绝对不要相信我会出其不意地让什么女孩子感到惊讶。我是一个自由之友，我一点也不喜欢那种不是因别人自由地给予而被我获得的东西。

“您肯定自己会认识到，以这样的方式继续旅行是不行的。我自己要去狩猎，因此我骑在马上。相反，我的马车则是装备就绪地拴在那酒馆。如果您下命令，那么它在一瞬之间就赶上您并且把您送到您要去的地方。可惜我自己得不到陪同您的享受，我被一个狩猎的诺言套住了，而这一类诺言是神圣的。”

您接受我的建议。一切在瞬间之后就会就绪。看您现在根本无需因再次看见我而感到难为情，或者，在任何情况下都不要再感到难为情，除非那是很适合您的表情。你可以因整个故事而感到尽情快乐，稍稍笑一下并且稍稍想到我。我并不想要得到更多。这看上去仿佛是很少；对于我这是足够了。这是开始，而我在开始的元素[225]上是尤其强大的。

昨天晚上，在姑妈那里有一个小小的聚会。我知道考尔德丽娅会把自己打毛线的东西拿出来。在那里面我藏了一页小小的短信。她丢落了它，捡起来，被感动，充满渴慕。一个人总是应当这样地去借助于处境。我们能够从中得到的好处会是不可思议的。一页自为自在地说是毫无意义的短信在这样一种氛围中被阅读出来对于她就有了无限的意义。她无法找我说话；我这样地做出了安排，这时我必须陪一位女士回家。这样，她就必须等到今天。这对于让印象在她的灵魂中钻得更深总是有着好处的。看上去总是这样，仿佛那向她给出一种关注的人就是我；我所具有的长处是这个：在任何地方我都被安置在她的思想中，在任何地方我都使她意外。

情欲之爱是一种辩证法。有一个年轻女孩，我从前曾爱上她。去年夏天，我在德累斯顿的剧院[226]看到一位女演员，与她有着乱真的相似。因为这个原因，我就想要认识这女演员，并且我也成功地做到了，并接着就明确地知道了她们的差异其实是非常大的。今天我在街上遇上一位女士，让我觉得像是那位女演员。如果你想要让这个故事继续下去，那么这故事就能够继续，要多长有多长。

我的思想到处都围绕着考尔德丽娅，我将它们发送出去，让它们就像天使一样地围绕着她。就像维纳斯在自己的车子里坐着让鸽子们拉着，她也是这样地坐在自己的凯旋车里，而我为我的思想装备好器具就像有翼翅的生灵。她自己则喜悦地坐着，像一个孩子那样地旺盛、像一个女神那样地全能，我走在她的一边。真的是这样，一个年轻女孩是并且继续是大自然和整个生存的圣者[227]！没有任何人比我更清楚地知道这个。只是这一美好持续得那么短暂，多么遗憾。她向我微笑，她向我致意，她向我招手，就仿佛她是我的妹妹。一道目光使她回想起，她是我的爱人。

爱欲有着许多进程位置。考尔德丽娅进展很大。她坐在我的怀里，她的手臂柔软而温暖地环绕着我的脖子；她自己倚靠在我的胸前，很轻，没有体重；那些柔软的体形几乎不触及我；就像一朵花，她的美丽的精灵体态环拥着我，就像一个蝴蝶结下的飘带那样自由。她的眼睛隐藏在它的眼皮之下，她的胸膛耀眼地洁白如雪，如此光滑，以至于我的目光无法休息，它会滑走，如果那胸膛不动的话。这动态意味了什么呢？它是爱情吗？也许。它是爱情的隐约预感，爱情的梦。它仍然缺少能量。她如此持久完全地拥抱着我，就像云拥抱着那光辉显形者[228]，松散得像一阵轻风，柔软得像人们拥抱着一捧花；她不明确地亲吻我，就像天空亲吻大海，温和宁静地亲吻我，就像露水吻鲜花，庄严地亲吻我，就像大海吻月亮的镜像。

在这一瞬间，我仍然要把她的激情称作是天真的激情。现在，这说法被定了下来，我开始真的认真地让自己撤出来，在这样的时候，她就将集中全力真正地来捕获我。对此，除了那爱欲的手段本身之外，她没有别的方法，只是现在这爱欲的手段将会根据另一种完全不同的尺度来显示出自己。这样，这是她手上的武器，被她用来向我舞动。我则有着反思的激情。她为她自己的缘故而搏斗，因为她知道，我拥有“那爱欲的”；她为她自己的缘故而搏斗，为了克服我。她自己需要一种“那爱欲的”更高的形式。那种我通过点燃她而教会她去预感的东西，现在，我的冷漠教会她去领会这东西，但以这样一种方式：我让她以为是她自己发现了这东西。她会借助于这东西来使我感到出乎意料，她在她的大胆不羁中会以为自己已经胜过了我并且抓住了我。这样她的激情变得确定、精力充沛、果断、辩证；她的吻变得完满，她的拥抱变得没有间隙。

她在我这里搜寻她的自由，而我越是紧密地包围着她，她就越是觉得这自由的美好。婚约将爆裂。在这爆裂发生了以后，她将需要一些安息，以免会有什么不美好的东西在这一狂野的动荡之中出现。她的激情再次聚集起来，并且，她是我的。

正如我在极乐的爱德瓦尔德的那段时期里我已经间接地安排出了她的阅读课程，现在我则是直接地这样做了。我所提供的，是那被我看成是“最佳营养”的东西：神话和童话。然而在这方面，正如在一切地方，她有着她的自由，我听着一切从她自己那里出来的东西。如果在事先没有这东西，那么，这时我才将之安置进去。

在那些女佣人们夏天去鹿苑的时候，那通常是一种很糟糕的感受。她们一年只去那里一次，并且因此她们真正是想要尽兴而归的。那样她们就要戴上帽子和披肩，以各种各样的方式损坏她们自己的相貌。快乐嬉戏是狂野的、不雅观、放荡的。不，我选的是弗雷德里克堡公园。星期天下午她们去那里，我也去那里。在这里一切都是适宜而规矩的，快乐嬉戏本身更为平静和典雅。那对女佣们没有感觉的男人，总体上说，他所因此失去的要比她们所失去的东西更多。女佣们的各种各样的群落真的是我们在丹麦所具的最美丽的兵团。如果我是国王，我自然肯定会知道我在做什么，我不会去检阅野战部队。假如我是城市的三十二个人[229]之一，我会马上申请要求指定出一个福利安全委员会，这个委员会借助于帮助认识、忠告、劝诫、相应的奖赏等等每一种方式力求鼓励那些女佣们使用一种有品味和细心选择的穿着打扮方式。为什么要浪费美丽、为什么要让它默默无闻地走过一生，让它至少一星期一次显现在这样一种能够让它得以最佳地显现的光照之下！只是不管别的一切，首先是品味，限制。一个女佣不应当看上去像一位女士，在这一点上，《警察之友[230]》说得很对，但是这杂志就这一点所给出的理由则完全是错误的。如果我们敢于这样地去预期一种女佣阶层的悦人心意的繁荣，这不是又能够对我们自己家里的女儿们产生一种有益的影响吗？或者，我沿着这条路为丹麦看到一种其实是独一无二的未来，这样做是不是太大胆鲁莽。哪怕只是我自己能够得到许可成为这一黄金年代[231]的同代人，那么，人们就能够理直气壮地把他们的整个白天用于“在大街小巷到处走”并为目不暇接的视觉快乐而感到喜悦。我的想法真是热情洋溢，那么广阔、那么大胆、那么有爱国心！而我现在当然也是在这里——弗雷德里克堡，这个女佣们星期天下午要来而我也要来的地方。

首先来的是农女们，和她们的情人手拉手，或者以另一种形式，所有女孩在前面手拉手，所有小伙子在后面，或者以另一种形式，两个女孩和一个小伙子。这群人构成框架，他们通常在亭子前沿树林站着或者坐着形成一个大方块。他们是健康活泼的；色彩的对比只是稍稍过强了一些，不管是从皮肤还是从服装上看。现在，里面紧接着到来的是那些日德兰的和菲英岛[232]的女孩。高、挺，稍稍过于强壮的体态，她们的衣服有点混乱。在这里有很多事情可让那委员会去做。我们也不缺乏那博尔霍姆[233]师团的代表：机灵的厨女们，但她们是不宜接近的，不管是在厨房还是在弗雷德里克堡，在她们的性情中有着某种骄傲地排斥性的东西。因此，在那对比中，她们的到场并非是没有作用的，我不希望在这里没有她们，但很少去和她们发生什么关系。

现在，主力部队跟上来：纽伯德尔的女孩们[234]。身材不很高大，郁实丰满，皮肤细美，欢悦、快乐、灵活、说话不停，稍稍带有媚态，不说别的，最重要的是，她们不戴帽子。她们的服饰可以说是接近一位女士的，只有两样东西可以观察：她们没有披肩而只有头巾，没有正式的帽子[235]，——至多也就只是一顶小便帽，最好就让她们不戴任何帽子。

看，好天啊，玛丽；我怎么会在这里碰上您？好久不见您了。您一定仍然还是在国会议员[236]家做事？

“是啊”——

这肯定是一个很好的位置了？

“是的”——

但您只是一个人出来，没有人陪着您……没有情人，是不是他今天没有时间，还是您在等他——

您怎么没有订婚？这不可能吧。哥本哈根最漂亮的女孩，一个在国会议员家做事的女孩，一个作为所有女佣的装潢和典范的女孩，一个知道怎样去把自己打扮得如此整洁优美并且……如此华美的女孩。您手中所拿的可是一块漂亮的手绢，以最精细的亚麻布做的……我看见什么了，这手绢的各边上都有刺绣，我知道它的价格曾是10马克……太多高贵的女士并不拥有一块类似于此的手绢……法国手套……一把丝绸伞……一个这样的女孩没有订婚……这是说不过去的。如果我没有记错，岩斯那时可不是一点点地喜欢您，您肯定知道岩斯吧，批发商家的岩斯，那个在二层楼的……看，我说对了……您为什么不订婚呢，岩斯可是一个很英俊的小伙子，而且有着好的工作，也许他得助于批发商的影响随着时间成为了警察或者消防员，这可是一个挺不赖的对象……您肯定自己有不对的地方，对他要求太高……

“不是的！但是我知道岩斯在以前曾和一个女孩订婚，他根本没有好好地对待那女孩。”

……我听到了些什么啊，我该相信谁啊，岩斯会是这样的一个糟糕的家伙……是啊，这些警卫……这些警卫，人们真是无法相信他们……您做得完全对，一个像您这样的女孩，真的不能是随便地被扔给什么人……您肯定是会找到一个更好的对象的，这是我能够向您担保的。

尤丽安娜小姐生活得怎样？我已经很久没有见到她了。我美丽的玛丽无疑是能够为我提供这样或者那样的信息……因为一个人自己在爱情生活中曾是不幸的，这人就不该因此对别人无动于衷……在这里有这么多人……我不敢和您谈这方面的事情，我怕有什么人会偷偷监视着我……我美丽的玛丽，只稍听我说一瞬间的话……看，这里有一个地方，在这个充满阴影的过道里，树木相互缠在一起能够把我们隐藏起来不让别人看见，在这里，我们看不见任何人、听不见任何人的声音，只有一个音乐调子的轻微回声……在这里我敢谈论我的秘密……是不是，如果岩斯不曾是一个糟糕的人的话，那么您肯定就和他走在一起了，手臂相挽，听着音乐的喜悦，甚至享受一种更高的喜悦……为什么那么激动——你忘记岩斯吧……难道你想要不公正地对待我吗……我到这里来就是为了遇上你……我去国会议员家就是为了看你……你是察觉到这个的……每次如果可能，我总是都会到厨房的门前去……你应当属于我……从讲道坛上应当有结婚预告被宣读出来……明天晚上我将对你解释一切……沿着厨房台阶上去，向左的门，正对厨房门……再见，我美丽的玛丽……不要让任何人察觉，你在这里见到了我或者和我说过话，你现在知道我的秘密——她真的是很美丽可爱，可以在她身上下一番功夫。

等到我在她的房间里有了落脚点，那么我当然会自己宣读出结婚预告。我总是努力去展开那美丽的希腊式的自足[237]，尤其是使得一个牧师变得多余。

如果在考尔德丽娅收到我的信的时候能够站在她身后，这会是很让我感兴趣的事情。那样，我就很容易能够使自己确定地搞明白，她到底在多大的程度上是在真正的意义上爱欲地吸收这些信。在整体上，这些信一直是并且继续是用来为一个年轻女孩留下深刻印象的无价宝；死板的字母常常比生龙活虎的言语要有着远远更大的影响。一封信是一种神秘的交流；一个人控制住了处境，不会感觉到来自任何在场者的压力，并且，我相信一个女孩更愿意完全单独地和自己的理想相处，就是说，在各个单独的瞬间，并且恰恰是在这些瞬间里，这理想会对她的思想发生最强烈的作用。尽管她的理想可能已经在一种特定的受她喜爱的对象中获得那么完全的表达，但还是会有这样的一些时刻，在这些时刻

里她会觉得在理想中有着一种现实所不具备的巨大浩瀚。这些巨大的和解欢庆必须在她那里得到承认；只是一个人要小心，要正确地使用它们，这样，她就不会从它们之中疲劳地返回现实，而是得到了强化地返回现实。那些信件们正是在这方面起到帮助作用，它们使得一个人无形地作为精神在场于那神圣的共享秘密的瞬间，而与此同时那关于“这真实的人是信的作者”的想法构成一种向现实的自然而轻松的过渡。

我可能会对考尔德丽娅感到嫉妒吗？该死的地狱，是的！然而在另一种意义上却是：不！就是说，如果我看见，尽管我在与另一个人的搏斗中得胜，而她的灵魂却会被骚扰，并且不是我想要它的那样，那么，我会放弃她。

一个古老的哲学家说过，如果一个人把自己所经历的一切准确地写下来的话，那么这人就是哲学家，哪怕他对这说法是一无所知的。到现在为止，我已经很久地生活在与那些订婚者们的社团的关联中。这样的一种关系是必定要给出某种果实的。我想着收集材料去写一本书，名字叫：对吻的理论的贡献，献给所有温情地爱着的人们。另外，在这方面不存在任何相关的书籍，这是挺奇怪的。如果我能够成功地写完它的话，那么我也正好帮忙把这人们长期觉得缺乏的空白填补上。这一文献上的缺乏，其原因是哲学家们不思考这一类东西，还是他们无法理解这一类东西？

我已经有能力给出一些单个的暗示。一个完美的吻要求具备：那作出这行为的，是一个女孩和一个男人。一个男人们之间的吻是没有品味的，或者说，更糟的是，它会给出恶劣的味道。

其次我相信，一个吻在“一个男人吻一个女孩”的情况下比“一个女孩吻一个男人”的情形更接近其理念。在年代的流程中无所谓的态度被带入了这一关系，于是吻就失去了其意义。婚姻中的家庭之吻就是这样，结了婚的人们在没有纸巾的时候就以这样的吻相互擦干对方的嘴，相互说着“尽享美味”。

如果年龄上的距离很大，那么这吻就位于理念之外了。我回忆起在那些外省份之一有一所女子学校，在学校的最高年级里有一个特别的名词：吻司法议员[238]，一个与令人愉快的想象毫无干系的表达语。这一名词的本源是这样的：女教师有一个大伯子[239]住在她家里，他曾是司法议员，是一个老男人，以此为由他就可以自由地去亲吻那些年轻的女孩子们。

吻必须是特定激情的表达。如果一个兄弟和一个姐妹是孪生的，相互接吻，那么这吻就不是真正的吻。一个在圣诞节游戏中给出的吻也是这么一回事，一个偷来的吻的情形也是如此[240]。如果一个吻所要标示的那种情感不在场，那么这吻就只是一种不具意味的象征性行为，而这一情感只在一些特定的关系中才会在场。

如果我们要试图对吻进行归类的话，那么我们就可以想象出许多不同的分配原则。我们可以根据声音来划分吻的类型。可惜在这里与我的观察相比，语言是不够用的。我不相信全世界的语言具备一种可用于标示差异的拟声法的必要库存，哪怕只是那些我从我叔父的房子里所认识到的那些声音都标示不全。一忽儿是啪啪响的，一忽儿是发嘶嘶声，一忽儿是像拍击，一忽儿是像爆破，一忽儿是轰然的，一忽儿是满的，一忽儿是空的，一忽儿是像在印花布，等等。

我们可以根据接触来划分吻的类型，分为那切入着的吻或者那顺便的[241]吻，和那粘连的吻。

我们可以根据时间来把吻划分为短吻和长吻。根据时间，也还可以有另一种划分，而这种才真正是那唯一让我喜欢的划分法。我们在这里作出“最初的吻”和所有其他吻的区别。我们在这里所反思的东西与那借助于其他划分法而显现出来的东西是无法比较的，它是无所谓于声音、接触、一般意义上的时间。然而，那最初的吻与所有其他吻有着质的区别。只有很少人想到过这一点，如果没有一个人对此有过考虑的话，那太说不过去了。

*

我的考尔德丽娅！

所罗门说，一个好的回答就像一个甜美的吻[242]。你知道我在提问方面是很糟糕的；我几乎因此而被人贬责。之所以如此，原因是人们不明白我所问的东西是什么；因为你并且只有你明白我所问的是什么，你并且只有你明白该怎样回答，你并且只有你明白去给出一个好的回答，因为，一个好的回答就像一个甜美的吻，所罗门这样说。

你的约翰纳斯

*

在一种精神上的爱欲和一种世俗的爱欲之间是有着差异的。迄今为止我最主要是在寻求发展考尔德丽娅身上的精神方面的东西。现在，我个人的亲自在场必须是有着另一种方式，不仅仅只是陪伴性的心境，这种在场必须是有着诱惑性的。在这些日子里，我不断地通过阅读《斐德罗篇》中的一段关于情欲之爱[243]的著名文字来为自己做准备。这段文字使得我的全身心震颤，它是极漂亮的引子。柏拉图确实真的是对爱欲有着透彻的理解。

*

我的考尔德丽娅！

拉丁语学者谈论一个全神贯注的门生说，他挂在老师的嘴上[244]。对于爱情来说，一切都是图像，反过来图像则又是现实。难道我不是一个勤勉的、一个全神贯注的门生吗？而你则是一句话都不说。

你的约翰纳斯

*

如果领导这发展的是另一个人，而不是我，那么他也许会是太聪明而不让自己去领导。如果我想要在那些订了婚的人们中请教一个知密成员，那么他无疑会带着一种洋溢着爱欲的无畏的庄严说：我徒劳地在这些情欲之爱的不同阶段中寻找着那种恋爱者们能够在之中交流谈论他们的爱情的共振波图[245]。我则会回答说：我很高兴看见你的寻找是徒劳；因为这图案根本不属于那真正的爱欲的领域，即使人们把“那令人感兴趣的”牵涉进来，也还是如此。情欲之爱太具实质，因此它无法仅仅停留在让人随便谈谈的状态；那些爱欲的处境具备着太大的意义，因此它们无法被随便谈谈的内容填满。它们是沉默、平静的，在特定的轮廓中，但却又像门农的石像音乐[246]一样健谈。厄若斯以姿势交流，不说话；或者，如果他说话的话，那么他所说的就是一种神秘的暗示、一种图像化的音乐。那些爱欲的处境总是这样，要么是雕塑式的，要么是画面式的；但是，两个人在一起谈论他们的爱情，则既不是雕塑式的、也不是画面式的。然而那些有了坚实的婚约的人们则总是以这样的闲聊开始的，而这种闲聊也成为将他们滔滔不绝的婚姻状态捆绑起来的绳索。这一闲聊也还是一种缘起和许诺，使得他们的婚姻不会缺乏那种奥维德所谈及的嫁妆：妻子的嫁妆是吵嘴[247]。

如果有什么东西要说，一个人说话也就已经足够了。男人应当说话，并且因此而去处于对于一些力量的拥有。这里说的是那维纳斯用来使人疯迷的美丽条兜中的诸多力量[248]中的一部分：对话和甜美的奉承，就是说，那逢迎人的东西。

由此绝对不会推导出：厄若斯是哑的，或者说，交谈在爱欲的意义上说是不正确的；由此得出的结论只是，交谈本身是爱欲的，没有迷失在对生命风景的教化性考虑中，等等，并且这交谈在根本上是被看成一种爱欲行为之外的休闲、一种消磨时间，而不是被看成那最高的东西。一种这样的交谈，一种这样的交流[249]，在其本质之中是非常神圣的，我永远也不会因为与一个年轻的女孩交谈感到乏味。这就是说，那单个的年轻女孩会让我觉得乏味，但是，与一个年轻的女孩交谈，则永远也不会让我觉得乏味。对于我这就好像厌倦于呼吸那样是一种巨大的不可能。那在一场这样的交谈中真正是作为本质特征的东西，是这交谈所具的那种“本能繁荣”。交谈保持使自己留在大地上，没有真正的对象，偶然性是它的运动之法则——但千悦之花（Tusind-fryd）[250]是它自己和它的产物的名字。

*

我的考尔德丽娅！

“我的——你的”，这些词就像一个括号一样地围抱起我的信中贫乏的内容。你有没有注意到，它两臂间的距离变得更短了？哦，我的考尔德丽娅！然而这却是美好的，这括号越是没有内容，它就越是意义重大。

你的约翰纳斯

*

我的考尔德丽娅！

一个拥抱是一次冲突吗？

你的约翰纳斯

*

在一般的情况下，考尔德丽娅总是保持着沉默。这对于我总是一种甜蜜的感觉。她有着太深奥的女人天性，因而不会用那种声音中的洞隙（Hiatus[251]）来烦人——我说的这洞隙是一种尤其对于女人来说是很典型的、并且如果那要在之前或者之后建构出一个限定性的辅音的男人是同样地女性气的时候会是不可避免的说话腔调。有时候，一个单个的简短的表述却泄露出，在她内心之中有多少隐秘。我则对她起着帮助作用。这就好像，如果在一个犹疑地向一幅画像里加上各种单个特征的人的背后站着另一个人，不断地从这画像中指出一些大胆的和完美的细节。她自己会感到惊讶，然而这看上去却仿佛在表明：那是属于她的。因此，我总是留心着她，留心着她的每一个偶然的表达、每一句松散地流露出的话，而在我把这来自她的东西还给她的时候，这东西总是已经成了某种意义更大的东西，她既认识又不认识这东西。

今天我们去一个聚会。我们没有相互与对方说话。我们从桌前站开；这时仆人进来并且告知考尔德丽娅，有一个信使想要和她说话。这个信使是我派出的，带来了一封信，包含有一种提示，提示出我在桌面上所表达的一句话的内涵。以这样的一种方式，我安排了把它混合进那普通的桌面对话：考尔德丽娅，虽然她坐得离我很远，却必然会听见我所说的话，并且误解这话。在这时，这封信的作用就被考虑到了。如果我没有在这方面成功地给出桌面上的交谈，那么我就会在那特定的时间自己到场去没收掉那封信。她重新又走进来，她得稍稍撒谎。这样的事情使得爱欲的神秘性得到巩固，如果没有这种神秘的话，她就无法沿着那向她指明的道路走下去。

*

我的考尔德丽娅！

你是不是相信，那把自己的头靠在精灵山上的人[252]在梦中会见到精灵仙女的形象？我不知道；但是在我把我的头倚靠在你的胸前时，我就知道了，并且，这时我不闭上眼睛，而是向它看出去，这时我就看见了天使的脸。你是不是相信，那把自己的头斜靠向精灵山的人无法平静地躺着？我不相信，但是我知道，如果我的头屈向你的胸脯，那么我的头就会被强烈地撼动，那么强烈，以至于睡眠无法降临到我的眼皮上。

你的约翰纳斯

*

骰子已经投出了[253]。现在必须作出转折了。我今天在她家，彻底沉浸在关于一种完全占据了我的主意的思绪中。我既看不见也听不见她。这主意本身是令人感兴趣的，并且吸引住了她。以一种“冷漠于她的在场”的态度来开始新的运作也是不对的。现在，如果我离开了，这想法不再使她全神贯注，这时她很容易就会发现我和往常不一样。如果事实是，她在自己的孤独中发现这一变化，那么，这一事实就会使得这变化对于她更为痛苦，作用得更为缓慢，但也尤其更为透彻。她无法马上爆发出来，而当爆发的机会出现时，她则已经想出了太多东西，以至于她无法一下子说出来，但总是保留一点怀疑的残余。骚动的程度升高，书信停止，爱欲的营养削减，情欲之爱就像一种荒唐滑稽一样地被嘲笑。也许她会在一瞬间里参与进来，但是长时间下去，她就无法忍受。这时，她就会借助于我曾用来针对她的同样手法、借助于爱欲的元素[254]来俘获我。

在“取消一场婚约”这一点上，每一个小女孩都是一个诡辩家[255]；尽管在学校里并没有关于这方面的课程，但是当“在怎样的情况下一场婚约应当被解除”这个问题被提出的时候，所有女孩子都很清楚答案应当是什么。这按理其实应当是学校最后一年考试中常设的考题；尽管我本来就知道，那些从女子学校里收上来的论文都是非常单调的，但我还是能够确定，在这个问题上，我们不会缺乏变化多端的答案，因为这问题本身为一个女孩的敏锐性开拓出了一片很宽广的驰骋原野。为什么我们就不能让一个年轻女孩得到机会以最出色的方式来显示自己的敏锐性呢？或者，她在这里不是恰恰得到机会来显示她是成熟的——成熟得足以去与人订婚？我曾有一次经历过一个非常让我感兴趣的处境。在一个我时常拜访的家庭里，有一天，家里年长的人们都出去了，相反家里的两个年轻的女儿聚集了女友圈子来家里喝上午咖啡。她们一共有八个人，全都是介于十六和二十岁。想来她们并不曾想到会有人到访，女佣甚至得到指令拒绝承认她们是在家里的。然而我却进了门，并且明显地感觉到她们多少有点意外。上帝知道，这样的八个年轻女孩在一场这样庄严的教务会议中到底会讨论些什么东西。那些结了婚的妇人有时也会召开类似的会议。她们在这会中讲演实践神学[256]；尤其是论述那些最重要的问题：在怎样的情况下让一个女孩子单独去集市广场是对的，在肉店里做一个记账的户头是不是最正确的做法，还是该付现款；厨娘有没有可能有了一个情人，怎样把一个导致她做饭迟缓的情人关系了结掉。

我在这个美丽的群落里获得了我的位子。那是春天非常早的时候。太阳送出几条单个的光线就像是作为它的到来的特快讯息。在房间本身之中一切都让人感觉是冬天，并且恰恰因此，那几根疏细的光线是那么地有着宣示意义。咖啡在桌上散发着香气，而现在那些女孩自己也散发着芬芳、快乐、健康、风华正茂；放纵的，因为恐惧马上就沉淀下来了，又有什么可畏惧的，其实她们以某种方式可以说是人多势众的。

我成功地把大家的注意力和谈论话题转移到“在怎样的情况下订婚应当被取消”这个问题上。就在我的眼睛因为在这一由女孩子们构成的花环中从一朵鲜花飘移到另一朵鲜花而欣悦雀跃、因为一忽儿停留在这一个一忽儿停留在那一个美丽形象之上而欣悦雀跃的同时，我外在的耳朵则狂欢于吞咽由那些女孩子的声音构成的音乐所给出的享受，而我内在的耳朵则因为在审视般地细听她们所说的内容而兴致勃勃。一句单个的说辞常常已经足以让我去获得对一个这样的女孩的内心及其历史的深刻洞观。爱情的各种路途有着多么大的诱惑力啊，去对“每一条单个的路途能够达到多远”这个问题作出研究是多么令人感兴趣啊。我不断地煽动着，才华、机智、审美的客观性有助于去使得这关系更为自由，但一切却又保持停留在最严格的礼仪范围之内。在我们以这样的方式在谈话的轻松区域里促狭调笑的同时，一种“因为单独的一句话而使得那些好女孩陷于窘境”的可能性处在沉睡状态。这一可能性是由我控制着的。那些女孩子们想不到这可能性，几乎根本不会隐约感觉到。通过谈话的轻松游戏，它在每一瞬间都被保持在潜伏于表象之下的状态，就像桑鲁卓通过讲故事来保持让死亡判决不出现[257]那样。

有时候我把谈话引向忧伤内容的极限，有时候我让调皮没有忌惮，有时候我把她们引诱进一场辩证的游戏。当然，哪一种材料在其自身中也包容有更大的多样性，这就完全取决于我们怎样去看这些材料。我不断地引进新的主题。

我叙述了关于一个女孩，她父母的残酷无情强迫她去取消一个婚约。叙述中的不幸冲突几乎使得她们热泪盈眶。

我讲述一个人取消了婚约并且给出了两个理由，女孩的个子太大，在他向她表白爱情时，他没有在她面前跪下。当我反驳他说这不可能被看做是足够的理由，他回答说，完全可以，这些理由足够让他达到他想达到的东西，恰恰是因为没有人能够以一句符合理智的话来对此作出回答。

我把一个非常麻烦的事件交给大家一同作考虑。一个年轻女孩断绝了自己的婚约，因为她觉得自己非常明确地知道，她和情人相互不适合对方。爱人想要通过使她确信他爱她爱得有多深来使她合乎情理，这时她回答：要么我们是相互适合对方的，并且真的有着真正的好感存在，并且在这样的情况下你就会认识到我们相互不适合于对方；要么我们是相互不适合于对方的，并且在这样的情况下你就会认识到我们相互不适合于对方。看着这些女孩子们是怎样绞尽脑汁去领会这一神秘的说法，这真的是一种享受，不过我还是明确地察觉到，在她们之中还是有几个是很清楚地明白这说法的；因为在“取消一个婚约”这个问题上，每一个女孩都是天生的诡辩家[258]。

是的，我确实相信，对于我来说，如果所谈的问题是“在怎样的情况下一个婚约应当被解除”，那么，去和魔鬼本人讨论要比去和一个年轻女孩讨论容易得多。

今天我在她家里。突如其来地，带着思想的迅速，我马上把谈话转入我昨天与她所谈论的同一个话题之中，这时，我又一次试图将她带进狂喜。“有一句话，我昨天就已经想要说了；在我走了以后，我突然想起来我本该说出来的！”这努力成功了。只要我还在她家里，她就觉得听我说是一种享受；在我走了以后，她无疑会觉察到她被骗了，我有了改变。以这样一种方式，一个人把自己的股份抽出来。这种方式是狡猾的，但就像所有间接的方式一样地有效地为目的服务。她能够很好地为自己作出解说：类似于我所谈的这一类东西能够让我全神贯注地投入，是的，她在那一瞬间里对此有着兴趣，然而我却在从她那里骗出那真正的爱欲的东西。

让他们恨吧，只要他们畏惧[259]，似乎只有畏惧和仇恨是同属的，而畏惧和爱则相互毫无关系，似乎那使得爱让人感兴趣的东西不是畏惧？什么样的爱是我们用来拥抱大自然的，难道不是有着一种神秘的恐惧和惊骇在这爱中，——因为这爱的美丽的和谐是从无规无法和狂野的混乱中加工出来的，它的安全感是从背信弃义之中加工出来的？而恰恰这一恐惧是最吸引人的东西。在爱的情形中也是如此，如果这爱要让人感兴趣的话。在它的背后本来应当有那深沉而充满恐惧的夜在那里孵育着，爱之花就从这夜中绽开。白色睡莲就是这样带着自己的花萼休憩于水面，而与此同时思想则恐惧着，怕自己深落到那深无底的黑暗之中，它的根就在那里。

我留意到，在她给我写信的时候，她总是把我称作“我的”；但是她没有勇气直接以此称呼我。今天我自己要求她这样称呼我，尽可能地带着巴结暗示和爱欲的热情。她开始这样做了；一道嘲讽的目光，比起所能说出的更为短促和迅速，足以使得她不可能正常地这样称呼我，尽管我的嘴唇尽全力催促着她。这一心境是正常的。

她是我的。我不会把这个秘密流露给星辰，就像习俗的情形，我看不出到底这个消息能够让那些遥远的星球忙乎些什么。

我也不会将这个秘密去透露给任何人，甚至也不会透露给考尔德丽娅。这个秘密我只保留给我自己一个人，向我自己耳语这秘密，就好像是在和自己进行一种最神秘的对话。从她那边试图作出对抗的努力不是特别大，而相反她所展开的爱欲力量则是值得惊叹的。在这样一种深刻的心灵激荡中，她是多么使人感兴趣，她是多么伟大，几乎是超自然地伟大！她在逃避的时候是多么柔韧灵活，在她潜入所有她发现是不设防的地方时，她又是多么机捷有弹性！一切都被置于运动之中；但在这诸元素的动荡激流之中，我恰恰是处在我的元素之中。然而，她自己在这动荡中则绝没有任何减色之处，没有在各种心境中被撕碎，没有在各个环节中被割裂。她一直总是一个安娜狄奥莫尼[260]，只是她没有在天真的优雅或者在漠不关心的宁静中升起，而是被情欲之爱的强烈脉搏打动，但与此同时她仍然是统一和平衡。她在爱欲上全副武装地走向冲突，她以眼睛的箭[261]、以眉毛的命令、以额头的神秘、以胸脯的雄辩、以怀抱的危险诱惑、以嘴唇的祈求、以脸颊的微笑、以全部受造物的甜美渴慕来拼搏。在她身上有着一种力、一种能量，就仿佛她是一个瓦尔基里[262]，但这一爱欲方面的强有力状态又通过某种在她身上熄灭着的、使人憔悴的衰竭而被缓解掉。

她不能被长时间地保持停留在这一尖顶上，在那里只有恐惧和不安能够扶持她站在那里并且使得她不至于倒下。相对于这样的一些运动，她马上会感觉到，那婚约过于狭隘、过于碍手碍脚。她自己成为引诱者来诱惑我去超越普通的界限，这样她就开始自觉地意识到这一点，而这对于我是首要问题。

现在，从她那一边出现了不少言论，是能够表示出她对婚约已经感到了厌倦。它们没有不受注意地从我的耳边溜过，它们是我在她灵魂中的行动的侦察员，向我发出汇报消息的信号，这是我用来将她捆进我的计划的那根绳索的末梢。

*

我的考尔德丽娅！

你抱怨婚约，你认为，我们的爱情不需要一种外在的捆绑，这种契约只会起到妨碍作用。我马上在这一点上认出了我优秀的考尔德丽娅！真的我景仰你。我们的外在结合却只是一种分割。仍然有着一堵隔墙使得我们相距遥远，就像皮拉姆斯和提丝贝[263]那样。而那些人们似乎知道我们的秘密，这更是在打搅我们。只有在对立中才存在自由。只有到了没有外人感觉到这爱情的时候，只有在这时候它才有意义；只有到了每一个不相干的人都以为那相爱者们相互恨着对方的时候，只有在这时候，这爱情才是幸福的。

你的约翰纳斯

*

不久，婚约的捆绑就会被挣开。她自己会是那解开它的人，以求通过这一松解来更强有力地征服我，正如那些松散开的发绺比那些束起的更迷人。假如我取消婚约，那么我将错过这一爱欲的颠倒筋斗，——这一颠倒筋斗让人看上去觉得那么地具有诱惑感，这正是她灵魂大胆不羁的一个极其确定的标志。这对于我是首要问题。还有，考虑到与其他人的关系，整个事件会为我造成一部分不愉快的后果。我会变得不受欢迎、被人恨、被人厌恶，虽然这做法是没有道理的；因为对于大多数人来说，难道这不是一个大有好处的事情吗？有许多尚未得以订婚但却对“自己曾非常接近于订婚”感到心满意足的小小少女。然而，这总还是一件事情，尽管说实话那只是非常微不足道的事情，因为，在一个人以这样一种方式拼命向前冲挤以求在前景名单[264]中获得一个位置的时候，这人恰恰就是没有前景的，这人移动得越高、移向越前面，前景也就越微渺。在爱的世界里，对于进步和晋升，资历原则是不起作用的。另外，这样的一个小小少女作为单独继承者守着原封不动的财产[265]觉得厌倦无聊，她需要让她的生活被一个事件触动。但是，又有什么能够与一个不幸的爱情故事相比较呢，尤其是在一个人与此同时能够如此轻松地对待这整个事件的时候。于是一个人使得自己和自己的邻人以为，自己也是那些受欺骗的人们中的一员，并且，既然这个人不够格被接受进一个抹大拉救济院，那么这人就住进邻旁的泪人堂[266]。于是人们尽着最大的义务来恨我。另外，还有一整个师团的被别人完全或者一半或者三分之一地欺骗了的人。从这方面看，从那些有着一枚戒指可供引证的人们到那些在一场乡村土风舞中通过一次握手来达成协议的人们[267]，一级一级下来有许多不同的等级。她们的伤口因为新的痛楚而被抓开。我接受她们的仇恨，作为一种额外的赠品。但所有这些仇恨者们对于我可怜的心而言自然就和许多隐秘的热爱者是一样的。一个没有国土的国王[268]是一个可笑的形象；但是如果我们再看一场介于一群觊觎无国土王国之王位的人们间的继承权战争，那么这样的战争甚至就超过了那最可笑的程度。这样，我其实是应当像一个当铺[269]一样地受到这美丽性别的钟爱和照顾的。一个真正的订婚者，他却只能够照顾一个人，但一个这样全面广泛的可能性能够去照顾，就是说，差不多地能够做到“照顾随便多少人”。所有这些有限的胡说八道我都得免了，另外还有这样的好处：能够去进入一个全新的角色。那些年轻女孩子们会为我感到难过、同情我、为我叹息，我完全以同样的基调来奏乐，一个人同样能够以这样的方式来捕猎。

够奇怪的，我在这一段时间里带着痛楚留意到，我获得了贺拉斯希望每一个不忠的女孩会有的宣示性迹象——一颗黑牙，而且是门牙[270]。多么奇怪，一个人会这么迷信。这颗牙齿真的对我构成了一种干扰，任何与之相关的话题都让我心烦，这是我所具有的一个虚弱面。在我原本是全副武装的同时，哪怕是最大的笨伯，只要他提及这颗牙，那么他就能为我带来比他所以为的还要远为深重的打击。我竭尽全力使它变白，但都是徒劳的；我用帕尔纳托克的话说：

我日日夜夜地擦着它，
但我没有刮除那黑色的影子[271]。

生活确实包含了非常非常多的神秘内容。比起那最危险的进攻、最尴尬的处境，这样的一个小小的状况能够对我造成更大的干扰。我得拔掉它，但是这样做会打扰我的器官和我声音的力量。然而我还是得让它被拔掉，我会让人为我装一颗假牙；也就是说，这假牙是对世界虚假，而这黑牙是对我虚假。

考尔德丽娅对婚约提出反对，这是极其美好的事情。婚姻则是并且继续是一种值得尊敬的习俗制度，尽管它在自身中有着无聊乏味的东西——它在其青春中就马上享受起一部分那由年龄生产出来的尊荣。相反一场婚约则是真正的人为发明，并且就其本身而言，它是那么有意味并且那么可笑，以至于在一方面一个年轻的女孩完全有理由在激情之动荡中将自己置身于其外，而在另一方面则感受到它的意味、感受到自己的灵魂的能量像一种更高的血液循环系统[272]在自身之中到处在场。现在该做的事情是，以这样一种方式去指导她，让她在自己的无畏飞行中使得婚姻和总体上的现实大陆从视野中消失，让她的灵魂就像是处在自己的骄傲之中那样地也处在唯恐失去我的恐惧之中、消灭一种不完美的人的形态以便迅速进入某种比一般人性的东西更高的东西。但我在这方面是无须畏惧什么的，因为现在她在生命之上的步履已经是那么飘摇和轻松，以至于现实的绝大部分已经在视野中消失了。另外，我当然总是持恒地与她同舟共济，总是能够张开风帆。

对于我，女人是并且继续是思虑的取之不尽的材料、观察的永恒矿藏。那种对这一研究不感到需要的人，他在我看来可以是世上的其他东西，但他绝不是这一样东西：他不是审美者。一个人能够去与“那美的东西”发生关系，这正是审美者所具有的那种美妙的、那种神圣的方面；他在本质上只与那美的文学和那美丽的性别有关。去想象那女人性的太阳在一片无限的丰富多样之上照耀着、在一种语言混沌中散播开，在那之中每一个单个的人都拥有女人性的整个财富的一小部分，然而却是以这样一种方式：她身上的其他内容则在这一个点的周围和谐地成形构建出自身；——这样一种想象使我欣悦、使我的心灵欣悦。在这种意义上，女人的美是无限地可分的。只是，美的单个部分必须被和谐地控制好，因为，否则它就会起到干扰作用，人们会想到，大自然通过这个女孩想到了什么东西，但事情却仍继续是如此。我的目光不知疲倦地投向这一外围的多样性、这一女性美丽的广泛流溢。每一个单个的点都有着自己小小的部分，并且，却是自身圆满的，幸福、快乐、美丽。每个部分都有其自身的内容：快乐的微笑、顽皮的眼神、欲求的目光、下垂的头、放纵的想法、宁静的忧伤、深沉的预感、不祥的沉郁、人世间的乡愁、没有得到忏悔的情绪波动、闪动的眉毛、询问的嘴唇、神秘的前额、迷人的发绺、隐藏着的睫毛、秘密的骄傲、世俗的羞涩、天使般的纯洁、隐秘的红晕、轻松的步履、优美的萦舞、懒慵慵的姿势、充满渴慕的梦、无法解释的叹息、苗条的身材、柔软的体态、丰满的胸脯、鼓起的臀部、纤小的脚、秀美的手。

每一个部分都有自己的内容，这一部分没有的，那另一个部分就有。在我看见了并且又看见了、观察了并且又观察了这个世界的丰富多样性的时候，在我微笑过、叹息过、奉承过、威胁过、欲求过、引诱过、大笑过、哭泣过、希望过、畏惧过、赢过、输过的时候——这时，我折叠起扇子，这时那松散开的东西集中成唯一的东西，那些部分集中成整体。这时我的灵魂感到高兴，这时我的心跳动起来、这时激情的火焰燃烧起来。这唯一的女孩，整个世界中的唯一者，她必须属于我，她必须是我的。让上帝拥有天空吧，如果我能够保留住她[273]。我很清楚地知道我所选择的是什么，这被选择的东西是那么伟大，以至于这种分配法无法是天空本身的兴趣所在，因为，如果我保留住了她，那么在天空里还会有什么东西剩下？那些虔信的穆罕默德信徒们，当他们在他们的天堂里拥抱着那些苍白无力的影子的时候，他们会在他们的希望中感到失望[274]；因为，他们无法找到温暖的心，因为所有心灵的温暖都被集中在她的胸膛里；在他们找到苍白的嘴唇、黯淡无光的眼睛、漠然的胸脯、乏力的握手时，他们会无告无慰地感到绝望；因为，所有嘴唇的红润和目光的火焰和胸脯的骚动、握手的承诺、叹息的预感和亲吻的封印和触摸的震颤和拥抱的激情——一切——一切都统一在了她身上，而她则把足够可用于一个世界的东西，既是在此岸世界也是在彼岸世界，都挥霍在了我这里。我经常以这种方式考虑这个问题；但每当我以这样的方式想的时候，我总是会发热，因为我想象她的温暖。虽然现在人们在一般的情况下把温暖作为一种好征兆，但由此并不能得出结论说人们会承认我的思维方式是有着可尊敬的谓项、承认它是有效彻底的。因此，作为变换，我现在想要自己冰冷地想象她冰冷。我将尝试着范畴化地去想象女人。她必须被理解为是处于哪一个范畴之下呢？是处在“为他者的在”[275]之下。然而这却不可以在一种坏的意义上被理解，仿佛那为我而在的人，也可以是为另一个人而在。在这里，就像抽象思维一贯的情形，人们必须使自己摆脱对于经验的任何一种考虑；因为，否则的话，我就会在目前的情形中以一种古怪的方式使得经验同时与我相符和相悖。在这里，经验就像在任何别的地方一样，像是一个古怪的人，因为它的本质一直就是既相符又相悖。于是，她就是“为他者的在”。在这里，人们从另一个方面又一次应当不让自己被经验干扰，这经验所教的是：一个人极少有可能遇上一个真正地是“为他者而在”的女人，因为大多数在通常是完全的乌有，既不是为其自身也不是为其他而在。现在，她有着这一定性，是与整个大自然、与全部女性总体共有的定性。整个自然就是以这样一种方式仅仅是为他者的，不是在目的论的意义上说的那种所谓“自然的这一单个环节是为了那另一个单个环节”，而是说这整个自然是为他者的——是为精神（Aanden）的。再一次，“那单个的东西”也是如此。比如说，植物生命在所有的天真之中展开自己潜隐的优雅并且只是为他者的。同样，一个谜、一个字谜游戏、一个秘密、一个元音等等的情形也是如此，都只是为他者的在。由此我们也能够得到解释，为什么上帝在创造夏娃的时候让一场深沉睡眠落在亚当身上[276]；因为女人是男人的梦。以另一种方式我们也从这个故事中看到：女人是为他者的在。也就是说，耶和华取男人的一根肋骨[277]。比如说，如果他取男人的脑，那么，女人无疑仍然继续是为他者的在，但定性则不是“她应当是脑中臆想”，而是完全另一样东西。她成为肉和血，但因此恰恰落入大自然的定性，而大自然在本质上是为他者的在。通过爱欲的触摸她才醒过来，在这个时刻之前她是梦[278]。然而，人们在这一“梦的存在”中分出两个阶段；第一阶段是在情欲之爱梦着她的时候，第二阶段是在她梦着情欲之爱的时候。

作为“为他者的在”，女人是以“纯粹的处女性”为标志的。也就是说，处女性是一种在，只要它是自为之在，它其实就是一种抽象[279]，并且只为他者而呈现出自己。在那女人的无辜之中也有着这同样的情形。因此我们能够说，女人在这一状态中是隐形的。众所周知，维斯塔[280]的画像也是不存在的，她几乎就是标示着真正的处女性的女神。就是说，这一存在在审美上要求对自身的绝对崇拜，正如耶和华在伦理上要求对自己绝对崇拜，并且不想让任何有关于她的画像或者甚至任何关于她的想象得以存在。这一矛盾就是如此：那为他者而在的东西，不在[281]，并且可谓是，要通过那他者才变得有形。从逻辑上看，这一矛盾完全是合理的，并且懂得符合逻辑地思考的人不会被它打搅，而是为它高兴。而相反思考不符合逻辑的人，他则会以为，那作为“为他者的在”的东西，在有限的意义上在着[282]，就好像在我们谈论一种作为“为我的某物”的东西时，我们可以说它是“在着”。

这一女人的在（“存在”这个词所说已经是太多，因为她不是出于其自身而处于存在之中的)[283]被恰如其分地标示为优美，一个让我想起植物生命的表达词；她像一朵花，如诗人们所喜欢说的[284]，并且，甚至她身上的精神性的东西也是以一种植物的方式在场的。她完全处在自然定性之中，并且因此只是在审美的意义上是自由的（fri）。在更深的意义上，她要通过男人才变得自由（fri），并且这因此叫做求婚（at frie），并且因此男人求婚(frier)[285]。如果他正确地求婚，那么不会有任何选择的问题。固然女人是在作选择，但是假如这一选择被想成是一种长期考虑的结果，那么这样的一个选择就是非女性的。因此，被拒绝是让人觉得耻辱的，因为当事的个体把自己放置得过高，想要让另一个人获得自由[286]，但又没有这个能力。

在这一关系中有着一种深刻的反讽。那为他者而在的，获得作为支配者的外表：男人求婚，女人选择。女人依据其概念是被征服者，男人依据其概念是战胜者，然而战胜者却向被征服者屈服，然而这却是完全自然的，如果不去留意那直接地如此显示出来的东西，那么这只会是纯粹的土气、愚蠢和对爱欲感觉的匮乏。这也有着一种更深层的原因。也就是说，女人是实体，男人是反思[287]。因此她也不是干脆爽快地作选择，而是男人求婚，她选择。但男人的求婚是一个提问，而她的选择则其实只是对于一个问题的回答。在一种特定的意义上，男人比女人是更多，在另一种意义上则是无限地非常更少。

这一“为他者的在”是那纯粹的处女性。如果它试图自己去处于与另一个“在”的关系——与一个为它而在的“在”的关系中时，那么，对立面就在那绝对的规矩正经之中显现出来，但这一对立同时还显示出，女人的真正的在是为他者的在。那对于绝对奉献的截然相反的对立就是绝对的规矩正经，它在反过来的意义上是隐形的，就像抽象状态，一切都向着这抽象状态开道挺进，而这抽象状态本身并不因此而获得生命。这时，女人性呈现出“抽象的残酷”作为其特征，这种抽象的残酷是那真正的处女的规矩正经[288]的漫画性极端。一个男人绝不可能像一个女人那样残酷。如果我们参考求教于神话、童话、民间传说，那么我们就能获得对此的确证。如果要描述一种在其无情之中不知极限的自然原则，那么这原则就是一种处女性的存在物。或者我们因为阅读到关于一个女孩的故事而感到惊骇，一个女孩冷漠无情地让自己的求婚者们失去生命[289]，这样的事情就是我们常常在所有民族的童话中读到的故事。一个蓝胡子杀了所有他爱过的女孩，他在新婚之夜杀了她们，但是他不因为杀死她们而获得喜悦，恰恰相反[290]，喜悦是先行在前的，在之中有着具体化过程，这不是一种为残酷而残酷。一个唐璜诱惑她们并且从她们那里逃开，但从她们那里逃开根本不会为他带来快乐，他的快乐相反是在于去诱惑她们；因而，他的行为绝不是这种抽象的残酷。

这样，我对这事情考虑得越多，我就越发看出我的实践是完全地和谐于我的理论的。就是说，我的实践一直是被这一信念浸透着：女人在本质上是为他者的在。因此，这里的这个瞬间就有着无限多的意味；因为“为他者的在”一向就是瞬间的事情[291]。在这瞬间到来之前，可能会通过或长或短的时间，但是，一旦它来临了，那么它就显现为一种“在本原上是为他者的在”的东西，一种相对的在，并且因此一切就过去了。当然，我也知道，丈夫们有时候谈论，女人在另一种意义上也是为他者的在，她对于他们是一生中的一切。现在我们就得认可丈夫们的这种说法。其实我觉得，这是某种他们相互间骗对方去相信的东西。在生活中，一般说来，在这里每一个阶层都有着某种约定俗成的习惯方式，尤其是某种约定俗成的谎言。在这之中，这一船员新闻也可以算进去。对瞬间有所领会理解，这不是一件轻松的事情，那误解了这瞬间的人，自然就获得了这样一种持续一生的无聊。瞬间是一切，而在瞬间之中女人是一切，那些后果则是我所不明白的。在它们中也有这后果：生孩子。现在，我让自己去相信我是一个相当前后一致的思想者[292]，但是，即使我什么时候发了疯，我也不会成为一个考虑这个后果的男人，我完全不明白这后果，这样的事情需要一个做丈夫的人，只有一个丈夫才会明白这样的后果。

昨天考尔德丽娅和我去一家人家的夏居[293]拜访他们。大部分的时间，我们大家都逗留在花园里，人们在那里用各种各样的身体操练来消磨时间。其中也包括掷圈游戏[294]。在另一位和考尔德丽娅玩游戏的先生走开的时候，我趁机取代了他的位置。怎样的优雅之宝藏是她所不曾扩展开的呵，在游戏的优美努力中更具诱惑性！在运动的自相矛盾中有着怎样的优雅和谐呵！她是多么轻盈呵——就像草地上的舞蹈！多么有力，但却无需对抗，眼花缭乱一直到平衡使得一切明朗化，她的登场岂不是那么激情狂放吗，她的目光岂不是那么刺激挑衅吗？那游戏对于我自然是有着一种特别的兴趣所在。看来考尔德丽娅并没有留意到这个。由我向在场中人之一发出的一个暗示，关于换圈游戏这一美丽的习俗，就像一道闪电一样地击入她的灵魂。从这一瞬间起，一种更高的阐明笼罩在这整个处境之上，一种更深刻的意味渗透着它，一种更高的能量燃遍了她。我让两个圈都套在我的棒子上，我停下了片刻，和周围站着的人说了几句话。她明白了这一间歇。我又把那些圈扔向她。稍后，她在自己的棒子上把两个圈都抓住了。她随意地将它们两个同时垂直地投掷向空中，这样，我就不可能去抓住它们。这一投掷伴随了一道充满无边的大胆无畏的目光。有人讲述过关于一个法国士兵的故事[295]，这士兵曾参与对俄国的战役[296]，他的腿因为坏疽而被锯掉。在痛苦的手术结束的那一瞬间，他抓住脚底把截下的腿向上空扔出并且喊道：皇帝万岁[297]。她就是带着这样的眼神，甚至带着前所未有的美丽，把这两个圈扔向空中，并且对自己说：情欲之爱万岁。我却觉得让她在这种心境中放纵自己或者让她自己一个人面对这心境是不恰当的，因为我惧怕的是常常会接踵而来的那种生机丧失的麻木。因此，我表现得非常冷静，并且借助于周围众人的在场来迫使她继续游戏，就仿佛我什么都没有注意到。这样的做法只是给予她更多的伸缩性。

在我们的时代，假如人们能够期待获得某种对这样的考究的认同，那么我就提出这一有奖征答的问题：从审美的角度考虑，谁是最端庄羞怯的，是一个年轻女孩还是一个年轻妻子，是那无知于世故的还是通晓世故的，我们敢去给谁最大的自由？但是这样的主题不是我们这个严肃的时代所关心的。在古希腊，一个这样的考究就会引发出普遍的关注，整个国家会被动员起来，尤其是那些女孩和那些妻子。这是在我们的时代里的人们所不愿相信的，而在我们的时代里的人们也不愿意相信，有人讲述了那众所周知的在两个希腊女孩间被展开的争议[298]以及以这争议为机缘而引发出的最为彻底的调查考究；因为在希腊，人们不是随意轻率地来对待这样的问题的；然而，每一个人却都知道，维纳斯缘于这一争执而获得又一个名字，并且每一个人都敬叹维纳斯的这幅使她永恒的画像。一个结了婚的妇人在自己的生命中有两个段落，在之中她是令人感兴趣的，一是那最初的青春，一是最后在她变得非常年长的时候。但是，我们无法拒绝她这一点，她另外还有一种瞬间，在这瞬间里她比一个年轻的女孩更可爱、更令人尊敬；但这是这样的一种瞬间，它很少在生命中出现，那是一幅为幻想而展示的图像，无需在生活中被看见，并且，也许永远都无法被看见。我想象她在那里健康、风华正茂、富有生命力、发展健全，她手臂里抱着一个孩子，她的注意力全都集中在这孩子身上，她沉溺迷失在对之的观注中。这是一幅被人们称作是人的生活能够展示的最可爱画面，这是一个自然神话[299]，因此我们只能艺术性地看它，而不能把它当现实中的事物来看。在这画面中也不能有更多人物形象，不能有什么背景，背景只会起到打扰作用。如果我们以这样的方式去我们的教堂里，那么，我们常常会有机会看见一个母亲臂弯里抱着自己的孩子出现。即使我们不考虑那令人不安的孩子的哭叫声、不考虑那种令人心惊肉跳的想法——关于父母以这孩子哭叫声为依据而对这小孩的将来所作的各种期待，那背景本身就已经会是有着那么大的打扰作用了，以至于即使在所有别的东西都很完美的情况下，效果也一样地还是失败的。我们看见那父亲，这是一个极大的错误，因为这取消那神秘的、那魔幻的成分，我们看见（讲述这个，真是可怕的）[300]赞助者们的严肃合唱，并且我们看见完全的乌有。在它被想象成“为幻想而描绘出的图像”时，它是一切之中最可爱的。我不缺乏勇敢和锐气，不缺乏足够的鲁莽去冒险攻击，但是，如果我在现实中看见一幅这样的图像，我会被解除武装。

考尔德丽娅占据掉我多大的精力啊！然而，毕竟这样的时间马上就会过去了，我的灵魂总是在要求着重焕青春。我就仿佛已经听见了遥远的鸡叫[301]。她或许也听见了，但是她相信，它所预示的是早晨。

为什么一个年轻女孩这么美丽，为什么这美丽持续得这么短暂？我会因这种想法而变得彻底忧郁，然而这其实却不干我的事。去享受，不要多话。那些以这样的考虑为职业的人们在一般的情况下根本不享受。然而，关于这方面问题的想法冒出来，这也无伤大雅；因为这一忧伤，不是为自己而是为他人，在一般的情况下使得一个人稍稍具备更多男性的英俊。一种像雾纱一样迷幻地在男性力量上破晓而出的忧郁也是属于那男性爱欲方面的一部分。相应在女人那里是一定程度的沉郁性。

一旦当一个女孩完全地奉献出自己的时候，这全部就结束了。在我向一个女孩接近的时候，我仍然持恒地怀着一定的恐惧，我的心剧烈跳动着，因为我感觉到那蕴含在她的性情中的永恒权力。我从不曾遇上过“去直面一个已婚妇人”的情形。一个人借助于艺术试图要去作出的那一小点对抗是乌有。这就是像人们会说的那样，已婚妇人的纱巾要比年轻女孩没有遮盖的头给人留下更强烈的印象[302]。因此，狄安娜[303]一直就是我的理想。这一纯粹的处女性、这一绝对的端庄性一直占据着我的很多精力。但是在她一直占据着我的注意力的同时，我也总是用一种苛刻的怀疑目光来看她。就是说，她其实根本不配承受所有她所收获的那些对她的处女性的赞美。就是说，她知道，她在生命中的游戏在于她的处女性之中，因此就保存了这处女性。另外，我在世界上的一个文献学的角落里听见嗫嚅的声音说，她有着一种对她母亲所经受的可怕娩痛的想象。这使她害怕，而在这一点上我无法责怪狄安娜，就是说，我用欧里庇得斯的话表述：我宁可上三次战场也不愿生一次孩子[304]。现在，狄安娜其实是我所无法爱上的，但是我不拒绝，我愿付出极大的代价，如果能够和她交谈，如果我能够和她进行一场被我称作是坦诚会话的谈话。她必定恰恰是擅长于各种各样的恶作剧。我的好狄安娜以某种方式明显的是有着一种知识在身上，这知识使得她甚至比维纳斯还要远远地更不天真。我不喜欢去偷窥她洗澡，绝不，但是我会用我的问题去偷窥她。如果我悄悄地溜进一场会让我害怕自己无法得胜的约会，那么，我将准备好并且武装起我自己，通过与她交谈来启动所有的爱欲之精灵。

我观察的对象常常就是：怎样的处境，怎样的瞬间无疑是可以被看成是最为诱惑性的。对之的回答自然是依据于：一个人所欲求的是什么、一个人怎样欲求和一个人是怎样得到发展的。我坚持认为是婚礼日，并且尤其是在一个特定的瞬间。在她打扮得像一个新娘站在那里、所有她的光彩却都在她的美丽面前变得苍白、她自己也变得苍白的时候，在血液停止的时候，在胸脯安息的时候，在目光摸索着的时候，在脚步蹒跚的时候，在处女震颤的时候，在果实成熟的时候；在天空提升起她的时候，在严肃强化她的时候，在承诺背负起她的时候，在祈祷祝福她的时候，在桃金娘的花冠戴到她头上的时候；在心灵战栗的时候，在眼神凝注于大地的时候，在她隐藏于自身的时候，在她为完全地属于这世界而不属于这世界的时候；在胸脯起伏的时候，在这受造物叹息的时候，在声音无法被听见的时候，在泪水颤动的时候，在谜底被揭示出之前，在火炬燃起的时候，在新郎等待的时候——这时，这一瞬间就在那里。马上这就太迟了。只剩下一步了，但这却恰恰足以成为错误的一步。这一瞬间甚至使得一个无足轻重的女孩变得举足轻重，甚至一个小泽尔丽娜成为一个对象[305]。一切都必须被集中起来，那最为对立的东西在瞬间之中统一，如果缺少什么，尤其是首要对立面之一，那么这处境马上就失去了那诱惑性的成分中的一部分。有一幅大家都知道的铜版画。它是描述一个悔罪的孩子。她看上去是那么年轻那么无邪，以至于我们几乎会替忏悔神父感到尴尬，她到底有什么可忏悔的。她稍稍把面纱揭向空中，并且向世界看出去，就仿佛她在寻找什么，寻找某种她通过一个以后的机缘也许能够有机会去忏悔的东西，当然这是很明显的，除了是在尽义务（去关心这忏悔神父的义务）之外，这也不会是更多的什么东西。这处境真的是诱惑性的，而既然她是作品中的唯一人物形象，那么，没有什么东西能够妨碍我们去想那教堂：这一切都在那里进行，它空间是那么大，以至于我们同时能够在那里有多个极其不同的传道者同时传道。这处境真的是诱惑性的，我毫不反对将我自己安置在背景中，尤其是在那忏悔的孩子没有任何反对的情况下。然而，这却总仍是一种极其次要的处境，因为，向这两个方向上看，这女孩却都只是一个孩子，并且因此，必须在一段时间之后，那瞬间才会到来。

现在，在我与考尔德丽娅的关系中，我一直是忠诚于我的约定吗？就是说，我与“那审美的”的约定；因为，我不断地让理念站在我的一边，而这使得我强大。这是一个秘密，正如参孙的头发，没有什么大利拉能够来从我这里夺取[306]。真正十足地去欺骗一个女孩，这无疑不是我具备忍耐力能做得到的事；但是，这个事实：理念一同在运动中，我是在为理念的服务中做出我的行为、我将自己奉献给了为这理念的工作；这个事实给予我针对我自己的严厉、给予我远离每一种禁忌的享乐的节制。“那令人感兴趣的”有没有总是被保存下来呢？是的，在这场秘密的谈话中，我敢自由而开放地这样说。婚约本身，恰恰就是因为它不屈从于那在一般的情况下被理解为是“那令人感兴趣的”

的东西，它才是“那令人感兴趣的”。它恰恰是通过“外在的表象与内在的生命构成矛盾”而保存了“那令人感兴趣的”。如果我曾是秘密地和她联系在了一起，那么这只曾是在第一种力量中令人感兴趣的。相反，现在这则是在第二种力量中的“那令人感兴趣的”[307]，并且因此只有在这时，它才对于她是“那令人感兴趣的”。婚约爆裂，但却是通过“她自己取消了它”而爆裂，这样它就能够让自己回旋进一个更高的层面。如此是它所应当是的；也就是说，这是“那令人感兴趣的”的一种形式——那种会在最大的程度上让她投入的形式。

九月十六日。

契约的约束爆裂了，充满渴慕、坚强、大胆、神圣，她像一只刚刚获得可能去伸展自己的翼翅的鸟那样地飞翔。飞吧，鸟，飞吧！[308]其实，如果这一高贵的飞翔是一种从我这里的远离，这会让我感到痛楚，无限深的痛楚。就像皮格马利翁的爱人又变成了石头[309]，如此也会是我的情形。我对她所作的这些是很轻松的，轻松得如同一种想法，而现在，这个“我的想法”要不属于我了！这是足以让人绝望的。一瞬间之前，它不会让我关注，一瞬间之后，它不会让我担忧；但是此刻——此刻——这个对于我来说是一种永恒的此刻。但是她并不从我这里飞走。飞啊，鸟，飞呀，骄傲地在你的翅膀上升起你自己，穿过空气轻软的王国向前翱翔，马上我就和你在一起，马上我就和你一同隐藏进那深远的孤独！

这消息让姑妈大吃一惊。然而她却是一个思想很自由开放的人，因而不想去强迫考尔德丽娅，尽管我一方面是为了使得她在更大的程度上处于睡眠之中、一方面也是稍稍逗弄一下考尔德丽娅而试图让姑妈对我有所关注。不过她确实也向我显示出了极大的同情，她感觉不到我有多少理由可让我谢绝所有的同情。

她得到了姑妈的许可去乡下住一段时间，她要拜访一家人家。非常侥幸的事情是，她不能够马上投身在心境的剧烈动荡之中。有时候她仍然被外来的各种各样反对搞得很紧张。借助于书信，我和她维持着一种不很频繁的交流，这样一来，我们的关系又恢复了生机。现在必须用上一切方式去让她坚强起来，尤其是，如果让她在对人们和对“普遍的东西”的古怪蔑视中作出几次摇摆转折，那就是最好不过的了。然后，在她要旅行的日子到来后，这时就会有一个可靠的小伙子作为马夫出现。在城门之外，我备受信赖的仆人会加入他们。他会陪随到目的地，并且继续留在她那里，在必要的时候对她进行照顾和帮助。除了我自己之外，我不知道还会有什么别人能够比约翰更适合于做这事了。我亲自安排了那里的一切，尽可能地有品味。任何以某种方式能够有助于去迷惑她的灵魂并且在一种繁荣的舒适安宁中抚慰这灵魂的东西都不缺了。

*

我的考尔德丽娅！

那些单个的家庭的救火呼叫还不能统一在一种普遍的主神殿式的通城鸣叫的混乱[310]中。也许你已经不得不去忍受一些单个的独奏了。你想象一下那由茶水男孩和咖啡女士们构成的整个集会[311]吧；想象一下一个有着主席头衔的女士构成一个相对于那“不朽的克劳迪乌斯家之‘拉斯首席’”[312]而言的可尊敬的对应角色，你有了一幅关于“你失去了什么以及在谁那里失去的”景观，以及对之的想象，以及用在之上尺度，那就是“好人们的评判”。

连带着，我接下来谈一下那展示出“拉斯首席”的著名铜版画[313]吧。分开的画像我无法买到，因此我买了全部的克劳迪乌斯，将它撕出来而把别的扔掉；因为，我又怎么敢以一件在此刻对你毫无意义的礼物来麻烦你，我怎么会不用尽一切方式来为你带来哪怕只是在一瞬间里会让你觉得愉快的东西；我怎么能够允许那除了本来是属于这处境的东西之外的其他东西混进这处境呢？大自然有着这样的一种复杂性，那被束缚在生命的有限关系中的人们有着这样的一种复杂性，但是你，我的考尔德丽娅，你会在你的自由中恨这种复杂性。

你的约翰纳斯

*

然而春天仍然是恋爱的最美丽时分，而晚夏则是面临自己的愿望的目标的最美丽时分。在晚夏之中有着一种忧伤，这忧伤完全与某种运动相应，借助于这样的一种运动，一个“愿望得以实现”的想法在一个人身上奔涌。今天，我自己去了乡下到那农房，考尔德丽娅过几天要在那里找一个与她的灵魂相和谐的环境。我自己并不想要参与到她对此的意外和喜悦之中，这样的爱欲枝节只会弱化她的灵魂。相反，如果她只是一个人在这事中，那么她就会在之中一梦到底，她会到处看见暗喻、提示，一个着魔的世界，但如果我站在她身边，那么，所有这一切都会失去其意义，这会让她忘记，对于我们，那个“这样的某种被我们共同享受过的东西意味深长”的时间环节已经成为了过去。在她将之当成一种与将要到来的东西相比毫无意味的游戏而对之忽视的时候，这一环境不可以麻醉性地陷住她的灵魂，而必须不断地让它由此出离而向上攀登。我自己在这还剩下的几天里则打算更频繁地探访这个地方，以便让自己保持好的心境。

*

我的考尔德丽娅！

现在我真的称你为“我的”，没有什么外在的标志来提醒我的拥有。

不久我真的称你为“我的”。当我将你紧紧拥抱在我的两臂之中时，当你在我的拥抱中将你自己交缠进来时，这时，我们不需要任何指环（Ring）来提醒我们，我们相互属于对方，因为，难道这一拥抱不是一个比象征性的标志更多地有着意味的环（Ring）吗？这个环把我们抱得越紧，它越是不可分离地让我们结合在一起，自由的程度就越大，因为你的自由在于“是我的”，正如我的自由在于“是你的”。

你的约翰纳斯

*

我的考尔德丽娅！

阿尔斐俄斯在狩猎中爱上了女仙阿瑞托莎。她不想接受他的祈求，却不断地逃离开他，直到她在欧尔提基亚岛上被变成泉水。对此阿尔斐俄斯非常伤心，以至于他变成了伯罗奔尼撒半岛上的艾丽斯地区的一条河。他却无法忘怀自己的爱情，他在大海的底下让自己与那道泉水结合在一起。那些变化的时间过去了吗？回答：那情欲之爱的时间过去了吗？除了一道泉水之外，我又该以什么东西去和你纯净深沉的、与世界毫无关联的灵魂作比较呢？我不是曾对你说过，我就像是一条爱上你的河？而现在，既然我们分开了，难道我不是冲奔到那大海的底下以求与你结合吗？在大海之下，我们又重新相遇，因为只有到了这一深度中，我们才真正同属于一体。

你的约翰纳斯

*

我的考尔德丽娅！

不久，不久你就是我的。在太阳闭上它那警醒的眼睛的时候，在历史已经过去而神话们开始的时候，这时，我不仅仅把我的披风扯上我的身子，而且我也把夜晚当作一件披风扯上我的身子，并且急速地奔向你，并且为找到你而倾听，不是倾听脚步声，而是倾听心跳声。

你的约翰纳斯

*

在这些日子，我想要但却又不能够亲自在她的住处在场，于是这样一种想法总是让我心神不定：她会不会在什么时候突然去想到将来。迄今为止，她还没有往这方面去想；对于怎样去审美地麻醉她，我知道得太清楚了。再也没有比这一关于“将来”的闲话更缺乏爱欲感的东西了，它的本质性根源是在于一个人找不到什么东西来充填现在的时间。只要我在场的话，那么我就也不会怕这一类东西，我自然会去使得她同时忘却时间和永恒。如果一个人不明白怎样在这样的一种程度上去使自己进入与一个女孩的灵魂的关系，那么他就永远都不应当让自己想要去迷惑，因为如果他要去迷惑一个女孩的话，那么有两块礁石就是不可能避免的：关于“将来”的问题和对于信仰的盘问。因此，在《浮士德》中，在浮士德用一种不谨慎而显现出骑士面目时，格丽特对浮士德就做出了这样一场小小的考核，面对这样的一种攻击，一个女孩总会是全副武装的。

现在我相信，为她的接待会所做的工作，一切都到位就绪了；她不会缺乏机会来赞叹我的记忆，或者更准确地说，她不会有时间来赞叹这记忆。没有任何能够对她具有某种意味东西是被忘却的，相反没有任何直接会让她想起我的东西被安置出来；而与此同时，我却到处都是隐形地在场的。然而那效果则将主要地是依赖于她第一次会怎样来看待这一切。出于这一考虑，我的仆人得到了那些精确的指导，以他自己的方式，他是一个完全的专家。在他有机会说话的时候，他知道怎样偶然而漫不经心地给出一个看法；他知道怎样让自己显得一无所知，简言之，他对于我是无价之宝。

地点正是如她所能够希望的那种地方。如果我们坐在房间的中央，那么我们的目光向两边就可以越过每一个前景位置中的东西而朝外面望出去，在两面我们都有无限的地平线，我们是单独地处在空气的广阔海洋中。如果我们向一排窗户靠近，那么在远处的地平线上漂浮着一片森林就像一个花环，划出界限并且围拢着。如此正是事情所应当是的状态。情欲之爱所爱的是什么？——一个围栏；难道乐园本身不是一个被围拢起的地方吗，一个向东的花园[314]？但它在一个人周围围得太紧，这个环——

我们向窗户靠得更近些，一个宁静的内湖谦卑地隐藏在那更高的景致之间。在边上泊着一只小舟。出自心灵之充实的一声叹息，出自思绪之骚动的一声喘气——它从自己的停靠处脱离出来，它滑向湖的表面，轻轻地被不可名状的柔和微风打动；我们消失在森林的神秘孤独之中，被湖面轻轻摇动，而这湖面则在梦想着这森林中深奥的暗郁。

我们转到另一边，那里大海在眼前伸展开，没有什么东西阻止我们的目光，而这目光被思想追击着，没有什么东西挽留这思想。

情欲之爱所爱的是什么？无限。

情欲之爱所畏惧的是什么？

界限。

在那大厅中有着一个小房间，或者更确切地说是一个包厢，因为，要说与在瓦尔家的房子里的那间房间相似的地方，这就是了。相似得可以乱真。一块由柳枝织成的地毯铺在地板上，在沙发前有着一张茶桌，上面是一盏灯，和瓦尔家里的那盏完全相配。一切都是同样的，只是更为华丽。我想来可以允许自己去为房间安排出这一变化。在大厅里有着一架钢琴，一架非常简单的钢琴，但是它很像在言森家的那架。它是打开着的。在乐谱架上放着一本小小的瑞典咏叹调的乐谱，打开着。向着进门过道的门半掩着。她从那在背景中的门中走进来，对此约翰已经得到了指示。这时她的目光同时落在包厢和钢琴上，回忆在她的灵魂中醒来，在同一瞬间里。约翰打开门。

这幻觉是完全彻底的。她进入包厢。她很满意，这是我所确信的。在她的目光落在桌上的时候，她看见一本书；在同一个刹那，约翰拿起那书，仿佛是要将之放在一边，同时随意地说了一句：想来这是先生忘在这里的，因为今天早上他在这里。现在她由此而刚刚得知，我今天早上已经到过这里，接着她想要看那本书。这是那著名文献《阿普列乌斯：埃莫和普绪客》[315]的一个德语译本。它不是一部诗作，但它也不应当是诗作；因为向一个女孩提供一部真正的诗作对这女孩而言总是一种侮辱冒犯，就仿佛她在这样的瞬间自己还不够诗意而无法去吮饮那直接地隐藏在那事实上给定的事物中并且不曾在事先被另一个人的思想咀嚼过的诗歌。在通常人们不会想到这个，然而事实却是如此。

她想要读这本书，这样一来，目的就被达到了。

在她打开这书并翻到书中上次被读的地方时，这时，她将发现一根小小的桃金娘枝条[316]，她还会发现，除了作书签之外，它还稍稍意味了更多的东西。

*

我的考尔德丽娅！

畏惧什么呢?！在我们待在一起的时候，我们是坚强的，比世界更坚强，比诸神自己更坚强。你知道在大地上曾有一个种族生存着，它叫人类，但是每个人都是自足的，不知道情欲之爱真挚内在的结合。然而他们却是强有力的，那么强有力，以至于他们想要冲击天空。朱庇特畏惧他们，并且这样地将他们分开，从一个变成两个，一男一女[317]。现在，如果有时有这样的事情发生，那曾经合一过的东西又重新在爱情中结合在了一起，那么这样的一种结合就要比朱庇特更强有力，这时它们不仅仅是像它们作为单个时那么强有力，而是更强有力，因为，爱情的结合是一种更高的结合。

你的约翰纳斯

*

九月二十四日。

夜是宁静的——

时间是十一点三刻——

猎人在城门向乡村吹起自己的祝福，这祝福声从裭白塘回响出来——

他走进城门——

他再吹，这声音从更远的地方回响过来。

一切在宁静中沉睡，只有情欲之爱例外。那么站起来吧，你们这些情欲之爱的秘密力量，集中到这个胸脯中来！夜静默——

一种孤独的鸟，在它沿着露水密布的原野向堤坝的斜坡飞掠而下的时候，以自己的鸣叫和扑翅打破这一沉默；无疑它也是匆忙地赶去约会——

我得到了征兆[318]！

整个大自然是多么地有预兆！我接受警示，这警示来自鸟的飞行、它们的鸣叫、来自鱼向着水面的欢闹拍击、来自它们在水底深处的消失、来自遥远的狗吠、来自一辆车在远处的咔哒声、来自回响自长距离之外的脚步声。我在这夜时之中看不见鬼魂，在湖的胸脯里、在露水的亲吻中、在散布在大地上并隐藏起它们富饶胸怀的雾中，我看不见那曾在的东西，而只看见那将要到来的东西。一切都是图像，我自己是一个关于我自己的神话，因为，难道我这样匆匆地赶去这一约会这不像一个神话吗？我是谁，这问题与事情无关；一切有限的和世俗的东西都被忘记了，只有那永恒的东西剩下，情欲之爱的权力、它的渴慕、它的至乐。

我的灵魂多么像一把张开的弓，我的思绪们多么现成待发地像箭一样地在我的箭袋里，没有毒性但却能够混合在血中。我的灵魂是多么有力、健康、欢悦，就像一个神那样地在场[319]。

她是美丽的，天生丽质。我感谢你，奇妙的大自然！你就像一个母亲那样地看护着她。感谢你的关怀！她是毫无瑕疵的。我感谢你们，是因为你们人类她才如此美好。她的发展，这是我的作品；马上我就会享受我的报酬。

在这唯一的瞬间里，有多少此刻成为现成的东西是我所不曾收集的。如果我失去这个，那真的是死亡和地狱了！

我到现在还没有看见我的马车。

我听见的马鞭声，那是我的车夫。

开驶吧，到生死场上，哪怕那些马都跌倒，只要别在我们到达之前跌倒就行。

九月二十五日。

为什么这样的一个夜晚无法持续得更久？如果阿勒克特律翁能够忘乎所以，为什么太阳就不能有足够的同情心去这样做[320]？现在这却已经成为过去，我再也不愿见她。在一个女孩子给出了一切之后，这时，她是虚弱的，这时，她失去了一切；因为无邪在男人那里是一个否定性环节，而它在女人那里是她的存在实质。现在，所有对抗就成了不可能，并且只有在它还存在的时候，“去爱”才是美丽的，当它已经停止，这爱就是虚弱和习惯。我不愿回想我与她的关系；在一个女孩因为痛苦于自己无信无义的爱人而被变成一株向日葵[321]的时候，她就失去了芬芳，那些时分过去了。我不想和她告别；对于我，再也没有什么东西比女人的哭泣和女人的哀求更让我厌恶的了，这种哭泣和哀求改变一切但其实毫无意味。我爱过她；但是从现在开始我无法再让我的灵魂花费精力。如果我是一个神，那么我会为她做尼普顿为一个仙女所做的事情[322]，将她变成一个男人。

然而，一个人是不是会有能力去这样地从一个女孩身上将自己诗化出来，以至于他能够使得她骄傲得自以为那对这关系感到厌倦的是她自己，这确实真正是值得去弄明白的事情。这可以成为一个非常使人感兴趣的尾声，就其本身而言，这尾声在本质上可以是心理学方面的兴趣所在，而同时又能够以许多爱欲的观察考虑来丰富一个人。

注释

［1］［Sua passion' predominante e la giovin principiante］ 意大利语：他

的压倒性的激情，是新鲜年轻的女孩。

［2］［《堂·乔万尼》第四咏叹调］　莫扎特的《唐璜》中的勒波拉罗的名单咏叹调。

［3］原文为拉丁文 commentarius perpetuus（持续的评注）。

［4］［警标］　小小的浇铸或者印戳出来的牌子，警察戴在身上以表明他们的权威身份。

［5］［使生活变得有趣］　使生活变得令人感兴趣。对照前面的概念“那令人感兴趣的”。

［6］［陈述式……虚拟式］　陈述式是直陈的，是给出关于现实的简单客观陈述的动词形式，是可证实的。虚拟式则伸展到现实之外，用来表达愿望或设想。

［7］［考尔德丽娅］　Cordelia：可能是源自拉丁语“小小的心”。

［8］［瓦尔］　Wahl：德语，“选择”。

［9］在丹麦语中形容词“personlig（亲自的；私人的；个人的；人身的）”的名词化就是 personlighed（人格；个性）。在这里，如果翻译要呈现出克尔凯郭尔对字词的游戏的话，这句句子也可以译成：“在前一种情形，他人格投入地享受‘那审美的’，而在第二种情形，他审美地享受自己的人格。”

［10］原文为拉丁文 exacerbatio cerebri（大脑激亢症）。

［11］关于“精神性定性”（以及“感官性定性”和“灵魂性定性”），作者在前面的文章《那些直接的爱欲的阶段》中有所谈及。

［12］也就是说“在非真正的意义上”。

［13］［表象躯体（parastatisk Legeme）］　这个名词闻名于古代教会关于耶稣神性和人性间关系的争论。基督教最早的旁支教派之一，幻影说教派（诺斯替主义的教派）反对赋予耶稣“那肉体的”，提出：耶稣的人性只是一种表象躯体（corpus parastaticum）。

［14］关于“感官性”（和“精神性”等等），作者在前面的文章《那些直接的爱欲的阶段》中有所谈及。

［15］这里的懊悔其实已经是克尔凯郭尔的一个重要概念“悔”（Anger），但是因此上下文是故事性叙述而不是理论性文字，因而译为“懊悔”。

［16］“辜”是克尔凯郭尔的又一个重要概念。比如“有辜的—无辜

的”。辜不同于罪。在别的地方克尔凯郭尔有专门对辜的讨论。但是这里的上下文是故事性叙述，因此我只在注释中顺带提一下。

［17］［拥抱云朵］　在古典神话中说及，伊克西翁，拉庇泰（塞萨利的山上的一个民族）的国王，他被诸神邀请到他们的餐桌上，在那里他想要强奸朱诺（希腊神话是赫拉）。她变成一朵云，由此生出人马。

［18］原文为拉丁语 actiones in distans（有着距离的作用）。

［19］原文为德语：

Gehe,

Verschmähe

Die Treue,

Die Reue

Kommt nach.

意为走，藐视忠贞，懊悔随即而来。这些诗行出自歌德的歌剧《杰瑞和贝特雷》（Jery und Bätely）。

［20］［飞到你想去……跑去世界的最边缘吧］　对照《诗篇》（139：7—11）：“我往哪里去躲避你的灵。我往哪里逃躲避你的面。我若升到天上，你在那里。我若在阴间下榻，你也在那里。我若展开清晨的翅膀，飞到海极居住。就是在那里，你的手必引导我，你的右手，也必扶持我。我若说，黑夜必定遮蔽我，我周围的亮光必成为黑夜。”

［21］［有一个富人……喝她杯中的］　对照《撒母耳记下》（12：1—7）。先知拿单对大卫王讲一个比喻，说一个富人取了一个穷人唯一的羊羔，预备给客人吃，因这富人舍不得从自己的牛群羊群中取一只，尽管他有大群牛羊。大卫恼怒那富人，并说，这富人该死不期而必须偿还羊羔四倍；这时拿单对大卫说，“你就是那人。”也就是说，大卫杀害了乌利亚，又娶了他的妻子拔示巴为妻。

［22］［蒂克的长篇小说……重要的一步］　指蒂克（Tiecks）的小说《魔堡》（Das Zauberschloß）中的“狂放的女英格兰人”。

［23］原文是拉丁文 item（同样也）。

［24］这里的“美”直译本该是“那美的”，因为这里的文字是抒情的，所以有所变通。

［25］［库维尔］　Georges Léopold Cuvier（1769—1832），法国动物学家，想要证明怎样从一个单个的骨头重构出动物的种类。

[26] 这里的两个“忐忑不安的心情”直译本该是“恐惧”，因为这里的文字是抒情的，所以有所变通。

[27] [玛多娜头像] 看上去和圣母像中的处女马利亚那样纯洁无邪的外形相似的头像。

[28] [一只扁平的金戒指在无名指上] 在北欧订婚戒指是在宗教改革之后变得普通。戴在无名指上。左右手的传统都曾有过：戒指戴在左手上，血管直奔心脏；戴在右手上，右手立出了忠诚诺言。

[29] 这里在丹麦文中克尔凯郭尔所使用的是一种奇怪的写法“Kl. 9. 10”。可以看成是“9 点 10 分”也可以看成是“九十点钟”。在我和克尔凯郭尔研究中心的注释者们交流了看法之后，我决定使用“9 点 10 分”。

[30] 原文为德语 unverhofft kommt oft（不曾预料的事常常发生）。

[31] 原文为德语 Mütze（无檐帽）。

[32] 原文为德语 gerade aus（直接）。

[33] 原文为德语 unheimliche（德语：令人不舒服）。

[34] 在丹麦的三楼相当于中国的四楼。中国所说的一层楼在丹麦被称作“厅层”，在厅层之上才是一楼。

[35] [在楼梯上装煤气灯] 在 1843 年，煤气照明还没有进入哥本哈根。哥本哈根在 1857 年才有煤气站。但是 1826 年在柏林就已经建立了一个煤气站。克尔凯郭尔曾在 1842—1843 年间的冬天在柏林。

[36] [那持存的却还是那理性的] 对照黑格尔的基本思想。参看黑格尔的著名断言：“那是理性的东西，它是现实的；而那是现实的东西，它是理性的”，在黑格尔的法哲学纲要中。

[37] [在展览上密集着……多娜·安娜的话来说] 莫扎特《唐璜》第一幕，第十六场。

[38] “把最好的腿放在前面”在丹麦语中是成语，意为“必须赶快……”但是克尔凯郭尔在这里进行文字游戏，所以这句话在字面上也有着“把最好的腿放在前面（让情人欣赏）”的意思。

[39] 无邪的，Uskyldigt，也就是“无辜的”。

[40] [对少女丽丝贝特……是不适合的] 在霍尔堡的喜剧《艾拉斯姆斯·蒙塔努斯》中第一幕第五场，耶罗尼姆斯说及自己的女儿丽丝贝特和她的情人：“我觉得他们在（艾拉斯姆斯得到一个糊口的职业）之前同

居是不合适的。”在第五幕第五场，他对自己热恋中的女儿说：“呸，对于一个女孩让人觉得这样可不是一件美事。”

［41］原文是拉丁文 delirium tremens（震颤谵妄症）。

［delirium tremens］　拉丁语，震颤谵妄。通常用于症状幻觉（典型的是视幻觉或触幻觉，听幻觉较少见）、震颤（有时是粗大震颤）和失眠，主要见于酒瘾者，在戒酒停饮或减少饮酒 48 小时后出现。

［42］［农民对凉拌黄瓜又懂什么］　在海贝尔的杂耍剧《批评家和动物》（Recensenten og Dyret）（1826）中，六十岁的法学学生特罗普说到关于装订商普吕欣，他“对外语所懂的程度，就像一个农民对凉拌黄瓜所懂之多”。

［43］原文是法语 en passant（偶然经过）。

［44］［警察……人口查询记录］　人口查询记录是对于人口数量或者对于在特定管理范围（比如说哥本哈根）里所限定的人口分类的官方名称。

［45］［长线条］　哥本哈根兵营地朝海的长而低的外堤垒。

［46］［约瑟……只留下了自己的斗篷］　对照《创世记》中的故事（39）。约瑟被带到埃及卖给法老内臣波提乏。“波提乏将一切所有的都交在约瑟的手中，除了自己所吃的饭，别的事一概不知。约瑟原来秀雅俊美。这事以后，约瑟主人的妻以目送情给约瑟，说，你与我同寝吧。约瑟不从，对他主人的妻说，看哪，一切家务，我主人都不知道。他把所有的都交在我手里。在这家里没有比我大的。并且他没有留下一样不交给我，只留下了你，因为你是他的妻子。我怎能作这大恶，得罪神呢，后来她天天和约瑟说，约瑟却不听从她，不与她同寝，也不和她在一处。有一天，约瑟进屋里去办事，家中人没有一个在那屋里，妇人就拉住他的衣裳，说，你与我同寝吧。约瑟把衣裳丢在妇人手里，跑到外边去了。”（《创世记》39：6—12）在波提乏回家后，女人说约瑟想要和她上床，并且逃跑时在她这里留下了他的衣裳（斗篷）；波提乏就把约瑟送进了监狱。

［47］原文是法语 en passant（偶然经过）。

［48］［不是令人感兴趣的……那最后的］　那令人感兴趣的（det interessante）吸引观者，刺激他的感官并启动他的思想。那有刺激性的（det pikante）是一种对于“那令人感兴趣的”俗化和平庸化，在这种意义上是“那最后的”；“令人感兴趣”、“有刺激性”属于克尔凯郭尔时代受人喜爱

的表达词。

［49］［最初收获］　一次收割后的第一部分。（按照《出埃及记》23：19，要送到神殿作为感恩牺牲物，另参看《申命记》26）；初生子（参看《申命记》21：17）；抵押品（按《罗马书》8：23，“就是我们这有圣灵初结果子的，也是自己心里叹息，等候得着儿子的名分，乃是我们的身体得赎。”）

［50］［悬崖王］　根据民间信仰，一种超自然的生灵，住在悬崖中并且统治一座悬崖。在作者说及“像一个悬崖王一样平静地坐着”的时候，也许是指海贝尔戏剧《精灵山》（Elverhøi）（1828）中的一段文字，关于悬崖王，这么说的：“但是，如果风暴肆虐，如果大海狂暴，/他就坐在那里，在斯提文斯的白悬崖上，/就像一个悬崖王，手上拿着节杖，高兴地看船只怎样搁浅”。

［51］原文为拉丁语 Alcedo ispida（冰鸟）。

［Alcedo ispida］　拉丁语：冰鸟。在基尔森（F. C. Kielsen）《常人自然科学》中说在许多寓言里人们提到冰鸟，并且也说到它在水上建窝。

［52］［雄火鸡……会发怒竖起羽毛］　在火鸡，尤其是雄火鸡，遇到陌生的东西时，脖子上的皮冠变为暗红，背上羽毛竖起，尾羽展开到垂直位置。

［53］［一个佛雷德里克医院的搬运工］　皇家佛雷德里克医院，建于1752—1757年，丹麦的第一家真正的医院，位于挪威街（现在的宽街）和阿玛利街之间。那些把病人从家里搬到医院的搬运工都是穿绿色长外衣。

［54］［就像一个神殿舞者（Bajadere）为神的荣耀而舞］　一个神殿舞者（Bajadere，出自葡萄牙语 bailadeira）是印度的神坛女祭司，她的主要工作就是为自己的神的荣耀而歌舞，比如说，她的神可以是舞神或者爱神。

［55］［向我展示出她……我将把她带上来］　根据希腊神话。俄耳甫斯的爱人欧律狄刻在婚后被蛇咬死。俄耳甫斯进入冥国说服冥王哈德斯让她回到阳界，但冥王有一个条件，在回到阳界之前，俄耳甫斯不能回头看她是否跟着。在他们到了冥界的大门时，俄耳甫斯回头看了一眼，欧律狄刻就消失了。

［56］［搅动那水］　对照《约翰福音》（5：4）：“因为有天使按时下池搅动那水，水动之后，谁先下去，无论什么病，就痊愈了。”

［57］原文是德语 langweilige（无聊乏味的）。

［58］原文是拉丁语：

nox et hiems longæque viæ, sævique dolores

mollibus his castris, et labor omnis inest.

“夜晚和寒冬、漫长的路途和残酷的痛楚，各种各样的孜孜努力都在这一没有战争迹象的营地里。”是奥维德的诗句。

［59］原文是拉丁语 conditio sine qua non（不可或缺的条件）。

［60］［Preciosa］　法语“宝贵”，在沃尔夫（P. A. Wolff）的抒情剧《普莱希鸥萨》（Preciosa）中美丽吉卜赛女孩的名字。在1822—1843年间该剧在皇家剧院演出过72次，由玻耶（C. J. Boye）翻译（Kbh. 1822），配乐是魏碑尔（C. M. V. Weber）。

［61］［平平安安地去吧，我的孩子］　也许可以对照耶稣两次对女人使用类似说法。第一次是血漏的女人触摸他的斗篷而得痊愈：“耶稣对他说，女儿，你的信救了你，平平安安地回去吧。你的灾病痊愈了。”（《马可福音》5：34）第二次是对那个用眼泪湿了他的脚而用头发擦干并亲吻和膏抹他的脚的女人：“耶稣对那女人说，你的信救了你，平平安安地回去吧。”（《路加福音》7：50）

［62］［大寇贝玛尔街］　store Kjøbmagergade。

［63］哥本哈根旧城区有北门（Nørreport）、东门（Østerport）和西门（Vesterport）。

［北门和东门（Nørre-og Østerport）间的那条小径］　在黑塘湖（Sortedamssøen）东边和西边都有一条小径。

［64］［Blegdammen］　在黑塘湖（Sortedamssøen）的西边是褪白塘（Blegdammen），也就是褪白场。那地方本来是被划分成块的，人们把纺织品晾在那里在太阳下褪白，并在黑夜的冷空气中坚化。在克尔凯郭尔的时代，褪白塘那地方已经建有别墅和房院。

［65］就是说，一个女孩子的诞生过程持续很久。打个比方，这意思就是，一个男孩子的诞生过程是不到一个小时，然后他的发展、他的成长过程是十几年，然后成人；而一个女孩子的诞生过程持续十几年，然后，在诞生了的同时就已经马上成人了。

［66］［不仅仅……成人而蹦出来］　在古典神话中谈及掌管智慧、工艺和战争的女神密涅瓦（希腊神话中是雅典娜）的神奇出生。在朱庇特

（希腊神话宙斯）被强烈的头痛困扰的时候，火与锻冶之神伍尔坎（希腊神话赫菲斯托斯）不得不用斧子打开他的额头。密涅瓦全身甲胄地跳出来，手里举着长矛。

［67］［维纳斯］　生于泡沫的维纳斯，希腊人的阿佛洛狄忒，爱与美的女神。关于维纳斯的诞生：根据赫西奥德的《神谱系》（Theogonia），天空之子克洛诺斯阉割了自己的父亲乌拉诺斯，并将切割下的部分投入海中，它在海中成为泡沫，从海中的泡沫中升出阿佛洛狄忒。

［68］［就像被守护神们抬走的普绪客（Psyche）那样轻］　关于古典神话中的埃莫（Amor）和普绪客（Psyche）的传说，在古罗马讽刺作家阿普列乌斯（Lucius Apuleius）讽刺长篇小说《变形记》（*Metamorphoses*）（“金驴”）中。其中讲述了国王的女儿的普绪客，因为她的美丽引起诸神的嫉妒，爱神埃莫本来是要设法让普绪客去和一条龙结合。普绪客被遗弃在一座高山上，而风神西风老人（Zephyr）轻轻地把她抬到深谷中，将她放置在一张花床中。埃莫自己爱上了普绪客。守护神，特别守护那些创造能力，作为精灵在神话中常常被描述为带翅膀的少年或者小孩子。

［69］［圣母马利亚升天］　圣母马利亚升天（或者更正确地说是关于她的“被上天接受”，作为与“自己升天”的耶稣的区别）的观念在6世纪末或者7世纪初已经在希腊正教中出现，由此而被罗马天主教会承接过来并在8月15日庆祝这一事件。

尽管列奥四世在大约850年批准了马利亚升天的节日，关于圣女马利亚肉身被上天接受的学说成为了一个百年神学论争的对象。这一论争终止于1950年，教皇庇护十二世宣布这一说法为信条。

［70］这里的“轻”就是说，轻量，与重量正相反。

［71］消夏房间（Sommerværelser）是指哥本哈根城市富有阶级夏天在郊外向当地居民所租的房间，租房者几乎是固定的房客，在每年的某段时间里去那里消闲或者度假。

［72］［就像该隐，我该被流放驱逐］　指《创世记》（4：3—16）中该隐的故事。因为该隐杀了他的兄弟亚伯而被驱逐出耕地，并且被流放不得归返。

［73］［令人感兴趣］　一种事物被体验为“令人感兴趣的”，是以对于那被体验的事物的反思为前提的，就是说，我们所关注的不是在于去体验“什么”，而是在于“怎样”去体验。

［74］［在约瑟向法老解释梦……被实现］　指《创世记》（41：1—32）中约瑟向法老解梦的故事，法老两次做梦，分别看见七肥牛七瘦牛和七实穗七瘪穗，约瑟说这两个梦是同一个梦，在解完梦后，约瑟接上说："至于法老两回做梦，是因神命定这事，而且必速速成就。"

［75］比如说，如果一个女孩的名字叫蟑螂，那么，我们要说"温情脉脉的蟑螂"就很不好受。

［76］［枢密院］　枢密院（Geheimerådet）是一个向国王提议并且帮助他治国的咨询委员会，在丹麦1770年被废除；处理（国家）秘密的委员会。

［77］［斯特兰德］　斯特兰德［丹麦语"岸边"（Stranden）］沿着克里斯蒂安堡对面的人工河道的路。

［78］［李尔王的第三个女儿……她的嘴唇是哑的］　在莎士比亚悲剧《李尔王》的第一幕第一场，考尔德丽娅，国王的最年轻的女儿，叫喊出来："多么悲哀，我无法把我的心强迫到我的嘴唇上！"

［79］［这一固定点］　阿基米德点。

［80］原文是法语eh bien（那么，好吧）。

［81］原文是意大利语con amore（带着喜爱）。

［82］考虑到在丹麦文中只有说到兄弟姐妹关系，而在汉语中习惯于说明是兄妹还是姐弟，因此，"父亲的妹妹"是一种假设译法，在同样的程度上，这也可以是"父亲的姐姐"。

［83］［这是一个拐弯角］　如果我们这样来理解"她住在堤坝旁"：她要么住在东堤街、要么住在北堤街、要么住在西堤街（Øster-，Nørre-eller Vestervoldgade），那么，按照当时的概观图看就无法找到这样的房子，因为很明显在堤街没有不连着邻房的街角房。唯一符合这文中描述的地方就是纽伯德尔（Nyboder）的一幢有山墙的房子，位于现今的苏恩松街（Suensonsgade）向外对着堤坝。在纽伯德尔的这街角房，人们在街上和堤坝上看见它，既可以从前方也可以从院子这一边看；它没有邻接的房子，坐落在当年的格陵兰街上（也就是今天的东堤坝街）和既是当年也是今天的耶藤斯福律德街（Hjertensfryd Gade）交接的角落上。

［84］［就好像用……就绪了］　在军事语言中，这个词在射击中表示已经准备好了。在"就绪"之后，命令词就会是"开火"或者"射击"。

［85］［抓船钩］　"Entrehage"，巨大的抓船钩，打海仗时，人们用

它来钩住敌船。

［86］［弗雷德里克堡公园］　弗雷德里克堡宫殿的大公园；那时公众可以自由进出宫殿的花园。

［87］在比喻意义上说的（uegentlig），也就是非真正的，不是“真正的或者恰如其分的（egentlig）”。

［88］［为男人作伴是女人最深刻的定性］　对照《创世记》中女人被造的那一段（2：18—23），之中上帝说：“那人独居不好，我要为他造一个配偶帮助他。”他以男人的肋骨造出女人。

［89］Herre 在丹麦语中是“先生”、“绅士”，又同时是“主人”、“主子”。

［90］［美惠女神有三个］　那些美惠女神是希腊神话中爱神阿佛洛狄忒的侍女，每个人都代表了她的一个性质，她们分别是美丽、爱情和贞洁；但人们也传说美惠女神们有其他名字。

［91］［处女闺房］　指中世纪的风俗，让未婚少女在一幢特别的房子或者一间特别的房间里居留或者工作。

［92］［费加罗那样……我的快乐］　参看莫扎特《费加罗的婚礼》的第二幕第二场（丹麦文版 *Figaros Givtermaal eller Den gale Dag* 第 41 页），苏珊娜说：“运作一场诡计，这样的事情，我们可以放心地托付给费加罗。”费加罗接着说：“同时进行两场、三场、四场！精湛地交织的、错综繁复的。哦，我是天生的宫廷谋士。”

［93］［“相互开始称你”的瞬间］　指“相互称你的友人关系”达成的这一瞬间，相关的人们常常在这一刻相互交臂干杯。

［94］［下水］　指新约中所说的洗礼。受洗者下水走入约旦河。参看《马太福音》（3：6—16）。而说到“走进爱的海洋”和“从这一洗礼中走上来”则可对比《罗马书》（6：3—11）受洗者死后被埋葬并且与基督一同复活，这样就在一种新生之中得以重生，形象地说：受洗者沉下到洗礼的水中，象征创世时的混沌之海，而重新升起，象征从死者中复活。

［95］［脱出那旧人］　对比《以弗所书》（4：22）：“就要脱去你们从前行为上的旧人。这旧人是因私欲的迷惑，渐渐变坏的。”

［96］就像人们说满月的小孩子“他的年龄是一个月”。这里，刚满一瞬间的新生命的“年龄只有一瞬间”。

［97］教会的施洗者是牧师。

［98］［少女弥德丽……喷射出来］　指丹麦民谣《梅德尔沃尔德先生》，其第一段是：“西瑟丽乐那么重地在金织机上织，于是乳汁就从她的乳房中喷射出来。”

［99］［前哨链］　瞭望哨或者前哨的系列岗哨，发现情况时通过鸣枪来发出警示。

［100］［那在它已经过去了之时的昨日的日子］　参看《诗篇》（90：4）：“在你看来，千年如已过的昨日，又如夜间的一更。”

［101］原文是德语 geläufigt（轻易地）。

［102］原文为 Ambrosia（诸神的食物），希腊和罗马的神话中，Ambrosia 是诸神所用的食物。

［103］［贞德］　Jeanne d'Arc。法国的民族女英雄（1412—1431），百年战争中对抗英军的军队首领；在 1429 年带着法国国王查理的军队到兰斯，在那里的大教堂查理受冕为查理七世。

［104］［一个偷鸡贼］　一个怕见人或者羞怯的小伙子。

［105］通常是说一个人的体型结构，在这里要理解为气质结构或者性格结构。

［106］在克尔凯郭尔《非此即彼》之后的著作中，对“内闭性”（Indsluttethed）有不少论述。

［107］中和抵消（neutraliseres），也就是说，使某样东西中性化、使之变得中性。

［108］［一种真正的友谊……关系］　在这里可以想象《伊利亚特》中所描述的那种介于阿基利斯和帕特罗克勒斯间的那种友谊。也可以想象亚里士多德在《尼各马科伦理学》（*Ethica Nicomachea*）第八书中对友谊的论述，比如说，完美的友谊在善良的人们间出现，就是说，介于那些在美德上相似的人们。

［109］克尔凯郭尔著有《畏惧与战栗》，但那畏惧（Frygt）恰恰不是这里的恐惧（Angst），虽然战栗是同一个战栗。

［110］原文写为：at falde med Døren ind i Stuen，直译“和门一同跌进客厅”，意为“显示一种匆忙、鲁莽、急切的行为，比如说报出一个令人不适的消息”。

［111］原文是拉丁文 quod antea fuit impetus，nunc ratio est（那在以前是驱动力的东西，现在是方法）。

比较奥维德的《爱之疗》（*Remedia amoris*）第十行：“et quod nunc ratio est，impetus ante fuit”（现在是方法的东西，以前是驱动力）。

［112］［通过掼奶油中介和黄油搅拌器的辩证法］　黄油的制作过程被描述为一种辩证发展的过程：牛奶通过撇沫而被转化为掼奶油（掼奶油就是中介，或者说那位于中间者），而这中介通过搅拌机的旋转甩动，就是说通过一种辩证运动而转化为黄油。

［113］［罐］　1 罐 = 0.96 升。

［磅］　1 磅 = 500 克（1839—1907）。

［114］丹麦风俗，30 岁仍然是单身的话，人们就会把胡椒瓶（罐）作为生日礼物送给他。Pebersvend 这个词原本指胡椒店员。过去从德国汉莎商业联盟城市中派出的胡椒调味品商，有着保持独身的义务。后来在丹麦就成了标示 30 岁以上老单身汉的名词。

［115］［按哲学家们以文字游戏说出的话来说——zu Grunde gehn］zu Grunde gehn 的日常意味是“走向毁灭”，哲学意味是“走向其根本”，“走向毁灭”和“走向其根本（根据）”间的文字游戏通过黑格尔的哲学而闻名的。

参看黑格尔的《逻辑学》（*Wissenschaft der Logik*）：“Die erscheinende Welt hat an der wesentlichen Welt ihre negative Einheit，in der sie zugrunde und in die sie als in ihren Grund zurückgeht.”

中文：显现的世界在本质的世界中有其否定的统一，在本质世界中，它消灭了，并且它回到本质世界中就像回到它的根据中那样（引自商务印书馆 1966 年版的《逻辑学》，杨一之译）。

［116］［煮茶机］　有着盖子和龙头的铜壶或银壶，放在连带的炭火盆里，借助于炭火壶中的水能够热到沸点。真正的制茶是在一个茶壶中，用煮茶机打出的沸水冲成茶水。

［117］［可惜他不叫……《新娘》中的弗利兹］　《新娘》歌唱剧。音乐作曲是法国的吴贝尔（Auber），剧本是斯克里布（A. E. Scribe）的，由海贝尔翻译。

1831—1842 年间，《新娘》在皇家剧院演出了 44 次。剧中有蒂罗尔人名叫弗利兹，裱糊匠兼国民卫队中的兵士，因为自己的过失而失去了自己的爱人。一个伯爵得到了她。

［118］原文为德语 unter uns gesagt（我们私下讲）。

［119］［Zephyrer］　Zephyr 的复数形式。Zephyr 的意义同时是西风和轻柔的西风之神。在哥本哈根的街巷刮风曾经是而现在也是众所周知的现象。

［120］房子对着街开的那道门。

［121］原文为“以一种匀速吹着这帽子保持行进在他之前恰恰 1 Alen 的距离”。（1 Alen＝0，6277 米；1 英尺 ＝0. 3048 米）

［122］［大国王街，沿着堤坝到北门，到高桥广场］　store Kongens-gade … Nørreport，til Høibroplads 。

［123］［东街］　Østergade。

［124］［塔顶的哨兵］　守在一座塔上的瞭望者；他的工作是查看什么地方有火灾，有什么船只到达，等等。

［125］［宽街］　Bredgaden，或者挪威街（Norgesgade）。

［126］原文为德语：

Die eine ist verliebt gar sehr;

Die andre wäre es gerne.

［Die eine ist verliebt … wäre es gerne］　德语：“这一个完全彻底地坠入了爱河；/那一个很想也这样。”摘自埃辛多夫（Joseph Freiherr v. Eichendorff）的诗歌，描述两个乐师。

［127］或者妹夫。考虑到在丹麦文中只有说到兄弟姐妹关系，见前面的注脚。

［128］［生命的圣诞树］　也许是影射伊甸园中的生命之树。参看《创世记》（2：9）。德国人家庭把圣诞树的传统带到丹麦，首次在 1811 年被点亮。

［129］［爱情的斗篷……遮掩许多］　也许可以对照《彼得前书》（4：8）：“因为爱能遮掩许多的罪。”

［130］［我不想要……羽毛］　参看“在整个挪威著名的、快乐的农家民谣”中的最后一个段落。出自《布拉吉和伊敦，挪威的季刊》（*Brage og Idun*，*et nordisk Fjærdingaarsskrift*，udg. af P. F. Barfod，bd. 2，Kbh. 1839，s. 445）。

［131］原文为拉丁语 harmonia præstabilita（预前注定的和谐），一个出自莱布尼茨（Gottfried Wilhelm Leibniz，1646—1716）影响的哲学名词。莱布尼茨在他的《神正论》（*Theodicee*）（1710）中提出了“预前注定的和谐

的学说”（die Lehre von der vorherbestimmten Harmonie），在“Des Versuchs Von der Güte Gottes，von der Freyheit des Menschen，und vom Ursprunge des Bösen”的第一部分的 § 59 有所表述。

莱布尼茨在《单子论》（*La monadologie*）（1714）的 § 80 中首先使用了“l'Harmonie préétablie”这个表达。

［132］［高桥广场］　Høibroplads。

［133］直译的话应当是“那非正常的”。

［134］［在天穹之上驾驭着太阳车］　在希腊神话中讲到法厄同，太阳神的儿子，向父亲太阳神请求让他驾驶父亲的太阳车一天。然而他没有这个能力去做这工作，如果宙斯不用闪电把法厄同击死，他会把大地烧着。

［135］［爱神是盲眼的］　厄若斯（Eros）或者埃莫（Amor）通常被描述为一个有翅膀的小孩，用带子绑住眼睛发射爱情之箭。

［136］［精神构成对于他的整个女性存在的否定］　女人是直接的而不是反思的，并且因此在真正的意义上缺乏自我意识，亦即精神。以黑格尔的术语说：女人就像存在着的感情和天性，并且反思是对直接性的直接否定。在那反思的意识面前出现对象和属性的区分，比如说，这表达可以以这样的方式说：男人有感情，但他不像女人那样的是感情。

［137］原文为拉丁文：

Non formosus erat，sed erat facundus Ulixes，

et tamen aequoreas torsit amore Deas.

“奥德修斯并不美丽，但他善于辞令，并且他还是使得海洋女神们为情欲之爱所痛。”（海洋女神指喀耳刻和卡吕普索。）

［138］［在一种纯粹的希腊意义上］　就是说作为朋友。

［139］［古诗句……坐上斗篷］　可能是指歌谣游戏“僧侣走在原野上”，其中写道：“那僧人铺展开他的斗篷，那么绿，并请求美丽的少女坐上斗篷。”

［140］［像耶和华……越清楚地显形出来］　也许可参看《撒母耳记》上的第三章。说及在示罗的神殿那里跟着祭司以利侍奉神的年轻撒母耳三次在梦中听见一个声音而不知道这是上帝在呼唤他，而每次都以为那是以利；在这声音第四次呼唤他的时候，他听从以利的告诫回答说：“请说，仆人敬听！”上帝就对他说话。

［141］［又冷又干］　基于那种把大地四元素和人的体液关联在一起

的学说，由希腊医生伽兰诺（Galenos，生于公元129年）提出。相应于火水风土四元素有热湿冷干四种质地，与体液的黄胆汁、黏液、血和黑胆汁相对应，并被呈现为四种性情状态：易怒、冷漠、乐天和忧伤。

［142］原文为德语 über und über（完全彻底地）。

［143］［精神的无声电闪］　精神的成熟期。“无声电闪”或者说“无雷声闪电”（地平线附近间歇的不伴有雷声的闪光，人们认为它是由远处的闪电在云层上的反射造成的，通常出现在夏季炎热的傍晚），这个词通常用于谷物成熟期。这红晕是“精神成熟”的标志，因为它显示了一种初始的反思。

［144］［席勒的诗歌］　席勒（Friedrich Schiller，1759—1805）德国诗人和哲学家。在当时有着非常多版本的席勒诗歌的集子。克尔凯郭尔有《席勒作品集》（*Schillers sämmtliche Werke*，bd. 1－12，Stuttgart og Tübingen 1838，ktl. 1804—1815）。

［145］［特克拉之歌］　可能是指诗歌“特克拉·精神之声”（Thekla. Eine Geisterstimme）。

在长篇戏剧诗《瓦伦斯坦》（*Wallenstein*）的第三幕第七场（“Die Piccolomini”）中也有一支特克拉之歌。

［146］［《列诺尔》……威尔海姆］　在德国诗人布尔戈尔（Goufried Augwt Biirger，1747—1794）的谣曲《列诺尔》中，一个女孩等着她去服兵役的爱人威尔海姆。她怕他阵亡。母亲试图安慰她，也提及另一种可能性：他也许另有意中人了。但是在一个深夜他骑着马来了，然后带着她骑向教堂墓地。

［147］原文为德语 unheimlich（令人毛骨悚然的）。

［148］所谓悬置，就是说，暂时使之不起作用。

［149］［笑在最后的人，笑得最好］　对照谚语：笑得最好的人在最后笑。

［150］原文是拉丁文 item（同样也）。

［151］原文中使用的是“那伦理的”（det Ethiske），它和“那审美的”、“那宗教的”等一样都是克尔凯郭尔哲学思想中人生状态的定性。但是考虑到这里并未进入深刻的哲学讨论，因此，为求通俗易读起见，译作“伦理成分”。

［152］原文为拉丁语 ex consensu gentium（人类一致认定的）。

［153］原文中使用的是“那伦理的”（det Ethiske），为求通俗易读，译作“伦理方面的东西”。

［154］原文是拉丁文 volente deo（若承上帝的意愿）。

［155］原文是拉丁文 item（同样也）。

［156］原文为拉丁文 in suspenso（处在悬而未决的焦灼之中）。

［157］［俗气成分］　det Philisteragtige（那俗气的）：在行为上和思想上自以为是的无知、狭隘固执和因循守旧、小市民或者小资产阶级式的、尖矛市民式的。

［158］［像一个濒死者的灵魂那样地具有预言性］　比如说，比较苏格拉底对自己的法官所说的话（苏格拉底的《申辩篇》39c）：“说了那么多话，我感到想为你们这些投票判我死刑的人作些预言，因为人在将死的时候最容易涌现作预言的才能。”

［159］［手续费］　sportler：公务员在为出自私人利益的事务而办事时收取一笔手续费。在克尔凯郭尔的时代，公务员们的工资大部分是以这样的收入构成。

［160］［海关税务口］　Toldboden。进口货物加税的地方。

［161］［现在，走出去，进入这世界吧］　在民间童话中，这是一种固定的表述，接下来的句子也是如此。

［162］［唇上的一个封印］　作为对沉默或者守沉默义务的表达。

［163］［在订婚的窄路上……情欲之爱的鲜花小径里］　可能是指那在城内的一边沿着哥本哈根诸湖——在今天的东湖街、北湖街和西湖街（Øster Søgade，Nørre Søgade og Vester Søgade）——的那条小径。整段路被称作是爱情小径，但是在克尔凯郭尔的时代，人们也做出区分，把黑塘湖（Sortedams Sø）外的这段称作婚姻小径，把培布陵湖（Peblinge Sø）外的这一段称作爱情小径，而把圣约尔根湖（Sankt Jørgens Sø）外的这一段称作友谊小径。以其鲜花盛开的灌木和大树们著称的樱桃小径在西堤（Vestervold）的外边通向充水的护城河。

另外参看《马太福音》（7：14）：“引到永生，那门是窄的，路是小的，找着的人也少。”

［164］它是个四不像。

［165］［学校门房所背戴的布带］　大学门房是一个低职位工作人员，做一些实际性的事务，诸如传送各种消息等等。本来门房是有着一种工作

服的，但到了19世纪早已停用了。剩余的却是一种黑斗篷，一直延续到1846年4月1日，当时这门房去担任哥本哈根圣母院的敲钟人了。

Jf. H. Matzen Kjøbenhavns Universitets Retshistorie bd. 1－2，1879；bd. 1，s. 277.

但不知道这些斗篷是否带有沿背垂下的布带。

［166］［特若普……其他艺术家的权利］　参看海贝尔（J. L. Heiberg）杂耍歌舞剧《批评家和动物》（*Recensenten og Dyret*）的第五场。特若普是一个60岁的法学老学生。剧中年轻学生闾撒对特若普说："单作为批评家是成不了大气候的；一个人要自己去做艺术家"，特若普答道："非常对。只有在这时你才获得评判其他艺术家的权利。"

［167］［贤明指导］　原文中是用孟托（Mentor）这个词。孟托这个词来源于荷马史诗中的传说人物。在《奥德赛》中孟托是奥德修斯的忠实朋友，奥德修斯出征特洛伊时将其留下以掌管家事。雅典娜将自己装扮成孟托而引导奥德赛之子忒勒马科斯去寻找他的父亲。后来"孟托"这个词演变为普通名词，有着"贤明指导"、"贤明的顾问"的意思。

［168］原文为拉丁文 in statu quo（保持不变的状态）。

［169］［从尘土中升上父亲的宝座的国王女儿］　典型的民间童话主题。

［170］原文为拉丁语 cominus（手头现成的）。

［171］原文为拉丁语 eminus（有着距离的）。

［172］原文为拉丁语 eminus（有着距离的）。

［173］［奥维德］　见奥维德的《爱情三论》（*Amores*）1，4，16，35—46，奥维德（Publius Ovidius Naso）（公元前43—公元17年）古罗马诗人。

［174］原文为德语：

Auf heimlich erröthender Wange

Leuchtet des Herzens Glühn.

"在秘密地泛着红晕的脸颊上/心灵的灼炽闪耀着光焰。"来源不详。

［175］［瑞恩森宿舍区］　Regensen：系属于哥本哈根大学的学生宿舍。

［176］［会所］　Laugshuus：一种行会，同行当的师徒们在那样的会所里聚集相会。

［177］原文为法语 en masse（全体的）。

［178］［这些恋爱的匠人们］　可能是影射《坠入爱河的匠人们：高尔多尼的三幕歌唱剧》（*De forliebte Haandværksfolk. Syngespil i 3 Acter af C. Goldoni*）。由克努森（L. Knudsen），哥本哈根，1781 年。1831—1840 年该戏被重演。

［179］［苦力］　原文中用的是 Udgangsøg，“老的、不能再派用场的马”。

［180］那爱欲的成分。det Erotiske：严格的翻译是“那爱欲的”。

［181］直接性，就是未经反思的。作为本原状态的最初阶段。

［182］那道德的东西。det Moralske：严格的翻译是“那道德的”。

［183］［讲师］　原文中是用 Lic. 这个词，是 licentiat 的缩写，一种在神学、医学和法学专业上的学位，低于博士，其拥有者得到在大学讲课的许可。

［184］原文为法语 en passant（顺便地）。

［185］［海关税务口］　Toldboden。

［186］［西街］　Vestergade。

［187］在丹麦语中，动词“求婚”的不定式是 at fri；而形容词“自由”就是 fri。

［188］［平静地抓起枝状烛台］　指莫扎特歌剧《唐璜》中的第二幕第十九场。

［189］［利百加……家神］　对照《创世记》（31：1—35）。在雅各带着自己的两个妻子利亚、拉结和他们的孩子逃离岳父拉班时，雅各的妻子拉结（不是雅各的母亲拉贝卡）偷了她父亲拉班的家神像。拉班去追他们，在他赶上雅各时，他对雅各说：“你做的是什么事呢，你背着我偷走了，又把我的女儿们带了去，如同用刀剑掳去的一般。”拉班继续问雅各，为什么偷神像；雅各答道，他在谁那里搜到，谁就该失去生命。拉班搜查了利亚和拉结的帐篷，都没有搜出来。因为拉结把神像藏在骆驼的驮篓里并坐在上头。当他的父亲走向她，她继续坐着并且借口说她有了月经。拉班就没有发现神像。

［190］［由一种特别的柳条编织成的］　一种特别的柳条，可能是指杨柳枝。那时在丹麦一般没有用柳枝编织制作地毯的情况。场景的设计指向当时把中国和日本文化当做异国风情的理解。也许，柳枝地毯被看成是

日本的用竹编成的榻榻米的对应物。

［191］在这里原文中使用的词是 Venerabile。我使用的“神圣造化”并非这个词的原意。

［神圣造化］ Venerabile：拉丁语，“那必须受人敬畏的”；这个词在罗马天主教中用于圣饼，就是说，那在领圣餐时所让人分享的、受崇拜的面包。

［192］［处女跳］ 在格林兄弟的《德国传说》（J. & W. Grimms, *Deutsche Sagen*, bd. 1 2, Berlin 1816—1818）中有两个童话分别叫做“Jungfrausprung”和“Jungfernsprung”，就是说“处女跳”。在第一个童话里，来自阿尔卑斯山，那是一个峰尖的名字；在另一个童话里，来自波希米亚，是一面峭壁的名字。

［193］按照直译应当是“那爱欲的”。

［194］［在东街有着两家糕饼店］ 东街（Østergade）把国王的新广场（Kgs. Nytorv）和高桥广场（Højbro Plads）连接在一起。现在的街是斯特律走街（Strøget）的一部分，在克尔凯郭尔的时代被称作“路线”（Ruten 常常也写作 Routen）。哥本哈根城里的贵族和上层人物常常在这一段街区上遇会，并且丹麦最初的有橱窗的店铺就是在这里开出来的。自从 1800 年起，党格勒特尔宾馆（Hotel d'Angleterre）一直在国王的新广场一角，在那里，柯尼希（Carl Joseph Knirsch）在向着东街方向的底层开设了哥本哈根的第一家咖啡馆，那是在 1831 年。另一个很热闹的遇会地点是哥本哈根城的瑞士糕饼店，在 1802 年由嘎内里（Lorenzo Gianelli）开出；他两年后把店搬到了东街上的另一边，在对面的靠着国王的新广场一角上。糕饼店有着面向东街的大窗户。

［195］［诗人描述安格妮特的话］ 指巴格森（J. Baggesens）的诗歌《霍尔姆郭尔的安格妮特》（*Agnete fra Holmegaard*）（*Jens Baggesens danske Værker*, bd. 2, 1828, s. 358）：“安格妮特，她摇摇晃晃行走/她瘫软，她跌倒——/现在，她所有的幼孩们/他们到处渴望——/到处。/现在，儿子们，女儿们也是，/他们到处渴望。”

［196］［达达尼尔海峡］ 介于希腊半岛和小亚细亚间的狭窄水道；连接希腊岛海洋（爱琴海）和马尔马拉海的海峡。

［197］［借助于希望而得以活下去］ 参看海贝尔的《新的一小时教学 A－B－C 书。年轻格隆德维的荣誉、益用和享受》，其中在字母 K 有：

“一个助理牧师会变老/借助于希望而活下去。”

[198] 在丹麦语中，渴慕是 Længsel，监狱是 Fængsel。

[199] 在丹麦语中，“押韵”这个动词的不定式是 at rime，而“合理的”是 rimelig，在字面上就好像是在说“押韵的”。这里的“不合理”（urimelig）在字面上就仿佛是“不押韵”。

[200] [苍穹的和谐] 苍穹的和谐本来是一个对于那种人耳所无法听见的、由天体的运动所造成的各种音调的毕达哥拉斯式的表达。这一说法也被用做对于一种世界各部分间的一致性的标示。

[201] [卡蒂娅] 或者卡尔娜，罗马神话的女神，看守着入口门的铰链。故事是在奥维德的《纪年史》中。

[202] [亚努斯] Janus。罗马神话中的公共出入口的射手神。亚努斯有着前后两张面孔。

[203] [人们说起关于在可怕的犯罪行为上共享相互间沉默的人们的事情] 诸如在萨卢斯特（Sallust）的喀提林阴谋记载（Bellum Catilinarium 22），之中说到喀提林斟给他的那些后来的同谋者们一杯带血的酒，然后他们发誓对于他是首仪者的事实保持沉默。

[204] [在每一棵树的后面我都看见一个女性的生灵] 对照希腊神话中关于女仙的描述，这些女仙作为那些神圣们的追随者或者仆人。人们想象她们是有着年轻美女的形象，生活在大自然里，通常是在树中、山上或者水源边。

[205] [伊俄勒斯] Æolus。希腊神话中的风神。他把各种风关在一个袋子里并因此而阻止它们吹刮。在维吉尔的《埃涅伊德》第一歌第 51 句起讲述，他住在漂流岛埃厄利亚岛上，在那里他把那些风关在悬崖的洞中。

[206] [阿里阿德涅……那迷宫] 阿里阿德涅是克里特岛的米诺斯王的女儿。当雅典的忒修斯要杀死克里特的迷宫中的弥诺陶洛斯半人半牛的怪物时，阿里阿德涅给了他那线绳团，这线绳的一头被钉在迷宫的入口。因此，在他杀了妖怪之后出离迷宫就成为可能。

[207] [更老的文字……清晰明白地展示出来] 指希腊概念重写本“palimpsest”，一种羊皮纸文本，在之上那原先的文字被删除或者刮去以求重新书写。通过化学试剂有时有可能让原先的文字显现出来。

[208] [一个自相纷争的国，能够在什么地方站立] 参看《马可福

音》(3：24)："若一国自相分争，那国就站立不住。"

［209］［公里］　原文中用的是 Mile，是 mil 的复数。一个丹麦的 mil = 7.5km。

［210］［蓝色远山］　遥远的、不确定的、童话般的山。

［211］［在雅各和拉班……这些棍子］　关于雅各为其母舅拉班放羊的故事，可看《创世记》(30：32—42)。"拉班说，我当给你什么呢。雅各说，什么你也不必给我，只有一件事，你若应承，我便仍旧牧放你的羊群。今天我要走遍你的羊群，把绵羊中凡有点的，有斑的和黑色的，并山羊中凡有斑的，有点的，都挑出来。将来这一等的就算我的工价。以后你来查看我的工价，凡在我手里的山羊不是有点有斑的，绵羊不是黑色的，那就算是我偷的。这样便可证出我的公义来。拉班说，好啊，我情愿照着你的话行。当日，拉班把有纹的，有斑的公山羊，有点的，有斑的，有杂白纹的母山羊，并黑色的绵羊，都挑出来，交在他儿子们的手下，又使自己和雅各相离三天的路程。雅各就牧养拉班其余的羊。雅各拿杨树，杏树，枫树的嫩枝，将皮剥成白纹，使枝子露出白的来，将剥了皮的枝子，对着羊群，插在饮羊的水沟里和水槽里，羊来喝的时候，牝牡配合。羊对着枝子配合，就生下有纹的，有点的，有斑的来。雅各把羊羔分出来，使拉班的羊与这有纹和黑色的羊相对，把自己的羊另放一处，不叫他和拉班的羊混杂。到羊群肥壮配合的时候，雅各就把枝子插在水沟里，使羊对着枝子配合。只是到羊瘦弱配合的时候就不插枝子。这样，瘦弱的就归拉班，肥壮的就归雅各。"

［212］［时间把一切都从它的板面上删擦去］　两种说法的混合。一方面是"时间医治所有创伤"，据传是希腊人梅南德罗斯（Menandros）（公元前 342—前 290 年）所说；一方面是从亚里士多德（公元前 384—前 322 年）那里开始谈论的"白板"（tabula rasa）。

［213］［一幅来自古代的图像］　赫库兰尼姆（Herculaneum）的一幅壁画，现在在那波利的博物馆。在杀死了弥诺陶洛斯半人半牛怪物之后，忒修斯拐走了阿里阿德涅，但将她遗弃在尼索斯岛上。

［214］［复仇女神］　Nemesis。常常惩罚骄傲自负的人、不配得到幸福的人和滥用幸福的人。

［215］［埃莫没有哭……不是没有弦］　指关于古希腊爱神厄若斯（拉丁语是埃莫）借助于他的雪松箭能够在一个人身上唤起不同的感情；

如果被他的有着金箭头的箭击中时，这就意味了幸福的爱情，如果被铅箭头的箭击中，意味了不幸的爱情。

［216］［国王路］　从哥本哈根经过陵壁（Lyngby）到福利登斯堡（Fredensborg）的路；“国王路”（kongevej）也被用做“公共大道”的同义词。

［217］［诺德波……埃斯隆湖］　诺德波在北部西兰岛的埃斯隆湖（Esrom Sø）西南边的村子。

［218］［狩猎路］　为了狩猎而修出的路。

［219］［格里布森林］　丹麦的最大的集中的森林地带，位于埃斯隆湖的西面并且紧靠湖边。

［220］在这里，“不能够”是说自己没有能力，“不可以”是说没有得到许可。

［221］［泥炭农］　制作和买卖泥炭的农民，他们有时也自己把泥炭运到城里来卖。

［222］原文中用的是 Mil。一个丹麦的 mil＝7. 5km。

［223］［农人什么也……让他尽情喝吧］　关联到霍尔堡的喜剧《山上的耶伯，或者被变化的农人》（*Jeppe paa Bierget*, *eller Den forvandlede Bonde*）（1723）。

［224］［但是我看见什么了］　这是霍尔堡喜剧中的一个典型特征，通常在剧本中是，在场上的人们中有一个人留意到，有一个新的人进来，或者与这相关人物建立联系。这一技巧在 Barselstuen 一剧中是很明显的，并且被运用在《山上的耶伯》的第一幕第三场和第五场的结尾，以及第五幕第三场。

［225］丹麦语 Begyndelsesgrunde：这里可以考虑这个词的多重意义：初始元素；基本原则；初步。

［226］［德累斯顿的剧院］　剧院建于 1841 年，被认为是欧洲最豪华的剧院之一。德累斯顿是当年萨克森王国的首都。

［227］在这里原文中使用的词是 Venerabile。我使用的“圣者”并不能全部地表达出这个词的原意。

Venerabile：拉丁语，“那必须受人敬畏的”；这个词在罗马天主教中用于圣饼，就是说，那在领圣餐时所让人分享的、受崇拜的面包。

［228］［就像云拥抱着那光辉显形者］　也可对比《马太福音》（17：

1—8）关于耶稣的登山光辉显形。他与三个门徒在一起；“说话之间，忽然有一朵光明的云彩遮盖他们。且有声音从云彩里出来，说，这是我的爱子，我所喜悦的。你们要听他。”第五句。

［229］［城市的三十二个人］　哥本哈根的城市委员会由 32 个人组成。

［230］［警察之友］　在《警察之友》杂志 1837 年第 86 本的第 219—221 页和第 235—238 页中，有着讽刺性文字：“从前和现在的女佣们”，在之中对现代女佣的服装这出这样的给定：“裙子、围巾、作装点的帽子、灰色美利奴羊毛系带靴和灰色小山羊皮手套。”

［231］［黄金年代］　幸福美好的年代。格隆德维（N. F. S. Grundtvig）以一种强调的方式来使用这个词，比如说在“鲜花盛开如同玫瑰园”中的第一段：“鲜花盛开如同玫瑰园/那些野地/将在一个黄金年代里/在百鸟的歌声中鲜花盛开！/要在秸秆舞中相遇/黎巴嫩和迦密山的光/沙伦的魅力！”

［232］丹麦本土的主要三大构成部分是西兰岛、菲英岛和日德兰半岛。哥本哈根是在西兰岛上。

［233］丹麦的一个岛。

［234］［主力……纽伯德尔的女孩们］　纽伯德尔的女孩们是以生机勃勃而不粗俗的民风气息而闻名的。

［235］这里所说的帽子是指正规女式的有檐的帽子。

［236］国会议员，原文中用的 Conferentsraad，为了不破坏对话的简洁效果，译作“国会议员”。

［Conferentsraadens］　丹麦衔位之一。这样一个位置是处于第二等类的第十二级，根据 1746 年和 1808 年的法令以及后来的附加规定，丹麦衔位包括有九个等类，以数字区分。在衔位的顺序中同时有公务员和贵族，贵族的衔位单单凭他们的出生就可以被决定下来。

［237］原文为希腊语 αυταρμεια（autárkeia）自足。在亚里士多德那里自足是幸福者的标志。斯多噶主义者和新柏拉图主义者们把自足看成是一个美德。

［238］司法议员。原文中用的 Justitsraaden，为了不破坏对话的简洁效果，译作“司法议员”

［Justitsraaden］　丹麦衔位之一。这样一个位置是处于第五等类的第

三级，而在同名头衔前有着“真正的”的描述语的议员（“真正的司法议员们”——“virkelige”justitsråder）则位于第四等类的第三级。

［239］这里“大伯子”只能算是一个随意的翻译。因为丹麦语原文中所使用的 Svoger 这个词，相当于英文的 brother－in－law，它对于一个女人的关系既可能是丈夫的兄或弟，也可能是自己的姐夫或者妹夫。

［240］原文是拉丁文 item（同样也）。

［241］原文是法语 en passant（偶然经过）。

［242］［所罗门说，一个好的回答就像一个甜美的吻。］　可看《箴言》（24：26）：“应对正直的，犹如与人亲嘴。”

［243］［斐德罗……情欲之爱］　指柏拉图的对话录《斐德罗》244a—257b。

［244］［他挂在老师的嘴上］　拉丁文为：pendet ab ore magistri。

［245］［共振波图］　如果把细沙撒在平面的玻璃或者金属板上，然后用小提琴弦在板的边上擦动，细沙受振动之后构成对称的图形。这种现象在 1787 年由德国物理学家齐拉德尼（E. F. F. Chladni）展示出来，后来奥斯特（H. C. Ørsted）等人对之进行了讨论。

［246］［门农的石像音乐］　埃及的门农石像是一尊 20 米高的阿梅诺菲斯三世的坐像。在公元前 27 年的地震毁坏了这石像之后，如果石像碎块受到升起的太阳的照射而发热，一些小石块就会从断裂的表面爆出来。蚀化所引发出的声音像歌声。对这“唱歌的”石像，比如说，在塔西佗（Tacitus）的编年史中有描述（Annales 2，61）。

［247］原文是拉丁文 dos est uxoria lites（妻子的嫁妆是吵嘴）。奥维德诗句。

［248］［维纳斯用来使人疯迷的美丽条兜中的诸多力量］　阿佛洛狄忒（维纳斯）的条兜。参看荷马《伊里亚特》第十四歌，第 214—221 行。我摘引中译本如下：

言罢，她从酥胸前解下一个编工精致、织着
花纹的条兜，上面编着各种各样的诱惑，
有狂烈的爱情，冲发的性欲和情人的呼喊
私语——此般销魂之术，足以使最清醒的头脑疯迷。
她把东西放在赫拉手中，叫着她的名字，说道：
“拿着吧，赫拉，把它藏在你的双乳间；

此物奇特，装着五光十色的大千世界。我想，

你不会空手而回，不管你有何样的企盼。”（《伊里亚特》，陈中梅译）

［249］原文为拉丁文 confabulatio（交流）。

［250］Tusindfryd 在丹麦语里的意思是“雏菊”，但在字面上是由“一千”和“欣悦”构成。

［251］［Hiatus］　拉丁语：裂口、洞；两个或者三个元音间走音的冲撞，尤其是在音段由多个单词构成时。比如说“独我鹅大”。

［252］［那把自己的头靠在精灵山上的人］　是指海贝尔戏剧《精灵山》（*Elverhøi*）中的第一幕第一场，一个智者这样说：“我把自己的头靠在精灵山上，/我的眼睛，它们抓住了一场休眠，/这时有两个少女走向我，/用歌声和舞蹈引诱我。/哎呀！多么奇怪的一种舞蹈！”

［253］原文为拉丁文 Jacta est alea（骰子已经投出了）。根据罗马历史学家斯维通（Sveton）所写的《十二大帝生平》1，32，在凯撒和自己的军队一同越过卢比肯河（卢比肯河是意大利本土和诸省份间的边界，并且作为将领是不能与自己的军队一同越过这河的）的时候，凯撒这么说。由此引发出了罗马的第二次内战，导致了凯撒的独裁。

［254］直译是“那爱欲的”（Det Erotiske）。

［255］诡辩家：原文中用的词是 Casuistiker，一个能够在独特的处境中通过依照该处境的特征而变通道德原则来给出忠告的人。通常这个词被用于标示一个诡辩的道德家。

［256］［实践神学］　就是说关注于布道学说、问答法教学、礼拜仪式、教会法规和灵魂医疗法等等，包括那些在教职中向一个牧师提出的伦理问题。在克尔凯郭尔的时代，只在哥本哈根的神学院里讲授实践神学；神学硕士必须听两个学期的实践神学教学才能够接受神职；克尔凯郭尔上神学院是从 1840 年 11 月到 1841 年 9 月。

［257］［桑鲁卓通过讲故事来保持让死亡判决不出现］　在框架系列型的阿拉伯神话故事集《一千零一夜》的框架叙述中讲到国王山努亚让自己的宰相每天都送一个处女进宫合欢，然后就杀了这女子。当宰相自己的女儿桑鲁卓进宫时，她以一千零一个晚上用自己的神话故事来迷住国王。当她在最后一夜后的早上带着那些她为他秘密生育的孩子出现时，他就和她结婚了。

［258］诡辩家：原文中用的词是 Casuistiker。

［259］原文为拉丁语 Oderint，dum metuant（让他们恨吧，只要他们畏惧）。罗马悲剧诗人阿克休斯（Accius）的句子（Atreus 203），残酷的罗马皇帝卡利古拉通常引用这句。参看罗马历史学家斯维通（Sveton）所写的《十二大帝生平》（30，3）中的《卡利古拉》。

［260］［安娜狄奥莫尼］　希腊语，那从海洋中升起者——阿佛洛狄忒（爱与美的女神）之别名。

［261］［眼睛的箭］　调情的眼光。

［262］［瓦尔基里］　在北欧神话中，瓦尔基里是一些由奥丁派出上战场打仗的下属女神，她们选择那些阵亡者的灵魂要被带入瓦尔哈拉殿堂，就是说，奥丁的庄园里的殿堂。

［263］［一堵隔墙……像皮拉姆斯和提丝贝］　两个相爱的年轻人，是住在巴比伦的邻居。他们的父亲禁止他们的爱，但这爱情只是在暗地里越燃越旺。通过墙上的一个裂缝他们剧烈地向对方耳语（奥维德《变形记》第四歌，第 55—166 行）。

［264］［前景名单］　等待者的名单；想要获得或者期待想要职位或者升职的人们的名单。这里的“前景”（Ekspectance）在本原的意义上是期待或者希望。

［265］［停留在一成不变的居住状态］　接手一个去世的配偶的全部财产而没有孩子或者其他继承者来获取他们的部分遗产；处于一种不受外在机缘影响的处境。

［266］［泪人堂］　原文中所用的词义是指“某种使得泪如泉涌的东西”；爱哭的或者多愁善感的人。在这里是指一个相互哀叹者们的俱乐部。

［267］原文是“将自己的帽子挂在一次握手之上”意思就是“通过一次握手来达成协议”。

［268］［一个没有国土的国王］　比如说，没有国土的约翰和没有国土的克里斯多夫（二世）。

［269］［当铺］　哥本哈根的当铺在 1688 年被建立。

［270］［贺拉斯……是门牙］　Jf. Horats Oder 2，8. Q. Horatii Flacci opera s. 48.（“是的，我想要相信你，巴丽娜，到你什么时候因为你所做的誓言而遭殃的时候，到你的美丽因为唯一的黑牙或者指甲而遭到破坏的时候。但是在你映出了对你的不忠的头脑的咒语之后不会太久，那时你的美好就会在一种更为鲜明的光泽中被人看见，然后你只需显示出你自己，

来点燃所有少年的心。”）

［271］［帕尔纳托克……影子］　欧伦施莱格尔的悲剧《帕尔纳托克》（1807）中的第五情节中在帕尔纳托克的家里。他说：“从前我的荣誉是一面平滑如镜的盾牌/由磨光的钢做成；——在太阳光线落下的地方，/有着双重的光泽回闪。——/现在血色的锈斑出现在盾上；/我日日夜夜地擦着它，——并且/无法除掉它！”

在1830—1840年，该剧在皇家剧院被演出了八次。

［272］［灵魂的能量像一种更高的血液循环系统］　这里是依据希腊医生伽兰诺的体液学说。

［273］［让上帝拥有……我能够保留住她］　参看“让上帝拥有它自己的天国吧，如果我能够保留住古尔”，民间传说中说及威尔德玛·埃德达王，他这样谈到西兰岛北部的古尔宫殿。参看丹麦民间传说。

［274］［那些虔信的穆罕默德……感到失望］　虔信的穆罕默德信徒们，穆斯林信众，按照古兰经会进入美好的天堂，在那里他们会和美丽的圣处女共处，他们肯定想要拥抱她们。

［275］［为他者的在］　黑格尔的范畴“Sein für Anderes”。在某事物在辩证过程中被定性时，它是相对于某种“他者”而被限定的。这样，它有着一种“为他者的在”而不是一种为自身的在。如果说“为他者的在”是女人的范畴，那么这就是说，女人是被我们从男人的范畴及其性别出发来定性的。人首先是一种自在之在，然后是为他者的在，最后是要成为自为之在，或者说，为自身的在，就是说，要达成自我意识。

在接下来的几页中，作者都在拿黑格尔的各种范畴进行玩笑的游戏。

［276］［上帝在创造夏娃的时候让一场深沉睡眠落在亚当身上］　参看《创世记》2：21。

［277］［耶和华取男人的一根肋骨］　参看《创世记》2：22。

［278］［在这个时刻之前她是梦］　对女人的作为梦的存在的考虑，可能是受到卡尔·罗森克兰兹（Karl Rosenkranz）《心理学或者主体精神科学》的影响。在书中在精神对肉体的搏斗的关联上谈论了精神的梦的生命和梦着的精神。

［279］［抽象］　女人在她对自身的性别和性别性有所意识之前，不是为自身之在。这一意识要到她成为男人的欲求的对象并且认识到自己能够以自己的性别性来抓住他的时候才会形成。因此，女人的性别性在她对

自身有所意识之前只是她的性别标志，并且就此而是某种一般或者一种抽象。

［280］［维斯塔］　罗马神话中的处女女神。根据奥维德的编年史，在罗马维斯塔祭坛里没有维斯塔的画像，而只有一道永恒燃烧的火焰。

祭坛的女祭司们都是一些高贵的处女。

［281］在通常的日常用语中，我们可以说“不存在”代替“不在”。但是因为这里作者在强调黑格尔哲学意义上的说法，所以我用“在”（在黑格尔那里是 Sein），而不用“存在”这个词，因为按中国学术界的已有译法，在黑格尔那里，“存在”是 Existens。

［282］在通常的日常用语中上，我们可以说“存在着”代替“在着”。但是因为这里作者在强调黑格尔哲学意义上的说法，所以我用“在”（在黑格尔那里是 Sein），而不用“存在”这个词。

［283］“这一女人的在”中的“在”在黑格尔哲学中是 Sein，而括号中的“存在”在黑格尔哲学中是 Existens。

［“存在”这个词所说已经是太多……处于存在之中的］　“存在”（eksistens）这个词出自拉丁语“ex”——出自和“sisto”——置于。尤其是在黑格尔的哲学中“在”（Sein）和“存在”（Existens）的区别是受到强调的，因为“存在”是预设自我意识为前提的。“她不是出于其自身而处于存在之中的”恰恰被理解为一种为他者的在。

［284］［她像一朵花……所喜欢说的］　参看比如说德国诗人海涅（Heinrich Heine）（1797—1856）的诗歌，他在《歌之书》中写有“Du bist wie eine Blume”，Buch der Lieder，Hamborg 1837，s. 12.

［285］在丹麦语中，动词“求婚”的不定式是 at fri；而形容词“自由”就是 fri。“像一个女人求婚”可以被看成“使一个女人自由”。

［286］这里所说的被拒绝，就是说，求婚被拒绝，可以在字面上看成“想要给人自由却遭到拒绝”。

［287］［女人是实体，男人是反思］　作为实体，女人静止于自身，并且是被动的，而作为反思，男人则是外向而主动的。

［288］原文为德语 Sprödigkeit（规矩正经）。

［289］［关于一个女孩……失去生命］　这主题可以在无数童话中看见，比如说，那种所谓的图兰朵（Turandot）类型的童话，在之中公主让求婚者们接受考验或者让他们解谜。如果他们通不过，就会被杀。

［290］［蓝胡子……恰恰相反］　蓝胡子，童话人物形象，尤其是在法国作家佩罗（C. Perrault）关于骑士蓝胡子的童话中。蒂克也写过这个主题。

［291］［为他者的在一向就是瞬间的事情］　就是说，作为环节或者阶段而处在一种向着自我意识（为自身的在或者自为之在）进发的辩证发展中。

［292］“后果”是名词 Conseqvens，而“前后一致”是形容词 conseqvent。（可能所谓“前后一致”就是说“按照前后的合理关联而考虑到后果——保持前后一致”。）

［293］［夏居］　Sommerværelser。哥本哈根人在城外所拥有或者租借的夏天居所。

［294］［掷圈游戏］　游戏的参与者们借助于棒子投掷和抓取木圈或者绳圈。

［295］［法国士兵的故事］　来源尚不详。

［296］［对俄国的战役］　1812 年拿破仑一世的俄国战役终结于全军覆没，原因之一是俄国的严寒。

［297］原文是法文 vive l'empereur（皇帝万岁）。

［298］［在两个希腊女孩间被展开的争议］　在两姐妹走了一段路并且讨论了她们中的哪一个有着最美丽的背部，她们拦下一个过路的男人问这个问题。这男人站在姐姐的这一边。他把这事情对自己的弟弟说了，他弟弟则站在那个妹妹的那一边。最后两姐妹的父亲也是这样认为。这整个事件给出了一个机缘，使得人们在城里（锡拉库扎城）建造出一个维纳斯（希腊神话中是阿佛洛狄忒）祭坛，在之中立起一尊阿佛洛狄忒雕像，有着额外名字叫“考利皮果斯的阿佛洛狄忒”，就是说“有着美丽背部的阿佛洛狄忒”。对“考利皮果斯的阿佛洛狄忒”的艺术创作有很多，最闻名的是立在那波利国家博物馆里的塑像。这一轶事是由雅典奈俄斯（Athenaios 12，554）所述。

［299］［自然神话］　拟人化地使得自然力具备人形的神话，在这里是指母性。许多怀抱婴儿耶稣的马利亚故事就有着自然神话的特征。

［300］原文为拉丁语 horrenda refero（讲述这个，真是可怕的）。出自维吉尔《埃涅伊德》卷二，204。在卷一中有“在说出它的时候我打颤”。

［301］［鸡叫］　也许是在暗示耶稣对门徒彼得说：“耶稣说，我实在

告诉你，今夜鸡叫以前，你要三次不认我。”《马太福音》（26：34），以及在《路加福音》（22：54—62）叙述彼得三次不认耶稣。在他第三次这样做的时候，耶稣看着他，彼得想起耶稣曾对他说的话，便跑出去并且懊恼地哭泣。

［302］［已婚妇人的纱巾……更强烈的印象］　在1840年左右，那些有着时尚意识的年长的哥本哈根戴着大幅而精心制作的纱巾，就是说头巾，年轻一些的已婚女士使用尺寸较小的纱巾，未婚的则不戴。

［303］［狄安娜］　希腊神话女神阿提米丝的罗马名字，宙斯和勒托的女儿，管狩猎、生育和一般女性的处女女神。

［304］［用欧里庇得斯……一次生孩子。］　摘引自欧里庇得斯的悲剧《美狄亚》（*Medea* 250f.）。之中主人公美狄亚说：“我宁可三次在盾牌背后去搏斗，也不愿一次生孩子。”

——欧里庇得斯（公元前480—前406年），古希腊悲剧作家。

［305］［泽尔丽娜成为一个对象］　在莫扎特的歌剧《唐璜》的第一幕第三场，主人公遇到一个农人的队伍在庆祝马塞托和泽尔丽娜的订婚。唐璜把这女孩从马塞托那里骗走，试图诱惑她，但是她得到多娜·爱尔薇拉的警告要提防这个无信无义的诱惑者。然而唐璜还是成功地继续对她进行诱惑。

［306］［参孙的头发……夺取］　参见《士师记》（16：4—22）：以色列人与非利士人处于战争中。以色列人的首领参孙是不可战胜的。后来参孙爱上非利士女人大利拉，“参孙就把心中所藏的都告诉了她，对她说，向来人没有用剃头刀剃我的头，因为我自出母胎就归神作拿细耳人。若剃了我的头发，我的力气就离开我，我便软弱像别人一样。”（16—17）大利拉剪去了参孙的头发，他失去了自己的力量，非利士人抓住了他，挖去他的眼睛，用铜链锁住他，将他投入监狱。

［307］［第一种力量……“那令人感兴趣的”］　一个断裂的、秘密的婚约对于诱惑者是第一种力量，就是说，被他体验为刺激性的和诱迷性的，并且，他假装就好像那被他带入对之的意识的女孩也是以同样的方式体验它。但是一个断裂的、公开的婚约则使得双方对于其他人都是令人感兴趣的，并且因此人们就可以谈论在第二种力量中的“那令人感兴趣的”。

［308］［飞吧，鸟，飞吧！］　丹麦诗人温特尔（Chr. Winther）的一首诗的第一句。出自他1828年出版的诗集《诗》。接下来的鸟、我和女孩

的图像，是与整首诗的对话。

［309］［皮格马利翁……石头］　传说中的国王、雕塑家和对女人仇恨者皮格马利翁雕刻了一个妇女的象牙塑像。他陷入对她的爱恋，爱情女神阿佛洛狄忒使她获得生命。这故事在奥维德的《变形记》中有所讲述。

［310］［主神殿的通城鸣叫］　指那些嘈杂的鹅，高卢人在夜的宁静中想要在主神殿所在的卡匹托尔山丘突袭罗马人的时候，这些鹅吵醒了那些罗马士兵。

主神殿，亦即朱庇特神庙，是罗马最重要的圣地。

［311］［由茶水男孩和咖啡女士们构成的整个集会］　一个由喝着咖啡并且闲谈着的小市民构成的嘈杂混乱场面。“茶水男孩”（tevandsknægt）其实是指一杯加有朗姆酒的热茶。

［312］［不朽的克劳迪乌斯家的拉斯首席］　克劳迪乌斯（Mathias Claudius）（1740—1815），德国作家。

［313］［那展示出拉斯首席的著名铜版画］　木刻“首席拉斯”在《克劳迪乌斯作品》卷一中。

［314］［乐园本身……向东的花园］　参看《创世记》（2：8）：“耶和华神在东方的伊甸立了一个园子，把所造的人安置在那里。”

［315］［阿普列乌斯：埃莫和普绪客］　Apuleius：Amor og Psyche.

想来这里所说的可能是：Amor und Psyche，freie metrische Bearbeitung nach dem Lateinischen des Apuleius，J. Kehrein.

［316］［桃金娘枝条］　桃金娘是无辜无邪的象征。在克尔凯郭尔的时代，新娘开始在婚礼上戴桃金娘，作为她是处女的象征。

［317］［一个种族生存着……一男一女］　参看阿里斯托芬在柏拉图的对话录《会饮篇》（189c—193e）中的说法。

［318］原文是拉丁语 accipio omen（我得到了征兆）。引自西塞罗《定命》。

［319］［就像一个上帝那样地在场］　能够考虑到拉丁语“praesens”（在场），比如说，在它被用于一个神的时候，就表达了，他是带着他的力量和活动而在场的。

［320］［如果阿勒克特律翁……去这样做］　在希腊神话中，阿瑞斯的朋友阿勒克特律翁要为阿瑞斯和阿佛洛狄忒的幽会放哨，但睡着了，于是这对爱人被太阳神阿波罗和阿佛洛狄忒的丈夫赫斐斯托斯突然抓住。

［321］［一株向日葵］　太阳神赫利俄斯在自己爱上另一个人时，把自己的爱人克莱提亚变成一株向日葵。

［322］［尼普顿为一个仙女所做的事情］　仙女凯妮丝被自己的爱人——海神波塞冬（拉丁语：尼普顿），变成一个男人凯瑙宇斯。

人名索引

A

B

C

D

E

F

G

H

J

K

L

M

N

O

P

R

S

T

W

X

Y

Z

概念索引

A

B

C

D

E

F

G

H

J

K

L

M

N

O

P

Q

R

S

T

W

X

Y

Z